U0617574

中华传世藏书

图文珍藏版

国学经典文库

邹博⊙主编

线装书局

图书在版编目（CIP）数据

资政经典／邹博主编 .-- 北京：线装书局，
2011.7 (2022.3)
（国学经典文库）
ISBN 978-7-5120-0378-1

Ⅰ. ①资… Ⅱ. ①邹… Ⅲ. ①政治－谋略－中国－古代 Ⅳ. ① D691

中国版本图书馆CIP数据核字（2011）第122921号

国学经典文库

主　　编：邹　博
责任编辑：崔建伟　高晓彬
出版发行：线装书局
地　址：北京市丰台区方庄日月天地大厦 B 座 17 层(100078)
电　话：010-58077126(发行部)010-58076938(总编室)
网　址：www.zgxzsj.com
经　　销：新华书店
印　　制：北京彩虹伟业印刷有限公司
开　　本：787×1092 毫米　1/16
印　　张：336
字　　数：3800 千字
版　　次：2022 年 3 月第 1 版第 2 次印刷
印　　数：3001-9000 套

定　　价：4680.00 元(全十二卷)

线装书局官方微信

资政经典

国学经典文库　图文珍藏版

传世藏书

邹博⊙主编

线装书局

卷首语

我们知道,领导水平是一个人政治素质、业务能力与个人涵养的综合体现,而读书学习水平则是一个人如何读书、读什么书、为什么读书的境界层次,二者有什么内在关联呢？这个问题,早在《尚书·说命》里就有过讨论。傅说对武丁说:“王,人求多闻,时惟建事,学于古训乃有获”。用今天的话来说就是一个人想要建功立业,就要多读多学经典。可见,古人很早就注重治政与读书学习的关系。

正如弥尔顿所言,“书籍是伟大心灵的宝贵血脉”。在历史艰难的进程中,政治无疑有非常强大的推动力。读资政经典更有利于我们从传统智慧中汲取丰富的治政经验。

近代以来,学科的分类使我们接受的专业教育越来越窄。常识与通识的缺乏是时代的文化征候。而治政,尤其需要以常识与通识作基础。因为政治所涉及的社会层面最深、最广,而常识往往蕴含在经典里。我们这个时代往往需要常识回归,无论是政治、学术还是工作与生活。

我国自古就有崇尚读书、热爱学习的传统。从“积财千万,无过读书”的古训,到“读万卷书,行万里路”的劝勉,从“读书破万卷,下笔如有神”的感悟,到“腹有诗书气自华”的经验之谈……无论是对于一个人、一个组织,还是对于一个民族、一个国家,读书的重要性都不言而喻。

现代社会的发展,一切知识都可以数字化、信息化,读书学习能力由此更成了一项基本技能。因为对信息、情报、报告等等的阅读思考与判断会影响着领导的决策。不读书学习,“知识就会老化,思想就会僵化,能力就会退化”。所以读书不是为了造就博学者,而是通过读书学习提高领导者的人文修养与科学素养,以利资政。

目　　录

贞观政要

【导语】

《贞观政要》是唐代史学家吴兢撰写的一部政论性的史书，它以记言为主，记录了贞观年间唐太宗李世民与臣下魏徵、王珪、房玄龄、杜如晦等人关于施政问题的对话以及一些大臣的谏议和劝谏奏疏等。此外也记载了一些当时实行的政治、经济上的重大措施。

李世民像

全书共十卷四十章，每章多以故事、轶文为引子，生动有趣，概括集中，记叙与评介言简意赅，清晰明了。书中广泛引用了哲理教义较深的格言名句，因此这部著作既有史实，又有很强的政论色彩；既是唐太宗“贞观之治”的历史记录，又蕴含着丰富的治国安民的政治观点和成功的施政经验。所以该书是一部独具“资治”特色，对人富有启发的历史著作。书中列举的那些在思想上、认识上、决策上有重要实践意义和借鉴价值的史事，既显示贞观年间的政治面貌，又可激发后人的思索与追求，因此受到历代帝王的重视，成了后世“朝野上下必备”“入世为人必读”的教科书。

君道篇第一

【题解】

《君道》篇是全书的总纲，列全书之首，探讨了为君之道。作者认为要想当好君主，必先安定百姓，要想安定天下，必须先正自身。“社稷安危，国家治乱，在于一人而已”。书中主要从三个方面讨论为君之道的教训：一是把握创业与守成的关系。创业固然艰难，但创业后更要居安思危，安而能惧，这对于君临天下的帝王来说，守成则更难。二是正确处理君民关系。圣明的君主常思古训：“君，舟也；民，水也。水能载舟，亦能覆舟。”为君不能“竭泽而渔”，逼使百姓起来造反。三是正确对待君臣关系。君如头脑，臣如四肢，要密切配合，君主应听取臣下意见，兼听则明，且要诱导臣下敢于谏诤，以避免决策错误。从历代统治者的施政实践上看，这几条对于政权安危具有普遍意义。

【原文】贞观初[1]，太宗谓侍臣曰[2]："为君之道[3]，必须先存百姓[4]。若损百姓以奉其身，犹割股以啖腹，腹饱而身毙。若安天下，必须先正其身，未有身正而影曲，上治而下乱者。朕每思伤其身者不在外物，皆由嗜欲以成其祸。若耽嗜滋味，玩悦声色，所欲既多，所损亦大，既妨政事，又扰生人。且复出一非理之言，万姓为之解体，怨讟既作[5]，离叛亦兴。朕每思此，不敢纵逸。"

【注释】①贞观：唐太宗李世民的年号。"贞观"共二十三年。②侍臣：指侍奉帝王的廷臣，也就是宫廷里皇帝身边的人。③道：方法，原则。④先存百姓：这里指以百姓的存活为先。⑤怨讟：亦作"怨黩"。因怨恨而出诽谤之言。讟，怨恨。

【译文】贞观初年，唐太宗对他身边的人说："做国君的原则，必须以百姓的存活为先。如果以损害百姓的利益来奉养自身，那就好像割自己大腿上的肉来填饱肚子，虽然肚子是填饱了，但人也就死了。如果要想安定天下，必须首先端正自身，世上绝对没有身子端正了而影子不正的情况，也没有上面的治理好了而下边的发生动乱的事。我常想，能损伤自身的并不是身外的东西，都是由于自身的贪欲才酿成祸患。如果一味贪恋美味，沉溺于音乐女色，欲望越多，所受的损害也就越大，既妨碍国家政事，又扰害百姓。如果再说出一些不合事理的话来，就更会弄得民心涣散，怨言四起，自然就众叛亲离。每当我想到这些，就不敢有一丝一毫的放纵和懈怠。"

【原文】贞观二年，太宗问魏徵曰："何谓为明君暗君？"

徵曰："君之所以明者，兼听也[1]；其所以暗者，偏信也。《诗》云：'先人有言，询于刍荛[2]。'昔唐、虞之理[3]，辟四门，明四目，达四聪。是以圣无不照，故共、鲧之徒[4]，不能塞也；靖言庸回[5]，不能惑也。秦二世则隐藏其身[6]，捐隔疏贱而偏信赵高[7]，及天下溃叛，不得闻也。梁武帝偏信朱异[8]，而侯景举兵向阙[9]，竟不得知也。隋炀帝偏信虞世基[10]，而诸贼攻城剽邑，亦不得知也。是故人君兼听纳下，则贵臣不得壅蔽，而下情必得上通也。"

太宗甚善其言。

【注释】①兼听：能够听取各方面的意见。②刍荛：指割草打柴的人。诗文出自《诗·大雅·板》。刍，草。荛，柴。③唐、虞：即指唐尧、虞舜。④共：共工氏。中国古代神话中的天神。为西北的洪水之神，传说他与黄帝族的颛顼发生战争，不胜，怒而头触不周山，使天地为之倾斜。后为颛顼诛灭。⑤靖言庸回：同"靖言庸违"。语言善巧而行动乖违。犹言口是心非。⑥秦二世：即秦二世胡亥(前209~前207在位)，也称二世皇帝。是秦始皇第二十六子(最小的儿子)、太子扶苏的弟弟。始皇出巡死于沙丘，宦官赵高和丞相李斯篡改遗诏，立胡亥为帝，赐扶苏死。秦二世即位后，宦官赵高掌实权，实行惨无人道的统治，终于激起了前209年陈胜、吴广的农民起义。二世胡亥于前207年被赵高杀死，时年仅24岁。⑦赵高：本为赵国贵族，后入秦为宦官(一说赵高为"宦官"乃后世曲解)，任中车府令，兼行符玺令事，"管事二十余年"。秦始皇死后，他与李斯合谋伪造诏书，逼秦始皇长子扶苏自杀，另立胡亥为帝，并自任郎中令。他在任期间独揽大权，结党营私，征役更加繁重，行政更加苛暴。公元前207年又设计害死李斯，成为秦国丞相，后来他迫二

世自杀,另立子婴。不久被子婴杀掉,诛夷三族。⑧梁武帝(464~549):即萧衍。南朝梁的建立者,502至549年在位。字叔达,南兰陵(今江苏常州西北)人。曾任齐雍州刺史,镇守襄阳。后乘齐内乱,起兵夺取帝位。在任改定"百家谱",重用士族。提倡佛教,大建寺院,曾三次舍身同泰寺。中大同二年(547)接受东魏大将侯景的归降。次年冬,侯景引兵渡江,攻破都城,于围困中饥病而死。所作诗文,鼓吹儒、佛,并宣扬封建贵族腐朽生活。亦通乐律,曾创制准音器四具,名"通";又制长短不同之笛十二支,以应十二律。兼能书法,原有集,已佚,明人辑有《梁武帝御制集》。朱异(483~549):南朝梁吴郡钱塘(今浙江杭州南)人,字彦和。年少时好聚众博戏,颇为乡里所患。成年后折节从师,好学上进,遍治"五经",同时,广涉文史百家,兼通杂艺,博弈书算,皆其所长。20岁时到都城建康(今江苏南京),尚书令沈约当面试之,称道其才,勉励他清廉自律。次年,特敕提拔为扬州议曹从事史。不久朝廷诏求异能之士,五经博士明山宾上表推荐,称他"年时尚少,德备老成","器宇弘深,神表峰峻"。梁武帝召他解说《孝经》和《周易》,听后非常高兴,赞叹道:"朱异实异!"于是诏朱异入直西省,不久又兼太学博士。后累迁中书郎、散骑常侍、右卫将军,加侍中。为梁武帝所信任,居权要、掌机密三十余年。太清元年(547)主张纳东魏降将侯景,又主与东魏和议,激成侯景之乱。建康被围,惭愤病死。撰有《礼》《易》讲疏及文集百余篇(已佚)。⑨侯景(503~552):北朝东魏将领。字万景,鲜卑化羯人。初为戍兵,从尔朱荣镇压葛荣起义,继转附高欢。东魏时,职位通显,历任尚书左仆射、司空、司徒、大行台等职,拥兵专制河南。高欢死后,投靠西魏,旋又附梁,受封河南王。太清二年(548)为东魏击败,奔寿春,闻武帝对己有反复,乃勾结觊觎皇位的萧正德起兵叛梁,攻陷台城,困死梁武帝,立萧纲,在三吴地区大肆烧杀抢掠。后西征江陵失利,返回建康(今江苏南京),自立为帝,改国号汉。他生性残忍酷虐,且军纪败坏,大失人心,不久即被王僧辩、陈霸先击败,在入海北逃途中为部属诱杀。⑩虞世基(?~618):字茂世,余姚(今属浙江)人。少与弟世南同师事顾野王。

【译文】贞观二年(628),唐太宗问魏徵说:"什么叫作圣明君主?什么叫作昏暗君主?"

魏徵答道:"君主之所以能圣明,是因为能够兼听各方面的不同意见;君主所以会昏暗,是因为偏听偏信。《诗经》中说:'古人说过这样的话,要向割草砍柴的人征求意见。'过去唐尧、虞舜治理天下,广开四方门路,招纳贤才,广开视听,了解各方面的情况,听取各方面的意见。因而圣明的君主能无所不知,所以像共工、鲧这样的坏人不能蒙蔽他;花言巧语的奸佞小人也不能迷惑他。秦二世却不是这样,他深居宫中,隔绝贤臣,疏远百姓,偏信赵高,直到天下大乱、百姓叛离,他还不知道。梁武帝偏信朱异,到侯景兴兵作乱举兵围攻都城,他竟浑然不知。隋炀帝偏信虞世基,到各路反隋兵马攻掠城邑时,他还不知道。由此可见,君主如能广泛听取各方意见,采纳臣子忠言,那么,权臣就不能蒙上陛下,百姓的意见也就能传递给国君了。"

太宗很赞赏魏徵的这番话。

【原文】贞观十年，太宗谓侍臣曰："帝王之业，草创与守成孰难[①]？"

尚书左仆射房玄龄对曰[②]："天地草昧[③]，群雄竞起，攻破乃降，战胜乃克。由此言之，草创为难。"

魏徵对曰："帝王之起，必承衰乱。覆彼昏狡[④]，百姓乐推，四海归命，天授人与，乃不为难。然既得之后，志趣骄逸，百姓欲静而徭役不休，百姓凋残而侈务不息，国之衰弊，恒由此起。以斯而言，守成则难。"

【注释】①草创：开始创建。守成：保持已经创建的基业。②尚书左仆射：官名。秦始置，为尚书的为首长官。汉成帝建始四年（前29）置尚书五人，其中一人为仆射。东汉置尚书台，主官为尚书令，以尚书仆射为其副职。献帝时分设左、右仆射，历代沿置。魏晋后，令、仆（尚书令、尚书仆射）号为"朝端""朝右"，居宰相之任，成为贵官。唐不置尚书令，尚书省设左右仆射襄助尚书令工作，左、右仆射实际上成了尚书省的长官。房玄龄（579~648）：名乔，字玄龄。齐州临淄（今山东淄博）人。唐朝初年名相。房玄龄18岁时本州举进士，授羽骑尉。房玄龄在渭北投秦王李世民后，为秦王参谋划策，典管书记，是秦王得力的谋士之一。唐武德九年（626），他参与玄武门之变，与杜如晦、长孙无忌、尉迟敬德、侯君集五人并功第一。唐太宗李世民即位后，房玄龄为中书令；贞观三年（629）二月为尚书左仆射；贞观十一年（637）封梁国公；贞观十六年（642）七月进位司空，仍综理朝政。贞观二十二年（648），房玄龄病逝。因房玄龄善谋但有些优柔寡断，而杜如晦处事果断不善谋略，因此人称"房谋杜断"。后世以他和杜如晦为良相的典范，合称"房杜"。③草昧：蒙昧未开化的状况。这里借喻国家草创秩序未定阶段。④昏狡：昏庸害民。狡，伤害。

【译文】贞观十年（636），唐太宗问身边的大臣们说："在帝王的事业中，创业与守业哪件事比较艰难？"

尚书左仆射房玄龄回答说："国家开始创业的时候，各地豪杰竞起，必须攻破城池才能使敌人投降，在战斗中获胜才能使敌人归顺。这样看来，还是创业艰难。"

魏徵回答说："帝王的兴起，一定是乘着前朝衰乱的时候。这时推翻昏庸无道的旧主，百姓就乐于拥戴，四海之内也都会先后归顺，这正是天授人与，如此看来创业并不算难。然而得到天下之后，志趣变得骄傲放纵，百姓想安宁地过日子，但徭役却无休无止，百姓穷困潦倒而国君却不停地奢侈享乐，国家的衰败，常常就是这样引起的。这样看来，守业更难。"

【原文】贞观十一年，特进魏徵上疏曰[①]：

"臣观自古受图膺运[②]，继体守文[③]，控御英杰，南面临下[④]，皆欲配厚德于天地，齐高明于日月，本枝百世，传祚无穷[⑤]。然而克终者鲜[⑥]，败亡相继，其故何哉？所以求之，失其道也。殷鉴不远[⑦]，可得而言。"

"昔在有隋，统一寰宇，甲兵强盛，三十余年，风行万里，威动殊俗。一旦举而弃之，尽为他人之有。彼炀帝岂恶天下之治安，不欲社稷之长久，故行桀虐[⑧]，以就灭亡哉？恃其

富强，不虞后患[⑨]。驱天下以从欲[⑩]，罄万物而自奉[⑪]，采域中之子女，求远方之奇异。宫苑是饰，台榭是崇，徭役无时，干戈不戢[⑫]。外示严重，内多险忌。谗邪者必受其福，忠正者莫保其生。上下相蒙，君臣道隔，民不堪命，率土分崩。遂以四海之尊，殒于匹夫之手[⑬]，子孙殄绝[⑭]，为天下笑，可不痛哉！"

【注释】①特进：官位。西汉末年始置，以授列侯中有特殊地位者。南北朝为加官，无实职。唐为文散官之第二阶，相当于正二品。②受图膺运：谓帝王得受图箓，应运而兴。这里指承受天命开创帝业或继承帝位的人。图，河图。相传，上古伏羲氏时，洛阳东北孟津县境内的黄河中浮出龙马，背负"河图"，献给伏羲。伏羲依此而演成八卦，后为《周易》来源。又相传，大禹时，洛阳西洛宁县洛河中浮出神龟，背驮"洛书"，献给大禹。大禹依此治水成功，遂划天下为九州。膺运，膺期，指受天命为帝王。③继体守文：继承皇位，率由旧章。《穀梁传》曰："承明继体，则守文之君也。"体，这里指政权、皇位。文，这里指法令条文、典章制度。④南面临下：朝南而坐，以统治万民。⑤祚：福。这里指皇位。⑥克终者鲜：善始善终者很少。克，能。鲜，少。⑦殷鉴不远：语出《诗·大雅·荡》："殷鉴不远，在夏后之世。"这句诗揭示了一个历史教训，即夏代的灭亡，就是殷代的前车之鉴。原指殷朝的子孙要把夏朝的灭亡作为鉴戒。泛指前人的教训就在眼前。鉴，鉴戒。⑧桀：夏朝最后一个国王，名履癸，是中国历史上有名的暴虐、荒淫的国君之一。⑨虞：考虑，防范。⑩从欲：服从于自己的私欲。⑪罄万物而自奉：搜刮天下的财物尽情挥霍。罄，用尽，消耗殆尽。⑫干戈不戢：战事终年不休。戢，把兵器收藏起来。引申指停止战争。⑬殒于匹夫之手：竟死在匹夫之手。殒，死亡，丧身。匹夫，指平常的人。⑭子孙殄绝：子孙也被斩尽杀绝。殄绝，灭绝。

【译文】贞观十一年(637)，特进魏徵向太宗上书说：

"我看到自古以来，但凡承受天命开创帝业或继承帝位的人，他们驾驭英才，朝南而坐，以统治万民，都希望自己德配天地，功高日月，长久统治，帝位能世世代代相传下去。然而能善始善终的实在太稀少了，衰亡倾覆的相继发生，这是什么缘故呢？探求他们失败的原因，是因为他们没有懂得治国的道理。前朝覆灭的教训并不久远，可以讲得出来。"

"过去隋朝统一天下，兵甲强壮，三十馀年，声威远播万里。然而一下全部丧失，江山尽为别人所有。隋炀帝难道讨厌天下安定，不想让国家长治久安，故意要施行夏桀那样的暴政，弄得自己国破人亡吗？他不过是依仗国家富强，有恃无恐，不考虑后患。他驱使百姓顺从自己的奢欲，搜刮天下的财物尽情挥霍，挑选全国的美女，到域外探寻珍宝。装饰宫苑，构筑楼台，徭役长年不断，战事终年不休。君臣间外表威严庄重，内心却多猜忌险恶。奸佞邪恶的进谗者一定会享受福禄，忠诚正直的人却连性命都难保。上下互相欺蒙，君臣之间离心离德，百姓不堪忍受，国家从此分崩离析。于是一度曾统治四海的国君，竟死在匹夫之手，他们的子孙也被斩尽杀绝，为天下人所耻笑，这能不令人痛心吗！"

【原文】"圣哲乘机，拯其危溺，八柱倾而复正[①]，四维弛而更张[②]。远肃迩安[③]，不逾于

期月[④];胜残去杀[⑤],无待于百年。今宫观台榭,尽居之矣;奇珍异物,尽收之矣;姬姜淑媛[⑥],尽侍于侧矣。四海九州,尽为臣妾矣[⑦]。若能鉴彼之所以亡,念我之所以得,日慎一日,虽休勿休。焚鹿台之宝衣[⑧],毁阿房之广殿[⑨],惧危亡于峻宇,思安处于卑宫,则神化潜通,无为而治,德之上也。若成功不毁,即仍其旧,除其不急,损之又损。杂茅茨于桂栋[⑩],参玉砌以土阶,悦以使人,不竭其力,常念居之者逸,作之者劳,亿兆悦以子来[⑪],群生仰而遂性,德之次也。若惟圣罔念[⑫],不慎厥终,忘缔构之艰难[⑬],谓天命之可恃,忽采椽之恭俭,追雕墙之靡丽,因其基以广之,增其旧而饰之,触类而长,不思止足,人不见德,而劳役是闻,斯为下矣。譬之负薪救火[⑭],扬汤止沸[⑮],以暴易乱,与乱同道,莫可测也,后嗣何观!夫事无可观则人怨,人怨则神怒,神怒则灾害必生;灾害既生,则祸乱必作,祸乱既作,而能以身名全者鲜矣!顺天革命之后[⑯],将隆七百之祚[⑰],贻厥子孙[⑱],传之万叶[⑲]。难得易失,可不念哉!"

【注释】①八柱倾而复正:使倾覆的国家重新匡正。古代神话传说,地有八柱,用以承天。这里借指国家。复正,重新匡正。②四维弛而更张:松弛的道德规范重新恢复。四维,古人以为天圆地方,天有八柱支持,地有四维系缀。维,是系物的大绳。此外,管子也非常重视礼义伦理在治国安民中的作用,在《管子·牧民》中提出了著名的"四维"说。其曰:"礼义廉耻,国之四维,四维不张,国乃灭亡。"管仲把礼、义、廉、耻四种道德看作治国的四个纲。③远肃迩安:远近平安。迩,近。④期月:一整月。期,周。这里指一年的时间。⑤胜残去杀:使凶暴的人化而从善,不用刑杀。⑥姬姜:相传黄帝姓姬,炎帝姓姜;周朝姓姬,齐国姓姜。姬、姜两姓常通婚,于是古人多以"姬姜"为大国之女的代称,也用作妇女的美称。淑媛:美好的女子。泛指美女。⑦臣妾:古代对奴隶的称谓,男称臣,女称妾。有时亦作为所属臣下的称谓。⑧焚鹿台之宝衣:周武王伐纣,商纣王发兵拒之于牧野,发生大战。纣兵战败,商纣王逃至鹿台,"蒙衣其珠玉,自燔于火而死"。鹿台,商纣王所建的宫苑,地点在商都附近。⑨阿房之广殿:秦始皇时建筑的大型宫殿,规模宏大。公元前212年动工。阿房宫集中了当时全国各地宫殿建筑的优点,规模空前,气势宏伟,它"离宫别馆,弥山跨台,辇道相属",景色蔚为壮观。《史记》记载:"先作前殿阿房,东西五百步,南北五十丈,上可以坐万人,下可以建五丈旗。周驰为阁道,自殿下直抵南山,表南山之巅以为阙,为复道,自阿房渡渭,属之咸阳。"《汉书·贾山传》中对于阿房宫的恢宏之势也有如下记载:"起咸阳而西至雍,离宫三百,钟鼓帷帐,不移而具。又为阿房之殿,殿高数十仞,东西五里,南北千步,从车罗骑,四马骛驰,旌旗不挠,为宫室之丽至于此。"秦亡时未完工,项羽打进咸阳后被焚毁。遗址在今西安市西郊的阿房村一带,为全国重点文物保护单位。⑩茅茨:茅屋。桂栋:指豪宅。参玉砌以土阶:玉石台阶和泥土台阶一起使用。⑪亿兆:本义是极言其数之多。这里指庶民百姓,犹言众庶万民。⑫罔念:妄自尊大,意谓不把上天的旨意记在心头。罔,不。⑬缔构:即缔结、构造,是从古代建筑学中借过来的名词。"缔"和"构"原来都是名词,后引申为动词。这里指打天下、创建国家。⑭负薪救火:语出《韩非子·有度》。本义是指背着柴草去救火。比喻用错误的方法去消

除灾祸，结果使灾祸反而扩大。⑮扬汤止沸：语出陈寿《三国志·魏书·刘廙传》。本义是指把锅里开着的水舀起来再倒回去，使它凉下来不沸腾。比喻使用的办法不彻底，不能从根本上解决问题。⑯顺天革命：顺应天命。古代以天子受天命称帝，故凡朝代更替、君主易姓，皆称为革命。⑰将隆七百之祚：将维持七百年隆盛的国运。隆，兴盛，昌盛。⑱贻厥：指留传，遗留。语出《尚书·五子之歌》："明明我祖，万邦之君，有典有则，贻厥子孙。"这里特指传位给后代。⑲传之万叶：传至万世。叶，世，代。

【译文】"圣明的大唐乘机而起，拯救万民于水火之中，使倾覆的国家重新匡正，松弛的道德规范重新恢复。不超过一年的时间，就使凶暴的人化而从善；也无须百年，便可达到刑罚废弃不用的安定境界。现今所有的宫殿观阁、楼台亭榭皇上都已拥有；奇珍异宝皇上都已收藏，佳人淑女都已侍候在皇上的身旁。四海九州的百姓都已成为皇上的臣属。如果此时能够总结一下隋朝之所以亡国的历史教训，思考我朝之所以得天下的成功经验，一天比一天警惕，虽有功德而不自恃。烧掉殷纣王的鹿台、宝衣，拆毁秦始皇宽广的阿房宫宫殿，居住在峻伟的宫殿里心里就会感到有危亡的惧怕，居住在简陋的房舍中却感到心安理得，这样就能与天地的神明在冥冥中贯通，从而达到无为而治的境界，这是德行的最高境界。如果顾惜现成的东西不忍毁坏，就让它们仍然保持原貌，但要免除那些并不急需的供奉，减少到最低限度。即使是豪宅间也夹杂着一些茅屋，玉石台阶和泥土台阶一起使用也无妨，要使百姓心甘情愿地效力，又要不用尽百姓的力量，要常想到居住的人享受着安逸，但劳动的人多么辛苦，这样很多的百姓就会自愿来到这里，他们非常尊敬君主而自己也称心如意，这是次一级的德行标准。如果是妄自尊大，不把上天的旨意记在心头，不考虑后果，不善始慎终，忘却打天下的艰难，认为是天命所归，抛弃住陋室时的俭朴作风，一心追求雕梁画栋的奢靡建筑，在原有宫殿的基础上还要扩建，在旧的建筑上广加修饰，依此类推，永不知足，百姓见不到德政，见到的只是无休止的劳役，这是最糟糕的德行。这样的做法就好比背着柴草去救火，倒进开水来止沸，是用强暴来替代混乱，实际上与先前的乱政走的是一条路，其后果不堪设想，后世子孙将如何看待你的事迹！没有可观的政绩就会产生人怨，产生人怨上天就会发怒，上天发怒就必然会发生灾害；发生灾害就会引起祸乱，祸乱一旦兴起，要想保全身家性命和美好名声就很少了！顺应天命，改朝换代之后，按理说可以维持七百年的兴盛国运，把江山遗留给子孙相承，传至万世。江山大业获得时艰难，却容易失去，能不认真考虑这个问题吗？"

【原文】是月，徵又上疏曰：

"臣闻求木之长者，必固其根本①；欲流之远者，必浚其泉源②；思国之安者，必积其德义。源不深而望流之远，根不固而求木之长，德不厚而思国之理，臣虽下愚，知其不可，而况于明哲乎！人君当神器之重③，居域中之大④，将崇极天之峻，永保无疆之休⑤。不念居安思危，戒奢以俭，德不处其厚，情不胜其欲，斯亦伐根以求木茂，塞源而欲流长者也。"

【注释】①固：巩固。②浚：疏通。③神器：指帝位、政权。④居域中之大：是占据天地

间的四大之一。《老子》上篇曰："道大，天大，地大，人亦大。域中有四大，而人居其一焉。"域中，指天地间。⑤无疆之休：指无穷无尽的美好日子。

【译文】本月，魏徵又上书说：

"我听说过，要想让树木长得好，必须使树木的根扎得牢固；要想让河水流得长远，必须疏通它的源头；要想使国家长治久安，就一定要积聚自己的道德仁义。河流的源头不深却希望河水流得长远，树木的根基不牢固却希望树木生长，道德不深厚却想使国家安定，我虽然十分愚笨，也知道那是不可能的，更何况明智的人呢？国君掌握国家大权，处于天地间至尊的地位，有至高无上的威严，应该永保无穷无尽的美好日子。但如果不能居安思危，不能力戒奢侈而提倡节俭，不能广积美德，不能节制情欲，要想达到这个目标，就像砍断树根而希望树木茂盛，堵塞源头而希望河水长流一样荒唐！"

政体篇第二

【题解】

《政体》篇的内容，除补充说明诸如坚守直道、灭私徇公、日慎一日、虽休勿休、正词直谏、裨益政教、惟欲清净、改革旧弊、从谏如流等君臣应当遵守的准则以外，着重说明唐太宗之所以能够实现"贞观之治"，很重要的一点是信用了魏徵及其提出的当行帝道王道的意见，即"圣哲施化，上下同心，人应如响，不疾而速，期月而可，信不为难，三年成功，犹谓其晚"这一有所作为的主张。李唐政权建立以后，李世民和魏徵等人讨论了如何汲取历史教训，提出"君依于国，国依于民"的重民思想，制定偃革兴文，布德施惠，居安思危，务实求治的施政方针，因而仅在两三年时间里，就达到了"关中丰熟，咸自归乡"，"商旅野次，无复盗贼，囹圄常空，马牛布野，外户不闭"的古昔未有的繁荣景象。唐太宗对出现的"贞观之治"，也认为在很大程度上要归功于魏徵，"惟魏徵劝我，既从其言，不过数载，遂得华夏安宁，远戎宾服"。太宗认为"天子者，有道则人推而为主，无道则人弃而不用，诚可畏也"，"君，舟也；民，水也。水能载舟，亦能覆舟"。这些名言寓意深刻，对后世影响极大。

【原文】贞观元年，太宗谓黄门侍郎王曰[①]："中书所出诏敕，颇有意见不同，或兼错失而相正以否。元置中书、门下[②]，本拟相防过误。人之意见，每或不同，有所是非，本为公事。或有护己之短，忌闻其失，有是有非，衔以为怨[③]。或有苟避私隙，相惜颜面，知非政事，遂即施行。难违一官之小情，顿为万人之大弊，此实亡国之政，卿辈特须在意防也。隋日内外庶官，政以依违而致祸乱，人多不能深思此理。当时皆谓祸不及身，面从背言，不以为患。后至大乱一起，家国俱丧，虽有脱身之人，纵不遭刑戮，皆辛苦仅免，甚为时论所贬黜。卿等特须灭私徇公，坚守直道，庶事相启沃，勿上下雷同也。"

【注释】①黄门侍郎：秦汉时本为君主近侍之官，属少府。魏晋以下沿置，与侍中同掌

侍从威仪，纠正违失。至唐玄宗天宝元年(742)，改称门下侍郎，员二人，为门下省长官侍中之副，同判省事。职掌祭祀、赞献、奏天下之祥瑞。王珪(570~639)：字叔玠，太原祁(今山西祁县)人，唐代初期著名的政治家。贞观二年(628)任侍中，进位宰相，成为与房玄龄、魏徵、杜如晦等齐名的唐初名相。他敢于直谏，惩恶扬善，为唐代初期的政治发挥了重要作用。②门下：本为门庭之下的意思。古代从皇帝到郡县长吏，均可适用。侍中等官本管皇帝门下众事，后形成官署门下省。唐曾改为东台、鸾台、黄门省等，旋复旧称。门下省原为皇帝的侍从机构，南北朝时权力逐渐扩大，北朝政出门下，成为中央政权机构的重心。隋唐时与中书省同掌机要，共议国政，并负责审查诏令，签署章奏，有封驳之权。其长官称侍中，或称纳言、左相、黄门监，皆因时而异。其下有黄门侍郎、给事中、散骑常侍、谏议大夫、起居郎等官。③衔：含着，这里指含恨在心。

【译文】贞观元年(627)，太宗对黄门侍郎王珪说："中书省所草拟颁发出的文告命令，门下省与其意见颇有不同，有时两省各有一些错误失当之处，但却又可以相互纠正。当初设置中书省、门下省的目的，就是为了相互防止发生过错失误。人们的意见常常会有不同，有正确的也有错误的，而本意都是为了办好公事。但有的人为了掩盖自己的短处，不愿听到别人指出自己的过失，听到别人议论他的是非，便含恨在心。有的人为了避免和别人产生私人恩怨，相互照顾脸面，明知有碍于政事的地方，仍马上施行。这种只为不违背一个官员的私情，却在顷刻间造成了危害千万百姓的大弊端，这实在是亡国的弊政，你们要特别注意防范。隋朝时，朝廷内外的官员都人云亦云，见风使舵，从而招致祸乱发生，人们往往不能深入思考其中的道理。当时大家都以为灾难不会落到自己头上来，当面说好话，背后搬弄是非，不觉得那样做会造成危害。到后来天下大乱，国破家亡，虽说有人能幸免于难，没有遭到刑戮，但也活得非常艰辛，还会深受社会舆论的谴责。所以你们身为大臣必须去除私欲，秉公办事，坚守正道，凡事都要相互讨论，互相启发，千万不要人云亦云。"

【原文】贞观五年，太宗谓侍臣曰："治国与养病无异也。病人觉愈，弥须将护[①]；若有触犯，必至殒命。治国亦然，天下稍安，尤须兢慎[②]，若便骄逸，必至丧败。今天下安危，系之于朕，故日慎一日，虽休勿休[③]。然耳目股肱[④]，寄于卿辈，既义均一体，宜协力同心，事有不安，可极言无隐。傥君臣相疑，不能备尽肝膈[⑤]，实为国之大害也。"

【注释】①弥：格外，更加。②兢慎：兢兢业业，小心谨慎。③虽休勿休：虽然做好了也不自夸。以示谦虚谨慎。④股肱：大腿和胳膊。这里与前面的"耳目"，都是比喻左右辅佐之臣。⑤备尽肝膈：做到推心置腹、坦诚相照。肝膈，比喻内心。

【译文】贞观五年(631)，太宗对身边的大臣们说："治国和养病的道理没有多大差别。当病人觉得病情有所好转时，就更加需要小心地调护；如果触犯调护禁忌，必然会导致死亡。治国也是这样，天下稍微安定的时候，尤其需要兢兢业业，小心谨慎。如果因此骄傲放纵，必然会招致衰乱覆亡。现在天下安危的责任全部维系在我一人身上，所以我一天比一天谨慎，即使有做得好的也不敢自夸。至于起耳目手足作用的就寄托在你们身

上，既然君臣之间的道义把我们联成一个整体，就应当同心协力，政事有处理不妥当的地方，就应当毫无保留地直言不讳。倘若君臣之间互相猜忌，不能做到推心置腹、肝胆相照，实在是治国的大祸害啊！”

【原文】贞观六年，太宗谓侍臣曰："看古之帝王，有兴有衰，犹朝之有暮[①]，皆为蔽其耳目，不知时政得失。忠正者不言，邪谄者日进[②]，既不见过，所以至于灭亡。朕既在九重[③]，不能尽见天下事，故布之卿等，以为朕之耳目。莫以天下无事，四海安宁，便不存意。'可爱非君，可畏非民[④]？'天子者，有道则人推而为主，无道则人弃而不用，诚可畏也。"

魏徵对曰："自古失国之主，皆为居安忘危，处理忘乱，所以不能长久。今陛下富有四海，内外清晏[⑤]，能留心治道，常临深履薄[⑥]，国家历数[⑦]，自然灵长。臣又闻古语云：'君，舟也；人，水也。水能载舟，亦能覆舟[⑧]。'陛下以为可畏，诚如圣旨。"

【注释】①朝：早晨。②邪谄：邪恶谄佞小人。③九重：这里指九重宫阙。皇帝深居九重宫阙，一般人不可达到。言外之意就是皇帝与外界隔绝，听不见百姓的声音。④可爱非君，可畏非民：语出《尚书·大禹谟》。百姓所爱戴的不是君王吗？君王所畏惧的不是百姓吗？⑤清晏：清平安定。晏，平静，安逸。⑥履薄：行走于薄冰上。喻身处险境，戒慎恐惧之至。⑦历数：指国家的气运。⑧"君，舟也"六句：语出《易经·系辞上》。意谓君主好比是船，百姓好比是水。水能够载船行走，也能把船掀翻。

【译文】贞观六年(632)，太宗对身边的大臣们说："纵观古代的帝王，总是有兴盛有衰亡，就好像有早晨就必定有黄昏一样，这都是因为他们的耳目受了遮蔽，不了解当时的政治得失。忠诚正直的人不敢直言劝谏，邪恶谄谀的人却一天天得到重用，国君看不见自己的过失，所以导致国破家亡。我既然身居九重深宫，不能看见天下发生的所有事情，所以安排你们作为我的耳目去了解真实情况。不要以为天下无事，四海安宁，就不在意。《尚书》中说：'百姓所爱戴的不是君王吗？君王所畏惧的不是百姓吗？'作为国君，圣明有道，百姓就会拥戴他为君主，如果昏庸无道，百姓就会将他抛弃而不拥戴他，这实在令人感到恐惧啊！"

魏徵回答说："自古以来的亡国之君，都是因为处在安定的环境里就忘记了覆亡的危险，处在盛世就忘记了乱世，所以不能长久地统治国家。如今陛下拥有天下，内外清平安定，能够留心治国安邦之道，常常如临深渊，如履薄冰，以这样的态度治理天下，国运自然会长久。我又听过这样的古语说：'君主好比是船，百姓好比是水；水能够载船行走，也能把船掀翻。'陛下认为百姓的力量可畏，实际情况确实是如您讲的那样！"

【原文】贞观九年，太宗谓侍臣曰："往昔初平京师，宫中美女珍玩，无院不满。炀帝意犹不足，征求无已，兼东西征讨，穷兵黩武[①]，百姓不堪，遂致亡灭。此皆朕所目见。故夙夜孜孜[②]，惟欲清净，使天下无事。遂得徭役不兴，年谷丰稔[③]，百姓安乐。夫治国犹如栽树，本根不摇则枝叶茂荣。君能清静，百姓何得不安乐乎？"

【注释】①黩武：滥用武力，好战。②夙夜孜孜：这里指夜以继日，孜孜不倦。夙，早晨。③丰稔：指庄稼成熟。形容年成好。

【译文】贞观九年(635),唐太宗对侍从的大臣们说:“当年隋朝刚刚平定京师,宫中的美女、奇珍玩物,没有一个宫院不是满满的。但隋炀帝还是不满足,横征暴敛搜求不止,再加上东征西讨,穷兵黩武,弄得百姓不堪忍受,于是导致了隋朝灭亡。这些都是我亲眼见到的。因此我每天从早到晚辛勤努力、孜孜不倦,只求清静无为,使天下不生事端。从而做到不兴徭役,五谷丰登,百姓安居乐业。治国就好比种树,只要树根稳固不动摇就能枝繁叶茂。君主能够做到清静少欲,百姓怎么会不安居乐业呢?”

【原文】贞观十六年,太宗谓侍臣曰:“或君乱于上,臣理于下;或臣乱于下,君理于上。二者苟逢,何者为甚?”

特进魏徵对曰:“君心理,则照见下非。诛一劝百,谁敢不畏威尽力?若昏暴于上,忠谏不从,虽百里奚、伍子胥之在虞、吴①,不救其祸,败亡亦继。”

太宗曰:“必如此,齐文宣昏暴②,杨遵彦以正道扶之得理③,何也?”

徵曰:“遵彦弥缝暴主④,救理苍生⑤,才得免乱,亦甚危苦。与人主严明,臣下畏法,直言正谏,皆见信用,不可同年而语也。”

【注释】①百里奚:姓百里,名奚,字井伯。生卒不详。《左传》里称他为“百里”,《史记》等书中称他为“百里傒”或“百里奚”。春秋时期楚国宛(今河南南阳)人,一说虞(今山西平陆北)人。春秋时秦国大夫。少时家境甚贫,颠沛流离,后出游诸国,到齐国,不被任用;又至周,仍不被任用;后被虞公任用为大夫,晋灭虞后被虏,作为陪嫁之臣被送往秦国,因秦穆公以媵臣待之,出走至宛,为楚人所执。后秦穆公闻其贤,用五张黑牡羊皮将其赎回,授以国政。称为五羖大夫。百里奚担任秦国宰相七年之久,“三置晋国之君”,“救荆州之祸”,“发教封内,而巴人致贡;施德诸侯,而八戎来服”。百里奚为秦国的国强民富,为秦穆公的霸业立下了不可磨灭的功绩,为秦国统一六国,为中国的统一奠定了基础。伍子胥(?~前484):名员,春秋时楚国人。性刚强,青少年时,即好文习武,勇而多谋。周景王二十三年(前522),因遭楚太子少傅费无忌陷害,父、兄为楚平王所杀,被迫出逃吴国,发誓必倾覆楚国,以报杀亲之仇。他逃至吴国,助吴王筑城练兵,发愤图强。吴王阖闾去世后,他扶助夫差即位,帮助夫差打败越国,并阻止夫差让勾践回国,谏劝夫差放弃攻打齐国而伐越。夫差听信伯嚭谗言,于公元前484年秋赐剑使伍子胥自刎。春秋末期吴国的兴亡,伍子胥举足轻重,其治国用兵,以务实为旨,远见卓识,谋略不凡。《汉书·艺文志》著录有《伍子胥》兵书十篇、图一卷,已亡佚。虞、吴:春秋时期的两个小国。②齐文宣:即高洋,字子进,高欢的第二子,高澄的同父同母兄弟。孝静帝武定八年(550)五月,高洋带兵回到邺城,在金虎台逼孝静帝让位,自己坐上了皇帝的宝座,改元天保,尊父亲高欢为神武皇帝,哥哥高澄为文襄皇帝,他自己成了齐文宣皇帝。在位期间励精图治,使北齐的面积大为增加。在位后期,生活荒淫,草菅人命。幸丞相主持朝政,“主昏于上,政清在下”,才不至于亡国。后病死,终年31岁。庙号显祖,谥文宣帝。③杨遵彦:名愔,字遵彦,小名秦王,弘农华阴(今陕西华阴)人。北齐时大臣,在文宣帝高洋手下很受重用。高洋代魏自立时,害死了魏孝静帝,把孝静帝的皇后、他的妹妹太原长公主许给了

杨遵彦，并累封他至开封王。高洋临终的时候，他的儿子高殷还只有十六岁，且个性软弱，他对后事颇为忧虑，便遗诏让杨遵彦等人为宰辅，辅助他儿子治理国家。④弥缝：弥补，补救，缝合缺陷。⑤苍生：指平民百姓。

【译文】贞观十六年(642)，太宗对身边的大臣们说："有时是君主在上面昏乱，臣子在下面精心治理；有时是君主在上面精心治理，臣子却在下面作乱。如果碰到这两种情况，哪一种更严重呢？"

特进魏徵回答道："君主有心治理好天下，就能洞察到臣下的过失。杀一儆百，谁还敢不畏惧君主的威严而尽力办事？如果君主在上面暴戾昏庸，不采纳臣下的劝谏，就像春秋时虞国、吴国，虽有百里奚、伍子胥这样的贤臣，也无法挽救国家的祸患，国破身亡也将随之而来。"

太宗说："如果必然是这样，那么北齐文宣帝昏庸残暴，杨遵彦却能用正确的方法辅佐他治理好北齐，这又是什么道理呢？"

魏徵回答道："杨遵彦弥补了暴君的过失，挽救了百姓，才使得北齐免于祸乱，但也是非常困苦的。这与君主廉正圣明，大臣畏惧法律，正确的谏言都被采纳的情况是不可同日而语的！"

任贤篇第三

【题解】

"任贤"即"任人唯贤"，是唐太宗一再强调的"为政之要，惟在得人"，"致安之本，惟在得人"的"任贤"主张。从某种意义上说，"贞观之治"就是任贤实践的结果。《任贤》篇包含八章，分别介绍了唐太宗最为信任的八贤：房玄龄、杜如晦、魏徵、王珪、李靖、虞世南、李勣、马周。他们有的是秦王府中的府属旧人，有的是来自敌对营垒的谋臣；有的出将入相，有的出身低微。有文有武，职位有高有低，从政有长有短，而共同点都是贞观功臣，在那个时代做出过重要贡献。作者在叙述他们的事迹时，既赞颂了唐太宗的知人善任、爱才重贤，也高度评价了这些功臣在创立和巩固唐王朝过程中所起的巨大作用。这里仅选了魏徵一节，我们从中可以看到贞观"任贤"政治的一斑。

【原文】魏徵，钜鹿人也[①]，近徙家相州之临黄[②]。武德末，为太子洗马[③]。见太宗与隐太子阴相倾夺，每劝建成早为之谋。

【注释】①钜鹿：地名。今河北平乡。②相州：北魏在邺城立相州，是为相州名称之始。公元580年，北周灭北齐，邺城被焚，邺民全部迁至安阳。安阳遂称相州，亦称邺郡。唐属河北道，沿用相州一名，在今河北临漳西南。临黄：在今河南安阳黄县西北。③洗马：官名。汉时为东宫官属，太子出则为前导，晋时改掌朝廷图籍，后代因袭之。

【译文】魏徵，河北钜鹿人，前不久又迁居到相州的临黄。武德末年，担任太子洗马。

当他看到太宗同隐太子李建成暗中争夺权力帝位时，常劝建成早做打算。

【原文】太宗既诛隐太子，召徵责之曰："汝离间我兄弟，何也？"众皆为之危惧。徵慷慨自若，从容对曰："皇太子若从臣言，必无今日之祸。"太宗为之敛容，厚加礼异，擢拜谏议大夫。数引之卧内，访以政术。徵雅有经国之才，性又抗直，无所屈挠。太宗每与之言，未尝不悦。徵亦喜逢知己之主，竭其力用。又劳之曰："卿所谏前后二百馀事，皆称朕意，非卿忠诚奉国，何能若是？"

【译文】太宗杀了隐太子后，把魏徵叫来责问他说："你为什么要离间我们兄弟？"当时大家都替魏徵担惊受怕，魏徵却慷慨自若，从容地回答说："皇太子如果听了我的话，肯定不会有今天的杀身之祸。"太宗听了后肃然起敬，对他分外以礼相待，并提升他为谏议大夫。曾多次把他请进卧室，向他请教治理国家的办法。魏徵素有治国的才能，性情又刚直不阿、不屈不挠。太宗每次和他交谈，从来没有不高兴的。魏徵也庆幸遇到赏识自己的国君，竭尽全力来为太宗效劳。太宗抚慰魏徵说："你所劝谏我的前后共有二百余起，都很符合我的心意。如果不是你忠诚为国，怎能这样？"

【原文】三年，累迁秘书监[①]，参与朝政。深谋远算，多所弘益。太宗尝谓曰："卿罪重于中钩[②]，我任卿逾于管仲[③]，近代君臣相得，宁有似我于卿者乎？"

【注释】①秘书监：官名。东汉廷熹二年(159)始置。属太常寺，典司图籍。后省。魏文帝又置，掌世文图籍，初属少府。晋初并入中书。晋永平时又置，并统著作局，掌三阁图书。宋与晋同。梁为秘书省长官，北朝亦置。隋炀帝时曾称秘书省令。唐高宗时曾改称太史，旋复旧，为秘书省的长官，主管国家的图书典籍。②中钩：指春秋时管仲射齐公子小白中其带钩事。齐襄公十二年(前686)，齐国动乱，公孙无知杀死齐襄王，自立为君，一年后，公孙无知又被杀，齐国一时无君。逃亡在外的公子纠和小白，都力争尽快赶回国内夺取君位。管仲为使纠当上国君，埋伏中途欲射杀小白，箭射在小白的铜制衣带钩上。小白装死，在鲍叔牙的协助下抢先回国，登上君位。他就是历史上有名的齐桓公。桓公即位，设法杀死了公子纠，也要杀死射了自己一箭的仇敌管仲。鲍叔牙极力劝阻，指出管仲乃天下奇才，要桓公为齐国强盛着想，忘掉旧怨，重用管仲。桓公接受了建议，接管仲回国，不久即拜为相，主持政事。管仲得以施展全部才华。③管仲(？～前645)：名夷吾，又名敬仲，字仲，春秋时期齐国著名的政治家，颍上(今安徽颍上)人。春秋时杰出的政治家、著名的军事家、军事改革家，以其卓越的谋略辅佐齐桓公成为春秋时第一个霸主。管仲的言论见《国语·齐语》。有《管子》一书传世。

【译文】贞观三年(629)，经过多次升迁，魏徵升任至秘书监，参与管理朝政大事。他深谋远虑，对治理国家有很多重大的帮助。太宗曾对他说："你曾有比管仲射中齐桓公带钩更大的罪过，而我对你的信任却超过了齐桓公对管仲的信任，近代君臣之间融洽相处，有像我和你这样的吗？"

【原文】六年，太宗幸九成宫[①]，宴近臣，长孙无忌曰[②]："王珪、魏徵，往事息隐，臣见之若仇，不谓今者又同此宴。"太宗曰："魏徵往者实我所仇，但其尽心所事，有足嘉者。朕能

擢而用之,何惭古烈?徵每犯颜切谏,不许我为非,我所以重之也。"徵再拜曰:"陛下导臣使言,臣所以敢言。若陛下不受臣言,臣亦何敢犯龙鳞、触忌讳也[③]。"太宗大悦,各赐钱十五万。

【注释】①九成宫:始建于隋文帝开皇十三年(593)二月,竣工于隋开皇十五年(595)三月,开始名叫"仁寿宫",是文帝的离宫。唐太宗贞观五年(631)修复扩建,更名为"九成宫"。②长孙无忌(?~659):字辅机。洛阳(今河南洛阳)人。其先祖为鲜卑族拓跋氏,后改姓长孙。隋时名将;妹为太宗皇后。无忌虽出于军事世家,却好学,善于谋划。他从小就和李世民亲善,太原起兵后,常从李世民征伐,参与机密。唐武德九年(626),李世民发动"玄武门之变",他是策划和组织者之一。唐太宗时任尚书右仆射、司空、司徒等职,封齐国公,又徙赵国公。与房玄龄等同为宰相。唐高宗时期,长孙无忌由于反对武则天擅权,与武氏结怨。后遭武氏以谋反罪名诬陷,全宗族或杀或流放,长孙无忌本人遭流放至黔州(今四川彭水),不久被迫自杀。贞观中,他和房玄龄主修《唐律》和《律疏》。永徽四年(653),《律疏》三十卷成,即现存的《唐律疏议》。③龙鳞:这里指君主。《韩非子·说难》:"夫龙之为虫也,柔可狎而骑也。然其喉下有逆鳞径尺,若人有撄之者则必杀人。人主亦有逆鳞,说者能无撄人主之逆鳞则几矣。"意谓龙作为一种动物,驯服时可以戏弄着骑它,但它喉下有一尺长的逆鳞片,假使有人动它的话,就一定会受到伤害。君主也有逆鳞,进说者能不触动君主的逆鳞,就差不多成功了。后因以"龙鳞"指君主。

【译文】贞观六年(632),太宗驾临九成宫,设宴招待亲近的大臣,长孙无忌说:"王珪、魏徵过去侍奉过隐太子李建成,我见到他们就像见到仇敌一样,想不到今天同在一起参加宴会。"太宗说:"魏徵过去确实是我的仇敌,但他能尽心尽力地来侍奉主子,有值得赞扬的地方。我能提拔重用他,和古代圣贤相比也毫无愧色吧?魏徵每次都能犯颜直谏,不许我做错事,这是我器重他的原因。"魏徵向太宗拜了两拜说:"陛下引导我进谏言,所以我才敢直言不讳。如果陛下不接受我的意见,我怎么还敢去违逆龙鳞、触犯忌讳呢?"太宗听了很是高兴,每人赐给十五万钱。

【原文】七年,代王为侍中,累封郑国公。寻以疾乞辞所职,请为散官[①]。太宗曰:"朕拔卿于仇虏之中,任卿以枢要之职[②],见朕之非,未尝不谏。公独不见金之在矿?何足贵哉?良冶锻而为器,便为人所宝。朕方自比于金,以卿为良匠。虽有疾,未为衰老,岂得便尔耶?"徵乃止。后复固辞,听解侍中,授以特进,仍知门下省事。

【注释】①散官:有官名而无固定职事之官。与职事官相对而言。《隋书·百官志下》:"居曹有职务者为执事官,无职务者为散官。"②枢要:指中央政权中机要的部门或官职。

【译文】贞观七年(633),魏徵取代王珪担任侍中,加封到郑国公。不多久因病请求辞去所任的官职,只做个闲职散官。太宗说:"我把你从仇敌中提拔起来,委任你中央枢要之职,你每次见到我有不对的地方,从来没有不加以劝谏的。你难道没有见过矿石中未曾提炼的金子吗?它有什么可宝贵的呢?如果遇上高明的冶炼工匠把它锻炼成器物,就

会被人们当作宝贝。我就好比是矿石中的金子,你就是从矿石中把金子提炼出来并锻造成器的高明工匠。你虽然有病,但还不算衰老,怎么就想到要辞职了呢?"魏徵听了只好作罢。后来魏徵又坚决要求辞职,太宗终于同意了他的意见,免去他侍中的职务,只挂个特进的散官头衔,仍然主持门下省事务。

【原文】十二年,太宗以诞皇孙,诏宴公卿。帝极欢,谓侍臣曰:"贞观以前,从我平定天下,周旋艰险,玄龄之功无所与让。贞观之后,尽心于我,献纳忠谠,安国利人,成我今日功业,为天下所称者,惟魏徵而已。古之名臣,何以加也?"于是亲解佩刀以赐二人。庶人承乾在春宫①,不修德业;魏王泰宠爱日隆②,内外庶寮③,咸有疑议。太宗闻而恶之,谓侍臣曰:"当今朝臣,忠謇无如魏徵④,我遣傅皇太子,用绝天下之望。"

【注释】①承乾:即李承乾,字高明,太宗长子。母亲是李世民的正室夫人长孙皇后。武德二年(619)生于承乾殿,故取名"李承乾"。八岁被立为太子,半辈子娇宠。武德三年(620)封恒山王,七年(624)徙封中山。太宗即位,为皇太子。贞观十七年(643)四月因谋逆被贬为庶人,囚禁于右领军。同年九月初将李承乾流放到黔州(今四川彭水)。两年后在黔州病死。②魏王泰(618~652):字惠褒,太宗第四子。少善属文,武德三年(620)封家都王,贞观二年(628)改封越王,徙封魏王。太宗以泰好士爱文学,特令就府别置文学馆,任自引召学士。贞观二十一年(647)进封濮王。唐太宗最初立长子李承乾为太子,后来又爱重第四子魏王李泰,李承乾由此产生了夺嗣之惧,企图发动政变刺杀李泰,没有成功,被废为庶人。唐太宗为防止身后发生兄弟仇杀的悲剧,贬魏王李泰,改立第九子晋王李治为太子,即以后的唐高宗。太宗晚年著《帝范》一书以教诫太子,其中总结了他一生的政治经验,也对自己的功过进行了评述。③庶寮:亦作"庶僚",即指百官。④忠謇:忠诚正直。这里指忠诚正直的人。

【译文】贞观十二年(638),太宗因为皇孙诞生,下诏宴请公卿大臣。太宗非常高兴,对群臣说:"贞观以前,跟随我平定天下,历尽了艰险困苦的,房玄龄的功劳最大,没有人能比得上的。贞观以后,对我竭尽心力,进献忠直之言,安国利民,使我能成就今日的功业,被天下人所称道的人,就只有魏徵一人。即使是古代的名臣,又怎么能超过他们呢?"于是,太宗亲手解下身上的佩刀,赐给二人。后来被废为庶人的皇太子李承乾在东宫不修养德行;魏王李泰日益受太宗宠爱,朝廷内外百官议论纷纷。太宗听说后非常厌恶,对身边的大臣们说:"当今的朝臣百官,论忠诚正直没有比得上魏徵的,我派他做皇太子的师傅,用来断绝天下人的想法。"

【原文】十七年,遂授太子太师①,知门下事如故。徵自陈有疾。太宗谓曰:"太子宗社之本,须有师傅,故选中正,以为辅弼。知公疹病,可卧护之。"徵乃就职。寻遇疾。徵宅内先无正堂,太宗时欲营小殿,乃辍其材为造,五日而就。遣中使赐以布被素褥,遂其所尚。后数日,薨。太宗亲临恸哭,赠司空,谥曰文贞。太宗亲为制碑文,复自书于石。特赐其家食实封九百户②。

【注释】①太子太师:是东宫三师(太子太师、太子太傅、太子太保)之一。辅导皇太

子的官员，一般以位高望重的大臣兼任，亦有专任者。从一品官。②食实封：谓受封爵并可实际享用其封户租赋。《资治通鉴·唐中宗景龙三年》："于时食实封者凡一百四十余家。"胡三省注："唐制：食实封者，得真户，户皆三丁以上，一分入国。开元定制，以三丁为限，租赋全入封家。"

【译文】贞观十七年(643)，任命魏徵做太子太师，仍然兼管门下省的政事。魏徵提出自己有病在身，难以胜任。太宗对他说："太子是宗庙社稷的根本，必须有好的师傅教导，因此要选择公正无私的人辅佐他。我知道你身体有病，你可以躺在床上来教导太子。"于是魏徵接受了太子太师的职务。不久魏徵得了重病。他原来住的宅院内没有正堂，太宗当时本想给自己建造一座小殿，因此就停下工来，把材料给魏徵造了正堂，五天就竣工了。又派宫中使节赐给魏徵布被和素色的褥子，以顺从他的喜好。几天以后，魏徵病逝。太宗亲自到他的灵柩前痛哭，追赠他为司空，赐谥号曰"文贞"。太宗亲自给他撰写碑文，并亲笔书写在石碑上。还特别赐给魏徵家属食实封九百户。

【原文】太宗后尝谓侍臣曰："夫以铜为镜，可以正衣冠；以古为镜，可以知兴替；以人为镜，可以明得失。朕常保此三镜，以防己过。今魏徵殂逝[①]，遂亡一镜矣！"因泣下久之。乃诏曰："昔惟魏徵，每显予过。自其逝也，虽过莫彰[②]。朕岂独有非于往时，而皆是于兹日？故亦庶僚苟顺，难触龙鳞者欤！所以虚己外求，披迷内省。言而不用，朕所甘心。用而不言，谁之责也？自斯已后，各悉乃诚。若有是非，直言无隐。"

【注释】①殂逝：逝世。②彰：明显，显著。

【译文】太宗后来常对身边的大臣们说："用铜来做镜子，可以端正衣冠；用历史来做镜子，可以知道朝代的兴衰更替；用人来做镜子，可以明白自己的得失。我经常注意保持这三面镜子，用来防止自己的过失。如今魏徵去世，我损失掉了一面镜子啊！"因此伤心得哭了很久。于是太宗下诏说："过去只有魏徵能经常指出我的过失。自从他去世后，我虽有过失，却没有人公开指出了。难道我只在过去有错误，而今天做事都是正确的吗？显然是臣子们对我苟且顺从，不敢来触犯龙鳞吧！因此我虚心征求他人意见，用以排除假象，反省自身。即便是所提意见我没有采纳，我愿承担责任。如果我准备接纳规谏而你们却不进言，这个责任谁来承担呢？从今以后，大家都要竭尽忠诚，如果有不同的意见，请你们直言劝谏，不要隐瞒。"

求谏篇第四

【题解】

《求谏》及下篇《纳谏》，记录了唐初君臣虚己外求、从谏如流的盛况，以及唐太宗求谏的嘉言美行，反映了唐初统治集团内部能够发表和听取不同意见，君主比较开明，君臣关系比较和谐的事实。《求谏》篇的主要内容是鼓励臣下提意见，是唐太宗用人思想的精

华。贞观年间，特别是贞观之初，恐人不言，导之使谏，这一兼听纳下的思想和行动，造成了谏诤蔚然成风、君臣共商国是的良好风气，是“贞观之治”中最引人瞩目的重要方面。唐太宗宣称：“君暗臣谀，危亡不远；朕今志在君臣上下各尽至公，共相切磋，以成治道。公等各宜务尽忠谠，匡救朕恶，终不以直言忤意，辄相责怒。”贞观第一位谏臣魏徵也说：“陛下导臣使言，臣所以敢言。若陛下不受臣言，臣亦何敢犯龙鳞、触忌讳也。”这对于一个专制帝王确实是难能可贵的。唐太宗能够做到求谏，是有他在认识论、君臣论等方面较为深刻的政治思想基础的。因而能从制度上保证广开言路，采取一些重要措施，如健全封驳制度、反对盲目顺旨、重视谏官作用，特别是诏令宰相入阁商议军国大事时，必须使谏官随入列席，以便他们对军国大政充分发表意见。唐太宗也因此而成为一个从谏如流、雄才大略的帝王君主。

【原文】太宗威容严肃，百僚进见者，皆失其举措。太宗知其若此，每见人奏事，必假颜色，冀闻谏诤[①]，知政教得失。贞观初，尝谓公卿曰：“人欲自照，必须明镜；主欲知过，必藉忠臣。主若自贤，臣不匡正，欲不危败，岂可得乎？故君失其国，臣亦不能独全其家。至于隋炀帝暴虐，臣下钳口[②]，卒令不闻其过，遂至灭亡，虞世基等寻亦诛死。前事不远，公等每看事有不利于人，必须极言规谏。”

【注释】①冀：希望。②钳口：以威胁、恐吓等方式限制他人言论。

【译文】太宗平时仪表庄重，面容严肃，前来晋见的百官，往往紧张得不知所措。太宗了解到这种情况后，每当看到有人前来奏事，总是和颜悦色，希望能够听到谏诤，从而了解到朝政的得失。贞观初年，太宗曾经对公卿大臣们说：“人要想看清自己的面貌，必须依靠明镜；国君要想知道自己的过失，就必须依靠忠臣。假如君主自以为圣明，臣下又不去纠正国君的过失，要想国家没有覆亡的危险怎么可能办得到呢？所以说君主丧失了他的国家，他的臣下也不可能独自保全自己家。至于像隋炀帝那样的残暴淫虐，臣下都把嘴闭起来不敢讲话，最终使他因为听不到自己的过失而导致灭亡，虞世基等人不久也被诛杀。前事不远，诸位以后每当看到事情有不利于百姓的，必须直言规劝谏诤。”

【原文】贞观元年，太宗谓侍臣曰：“正主任邪臣，不能致理；正臣事邪主，亦不能致理。惟君臣相遇，有同鱼水，则海内可安。朕虽不明，幸诸公数相匡救，冀凭直言鲠议[①]，致天下于太平。”谏议大夫王珪对曰：“臣闻木从绳则正，后从谏则圣[②]。故古者圣主必有争臣七人[③]，言而不用，则相继以死。陛下开圣虑，纳刍荛[④]，愚臣处不讳之朝，实愿罄其狂瞽[⑤]。”太宗称善。

【注释】①鲠议：刚直的议论。②“臣闻”两句：这是贤臣傅说告诫殷商高宗的话，以木工需“从绳而正”的道理，说明帝王对于谏诤不可不受。语出《伪古文尚书·说命》。③争臣：直言谏诤的大臣。“争臣七人”句语出《孝经·谏诤》。争，通“诤”，规谏。④刍荛：指割草打柴的人。⑤罄：用尽，消耗殆尽。狂瞽：愚妄无知。多用作自谦之辞。

【译文】贞观元年(627)，太宗对身边的大臣们说：“正直的君主任用了奸臣，就不可

能治理好国家;忠直的臣子侍奉昏庸的君主,也不可能治理好国家。只有正直的君主和忠直的大臣在一起,如鱼得水,那么天下就可以平安无事了。我虽然称不上贤明,幸亏有你们多次匡正补救过失,希望凭借你们的直言鲠议,使天下达到太平。”谏议大夫王珪回答道:“臣听说加工木材有了准绳的标线才能锯得正直,君主能够听从臣子的规谏就会变得圣明。所以古代圣明的君主,都设有诤臣七人,如果谏言不被采纳,就会相继以死谏诤。如今陛下广开思路,采纳臣民的建议,我处在这个无须忌讳的开明圣朝,真心愿意把愚昧之见都讲出来。”太宗听后很赞赏王珪的话。

【原文】太宗曰:“人君必须忠良辅弼,乃得身安国宁。炀帝岂不以下无忠臣,身不闻过,恶积祸盈,灭亡斯及。若人主所行不当,臣下又无匡谏,苟在阿顺,事皆称美,则君为暗主,臣为谀臣,君暗臣谀,危亡不远。朕今志在君臣上下,各尽至公,共相切磋,以成理道。公等各宜务尽忠谠,匡救朕恶,终不以直言忤意,辄相责怒。”

【译文】太宗说:“作为君主必须有忠良的大臣辅佐,才能得以身安国宁。隋炀帝难道不是因为手下没有忠臣,他又听不进别人劝谏,以致小祸累积酿成大祸,灭亡也就来临了。如果君主的所作所为不当,臣下又不能规劝纠正,一味阿谀顺从,事事称颂赞扬,这样的君主就是昏君,这样的大臣就是谀臣,君昏臣谀,国家危亡也就不远了。我现在的愿望是君臣上下各尽公心,有事相互协商切磋,因此实现太平治世。诸位务必忠于职守,直言敢谏,纠正、补救我的过失,我绝对不会因为直言规劝就发怒责备你们。”

【原文】贞观五年,太宗谓房玄龄等曰:“自古帝王多任情喜怒,喜则滥赏无功,怒则滥杀无罪。是以天下丧乱,莫不由此。朕今夙夜未尝不以此为心,恒欲公等尽情极谏。公等亦须受人谏语,岂得以人言不同己意,便即护短不纳?若不能受谏,安能谏人?”

【译文】贞观五年(631),太宗对房玄龄等人说:“自古以来帝王多是任情喜怒哀乐,高兴的时候就滥加奖赏,发怒的时候就滥杀无辜。所以天下的祸乱,没有一个不是由此而引起的。我现在日夜都把这件事放在心上,常常希望诸位对我极力劝谏。你们也要能接受别人规劝自己的话,怎么能因为别人的意见不合自己的心意,就顾忌自己的过失而不采纳别人的规劝呢?如果你自己不能接受别人的规劝,又怎么能去劝谏别人呢?”

【原文】贞观十五年,太宗问魏徵曰:“比来朝臣都不论事,何也?”徵对曰:“陛下虚心采纳,诚宜有言者。然古人云:‘未信而谏,则以为谤己;信而不谏,则谓之尸禄[1]。’但人之才器,各有不同。懦弱之人,怀忠直而不能言;疏远之人,恐不信而不得言;怀禄之人[2],虑不便身而不敢言。所以相与缄默,俯仰过日[3]。”

【注释】①尸禄:指空食俸禄而不尽其职,无所事事。②怀禄:贪恋爵禄。③俯仰:本指低头和抬头。引申为随便应付,左右周旋。

【译文】贞观十五年(641),太宗问魏徵说:“近来朝臣都不议论政事,这是为什么呢?”

魏徵回答说:“陛下一向虚心采纳臣下的意见,本来应当会有进谏的人。然而古人曾说过:‘不被信任的人进谏,会被认为是毁谤自己;信任的人而不进谏,就叫作空食俸禄而

不尽其职。'但是人的才能气度，各有不同。胆小怕事的人，心存忠直而不能进谏；被疏远的人，怕不信任而无法进谏；贪恋禄位的人，怕不利于自身而不敢进谏。所以大家沉默不言，应付着混日子。"

纳谏篇第五

【题解】

《纳谏》是《求谏》的姊妹篇，是记录唐初君臣虚己外求、从谏如流的盛况，反映了唐初统治集团内部能够发表和听取不同意见，君主比较开明，君臣关系比较和谐的事实。本篇内列举了一些唐太宗虚怀纳谏的具体事迹，说明一个专制社会中至高无上的皇帝，能够接受谏诤，改进政务的难能可贵。大臣们从忠君爱君的立场出发，希望唐太宗"须以欲从人，不可以人从欲"，而唐太宗也基本做到了这点。纵观贞观年间唐太宗的纳谏状况，诚如魏徵所言："贞观之初，恐人不言，导之使谏；三年已后，见人谏争，悦而从之；一二年来，不悦人谏，虽黾勉听受，而意终不平，谅有难色。"唐太宗也不能不承认："诚如公言，非公无能道此者。"虽然贞观初期与后期唐太宗在纳谏态度上也有所变化，但总的看来唐太宗还算是一个历史上能够纳谏的开明君主。

【原文】贞观二年，隋通事舍人郑仁基女[1]，年十六七，容色绝姝，当时莫及。文德皇后访求得之[2]，请备嫔御。太宗乃聘为充华[3]。诏书已出，策使未发。

魏徵闻其已许嫁陆氏，方遽进而言曰："陛下为人父母，抚爱百姓，当忧其所忧，乐其所乐。自古有道之主，以百姓之心为心，故君处台榭，则欲民有栋宇之安；食膏粱，则欲民无饥寒之患；顾嫔御，则欲民有室家之欢。此人主之常道也。今郑氏之女，久已许人，陛下取之不疑，无所顾问，播之四海，岂为民父母之道乎？臣传闻虽或未的，然恐亏损圣德，情不敢隐。君举必书，所愿特留神虑。"

魏徵像

【注释】①通事舍人：官名。掌诏命及呈奏案章等事。②文德皇后：即长孙皇后（601～636）。长安（今陕西西安）人。出生于官宦之家，父亲长孙晟，隋时官至右骁卫将军。从小爱好诗书，通达礼仪。十三岁嫁李世民为妻。唐朝建立后，被册封为秦王妃，李世民升储登基以后，被立为皇后。③充华：妃嫔称号。晋武帝置，为九嫔之末。

【译文】贞观二年（628），隋朝的通事舍人郑仁基的女儿，年方十六七岁，是个容貌极为美丽的绝代佳人，当时没有谁能比得上她。文德皇后寻访到后，请求太宗留在后宫作为嫔妃。于是太宗便聘她为充华。诏书已经发出，但册封的使者尚未动身。

魏徵听说这名女子早已许配给陆家，就急忙进谏说："陛下身为百姓的父母，爱抚百姓，就应该忧百姓所忧的事，乐百姓所乐的事。自古以来有道的君主，都是以百姓的心愿为自己的心愿的。所以君主身居楼台馆阁，就要让百姓也有房屋可以安身；君主进食膏粱鱼肉，就要让百姓不受饥饿的威胁；君主看到妃嫔宫女，就要想到百姓也有婚配成家的欢乐。这才是做君主的正常道理。如今郑家的女儿早已许配别人，陛下聘娶她时，竟不加考虑，也不曾询问。这件事如果传遍天下，哪里是君主为民父母的作为？虽然我听到的只是传闻，不一定确实，但唯恐损害陛下的名誉和圣德，所以不敢隐瞒。君主的一举一动都有史官记录，希望陛下要特别留心考虑。"

【原文】简点使、右仆射封德彝等[1]，并欲中男十八已上，简点入军。敕三四出，徵执奏以为不可。

德彝重奏："今见简点使云，次男内大有壮者。"

太宗怒，乃出敕："中男已上，虽未十八，身形壮大，亦取。"徵又不从，不肯署敕。

太宗召徵及王珪，作色而待之，曰："中男若实小，自不点入军。若实大，亦可简取。于君何嫌？过作如此固执，朕不解公意！"

徵正色曰："臣闻竭泽取鱼，非不得鱼，明年无鱼；焚林而畋，非不获兽，明年无兽。若次男已上尽点入军，租赋杂徭，将何取给？且比年国家卫士，不堪攻战，岂为其少，但为礼遇失所，遂使人无斗心。若多点取人，还充杂使，其数虽众，终是无用。若精简壮健，遇之以礼，人百其勇，何必在多？陛下每云，我之为君，以诚信待物，欲使官人百姓，并无矫伪之心。自登极已来，大事三数件，皆是不信，复何以取信于人？"

【注释】①简点使：唐代临时负责选拔士卒的官名。唐初，征十八岁以上中男入伍，置诸道简点使。简点，选定。

【译文】简点使、右仆射封德彝等人，都主张把年满十八岁以上未成壮丁的中男也征召入伍。为此事下了三四次敕文，魏徵上奏认为不可以实行。

封德彝重新上奏说："今天看到从事简点军士的官员说，在次男中也有很多身强体壮的人。"

太宗大怒，于是下令："中男以上，即使未满十八岁，只要身体强大的，亦可征召入伍。"魏徵又表示不同意，不肯签署敕令。

太宗将魏徵、王珪都招来，对他们板起面孔说："中男当中如果真是瘦小的，自然不能检点入军。如果身体强壮，也可以选拔入伍。这对你们有什么妨碍？为什么要这样固执，我真不了解你们是什么用意！"

魏徵严肃地回答说："臣听说，排尽池塘的水来捕鱼，不是捕不到鱼，而是明年就没有鱼可捕了；焚烧树林来捕猎，不是抓不到野兽，而是明年就没有野兽可打了。如果次男以上的男丁都检点入军，那么租赋杂役将靠谁来供给？而且近年来的士卒不能胜任攻城作战的要求，哪里是因为人数少，只是因为没有得到应有的礼遇，这就使他们失去了斗志。如果再多地征召士卒，让他们去充当杂役，士兵人数虽然增多了，但终究也没有什么用。

如果精心选拔身体健壮的成年男子，给他们应有的礼遇，人人都会勇气百倍，何必要那么多兵士？陛下常说：我做国君，以诚信待人，要使官吏、百姓都没有矫饰虚伪之心。但是自从陛下即位以来，有几件大事都是不守信用的，这又怎么能取信于人呢？”

【原文】贞观七年，蜀王妃父杨誉在省竞婢[①]，都官郎中薛仁方留身勘问[②]，未及与夺。其子为千牛[③]，于殿庭陈诉，云：“五品以上非反逆不合留身，以是国亲，故生节目[④]，不肯决断，淹历岁年。”

太宗闻之，大怒曰：“知是我亲戚，故作如此艰难。”即令杖仁方一百，解所任官。

魏徵进曰：“城狐社鼠皆微物[⑤]，为其有所凭恃，故除之犹不易。况世家贵戚，旧号难理，汉、晋以来，不能禁御；武德之中[⑥]，已多骄纵；陛下登极，方始萧然。仁方既是职司[⑦]，能为国家守法，岂可枉加刑罚，以成外戚之私乎！此源一开，万端争起，后必悔之，将无所及。自古能禁断此事，惟陛下一人。备豫不虞[⑧]，为国常道。岂可以水未横流，便欲自毁堤防？臣窃思度，未见其可。”

太宗曰：“诚如公言，向者不思[⑨]。然仁方辄禁不言，颇是专擅，虽不合重罪，宜少加惩肃。”乃令杖二十而赦之。

【注释】①蜀王：即李愔（？～667），唐太宗第六子，吴王李恪同母弟，贞观五年（631），封梁王，十年（636），改封蜀王、益州都督。②都官郎中：掌配没徒隶、簿录俘囚、公私良贱诉竞雪冤。留身：拘留人身。③千牛：即“千牛备身”的简称，禁卫武官。唐设置左右千牛卫，为禁军之一。④节目：本指树木枝干相接的地方或纹理纠结不顺的地方。这里比喻为枝节。⑤城狐社鼠：本指城墙上的狐狸，社庙里的老鼠。这里比喻依仗权势作恶，一时难以驱除的小人。⑥武德：唐高祖的年号（618～626），也是唐朝的第一个年号。⑦职司：职务，职责。⑧备豫不虞：防备意外。⑨向者：以往，从前。

【译文】贞观七年（633），蜀王李愔妃子的父亲杨誉在皇宫禁地追逐婢女，都官郎中薛仁方将他拘留并审问，还没来得及进行处理。杨誉的儿子是千牛卫武官，在殿廷上诉述说：“五品以上的官员，不是犯反叛罪的不应拘留，因为我父亲是皇亲国戚，薛仁方就故意节外生枝，不肯决断，拖延时日。”

太宗听了很生气地说：“明知是我的亲戚，还故意做如此的刁难！”当即下令打薛仁方一百杖，并免去他所担任的官职。

魏徵进谏说：“城墙下的狐狸和神社中的老鼠，都是些微不足道的小动物，因为它们有所依仗，要除掉它们还真不容易。何况世家贵戚历来就号称难以管理。汉、晋以来就不能控制禁止；武德年间很多皇亲国戚骄横放纵；陛下登基后他们才开始有所收敛。薛仁方既然担当主管官员，能为国家执法，怎能对他随便施加刑罚，以达到外戚挟私报复的目的呢？如果这个先例一开，以后各种事端都会接踵而来，到时后悔也来不及了。自古以来能禁止外戚骄纵的只有陛下一人。防备意外，是治国的常识。怎么能在河水尚未泛滥的时候，就想自己毁掉堤防呢？我私下认为，这种做法是不对的。”

太宗说："确实如你所说，先前我没有仔细考虑。但是薛仁方妄自拘留人而不申报，也很是专权，虽算不上是重罪，也应稍加惩罚。"于是下令打了薛仁方二十杖，免予解职处分。

【原文】贞观八年，左仆射房玄龄、右仆射高士廉于路逢少府监窦德素[①]，问北门近来更有何营造。德素以闻，太宗乃谓玄龄曰："君但知南衙事[②]，我北门少有营造，何预君事？"玄龄等拜谢。

魏徵进曰："臣不解陛下责，亦不解玄龄、士廉拜谢。玄龄既任大臣，即陛下股肱耳目，有所营造，何容不知？责其访问官司，臣所不解。且所为有利害，役功有多少，陛下所为若是，当助陛下成之，所为不是，虽营造，当奏陛下罢之。此乃君使臣、臣事君之道。玄龄等问既无罪，而陛下责之，臣所不解；玄龄等不识所守，但知拜谢，臣亦不解。"

太宗深愧之。

【注释】①高士廉（576~647）：名俭，以字显。李世民长孙皇后、长孙无忌的亲舅舅。高士廉对李世民极为器重，以致主动将长孙后许配给李世民。因得罪杨广，被发配岭南。随后中原大乱，被隔绝在外，直到李靖灭萧铣南巡时才得以回归。其人善行政、文学，为李世民心腹，参与玄武门之变的策划。贞观年间，任侍中、安州都督、益州大都督府长史、吏部尚书、尚书右仆射、同中书门下三品，封申国公。少府监：官名，是少府监的长官。少府，为专管宫廷修建工程的官署名。②南衙：宰相官署。唐代皇宫在长安城北面，中央的省、台、寺、监各官署都设在宫城之南，故称南衙或南司。

【译文】贞观八年（634），左仆射房玄龄、右仆射高士廉在路上遇到了少府监窦德素，问他皇宫北门近来又再营建些什么工程。窦德素将这件事报告给太宗，于是，太宗对房玄龄说："你只要管好南衙的事务就行了，我北门宫内稍有营建，跟你有什么关系？"房玄龄等人跪下谢罪。

魏徵进谏说："臣不明白陛下为什么要指责房玄龄、高士廉，也不明白房玄龄、高士廉为什么要谢罪。房玄龄既然是朝廷大臣，也就是陛下的股肱和耳目，宫内有所营建，他们怎么可以不知道呢？陛下指责他询问主管部门，臣不理解。况且所营建的房屋是有利还是有害，所使用的人工是多还是少，如果陛下决策得对，就应当协助陛下来完成；如果陛下决策得不对，即使已开始营造，也应当奏请陛下停工。这才是'君任用臣、臣侍奉君'的正道。房玄龄等询问此事既然没有过错，而陛下却加以责备，这是臣所不明白的；房玄龄等人不清楚自己的职守，只知道下拜谢罪，这也是臣所不理解的。"

太宗听后很是惭愧。

【原文】贞观十一年，所司奏凌敬乞贷之状[①]。太宗责侍中魏徵等滥进人。

徵曰："臣等每蒙顾问，常具言其长短[②]。有学识，强谏诤，是其所长；爱生活，好经营，是其所短。今凌敬为人作碑文，教人读《汉书》[③]，因兹附托，回易求利，与臣等所说不同。陛下未用其长，惟见其短，以为臣等欺罔，实不敢心服。"

太宗纳之。

【注释】①凌敬:初为窦建德的谋臣,失败后降唐。②长短:这里指长处和短处。③《汉书》:又称《前汉书》,我国第一部纪传体断代史,东汉班固撰。它的体例沿袭《史记》,但又有所创新,成为后世纪传体史书的范本;它的史料价值和文学价值也很高。主要记述汉高祖元年(前206)至王莽地皇四年(23)共二百三十年的史事,是继《史记》之后我国古代又一部重要史书。

【译文】贞观十一年(637),有关部门奏上凌敬向人借贷的文书。于是太宗责怪侍中魏徵等人当初滥荐人才。

魏徵回答说:"臣等每次承蒙陛下垂询,总是尽可能地将所举荐人的长处、短处都讲出来。凌敬这个人有学问识大体,敢于谏诤,这是他的长处;喜好生活享受,喜欢经营财物,这是他的短处。现在凌敬为别人撰写碑文,教人读《汉书》,由此拉上关系,交换牟利,这和臣等所介绍他的情况不正相同吗?陛下没有用他的长处,只看到他的短处,就认为臣等欺君瞒上,这实在不能使臣心服。"

太宗接受了这个意见。

君臣鉴戒篇第六

【题解】

《君臣鉴戒》篇重点是以历史为镜子,引用历史上的经验教训,说明"君臣本同治乱,共安危,若主纳忠谏,臣进直言,斯故君臣合契,古来所重"的道理。唐太宗要臣僚懂得"君失其国,臣亦不能独全其家"的利害关系,又从多方面引用历史故事,提请臣下注意竭尽为臣之道。魏徵等大臣也以历史鉴戒,要唐太宗做一位善始善终的有道明君,要他看清"首虽尊高,必资手足以成礼,君虽明哲,必藉股肱以致治"的道理。又引用孟子关于君臣关系的论述来告诫:"君视臣如手足,臣视君如腹心;君视臣如犬马,臣视君如国人;君视臣如粪土,臣视君如寇雠。"认为"臣之事君无二志,至于去就之节,当缘恩之厚薄"。文中强调,只要皇帝能以诚信待人,臣属才能尽忠尽职。

【原文】贞观三年,太宗谓侍臣曰:"君臣本同治乱,共安危,若主纳忠谏,臣进直言,斯故君臣合契[①],古来所重。若君自贤,臣不匡正,欲不危亡,不可得也。君失其国,臣亦不能独全其家。至如隋炀帝暴虐,臣下钳口,卒令不闻其过,遂至灭亡。虞世基等,寻亦诛死。前事不远,朕与卿等可得不慎,无为后所嗤!"

【注释】①合契:对合符契。古代早期的兵符、债券、契约多以竹木或金石制成,刻字后中剖为二,双方各执其一,两半对合则生效。这里引申为符合、投合。

【译文】贞观三年(629),太宗对身边的大臣们说:"君臣之间本应该同治乱,共安危,如果君主能够接纳忠诚的规谏,臣子敢于直言不讳,那就是君臣情投意合,这个是自古以来很受推重的。如果君主自以为是,臣子又不去进谏匡正,要想国家不危亡是不可能的。

君主丧失了国家,臣子也不能单独保全自己的家庭。至于像隋炀帝那样暴虐,臣子都闭口不言,终于使他听不到自己的过失,最后导致国破身亡。虞世基等人不久也被诛杀。此事距今不远,我与大家不能不谨慎行事,千万不要让后人讥笑啊!"

【原文】贞观六年,太宗谓侍臣曰:"朕闻周、秦初得天下,其事不异。然周则惟善是务[①],积功累德,所以能保八百之基。秦乃恣其奢淫,好行刑罚,不过二世而灭。岂非为善者福祚延长[②],为恶者降年不永[③]?朕又闻桀、纣,帝王也,以匹夫比之,则以为辱。颜、闵匹夫也[④],以帝王比之,则以为荣。此亦帝王深耻也。朕每将此事以为鉴戒,常恐不逮,为人所笑。"

魏徵对曰:"臣闻鲁哀公谓孔子曰[⑤]:'有人好忘者,移宅乃忘其妻。'孔子曰:'又有好忘甚于此者,丘见桀、纣之君乃忘其身。'愿陛下每以此为虑,庶免后人笑尔!"

【注释】①惟善是务:即惟务善事,只做好事。②福祚:福禄,福分。③降年不永:谓上天赐予人的年龄,寿命。不永:不能长久,不能永远。④颜:即颜回(前523~前490),春秋末鲁国(今山东曲阜)人。字子渊,一作颜渊,孔子的得意门人,以德行著称。闵:即闵损(前536~前487),字子骞,春秋末期鲁国人。孔子七十二弟子之一,以德行修养而著称,在这方面和颜渊齐名。⑤鲁哀公:即姬将,春秋诸侯国鲁国君主之一,是鲁国第二十六任君主。他是鲁定公的儿子,承袭鲁定公担任该国君主,在位27年。

【译文】贞观六年(632),太宗对身边的大臣们说:"我听说周朝、秦朝当初取得天下时,他们采取的方法并没有什么不同。然而周朝建国后只做好事,积累功德,所以能保持八百多年的基业。而秦朝却肆意骄奢淫逸,滥施刑罚,所以没有超过两代就灭亡了。这难道不正是做善事的福禄长久,而作恶的年寿不长吗?我又听说夏桀、商纣虽是帝王,但用普通百姓与他们相比,百姓也觉得是一种耻辱。颜回、闵子骞是普通百姓,用帝王与他们相比,帝王也会引以为荣。这也是帝王深感羞惭的事。我经常把这些事引以为戒,常担心自己的德行赶不上颜回、闵子骞,而被人耻笑。"

魏徵说:"臣曾听说鲁哀公对孔子说:'有一个健忘的人,在搬家时把他的妻子给忘了。'孔子说:'还有比这个人更健忘的,我看像夏桀、商纣这样的国君就把自己也给忘了!'希望陛下常想到这些事情,以免被后人耻笑。"

【原文】贞观十四年,特进魏徵上疏曰:

"臣闻君为元首,臣作股肱,齐契同心,合而成体。体或不备,未有成人。然则首虽尊高,必资手足以成体。君虽明哲,必藉股肱以致治。故《礼》云[①]:'民以君为心,君以民为体,心庄则体舒,心肃则容敬。'《书》云[②]:'元首明哉,股肱良哉,庶事康哉。''元首丛脞哉,股肱惰哉,万事堕哉。'然则委弃股肱,独任胸臆,具体成理,非所闻也。"

【注释】①《礼》:即《礼记》,是中国古代一部重要的典章制度书籍,是战国至秦汉年间儒家学者解释说明经书《仪礼》的文章选集,也可以说是关于中国古代礼乐文化的论著汇编。下文所引为《礼记·缁衣》篇里的内容。②《书》:也称为《尚书》,意为上代之书。它是我国第一部上古历史文件和部分追述古代事迹著作的汇编,书中保存了商周特别是

西周初期的一些重要史料。下文所引为《尚书·益稷》篇里的内容。

【译文】贞观十四年(640),特进魏徵上书说:

"臣听说君主就好像是人的头脑,臣子就好像是人的四肢,头脑和四肢协调一致,才能成为一个完整的人体。身体器官不完备,就不能成为一个完整的人。头脑虽然高贵重要,但必须借助四肢的配合,才能成为一个完整的人体。君主虽然英明,也必须借助大臣才能达到治理国家的目的。所以《礼记》中说:'百姓把君主看成是自己的心脏,君主把百姓看成是自己的躯体。内心庄重,身体才会舒坦;内心严肃,面容才会恭敬。'《尚书》中说:'君主英明,大臣贤良,诸事康宁!'又说:'君主琐碎,大臣懒惰,万事不成!'那么,把作为四肢的大臣抛开,只凭君主的独断专行,能治理好国家的,我从来没有听说过。

【原文】"夫君臣相遇,自古为难。以石投水,千载一合,以水投石,无时不有[①]。其能开至公之道,申天下之用,内尽心膂[②],外竭股肱,和若盐梅[③],固同金石者,非惟高位厚秩,在于礼之而已。昔周文王游于凤皇之墟,袜系解,顾左右莫可使者,乃自结之。岂周文之朝尽为俊乂[④],圣明之代独无君子者哉?但知与不知,礼与不礼耳!……《礼记》称:鲁穆公问于子思曰[⑤]:'为旧君反服,古欤?'子思曰:'古之君子,进人以礼,退人以礼,故有旧君反服之礼也。今之君子,进人若将加诸膝,退人若将坠诸渊。毋为戎首,不亦善乎,又何反服之礼之有?'……孟子曰:'君视臣如手足,臣视君如腹心;君视臣如犬马,臣视君如国人;君视臣如粪土,臣视君如寇雠。'虽臣之事君无二志,至于去就之节,当缘恩之厚薄。然则为人主者,安可以无礼于下哉!"

【注释】①"以石投水"四句:语出《文选·运命论》。意谓使石头顺从流水,千年才能偶然遇上一次;而让流水顺从石头,则时刻都在发生。比喻君臣之间的关系。"以石投水"比喻君臣互相投契,"以水投石"比喻臣言不为君主所听。②心膂:心思与精力。③和若盐梅:比喻君臣之间互相投契。语本《尚书·说命》"若作和羹,尔惟盐梅"。"盐""梅"都是古代的调味品。④俊乂:才德出众的人。⑤鲁穆公:即姬显,为春秋诸侯国鲁国的第二十九任君主。他是鲁元公的儿子,承袭鲁元公任该国君主,在位 33 年。子思:名孔伋,字子思,孔子之孙。生于东周敬王三十七年(前 483),卒于周威烈王二十四年(前 402),终年八十二岁。春秋战国时期著名的思想家。

【译文】"君臣互相知遇,自古以来就是很难得的。就像是要让石头顺从流水,千年才能遇上一次;而让流水顺从石头,则无时不有。君臣能够秉持大公无私的道义,尽展天下人才的作用,君主在内尽心尽力,大臣在外竭力辅佐,二者融洽得就像羹里的盐和梅,坚固得如同金石,达到这样的境界,不是仅靠高官厚禄,而是在于以礼相待。以前周文王巡游于凤凰之墟,袜子带开了,看看左右,没有一个可供使唤的人,就自己将袜带系上。难道周文王的朝代全是有贤德的人,而今圣明的时代就偏偏缺少君子吗?只是君臣间知遇或不知遇、待之有礼或无礼罢了!……《礼记》上记载,鲁穆公询问子思说:'被斥退的臣子为他原来的君主服丧服,符合古制吗?'子思说:'古代有德的君主,用人的时候以礼相待,斥退人的时候也是以礼相待,所以有被斥退的臣子为旧君服丧的礼制。现在的君主,

用人的时候就好像要把人抱在膝盖上，斥退人的时候就好像把人推入深渊。所以，被斥退的臣子不当戎首率兵来讨伐就不错了，哪里还有为旧君主服丧的礼节呢？”……孟子说：‘君主看待臣子如同手足，臣子就把君主视为腹心；君主看待臣子如同犬马，臣子就把君主视同路人；君主看待臣子如同粪土，臣子就把君主视为仇敌。’虽然臣子侍奉君主不能有二心，至于在决定去留的原则上，应当根据君主对自己恩德的厚薄来定。那么做君主的，怎么可以对待臣下无礼呢？

【原文】“《礼记》曰：‘爱而知其恶，憎而知其善。’若憎而不知其善，则为善者必惧。爱而不知其恶，则为恶者实繁。《诗》曰：‘君子如怒，乱庶遄沮[①]。’……《书》曰：‘抚我则后，虐我则雠。’荀卿子曰[②]：‘君，舟也。民，水也。水所以载舟，亦所以覆舟。’故孔子曰：‘鱼失水则死，水失鱼犹为水也。’”

【注释】①乱庶遄沮：祸乱就会迅速终止。庶，差不多。遄，快，迅速。沮，阻止，终止。②荀卿子：即荀况（约前313~前238），号卿。战国时赵国猗氏（今山西安泽）人。他是战国末期儒家学派中的大师，是我国古代杰出的唯物主义思想家、教育家。早年曾游学于齐国，广泛接触各派学说。到过秦国、燕国，回过赵国。韩非、李斯都是他的学生。因为德高望重，曾三次被推为祭酒。晚年到楚国，春申君黄歇任他为兰陵（今山东苍山）令。失官后家居著书，死后葬于兰陵。

【译文】“《礼记》中说：‘自己喜爱的人，要知道他们的缺点；自己憎恨的人，要知道他们的优点。’如果憎恨一个人就看不到他的优点，那么做善事的人一定会感到恐惧；如果喜爱一个人，就看不到他的缺点和错误，那么做坏事的人就会增多。《诗经》中说：‘如果君主对谗佞的小人怒责，作乱的事大概很快就会停止。’……《尚书》中说：‘抚爱我的就是我的君主，虐待我的就是我的仇敌。’荀子说：‘君主，好比是船；百姓，好比是水。水可以浮载船，但也可以使船翻。’所以孔子说：‘鱼失去水就会死亡，水失去鱼依然是水。’”

【原文】“夫委大臣以大体[①]，责小臣以小事，为国之常也，为治之道也。今委之以职，则重大臣而轻小臣；至于有事，则信小臣而疑大臣。信其所轻，疑其所重，将求至治，岂可得乎？又政贵有恒，不求屡易。今或责小臣以大体，或责大臣以小事；小臣乘非所据，大臣失其所守；大臣或以小过获罪，小臣或以大体受罚。职非其位，罚非其辜，欲其无私，求其尽力，不亦难乎？小臣不可委以大事，大臣不可责以小罪。任以大官，求其细过，刀笔之吏[②]，顺旨承风，舞文弄法，曲成其罪。自陈也，则以为心不伏辜[③]；不言也，则以为所犯皆实。进退惟谷，莫能自明，则苟求免祸。大臣苟免，则谲诈萌生；谲诈萌生，则矫伪成俗；矫伪成俗，则不可以臻至治矣！”

【注释】①大体：重要的义理。这里指大事、重任。②刀笔之吏：指代办文书的小吏。刀笔，指刀和笔，都是古时在竹简上写字、改字的工具。③伏辜：服罪。

【译文】“把大事委托给大臣，把小事责成给小臣，这是治国的常理，也是处理朝政的正确方法。现在委任职官时，重视大臣而轻视小臣；到有事情时，却信任小臣而猜疑大臣。这是信任自己所轻视的，怀疑自己所重视的，用这种方法想求得太平盛世，怎么可能

实现呢？再者朝政贵在稳定，不能贪求多变。现在有时责成小臣去办大事，有时又责成大臣去办小事；小臣处在他不该占据的位置，而大臣却又失去应有的职守；大臣或者因为小错而获罪，小臣或者因为大事而受罚。这样职非其位，而罚非其罪，要想让他们没有私心，竭诚尽力，不是很难的吗？小臣不能委任以大事，大臣不能因小错而责罚。将国家大事委任给大臣，而又苛求其小过，这样代办文书的小吏就会顺着陛下的旨意，舞文弄法，曲成其罪。如果大臣为自己辩解表白，就认为他是不肯服罪；如果不辩解表白，就以为所犯都是事实。真是进退两难，不能自己辩明冤屈，于是只好苟且免祸。大臣采取苟且免祸的态度，谲诈的念头就会滋生；一旦谲诈的念头滋生，就会虚伪成风；如果虚伪成风，就难以达到天下太平了！”

【原文】“又委任大臣，欲其尽力，每官有所避忌不言，则为不尽。若举得其人，何嫌于故旧；若举非其任，何贵于疏远？待之不尽诚信，何以责其忠恕哉？臣虽或有失之，君亦未为得也。夫上之不信于下，必以为下无可信矣；若必下无可信，则上亦有可疑矣！《礼》曰：‘上人疑则百姓惑，下难知则君长劳。’上下相疑，则不可以言至治矣。”

【译文】“再者，委任大臣，是想要他们尽心为国，但每当委任大臣时却有所顾忌而不敢直言，这就是不尽心。如果举荐的人适当，何必因故人旧友而避嫌；如果举荐的人不当，何必以关系疏远的人而为贵？对待大臣不诚心诚意，又怎能要求他们对自己忠诚呢？臣子就算偶然有所过失，君主也不能这样对待他们。君主对臣下不信任，一定会认为臣下没有可信任之处；如果臣下确实没有什么可信任的，那么君主也就值得怀疑了！《礼记》中说：‘君主多疑，百姓就会疑惑；对臣下不了解，君主就会忧心忡忡。’上下相互猜疑，就根本谈不上天下大治了。”

择官篇第七

【题解】

《择官》篇主要是进一步阐述了唐太宗“致安之本，惟在得人”的思想和具体办法，记录了唐初“任官唯贤才”，知人善用，重视地方官人选等情况。一是要求主管大臣要把择官用人作为大事来处理。“公为仆射，当助朕忧劳，广闻耳目，求访贤哲”。一是要妥善办理从中央到地方的各级官吏的选拔和管理。“朝廷必不可独重内官，外刺史、县令，遂轻其选。所以百姓未安，殆由于此”，“朕居深宫之中，视听不能及远，所委者惟都督、刺史，此辈实治乱所系，尤须得人”。一是要讲求质量，务求称职。提出了官不在多，量才授职，宁缺毋滥的思想。“当须更并省官员，使得各当所任，则无为而理矣”。“乱世惟求其才，不顾其行。太平之时，必须才行俱兼，始可任用”。任人唯贤是“贞观之治”的一项重要内容，也是“贞观之治”赖以实现的基本保证。本篇比较全面地反映了贞观时期以德行为重的择官原则。

【原文】贞观元年,太宗谓房玄龄等曰:"致治之本,惟在于审。量才授职,务省官员。故《书》称:'任官惟贤才。'又云:'官不必备,惟其人。'若得其善者,虽少亦足矣;其不善者,纵多亦奚为?古人亦以官不得其才,比于画地作饼,不可食也。《诗》曰:'谋夫孔多[①],是用不就。'又孔子曰:'官事不摄[②],焉得俭?'"

【注释】①孔多:很多。②摄:代理。

【译文】贞观元年(627),太宗对房玄龄等大臣说:"治国的根本,关键在于审察官吏。根据才能授予适当的官职,务必精简官员。所以《尚书》中说:'任用官员惟选贤才。'又说:'官员不一定要齐备,只要任人得当。'如果得到不好的官员,人数虽少也足够用了;如果得到不好的官员,人数再多又有什么用呢?古人也把没有选到适当的人才,比作在地上画饼,那是不能吃的。《诗经》中说:'谋划者中庸人多,所以事情办不成。'而且孔子也说:'做官的人一身不能兼二职,怎能谈得上节俭?'"

【原文】贞观三年,太宗谓吏部尚书杜如晦曰:"比见吏部择人,惟取其言词刀笔,不悉其景行[①]。数年之后,恶迹始彰,虽加刑戮,而百姓已受其弊。如何可获善人?"

如晦对曰:"两汉取人,皆行著乡闾[②],州郡贡之,然后入用,故当时号为多士。今每年选集,向数千人,厚貌饰词[③],不可知悉,选司但配其阶品而已[④]。铨简之理[⑤],实所未精,所以不能得才。"

【注释】①景行:崇高的德行。②乡闾:古以二十五家为闾,一万二千五百家为乡,因以"乡闾"泛指民众聚居之处。③厚貌饰词:伪装忠厚。④选司:旧时主管铨选官吏的机构。阶品:官吏的等级品位。⑤铨简:考量选拔。

【译文】贞观三年(629),太宗对吏部尚书杜如晦说:"近来见吏部选拔官员,只按他的口才文笔来录取,而不全面考察其德行。数年之后,有些人的劣迹才开始暴露,虽然对他们加以刑杀,但百姓已深受其害。如何才能挑选出好的人才呢?"

杜如晦回答说:"两汉时选拔的人才,都是德行称著于乡间和闾里的人,由州郡将他们举荐给朝廷,然后才录用,所以当时号称人才济济。现在每年选拔官员,候选者云集多达数千人,这些人伪装忠厚,掩饰其词,不可能完全地了解他们,主管铨选官吏的机构只能做到授予他们一定的等级品位而已。考量选拔的方法实在不够精密,所以得不到真正的人才。"

【原文】贞观六年,太宗谓魏徵曰:"古人云,王者须为官择人,不可造次即用[①]。朕今行一事,则为天下所观;出一言,则为天下所听。用得正人,为善者皆劝;误用恶人,不善者竞进。赏当其劳,无功者自退;罚当其罪,为恶者戒惧。故知赏罚不可轻行,用人弥须慎择。"

徵对曰:"知人之事,自古为难,故考绩黜陟[②],察其善恶。今欲求人,必须审访其行。若知其善,然后用之。设令此人不能济事,只是才力不及,不为大害。误用恶人,假令强干,为患极多。但乱代惟求其才,不顾其行。太平之时,必须才行俱兼,始可任用。"

【注释】①造次:仓促,匆忙。②考绩黜陟:考核官吏,按其政绩好坏以定升降。黜陟,

指人才的进退,官吏的升降。

【译文】贞观六年(632),太宗对魏徵说:“古人说,君主必须根据官职来选择合适的人才,决不可匆忙任用。我现在每做一件事,就被天下人看得到;每说一句话,就被天下人听得到。任用了正直的人,干好事的人就会得到劝勉;任用了坏人,不干好事的人就会竞相钻营。奖赏要与功绩相当,没有功绩的人就会自动退避;惩罚要与罪过相称,作恶的人就会有所戒惧。由此可知赏罚不可随便使用,用人更加应该慎重选择。”

魏徵回答说:“真正了解一个人的事,自古以来就是很难的,所以用考察政绩的办法来决定官职的升降,来观察人的善恶。现在要访求人才,必须慎重地考察他的品行。如果了解到他品行好,然后才可任用。即使他办的事并不成功,那也只是因为他的才干和能力达不到,不会造成大的危害。如果误用了品质恶劣的人,即使他精明强干,危害也就极大。但在天下混乱时,往往只要求他的才能,顾不上他的品行。天下太平时,必须是德才兼备的人方才可以任用。”

【原文】贞观十一年,侍御史马周上疏曰:“理天下者,以人为本。欲令百姓安乐,惟在刺史、县令。县令既众,不能皆贤,若每州得良刺史,则合境苏息①。天下刺史悉称圣意,则陛下可端拱岩廊之上②,百姓不虑不安。自古郡守、县令皆妙选贤德,欲有迁擢为将相,必先试以临人③,或从二千石入为丞相及司徒、太尉者④。朝廷必不可独重内官,外刺史、县令,遂轻其选。所以百姓未安,殆由于此。”

【注释】①苏息:休养生息。②岩廊:高峻的廊庑。借指朝廷。③临人:治民。这里指地方官员。④二千石:汉制。郡守俸禄为二千石,即月俸百二十斛。世因称郡守为“二千石”。丞相:官名。中国古代皇帝的股肱。典领百官,辅佐皇帝治理国政,无所不统。丞相制度起源于战国。唐、宋以后尚书省或中书省有时设左、右丞相,相当于原来的尚书左右仆射,位居尚书令或中书令之次,握有实权。司徒:上古官名。相传尧、舜时已经设置,主管教化民众和行政事务。夏、商、周时期,朝廷都设有司徒官,为“六卿”之一,称为地官大司徒,职位相当于宰相。春秋时列国也多设有这个职位。太尉:官名。秦代始设,为全国军政首脑。汉武帝时改称大司马。历代多沿置,但渐成加官,无实权。后成为对武官的尊称。

【译文】贞观十一年(637),侍御史马周上书说:“治理天下的人必须以人为本。要想让百姓安居乐业,关键在于选用好刺史和县令。县令的人数太多,不可能都贤能,如果每州能选得一个贤能的刺史,那么整个州郡内的百姓就都能得到休养生息。全国的刺史如果都能使陛下称心如意,那么陛下就可以拱手端坐在朝廷之上,不用担心百姓不能安居乐业。自古以来,郡守和县令都要精心选拔那些有贤德的人来担任,打算提升做大将或宰相的人,必定先让他们试做地方官,或者就从郡守中选拔入朝担任丞相及司徒、太尉。朝廷不能只重视内臣的选拔,而把刺史和县令置之度外,就轻易决定刺史和县令的人选。百姓之所以不能够安居乐业,原因大概就在这里。”

【原文】贞观十一年,治书侍御史刘洎以为左右丞宜特加精简,上疏曰:“臣闻尚书万

机，实为政本，伏寻此选，授受诚难。是以八座比于文昌[①]，二丞方于管辖[②]，爰至曹郎[③]，上应列宿[④]，苟非称职，窃位兴讥。伏见比来尚书省诏敕稽停，文案壅滞。臣诚庸劣，请述其源。贞观之初，未有令、仆，于时省务繁杂，倍多于今。而左丞戴胄，右丞魏徵，并晓达吏方，质性平直，事应弹举，无所回避。陛下又假以恩慈，自然肃物。百司匪懈，抑此之由。及杜正伦续任右丞[⑤]，颇亦厉下。

"比者纲维不举[⑥]，并为勋亲在位，器非其任，功势相倾。凡在官寮，未循公道，虽欲自强，先惧嚣谤。所以郎中予夺，惟事谘禀；尚书依违，不能断决。或惮闻奏，故事稽延，案虽理穷，仍更盘下。去无程限，来不责迟，一经出手，便涉年载。或希旨失情，或避嫌抑理。勾司以案成为事了，不究是非；尚书用便僻为奉公[⑦]，莫论当否。互相姑息，惟事弥缝。且选众授能，非才莫举，天工人代[⑧]，焉可妄加？至于懿戚元勋[⑨]，但宜优其礼秩，或年高耄及，或积病智昏，既无益于时宜，当置之以闲逸。久妨贤路，殊为不可。将救兹弊，且宜精简。尚书左右丞及左右郎中，如并得人，自然纲维备举，亦当矫正趋竞，岂惟息其稽滞哉！"

【注释】①八座：亦作"八坐"，封建时代中央政府的八种高级官员。历朝制度不一，所指不同。隋唐以六尚书、左右仆射及令为"八座"。文昌：即"文昌帝君"，亦称梓潼帝君。道教神名。唐宋时封王，元时封为帝君，掌人间功名、禄位事。②二丞：指尚书左丞、右丞。管：钥匙。辖：插在轴端孔内的车键，使车轮不会脱落。③曹郎：即部曹。部属各司的官吏。④列宿：众星宿。⑤杜正伦（？~659）：相州洹县（今河北临漳西南）人。隋仁寿中，与兄正玄、正藏均以秀才擢第。善文章，通佛经。任羽骑尉。入唐，直秦王府文学馆。贞观初，以魏徵荐，擢授兵部员外郎。累迁至中书侍郎。⑥纲维：总纲和四维。比喻法度。⑦便僻：谄媚逢迎。⑧天工人代：谓天的职司由人代替执行。⑨懿戚：指皇亲国戚。

【译文】贞观十一年（637），治书侍御史刘洎认为尚书省左、右丞应该特别精心选任。他向太宗上书说："臣听说尚书省日理万机，确实是政府最重要的部门，寻求适当的人来主持这个部门确实很难。所以人们把尚书省的八座比作天上的文昌宫内的众星，左右二丞比作是锁管和插在轴端孔内的车键，各部的曹官，也都与上天的星宿对应，如果不称职，就会招来窃居要职的讥评。我看到近来尚书省内诏书敕令稽留停滞不迅速执行，文件堆积案头。我虽庸劣无能，也请让我讲一讲这种现象的原因。贞观初年，尚书省内没有设置尚书令、左右仆射的职务，当时省内公务繁杂，事情比现在多一倍。而当时的尚书左丞戴胄、右丞魏徵，都深知管理官吏和处理政事的方法，品性又公平正直，凡遇到应该弹劾举报的事情，他们从不回避。陛下对他们又格外地信任和爱护，自然能整肃纲纪。各个部门之所以不敢懈怠，就是任人得当的缘故。到杜正伦继任右丞的时候，他也能够对下面严格要求。

"近来之所以纲纪不整，都是由于功勋国戚占据了位置，他们的才能不能胜任职务，只是凭借功勋权势相互倾轧。其他在职的官员，也不能秉公办事，他们虽然也想自强振

作,但是首先想到的是害怕受到流言蜚语的诽谤。所以郎中裁决事情时,只是报请上级处理;各部尚书也模棱两可,不能决断。有的人害怕向皇上奏明,也故意拖延,有些案件虽已弄得很清楚,仍然盘问下属。公文发出没有期限,回复迟了也不责备,事情一经交办,就拖上成年累月。有的只为迎合上边的旨意而不惜违背实际情况,有的为避免嫌疑而不管是否在理。办案部门只求结案了事,而不追究是非;尚书把谄媚逢迎作为办事的标准,也不管他对错。他们上下互相姑息,有了问题便极力掩盖弥合。选拔人才应该从众人中选拔有才能的授予,没有才能的就不应举荐,官吏是代替上天做事,怎能胡乱授予?至于国戚皇亲和国家元勋,只能给他们优厚的礼遇,有的人年高老耄,有的人久病智衰,既然已不能再为当今做出贡献,就应当让他们休闲养逸安度晚年。如果还让他们长期在位阻碍进用贤能的仕途,这是极不恰当的。为纠正这类弊端,应先精心挑选官员。尚书左、右丞和左、右郎中的人选,如果这些职位都用上称职的人,自然就能纲举目张,也能够纠正那些歪门邪道、投机钻营的歪风,这岂止是解决办事拖拉的问题啊!"

【原文】贞观十四年,特进魏徵上疏曰:

"臣闻知臣莫若君,知子莫若父。父不能知其子,则无以睦一家;君不能知其臣,则无以齐万国。万国咸宁,一人有庆,必藉忠良作弼[1]。俊乂在官,则庶绩其凝[2],无为而化矣。……然今之群臣,罕能贞白卓异者,盖求之不切,励之未精故也。若勖之以公忠,期之以远大,各有职分,得行其道。贵则观其所举,富则观其所与,居则观其所好,习则观其所言[3],穷则观其所不受,贱则观其所不为。因其材以取之,审其能以任之,用其所长,掩其所短。进之以六正,戒之以六邪[4],则不严而自励,不劝而自勉矣。

【注释】①弼:辅弼,辅助,帮助。②庶绩:各种事业。凝:聚集。此句意谓各种事业才能成功。③习:近习(亲信、亲近)的意思。指君主宠爱亲信的人。④六正、六邪:西汉光禄大夫刘向著有《说苑》一书,其中谈到为官之道时,把官员分为"六正""六邪"十二类。"六正"为"圣臣""良臣""忠臣""智臣""贞臣""直臣";"六邪"为"具臣""谀臣""奸臣""谗臣""贼臣""亡国之臣"。

【译文】贞观十四年,特进魏徵上疏说:

"臣听说,知臣莫若君,知子莫若父。父亲如果不了解儿子,就无法使一家和睦;君主如果不了解臣子,就不能使天下一统。天下安宁,君主坐在朝廷上受万民朝拜,必须要依靠忠臣良将的辅佐。有贤能的人在朝做官,各种事业才能成功,君主不必操劳天下就可无为而治。……然而现在的群臣当中,很少有正直清白、才能卓越的人,大概是对他们要求得不严,磨砺得不够的缘故吧。如果用公正无私、忠心报国来勉励他们,用树立远大理想来要求他们,使他们各有职责,各自施展其才能并实行他们的主张。显贵时要观察他们所举荐的人,富裕时要观察他们所蓄养的门客,闲居时要观察他们喜好什么,亲近时要观察他们所说的话,穷困时要观察他们不屑接受的东西,贫贱时要观察他们不屑去做的事情。根据他们的才能选拔他们,考察他们的能力任用他们,发挥他们的长处,回避他们的短处。用'六正'来引导他们上进,用'六邪'来使他们警戒,这样,即使不严格要求,他

们也会刻苦自励；用不着规劝，他们也能努力自勉。”

【原文】“故《说苑》曰[①]：人臣之行，有六正、六邪。行六正则荣，犯六邪则辱。何谓六正？一曰，萌芽未动，形兆未见，昭然独见存亡之机，得失之要，预禁乎未然之前，使主超然立乎显荣之处，如此者，圣臣也。二曰，虚心尽意，日进善道，勉主以礼义，谕主以长策，将顺其美，匡救其恶，如此者，良臣也。三曰，夙兴夜寐，进贤不懈，数称往古之行事，以励主意，如此者，忠臣也。四曰，明察成败，早防而救之，塞其间，绝其源，转祸以为福，使君终以无忧，如此者，智臣也。五曰，守文奉法，任官职事，不受赠遗，辞禄让赐，饮食节俭，如此者，贞臣也。六曰，国家昏乱，所为不谀，敢犯主之严颜，面言主之过失，如此者，直臣也。是谓六正。何谓‘六邪’？一曰，安官贪禄，不务公事，与代浮沉，左右观望，如此者，具臣也。二曰，主所言皆曰善，主所为皆曰可，隐而求主之所好而进之，以快主之耳目，偷合苟容，与主为乐，不顾其后害，如此者，谀臣也。三曰，内实险[②]，外貌小谨，巧言令色，妒善嫉贤。所欲进则明其美、隐其恶，所欲退则明其过、匿其美，使主赏罚不当，号令不行，如此者，奸臣也。四曰，智足以饰非，辩足以行说，内离骨肉之亲，外构朝廷之乱，如此者，谗臣也。五曰，专权擅势，以轻为重，私门成党，以富其家，擅矫主命，以自贵显，如此者，贼臣也。六曰，谄主以佞邪，陷主于不义，朋党比周，以蔽主明，使白黑无别，是非无间，使主恶布于境内，闻于四邻，如此者，亡国之臣也。是谓六邪。贤臣处六正之道，不行六邪之术，故上安而下理。生则见乐，死则见思，此人臣之术也。《礼记》曰：‘权衡诚悬，不可欺以轻重；绳墨诚陈，不可欺以曲直；规矩诚设，不可欺以方圆；君子审礼，不可诬以奸诈。’然则臣之情伪，知之不难矣。又设礼以待之，执法以御之，为善者蒙赏，为恶者受罚，安敢不企及乎？安敢不尽力乎？

【注释】①《说苑》：西汉刘向撰。原二十卷，后仅存五卷，经宋曾巩搜辑，复为二十卷。内分君道、臣术、建本、立节等二十门，分类纂辑先秦至汉代史事传说，内容多哲理深刻的格言警句，杂以议论，叙事意蕴讽喻，故事性颇强，借以阐明儒家的政治思想和伦理观念，是一都富有文学意味的重要文献。②险 ：亦作“险陂”，阴险邪僻。

【译文】“所以《说苑》里讲：臣子的行为有六正、六邪两类。按照六正去做，就会光荣；犯了六邪的毛病，就会可耻。什么是六正呢？第一是，当事情的端倪还没有萌生，各种征兆还不显著的时候，就能独特敏锐地看到存亡的关键、得失的要害，防患于未发生之前，使君主超然立于显赫荣耀的地位，这样的臣子就是圣臣。第二是，能够虚心尽意，不断地提出好的建议，勉励君主施行礼义，告知君主好的良策，积极推行君主好的政策，匡正君主的错误，这样的臣子就是良臣。第三是，能起早贪黑，坚持不懈地为国家推荐贤才，反复引用历史的经验教训来激励君主，这样的臣子就是忠臣。第四是，能够明察成败，并及早地加以预防或补救，堵塞漏洞，根绝祸源，转祸为福，使君主最终解除忧患，这样的臣子就是智臣。第五是，能够奉公守法，照章办事，不受贿赂，推让官禄和赏赐，生活节俭，这样的臣子就是贞臣。第六是，在国家昏乱之时，不做阿谀逢迎的事，敢于冒犯君主而直言诤谏，当面指出君主的过失，这样的臣子就是直臣。这些就是所谓的六正。什

么是六邪呢？第一是，贪图官禄，不努力办好公事，随波逐流，左右观望，这样的臣子就是具臣。第二是，凡是君主所说的都一律称好，君主所做的都表示认可，暗中打听君主的喜好并加以进奉，以此来取悦君主耳目声色之好，投其所好，引导君主游玩取乐，而不顾对国家的后害，这样的臣子就是谀臣。第三是，内心阴险邪僻，外表小心谨慎，巧言令色，嫉贤害能。凡是他想推荐的人，就只讲优点而掩盖缺点，凡是他所排挤的人，就专讲坏处而隐藏美德，致使君主赏罚不当，号令不能施行，这样的臣子就是奸臣。第四是，智谋足以掩饰自己的过失，能言善辩足以推行自己的谬说，在内离间骨肉之亲，在外造成朝廷的混乱，这样的臣子就是谗臣。第五是，专权擅势，以轻为重，结党营私，损国肥家，借用君主的名义行事，以达到自己的地位显贵，这样的臣子就是贼臣。第六是，用花言巧语谗谄君主，使君主陷于不义，结纳朋党，以此来蒙蔽君主的耳目视听，使黑白不辨，是非不分，使君主的恶名传遍全国，远扬四周邻国，这样的臣子就是亡国之臣。这就是所谓的六邪。贤良的臣子都会身处六正之道，不实行六邪之术，所以能使上安而下治。他们生前被人爱戴，死后被人怀念，这才是为人臣的正道。《礼记》中说：‘有秤杆在那里悬挂着，就不可能在轻重方面受到欺骗；有绳墨在那里放着，就不可能在曲直方面受到欺骗；有圆规和矩尺在那里摆着，就不可能在方圆方面受到欺骗；君子懂得各种礼度规范，就不会被奸诈所欺骗。’这样臣子的忠奸真伪，就不难分辨了。如果再用礼仪来对待他们，用法律来约束他们，有功的受赏，作恶的受罚。这样他们哪敢不求上进？哪敢不尽心出力呢？

【原文】“国家思欲进忠良，退不肖，十有余载矣。徒闻其语，不见其人，何哉？盖言之是也，行之非也。言之是，则出乎公道；行之非，则涉乎邪径。是非相乱，好恶相攻。所爱虽有罪，不及于刑；所恶虽无辜，不免于罚。此所谓‘爱之欲其生，恶之欲其死’者也。或以小恶弃大善，或以小过忘大功。此所谓‘君之赏不可以无功求，君之罚不可以有罪免’者也。赏不以劝善，罚不以惩恶，而望邪正不惑，其可得乎？若赏不遗疏远，罚不阿亲贵[①]，以公平为规矩，以仁义为准绳，考事以正其名，循名以求其实，则邪正莫隐，善恶自分。然后取其实，不尚其华，处其厚，不居其薄，则不言而化，期月而可知矣！若徒爱美锦，而不为民择官，有至公之言，无至公之实；爱而不知其恶，憎而遂忘其善。徇私情以近邪佞，背公道而远忠良，则虽夙夜不怠，劳神苦思，将求至理，不可得也。”

【注释】①阿：迎合，偏袒。

【译文】“国家想进用忠良之臣，斥退不肖之臣，已有十多年了。但只是听到这样的说法，而没有看见这样的人，这是什么缘故呢？大概是因为说的是对的，而做的是不对的。说得对，就符合于公道；做得不对，就走上邪门歪道了。这样就会是非混乱，好恶相攻。喜爱的人虽然犯了罪，也不会受到处罚；憎恨的人尽管无辜，也免不了受到处罚。这就是所谓的‘爱之欲其生，恶之欲其死’。或者是因为有小缺点就否定了他显著的成绩，或者是因为小过失就忘记他大的功劳。这就是所谓的‘君之赏不可以无功求，君之罚不可以有罪免’。如果奖赏不能起到劝善，惩罚不能起到惩恶，而又希望达到邪正分明，这怎么可以得到呢？如果奖赏时能做到不遗漏疏远的人，惩罚时不偏袒亲戚权贵，以公平作为

规矩，以仁义作为准绳，考核事实来辨证名分，按照名分来责求实际工作，这样就可以使邪、正都隐蔽不住，善、恶自然分明。然后就录用那些有真才实干的，不要那些浮华的；录用那些老实忠厚的，不要那些浅薄的，这样就可以达到'不言而化'的境界，一年就可以知道结果了！如果只喜欢徒有仪表的人，而不去为百姓选择好的官吏，只有至公的言辞，而没有至公的事实；对所喜爱的人就看不见他的缺点，对所憎恶的人就忘记了他的优点。徇私情而去亲近那些邪佞的小人，背离公道而疏远那些贤良的忠臣，即使日夜不停地辛劳，冥思苦想，希望实现天下大治，也是不能够得到的。"

封建篇第八

【题解】

"封建"是我国古代的一种政治制度，即"封土建国"或"封爵建藩"。君主把土地分给宗室和功臣，让他们在这土地上永享福禄。在本篇中，唐太宗曾认为周、汉分封宗室，国祚绵长，而隋朝在短期内迅速崩溃的原因之一，则是郡县制削弱了王室在地方上的屏藩力量，所以登基后一再提出裂土以分封宗室和功臣的错误主张。贞观十一年(637)，太宗诏令"宗室勋贤作镇藩部，贻厥子孙，嗣守其政，非有大故，无或黜免"，认为封建亲贤，当是子孙长久之道。礼部侍郎李百药、中书舍人马周引用周秦汉隋的历史教训上书，从各个角度说明了分封制的弊端，极力谏阻唐太宗推行这种制度。李百药、马周认为：得失成败，各有由焉。政或兴衰，有关于人事。宜赋以茅土，畴其户邑，必有材行，随器方授，则翰翮非强，亦可以获免尤累。而设官分职，任贤使能，以循良之才，膺共治之寄，刺举分竹，才是治世之道。而封君列国，藉其门资，或忘其先业之艰难，或轻其自然之崇贵，莫不世增淫虐，代益骄侈。最后弄的个国破人亡。

【原文】太宗曰："国家大事，惟赏与罚。赏当其劳，无功者自退。罚当其罪，为恶者戒惧。则知赏罚不可轻行也。"

【译文】太宗说："处理国家大事，要做好赏与罚。赏赐的要与功劳相当，无功之人就会自动退避。惩罚要与过错相当，作恶的人就会感到畏惧。由此可知，赏与罚是不可以轻易施行的。"

【原文】"然则得失成败，各有由焉。而著述之家，多守常辙[①]，莫不情忘今古，理蔽浇淳。欲以百王之季，行三代之法，天下五服之内[②]，尽封诸侯，王畿千里之间，俱为采地[③]。是则以结绳之化行虞、夏之朝[④]，用象刑之典治刘、曹之末[⑤]，纪纲弛紊，断可知焉。锲船求剑[⑥]，未见其可；胶柱成文[⑦]，弥多所惑。徒知问鼎请隧[⑧]，有惧霸王之师；白马素车[⑨]，无复藩维之援。不悟望夷之衅[⑩]，未堪羿、浞之灾[⑪]；既罹高贵之殃[⑫]，宁异申、缯之酷[⑬]。此乃钦明昏乱，自革安危，固非守宰公侯，以成兴废。且数世之后，王室浸微，始自藩屏，化为仇敌。家殊俗，国异政，强陵弱，众暴寡，疆埸彼此，干戈侵伐。狐骀之役，女子尽[⑭]；崤陵

之师，只轮不反[15]。斯盖略举一隅，其馀不可胜数。陆士衡方规规然云[16]：'嗣王委其九鼎[17]，凶族据其天邑[18]，天下晏然，以治待乱。'何斯言之谬也！而设官分职，任贤使能，以循良之才，膺共治之寄，刺举分竹[19]，何世无人？至使地或呈祥，天不爱宝，民称父母，政比神明。曹元首方区区然称[20]：'与人共其乐者，人必忧其忧；与人同其安者，人必拯其危。'岂容以为侯伯，则同其安危；任之牧宰，则殊其忧乐？何斯言之妄也！"

【注释】①常辙：常规。②五服：古代王畿外围，以五百里为一区划，由近及远分为侯服、甸服、绥服、要服、荒服，合称五服。服，服事天子之意。③采地：指古代卿大夫的封邑。④结绳之化：结绳记事的古老教化。结绳记事是文字发明前，人们所使用的一种记事方法。即在一条绳子上打结，用以记事。据古书记载为："事大，大结其绳；事小，小结其绳。结之多少，随物众寡。"⑤象刑之典：相传上古无肉刑，仅用与众不同的服饰加之犯人以示辱，谓之象刑。刘、曹：指刘汉、曹魏。⑥锲船求剑：即刻舟求剑。《吕氏春秋·察今》里说：有个楚国人乘船渡江，不小心把佩带的剑掉进了江里。他急忙在船沿上刻上一个记号，说："这儿是我的剑掉下去的地方。"船靠岸后，这个人顺着船沿上刻的记号下水去找剑，但找了半天也没有找到。比喻不懂事物已发展变化而仍用静止的方法去看问题。⑦胶柱成文：意同"胶柱鼓瑟"，比喻固执拘泥，不知变通。胶柱，胶住瑟上的弦柱，以致不能调节音的高低。⑧问鼎：传说古代夏禹铸造九鼎，代表九州，作为国家权力的象征。夏、商、周三代以九鼎为传国重器，为得天下者所据有。楚王问鼎，有取而代周之意。后遂称图谋王位为"问鼎"。请隧：隧葬，天子的葬礼。《左传·僖公二十五年》："晋侯朝王。王享醴，命之宥。请隧，弗许。"杨伯峻注："请隧者，晋文请天子允许于其死后得以天子礼葬己耳。"后亦指图谋统治天下。⑨白马素车：驾白马，乘素车。古代凶丧舆服。《史记·秦始皇本纪》："楚将沛公破秦军入武关，遂至霸上，使人约降子婴。子婴即系颈以组，白马素车，奉天子玺符，降轵道旁。沛公遂入咸阳。"裴《集解》引应劭曰："素车白马，丧人之服也。"⑩望夷之衅：望夷是秦代的宫名，故址在今陕西泾阳东南。因东北临泾水以望北夷，故名。秦末，赵高追杀秦二世于此。衅，事端，祸乱。⑪羿、浞之灾：夏启去世后，他的儿子太康即位；太康死后，他的儿子仲康即位；仲康死后，子相即位。这时他们都开始喜欢享受，不再体贴民众。东夷族中力量比较强盛的有穷氏首领后羿(又称夷羿)趁夏王朝内部发生王权之争，占据夏都，"因夏民以代夏政"，夺取了王位。后羿称帝后，不吸取教训，以为自己善于射箭，便不关心民众，每天以田猎为乐。不久后羿被他的亲信东夷族伯明氏成员寒浞杀害，寒浞自立为帝。⑫罹：遭遇。高贵之殃：魏高贵乡公即是曹髦(241～260)，字彦士。文帝孙，东海王曹霖子，封为高贵乡公。曹芳被废后，司马师立他为帝。在位七年，太子舍人成济受司马昭、贾充指使将他杀死。⑬申、缯之酷：周幽王三年，天灾频繁，周朝统治内外交困。这时，幽王改以嬖宠美人褒姒为后，其子伯服为太子，废掉正后申侯之女及太子宜臼。结果，宜臼逃奔申国，激怒了申侯。于是申侯联合缯侯和犬戎进攻幽王，幽王和伯服均被犬戎所杀。⑭"狐骀"两句：狐骀之战，使邾国妇女全部用麻束发送葬。据《左传·襄公四年》记载：冬十月，邾国、莒国、讨伐鄫国，鲁军救鄫，入邾境。邾军在狐骀(今山东滕县东南)被击败,邾国去接丧的女子都系发戴孝。髽,古代妇人服丧的露髻,用麻束发。⑮"崤陵"两句:崤陵之战,秦军全军覆没,连一只车轮子也未能返回秦国。据《左传·僖公三十二年》记载:晋文公死后,秦国和晋国在崤陵打了一仗,秦国中了晋国的埋伏,结果大败,三员大将被俘。⑯陆士衡(261~303):字机,西晋吴郡(今江苏苏州)人。三国吴丞相陆逊之孙、大司马陆抗之子。吴时任牙门将。吴亡回乡读书,作《文赋》,为古代重要文学理论著作。其诗形式华美,技巧纯熟,有"陆才如海"之誉。其书法《平复帖》,为后人师法。⑰嗣王:继位之王。这里指周惠王、襄王、悼王出外流亡。⑱凶族:原指与尧舜部族敌对的四个部落,后亦泛称敌对的民族或恶人。这里指叛乱的周王室子弟子颓、子带、子朝。⑲刺举:谓检举奸恶,举荐有功。分竹:给予作为权力象征的竹使符,谓封官授权。⑳曹元首:三国时魏人,曾作《六代论》。区区然:自以为然的样子。

【译文】"然而,事情的得失成败,各有其本身的原因。而写书的人大多墨守成规,分辨不出古今的情势,弄不明白古今和时代的风气虚伪与淳厚的区别。想在百王之后,推行夏、商、周三代的制度,将天下五服之内的国土全部分封给诸侯,千里王畿之间也都分给卿大夫做采邑。这是要在虞舜、夏禹的时代实行上古结绳记事的古老教化,在汉魏时代推行尧舜时期的象刑法典,这样就会造成纪纲混乱,断然可知。刻舟求剑是行不通的;胶柱鼓瑟更是值得怀疑。大家只知道楚庄王图谋统治天下和晋文公想得到王者葬礼的野心,霸主军队的可怕;以及秦王子婴白马素车出降,没有诸侯出来援助。未能从望夷宫秦二世被弑事件中有所领悟,夏朝后羿推翻太康、后又被寒浞杀害所带来的灾难,更是不堪回首;魏朝高贵乡公遭遇的杀身之祸,难道与周幽王被申侯与缯勾结犬戎所杀那样悲惨的遭遇有所不同。这都是因为帝王自己昏乱,自己把自己由太平引向覆亡,并不是因为郡县制与分封制造成的兴废。几代之后,皇室逐渐衰微,原本作为屏障的诸侯,都变成仇敌。以至于各诸侯家庭传统不同,各诸侯国的政治不同,以强凌弱,以众侵寡,对峙疆场,干戈相见。狐骀之战,使邾国妇女全部用麻束发去送葬;崤陵之战,秦军全军覆没,连一只车轮子也未能返回秦国。这里只略举数例,其余的不可胜数。陆士衡却一本正经地说:'继位的国君虽然抛弃九鼎而出逃,凶恶的外族占据了京城,但天下安定,终究会扭转乾坤,化乱世为太平。'这话真是荒谬透顶!实行郡县制,设官分职,任用贤能,用贤良的人才,担负起共同治理国家的重任,考察进用,哪个朝代没有贤良的人才?这样就会使大地呈祥、上天降瑞,百姓就会称颂国君为人民的父母,把朝廷奉为神明。曹元首却自以为然地说:'与别人能共享欢乐的人,别人一定能为他分忧;与别人能共享安逸的人,别人一定能拯救他的危难。'怎么能说分封诸侯,就能安危共济;而任命刺史、县官,就不能与国君同享忧乐呢?这是何等荒谬啊!"

【原文】"封君列国,藉庆门资①,忘其先业之艰难,轻其自然之崇贵,莫不世增淫虐,代益骄侈。离宫别馆,切汉凌云,或刑人力而将尽,或召诸侯而共乐。陈灵则君臣悖礼②,共侮徵舒;卫宣则父子聚 ③,终诛寿、朔④。乃云为己思治,岂若是乎?内外群官,选自朝

廷，擢士庶以任之，澄水镜以鉴之[5]，年劳优其阶品，考绩明其黜陟。进取事切，砥砺情深。或俸禄不入私门[6]，妻子不之官舍[7]。班条之贵，食不举火[8]；剖符之重，居惟饮水[9]。南阳太守，弊布裹身[10]；莱芜县长，凝尘生甑[11]。专云为利图物，何其爽欤！总而言之，爵非世及，用贤之路斯广；民无定主，附下之情不固。此乃愚智所辨，安可惑哉？至如灭国弑君，乱常干纪[12]，春秋二百年间，略无宁岁。次睢咸秩，遂用玉帛之君[13]；鲁道有荡[14]，每等衣裳之会。纵使西汉哀、平之际[15]，东洛桓、灵之时[16]，下吏淫暴，必不至此。为政之理，可以一言蔽焉。"

【注释】①门资：犹门第。②陈灵（？～前599）：即陈灵公，春秋时陈国君。名平国。公元前613至前599年在位。公元前600年，灵公与其臣子孔宁、仪行父都与大夫夏徵舒的母亲夏姬私通，另一个臣子泄冶看不过去，便进言灵公，希望他能做好百姓的榜样，灵公便把泄冶杀了。他们的丑闻传遍全国，陈国百姓甚至作诗讽刺他们的丑行。有一天，灵公与孔宁、仪行父三人又去夏姬家中，灵公向两位臣子说："徵舒长得很像你们啊。"两位臣子也回称："也很像国君您啊。"夏徵舒听闻此话后，极为愤怒，便在灵公喝完酒离开夏家时，在门外将灵公射杀。③卫宣：即卫宣公。卫宣公为人淫纵不检。做公子的时候就与其父卫庄公的妾夷姜私通，生下了长子公子急，寄养于民间。登基后依然淫性不减，因原配邢妃不受宠，就立了公子急为嗣子。公子急十六岁时，聘了齐僖公的女儿宣姜为妻，卫宣公听说宣姜美貌，就自己迎娶了宣姜。后来宣姜为卫宣公生了公子寿和公子聘两个儿子。卫宣公因为宠爱宣姜就想立公子寿而废公子急。宣姜与怀有野心的公子朔设计要加害公子急，计划以出使齐国之名让公子急离开都城，然后在半路上暗杀公子急。结果被公子寿事先发觉告诉了公子急。但公子急却执意要杀身成仁，情急无奈之下，公子寿就以送别为名设酒席灌醉了公子急，而自己冒充公子急出使齐国，结果在半路被盗贼暗杀。酒醒后的公子急急忙赶到亮明了身份也被盗贼杀害。丧子后的卫宣公精神恍惚，不久就病死了。聚麀：本指兽类父子共一牝的行为。禽兽不知父子夫妇之伦，故有父子共牝之事。后以指两代的乱伦。麀，牝鹿。④寿、朔：指卫宣公的儿子公子寿和公子朔。⑤水镜：喻指明鉴之人。⑥俸禄不入私门：指东汉时豫州刺史杨秉计日受俸，馀禄不入私门事。世以廉洁称。⑦妻子不之官舍：指东汉时钜鹿太守魏霸、颍川太守何并皆以简朴宽恕为政，在办公时妻子不得入官舍。⑧食不举火：指东汉安帝时冀州刺史左雄在任办公时经常吃干粮，舍不得用火烧饭。⑨居惟饮水：指晋朝邓攸为吴郡太守时自己带米上任，不受俸禄，只饮当地的水。⑩"南阳太守"两句：指东汉权豪之家多尚奢丽，南阳太守羊续深疾之，常敝衣薄食，车马羸败。南阳，在今河南省西南部。⑪"莱芜县长"两句：指东汉桓帝时范丹为莱芜长，自知性格狷急，不能从俗，常佩戴皮绳上朝以自警。遭党锢之祸后，遁逃于梁沛之间，十多年间，结草屋而居，有时绝粮断炊，但穷居自若。在汉末乐府古诗中，有首民谣赞颂范丹："甑中生尘范史云，釜中生鱼范莱芜"，成为廉吏典范。莱芜，在今山东莱芜境内。⑫乱常：破坏纲常，违反人伦。干纪：违犯法纪。⑬"次睢"两句：指鲁僖公十九年，宋襄公派邾文公到睢水祭祀，将鄫国的国君杀了做祭品。⑭鲁道有

荡：语出《诗·齐风·载驱》，意谓道路平坦而广阔。过去认为该诗是对齐襄公与文姜的淫荡行为的无情讽刺。衣裳之会：与"兵车之会"相对而言，原指春秋时代诸国之间和好的会议。这里指乱伦的幽会。⑮哀、平：指西汉的哀帝刘欣（前6～1）和平帝刘衎（1～5）期间。⑯东洛：指东汉都城洛阳。桓、灵：指东汉的桓帝刘志（147～167）和灵帝刘宏（168～189）。

【译文】"被分封的列国诸侯，凭借着他们祖宗的门第和资望，忘记了他们祖宗创业的艰难，轻视他们自然就得到的显贵，一代比一代更加骄奢淫逸。他们的离宫别馆高耸入云，有的耗尽了民脂民膏，有的邀约其他诸侯一起来寻欢作乐。陈灵公违背君臣之礼，和臣子一同侮辱徵舒；卫宣公则父娶子妻，最终杀了他的儿子寿和朔。还说他们是为了治理好自己的国家，难道是这个样子吗？如果内外群官都是由朝廷来选拔，挑选出来的士大夫由百姓来任用，用明鉴之人来鉴定和审查，按照任职年数及政绩来决定他们官职的升降。这样他们就会急切进取，磨砺高洁的情操。有的人廉洁奉公，不把官禄拿进家门；有的人单身赴任，将妻子儿女留在家中。有的人官位显赫，却常吃干粮，舍不得用火烧饭；有的人身为封疆大吏，却自己携带米粮，只喝当地的水。东汉南阳太守羊续常穿着旧布衣服，莱芜县令范丹的米缸上经常蒙了一层灰尘。如果说做官都是为了贪图利禄，为什么他们还这样清廉！总而言之，只有爵位俸禄不是世袭，任用贤才的路子才会很宽广；百姓要是没有一个固定的国君，依附于下的感情就不巩固。这个道理是聪明的人和愚昧的人都懂得的，怎么会迷惑不解呢？至于像灭国弑君、破坏纲常、违犯法纪一类的事，在春秋二百年间，几乎就没有过安宁的年份。宋襄公到睢水祭祀，竟杀掉鄫国国君做祭品；鲁国的道路平坦而广阔，竟也有过乱伦的幽会。即使在西汉的哀帝、平帝之际和东汉的桓帝、灵帝之时，下层官吏的淫乱残暴也不会达到这种程度。治理国家的道理，可以用一句话就概括说明了。"

【原文】中书舍人马周又上疏曰：

"伏见诏书令宗室勋贤作镇藩部，贻厥子孙，嗣守其政，非有大故，无或黜免。臣窃惟陛下封植之者，诚爱之重之，欲其胤裔承守[①]，与国无疆，何则？以尧、舜之父，犹有朱、均之子[②]，况下此以还，而欲以父取儿，恐失之远矣。傥有孩童嗣职，万一骄逸，则兆庶被其殃，而国家受其败。政欲绝之也，则子文之理犹在[③]；政欲留之也，而栾黡之恶已彰[④]。与其毒害于见存之百姓，则宁使割恩于已亡之一臣，明矣。然则向之所谓爱之者，乃适所以伤之也。臣谓宜赋以茅土[⑤]，畴其户邑[⑥]，必有材行，随器方授，则虽其翰翮非强[⑦]，亦可以获免尤累[⑧]。昔汉光武不任功臣以吏事，所以终全其世者，良由得其术也。愿陛下深思其宜，使夫得奉大恩，而子孙终其福禄也。"

太宗并嘉纳其言。于是竟罢子弟及功臣世袭刺史。

【注释】①胤裔承守：世代袭守职位。②朱、均：即指丹朱和商均。丹朱，唐尧之子，名朱。因封于丹水，故曰丹朱。因傲慢荒淫，尧禅位于舜。《史记·五帝本纪》："尧知子丹朱之不肖，不足授天下，于是乃权授舜。"商均，舜之子。相传舜以商均不肖，乃使伯禹继

位。事见《孟子·万章上》《史记·五帝本纪》。在文献记载中常把商均与丹朱并用为不肖子之典型。③子文之理:春秋时期楚国斗谷於菟任令尹时,正值楚国统治集团内争和子元内乱之后,困难重重,斗谷於菟能从国家和民族利益出发,毫不犹豫地“自毁其家”,尽力相助效劳,使楚国迅速渡过了难关。因此,斗氏之族从稳定楚国政局,到解决国计民生困难,均做出了巨大贡献。子文,楚国令尹,是一代贤相。他曾辅佐楚成王执掌国政。在治理国家、外交和军事方面,具有杰出的才能。这里的“子文之治”泛指先人的功劳。理,治。④栾黡之恶:晋国大夫栾武子之子栾黡的劣迹。栾黡,栾书嫡子。栾书在悼公即位的事上起了决定性作用,一直得到悼公的优容。栾书死后栾黡一直担任晋国下军主将,作风强悍霸道,几乎得罪了当时的所有家族。栾黡死后不久,其子栾盈就被范氏驱逐,旋于前550年即被灭族,栾氏退出晋国政治舞台。⑤茅土:指王、侯的封爵。古天子分封王、侯时,用代表方位的五色土筑坛,按封地所在方向取一色土,包以白茅而授之,作为受封者得以有国建社的表征。⑥户邑:户口与县邑。汉代开始以户口或县邑为封建单位。⑦翰翮:羽翼。这里指才能、能力。⑧尤累:过失。

【译文】中书舍人马周又上书说:

“臣见到诏书命令宗室子弟和有功之臣到封地做刺史,并传位给他们的子孙,使其世代保守政权,没有大的原因,不得罢免。臣私下认为陛下对所封的人,确实是爱惜和器重他们,希望他们世袭承守职位,与国家一样万年无疆,为什么要这么做呢?像尧、舜这样的父亲,尚且有丹朱、商均这样的不肖子孙,何况尧、舜以下的人,要根据父亲的功德来推断儿子,恐怕相差得太远了。倘若有人在孩童时就承袭了父亲的职位,万一长大以后变得骄横淫逸起来,那么不但百姓遭殃,国家也会受其败坏。若要断绝他们的官职和封地吧,其先人的功劳尚在;若要保留他们的官职和封地吧,但其本人的过恶已明显暴露。与其让这些人去毒害活着的老百姓,还不如断恩于一个已故的功臣,这是很明显的道理。这样一来,原来认为是对他们的爱护,其实恰恰是对他们的伤害。臣下认为,最好是给他们封一些土地,作为食邑,他们的子孙中确有才能者,可根据他们的才能授予官职,对那些能力不强的人,也可以免去过失和罪咎。过去东汉光武帝不让功臣担任政事,所以才能保全他们的一生,确实是由于他处理的方法得当啊。希望陛下深思有关事宜,使宗室和功臣能蒙受陛下的大恩,而他们的子孙也能终享福禄。”

太宗非常赞赏李百药和马周的意见,并加以采纳。于是停止了分封宗室弟子和功臣世袭刺史的做法。

太子诸王定分篇第九

【题解】

本篇主要记录了李世民等人教育太子、诸王的言论和事迹。在封建社会,太子身为储君，将来必定会君临天下，统治万民。应预先确立名分，否则觊觎皇位的人时时会对太子构成威胁，历史上皇帝的兄弟、子孙为争夺皇位而发生刀兵相见、骨肉相残的悲剧事件数不胜数。因此早日确立太子和诸王的名分，确立太子的崇高地位，同时断绝其他人的非分之想，避免发生兄弟阋墙的惨剧，也是让国家长治久安的良策。本篇认为应当尽早给诸王确定不同的名分，并严格遵循礼仪制度，做到厚薄有差，以绝非分之想，断绝祸患之源。同时也要教育太子、诸王以忠、孝、恭、俭为做人的正道，“贫不学俭，富不学奢”，让万代子孙遵照执行，才不会导致国家灭亡。

【原文】贞观十一年，侍御史马周上疏曰：“自汉晋以来，诸王皆为树置失宜[①]，不预立定分，以至于灭亡。人主熟知其然，但溺于私爱，故使前车既覆而后车不改辙也。今诸王承宠遇之恩有过厚者，臣之愚虑，不惟虑其恃恩骄矜也。昔魏武帝宠树陈思[②]，及文帝即位[③]，防守禁闭，有同狱囚，以先帝加恩太多，故嗣王疑而畏之也[④]。此则武帝之宠陈思，适所以苦之也。且帝子何患不富贵？身食大国[⑤]，封户不少，好衣美食之外，更何所须？而每年别加优赐，曾无纪极。俚语曰[⑥]：‘贫不学俭，富不学奢。’言自然也。今陛下以大圣创业，岂惟处置见在子弟而已？当须制长久之法，使万代遵行。”

【注释】①树置：树立。这里指封授爵位或职务。②魏武帝：即曹操（155～220），三国时政治家、军事家、诗人。字孟德，小名阿瞒，沛国谯县（今安徽亳州）人。三国时魏国的真正创业者，他通过“挟天子以令诸侯”的手段，控制东汉王朝，为其子曹丕代汉建魏打下了坚实基础。陈思：即曹植（192～232），为魏武帝（曹操）第三子，文帝之弟，字子建，谥号思，故称陈思王。③文帝：即魏文帝曹丕（187～226），见前注。④嗣王：继位之王。⑤身食大国：指分封的食邑很大。⑥俚语：粗俗的或通行面极窄的方言词。

【译文】贞观十一年（637），侍御史马周上书说：“自汉晋以来，分封诸王都因为封授的位置不当，没有预先确立名分，因而导致灭亡。国君们对这些事是很清楚的，但因为沉溺于个人感情，所以没有能吸取前车之鉴而改变做法。现在诸王当中有过于受宠的，臣所忧虑的，不仅仅是他们倚仗宠爱而骄奢自大。从前魏武帝宠爱陈思王曹植，后来魏文帝曹丕即位，便对曹植防范禁制，使他就像在狱中的囚犯一样，这是因为先帝对他的恩宠太多，所以继位的君主对他就有所疑虑和惧怕了。魏武帝宠爱曹植，恰恰是害了他。况且，帝王的儿子还用得着担心没有富贵可享受，他们分封的食邑很大，封赐的食户也不少，穿好的衣服，吃好的食物，还有什么需要的？何况每年还得到不计其数的额外优厚赏赐而没有限制。俗话说：‘贫不学俭，富不学奢。’意思是说，这些习性自然就会那样。现在陛下以圣明的德行开创帝业，难道仅仅是安顿好现在的子弟就算成功了吗？应当制定长远的制度，让万代子孙遵照执行。”

【原文】贞观十三年，谏议大夫褚遂良以每月特给魏王泰府料物[①]，有逾于皇太子，上疏谏曰：“昔圣人制礼，尊嫡卑庶。谓之储君[②]，道亚霄极[③]，甚为崇重，用物不计，泉货财帛，与王者共之。庶子体卑，不得为例，所以塞嫌疑之渐，除祸乱之源。而先王必本于人情，然后制法，知有国家，必有嫡庶。然庶子虽爱，不得超越嫡子，正体特须尊崇[④]。如不

能明立定分，遂使当亲者疏，当尊者卑，则佞巧之徒承机而动，私恩害公，或至乱国。伏惟陛下功超万古，道冠百王，发施号令，为世作法。一日万机，或未尽美，臣职谏诤，无容静默。伏见储君料物，翻少魏王[⑤]，朝野见闻，不以为是。臣闻《传》曰：'爱子，教以义方[⑥]。'忠、孝、恭、俭，义方之谓。昔汉窦太后及景帝并不识义方之理[⑦]，遂骄恣梁孝王[⑧]，封四十馀城，苑方三百里。大营宫室，复道弥望，积财镪巨万计[⑨]，出警入跸[⑩]，小不得意，发病而死。宣帝亦骄恣淮阳王[⑪]，几至于败，赖其辅以退让之臣，仅乃获免。且魏王既新出阁[⑫]，伏愿恒存礼训，妙择师傅，示其成败；既敦之以节俭，又劝之以文学。惟忠惟孝，因而奖之；道德齐礼，乃为良器。此所谓'圣人之教，不肃而成'者也。"

【注释】①料物：指物资、食物、用物等。②储君：候补王位的人。③道亚霄极：德行仅次于国君。道，名分。亚，仅次于。霄极，天空的最高处。这里指喻朝廷君王。④正体：旧指承宗的嫡长子。⑤翻：通"反"，反而。⑥"爱子"句：语出《左传·隐公三年》。意谓爱护子女，就要教育他们懂得道理规矩。义方，做事应该遵守的规范和道理。⑦窦太后（前205~前135）：名漪，清河郡（今河北清河）人。出身于良家子女，吕后时，窦姬被选中去了代国。到了代国，代王刘恒却非常喜欢她，先与她生了个女儿刘嫖，后又生了两个儿子：刘启和刘武。等到代王成为汉文帝后，于公元前180年三月封窦姬为皇后，长子刘启立为太子，刘嫖封为馆陶长公主，幼子刘武先封为代王，后封为梁孝王。文帝去世后，景帝刘启即位，窦后成了皇太后。公元前135年，太皇太后去世，与文帝合葬霸陵。景帝：即汉景帝刘启（前188~前141），汉文帝刘恒长子，母亲窦姬（窦太后），汉惠帝七年（前188）生于代地中都（今山西平遥西南）。在位16年，卒于景帝后元三年（前141），谥号"孝景皇帝"。⑧梁孝王：汉文帝刘恒幼子刘武，先封为代王，后封为梁孝王。⑨财镪：钱财。镪，穿钱的绳子。引申为成串的铜钱，也泛指钱币。⑩出警入跸：古代帝王进出时所经之地都要戒备、清道，断绝行人。这里指梁孝王进出时的警戒和清道仪式都如同帝王。⑪宣帝：即刘询（前91~前49），本名病已，字次卿。戾太子（刘据）孙，史皇孙刘进子，汉武帝的曾孙。继汉昭帝后即位。汉武帝晚年，太子刘据与其子都因巫蛊之祸而死，当时刘询年幼，流落民间，深知民间疾苦和吏治得失。元平元年（前74）昌邑王被废后，霍光等大臣将他从民间迎入宫中，先封为阳武侯，于同年七月继位，时年十八岁。亲政后，励精图治，任用贤能；在经济上采取的重要措施是招抚游民，恢复和发展农业生产；他儒、法并用，是德化和法治相结合的政治思想。淮阳王：淮阳王族开基始祖刘钦，是汉宣帝的二子，元康三年（前65）受封为淮阳王，公元前48年就国，建都于陈（今河南淮阳）。刘钦在位36年去世，传位给儿子淮阳文王刘去。王莽篡位后，淮阳王国灭亡。⑫出阁：皇子出就藩封称"出阁"。

【译文】

贞观十三年（639），谏议大夫褚遂良因为每月特别供给魏王李泰府的物品，超过了皇太子，而上书进谏说："从前圣人制定的礼制，尊重嫡子，抑制庶子。皇太子称之为储君，德行仅次于国君，极为高贵尊崇，所用的物资用不着限制，钱财货物，可以和国君共同享

用。庶子的地位较低，不得拿嫡子来比照，以此来杜绝嫌疑，清除祸源。先王一定是根据人之常情来制定礼法的，明白有国有家，就必须有嫡有庶，这样才能安定有序。庶子即使被宠爱，也不得超过嫡子，因为嫡子的地位必须要特别尊崇。如果不能明确地确立他们的名分，就会使应当亲近的人反而疏远，应当尊崇的人反而卑贱，那些佞巧奸邪之徒就会乘机活动，因私宠而损害公道，惑乱人心，扰乱国家。陛下功业超越了万古，德行冠于百王，发号的政策诏令亦是后世的楷模。陛下日理万机，有时未必妥善，但臣子的职责就是谏诤，不容许他们沉默不言。为臣的看到供应太子的物资，反而比魏王少，朝野或民间听到后都认为这样做不对。臣听说《左传》上说：'爱护子女，就要教育他们懂得道理规矩。'忠、孝、恭、俭，就是做人的正道。以前汉朝的窦太后、汉景帝都不懂得这个道理，于是娇惯梁孝王，赐给他四十多座城，其苑囿方圆达三百里。梁孝王大肆修建宫室，建造的楼阁复道举目相望，积聚的钱财数以万计，进出时的警戒和清道仪式都如同帝王，但后来稍有不如意，就病发死了。汉宣帝放纵娇惯淮阳王，几乎导致国家败亡，幸亏有谦逊的大臣辅佐，才使他免于灾难。魏王是新近出藩到封地就任的，臣希望陛下要常用礼义教导他，好好为他选择师傅，用国家成败的道理来启示他；既要他勤俭节约，又要用文章学问来劝勉他。尽忠尽孝，就予以奖励；用道德来引导他，用礼仪来约束他，这样才能使他成为有用的人才。这就是所谓'圣人的教化，不用疾言厉色就能使人成器'的道理。"

尊敬师傅篇第十

【题解】

本篇主要是记述了唐太宗教谕太子和诸王尊敬师傅、努力学习的言论以及大臣们的相关奏疏。太宗认为"不学则不明古道，而能政致太平者未之有也"。凡是圣明的帝王，都有道德高尚的师傅，"黄帝学大颠，颛顼学录图，尧学尹寿，舜学务成昭，禹学西王国，汤学威子伯，文王学子期，武王学虢叔。前代圣王，未遭此师，则功业不著乎天下，名誉不传乎载籍"。"古来帝子，生于深宫，及其成人，无不骄逸，是以倾覆相踵，少能自济"。太子与诸王地位高贵，尽享荣华，教育不当便会骄奢淫逸，自取灭亡。

贞观君臣对约束皇子、尊师重学的重要性认识得十分深刻，其所规定的具体做法确实有助于限制皇子的骄纵情绪，从而提高他们的个人素质。

【原文】贞观六年，诏曰："朕比寻讨经史，明王圣帝，曷尝无师傅哉？前所进令，遂不睹三师之位[①]，意将未可。何以然？黄帝学大颠，颛顼学录图，尧学尹寿，舜学务成昭，禹学西王国，汤学威子伯，文王学子期，武王学虢叔。前代圣王，未遭此师，则功业不著乎天下，名誉不传乎载籍。况朕接百王之末，智不同圣人，其无师傅，安可以临兆民者哉？《诗》不云乎：'不愆不忘，率由旧章[②]。'夫不学则不明古道，而能政致太平者未之有也！"

【注释】①三师：北魏以后以太师、太傅、太保为三师，都是古代与天子坐而论道和辅

导太子的官员。②“不愆”两句:语出《诗·大雅·嘉乐》。意谓不犯过失不忘本,一切按照老规矩办事。愆,过失,差错,罪过。率,遵循。旧章,老法规。

【译文】贞观六年(632),太宗下诏说:“我近来研讨经史,凡是圣明的帝王,哪一个没有师傅呢?先前所呈上来的官职的法令中竟不见有三师的职位,想来不妥。为什么呢?黄帝曾向大颠学习,颛顼曾向录图学习,尧曾向尹寿学习,舜曾向务成昭学习,禹曾向西王国学习,汤曾向威子伯学习,文王曾向子期学习,武王曾向虢叔学习。前代的圣明君主,如果不曾受这些老师的教育,他们的功业就不会那么显扬天下,他们的声名也不会在史籍中记载流传。何况我位居历代帝王之后,智慧比不上圣人,如果没有师傅的指教,怎么能够统率亿万百姓呢?《诗经》上说:‘不犯过失不忘本,一切按照老规矩办事。’如果不学习,就不明白古人的治国之道,不这样而能使天下太平的是从来没有过的!”

【原文】贞观八年,太宗谓侍臣曰:“上智之人,自无所染,但中智之人无恒[①],从教而变。况太子师保[②],古难其选。成王幼小,周、召为保傅[③]。左右皆贤,日闻雅训,足以长仁益德,使为圣君。秦之胡亥[④],用赵高作傅。教以刑法,及其嗣位,诛功臣,杀亲族,酷暴不已,旋踵而亡。故知人之善恶,诚由近习。”

【注释】①无恒:无常。这里指不稳定。②师保:即指太师、太保。古人教育太子有师有保,统称“师保”。③周、召:周公旦(武王弟)和召公。见前注。保傅:古代保育、教导太子等贵族子弟及未成年帝王、诸侯的男女官员,统称为保傅。④胡亥:即秦二世。

【译文】贞观八年(634),太宗对身边的大臣们说:“智慧高明的人,自然不会受周围环境的熏染,但智慧中等的人就不稳定了,会随着所受的教育而改变。况且太子的师保人选,自古以来就很难选择。周成王年幼的时候,周公和召公担任太傅、太保。左右都是贤明之人,他天天接受有益的教导,足以增长仁义道德,于是成了圣明的国君。秦朝的胡亥,启用赵高做他的太师。赵高用苛刑峻法来教育他,等到秦二世继位之后,就诛戮功臣,屠杀宗族,残暴酷毒,很快就灭亡了。因此可知,人的善恶确实可以受到周遭环境和左右亲近的习染和影响。”

教戒太子诸王篇第十一

【题解】

本篇主要是记述了唐太宗如何教谕和训诫太子诸王的言论以及大臣关于如何管教诸王的奏疏。自古以来,国君王侯能保全自己的,为数很少。他们自幼富贵,不知稼穑艰难,骄傲懒惰,贪图享受,以致违法乱纪,不免自取灭亡。太宗总结历史的教训,对子弟严加教戒,力图使他们自守分际,谨慎修身,以期常葆富贵。他认识到“舟所以比人君,水所以比黎庶,水能载舟,亦能覆舟。尔方为人主,可不畏惧”的深刻道理。他考察了前代的

历史教训，认为凡是拥有一方土地的诸侯，其兴盛必定是由于积善，其败亡必定是由于积恶。“若不遵诲诱，忘弃礼法，必自致刑戮”。其核心思想就是要求诸王戒骄奢、知礼度，所以对他们的严格约束不失为防微杜渐的明智之举。

【原文】贞观十八年，太宗谓侍臣曰：“古有胎教世子[1]，朕则不暇。但近自建立太子，遇物必有诲谕。见其临食将饭，谓曰：‘汝知饭乎？’对曰：‘不知。’曰：‘凡稼穑艰难，皆出人力，不夺其时，常有此饭。’见其乘马，又谓曰：‘汝知马乎？’对曰：‘不知。’曰：‘能代人劳苦者也，以时消息，不尽其力，则可以常有马也。’见其乘舟，又谓曰：‘汝知舟乎？’对曰：‘不知。’曰：‘舟所以比人君，水所以比黎庶，水能载舟，亦能覆舟。尔方为人主，可不畏惧？’见其休于曲木之下，又谓曰：‘汝知此树乎？’对曰：‘不知。’曰：‘此木虽曲，得绳则正。为人君虽无道，受谏则圣。此傅说所言，可以自鉴。’”

【注释】①胎教：一种对胎儿施行教育的方法。孕妇谨言慎行，心情舒畅，给胎儿以良好影响，谓之“胎教”。传说周文王的母亲怀孕的时候，眼睛不看邪恶的东西，耳朵不听不健康的音乐，嘴里不说恶语脏话。她认识到，母亲所接触的外界事物都会感应给胎儿，并对其产生一定的影响。她晚上就命乐官朗诵诗歌给她听，演奏高雅的音乐给她听，因此周文王一生下来就很聪明。

【译文】贞观十八年(644)，唐太宗对侍从的大臣们说：“古时候曾有胎教世子的传说，我却没有时间考虑这事。但最近自册立太子以来，遇到事物都要对他教诲晓谕。见他对着饭菜准备吃饭时，我便问他：‘你知道饭是怎样来的？’回答说：‘不知道。’我说：‘凡是种庄稼的农事都很艰难辛苦，全靠农民出力，不要违背农业时令，才常有这样的饭吃。’看到他骑马，又问他：‘你对马了解吗？’回答说：‘不知道。’我说：‘马是能够代替人做许多劳苦的工作的，要让它按时休息，不耗尽它的气力，这样就可以常有马骑。’看到他乘船，又问他：‘你对船了解吗？’回答说：‘不知道。’我说：‘船好比是君主，水好比是百姓，水能浮载船，也能推翻船。你不久将做君主了，对这个道理怎能不感到畏惧呢？’看到他靠在弯曲的树下休息，又问他：‘你对这棵树了解吗？’回答说：‘不知道。’我说：‘这树虽然长得弯曲，但用墨绳校正就可加工成平正的木材。做君主的虽然有时德行不高，但只要能够接纳规谏，也会成为圣明之君。这是傅说讲的道理，可以对照自己作为鉴戒。’”

【原文】贞观七年，太宗谓侍中魏徵曰：“自古侯王能自保全者甚少，皆由生长富贵，好尚骄逸，多不解亲君子远小人故尔。朕所有子弟，欲使见前言往行，冀其以为规范。”因命徵录古来帝王子弟成败事，名为《自古诸侯王善恶录》，以赐诸王。其序曰：

“观夫膺期受命[1]，握图御宇[2]，咸建懿亲[3]，藩屏王室，布在方策[4]，可得而言。自轩分二十五子[5]，舜举一十六族，爰历周、汉，以逮陈、隋，分裂山河，大启盘石者众矣[6]。或保乂王家，与时升降；或失其土宇，不祀忽诸[7]。然考其盛衰，察其兴灭，功成名立，咸资始封之君；国丧身亡，多因继体之后。其故何哉？始封之君，时逢草昧，见王业之艰阻，知父兄之忧勤。是以在上不骄，夙夜匪懈。或设醴以求贤[8]，或吐飧而接士[9]。故甘忠言之逆耳，得百姓之欢心。树至德于生前，流遗爱于身后。暨夫子孙继体，多属隆平，生自深宫之中，

长居妇人之手，不以高危为忧惧，岂知稼穑之艰难？昵近小人，疏远君子，绸缪哲妇[10]，傲狠明德，犯义悖礼，淫荒无度，不遵典宪，僭差越等[11]。恃一顾之权宠，便怀匹嫡之心；矜一事之微劳，遂有无厌之望。弃忠贞之正路，蹈奸宄之迷途。愎谏违卜[12]，往而不返。虽梁孝、齐冏之勋庸[13]，淮南、东阿之才俊[14]，摧摩霄之逸翮，成穷辙之涸鳞，弃桓、文之大功[15]，就梁、董之显戮[16]。垂为明戒[17]，可不惜乎？皇帝以圣哲之资，拯倾危之运，耀七德以清六合[18]，总万国而朝百灵[19]，怀柔四荒，亲睦九族。念华萼于《棠棣》[20]，寄维城于宗子[21]。心乎爱矣，靡日不思，爰命下臣，考览载籍，博求鉴镜，贻厥孙谋。臣辄竭愚诚，稽诸前训。凡为藩为翰[22]，有国有家者，其兴也必由于积善，其亡也皆在于积恶。故知善不积不足以成名，恶不积不足以灭身。然则祸福无门，吉凶由己，惟人所召，岂徒言哉！今录自古诸王行事得失，分其善恶各为一篇，名曰《诸王善恶录》，欲使见善思齐，足以扬名不朽；闻恶能改，庶得免乎大过。从善则有誉，改过则无咎。兴亡是系，可不勉欤？"

【注释】①膺期受命：受命登基。膺期，承受期运。指受天命为帝王。②握图御宇：掌握版图，治理天下。③懿亲：至亲。特指皇室宗亲、外戚。④方策：同"方册"，典籍。⑤轩：指轩辕氏，即黄帝。黄帝分封二十五子事，见《国语》。⑥盘石：同"磐石"，巨石。这里比喻国家的根基。⑦不祀：不为人奉祀。比喻亡国。⑧醴：一种甜酒。⑨吐飧：吐哺，极言殷勤待士。传周公一饭之间，三次停食吐哺，以接待宾客。喻求贤殷切。⑩绸缪哲妇：迷恋美色。绸缪，缠绵，情深意长。哲妇，本指多谋虑的妇人。后因以指乱国的妇人。《诗·大雅·瞻印》："哲夫成城，哲妇倾城。懿厥哲妇，为枭为鸱。"孔颖达疏："若为智多谋虑之妇人，则倾败人之城国。妇言是用，国必灭亡。" ⑪僭差：僭越失度，超越本分。差，等级，既定的本分。⑫愎谏违卜：刚愎自用，不听劝谏，违反天意，坚持错误。卜，占卜。古时占卜，用龟甲称卜，用蓍草称筮，合称卜筮。古人认为占卜的结果代表天意，违卜就是违反天意。⑬梁孝：指西汉梁孝王刘武，七国之乱期间，曾率兵抵御吴王刘濞，保卫了国都长安，功劳极大。齐冏：指晋齐王司马冏。字景治，河内温县（今河南温县西）人。司马昭之孙，齐王攸子。袭封齐王。及赵王伦篡位，他联络河间王颙、成都王颖、常山王乂等共讨赵王伦，迎惠帝复位。勋庸：功勋。⑭淮南：指淮南王刘安。西汉思想家、文学家，沛郡丰（今江苏沛县）人。汉高祖刘邦之孙，淮南历王刘长之子，袭封为淮南王。好读书鼓琴，善为文辞，才思敏捷。东阿：指魏东阿王曹植。⑮桓：指齐桓公。姜姓，名小白。春秋时期齐国国君。任用管仲进行改革，国力富强，是春秋时期的第一位霸主。文：指晋文公。姓姬，名重耳。春秋时霸主晋国国君，春秋时期著名的政治家。实行"通商宽农""明贤良""赏功劳"等政策，整顿内政，任用赵衰、狐偃等人，发展农业、手工业，加强军队，国力大增，出现"政平民阜，财用不匮"的局面。春秋五霸之一。⑯梁：指梁冀。字伯卓。安定乌氏（今甘肃平凉西北）人。东汉外戚和权臣。梁冀夫妻生性贪恣，依仗权势多方搜刮财物，梁氏专权自恣，极力诛除异己。桓帝对梁冀专权素有不满，加以梁冀刺杀贵人邓猛姊婿邴尊事发，桓帝遂与宦官单超等五人密谋诛冀，梁冀与妻自杀，子胤及诸梁宗亲无长少皆弃市。朝廷百姓称庆。董：指董卓。字仲颖。陇西临洮（今甘肃岷县）人。东

汉末年权臣。灵帝病危时,他驻屯河东,拥兵自重,坐待事变。灵帝死后,董卓引兵驰抵京城,势力大盛,废黜少帝,立陈留王为献帝,卓迁太尉领前将军事,进位相国。董卓放纵士兵在洛阳城中大肆剽虏财物,淫掠妇女,又虐刑滥罚,以致人心恐慌,内外官僚朝不保夕。初平三年(192)四月,董卓入朝时为吕布所杀。消息传开后,百姓歌舞于道,置酒肉互相庆贺。董卓被陈尸街衢,其家族被夷灭。⑰明戒:明白显著的鉴戒。⑱七德:指武王的七种德行,禁暴、戢兵、保大、定功、安民、和众、丰财。六合:指上(天)、下(地)和东、西、南、北四方,泛指天下或宇宙。⑲百灵:百姓。⑳华萼:亦作"花萼",托在花瓣下部的一圈绿色小片。花萼相承,比喻兄弟之爱。《棠棣》:《诗·小雅》篇名。《诗·小雅·棠棣》云:"棠棣之华,鄂不。凡今之人,莫如兄弟。"是一首申述兄弟应该互相友爱的诗。"棠棣"也作"常棣",俗称棣棠,花黄色春末开。后常用以指兄弟。㉑维城:连城以卫国。这里借指皇子或皇室宗族。宗子:古代宗法制度称大宗的嫡长子为"宗子"。㉒藩:篱笆,藩篱。这里指封建王朝的属国或属地。翰:通"干(榦)",草木的茎干。这里引申为骨干,指受分封、保国家的皇子或皇室宗族。

【译文】贞观七年(633),太宗对侍中魏徵说:"自古以来的王侯,能够自我保全的很少,都是因为生长在富贵的环境中,喜欢骄奢淫逸,多数人不懂得亲近君子、远离小人的缘故。我想让所有的子弟都能知道前代王侯的言行,希望他们以此作为行动的规范。"于是命令魏徵辑录自古以来帝王子弟的成败事迹,取名为《自古诸侯王善恶录》,分别赐给诸王。此书的序言说:

"历来受命登基的帝王,掌握版图,治理天下,都分封自己的皇室宗亲、外戚做诸侯,让他们做王室的屏藩,这都记载在史册中,历历可考。自从轩辕黄帝分封二十五个儿子,虞舜任用了十六位贤臣,历经周、汉,一直到陈、隋等朝代,各朝皇帝割裂国土,大动国家根基的为数算是不少了。这些诸侯,有的保国安邦,与时代的变迁而沉浮;而有的却失去封国,亡族灭家。然而考察其盛衰兴亡的规律,凡是功成名就的,大都是最初所封的侯王;而国灭身亡的,大都是后世继位的侯王。这是什么原因呢?最初所封的侯王,当时赶上国家草创时期,亲自经历了创建王业的艰难险阻,知道父兄的忧愁劳苦。所以他们身处上位而不骄奢,日夜操劳而不松懈。有时像汉代的楚元王设醴酒招待贤人,有时像周公旦一样吃饭时还停食以接待宾客。所以,他们能够听取逆耳的忠言,深得百姓的欢心。他们在生前能树立高尚的品德,身后能被百姓所称颂爱戴。等到他们的子孙继位为侯王时,多属太平年代,他们生长在深宫当中,在妇人的手里长大,他们不以身居高位而感到覆亡的危险,哪里知道稼穑的艰辛呢?他们亲近小人,疏远君子,迷恋美色,轻视美德,违背礼义,荒淫无度,不遵法令,逾越侯王的本分。倚恃国君一时的宠爱,便产生与嫡子相匹敌的念头;自以为有一点功劳,便滋长无穷的欲望。抛弃了忠诚正直的大道,走上了为非作歹的邪路。刚愎自用,不听劝谏,违反天意,迷途不返。即使有梁孝王、齐王冏那样的功勋,淮南王、东阿王那样的才华,也不免摧折凌云健翅,成为涸辙之鱼,抛弃了齐桓公、晋文公那样的功业,落得梁冀、董卓那样被诛戮的下场。成为后世明白显著的鉴戒,

能不可惜吗？皇上以英明圣哲的能力，拯救了倾危的世道，秉持七德，廓清天下，统领万国，百姓来朝，怀柔四邻，亲睦九族。咏吟《棠棣》中'华萼'的诗句，念及兄弟手足的感情；希望连城护卫王室，分封皇室宗亲。心中充满了恩爱，无时不再思念，于是命令下臣考求史籍，广泛收集历史经验作为借鉴，留传给子孙。臣竭尽愚诚，考察了前代的历史教训。凡是拥有一方土地的诸侯，其兴盛必定是由于积善，其败亡必定是由于积恶。由此可知，不积善不足以成就功名，不积恶不至于败国亡身。然而祸福不是注定的，吉凶全在于自己，由人招致，这难道是空话！现辑录自古以来诸王行事得失的事例，把善恶分为两类，各为一篇，取名为《诸王善恶录》，希望能够使太子诸王效法美善的德行，得以扬名不朽；闻恶能改，避免犯下大错。从善就一定会受到赞誉，改过就会无灾。这是关系到国家兴亡的事，怎能不以此自勉呢？"

【原文】贞观十年，太宗谓荆王元景、汉王元昌、吴王恪、魏王泰等曰[①]："自汉已来，帝弟帝子，受茅土、居荣贵者甚众，惟东平及河间王最有令名[②]，得保其禄位。如楚王玮之徒[③]，覆亡非一，并为生长富贵，好自骄逸所致。汝等鉴诫，宜熟思之。拣择贤才，为汝师友，须受其谏诤，勿得自专。我闻以德服物，信非虚说。比尝梦中见一人云虞、舜，我不觉竦然敬异，岂不为仰其德也？向若梦见桀、纣，必应斫之。桀、纣虽是天子，今若相唤作桀、纣，人必大怒。颜回、闵子骞、郭林宗、黄叔度虽是布衣[④]，今若相称赞道类此四贤，必当大喜。故知人之立身，所贵者惟在德行，何必要论荣贵。汝等位列藩王，家食实封[⑤]，更能克修德行，岂不具美也？且君子、小人本无常，行善事则为君子，行恶事则为小人，当须自克励，使善事日闻，勿纵欲肆情，自陷刑戮。"

【注释】①荆王元景：指太宗弟李元景（？～653年），唐高祖第六子。武德三年（620）封为赵王，八年（625）授安州都督。贞观初，历迁雍州牧、右骁卫大将军。十年徙封荆王，授荆州都督。高宗即位，进位司徒。永徽四年（653），坐与房遗爱谋反赐死，国除。汉王元昌：即李元昌，唐高祖李渊庶七子，武德三年（620）封鲁王，贞观十年（636）封汉王。书法受之史陵，祖述羲、献，在童年已精笔意。善行书，又善画马，笔迹妙绝。②东平：即东汉东平王刘苍。刘苍是东汉开国皇帝刘秀的儿子，建武十五年（39）封东平公，十七年（41）进爵为王。刘苍博学多才，东汉明帝刘庄对他很器重，每次外出巡视，都把京城交给他管理。刘苍虽然地位很高，却毫无骄奢淫逸的贵族习气，而且很关心百姓的生活，为东汉初年的太平盛世做出了重要贡献。河间王：即西汉河间王刘德，汉景帝的儿子，武帝异母兄。以皇子的身份受封为河间王。他喜好儒学，为王二十六载，始终没有卷入诸王争权的政治漩涡，而将其毕生精力投入了对中国文化古籍的收集与整理，一时之间刘德贤名传遍天下。后刘德因遭武帝猜疑，终忧悒成疾而死。汉武帝念其功劳，遂赐谥为"献王"。③楚王玮：指西晋楚王司马玮，字彦度。晋武帝第五子。初封始平王，后徙封于楚，都督荆州诸军事。武帝死，入朝为卫将军，与贾后连谋除杨骏。汝南王司马亮辅政，司马玮又与贾后合计捕杀汝南王司马亮。贾皇后恶亮又忌玮，于是使惠帝为诏，言楚王矫诏害亮，且欲诛朝臣，图谋不轨，被下廷尉，遂斩之。④郭林宗：即东汉郭泰（128～169年），

字林宗，太原郡介休（今山西介休）人。郭泰素有大志，就读于成皋屈伯彦门下。三年之后，竟博通“三坟五典”。有弟子千人，名震京师，士林以为典范。黄叔度：名宪，字叔度。东汉汝南慎阳（今河南正阳）人。叔度家世代贫居，自幼苦读经书，遂成饱学之士。他德才非凡，为天下名士所敬服。⑤实封：古代封建国家名义上封赐给功臣贵戚食邑的户数与实际封赏数往往不符，实际上赐予的封户叫实封。

【译文】贞观十年（636），太宗对荆王李元景、汉王李元昌、吴王李恪、魏王李泰等人说：“自汉朝以来，皇帝的兄弟和儿子受封王爵、享受荣华富贵的人非常多，只有汉朝的东平王、河间王名声最好，能保守自己的俸禄和地位。像晋朝的楚王司马玮之类，国灭身亡的不止一例，都是因为生长在富贵当中，喜好骄纵淫逸所造成的。你们应该以之作为鉴戒，好好想一想。选择贤良的人做你们的师傅和朋友，你们必须接受他们的谏诤，不得自以为是、独断专行。我听说以德服人，确实不是虚妄的说法。最近我曾梦见一个人他自称是虞舜，便不禁肃然起敬，这难道不是因为崇慕他的德行的原因吗？如果当时梦见的是桀、纣，我一定会拿刀去砍他。桀、纣虽然是天子，现在如果将某人称作桀、纣，此人必定会大怒。颜回、闵子骞、郭林宗、黄叔度虽然都是普通百姓，现在如果称赞某人与这四位贤人相似，此人必定会非常高兴。由此可知人立身处世，最可贵的是德行，何必要讲荣华富贵。你们位列藩王，衣食有封地食邑做保障，要是能勤修德行，岂不是更完善了吗？况且君子和小人本来就不是固定不变的，做善事就是君子，做恶事就是小人。你们应当自己克制私欲，刻苦自励，使每天都能听到你们的善事，不要放纵情欲，使自己陷入刑罚之中。”

规谏太子篇第十二

【题解】

本篇主要是记述了太宗选择贤臣来规谏教育太子李承乾的事迹。李承乾是唐太宗的嫡长子，武德二年（619）生于长安承乾殿，因而命名。武德九年（626）十月，太宗刚刚即位，便将年仅八岁的李承乾立为太子。幼年的李承乾聪明伶俐，太宗对他很是喜欢，并选择德高望重的大臣做他的老师，严格教导。他们引经据典，以古为鉴，谆谆教诲，忠直忘私，得到了唐太宗的支持和褒奖。一开始，李承乾积极上进，能识大体，颇得太宗和朝廷大臣的好评。但由于李承乾生于深宫之中，长于妇人之手，自幼养尊处优，喜好声色，沉溺于畋猎，慢慢地沾染了不少坏习惯，生活日益荒唐颓废。李百药、孔颖达、张玄素、于志宁等大臣，恪尽职守，用历史上许多经验和教训屡屡直言规劝太子，可惜的是这些规谏不被太子李承乾所采纳。太宗的期望变成了失望，太子李承乾渐被疏远，最终酿成政变阴谋，被废黜至死。太子是一国的储君，是皇位的法定继承人，贤良与否，事关重大。李承乾虽因不听规劝终遭废黜，但贞观君臣对教诫太子的高度重视还是值得称道的。

【原文】贞观五年,李百药为太子右庶子。时太子承乾颇留意《典》《坟》[1],然闲宴之后[2],嬉戏过度。百药作《赞道赋》以讽焉[3],其词曰:

“下臣侧闻先圣之格言,尝览载籍之遗则。伊天地之玄造[4],洎皇王之建国,日人纪与人纲[5],资立言与立德。履之则率性成道[6],违之则罔念作忒[7]。望兴废如从钧[8],视吉凶如纆[9]。至乃受图膺箓[10],握镜君临[11]。因万物之思化,以百姓而为心。体大仪之潜运[12],阅往古于来今。尽为善于乙夜,惜勤劳于寸阴。故能释层冰于瀚海[13],变寒谷于蹛林[14]。总人灵以胥悦,极穹壤而怀音[15]。”

【注释】①《典》《坟》:是《五典》《三坟》的简称,夏商之前的古文献资料,已失传。这里借指各种古代文籍。②闲宴:悠闲安逸。③讽:指用含蓄的话批评或劝告。④伊:用在某些词语前面,表示加强语气。玄造:犹造化。⑤人纪、人纲:人之纲纪。指立身处世的道德规范。⑥履:实行,执行。率性:尽情任性。成道:成就道德。⑦罔念:谓不思为善。忒:差错。这里指走向邪路。⑧从钧:顺从天意。钧,上天。⑨ :绳索。这里引申为缠绕联结。⑩受图膺箓:承受天命。图,河图。膺,受。箓,符命。图、箓都是古代天子将兴的符应。⑪握镜:执持明镜。喻帝王受天命,怀明道。⑫大仪:太极。指形成天地万物的混沌之气。潜运:悄悄运转。⑬瀚海:蒙古大沙漠的古称。⑭蹛林:匈奴秋社之处。匈奴土俗,秋社绕林木而会祭,故称。这里借指匈奴。蹛,绕,环绕。⑮穹壤:指天地。

【译文】贞观五年(631),李百药任太子右庶子。当时,太子李承乾对《五典》《三坟》等古代典籍兴趣浓厚,然而在悠闲的时候,却嬉游过度。于是,李百药就写了一篇《赞道赋》来劝谕太子。赋中说:

“下臣听说过前代圣贤的格言,浏览过古代典籍的遗训。自天地开辟,皇王建立国家,就有人伦纲纪,用来帮助树立言论和德行。实行它就能成就道德,违背它就可能走向邪路。看国家的兴废如同顺从天意,观人事的吉凶如同缠绕联结。于今我大唐国君承受天命,胸怀明道,君临天下。必须按照万物的规律办事,要以百姓的利益作为根本。体察天地运行的规律,纵览古今的历史经验。要孜孜不倦地日夜做善事,勤劳治政,珍惜光阴。因此能让瀚海中的冰雪融化,让边远寒冷的林变为阳春。让海内百姓都欢欣喜悦,让天下都传颂皇帝的美好名声。”

【原文】“赫矣圣唐,大哉灵命[1],时维大始,运钟上圣[2]。天纵皇储,固本居正;机悟宏远,神姿凝映。顾三善而必弘[3],祗四德而为行[4]。每趋庭而闻礼,常问寝而资敬。奉圣训以周旋,天文之明命[5]。迈观乔而望梓[6],即元龟与明镜[7]。自大道云革[8],礼教斯起,以正君臣,以笃父子。君臣之礼,父子之亲,尽情义以兼极,谅弘道之在人。岂夏启与周诵,亦丹朱与商均。既雕且琢,温故知新。惟忠与敬,曰孝与仁。则可以下光四海,上烛三辰[9]。昔三王之教子,兼四时以齿学;将交发于中外,乃先之以礼乐。乐以移风易俗,礼以安上化人。非有悦于钟鼓,将宣志以和神。宁有怀于玉帛,将克己而庇身。生于深宫之中,处于群后之上[10];未深思于王业,不自珍于匕鬯[11]。谓富贵之自然,恃崇高以矜尚。必恣骄狠,动愆礼让。轻师傅而慢礼仪,狎奸谄而纵淫放。前星之耀遽隐[12],少阳之道斯谅[13]。虽

天下之为家，蹈夷险之非一。或以才而见升，或见谗而受黜。足可以省厥休咎[14]，观其得失。……致庶绩于咸宁，先得人而为盛。帝尧以则哲垂谟[15]，文王以多士兴咏。取之于正人，鉴之于灵镜。量其器能，审其检行。必宜度机而分职，不可违方以从政。若其惑于听受，暗于知人，则有道者咸屈，无用者必伸。谗谀竞进以求媚，玩好不召而自臻。直言正谏，以忠信而获罪；卖官鬻狱[16]，以货贿而见亲。于是亏我王度，斁我彝伦[17]。九鼎遇奸回而远逝，万姓望抚我而归仁。盖造化之至育，惟人灵之为贵。"

【注释】①灵命：犹天命。②运：运气。钟：逢。③三善：指臣事君、子事父、幼事长的三种道德规范。④祗：敬。四德：《易》以元、亨、利、贞为四德。《文言》曰："元者，善之长也；亨者，嘉之会也；利者，义之和也；贞者，事之干也。君子体仁，足以长人；嘉会，足以合礼；利物，足以和义；贞固，足以干事。君子行此四德者，故曰：乾，元亨利贞。"《子夏传》曰："元，始也。亨，通也。利，和也。贞，正也。言乾禀纯阳之性，故能首出庶物，各得元始、开通、和谐、贞固，不失其宜。是以君子法乾而行四德。"⑤天文：此处意同圣旨。明命：圣明的命令。⑥迈观乔而望梓：意谓奉行父子之道。迈，行。乔、梓，《尚书大传·梓材》曰："伯禽与康叔见周公，三见而三笞之。康叔有骇色，谓伯禽曰：'有商子者，贤人也。与子见之。'乃见商子而问焉。商子曰：'南山之阳有木焉，名乔。'二三子往观之，见乔实高高然而上，反以告商子。商子曰：'乔者，父道也。南山之阴有木焉，名梓。'二三子复往观焉，见梓实晋晋然而俯，反以告商子。商子曰：'梓者，子道也。'"乔木高，梓木低，比喻父位尊，子位下，后因以"乔梓"比喻父子。⑦元龟：比喻可资借鉴的往事。晋刘琨《劝进表》云："前事之不忘，后事之元龟也。"⑧大道：这里指最高的治世原则，包括伦理纲常等。革：变革。⑨三辰：谓日、月、星。⑩群后：指众诸侯王。⑪匕鬯：《易·震》云："震惊百里，不丧匕鬯。"王弼注："匕，所以载鼎实；鬯，香酒。奉宗庙之盛也。"后因代指宗庙祭祀。这里指代宗庙，转指国家政权。⑫前星：《汉书·五行志下》："心，大星，天王也。其前星，太子；后星，庶子也。"后因以"前星"指太子。⑬少阳：东宫，太子所居。后以此指太子。⑭休咎：吉与凶，祸与福。⑮则哲：《尚书·皋陶谟》："知人则哲，能官人。"后以"则哲"谓知人。垂谟：垂视法则。⑯鬻狱：受贿而枉断官司。⑰斁：败坏。彝伦：指伦常。

【译文】"显赫繁盛的大唐，崇高的天命，当创业的开始，上圣遇上了好机运。皇太子天资聪明，根基牢固，心地纯正；机智深远，英姿照人。念'三善'而必弘扬，敬'四德'而为之实行。每当经过中庭听到父王关于礼仪的教诲，常常问候起居以表敬爱。依照圣人的训导来待人接物，使圣人的旨意发扬光大。遵行父子之道，作为自己立身行事的准则和借鉴。自从大道变革，礼教兴起，端正了君臣之间的道义，笃厚了父子之间的情义。君臣之间的礼法和父子之间的亲情，充满情义而达到极点，但能否弘扬大道，完全在于个人。怎么能说夏启和周诵这样的贤太子与丹朱和商均这样的不肖之子一样呢？所以要精雕细刻，温故知新。只要拥有忠、敬、孝、仁，就可以下照四海，上耀日月星三辰。过去三王教育子弟，按照年龄、四季顺序就学；将让太子出宫就位，就要先以礼乐教化。乐可以移风易俗，礼可以安定社稷、教化百姓。学乐并不是为了听钟鼓之音，而是为了抒发心

志、和悦精神。不是为了吝啬玉帛，而是要用礼来克制私欲，保全自身。生长在深宫之中，位处于诸王之上；未曾深思过帝业的艰难，不能珍惜自己的国家。反而认为富贵荣华来于自然，自恃地位崇高而骄矜自大。一定会放纵骄横，动则丧失礼让。轻视师傅，简慢礼仪，亲近奸邪而放纵淫逸。这样，太子的光辉就会遽然隐没，德行就会受到影响。虽然太子以天下为家，但遭遇的安危却有所不同。有的会因为才德兼备而升登帝位，有的会遭到谗言诋毁而被废黜。这些完全可以从中看出吉凶，祸福，成败，得失。……要想朝政处理得当，天下安定，必须先得人才才能兴盛。帝尧知人并能成为后世典范，文王以人才众多而为后人传颂。从正直的人中选拔人才，用'灵镜'来加以鉴别。衡量他们的才能，审查他们的德行。一定要根据他们的具体情况来分派职务，不可违反制度使其参政。如果被传闻所迷惑，没有看清人的本性，就会造成有道德有本领的人受冤屈，而卑鄙无能之人一定会得逞。这样一来，那些善于谄谀的人竞相溜须拍马，游手好闲的人不请自来。那些直言诤谏的人士，会因为忠信而获罪；那些卖官枉法的不良之辈，就会因为贿赂而受到亲近。于是就会毁坏法度，败坏伦常。国家就会败亡在奸人的手中，百姓就会盼望我来安抚而归于仁义。天生万物，只有人最为贵。"

【原文】贞观十三年，太子右庶子张玄素以承乾颇以游畋废学，上书谏曰：

"臣闻皇天无亲，惟德是辅，苟违天道，人神同弃。然古三驱之礼[①]，非欲教杀，将为百姓除害。故汤罗一面，天下归仁[②]。今苑内娱猎，虽名异游畋，若行之无恒[③]，终亏雅度。且傅说曰：'学不师古，匪说攸闻[④]。'然则弘道在于学古，学古必资师训。既奉恩诏，令孔颖达侍讲，望数存顾问[⑤]，以补万一。仍博选有名行学士，兼朝夕侍奉。览圣人之遗教，察既往之行事，日知其所不足，月无忘其所能，此则尽善尽美。夏启、周诵焉足言哉！夫为人上者，未有不求其善，但以性不胜情，耽惑成乱[⑥]。耽惑既甚，忠言尽塞，所以臣下苟顺，君道渐亏。古人有言：'勿以小恶而不去，小善而不为。'故知祸福之来，皆起于渐[⑦]。殿下地居储贰，当须广树嘉猷[⑧]。既有好畋之淫，何以主斯匕鬯？慎终如始，犹恐渐衰，始尚不慎，终将安保！"

【注释】①三驱：古王者田猎之制。谓田猎时须让开一面，三面驱赶，以示好生之德。一说，田猎一年以三次为度。②汤罗一面，天下归仁：意谓张布罗网仅止一面，天下都归服于他的仁义。据《史记》记载，商汤出猎时，见四面张网，恐禽兽被杀绝，于是就命令撤去三面之网，并祷告说："想往左就往左，想往右就往右，不听话的就进入罗网。"商汤因仁慈而赢得天下之心。③无恒：无常。这里指没有节制。④学不师古，匪说攸闻：意谓在学习上不师法古代圣贤，我还不曾听说过。语出《尚书·商书·说命》。原文为："学于古训乃有获。事不师古，以克永世，匪说攸闻。"匪，通"非"。攸，所。⑤顾问：咨询。⑥耽惑：犹迷惑。⑦渐：慢慢地，一点一点地，一步一步地。⑧嘉猷：治国的好规划。这里指好的德行。

【译文】贞观十三年(639)，太子李承乾因为常常打猎荒废学业，太子右庶子张玄素上书规谏说：

“臣听说，苍天对人不分亲疏，只佑助有德之人，如果有人违背天意，人和神都要抛弃他。古代对打猎所规定的‘三驱’之礼，不是教人嗜杀，而是要为百姓除害。所以商汤打猎时，张布罗网仅止一面，天下都归服于他的仁义。如今殿下在宫苑里打猎玩乐，名义上虽然和出外游猎有所区别，但是如果没有节制，终究有伤您儒雅的气度。况且傅说曾经说过：‘在学习上不师法古代圣贤，我还不曾听说过。’既然如此，弘扬道德就应该学习古礼，而学古必须依靠师傅的训导。既然已经奉圣上恩诏，令孔颖达为太子讲解经书，就希望殿下常常能以事咨询，万一有所不足可以弥补。还应该广泛选择一些有德行的饱学之士，早晚侍读。可以多学习些圣人的遗教，经常审查自己以往的言行，每天都能知道自己的不足之处，每个月不忘自己学会的东西，这样就会尽善尽美了。夏启、周诵又有什么值得称道的！作为君主，没有不愿意追求美德的，只是因为有时理智不能克制情欲，沉溺迷惑才造成昏乱。如果沉溺迷惑得厉害了，就会听不进忠言，因此臣下随意附和，国君之道就会逐渐亏损。古人曾说过：‘不要因为过错很小就不去改正，也不要因为善事很小就不屑去做。’因此要知道祸福的发生，都是从小事慢慢地开始的。殿下身居太子的地位，应当广泛建树好的德行。已经养成嗜好游猎的毛病，将来如何担起主持朝政的重任？谨慎从事，至终如始，尚且担心有时会慢慢地懈怠，如果一开始就不慎重，又怎能保持到最后！”

仁义篇第十三

【题解】

在本篇中，主要是记载了唐太宗主张“以仁义诚信为治”的治国主张。唐太宗认为，自古以来用仁义治国的，国家气运就会长久。所以他认为“为国之道，必须抚之以仁义，示之以威信，因人之心，去其苛刻，不作异端，自然安静”，“行仁义则灾害不生”。唐太宗“君道”学说的核心内容是传统儒家的仁政和仁义思想，这也是他当政后推行让步政策、宽简刑罚、轻徭薄赋的理论基础。本篇和下面的《崇儒学》等篇，都反映了唐初统治者尊崇儒学、重视道德教化、主张省刑慎罚、以仁义治天下的思想。

【原文】贞观二年，太宗谓侍臣曰：“朕谓乱离之后，风俗难移。比观百姓渐知廉耻，官人奉法，盗贼日稀，故知人无常俗，但政有治乱耳。是以为国之道，必须抚之以仁义，示之以威信，因人之心，去其苛刻，不作异端①，自然安静。公等宜共行斯事也！”

【注释】①异端：指违背正道的事情。

【译文】贞观二年（628），太宗对身边的大臣们说：“我认为在国家乱离之后，社会风气很难在短时间内变好。近来看到百姓都逐渐懂得了廉耻，官吏百姓都能奉公守法，盗贼日渐减少，从而知道人没有一成不变的风俗，只是施政有治乱好坏的区别。所以，治国之道，必须用仁义来安抚百姓，向他们展示威严和诚信，要顺应民心，废除严刑酷法，不做

违背正道的事情，天下自然就安定平静。你们应当共同努力做好这件事！”

【原文】贞观十三年，太宗谓侍臣曰：“林深则鸟栖，水广则鱼游，仁义积则物自归之。人皆知畏避灾害，不知行仁义则灾害不生。夫仁义之道，当思之在心，常令相继，若斯须懈怠[1]，去之已远。犹如饮食资身，恒令腹饱，乃可存其性命。”

【注释】①斯须：片刻。

【译文】贞观十三年(639)，太宗对身边的大臣们说：“树林茂密了鸟儿就会来栖息，江湖广阔了群鱼就会来游弋，仁义积累得深厚了百姓就自然会来归顺。人们都知道躲避灾害，但不知道施行仁义就能使灾害不发生。仁义之道应该牢记在心，经常让它持续不断，如果有片刻懈怠，就会远离仁义。这就好像人饮食是为了保养身子，经常使肚子吃饱，才可以维持生命。”

忠义篇第十四

【题解】

在本篇中，主要记载了唐太宗立意要表彰宣传的对封建君王效愚忠的言行。如冯立之对于隐太子、姚思廉之对于隋代王，都被认为是值得嘉许的。就连唐太宗贞观十九年(645)久攻辽东安市城不下，也要“嘉安市城主坚守臣节，赐绢三百匹，以劝励事君者”。同时还一再下令表彰历代那些“固守忠义，克终臣节”的官吏及其子孙，以此鼓励当代和后世一切臣民誓死效忠君王。又如唐太宗十分欣赏春秋战国时卫懿公的臣子弘演，此人竟忠义到“自出其肝，而内懿公之肝于其腹中”的程度。他感慨地说：“今觅此人，恐不可得。”而魏徵则认为忠义应是君臣双方面的事，他以当年豫让之语对之：“臣昔事范、中行，范、中行以众人遇我，我以众人报之。智伯以国士遇我，我以国士报之。”所以“在君礼之而已，亦何谓无人焉”。这是魏徵替唐太宗设计的培育忠臣的途径。但是，这里的“忠诚”乃是封建社会皇帝对臣子提出的道德要求，其真实意图就是想通过褒扬历代忠臣来激励大臣们对自己的效忠，我们今天必须用批判的眼光来阅读这些文章。

【原文】贞观十一年，太宗谓侍臣曰：“狄人杀卫懿公[1]，尽食其肉，独留其肝。懿公之臣弘演呼天大哭，自出其肝，而内懿公之肝于其腹中[2]。今觅此人，恐不可得。”

特进魏徵对曰：“在君待之而已，昔豫让为智伯报雠[3]，欲刺赵襄子[4]。襄子执而获之，谓之曰：‘子昔不事范、中行氏乎[5]？智伯尽灭之，子乃委质智伯，不为报雠；今即为智伯报雠，何也？’让答曰：‘臣昔事范、中行，范、中行以众人遇我，我以众人报之。智伯以国士遇我[6]，我以国士报之。’在君礼之而已，亦何谓无人焉？”

【注释】①狄人：中国古代北方的游牧民族。“狄”亦称翟。狄人部落众多，春秋时以赤狄、白狄、长狄最著。卫懿公：名赤，卫惠公之子，卫康叔十代孙，卫都朝歌人。卫懿公嗜好养鹤，公元前660年冬，北方狄人攻卫，到荥泽时，卫懿公发兵抵抗，大臣说：“君好

鹤,鹤可令击狄。"卫懿公向国人"受甲",国人说:"叫鹤去抵抗敌人吧,我们哪里能够打仗呢!"卫懿公无奈便带少数亲信赴荥泽迎敌,结果兵败被杀。②内:同"纳",放入。③豫让:春秋战国时晋国人。晋出公二十二年(前453),赵、韩、魏共灭智氏。豫让用漆涂身,吞炭使哑,暗伏桥下,谋刺赵襄子未遂,后为赵襄子所捕。临死时,求得赵襄子衣服,拔剑击斩其衣,以示为主复仇,然后伏剑自杀。见《史记·刺客列传》。智伯:名瑶,又称智囊子。智氏世为晋大夫,智伯系荀首五世孙,春秋末年晋国六卿(智氏、韩氏、赵氏、魏氏、范氏、中行氏)之一。智伯在很短时间内使智氏盛极一时,超过根基深厚的韩、赵、魏三家,但由于他"贪而愎",盲目自信,急于求功,不能审时度势,最终被韩、赵、魏三家联手所灭。④赵襄子:名无恤,一作"毋恤",赵鞅(赵简子)之子。赵鞅去世,他接任其位担任晋国的六卿之一。公元前454年,与智瑶发生冲突,被围困在晋阳近一年,由部下张孟谈奇迹般地说服了智瑶的韩、魏盟军,突然向智瑶反攻,击斩智瑶。从此奠定三家分晋的基础。⑤范、中行氏:即范氏和中行氏,皆为春秋末年晋国六卿之一。公元前458年,范氏、中行氏被智氏、韩氏、赵氏、魏氏联手所灭,其封地被四家瓜分。⑥国士:一国中才能优秀的人物。

【译文】贞观十一年(637),太宗对身边的大臣们说:"狄人杀了卫懿公,吃光了他的肉,只留下他的肝。卫懿公的臣子弘演呼天大哭,挖出自己的肝,把卫懿公的肝放进自己腹中。如今要寻找这样的人,恐怕已经找不到了。"

特进魏徵说:"这也要看君主对待臣下的态度,从前豫让为智伯报仇,想刺杀赵襄子。赵襄子抓住他,问他说:'你从前不是侍奉范氏、中行氏吗?智伯将他们都灭掉了,你反而投靠了智伯,不为他们报仇;现在你却要为智伯报仇,这是为什么呢?'豫让回答说:'臣以前侍奉范氏、中行氏,范氏和中行氏以普通人对待我,所以我也像报答普通人那样来报答他们。智伯以国士一样对待我,我也要用国士的作为来报答他。'这关键是看国君如何对待臣子,怎么能说这样的忠臣现在就没有了呢?"

孝友篇第十五

【题解】

忠、孝在不同的时代有着不同的含义。在古代,即指忠于国君,孝于父母,是古人看重的两条最高道德标准,"孝子之门,忠义存焉",这是儒家的观点,也是历代推崇孝道的原因。本篇列举了房玄龄、虞世南、韩王李元嘉、霍王李元轨及突厥人史行昌五个人对行孝、友悌的故事,以及唐太宗对他们的赞扬和赏赐,反映出李世民对儒家的封建伦理道德始终持赞许和提倡的态度,其目的就是要求臣下对封建君主必须忠心不二,以维护其对人民的统治。同时也是"贞观之治"中尊崇儒学、重视教化的具体体现。

【原文】司空房玄龄事继母,能以色养[①],恭谨过人。其母病,请医人至门,必迎拜垂

泣。及居丧,尤甚柴毁[2]。太宗命散骑常侍刘洎就加宽譬[3],遗寝床、粥食、盐菜。

【注释】①色养:谓承顺父母颜色。后因称人子和颜悦色奉养父母或承顺父母颜色为“色养”。②柴毁:谓居丧哀甚,瘦损如柴。③宽譬:宽慰劝解。

【译文】司空房玄龄侍奉继母,能够承顺父母和颜悦色,恭谨的态度超过常人。他继母生病,请来的医生到了门前,一定流泪迎拜。到了办丧事的时候,房玄龄十分悲伤,以至于骨瘦如柴。太宗派散骑常侍刘洎前去宽慰劝解,并赠给他寝床、粥食和盐菜。

【原文】贞观中,有突厥史行昌直玄武门[1],食而舍肉,人问其故,曰:“归以奉母。”太宗闻而叹曰:“仁孝之性,岂隔华夷?”赐尚乘马一匹[2],诏令给其母肉料。

【注释】①史行昌:人名。姓史名行昌。突厥族人本姓“阿史那”,进入中原后改汉姓“史”。②尚乘:即指尚乘局,官署名。管理皇家马匹的官署。隋炀帝置,为殿内省六尚局之一。唐因其制。

【译文】贞观年间,有个名叫史行昌的突厥人在玄武门值班,吃饭时挑出菜里的肉不吃,有人问他是什么缘故,他回答说:“拿回家侍奉母亲。”太宗听了以后感叹地说:“仁孝的品性,哪里会有华夏与四夷的区别呢?”于是赐给他尚乘局的马一匹,并诏令给他母亲供应肉食。

公平篇第十六

【题解】

本篇以“公平”命名,主要是阐述君王处理政事,贵在公正平允。“私嬖之径渐开,至公之道日塞,往来行路,咸知之矣。邦之兴衰,实由斯道。为人上者,可不勉乎?”处事不公正,奸邪之徒就有机可乘,正直的人难免受冤枉;处事公平,钻营的人就没有得逞的机会。所以“圣君任法不任智,任公不任私”。房玄龄说:“理国要道,在于公平正直,故《尚书》云:‘无偏无党,王道荡荡。无党无偏,王道平平。’又孔子称,‘举直错诸枉,则民服’。”而要达到公正平允,就必须提高人们的道德修养,“德者,所以循己也;威者,所以治人也。民之生也,犹铄金在炉,方圆薄厚,随镕制耳!是故世之善恶,俗之薄厚,皆在于君。”所以魏徵又引用《潜夫论》进谏太宗说:“人君之理,莫大于道德教化也。民有性、有情、有化、有俗。情性者,心也,本也;俗化者,行也,末也。是以上君抚世,先其本而后其末,顺其心而履其行。心情苟正则奸慝无所生,邪意无所载矣。”唐太宗在多数情况下尚能做到赏罚不以亲疏为据,而以礼法为度,赏不避仇,罚不避亲。可以说政治教化是推行至公之道的关键,如此久而久之,吏治与社会风气就会焕然一新。但从贞观十年(636)以后,他的骄傲情绪日益滋长,处事常有不当,这在本篇末尾收录的魏徵的长篇谏书中有明确的反映。

【原文】贞观二年,太宗谓房玄龄等曰:“朕比见隋代遗老,咸称高颎善为相者[1],遂观

其本传，可谓公平正直，尤识治体。隋室安危，系其存没。炀帝无道，枉见诛夷，何尝不想见此人，废书钦叹！又汉、魏已来，诸葛亮为丞相，亦甚平直，尝表废廖立、李严于南中[②]。立闻亮卒，泣曰：'吾其左衽矣[③]！'严闻亮卒，发病而死。故陈寿称[④]：'亮之为政，开诚心，布公道，尽忠益时者，虽仇必赏；犯法怠慢者，虽亲必罚。'卿等岂可不企慕及之？朕今每慕前代帝王之善者，卿等亦可慕宰相之贤者。若如是，则荣名高位，可以长守。"

玄龄对曰："臣闻理国要道，在于公平正直，故《尚书》云：'无偏无党，王道荡荡。无党无偏，王道平平。'又孔子称'举直错诸枉，则民服[⑤]'。今圣虑所尚，诚足以极政教之源，尽至公之要，囊括区宇，化成天下。"

太宗曰："此直朕之所怀，岂有与卿等言之而不行也？"

【注释】①高颎（？～607）：字昭玄，渤海蓨（今河北景县东）人，隋朝杰出的政治家、军事家、谋臣。"少明敏，有器局，略涉书史，尤善词令"（《隋书·高颎列传》）。凭借自己敏锐的判断力，在北周末年，投靠杨坚，辅佐杨坚建立隋朝，成为隋朝开国功臣。杨坚称帝后，知高颎知兵事，多计谋，任命为尚书左仆射兼纳言。开皇八年（588）隋朝以晋王广为元帅伐陈，任元帅长史，指挥全军一举灭陈，完成南北统一，功封齐国公。高颎反对立次子杨广为太子，因高颎之女是杨勇的妻子，杨坚认为是高 在为私利，被文帝疏忌失权，开皇十九年（599）免官。大业三年（607），对炀帝的奢侈有所非议，为人告发，与贺若弼同时被杀。②廖立：字公渊，武陵临沅（今湖南常德）人。蜀汉之臣，刘备在赤壁之战后，占据了荆州，开始细心地寻访人才。经诸葛亮推荐，廖立历任长沙太守、巴郡太守、侍中、长水校尉。诸葛亮曾言："庞统、廖立，楚之良才。"后因流露出对职位不满而被流放，在流放地得知诸葛亮的死讯，流下了眼泪。李严：字正方，荆州南阳（今河南南阳）人。以办事干练著称，官至中都护、骠骑将军、都乡侯，历任诸县郡不辱使命。李严的胆识和军事才能都十分杰出，对蜀汉政权的忠诚亦不容怀疑。诸葛亮北伐，李严督运粮草，但办事不力致使蜀军北伐被迫停止。后被罢官流放梓潼郡。建兴十二年（234），李严闻知诸葛亮逝世，认为后人不会给他起用的机会，于是气愤病死。南中：泛指我国川南、云、贵一带。③左衽：衣襟向左掩。披头散发，衣襟左开，借指亡国而异族入侵为主。语出《论语·宪问》："微管仲，吾其被发左衽矣。"④陈寿（233～297）：字承祚，西晋巴西安汉（今四川南充）人。少好学，师事同郡学者谯周，在蜀汉时曾任卫将军主簿、东观秘书郎、观阁令史、散骑黄门侍郎等职。当时，宦官黄皓专权，大臣都曲意附从。陈寿因为不肯屈从黄皓，所以屡遭遣黜。入晋以后，历任著作郎、长平太守、治书侍御史等职。280年，晋灭东吴，结束了分裂局面。陈寿当时四十八岁，开始撰写《三国志》。⑤举直错诸枉，则民服：意谓任用正直的人士而废弃邪恶的小人，百姓就会心悦诚服。语出《论语·为政》。

【译文】贞观二年（628），太宗对房玄龄等人说："我近来看到隋朝的一些遗老，都称赞高颎善于做宰相，于是我就看了他的传记，确实可以称得上公平正直，尤其懂得治国之道。隋朝的安与危，与他的生死有着很大的关系。隋炀帝无道，他被枉杀，我何尝不想能见到这个人，不由得放下书本为他感叹！汉魏以来，诸葛亮做丞相，也很公平正直，他曾

上表建议废黜廖立、李严，并将他们流放到南中。诸葛亮死后，廖立听到这个消息后，哭着说：'我们要亡国而异族入侵为主了！'李严听说诸葛亮逝世，竟生病死去。所以陈寿说：'诸葛亮处理政务，推诚布公，凡是忠心为国的，即使是仇人也一定奖赏；凡是违反法纪、玩忽职守的，即使是亲人也一定惩罚。'你们岂能不仰慕学习他们呢？我如今很羡慕前代的圣明帝王，你们也应该仰慕前代的贤良宰相。假若能够这样做，那么荣耀的名誉和崇高的爵位就能长久保持了。"

房玄龄回答说："臣听说，治理国家的关键，确实在于公平正直，所以《尚书》上说：'不结党营私，王道浩浩荡荡。不结党营私，王道平平坦坦。'还有孔子说：'任用正直的人士而废弃邪恶的小人，百姓就会心悦诚服。'现在圣上所考虑和倡导的，确实可以当作政治教化的根本、推行至公之道的关键，可以囊括宇宙，成就天下的教化。"

太宗说："这正是我心中所想的，怎能只跟你们说说却不去实行呢？"

【原文】贞观十一年，时屡有阉宦充外使[①]，妄有奏。事发，太宗怒。

魏徵进曰："阉竖虽微，狎近左右，时有言语，轻而易信，浸润之谮[②]，为患特深。今日之明，必无此虑，为子孙教，不可不杜绝其源。"

太宗曰："非卿，朕安得闻此语？自今已后，充使宜停。"

魏徵因上疏曰："臣闻为人君者，在乎善善而恶恶[③]，近君子而远小人。善善明，则君子进矣；恶恶著，则小人退矣。近君子，则朝无粃政[④]；远小人，则听不私邪。小人非无小善，君子非无小过。君子小过，盖白玉之微瑕；小人小善，乃铅刀之一割[⑤]。铅刀一割，良工之所不重，小善不足以掩众恶也；白玉微瑕，善贾之所不弃，小疵不足以妨大美也。善小人之小善，谓之善善；恶君子之小过，谓之恶恶；此则蒿兰同臭，玉石不分，屈原所以沉江，卞和所以泣血者也[⑥]。既识玉石之分，又辨蒿兰之臭，善善而不能进，恶恶而不能去，此郭氏所以为墟[⑦]，史鱼所以遗恨也[⑧]。"

【注释】①阉宦：宦官。②浸润之谮：比喻暗中诽谤别人的坏话。③善善、恶恶：喜欢好的，厌恶坏的。善善，第一个"善"是动词，喜欢、称赞的意思。第二个"善"是名词，指好的人或事。恶恶，第一个"恶"是动词，是厌恶、憎恶的意思。第二个"恶"是名词，指坏的人或事。④粃政：弊政。指不良的有害的政治措施。⑤铅刀之一割：语出《后汉书·班超传》："况臣奉大汉之威，而无铅刀一割之用乎？"意谓铅刀虽不锋利，偶尔用得得当，也能割断东西。比喻才能平常的人有时也能有点用处。多作请求任用的谦辞。⑥卞和：春秋楚人。相传他得玉璞，先后献给楚厉王和楚武王，都被认为欺诈，受刑砍去双脚。楚文王即位，他抱璞哭于荆山下，文王使人琢璞，得宝玉，名为"和氏璧"。⑦郭氏：这里指春秋时小国郭国，后为齐所灭。本书《纳谏》第一章云："臣闻于《管子》曰：'齐桓公之郭国，问其父老曰："郭何故亡？"父老曰："以其善善而恶恶也。"桓公曰："若子之言，乃贤君也，何至于亡？"父老曰："不然，郭君善善而不能用，恶恶而不能去，所以亡也。'"⑧史鱼：春秋时卫国大夫，以直谏著名。史鱼曾劝告卫灵公要重用蘧伯玉，不可用弥子瑕，但卫灵公没有听他的话。史鱼将这件事当成了一块心病。等到史鱼得病快死的时候，他对他的儿子

说："我在卫国，不能推荐蘧伯玉、贬退弥子瑕，这是我作为臣子的失职。我活着的时候不能帮助君主行正道，那么死了之后，也不能根据礼的规定来埋我。所以，我死以后，你把我的尸体放在窗户边，对我来说就够了。"史鱼的儿子按照他说的做了。卫灵公来吊丧，看到这种情况后，觉得很奇怪，便问其中的原因。史鱼的儿子把他父亲说的话告诉了卫灵公。卫灵公惊愕得容颜失色，深为感动。于是，叫人把史鱼埋了，并且提拔了蘧伯玉，贬退了弥子瑕。

【译文】贞观十一年(637)，当时常有宦官充当使者外出办事的，他们往往有一些虚妄的奏议。事情败露后，太宗大怒。

魏徵进谏说："宦官的地位虽然低微，但经常侍奉在天子左右，常常在君主面前说些话，很容易让君主相信，那些暗中诽谤别人的坏话，会造成很大的危害。如今陛下圣明，当然不必有此顾虑，但为了教育子孙后代，不能不杜绝这个祸源。"

太宗说："不是你魏徵，我怎能听到这样的话？从今以后，停止宦官充使的事。"

魏徵因而上书说："臣听说做国君的关键在于喜欢好的而厌恶坏的，接近君子而疏远小人。鲜明地喜欢好人好事，君子就会进用；明确地反对恶人恶事，小人就会退避。亲近君子，朝政就不会出什么弊政；疏远小人，听取意见就不会偏信谮言。但小人也并非没有一点小的长处，君子也不是没有一点小的过错。君子小的过错，就好像是白玉上小的瑕疵；小人的一点长处，就好像用铅刀割一下的效果。铅刀割一次的效果，是不会被好的工匠所重视的，因为一点小的长处掩盖不了大的缺点；白玉虽然会有小瑕疵，但精明的商人是不会丢弃它的，因为小的瑕疵不足以妨碍美玉整体的美质。如果喜欢小人的一点长处，就算是喜欢好人好事；讨厌君子的一点过失，就算是讨厌坏人坏事；这就是将野蒿与香兰的气味同样看待，将美玉和石头不加区分，这就是屈原投江而死、卞和哭得眼里流血的原因。既然能够区别美玉和石头，又能分辨野蒿和兰草的气味，但喜欢好人而不能任用，讨厌恶人又不能驱逐，这正是郭国之所以灭亡，史鱼之所以遗恨尸谏的原因啊！"

【原文】"陛下聪明神武，天姿英睿，志存泛爱，引纳多涂[①]；好善而不甚择人，疾恶而未能远佞。又出言无隐，疾恶太深，闻人之善或未全信，闻人之恶以为必然。虽有独见之明，犹恐理或未尽。何则？君子扬人之善，小人讦人之恶。闻恶必信，则小人之道长矣；闻善或疑，则君子之道消矣[②]。为国家者，急于进君子而退小人，乃使君子道消，小人道长，则君臣失序，上下否隔[③]，乱亡不恤，将何以理乎？且世俗常人，心无远虑，情在告讦，好言朋党[④]。夫以善相成谓之同德，以恶相济谓之朋党，今则清浊共流，善恶无别，以告讦为诚直，以同德为朋党。以之为朋党，则谓事无可信；以之为诚直，则谓言皆可取。此君恩所以不结于下，臣忠所以不达于上。大臣不能辩正，小臣莫之敢论，远近承风，混然成俗，非国家之福，非为理之道。适足以长奸邪，乱视听，使人君不知所信，臣下不得相安。若不远虑，深绝其源，则后患未之息也。今之幸而未败者，由乎君有远虑，虽失之于始，必得之于终故也。若时逢少隳[⑤]，往而不返，虽欲悔之，必无所及。既不可以传诸后嗣，复何以垂法将来？且夫进善黜恶，施于人者也；以古作鉴，施于己者也。鉴貌在乎止水[⑥]，鉴己

在乎哲人。能以古之哲王，鉴于己之行事，则貌之妍丑宛然在目，事之善恶自得于心，无劳司过之史[7]，不假刍荛之议。巍巍之功日著，赫赫之名弥远。为人君者可不务乎？”

【注释】①多涂：各种途径。涂，同“途”，途径。②消：减少，受损害。③否隔：亦作“否鬲”，隔绝不通。④朋党：为私利而勾结在一起的宗派。⑤时逢少隳：碰上了混乱的世道。隳，毁坏。这里引申指乱世。⑥鉴貌在乎止水：查看容貌要对照静止之水。鉴，古代用铜制成的镜子。这里用作动词，指观察。⑦司过：掌纠察群臣过失的官吏。

【译文】“陛下聪明威武，天资英明睿智，心存博爱，能从各种途径选拔人才；但是，陛下喜好贤才而不太善于选择人才，憎恨恶人而又未能疏远佞臣。而且说话毫不隐讳，疾恶太深。听说别人的优点，有时未必全信；听说别人的缺点，就以为一定是如此。虽然陛下有独到的见解，但仍恐怕不尽合理。为什么呢？因为君子是称赞别人的好处的，小人是攻击别人的缺点的。听说别人的缺点就深信不疑，这样小人攻讦的手段就会增长；听说别人的优点就将信将疑，这样君子扬善的途径就会减少。治理国家的人急于进用君子而斥退小人，却反而让君子扬善的途径减少，让小人攻讦的手段增长，这样就会使君臣之间失去正常的秩序，上下隔绝不通，国家乱亡，将用什么去治理国家呢？况且世俗常人心无远虑，喜欢攻击别人的短处，好说别人结党营私。其实用善互相成全叫作‘同德’，用邪恶互相帮助叫作‘朋党’，现在却清浊合流，善恶不分，把告讦攻击他人当作诚实正直，把同心同德看成是结党营私。把同心同德看成是结党营私，就认为他们所做的事没有什么可值得相信；把告讦攻击他人当作诚实正直，就认为他们所说的话都可以听取。这样就会使得国君的恩惠不能施于臣下，臣下的忠心也不能够表现给国君。对此大臣不能分辨纠正，小臣不敢随便议论，到处都承袭了这种不良风气，浑然成为习惯，这不是国家的福祉，也不是治国的方法。只能助长奸邪，混淆视听，使国君不知道什么可信，臣下不能相安无事。如果不深谋远虑，彻底杜绝它的根源，后患将难以止息。当今之所以没有败亡的原因，是因为陛下有远见卓识，虽然刚开始时有些失误，但是最终将会有所得。如果碰上了混乱的世道，又不加以改正，即使后悔，也一定来不及了。这些既然不能传给后代，又拿什么示范将来？况且进用贤良、黜退奸邪，是针对别人的；以历史为借鉴，是针对自己的。观察容貌要对着静止的水来照，省察自己要对着圣哲之人来照。能够用古代的圣君贤王来对照自己的所作所为，那么自己面貌的美丑宛如就在眼前，事情的好坏自己心里就会明白，无须劳神史官来记载，也无须百姓来议论。巍巍大功日益显著，赫赫名声更加远扬，为人君主者能不致力于此吗？”

【原文】“臣闻道德之厚，莫尚于轩、唐[1]；仁义之隆，莫彰于舜、禹。欲继轩、唐之风，将追舜、禹之迹，必镇之以道德，弘之以仁义，举善而任之，择善而从之。不择善任能，而委之俗吏，既无远度，必失大体。惟奉三尺之律[2]，以绳四海之人，欲求垂拱无为[3]，不可得也。故圣哲君临，移风易俗，不资严刑峻法，在仁义而已。故非仁无以广施，非义无以正身。惠下以仁，正身以义，则其政不严而理，其教不肃而成矣。然则仁义，理之本也；刑罚，理之末也。为理之有刑罚，犹执御之有鞭策也。人皆从化，而刑罚无所施；马尽其力，

则鞭策无所用。由此言之，刑罚不可致理，亦已明矣。故《潜夫论》曰[④]：'人君之理，莫大于道德教化也。民有性、有情、有化、有俗。情性者，心也，本也；俗化者，行也，末也。是以上君抚世，先其本而后其末，顺其心而履其行。心情苟正，则奸慝无所生，邪意无所载矣。是故上圣无不务理民心，故曰："听讼，吾犹人也，必也使无讼乎。"道之以礼，务厚其性而明其情。民相爱，则无相伤害之意；动思义，则无畜奸邪之心。若此，非律令之所理也，此乃教化之所致也。圣人甚尊德礼而卑刑罚，故舜先敕契以敬敷五教[⑤]，而后任咎繇以五刑也[⑥]。凡立法者，非以司民短而诛过误也，乃以防奸恶而救祸患，检淫邪而内正道。民蒙善化，则人有士君子之心；被恶政，则人有怀奸乱之虑。故善化之养民，犹工之为曲豉也[⑦]。六合之民[⑧]，犹一荫也[⑨]，黔首之属[⑩]，犹豆麦也，变化云为[⑪]，在将者耳！遭良吏，则怀忠信而履仁厚；遇恶吏，则怀奸邪而行浅薄。忠厚积，则致太平；浅薄积，则致危亡。是以圣帝明王，皆敦德化而薄威刑也。德者，所以修己也；威者，所以理人也。民之生也，犹铄金在炉[⑫]，方圆薄厚，随镕制耳[⑬]！是故世之善恶，俗之薄厚，皆在于君。世主诚能使六合之内、举世之人，咸怀忠厚之情而无浅薄之恶，各奉公正之心而无奸险之虑，则醇酽之俗，复见于兹矣。'后王虽未能遵古，专尚仁义，当慎刑恤典，哀敬无私，故管子曰：'圣君任法不任智，任公不任私。'故王天下，理国家。"

【注释】①轩、唐：指轩辕氏（黄帝）和陶唐氏（尧帝）。②三尺之律：据文献记载，古时把法律条文写在三尺长的竹简上，故称法律为"三尺之律"。但出土实物并非如此，有时法律条文也并不都写在三尺长的竹简上，如1973年在湖北云梦出土的《秦律》就写在长23厘米的竹简上，约合一尺长。③垂拱：垂衣拱手，谓不动手，不做什么事，就可以无为而治。④《潜夫论》：是东汉王符（节信）撰写的一部政论书籍。王符，字节信，安定临泾（今甘肃镇原）人。其生卒年月不可详考。大约生于东汉和帝、安帝之际，卒于桓帝、灵帝之际。少好学，有志操，与马融、窦章、张衡、崔瑗等人相友善。其活动在黄巾起义之前。当时东汉社会矛盾日趋尖锐和严重，朝政更加腐败黑暗，统治阶级的贪婪和残暴，再加上连年的自然灾害，使社会更加动荡不安、民不聊生。王符性情耿介，不苟同于世俗，于是终身不仕，隐居著书三十余篇，以抨击时政之得失，取名为《潜夫论》。《潜夫论》共三十六篇，多数是讨论治国安民之术的政论文章，少数也涉及哲学问题。他对东汉后期政治社会提出广泛尖锐的批判，涉及政治、经济、社会风俗各个方面，指出其本末倒置、名实相违的黑暗情形，认为这些皆出于"衰世之务"，并引经据典，用历史教训警告当时的统治者。⑤敕契以敬敷五教：命契推行五教之义。五教，五常之教，指父义、母慈、兄友、弟恭、子孝五种伦理道德的教育。⑥五刑：中国古代的五种刑罚。最初为墨（将墨涂于犯人刺刻后的面额部）、劓（割去犯人的鼻子）、剕（弄断犯人之足）、宫（割去男犯生殖器，闭塞女犯生殖器）、大辟（对死刑的通称）五种。⑦曲豉：用大豆发酵制成的调味品，也叫豆豉。⑧六合：指上（天）、下（地）和东西南北四方，泛指天下或宇宙。⑨荫：庇护。⑩黔首：指平民百姓。⑪云为：指言论行为。⑫铄金：熔化金属。⑬镕：铸器使用的模型。

【译文】"臣听说道德的深厚，没有谁能赶得上黄帝和唐尧；仁义的崇高，没有谁能赶

得上虞舜和夏禹。要想继承黄帝、唐尧的淳风,追上虞舜、夏禹的功绩,就必须用道德镇伏风俗,弘扬仁义,举用贤才,听从善言。如果不选择善人、任用能人,而把政事委托给俗吏,他们既无远见卓识,必定会丢失国家大体。只会拿法律条文去规范和苛求四海之内的百姓,想要做到无为而治的境界是不可能的。所以圣哲的国君治理天下,是靠移风易俗,不依靠严刑峻法,只是推行'仁义'而已。离了'仁'就无法广泛地施行恩德,离了'义'就无法端正自身。给臣下带来恩惠,用'义'来端正自身,这样,国家的政务不用严厉就能达到太平,国家的教化不用严峻就能有所成就。如此则仁义,是治国的根本;刑罚,为治国的末事。为了治国用刑罚,就像赶马车用鞭子。百姓们全都服从教化了,刑罚就无所施行了;马匹能自觉尽力了,鞭子也就没有什么用处了。由此而论,刑罚不能使国家太平的道理,也就很明显了。所以《潜夫论》中谈道:'国君的统治没有比道德教化更重要的。百姓有性、有情、有化、有俗。性与情是内心,是根本;教化与风俗是行动,是末节。所以圣明的国君治理天下,先是巩固根本,而后才做末节的事,是顺应民心来引导行动的。民众的心与情端正了,奸佞之心就无从产生,邪恶之事就无法存在。因此贤明的圣人没有不致力于治理民心的,所以孔子说:"审理案子,我也和别人一样,一定要做到使案件不再发生。"用礼来引导百姓,一定使民性民情淳厚清明。百姓互相敬爱,就不会有彼此伤害的意思;行动时想到义,就不会蓄积奸邪之心。像这些,都不是律令能做到的,这是通过道德教化所达到的。圣人都尊重仁义礼德而鄙视刑罚,所以舜帝先命契推行五教之义,然后再让咎繇实行五刑之法。大凡制定法律的原因,并不是为了纠察百姓的短处和惩治他们的过失,而是为了防范奸邪、避免祸患,肃清淫邪,使社会纳入正轨。百姓蒙受善政的教化,那么人人都会有君子一样的情怀;如果受到恶政的统治,那么人人都会产生邪恶不轨的念头。所以,用好的道德来教育百姓,就好像酿酒工匠做酒曲和豆豉一样。天下就如处于同一庇荫之下,百姓就好像酿酒的原料麦豆一样,他们的言论行为就全在于统治者的作为了!如果遇到好的官吏,他们就会胸怀忠信而努力践行仁义;如果遇到坏的官吏,他们就会心胸狭隘而行为浅薄。仁义忠信积累得深厚了,国家就会太平;奸邪浅薄的风气积累得深厚了,就会导致国家的危亡。所以圣明的国君都强调加强道德教化而鄙视严刑峻法。道德,是用来约束自己的;权威,是用来统治他人的。人们的生长过程就像金属在炉中冶炼,方圆薄厚都随铸器使用的模型来确定!所以,世道的善恶,风俗的薄厚,都取决于国君的作为。世上的国君果真能使天下的百姓都性情忠厚而无浅薄的恶习,各自都有奉公循正的心态,而没有奸邪阴险的想法,那么良好的社会风气就又可以重新出现。'后代的国君虽不能遵循这种古法,只是崇尚仁义,但也应当慎用刑罚,施行抚恤百姓的制度,力求公正无私,所以管子说:'圣明的国君是依赖法度而不依赖奸智,是听从公论而不曲从私见。'所以能够称王于天下,治理好国家。"

【原文】"凡听讼理狱,必原父子之亲,立君臣之义,权轻重之序,测浅深之量。悉其聪明,致其忠爱,然后察之,疑则与众共之。疑则从轻者,所以重之也,故舜命咎繇曰:'汝作士,惟刑之恤。'又复加之以三讯①,众所善,然后断之。是以为法,参之人情。故《传》

曰[②]：'小大之狱，虽不能察，必以情。'而世俗拘愚苛刻之吏，以为情也者，取货者也。立爱憎者也，右亲戚者也，陷怨仇者也，何世俗小吏之情，与夫古人之悬远乎？有司以此情疑之群吏，人主以此情疑之有司，是君臣上下通相疑也，欲其尽忠立节，难矣。"

【注释】①三讯：《周礼》以"三讯"判决庶民狱讼，一讯群臣，二讯群吏，三讯万民。形容对决狱的慎重。②《传》：指《左传》，语见《左传·庄公十年》。

【译文】"凡是听讼判案，必须推究父子之情，树立君臣之义，权衡罪行的大小，决定刑罚的重轻。要充分施展自己的聪明才智，发扬所有的忠厚仁爱，然后考察实行，若有疑难的地方就要与众人一起商量。有疑惑的就尽量从轻处理，这样做是表示慎重，所以舜对答繇说：'你担任法官，就要怜恤刑狱。'还要加上向大臣、群吏和庶民多次查询，大家都认为正确，然后才能断案。这就是说，执法要参以人情。所以《左传》上说：'大小案件，即使不可能都审察得十分清楚，但断案的时候，一定要体恤人情。'而世俗中那些古板愚昧而又苛刻的官吏，认为所谓人情就是要索取贿赂，根据个人爱憎去断案，袒护亲戚，陷害仇人。为什么这种世俗小吏的想法，与古代圣人的人情相差得那么远呢？主管部门因为这种人情而怀疑官吏营私，国君又因为这种人情而怀疑主管官员舞弊，这样君臣上下相互猜疑，要想让臣子竭尽忠心，确立节操，那就难了。"

【原文】"凡理狱之情，必本所犯之事以为主，不严讯，不旁求，不贵多端，以见聪明，故律正其举劾之法，参伍其辞[①]，所以求实也，非所以饰实也。但当参伍明听之耳，不使狱吏锻炼饰理成辞于手[②]。孔子曰：'古之听狱，求所以生之也；今之听狱，求所以杀之也。'故析言以破律[③]，诋案以成法[④]，执左道乱政[⑤]，皆王诛之所以必加也。又《淮南子》曰[⑥]：'沣水之深十仞[⑦]，金铁在焉，则形见于外。非不深且清，而鱼鳖莫之归也。'故为政者以苛为察，以功为明，以刻下为忠，以讦多为功，譬犹广革，大则大矣，裂之道也。夫赏宜从重，罚宜从轻，君居其厚，百王通制。刑之轻重，恩之厚薄，见思与见疾，其可同日言哉！且法者，国之权衡也，时之准绳也。权衡所以定轻重，准绳所以正曲直。今作法贵其宽平，罪人欲其严酷，喜怒肆志，高下在心，是则舍准绳以正曲直，弃权衡而定轻重者也，不亦惑哉？诸葛孔明[⑧]，小国之相，犹曰'吾心如秤，不能为人作轻重'，况万乘之主[⑨]，当可封之日，而任心弃法，取怨于人乎？"

【注释】①参伍：交互错杂。这里是错综比验的意思。语本《易·系辞上》："参伍以变，错综其数。"②锻炼：本指锻造或冶炼。这里比喻枉法陷人于罪。③析言：谓巧说诡辩，曲解律令。④诋案：因案件判例来代替法律。⑤左道：指邪门歪道。⑥《淮南子》：又名《淮南鸿烈》，是西汉宗室淮南王刘安招致宾客，在他主持下编著的一部书。据《汉书·艺文志》云："淮南内二十一篇，外三十三篇。"颜师古注曰："内篇论道，外篇杂说。"现今所存的有二十一篇，大概都是原说的内篇所遗。据高诱序言，"鸿"是广大的意思，"烈"是光明的意思。作者认为此书包括了广大而光明的通理。全书内容庞杂，它将道、阴阳、墨、法和一部分儒家思想糅合起来，但主要的宗旨倾向于道家。《汉书·艺文志》则将它列入杂家。⑦沣水：河名。源出陕西长安西南秦岭中，北流至西安西北入渭河。仞：古代

的长度单位。周制八尺,汉制七尺。⑧诸葛孔明(181~234):诸葛亮,复姓诸葛,字孔明。⑨万乘:周制,天子地方千里,能出兵车万乘,因以"万乘"指天子。

【译文】"凡是审理案件之事,一定要根据所犯罪的事实作为主要审查内容,不能严刑逼供,不能节外生枝,不是牵连的头绪越多,就越能显示判案者的聪明,所以法律规定了举证、审讯的制度,反复比验供词,是为了求得事实的真相,而不是要掩饰事实的真相。反复比验供词,多方调查,听取各方面的意见,是不让狱吏徇私枉法、掩饰事实真相、伪造判案文书而得逞。孔子说:'古代圣贤判案,是想尽办法寻求给人以生的理由;今人判案,是千方百计寻求给人以死的理由。'所以就会离析语言对法律断章取义,因案件判例来代替法律,施展邪门歪道来惑乱政治,这是王法一定要加以惩诛的。《淮南子》说:'沣水虽然有十仞之深,金铁一类的东西沉到水底,在外面也能看得一清二楚。不是因为水不够深和不够清澈,但鱼鳖都不往那里去。'所以,为政者把细苛当作明察,把求功当作明智,把刻薄百姓当作忠心,把攻讦他人当作功劳,这就像是一张大的皮革,虽然倒是挺大,但也是容易破裂的原因。奖赏应该从重,惩罚应该从轻,国君要以仁厚为本,这是历代帝王通行的规矩。刑罚的轻重,恩情的厚薄,让百姓称颂或是让百姓痛恨,这两种做法的效果怎可同日而语!况且法律是治理国家的权衡,时事的准绳。权衡是用来确定轻重的,准绳是用来显示曲直的。现在制定法律以其宽容公平为贵,但判人的罪却极其严酷,甚至只凭个人的喜怒任意处治,高下在心,这就等于舍掉准绳来端正曲直,舍弃权衡来确定轻重,这不是太糊涂了吗?诸葛孔明是小国的丞相,还说过'我的心就像一杆秤,不能因为人的好恶而改变轻重'的话,更何况是大国的万乘之君,处在唐虞盛世,怎能随心所欲放弃法律,而取怨于百姓呢?"

【原文】"又时有小事,不欲人闻,则暴作威怒,以弭谤议[①]。若所为是也,闻于外,其何伤?若所为非也,虽掩之,何益?故谚曰:'欲人不知,莫若不为;欲人不闻,莫若勿言。'为之而欲人不知,言之而欲人不闻,此犹捕雀而掩目,盗钟而掩耳者,只以取诮[②],将何益乎?臣又闻之,无常乱之国,无不可理之民者。夫民之善恶由乎化之薄厚,故禹、汤以之理,桀、纣以之乱;文、武以之安,幽、厉以之危[③]。是以古之哲王,罪己而不以尤人,求身而不以责下。故曰:'禹、汤罪己,其兴也勃焉;桀、纣罪人,其亡也忽焉。'今罪己之事未闻,罪人之心无已,深乖恻隐之情,实启奸邪之路。温舒恨于曩日[④],臣亦欲恨于当今,恩不结于人心,而望刑措不用,非所闻也。臣闻尧有敢谏之鼓[⑤],舜有诽谤之木[⑥],汤有司过之史[⑦],武有戒慎之铭[⑧]。此则听之于无形,求之于未有,虚心以待下,庶下情之达上,上下无私,君臣合德者也。魏文帝云[⑨]:'有德之君乐闻逆耳之言,犯颜之诤,亲忠臣,厚谏士,斥谗慝,远佞人者,诚欲全身保国,远避灭亡者也。'凡百君子,膺期统运,纵未能上下无私,君臣合德,可不欲全身保国,远避灭亡乎?然自古圣哲之君,功成事立,未有不资同心,予违汝弼者也。"

【注释】①弭:止息,中断。这里是阻止的意思。②诮:讥笑讽刺。③幽、厉:指周幽王和周厉王,他们都是西周时的暴君。周幽王在位时,沉湎酒色,不理国事,各种社会矛盾

急剧尖锐化,政局不稳。幽王变本加厉地加重剥削,任用贪财好利善于逢迎的虢石父主持朝政,引起国人怨愤。周厉王在位期间,重用奸佞荣夷公,不听贤臣周公、召公等人劝阻,实行残暴的“专利”政策,奴役百姓,不让他们有丝毫的言论自由,以至于行人来往,只能以眼神来示意。于是周朝国势更加衰落,朝政更加腐败。百姓怨声载道、民不聊生。④温舒:即西汉时王温舒。阳陵(今陕西咸阳东)人。年轻时游手好闲,不务正业,且性格暴虐,在月黑风高之夜,拦路抢劫,再把人杀了埋掉。他经过几番投机钻营,竟官至中尉,统管京师治安。他当上高官后,其暴虐性格又得到进一步发展,他专门选用那些专好猜疑、心狠手毒、敢于祸及别人的歹毒之徒作为自己的鹰犬,嗜杀成性,至于国家法律常被置于不顾。对一些大案、疑案更是昏昏不辨。而且他还受员骑钱(接受部下贿赂),贪得无厌,终被朝廷诛灭五族。⑤尧有敢谏之鼓:相传尧曾在庭中设鼓,让百姓击鼓进谏,指出他施政有什么不对的地方。史称“敢谏之鼓”。⑥舜有诽谤之木:相传尧命舜在交通要道竖立木柱,让人在上面写谏言,指出自己的过失,以修明政治,史称“诽谤之木”,也称“谤木”。见《史记·孝文本纪》。⑦汤有司过之史:据《淮南子》记载,商汤曾给自己设置了进谏的史官(司过)来指出自己的缺点和错误。⑧武有戒慎之铭:据《大戴礼记·武王践祚》载,姜太公述《丹书》云:“敬胜怠者吉,怠胜敬者灭;义胜欲者从,欲胜义者凶。”周武王闻之,退而为戒,并写在几、案等器物上,作为座右铭。《政教真诠》云:“戒慎者,乃事必以正,戒谨恐惧也。”即警惕而审慎。《礼记·中庸》:“是故君子戒慎乎其所不睹,恐惧乎其所不闻。”

【译文】“陛下有时做的一些小事,不想让别人知道,就突然发威作怒,以此来阻止别人的议论。如果所做的事是正确的,就是传到外边,又有什么妨碍呢?如果所做的事是错误的,就是极力掩盖,又有什么好处呢?所以谚语说:‘若要人不知,除非己莫为;若要人不闻,除非己莫言。’自己做了却想让别人不知道,自己说了却想让听见,这就像是掩目捕雀,掩耳盗铃,只会被人讥笑讽刺,又有什么益处呢?臣又听说,没有长时间混乱的国家,也没有不可治理的百姓。国民的善恶好坏取决于道德教化的厚薄,所以夏朝和商朝在禹和汤的治理下就天下大治,在桀和纣的统治下就天下大乱;周朝在文王、武王的治理下就秩序安定,在幽王、厉王的统治下就出现危机。因此,古代圣明的国君,严以责己而不怨恨别人,寻求自身的不足而不责备下属。因此说:‘禹、汤时常责备自己,所以国家迅速兴旺;桀、纣处处怪罪别人,所以国家很快灭亡。’现在很少听说君王责备自己,而他们怪罪臣下之心不已,就会深深违背恻隐之情,并且开启奸邪之路。汉朝的王温舒有杀人不尽之恨,臣对此人深感惋惜,恩泽未能结纳人心,只想干用刑罚我没听过这件事。臣听说过,尧时有敢谏之鼓,舜时有诽谤之木,汤时有专记过失的史官,武王时有戒慎的座右铭。这些都是先王倾听意见于事情没有发生的时候,寻求谏言于没形成过失的时候,虚心对待臣下,希望下情能够上达,上下无私,君臣同心同德。魏文帝也说:‘有德之君喜欢听逆耳的话,喜欢听犯颜直谏之言,亲近忠贞的大臣,厚待直谏的人士,斥逐谗慝,远离奸佞的小人,实在是想保全自身和国家,远远避开亡国杀身之祸。’凡是承受天命控驭国运

的国君，即使不能做到上下无私，君臣同德，难道可以不保全自身和国家，避开亡国杀身之祸吗？自古以来的圣明国君，能够功成名就、建立一番伟业的，没有不依靠君臣上下同心同德，也没有违背辅弼大臣意见的。”

诚信篇第十七

【题解】

本篇主要讲用“诚信”来治国的道理，同时也反映出贞观君臣对“诚信”原则高度重视的程度。如果君臣之间互相不能以真诚相待，则难以齐心协力治理国政。魏徵认为：“为国之基，必资于德礼，君之所保，唯在于诚信。诚信立则下无二心，德礼形则远人斯格。然则德礼诚信，国之大纲。”魏徵把诚信看成治理国家政务的大纲，“上不信则无以使下，下不信则无以事上”，“不信之言，无诚之令，为上则败德，为下则危身”。殷纣王轻慢侮弄五常，周武王就夺了他的天下；项羽因为没有仁信，就被汉高祖夺了他的江山；历史的教训比比皆是。君主只有以诚信对待朝臣，才能得到群臣的鼎力相助。朝廷只有摈弃诈伪，取信于民，才能使万民归心，天下太平。唐太宗以历史为鉴，能任人不疑，群臣也竭尽忠诚，这就是唐初君臣能成就“贞观之治”的重要原因，这也是儒家的处世修身准则在“贞观之治”中的具体运用。

【原文】贞观初，有上书请去佞臣者。太宗谓曰：“朕之所任，皆以为贤，卿知佞者谁耶？”

对曰：“臣居草泽[①]，不的知佞者[②]，请陛下佯怒以试群臣，若能不畏雷霆[③]，直言进谏，则是正人，顺情阿旨，则是佞人。”

太宗谓封德彝曰：“流水清浊，在其源也。君者政源，人庶犹水，君自为诈，欲臣下行直，是犹源浊而望水清，理不可得。朕常以魏武帝多诡诈，深鄙其为人，如此，岂可堪为教令[④]？”

【注释】①草泽：荒郊野地。这里指民间。②的：确实。③雷霆：形容盛怒时大发脾气。这里是对帝王暴怒的敬称。④教令：指教规和法令。

【译文】贞观初年，有人上书请求太宗清除邪佞的臣子。太宗说：“我所任用的人，都以为是贤臣，你知道哪个是邪佞的臣子吗？”

那人回答说：“臣住在荒野民间，不能确知哪个人是佞臣，请陛下假装发怒，用来试验群臣，假若能不惧怕陛下的雷霆之怒，仍能直言进谏的就是正人贤臣，如果依顺陛下情绪迎合旨意，阿谀奉承的就是奸邪谄佞之臣。”

太宗对封德彝说：“流水的清浊，关键在于水源。国君是政令发出的源头，臣子百姓就好比是水，如果国君自己先以诈术骗人，而要求臣子行为忠直，这就好像水源浑浊而希望流水清澈一样，这在道理上是讲不通的。我常常认为魏武帝曹操为人诡诈，所以特别

鄙视他的为人，如果我也这样，还怎么可以去制定教规和法令呢？”

【原文】贞观十年，魏徵上疏曰：

“臣闻为国之基，必资于德礼；君之所保，惟在于诚信。诚信立则下无二心，德礼形则远人斯格[①]。然则德礼诚信，国之大纲，在于君臣父子，不可斯须而废也[②]。故孔子曰：‘君使臣以礼，臣事君以忠[③]。’又曰：‘自古皆有死，民无信不立[④]。’文子曰[⑤]：‘同言而信，信在言前；同令而行，诚在令外。’然则言而不行，言无信也；令而不从，令无诚也。不信之言，无诚之令，为上则败德，为下则危身。虽在颠沛之中[⑥]，君子之所不为也。”

【注释】①格：正。②斯须：片刻，一会儿。③“君使臣”两句：见《论语·八佾》。为孔子答鲁定公之语。④“自古”两句：见《论语·颜渊》。为孔子答子贡之语。⑤文子：姓文，尊称子，其名字及籍贯已不可确考。《汉书·艺文志》道家类著录《文子》九篇，班固在其条文下只注明：“老子弟子，与孔子同时。”没有记载其名字籍贯。据史书记载，他曾游学齐国，把道家兼融仁义礼的思想带到齐国，形成了齐国的黄老之学。1973年，河北定县40号汉墓出土的竹简中有《文子》残简，其中与今本《文子》相同的文字有六章，也有不见于今本的一些内容，确证了《文子》一书为西汉时已有的先秦古书。传世《文子》分十二篇八十八章。在唐代时文子与老子、庄子并重，天宝元年唐玄宗诏封文子为“通玄真人”，诏改《文子》为《通玄真经》，与《老子》《庄子》《列子》并列为道教四部经典。《文子》一书的主要内容是解说老子之言，阐发老子的思想，同时又吸收了同期其他学派的某些思想，是继承和发展了的道家学说，在中国古代哲学史上占有一席之地。⑥颠沛：这里比喻处境窘迫困顿。

【译文】贞观十年（636），魏徵上书说：

“臣听说治理国家的基础，一定要依靠德行和礼义；国君所应该坚守的，只在于诚实信用。诚实信用树立以后，臣子对国君就没有二心；德行礼义形成后，边远的人民就会前来归正。既然如此，德行、礼义、诚实、信用，就是国家的纲领，贯穿于君臣、父子之中，不可片刻废弃。因此孔子说：‘国君对待臣子要按照礼制，臣子侍奉国君要忠心不二。’他又说：‘自古人生都有一死，如果百姓不讲信用就不能安身立命。’文子也说：‘同样的话语被人信任，那是因为信任建立在话语的前面；同样的法令可以贯彻实行，那是因为有诚信在法令之外。’如果话说出来却不实行，是言而无信；法令制定了却不被服从，是因为没有诚意。不被实行的言语，没有诚意的法令，对国君来说会败坏道德名声，对百姓来说会招致杀身的危险。即使在颠沛流离的环境中，有德有才的君子也不会那样做。”

【原文】“夫君能尽礼，臣得竭忠，必在于内外无私，上下相信。上不信则无以使下，下不信则无以事上，信之为道大矣！昔齐桓公问于管仲曰：‘吾欲使酒腐于爵[①]，肉腐于俎[②]，得无害于霸业乎[③]？’管仲曰：‘此极非其善者，然亦无害于霸也。’桓公曰：‘如何而害霸乎？’管仲曰：‘不能知人，害霸也；知而不能任，害霸也；任而不能信，害霸也；既信而又使小人参之[④]，害霸也。’晋中行穆伯攻鼓[⑤]，经年而弗能下，馈间伦曰[⑥]：‘鼓之啬夫[⑦]，间伦知之。请无疲士大夫，而鼓可得。’穆伯不应，左右曰：‘不折一戟，不伤一卒，而鼓可得，

君奚为不取？'穆伯曰：'间伦之为人也，佞而不仁。若使间伦下之，吾可以不赏之乎？若赏之，是赏佞人也。佞人得志，是使晋国之士舍仁而为佞。虽得鼓，将何用之？'夫穆伯，列国之大夫；管仲，霸者之良佐，犹能慎于信任，远避佞人也如此，况乎为四海之大君，应千龄之上圣[8]，而可使巍巍之盛德，复将有所间然乎[9]。"

【注释】①爵：古代酒器。②俎：古代切肉用的砧板。③霸业：称霸为王的业绩。④参：干预。⑤中行穆伯：春秋时晋国六卿之一。鼓：春秋时夷国，白狄之别种。其地在今河北晋县，后为晋国所灭。⑥馈间伦：晋国中行穆伯的左右官吏。⑦啬夫：古代官吏名。司空的属官。⑧上圣：指圣明之君。⑨间：间断，不连贯。

【译文】"国君能对臣子尽到礼仪，臣子就会为国君竭尽忠诚，关键在于内外无私，君臣之间互相信任。国君不信任臣子就无法驱使臣子，臣子不信任国君就不能服侍国君，可见诚信这条原则是多么重要！从前齐桓公问管仲：'我要是让酒在杯中变质，让肉在砧板上腐烂，这样会不会损害我的霸业？'管仲说：'这当然不是极好的事，但对霸业也没有什么危害。'桓公问：'那什么事才会有害于霸业呢？'管仲说：'不能了解人，对霸业有害；能了解人却不能用人，对霸业有害；能任用人而不能信任人，对霸业有害；即使能信任人却又让小人干预其间，也对霸业有害。'晋国的中行穆伯攻打鼓国，经过一年多时间也没能攻下，馈间伦说：'鼓国的啬夫，我了解他。请不要劳累士大夫，鼓国就可以到手。'中行穆伯没有理他，随从的人问中行穆伯说：'不折一戟，不伤一卒，而鼓国就可以到手，您为什么不干呢？'中行穆伯说：'馈间伦的为人，奸佞而且不仁义。如果用馈间伦的计策攻下鼓国，我能不奖赏他吗？如果奖赏他，就是奖赏奸佞小人。奸佞小人得志，就会使晋国的士人都舍弃仁义而成为奸佞的人。即使攻下了鼓国，又有什么用呢？'穆伯，只是列国的一个大夫；而管仲，则是霸主的好辅佐，却都能够这样谨守信用，远避佞人，更何况陛下是统领天下的君主、上应千年的圣明天子，怎能让巍巍盛德，又有所间断呢？"

【原文】**"若欲令君子小人是非不杂，必怀之以德，待之以信，厉之以义[1]，节之以礼。然后善善而恶恶，审罚而明赏[2]。则小人绝其佞邪，君子自强不息，无为之治[3]，何远之有？善善而不能进，恶恶而不能去，罚不及于有罪，赏不加于有功，则危亡之期，或未可保，永锡祚胤[4]，将何望哉？"**

【注释】①厉：同"励"，劝勉。②审：详知。明：明悉。③无为之治：语出《论语·卫灵公》。指以仁德感化民众，以达到社会安定的统治方法。这种治理方法是继承了老子思想，又总结了战国以来社会发展经验，兼综诸家之长的黄老之学。陆贾曾献给汉高祖刘邦《新语》一书，书中内容虽不尽为道家者言，但也提出"无为而治"的思想："夫道莫大于无为，行莫大于谨敝。何以言之？昔虞舜治天下，弹五弦之琴，歌南风之诗，寂若无治国之意，漠若无忧民之心，然天下治。"④永锡祚胤：永远赐福给子孙后代。锡，赐予。祚胤，福运及于后代子孙。

【译文】"要想让君子小人是非分明，必须用仁德来安抚他们，用诚信来对待他们，用仁义来劝勉他们，用礼仪来节制他们。然后才能崇敬善良的人而厌恶奸邪的人，赏罚分明。这样，

小人就会无法施展他们的邪佞，君子才能自强不息，无为而治的局面哪里还会遥远？如果崇敬良善而不能任用善人，厌恶奸邪而又不能摒弃恶人，有罪过的人得不到惩罚，有功劳的人得不到奖赏，那么国家灭亡的日子说不定就会到来，永远赐福给子孙后代，还有什么指望呢？”

【原文】贞观十七年，太宗谓侍臣曰：“《传》称‘去食存信’①，孔子曰‘人无信不立’②。昔项羽既入咸阳，已制天下，向能力行仁信③，谁夺耶？”

房玄龄对曰：“仁、义、礼、智、信，谓之五常，废一不可。能勤行之，甚有裨益。殷纣狎侮五常④，武王伐之，项氏以无仁信为汉高祖所夺，诚如圣旨。”

房玄龄像

【注释】①去食存信：比喻宁可失去粮食而饿死，也要坚持信义。②人无信不立：语出《论语·颜渊》。意谓人没有诚信就无法安身立命。③向：假如，假使。④狎侮：轻慢侮弄。

【译文】贞观十七年(643)，太宗对身边的大臣们说：“《左传》上讲‘宁可舍弃粮食，也要保持诚信’，孔子说‘人没有诚信就无法安身立命’。从前，项羽攻入咸阳，已经控制了天下，假如他当时能努力施行仁信政策，谁还能夺取他的天下？”

房玄龄回答说：“仁、义、礼、智、信，称为五常，废去任何一项都不行。如果能勤恳地推行五常，会有很大的补益。殷纣王轻慢侮弄五常，周武王就讨伐他，项羽因为没有仁信就被汉高祖夺了他的江山，确实像陛下所讲的那样。”

俭约篇第十八

【题解】

本篇主要是记录了唐太宗等人提倡节己顺民、俭约慎行、反对铺张浪费的言行。太宗把奢侈纵欲视为王朝败亡的重要原因，因此厉行俭约，不务奢华。“自王公已下，第宅、车服、婚嫁、丧葬，准品秩不合服用者，宜一切禁断”。唐太宗认为“百姓所不欲者劳弊”，因此“己所不欲，勿施于人”，魏徵进谏也说“以欲从人者昌，以人乐己者亡”，因此“不作无益害有益”，使百姓得到休养生息的机会，如此则国家财货富足，百姓安居乐业。贞观时的统治者能“以欲从人”的思想和俭约自持的做法，的确是后代帝王将相所无法相比的。

【原文】贞观元年，太宗谓侍臣曰：“自古帝王凡有兴造，必须贵顺物情。昔大禹凿九山①，通九江②，用人力极广，而无怨讟者，物情所欲，共众所有故也。始皇营建宫室，而人多谤议者，为徇其私欲，不与众共故也。朕今欲造一殿，材木已具，远想秦皇之事，遂不复作也。古人云：‘不作无益害有益③’，‘不见可欲，使人心不乱④’，固知见可欲，其心必乱矣。至如雕镂器物，珠玉服玩，若恣其骄奢，则危亡之期可立待也。自王公已下，第宅、车服、婚娶、丧葬，准品秩不合服用者，宜一切禁断。”

由是二十年间，风俗简朴，衣无锦绣，财帛富饶，无饥寒之弊。

【注释】①九山：泛指九州的大山。②九江：泛指九州的江河。③不作无益害有益：语出《尚书·周书·旅獒》。意谓不要做无益的事去损害有益的事。④“不见”两句：语出《老子》第三章。意谓不谋求满足私欲，不使民心混乱。

【译文】贞观元年(627)，太宗对身边的大臣们说：“自古以来凡是帝王要兴建工程，必须重视顺应民心。从前，大禹开凿九州的大山，疏浚天下的江河，耗费人力非常多，却没有痛恨埋怨的人，是因为人民希望他这样做，和大家想法一样的缘故。秦始皇营造宫殿，很多人指责批评，是因为他为了满足个人的私欲，不和民心一致的缘故。我最近想建造一座宫殿，材料已经准备齐全，但想起过去秦始皇的事情，就不再兴建了。古人曾经说过：‘不要做无益的事去损害有益的事’，‘不要表现出谋求私欲的愿望，就可使民心不乱’，由此可知表现出谋求私欲的愿望，民心必然会混乱。至于像各种精雕镂刻的贵重器具，珠宝美玉奇服珍玩，如果放纵骄奢享用，那么国家危亡的日子就会马上到来。从王公以下，住宅、车服、婚嫁、丧葬等各种事情，凡是和他的官职品级不相称的，应该一律停止。”

从此二十年间，风俗简朴，人们的衣着不追求华丽，物资富饶，人们没有遭受饥寒之苦。

【原文】贞观四年，太宗谓侍臣曰：“崇饰宫宇，游赏池台，帝王之所欲，百姓之所不欲。帝王所欲者放逸，百姓所不欲者劳弊。孔子云：‘有一言可以终身行之者，其“恕乎”！己所不欲，勿施于人。’劳弊之事，诚不可施于百姓。朕尊为帝王，富有四海，每事由己，诚能自节。若百姓不欲，必能顺其情也。”

魏徵曰：“陛下本怜百姓，每节己以顺人。臣闻：‘以欲从人者昌，以人乐己者亡。’隋炀帝志在无厌，惟好奢侈，所司每有供奉营造，小不称意，则有峻罚严刑。上之所好，下必有甚，竞为无限，遂至灭亡。此非书籍所传，亦陛下目所亲见。为其无道，故天命陛下代之。陛下若以为足，今日不啻足矣①。若以为不足，更万倍过此亦不足。”

【注释】①不啻：无异于，如同。

【译文】贞观四年(630)，太宗对身边的大臣们说：“扩建修饰宫殿屋宇，游览观赏池水台榭，是帝王所希望的，却不是百姓所希望的。帝王所希望的是骄奢淫逸，百姓所不希望的是劳累疲惫。孔子说：‘有一句话可以终身奉行，那就是“仁恕”吧！自己所不愿意做的，就不要强加给别人。’劳累疲惫的事，确实不能强加给百姓。我身为帝王，富有四海，每件事都是我说了算，真的能够节制自己的欲望。凡是百姓不希望的事，我一定能顺应民心。”

魏徵说：“陛下一向怜恤百姓，常常节制自己去顺应民心。臣听说：‘使自己的欲望能顺应民心的就会昌盛，用众人来满足自己享乐要求的就会灭亡。’隋炀帝贪得无厌，喜好奢靡，有关部门每次供奉器物和营造宫苑，稍不称心，就加以严刑重罚。上面所喜欢的，下面必定会做得更加厉害，上下攀比，没有节制，最终就会导致灭亡。这不仅在史籍上有

所记载，也是陛下亲眼目睹的事实。因为隋炀帝荒淫无道，所以上天赐命陛下取而代之。如果陛下认为这样就满足了，那么现在的尊贵富足也就如同满足了。如果陛下认为这样还没有满足，那么再超过现在的一万倍也不会知足。"

【原文】贞观十一年，诏曰："朕闻死者，终也，欲物之反真也；葬者，藏也，欲令人之不得见也。上古垂风，未闻于封树；后世贻则，乃备于棺椁[①]。讥僭侈者，非爱其厚费；美俭薄者，实贵其无危。是以唐尧，圣帝也，谷林有通树之说[②]；秦穆，明君也，橐泉无丘陇之处[③]。仲尼，孝子也，防墓不坟[④]；延陵[⑤]，慈父也，嬴、博可隐[⑥]。斯皆怀无穷之虑，成独决之明，乃便体于九泉，非徇名于百代也。洎乎阖闾违礼[⑦]，珠玉为凫雁；始皇无度，水银为江海[⑧]；季孙擅鲁[⑨]，敛以玙璠[⑩]；桓魋专宋[⑪]，葬以石椁。莫不因多藏以速祸，由有利而招辱。玄庐既发[⑫]，致焚如于夜台[⑬]；黄肠再开[⑭]，同暴骸于中野。详思曩事，岂不悲哉！由此观之，奢侈者可以为戒，节俭者可以为师矣。朕居四海之尊，承百王之弊，未明思化，中宵战惕[⑮]。虽送往之典，详诸仪制，失礼之禁，着在刑书，而勋戚之家多流遁于习俗，闾阎之内或侈靡而伤风[⑯]。以厚葬为奉终，以高坟为行孝，遂使衣衾棺椁，极雕刻之华，灵輀冥器[⑰]，穷金玉之饰。富者越法度以相尚，贫者破资产而不逮。徒伤教义，无益泉壤，为害既深，宜为惩革。其王公已下，爰及黎庶，自今已后，送葬之具有不依令式者[⑱]，仰州府县官明加检察，随状科罪。在京五品已上及勋戚家，仍录奏闻。"

【注释】①棺椁：棺材和套棺。泛指棺材。椁，套在棺外的外棺，就是棺材外面套的大棺材。②谷林：地名。帝尧所葬之处，其址在今山东鄄城县城的富春乡谷林。《吕氏春秋》云"尧葬谷林"。通树：指四周全部种上树。通，全部，整个。③橐泉：指橐泉宫，秦宫殿名，在今陕西凤翔南。《三辅皇图·宫》："《皇览》曰秦穆公冢在橐泉宫祈年观下。"亦省称"橐泉"。丘陇：亦作"丘垄"，坟墓。④防：地名。在今山东费县。坟：土堆。这里指用土堆成的坟包。⑤延陵：季札，姓姬。后稷之裔而吴王寿梦之第四子，封于延陵，故称延陵季子，后又封州来，故又称延州来季子。季子自齐反，其长子死，葬于嬴、博之间。孔子曰："延陵季子，吴之习于礼者也。"往而观其葬焉。其坎深不至于泉，其敛以时服。既葬而封，广轮掩坎，其高可隐也。既封，左袒，右还其封且号者三，曰："骨肉归复于土，命也。若魂则无不之也，无不之也。"而遂行。孔子曰："延陵季子之于礼也，其合矣乎。"⑥嬴、博：地名。都是春秋时齐邑，在今山东莱芜西北。隐：埋葬。⑦阖闾：即阖庐。春秋末吴的国君，名光。公元前514～前496年在位。他用专诸刺杀吴王僚而自立。曾伐楚入郢（今湖北江陵西北），后在 李（今浙江嘉兴西南）为越王勾践所败，重伤而死。见《史记·吴太伯世家》。⑧水银为江海：据《史记·秦始皇本纪》记载，秦始皇陵地宫内"以水银为百川江河大海"。秦始皇以水银为江河大海的目的，不单是营造恢宏的自然景观，在地宫中弥漫的汞气体还可使入葬的尸体和随葬品保持长久不腐烂。而且汞是剧毒物质，大量吸入可导致死亡，因此地宫中的水银还可毒死盗墓者。⑨季孙：春秋后期鲁国大夫季平子。⑩玙璠：美玉。⑪桓魋：春秋时宋国向戌之孙，姓向，名魋。因为是宋桓公的后代，又以"桓"为氏；因为是宋国的司马，又称司马桓魋。曾任宋国主管军事行政的

官，专擅宋国朝政。⑫玄庐：墓的别名。⑬夜台：也称“长夜台”，坟墓。因坟墓封闭后非常黑暗，而且永远不会亮起来，所以称坟墓为“夜台”或“长夜台”。⑭黄肠：也称“黄肠题凑”，即指帝王陵寝椁室四周用柏木枋堆垒成的框形结构。所谓“黄肠”，是指堆垒在棺椁外的黄心柏木枋，“题凑”指木枋的头一律向内排列。⑮中宵：中夜，半夜。战惕：惊悸，恐惧。⑯闾阎：里巷内外的门。后多借指里巷，也泛指民间。⑰灵輀：丧车。冥器：也称明器，就是陪葬器。中国人以物陪葬的习俗古已有之。《礼记·檀弓》有云：“夫明器，鬼器也。”⑱令：法规章程。式：有关细则。

【译文】贞观十一年(637)，太宗下诏说：“我听说死亡就是生命的终结，是让人返璞归真；埋葬就是埋藏尸体，目的是使人再也看不见。古代的风俗，没有听说要堆坟树标记；后世立下规矩，才为死者准备棺椁。谴责僭越奢侈的做法，不是吝啬嫌其费用太多；赞成节俭薄葬，其实是看重他没有做有害的事情。所以，唐尧是圣明的国君，传说他葬在谷林时仅在墓的四周种树做标记；秦穆公是圣明的国君，葬在橐泉宫时没有堆土做丘陇。孔子是孝子，在防这个地方合葬双亲时没有起土堆坟；延陵是位慈父，在远离家乡的嬴、博一带安葬了儿子。这些人都心怀着长远的考虑，有独特果断的明智，是使于死者能够安卧在九泉之下，并不是为了在百年以后获得美名。到吴王阖闾时就违背了礼制，墓中用珍珠美玉雕刻成凫雁；秦始皇更是奢侈无度，在墓中用水银来象征江海；季平子专擅鲁国大权，死后用美玉玙璠来装殓；桓魋在宋国专权，制造石椁来埋葬。这些人没有一个不是由于贪婪地贮藏财物而很快地引来灾祸，由于坟墓中有利可图而招来掘墓之辱。墓室打开之后，致使尸体在墓穴中被焚烧；黄肠题凑被拆散，尸骸和棺木一起暴露在旷野。仔细思考这些往事，难道不可悲吗！由此看来，奢侈的做法可以引为鉴戒，节俭的做法可以作为榜样。我位处全国之尊，同时也承续了百代帝王的弊端，我还没明白如何去教化百姓，所以睡到半夜也会恐惧忧虑。虽然丧葬的典章，已详细地记载在仪礼中，禁止违背礼法的条文，也写在了刑法里，但元勋贵戚之家大多随从习俗，民间也有奢侈浪费、败坏风气的现象。他们把厚葬当作奉老送终，把修建高大的坟墓当作孝道，于是衣衾棺椁雕饰得极其华丽，灵车葬器尽量用金银珠玉作装潢。富贵的人家超越法度而互相炫耀，贫穷的人家破卖家产还追赶不上。这只能是损害教义，对地下的死者毫无好处。厚葬的危害已经很深了，应当给以惩治革除。从王公以下到平民百姓，从今以后送葬的器物有不依照法令规定的，希望各州、府、县的官员明确地加以检察，根据情节定罪。在京城五品以上的官员及元勋贵戚之家，也要记录情况上奏。”

谦让篇第十九

【题解】

“谦让”就是为人谦逊礼让，是儒家修身伦理的重要内容。只有谦逊礼让，才能获得

他人的指正,“己之才艺虽多,犹病以为少,仍就寡少之人更求所益”,进而提高自身的品德。君王位高权重,四海独尊,骄矜自傲之情往往油然而生。所以“凡为天子,若惟自尊崇,不守谦恭者,在身傥有不是之事,谁肯犯颜谏奏?”本篇记述了几则贞观君臣谦虚、恭谨的言行事迹。以李世民、李孝恭、李道宗等人的功高位重而能如此谦让自律,确实堪为后世楷模。太宗提倡克己谦让,鼓励臣子犯颜进谏,目的是为了在处理国政时少有过失。

【原文】贞观二年,太宗谓侍臣曰:“人言作天子则得自尊崇,无所畏惧,朕则以为正合自守谦恭,常怀畏惧。昔舜诫禹曰:‘汝惟不矜,天下莫与汝争能;汝惟不伐,天下莫与汝争功[①]。’又《易》曰:‘人道恶盈而好谦[②]。’凡为天子,若惟自尊崇,不守谦恭者,在身傥有不是之事[③],谁肯犯颜谏奏?朕每思出一言,行一事,必上畏皇天,下惧群臣。天高听卑[④],何得不畏?群公卿士,皆见瞻仰,何得不惧?以此思之,但知常谦常惧,犹恐不称天心及百姓意也。”

魏徵曰:“古人云:‘靡不有初,鲜克有终[⑤]。’愿陛下守此常谦常惧之道,日慎一日,则宗社永固,无倾覆矣。尧舜所以太平。实用此法。”

【注释】①“汝惟不矜”四句:语出《尚书·虞书·大禹谟》。意味你只要做到不矜持骄傲,天下就没有人敢和你争贤能;你只要做到不夸耀,天下就没有人敢和你争功劳。不伐,不自夸耀。②“人道”句:语出《周易·谦卦》。意谓人们都是厌恶骄傲自满而崇尚谦逊恭谨。③在身:自身。④卑:下。这里指在下面的民间情况。⑤“靡不”两句:语出《诗·大雅·荡》。意谓事情往往有始,但很难有终。

【译文】贞观二年(628),太宗对身边的大臣们说:“人们说做了皇帝的人就可以自认为尊贵崇高,无所畏惧了,我却认为正应该自己保持谦逊恭谨,经常心怀畏惧。从前舜帝告诫禹说:‘你只要做到不矜持骄傲,天下就没有人敢和你争贤能;你只要做到不夸耀,天下就没有人敢和你争功劳。’又见《周易》上说:‘人们都是厌恶骄傲自满而崇尚谦逊恭谨。’大凡做皇帝的,如果自认为尊贵崇高,不保持谦逊恭谨的话,自身倘若有所过失,谁还肯冒犯威严直言谏奏呢?我想每说一句话,每办一件事,都必定要上畏苍天,下畏群臣。苍天在上却倾听着人世间的善恶,怎么能不畏惧呢?诸位公卿大臣都在看着我,怎么能不畏惧呢?如此考虑,经常谦逊恭谨、小心畏惧,还恐怕不符合上天的旨意和百姓的心愿啊!”

魏徵说:“古人说:‘事情往往有始,但很难有终。’希望陛下经常坚守这谦逊恭谨、小心畏惧的态度,一天比一天谨慎从事,那么国家社稷就会永远巩固,不会倾覆了。尧舜时代之所以太平,确实用的就是这个方法。”

【原文】贞观三年,太宗问给事中孔颖达曰:“《论语》云:‘以能问于不能,以多问于寡;有若无,实若虚[①]。’何谓也?”

颖达对曰:“圣人设教,欲人谦光[②]。己虽有能,不自矜大,仍就不能之人,求访能事。己之才艺虽多,犹病以为少,仍就寡少之人更求所益。己之虽有,其状若无;己之虽实,其容若虚。非惟匹庶,帝王之德,亦当如此。夫帝王内蕴神明[③],外须玄默[④],使深不可测,远

不可知。故《易》称‘以蒙养正’,‘以明夷莅众’⑤。若其位居尊极,炫耀聪明,以才陵人⑥,饰非拒谏,则上下情隔,君臣道乖。自古灭亡,莫不由此也。”

太宗曰:“《易》云:‘劳谦,君子有终,吉⑦。’诚如卿言。”

【注释】①“以能”四句:语出《论语·泰伯》。意谓有才能的人向无才能的人请教,知识多的人向知识少的人请教;有学问的像没有学问的一样,知识充实的像知识空虚的一样。②谦光:语出《周易·谦卦》。意谓尊者谦虚而显示其光明美德。③蕴:蕴藏。指深藏而不露。④玄默:沉静不语。⑤“《易》称”两句:语出《周易·蒙卦》及《明夷卦》。意谓“要用蒙昧来自养正道”,“用明智来治理民众”。莅众,临于众上。指治理民众。⑥陵人:也作“凌人”,以势压人。⑦“劳谦”三句:语出《周易·谦卦》。意谓勤劳而谦虚的君子,有好结果,是吉利的。

【译文】贞观三年(629),太宗问给事中孔颖达说:“《论语》说:‘有才能的人向无才能的人请教,知识多的人向知识少的人请教;有学问的像没有学问的一样,知识充实的像知识空虚的一样。’这是什么意思?”

孔颖达回答说:“圣人施行教化,是希望尊者谦逊而显示其光明美德。自己虽然有才能,也不骄傲自大,仍然要去向才能不如自己的人请教,学习他知道的事。自己的才艺虽很多,但还是怕懂得太少,仍然要去向才艺不如自己的人请教,以求得到更多的才艺。自己虽然有知识,但表现出来像没有知识一样;自己虽然很充实,但面容上显得却虚怀若谷。非但是百姓要这样,帝王的德行,也应当这样。帝王的内心里蕴藏着神明大智,但外表仍须保持沉默,使人感到深不可测,远不可知。所以《周易》说,‘要用蒙昧来自养正道’,‘用明智来治理民众’。如果身居最尊贵的地位,还炫耀自己的聪明,倚仗才能盛气凌人,掩饰过错,拒绝纳谏,那么上下的情况就会隔绝,君臣之道就会背离。自古以来国家的灭亡,没有一个不是由这种情况引起的。”

太宗说:“《周易》说:‘勤劳而谦虚的君子,有好的结果,是吉利的。’确实像你所说的那样。”

仁恻篇第二十

【题解】

“仁恻”者,仁爱怜悯之意也,也是儒家思想的主要内容之一。本篇记述了唐太宗怜恤百姓、将士的一些故事。在封建社会,君主宽厚仁爱,体恤百姓疾苦,施行仁政,其目的是用以安宁百姓,维护统治。太宗遣送后宫宫女;出资赎买大旱时被卖男女;不避辰日哀悼襄州都督张公谨;亲到御州城北门楼抚慰兵士;诏集前后战亡人骸骨设太牢致祭;床前问病卒之疾苦;替李思摩吮血止伤等都表现出太宗的宽厚仁慈的恻隐之心,这些做法对收揽人心、上下和谐确实起到了很大作用。这也许是出现“贞观之治”的主要原因之一。

【原文】贞观二年，关中旱[1]，大饥。太宗谓侍臣曰："水旱不调，皆为人君失德。朕德之不修[2]，天当责朕，百姓何罪，而多困穷！闻有鬻男女者，朕甚愍焉。"乃遣御史大夫杜淹巡检[3]，出御府金宝赎之[4]，还其父母。

【注释】①关中：指陕西渭河流域一带。②不修：指不善、不好。③杜淹（？～628）：字执礼，唐京兆杜陵（今陕西西安东南）人。隋时任御史中丞。王世充称帝，他在吏部任职，颇亲近用事。入唐，在秦王李世民府任文学馆学士等职。太宗时拜御史大夫，累官至吏部尚书，参与朝政。封安吉郡公。④御府：帝王的府库。

【译文】贞观二年（628），关中干旱，发生了大饥荒。太宗对身边的大臣们说："水旱不调和，都是因为国君缺乏道德。我德行不好，苍天应当责罚我，百姓有什么罪过，而遭受这么多困苦灾难！听说有卖儿卖女的人，我很怜悯他们。"于是派遣御史大夫杜淹巡视检察灾区，拿出皇家府库的钱财赎回那些被卖的孩子，还给他们的父母。

【原文】贞观七年，襄州都督张公谨卒[1]，太宗闻而嗟悼[2]，出次发哀[3]。有司奏言："准《阴阳书》云[4]：'日子在辰，不可哭泣。'此亦流俗所忌。"

太宗曰："君臣之义，同于父子，情发于中，安避辰日？"遂哭之。

【注释】①襄州：在今湖北襄樊。都督：古时的军事长官。张公谨（594～632）：字弘慎，魏州繁水（今河北南乐县西北）人。初为王世充部将，后归秦王李世民。玄武门之变，公谨独闭关拒战，以功授左武卫将军。贞观初，为代州都督，置屯田以省馈运，数言时政得失。后副李靖经略突厥，上陈可取之策，及破定襄，改襄州都督，进封邹国公。②嗟悼：哀伤悲叹。③出次：为悼念死者而避开正寝，出郊外暂住。次，处所。④《阴阳书》：这里指古代专门用于择日、占卜、星相、风水等书。《汉书·艺文志》列为九流之一。

【译文】贞观七年（633），襄州都督张公谨去世，太宗闻知后哀伤悲叹，并出宫城为他发丧。有关部门上奏说："根据《阴阳书》的说法：'在辰日，不能哭泣。'这也是民间丧俗所禁忌的。"

太宗说："君臣之间的情义就同父子关系一样，哀痛发自内心，还避什么辰日？"于是前往吊丧哭泣张公谨。

【原文】贞观十九年，太宗征高丽，次定州[1]，有兵士到者，帝御州城北门楼抚慰之。有从卒一人病，不能进，诏至床前，问其所苦，仍敕州县医疗之，是以将士莫不欣然愿从。及大军回次柳城[2]，诏集前后战亡人骸骨，设太牢致祭[3]，亲临，哭之尽哀，军人无不洒泣。兵士观祭者，归家以言其父母，父母曰："吾儿之丧，天子哭之，死无所恨。"

太宗征辽东，攻白岩城[4]，右卫大将军李思摩为流矢所中[5]，帝亲为吮血，将士莫不感励。

【注释】①次：临时驻扎。定州：今河北定州。②柳城：在今河北滦县东南。③太牢：古代祭祀时牛、羊、豕（猪）三牲具备谓之"太牢"。太牢之祭是古代国家规格最高的祭祀大典。④白岩城：在今辽宁辽阳东。⑤李思摩（？～649）：即阿史那思摩，本姓阿史那，唐时突厥贵族。贞观四年（630），唐灭东突厥，思摩归唐，太宗嘉其诚，赐皇姓，封怀化郡王、

右武卫大将军。贞观十三年(639),改授乙弥泥孰可汗,使率原突厥一部归于黄河以北。贞观二十一年(647)三月在长安病亡,四月,陪葬昭陵。起冢象白道山,在今礼泉县昭陵乡莱园头村北高险处。唐太宗去世后,高宗李治诏令琢诸蕃酋长十四人石像,列置在昭陵祭坛上,思摩即为其一。

【译文】贞观十九年(645),太宗亲征高丽,驻扎在定州,只要有兵士到,太宗都亲临州城北门楼抚慰他们。当时有一个随从的士兵生了病,不能进见,太宗就把他召到自己的床前,询问他的病情,敕令州县的官给他好好治疗,所以将士们没有不心甘情愿随驾出征的。等到大军回师驻扎在柳城时,又诏令收集前后阵亡将士的骸骨,设太牢隆重祭奠,太宗亲临祭祀,为死者哀悼痛哭,全军将士无不落泪哭泣。观看祭祀的士兵回到家乡,把这件事情告诉阵亡者的父母,他们的父母说:"我们的儿子战死,天子为他哭丧致哀,死了也没有什么遗憾了。"

太宗亲征辽东,攻打白岩城,右卫大将军李思摩被乱箭射中,太宗亲自替他吮血止伤,将士们没有不因此而受感动和激励的。

慎所好篇第二十一

【题解】

《慎所好》篇主要是记录了唐太宗对儒、释、道三教的不同看法,告诫人们不要盲目地随上所好,做国君的人对自己的爱好也要务必谨慎。太宗认为在上位的人有什么爱好,下面的人就会大张旗鼓地附和;至高无上的国君有什么爱好,必定会在社会上形成风气。像秦始皇的非分爱好、汉武帝的求神问仙、隋炀帝的专信邪道、梁武帝父子惟好释氏、老氏,都是虚妄之事,空有其名,害人害己。太宗认为应该喜好"尧舜之道、周孔之教","君天下者,惟须正身修德而已,此外虚事,不足在怀",正是由于当时君臣上下同心同德、去除虚妄、重视实际,所以在唐初的官吏中才能出现励精图治的风气,才开创了"贞观之治"的局面。

【原文】贞观二年,太宗谓侍臣曰:"古人云:'君犹器也,人犹水也,方圆在于器,不在于水。'故尧、舜率天下以仁,而人从之;桀、纣率天下以暴,而人从之。下之所行,皆从上之所好。至如梁武帝父子,志尚浮华,惟好释氏、老氏之教[①]。武帝末年,频幸同泰寺[②],亲讲佛经,百寮皆大冠高履,乘车扈从,终日谈论苦空[③],未尝以军国典章为意。及侯景率兵向阙[④],尚书郎已下,多不解乘马,狼狈步走,死者相继于道路。武帝及简文卒被侯景幽逼而死[⑤]。孝元帝在江陵[⑥],为万纽于谨所围[⑦],帝犹讲《老子》不辍,百寮皆戎衣以听。俄而城陷,君臣俱被囚絷。庾信亦叹其如此[⑧],及作《哀江南赋》,乃云:'宰衡以干戈为儿戏[⑨],缙绅以清谈为庙略[⑩]。'此事亦足为鉴戒。朕今所好者,惟在尧、舜之道,周、孔之教[⑪],以为如鸟有翼,如鱼依水,失之必死,不可暂无耳。"

【注释】①释氏：指佛教。佛姓释迦的略称。老氏：指老子。道教的始祖。②同泰寺：位于江苏江宁之东北。梁武帝普通二年(521)九月建立。本寺楼阁台殿悉仿王宫，有大殿、小殿、东西般若台、大佛阁、璇玑殿等堂宇，尤其是九级浮图耸入云表。帝尝亲临礼忏，舍身此寺，并设无遮大会等法会，又亲升法座，开讲涅槃、般若等经，后更于本寺铸造十方佛之金铜像。梁亡陈兴，本寺遂成废墟。③苦空：佛教语。谓人世间一切皆苦，凡事俱空。④侯景(？~552)：北朝东魏将领。字万景，怀朔(今内蒙古固阳西南)人。初为戍兵，继转附高欢。东魏时，职位通显，历任尚书左仆射、司空、司徒、大行台等职，拥兵专制河南。欢死，投靠西魏，旋又附梁，受封河南王，太清二年(548)为东魏击败，遂勾结萧正德(萧衍侄)于八月举兵反叛。攻陷台城，困死梁武帝，遂立太子萧纲为帝(简文帝)。后西征江陵失利，返回建康(今江苏南京)，自立为帝，改国号汉，改元太始，史称"侯景之乱"。梁元帝自江陵讨之，败逃被杀。⑤简文：即简文帝(503~551)。南朝梁皇帝，名萧纲，字世缵，小字六通，南兰陵(今江苏常州西北)人。武帝第三子。⑥孝元帝：即南朝梁元帝。名绎，字世诚，小字七符。萧衍第七子。天正元年(552)在江陵即位称帝。年号承圣。但当时梁州、益州已并于西魏，襄阳也在西魏控制之中。江陵形势十分孤立。承圣三年(554)九月西魏宇文泰派万纽于谨、宇文护率军五万南攻江陵。十一月江陵城陷，萧绎被俘遭害。江陵：今湖北荆州。⑦万纽于谨：本姓万忸于氏。字思敬，洛阳(今河南洛阳东北)人。北魏、西魏、北周名将。西魏大统元年(535)，拜西魏骠骑大将军。后以功晋爵常山郡公，拜大丞相府长史，兼大行台尚书。十二年，拜尚书左仆射，旋迁司空。十五年，进位柱国大将军。西魏恭帝元年(554)，领兵五万攻南朝梁，并预料梁元帝萧绎必据守都城江陵，遂先遣精骑断梁军退路，后率大军直趋江陵，多路合围，一举克之，擒元帝。三年(556)，拜大司寇。北周孝闵帝元年(557)，封燕国公，迁太傅、大宗伯，参与朝政。⑧庾 信(513~581)：字子山，南阳新野(今河南新野)人。少聪敏好学，有才名。初仕梁，为昭明太子伴读，曾任尚书度支郎中、东宫领直等官。后奉命由江陵出使西魏，值西魏灭梁，被留。历仕西魏、北周，官至骠骑大将军、开府仪同三司。在梁时出入宫禁，为文绮艳，与徐陵并为宫廷文学代表，时称"徐庾体"。他的《哀江南赋》和《拟咏怀》诗可为代表。虽有堆砌典故、用意曲深之弊，但总的成就集六朝诗、赋、文创作之大成，对唐代文学影响甚巨。⑨宰衡：指宰相。⑩庙略：朝廷的谋略。⑪周、孔：指周公、孔子。

【译文】贞观二年(628)，太宗对身边的大臣们说："古人说：'国君好比是盛水的容器，百姓好比是水，水的形状是方是圆决定于装它的容器，而不决定于水本身。'所以尧、舜用仁义统治天下，而人们也跟着行仁义；桀、纣用暴虐统治天下，而人们也跟着行暴虐。下边的人做些什么，都是跟着上面人的喜好。至于像梁武帝父子崇尚浮华，只有喜欢佛教、道教。武帝末年，经常驾临同泰寺，亲自讲解佛经，随从的官僚们也都跟着戴大帽穿高靴，乘车随从，整天谈论佛经义旨，不把军机要务、法典制度放在心上。等到侯景率兵攻打京师时，尚书郎以下的官员多数不会骑马，徒步狼狈逃窜，被杀死的人在路上一个接一个。梁武帝和儿子简文帝最后被侯景幽禁而死。孝元帝在江陵被西魏万纽于谨所包

围时，他还在不停地讲论《老子》，官员们都穿着军装听讲。不久江陵城被攻破，君臣都被俘虏。庾信也感叹他们的如此作为，在《哀江南赋》中写道：'宰相把战争当作儿戏，官吏把清谈当作国家的谋略。'这件事实在可以作为鉴戒。我现在所喜欢的，只有尧、舜的准则，和周公、孔子的礼教，我认为就像鸟有了翅膀和鱼依靠水一样，失去它必死无疑，不能片刻没有啊！"

【原文】贞观四年，太宗曰："隋炀帝性好猜防，专信邪道，大忌胡人[1]，乃至谓胡床为交床[2]，胡瓜为黄瓜，又筑长城以避胡，终被宇文化及使令狐行达杀之[3]。又诛戮李金才[4]，及诸李殆尽，卒何所益？且君天下者，惟须正身修德而已，此外虚事，不足在怀。"

【注释】①胡人：我国古代对北方边地及西域各民族人民的称呼。②胡床：一种有靠背、能折叠的坐具。③令狐行达：复姓令狐，名行达。时任尉，奉宇文化及之命杀死了隋炀帝。④李金才：即李浑，隋右骁卫大将军。大业十一年(615)隋炀帝以李浑门族强盛，又因一句"李氏当为天子"的谶语，杀李浑及其宗族三十二人。

【译文】贞观四年(630)，太宗说："隋炀帝生性猜疑，好设防范，一味迷信邪门歪道，最忌讳胡人，以至于改称胡床为交床，胡瓜为黄瓜，修筑长城来防备胡人，可是最终还是被有胡人血统的宇文化及派遣令狐行达杀死。另外，隋炀帝诛杀了李金才，李氏家族几乎被杀尽，最终有什么好处呢？统治天下的国君，只要端正自身、修养品德就行了，除此以外的那些虚妄荒诞之事，不值得放在心上。"

慎言语篇第二十二

【题解】

《慎言语》主要记载的是贞观时君臣对于言语得失的探讨，并指出君主"出言(说话)"要特别慎重。古代帝王，君临天下，一言九鼎，若帝王出言不慎，则会影响施政，或令臣下演绎出无穷的事端。所以，当时的朝臣们每每利用各种时机，来谏劝李世民慎开"金口"。太宗认为"欲出一言，即思此一言于百姓有利益否，所以不敢多言"。太宗心忧天下黎民，把"出言"是否对百姓有利，看作是慎言语的标准。因此杜正伦进言曰："若一言乖于道理，则千载累于圣德，非止当今损于百姓。"魏徵认为："人君居四海之尊，若有亏失，古人以为如日月之蚀，人皆见之。"所以称君无戏言，帝王务必三思而后言。

【原文】贞观二年，太宗谓侍臣曰："朕每日坐朝，欲出一言，即思此言于百姓有利益否，所以不敢多言。"

给事中兼知起居事杜正伦进曰[1]："君举必书，言存左史[2]。臣职当兼修起居注，不敢不尽愚直。陛下若一言乖于道理，则千载累于圣德[3]，非止当今损于百姓，愿陛下慎之。"

【注释】①给事中：官名。秦汉为列侯、将军、谒者等的加官。侍从皇帝左右，备顾问应对，参议政事，因执事于殿中，故名。隋唐以后为门下省之要职，掌驳政令之违失。知

起居事：古代官职。唐初在门下省设起居郎，掌修起居注之事，逐日记录皇帝的言行。②左史：官名。《礼记·玉藻》记载曰周代史官有左史、右史之分。左史记行动，右史记言语。而《汉书·艺文志》记载曰左史记言，右史记事。唐宋曾以门下省之起居郎、中书省之起居舍人为左、右史，分别主记事与记言。有学者结合文献及考古资料研究认为，左史、右史之名均出现于西周时期，从其职能以及当时人们的习惯来看，它并不是先秦时期的实有官制，应该是内史、太史的譬喻称呼。至于记言记事之职责，也并不特指左史、右史，而是针对先秦史官共有的职能而言。③累：牵连。

【译文】贞观二年(628)，太宗对身边的大臣们说："我每天坐朝听政，想要说话的时候，就要考虑到这句话对百姓是否有益处，所以不敢随便多说。"

给事中兼知起居事杜正伦进言说："国君的举动一定要记录下来，左史负责记录言语。臣现在的职务是兼修起居注，不敢不尽自己的愚忠秉笔直书。陛下如果有一句话违背了道理，那么千年以后也会牵连到您圣明的德行，不仅仅是对当今的百姓有所损害，希望陛下说话慎重。"

【原文】贞观八年，太宗谓侍臣曰："言语者君子之枢机[1]，谈何容易？凡在众庶，一言不善，则人记之，成其耻累。况是万乘之主，不可出言有所乖失。其所亏损至大，岂同匹夫？我常以此为戒。隋炀帝初幸甘泉宫[2]，泉石称意，而怪无萤火，敕云：'捉取萤火，于宫中照夜。'所司遽遣数千人采拾，送五百舆于宫侧。小事尚尔，况其大事乎？"

魏徵对曰："人君居四海之尊，若有亏失，古人以为如日月之蚀，人皆见之，实如陛下所戒慎。"

【注释】①枢机：比喻事物的关键。②甘泉宫：汉代古宫殿，位于今陕西淳化北甘泉山上，宫以山名。甘泉宫为汉武帝仅次于长安未央宫的重要活动场所，它不只是作为统治阶级的避暑胜地，而且许多重大政治活动都安排在这里进行。隋唐时又有所增修扩建。

【译文】贞观八年(634)，太宗对身边的大臣们说："言语是君子德行的关键表现，谈何容易？一般百姓一句话讲错了，就会被人们记住，成为他的耻辱和累赘。何况是一个国家的君主，说话更不能出现什么过失。因为它造成的危害特别大，岂能与普通百姓相比？我经常以此为戒。隋炀帝初次驾临甘泉宫时，对宫里的泉水山石很满意，但责怪没有萤火虫，于是下令：'捉一些放到宫里，晚上用来照明。'主管官署急忙派出几千人去各处捕捉，结果送来五百车萤火虫在甘泉宫两侧。小事尚且如此，何况那些大事呢？"

魏徵回答说："国君处在天下最崇高的地位，如果有所失误，古人认为像日食月食亏损一样，人们都能看得见，确实要像陛下这样警惕慎重。"

【原文】贞观十六年，太宗每与公卿言及古道[1]，必诘难往复。

散骑常侍刘洎上书谏曰[2]："帝王之与凡庶、圣哲之与庸愚，上下相悬，拟伦斯绝[3]。是知以至愚而对至圣，以极卑而对极尊，徒思自强，不可得也。陛下降恩旨，假慈颜，凝旒以听其言[4]，虚襟以纳其说[5]，犹恐群下未敢对扬[6]。况动神机，纵天辩，饰辞以折其理，援古以排其议，欲令凡庶何阶应答[7]？臣闻皇天以无言为贵，圣人以不言为德，老子称'大辩

若讷[8]，庄生称'至道无文'[9]此皆不欲烦也。是以齐侯读书，轮扁窃议[10]，汉皇慕古，长孺陈讥[11]，此亦不欲劳也。且多记则损心，多语则损气。心气内损，形神外劳，初虽不觉，后必为累。须为社稷自爱，岂为性好自伤乎？窃以今日升平，皆陛下力行所至。欲其长久，匪由辩博；但当忘彼爱憎，慎兹取舍，每事敦朴，无非至公[12]，若贞观之初则可矣。至如秦政强辩[13]，失人心于自矜；魏文宏材[14]，亏众望于虚说。此才辩之累，较然可知。伏愿略兹雄辩，浩然养气[15]，简彼缃图[16]，淡焉怡悦[17]。固万寿于南岳[18]，齐百姓于东户[19]，则天下幸甚，皇恩斯毕[20]。"

太宗手诏答曰："非虑无以临下，非言无以述虑。比有谈论，遂至烦多。轻物骄人，恐由兹道。形神心气，非此为劳。今闻谠言，虚怀以改。"

【注释】①古道：指古代的治国思想等。②散骑常侍：在皇帝左右规谏过失，以备顾问。唐代分属门下省和中书省，在门下省者称左散骑常侍，在中书省者称右散骑常侍。虽无实际职权，仍为尊贵之官，多用为将相大臣的兼职。③拟伦：伦比，比拟。④凝旒：形容帝王态度肃穆专注。⑤虚襟：虚怀，虚心。⑥对扬：对答。⑦阶：台阶和梯子。这里比喻凭借的途径。⑧大辩若讷：谓真正善辩的人好像言语迟钝一样。讷，不善于讲话，说话迟钝。⑨庄生：即庄周。名周，字子休（一说子沐），战国时代宋国蒙（今安徽蒙城）人。著名思想家、哲学家、文学家，是道家学派的代表人物，老子哲学思想的继承者和发展者，先秦庄子学派的创始人。他的学说涵盖着当时社会生活的方方面面，他的思想包含着朴素辩证法因素，认为一切事物都在变化。他认为"道"是"先天地生"的，主张"无为"，放弃生活中的一切争斗。其根本精神还是归依于老子的哲学。后世将他与老子并称为"老庄"，他们的哲学为"老庄哲学"。至道无文：意谓最高的道理不须用文采修饰。文，指文采修饰。⑩齐侯读书，轮扁窃议：据《庄子》记载，齐桓公在堂上读书，在堂下做车轮的轮扁看见觉得好奇，就走上堂来对齐桓公说："冒昧请问，您读的书里讲什么？"桓公说："是圣人的教诲。"轮扁问："圣人还活着吗？"桓公说："已经死了。"轮扁说："那么您读的书，不过是古人留下的糟粕罢了。"意谓古代的圣人死掉了，他们关于治国的诀窍也就一起死掉了，是传不给后人的。⑪汉皇慕古，长孺陈讥：据《史记》记载：汉武帝时，长孺敢于犯颜直谏，因常规劝武帝，武帝听得不耐烦。一次武帝召集群儒说："我欲振兴政治，效法尧舜，如何？"长孺说："陛下内多欲而外施仁义，奈何欲效唐虞之治乎！"武帝听了十分生气。从此以后，长孺的官职再也没有升上去了。长孺，即汲黯，西汉濮阳（今河南濮阳西南）人，字长孺。孝景帝时为太子洗马，武帝即位后为谒者，并先后任荥阳令、东海太守，主爵都尉，位列九卿。汲黯为政，以民为本，同情民众的疾苦；威武不屈，刚直不阿；不畏权贵，敢于诤而折；秉公事职，敢于犯颜直谏；为官清正，廉洁奉公。⑫至公：最公正的原则。⑬秦政：即秦始皇，嬴姓，名政。⑭魏文：即魏文帝曹丕。宏材：指有杰出的才能。曹丕爱好文学，并有相当的成就。⑮浩然养气：即指养浩然之气。浩然之气是指一种浩大刚正的精神。浩，盛大、刚直的样子。气，指精神。⑯缃图：指年久而纸已发黄的书卷图籍。缃，浅黄色。⑰淡焉：使之淡漠。怡悦：取悦，喜悦。⑱南岳：典出《诗·小雅·天保》："不

骞不崩,如南山之寿。”后用为人祝寿之词。⑲东户:即东户季子,传说中的上古君主。《淮南子·缪称训》云:“昔东户季子之世,道路不拾遗,耒耜、馀粮宿诸晦首。”高诱注:“东户季子,古之人君。”亦省称“东户”。⑳毕:遍及。

【译文】贞观十六年(642),太宗每次和公卿大臣讨论古代的治国之道时,一定要反复提出问题诘问。

散骑常侍刘洎上书劝谏说:“帝王和臣子、圣明贤能的人和平庸愚昧的人之间,上下相差悬殊,无法比拟。因此,拿极愚蠢的人与极圣明的人相比,拿极卑贱的人与极尊贵的人相比,纵使前者想自己努力超过对方,也是不可能做到的。陛下施恩下旨,和颜悦色,肃穆专注地认真倾听别人的言论,虚心地接受别人的意见,尚且担心臣子不敢当面对答。何况陛下启动神思、运用雄辩,修饰言辞来驳斥别人的说法。引经据典来否定别人的议论,还想叫臣子怎样应答呢?臣听说苍天把不说话看作是尊贵,圣人把不说话视为美德。老子认为‘真正善辩的人如同言语迟钝一样’,庄子认为‘最高的道理不须用文采修饰’,这都是不希望言语繁多的意思。所以齐桓公读书,轮扁私下非议;汉武帝慕古尊儒,汲黯提出了讥讽,这都是不希望他们过分劳神。况且多记事就会损伤心神,多说话就会损伤元气。内伤心神、元气,外伤形体、精神,即使起初察觉不到,以后一定会留下祸患。应该为国家爱惜自己,怎么能为兴趣损伤自己呢?我认为如今天下升平,都是陛下努力治理国家的结果。想要让它长久保持下去,不是靠雄辩博览能办到的;只是应当忘掉那些爱憎之情,谨慎进行这方面的取舍,做每件事都要朴实无华,无不遵奉至公之道,像贞观初年一样就可以了。至于像秦始皇强词善辩,因为自傲而失去人心;魏文帝有杰出的才能,却因为空言浮论而失去了众望。这种由口才和雄辩带来的损害,是明白可知的。臣竭诚希望陛下减少一些这种雄辩,修养浩然正气,少看一些古代书籍,恬淡喜悦。自己保持长寿像南山一样,把国家治理得像东户时代一样,那么天下百姓就非常幸运了,皇恩也就遍及天下了。”

太宗亲笔写诏书批复说:“不思考就不能治理天下,不说话就不能阐述自己的想法。近来和臣子谈论,形成言说过于频繁。轻视别人,态度骄傲,恐怕由此而产生。身体、精神、心思和元气确实不应该为此而劳损。今天听到你忠诚正直的劝言,我一定虚心接受予以改正。”

杜谗邪篇第二十三

【题解】

《杜谗邪》主要是记述了贞观时君臣对谗言祸国的认识,同时告诫人们要“斥弃群小,不听谗言”,因为谗言是祸乱的根源,进谗言的人是国家的蟊贼。在历史上,凡是“世乱则谗胜”,一旦谗言得逞,则忠良就会蒙冤,国政就会败坏,百姓就会遭殃。“恺悌君子,无信

谗言。谗言罔极，交乱四国”。国君任用贤人、勇于纳谏，则自然谗佞无门、政治清明。“若暗主庸君，莫不以之迷惑，忠臣孝子所以泣血衔冤”。封建皇帝高高在上，处于被“万心攻一心”的地位，正确地分辨谗言忠告，从而做到近君子、远小人，这是最高统治者必须始终认真对待的问题。文中所记唐太宗信任忠臣、惩处邪佞小人的做法，确实令人称道。

【原文】贞观初，太宗谓侍臣曰：“朕观前代谗佞之徒[①]，皆国之蠹贼也[②]。或巧言令色，朋党比周[③]；若暗主庸君，莫不以之迷惑，忠臣孝子所以泣血衔冤。故丛兰欲茂，秋风败之；王者欲明，谗人蔽之。此事著于史籍，不能具道。至如齐、隋间谗谮事，耳目所接者，略与公等言之。斛律明月[④]，齐朝良将，威震敌国。周家每岁斫汾河冰[⑤]，虑齐兵之西渡。及明月被祖孝徵谗构伏诛[⑥]，周人始有吞齐之意。高颎有经国大才[⑦]，为隋文帝赞成霸业，知国政者二十馀载，天下赖以安宁。文帝惟妇言是听[⑧]，特令摈斥，及为炀帝所杀，刑政由是衰坏[⑨]。又隋太子勇抚军监国[⑩]，凡二十年间，固亦早有定分。杨素欺主罔上，贼害良善，使父子之道一朝灭于天性[⑪]，逆乱之源，自此开矣。隋文既混淆嫡庶，竟祸及其身，社稷寻亦覆败。古人云‘代乱则谗胜’，诚非妄言。朕每防微杜渐，用绝谗构之端，犹恐心力所不至，或不能觉悟。前史云：‘猛兽处山林，藜藿为之不采[⑫]；直臣立朝廷，奸邪为之寝谋。’此实朕所望于群公也。”

魏徵曰：“《礼》云：‘戒慎乎其所不睹，恐惧乎其所不闻[⑬]。’《诗》云：‘恺悌君子，无信谗言。谗言罔极，交乱四国[⑭]。’又孔子曰：‘恶利口之覆邦家[⑮]’，盖为此也。臣尝观自古有国有家者，若曲受谗谮，妄害忠良，必宗庙丘墟，市朝霜露矣[⑯]。愿陛下深慎之！”

【注释】①谗佞：指那些进谗言的邪佞小人。②蠹贼：本指吃禾苗的两种害虫。这里用来比喻危害人民或国家的人。③朋党比周：结党营私，排斥异己。④斛律明月（515～572）：即斛律光，字明月，北齐朔州敕勒部（今山西朔城区）人，出身于将门之家，是北朝时期著名的将领。他少工骑射，以武艺知名。北齐建立后，封西安县子。皇建元年（560）晋爵钜鹿郡公。后历位太子太保、尚书令、司空、司徒。河清三年（564），因功升为太尉。天统三年（568）秋，官拜太保，承袭爵位咸阳王，后升为太傅。武平初年，斛律光屡胜周兵，战功卓著，拜为左丞相，别封清河郡公。他的部队战斗力很强，在北齐和北周的频繁战争中，从没有打过败仗，北周将士都很怕他。武平三年（572），斛律光被好奸祖挺诬陷为谋反朝廷，诱到宫中杀害。朝野上下都十分悲痛。⑤周家：指北周。汾河：是黄河的第二大支流，也是山西境内最大的河流。⑥祖孝徵：即祖挺，字孝徵。北齐大臣。曾散布谣言，谗杀斛律明月等贤臣。⑦高颎：字昭玄，一名敏。隋代名相。自称渤海县（今河北景县）人。隋文帝拟废太子杨勇，立次子杨广为太子时，高颎反对，渐被文帝和皇后疏忌；开皇十九年（599）被人诬告免官。仁寿四年（604），隋炀帝即位，高颎复起为太常卿。大业三年（607），因对隋炀帝的奢侈和当时政事有所非议，为人告发，与贺若弼同日被杀。⑧文帝：指隋文帝。妇：指隋文帝之妻孤独皇后。⑨刑政：刑法政令。⑩隋太子勇：即太子杨勇，杨坚与皇后独孤氏的长子。杨勇不善于伪装，比较随意，而次子杨广却是很有心计的人，他与杨素多方设计，陷害杨勇，最后被废为庶人，远离京城。杨素（？～606）：字

处道，弘农华阴（今陕西华阴）人。初事北周武帝。后事隋文帝杨坚，为上柱国，拜御史大夫。588年，伐陈有功，任荆州总管。继为纳言、尚书左仆射。执掌朝政，以奸诈自立。依附晋王杨广参与宫廷阴谋，废太子杨勇，杀文帝。杨广立，他拜司徒。杨素十分骄横，任意侮辱属臣，凡逆己者，必加陷害。贪图财货，广营产业。死于公元606年。⑪天性：先天具有的品质或性情。⑫藜藿：指藜藿之类的野菜。⑬"戒慎"两句：语出《礼记·中庸》。此句意谓在别人看不见的地方也要谨慎，在别人听不见的时候也要提心忧虑。⑭"恺悌"四句：语出《诗·小雅·青蝇》。此句意谓平易近人的君子，不要听信谗言。谗言违背公正原则，会搅乱天下四方。恺悌，亦作"恺弟"，平易近人。罔极，不正。⑮恶利口之覆邦家：语出《论语·阳货》。此句意谓厌恶那些以花言巧语使国家覆灭的人。⑯市朝霜露：意谓人们聚集的闹市变得冷落无人。

【译文】贞观初年，太宗对身边的大臣们说："我看前代那些进谗言的邪佞小人，都是损害国家的蟊贼。他们花言巧语，结党营私；如果国君愚昧昏庸，没有不被迷惑的，这就是忠臣孝子泣血衔冤的原因。所以兰花正要长得茂盛，秋风却来摧残它；国君想要明察事理，谗佞小人就来蒙蔽他。这样的事情都记载在史籍上，不能一一说来。至于北齐和隋朝时期诽谤诬陷忠良的事，我耳闻目睹的，简要地向你们说一说。斛律明月是北齐的良将，威名震撼敌国。北周每年冬天都要砸破汾河的封冰，就是担心北齐的军队西渡汾河来进攻。等到斛律明月被祖孝徵的谗言惨遭杀害以后，北周才产生了吞并北齐的念头。高颎很有治理国家的才能，他协助隋文帝完成霸业，执掌国家政务二十多年，天下靠他得以安宁。可是隋文帝只听信妇人的话，特意排斥他，到高颎被隋炀帝杀害之后，隋朝的法制政令从此也就衰败了。另外，隋太子杨勇领军监国前后有二十年，本来早就确定了储君的名分。杨素欺君罔上，残害忠良，使他们父子之间的亲情一下子泯灭，叛逆祸乱的根源从此就开始了。隋文帝混淆了嫡子和庶子的名分，结果招来杀身之祸，不久国家也就覆亡了。古人说'世道混乱谗言就会猖獗'，确实不是妄言乱语。我常常防微杜渐，禁绝谗言和诬陷之事的发生，但仍然还担心有心力照顾不到的地方，或者有没能察觉的问题。前朝史书上说：'猛兽盘踞山林，藜藿之类的野菜因此就没人敢去采摘；忠臣执掌朝政，奸诈邪恶的小人因此就会停止阴谋活动。'这确实是我对你们的期望。"

魏徵说："《礼记》上说：'在别人看不见的地方要谨慎，在别人听不见的地方也要小心。'《诗经》上说：'平易近人的君子，不听信谗言。谗言违背公正原则，只会搅乱天下四方。'另外，孔子说：'厌恶那些以花言巧语使国家覆灭的人'，大概就是针对这个问题说的。臣曾观察自古以来统治国家的人，如果听信谗言，残害忠良，必然导致国家灭亡，宗庙变成废墟，闹市变得冷落。希望陛下对这件事特别慎重！"

【原文】贞观十年，太宗谓侍臣曰："太子保傅[1]，古难其选。成王幼小，以周、召为保傅，左右皆贤，足以长仁，致理太平，称为圣主。及秦之胡亥[2]，始皇所爱，赵高作傅，教以刑法。及其篡也，诛功臣，杀亲戚，酷烈不已，旋踵亦亡。以此而言，人之善恶，诚由近习。朕弱冠交游[3]，惟柴绍、窦诞等[4]，为人既非三益[5]，及朕居兹宝位，经理天下，虽不及尧、舜

之明，庶免乎孙皓、高纬之暴[⑥]。以此而言，复不由染，何也？”

魏徵曰：“中人可与为善[⑦]，可与为恶，然上智之人自无所染。陛下受命自天，平定寇乱，救万民之命，理致升平，岂绍、诞之徒能累圣德？但经云：‘放郑声[⑧]，远佞人。’近习之间，尤宜深慎。”

【注释】①保傅：即太保、太傅，古代保育、教导太子的官员。②胡亥：姓嬴名胡亥，秦朝第二代皇帝，始皇少子。早年曾从中车府令赵高学习狱法。秦始皇三十七年（前210）始皇帝病死，胡亥在赵高和丞相李斯的扶植下，立为太子，并承袭帝位，称二世皇帝。③弱冠：古时以男子二十岁为成人，初加冠，因体犹未壮，故称弱冠。后遂称男子二十岁或二十几岁的年龄为弱冠。④柴绍（？～638）：字嗣昌，晋州临汾（今山西临汾）人，唐朝大将，凌烟阁二十四功臣之一。唐国公李渊也将三女儿（即后来的平阳公主）嫁给了他。唐朝建立，为左翊卫大将军。此后柴绍随秦王李世民参加统一战争，屡立战功，因此封为霍国公，赐食邑一千二百户，并转为右骁卫大将军。窦诞：唐王朝开国功臣，他曾以元帅府司马的身份伴随李世民东征西战。李世民接唐王位后，为照顾窦的资历与功勋，以宗王卿的官衔让他管理内部事务。但窦终因上了年纪，在君臣众人讨论国事出现“昏谬失对”的现象，对此李世民感慨良多，遂以光禄大夫罢官。⑤三益：谓正直、诚信、多闻（博学）。借指良友。语本《论语·季氏》：“孔子曰：益者三友，损者三友。友直，友谅，友多闻，益矣。”⑥孙皓（242～283）：字元宗，又名彭祖，孙权的孙子，孙和的儿子。三国时期东吴的第四代君主。在位期间，专横残暴，奢侈荒淫无道，不得民心。高纬（556～577）：北齐后主，字仁纲，南北朝时期北齐第五位皇帝。他即位时，腐朽的北齐政权已经摇摇欲坠，他自己仍然荒淫无道，导致北齐军队衰弱，政治腐败。后北周来攻，齐军大败，高纬被周军俘虏，不久被杀。⑦中人：指中等智慧的人。⑧郑声：原指春秋战国时郑国的音乐。古代人认为郑声淫，与孔子等提倡的雅乐不同，故受儒家排斥。此后，凡与雅乐相悖的音乐，均为崇“雅”黜“俗”者斥为“郑声”。

【译文】贞观十年（636），太宗对身边的大臣们说：“太子的师傅自古以来就难以选择。周成王幼年继位，周公、召公做他的师傅，身旁左右都是贤人，足以增长仁德，使国家太平，因此被称为圣明君主。到了秦朝的胡亥，为秦始皇所宠爱，让赵高做他的师傅，教他刑政苛法。到了胡亥篡立为皇帝后，诛杀功臣，残害亲戚，不断残暴酷虐，可时间很短也就灭亡了。由此说来，人品行的善恶，确实是受亲近人的影响。我年轻时所交往的只有柴绍、窦诞等人，他们算不上属于正直、诚信、多闻‘三益’之列的人，但到我即位治理天下时，虽然赶不上像尧、舜那样的圣明，但也不至于像孙皓、高纬那样昏庸残暴。由此说来，人的品行又不受亲近的人熏染，这是什么原因呢？”

魏征说：“智慧中等的人可以为善，也可以作恶，但智慧上等的人自然就不会被别人熏染。陛下受命于天，平定寇盗战乱，拯救万民的性命，使天下大治，四海升平。柴绍、窦诞等人怎能影响了陛下的圣德呢？但是经书上说过：‘抛弃淫靡的音乐，远离奸佞的小人。’在对待亲近人的方面，尤其应该特别谨慎。”

悔过篇第二十四

【题解】

人非圣贤，孰能无过？即使贵为帝王，也难免发生过失。重要的是对待过失的态度：掩盖过失，只能酿成更大的过失；听从谏言，及时改正过失，就能大大降低损失。本篇记述了唐太宗的懊悔之言和改过之行。能够经常反省自己的不足，接纳规谏之言，并立即改正，是唐太宗个人修养的一大优点。太宗度量宽宏，勇于自省，闻过即改，从善如流，终致国泰民安，也是他促成“贞观之治”的原因之一。

【原文】贞观二年，太宗谓房玄龄曰：“为人大须学问。朕往为群凶未定，东西征讨，躬亲戎事，不暇读书。比来四海安静，身处殿堂，不能自执书卷，使人读而听之。君臣父子，政教之道，并在书内。古人云：‘不学，墙面[①]，莅事惟烦。’不徒言也。却思少小时行事，大觉非也。”

【注释】①墙面：谓面对墙壁目无所见。比喻不学无术或一无所知。

【译文】贞观二年(628)，太宗对房玄龄说：“做人非常需要学问。我以前因为群凶没有平定，东征西讨，亲自主持军务，没有空闲读书。近来国家安宁，我又身处于殿堂之上，即使不能亲自手执书卷阅读，也要叫人朗读给我听。君臣父子的伦理纲常、政治教化的策略道术，都写在书本里了。古人说：‘不学习就一无所知，碰到事情也就没有能力解决。’这不是空话。反思自己年轻时的所作所为，觉得很不对。”

【原文】贞观十七年，太宗谓侍臣曰：“人情之至痛者，莫过乎丧亲也。故孔子云：‘三年之丧，天下之通丧，自天子达于庶人也[①]。’又曰：‘何必高宗？古之人皆然[②]。’近代帝王，遂行不逮，汉文以日易月之制[③]，甚乖于礼典。朕昨见徐幹《中论·复三年丧》篇[④]，义理甚精审，深恨不早见此书。所行大疏略，但知自咎自责，追悔何及！”因悲泣久之。

【注释】①“三年”三句：语出《论语·阳货》。②“何必”二句：语出《论语·宪问》。高宗：指商君武丁。③以日易月：古代帝王去世，太子继位得服丧三年（三十六月），后来汉文帝改为三十六日即释服终丧，因称“以日易月”。④徐幹(170~217)：字伟长，汉北海剧县（今山东昌乐）人。东汉末文学家、哲学家。“建安七子”之一。著有《中论》二十篇。阐述儒家思想。《复三年丧》是其中的一篇。

【译文】贞观十七年(643)，太宗对身边的大臣们说：“人的感情中最为悲痛的，莫过于失去父母双亲。所以孔子说：‘给父母服三年丧，是天下通行的丧期，从天子到百姓都是如此。’又说：‘岂止是殷商高宗？古人都是这样做的。’近代帝王实行的丧期不及古人，汉文帝时以日代月的制度，大大违背了礼的原则。我昨天读了徐《中论·复三年丧》篇，文章的义理十分精深，恨没能早日看到这部书。我当年所行的丧礼太简单了，现在只能归罪自己、责备自己，追悔莫及啊！”因此悲痛地哭泣了很久。

【原文】贞观十八年，太宗谓侍臣曰："夫人臣之对帝王，多承意顺旨，甘言取容。朕今欲闻己过，卿等皆可直言。"

散骑常侍刘洎对曰："陛下每与公卿论事，及有上书者，以其不称旨，或面加诘难，无不惭退。恐非诱进直言之道[①]。"

太宗曰："朕亦悔有此问，当即改之。"

【注释】①诱：劝导。

【译文】贞观十八年(644)，太宗对身边的大臣们说："凡是臣下对于帝王，大多是顺承旨意，说好听的话以取悦帝王。我现在想听听自己的过错，你们都可以直言不讳。"

散骑常侍刘洎回答说："陛下每次与大臣讨论事情，以及有人上书奏事的时候，因为他的意见不合您的心意，您有时当面加以责难，使他们无不难堪地退下来。这恐怕不是劝导臣子直言进谏的方法。"

太宗说："我也后悔有这样的追问责难，应当立即改正。"

奢纵篇第二十五

【题解】

本篇转录了贞观十一年(637)侍御史马周论述时政的一篇上疏，以及太宗对奏疏的反应。马周通过列举大量史实，指出了在贞观中期社会上存在着一些奢侈方面的问题，希望引起唐太宗的注意，并提出了解决的办法。马周认为如果帝王奢侈纵欲，则不免横征暴敛，不惜民力；臣子奢侈骄纵，则难免自取败亡。应以"节俭于身、恩加于人二者是务"，"若以陛下之圣明，诚欲励精为政，不烦远求上古之术，但及贞观之初，则天下幸甚"。马周的奏疏，劝谏唐太宗要戒奢侈、抑骄纵，他认为百姓所患不仅是贫苦，更重要的是上下不能同甘共苦。如果统治者不能体恤百姓，百姓自然离心离德。提醒太宗要吸取历史教训，俭朴节用，爱惜民力。其言辞恳切，深为太宗赏识。

【原文】贞观十一年，太宗令所司造金银器物五十事，侍御史马周上疏陈时政曰：

"臣历观前代，自夏、殷、周及汉氏之有天下，传祚相继[①]，多者八百馀年，少者犹四五百年，皆为积德累业，恩结于人心。岂无僻王[②]，赖前哲以免！自魏、晋已还，降及周、隋，多者不过五六十年，少者才二三十年而亡，良由创业之君不务广恩化[③]，当时仅能自守，后无遗德可思。故传嗣之主政教少衰，一夫大呼而天下土崩矣。今陛下虽以大功定天下，而积德日浅，固当崇禹、汤、文、武之道，广施德化，使恩有馀地，为子孙立万代之基。岂欲但令政教无失，以持当年而已！且自古明王圣主，虽因人设教，宽猛随时[④]，而大要以节俭于身、恩加于人二者是务。故其下爱之如父母，仰之如日月，敬之如神明，畏之如雷霆，此其所以卜祚遐长而祸乱不作也[⑤]。

【注释】①传祚：帝位相传。祚，帝位。②僻王：指邪僻不正的国君。③恩化：恩德教

化。④宽猛:宽大与严厉。⑤卜祚:古人认为帝位是上天所赐,而占卜可以测知天意,故以"卜祚"借称帝位。遐:长远。

【译文】贞观十一年(637),唐太宗下诏令宫中有关司衙铸造宫内金银用器五十种,侍御史马周上疏论述当时的政事说:

"臣通观前朝历史,从夏朝、殷朝、周朝以及汉朝的情况看来,帝位的传袭继承,时间长的有八百多年,短的也有四五百年,都是因为积累德行、功业,他们的恩德深入到百姓的心中。难道其间没有出现过邪僻不正的国君吗?只是依赖前朝贤君的恩泽而免于祸难罢了!从魏、晋以来,一直到北周、隋朝,国祚长的不过五六十年,短的仅有二三十年就灭亡了,都是因为创业的帝王没有致力于推广恩德教化,当时只能保住自己的帝位,没有留下让后人怀念的恩德的缘故。所以继位的帝王政治教化稍有衰减,只要有一个人站出来呼吁造反,国家就会土崩瓦解。现在陛下虽然凭巨大的功勋平定了天下,但是积累德行的时间不长,所以应当推崇禹、汤、文王、武王的治国原则,广泛施行恩德教化,使恩德有余,为子孙后代奠定万世传袭的基础。怎能只想求得政治教化没有过失,以保持自己当时的统治就行了!况且自古以来圣明的帝王虽然是因人设教,宽厚和严厉随着时局而变化,但是最关键的是在自身节俭、施恩百姓两个方面。因此百姓爱戴他们像爱戴自己的父母一样,瞻仰他们像瞻仰日月一样,尊敬他们像尊敬神灵一样,畏惧他们像畏惧雷霆一样,这就是他们的帝位能长久传承而不发生祸乱的原因。

【原文】"今百姓承丧乱之后,比于隋时才十分之一,而供官徭役,道路相继,兄去弟还,首尾不绝。远者往来至五六千里,春秋冬夏,略无休时。陛下虽每有恩诏,令其减省,而有司作既不废,自然须人,徒行文书,役之如故。臣每访问,四五年来,百姓颇有怨嗟之言,以陛下不存养之。昔唐尧茅茨土阶[1],夏禹恶衣菲食[2],如此之事,臣知不复可行于今。汉文帝惜百金之费,辍露台之役,集上书囊,以为殿帷,所幸夫人,衣不曳地。至景帝以锦绣纂组妨害女工,特诏除之,所以百姓安乐。至孝武帝虽穷奢极侈,而承文、景遗德,故人心不动。向使高祖之后,即有武帝,天下必不能全。此于时代差近[3],事迹可见。今京师及益州诸处营造从奉器物[4],并诸王妃主服饰,议者皆不以为俭。臣闻昧旦丕显,后世犹怠[5];作法于理,其弊犹乱。陛下少处人间,知百姓辛苦,前代成败,目所亲见,尚犹如此,而皇太子生长深宫,不更外事,即万岁之后[6],固圣虑所当忧也。"

【注释】①茅茨土阶:茅草盖的屋顶,泥土砌的台阶。形容房屋简陋,或生活俭朴。茨,用茅草、芦苇盖的屋顶。阶,台阶。②恶衣菲食:粗劣的衣食。形容生活俭朴。菲,质量差。③差近:较近。④益州:在今四川成都一带。⑤昧旦丕显,后世犹怠:语出《左传·昭公三年》。意谓起早贪黑勤奋工作而取得功业显赫的国君,其后代犹且懈怠不为。昧旦,拂晓,黎明。丕,大。⑥万岁:对皇帝死亡的讳称。

【译文】"如今百姓经过社会丧乱之后,人口只相当于隋朝的十分之一,但供官府服徭役的人,在路上络绎不绝,兄长离家,弟弟才回来,前后相接不断。路程远的往返有五六千里,春夏秋冬,几乎没有休息的时候。陛下虽然时常降下仁慈的恩诏,命令他们减省徭

役，但是有关部门仍然不能停止，自然仍须征调人夫，所以诏书也是白白下达，百姓照旧被役使。臣每次去访问，四五年来，百姓颇有怨恨嗟叹之言，认为是陛下不存恤抚养他们。从前唐尧用茅草盖房，用土块砌台阶，夏禹粗衣劣食。像这样的事，臣深知不可能再在今天施行。汉文帝因珍惜百金的费用，停止建造露台，还收集臣子上书用的布袋，用作宫殿的帷帐，他所宠爱的夫人的衣裙短得不能拖在地上。到了景帝时，因为做锦绣五彩绦带之类丝织品而妨害了妇女应做的其他事，他特意下诏废弃不用，因此百姓安居乐业。到了武帝时，虽然他穷奢极欲，但是依赖文帝、景帝遗留下的恩德，因而民心没有骚乱。假如汉高祖之后，就是武帝时代，天下一定不会保全。由于这些事情发生时代离当今较近，其事迹还可以清楚可见。现在京师和益州等地在制造供奉皇室使用的器物以及诸位亲王、妃嫔、公主的服饰，议论的人都认为不够节俭。臣听说，起早贪黑勤奋工作而取得功业显赫的国君，其后代犹且懈怠不为；制定出合乎情理的法令，久而久之也会产生弊端和混乱。陛下小时候在民间长大，知道百姓的辛苦，前代的兴亡成败，都是亲眼目睹的，尚且还是这样，而皇太子生长在深宫里，没有经历过宫墙之外的世事，陛下万岁之后的事情，确实应当引起陛下的忧虑了。"

【原文】"臣窃寻往代以来成败之事，但有黎庶怨叛[①]，聚为盗贼，其国无不即灭。人主虽欲改悔，未有重能安全。凡修政教，当修之于可修之时，若事变一起而后悔之，则无益也。故人主每见前代之亡，则知其政教之所由丧，而皆不知其身之有失。是以殷纣笑夏桀之亡，而幽、厉亦笑殷纣之灭。隋帝大业之初，又笑周、齐之失国。然今之视炀帝，亦犹炀帝之视周、齐也。故京房谓汉元帝云[②]：'臣恐后之视今，亦犹今之视古。'此言不可不戒也。

【注释】①黎庶：庶民，百姓。②京房（前77~前37）：西汉学者，本姓李，字君明，东郡顿丘（今河南清丰西南）人。由于他开创了今文《易》学"京氏学"，所以驰名于中国学术史。京房的《易》学把灾异与政治相联系在一起，京房讲灾异的目的在于干政，推行自己的政治主张。由此，当汉元帝召见他时，他就趁机对元帝宣讲自己的见解，通过讲灾变的方法，京房获得了元帝的信任。

【译文】"臣私下寻思前代以来国家兴亡成败的事情，发现只要有百姓怨恨背叛，聚众做盗贼，他的国家就没有不迅速灭亡的。国君虽然想悔改，也不可能重新获得安全者。凡是修整政治教化，应当在能够修整的时候就去修整，如果事变一旦发生才感到后悔，那就毫无益处了。所以后代的国君每当看见前朝的覆亡，才知道前朝的政治教化失败的原因，却完全不知道自己身上所存在的过失。因此殷纣王嘲笑夏桀的灭亡，而周幽王、周厉王又嘲笑殷纣王的灭亡。隋炀帝大业初年，又嘲笑北周、北齐丧失国家。然而现在看隋炀帝，也像隋炀帝当时看北周、北齐一样。所以，京房对汉元帝说：'臣忧虑后人看待今日的态度，也像今日看待前代的眼光一样。'这话不能不引起警戒啊！"

【原文】"往者贞观之初，率土霜俭[①]，一匹绢才得粟一斗，而天下怡然。百姓知陛下甚忧怜之，故人人自安，曾无谤讟。自五六年来，频岁丰稔，一匹绢得十馀石粟，而百姓皆

以陛下不忧怜之，咸有怨言，以今所营为者，颇多不急之务故也。自古以来，国之兴亡不由蓄积多少，唯在百姓苦乐。且以近事验之，隋家贮洛口仓[2]，而李密因之[3]；东京积布帛[4]，王世充据之[5]；西京府库[6]，亦为国家之用，至今未尽。向使洛口、东都无粟帛，即世充、李密未必能聚大众。但贮积者固是国之常事，要当人有馀力而后收之。若人劳而强敛之，竟以资寇，积之无益也。然俭以息人，贞观之初，陛下已躬为之，故今行之不难也。为之一日，则天下知之，式歌且舞矣[7]。若人既劳矣，而用之不息，傥中国被水旱之灾，边方有风尘之警[8]，狂狡因之窃发[9]，则有不可测之事，非徒圣躬旰食晏寝而已[10]。若以陛下之圣明，诚欲励精为政，不烦远求上古之术，但及贞观之初，则天下幸甚。"

太宗曰："近令造小随身器物，不意百姓遂有嗟怨，此则朕之过误。"乃命停之。

【注释】①率土霜俭：全国土地荒芜。率土，四海之内，犹全国。霜俭，犹荒歉。②洛口仓：古粮仓名，又名兴洛仓。隋大业二年(606)筑，故址在今河南巩义市东南。因地处旧洛水入黄河处而得名。③李密(582~619)：字法主。京兆长安人，祖籍辽东襄平(今辽宁辽阳南)。隋末农民起义中瓦岗军后期领袖。大业九年(613)参与杨玄感起兵反隋。玄感败，李密逃亡。大业十二年(616)，入瓦岗军。李密军令严肃，赏赐优厚，士卒乐意为他所用。他建议袭取隋军兴洛(后改洛口)仓，开仓赈济，扩充队伍，然后进取东都。大业十三年(617)，瓦岗军攻取洛口仓，招就食饥民几十万，起义队伍迅速壮大。因：沿袭。④东京：杨坚建立隋朝，以洛阳为东都，称东京。⑤王世充(？~621)：隋末地方割据者。字行满，新丰(今陕西临潼东北)人。祖籍西域，其祖支颓耨，徙居关中。开皇年间，因军功升至兵部员外郎。大业年间，至江都宫监，为隋炀帝信任。618年，隋炀帝被宇文化及所杀，他与元文都、皇甫无逸等人在东都(今河南洛阳)拥立杨侗为皇帝，世充被任命为吏部尚书郑国公，他击败并招降群雄之一的李密。619年，废杨侗，自立为帝，国号郑国，年号开明，统治区为今河南北部。后因其统治过于严苛残酷，导致人民逃亡，且不少将领投奔唐朝。621年，与李世民作战失败投降，唐徙世充及其家属于蜀，临行，为仇人所杀。⑥西京：杨坚建立隋朝，以长安为首都，称西京。⑦式歌且舞：载歌载舞。式，文言助词，无义。⑧风尘：比喻战乱。⑨狂狡：指狂妄狡诈之徒。⑩旰食：指勤于政事不能按时吃饭。晏寝：晚睡。

【译文】"从前在贞观初年时，全国土地荒芜，一匹绢只能换一斗粟，但天下安居乐业。百姓知道陛下十分关心爱护他们，所以人人自安，没有一点怨言。从贞观五六年以来，连年取得丰收，一匹绢可以换十多石粟，然而百姓都认为陛下不关心爱护他们，总有怨言，这是因为如今营作的事务，许多都是无关紧要的缘故。自古以来，国家的兴亡不是由于财物蓄积得多少，只在于百姓的苦乐。就拿近来的事来看，隋朝在洛口仓储藏粮食，却被李密夺取了；东京洛阳积蓄布帛，却被王世充占有了；西京府库的财物，也被我大唐所用，至今还没有用完。如果原来洛口仓、洛阳没有积蓄粮食布帛，那么王世充、李密未必能够聚集起大规模的队伍。只是贮积财物本来是国家的正常事务，重要的是应当在百姓有了馀力时再去征收。如果百姓劳苦不堪而去强行征收，最终还是资助了贼寇，这样的贮积

是没有好处的。然而崇尚节俭来使百姓得以休息，这在贞观初年陛下已经亲自实行过，所以现在重新实行并不难。只要实行一天，天下就都会知道，百姓就会载歌载舞。如果百姓已经劳苦不堪，却还要不停地役使他们，倘若国内遭受水旱之灾，边境有战乱的警报，狂妄狡诈之徒就会乘机反叛，就会出现不可预测的情况，那就不仅仅使陛下晚进餐迟睡觉而已。如果以陛下的圣明，真要想励精图治，就不需要远求上古时的治国办法，只要赶得上贞观初年那样，那天下就很幸运了。"

太宗说："最近下令制造一些随身的小件器物，没想到百姓因此就有嗟叹怨言，这就是我的过错了。"于是命令停止制造。

贪鄙篇第二十六

【题解】

"贪鄙"，即贪婪卑鄙。本篇里作者列举了不少历史上"贪冒"的例子，集录了唐太宗论述贪鄙利弊的一些言论。唐太宗认为受贿贪财是得小利而招大弊，得不偿失，其目的就是告诫大家不能贪得无厌，贪欲乃是罪恶的源泉。如果帝王贪得无厌，就会劳役无度，信任群小，疏远忠良，最终导致灭亡；如果上下清廉，方可长守富贵，江山永存。"贤者多财损其志，愚者多财生其过"，"若徇私贪浊，非止坏公法，损百姓……亦有因而致死"者，"祸福无门，惟人所召。然陷其身者，皆为贪冒财利"，"大丈夫岂得苟贪财物，以害身命，使子孙每怀愧耻耶"？以此来告诫百官清廉自持，常保身家平安。

【原文】贞观二年，太宗谓侍臣曰："朕尝谓贪人不解爱财也，至如内外官五品以上[①]，禄秩优厚，一年所得，其数自多。若受人财贿，不过数万，一朝彰露，禄秩削夺，此岂是解爱财物？视小得而大失者也。昔公仪休性嗜鱼[②]，而不受人鱼，其鱼长存。且为主贪，必丧其国；为臣贪，必亡其身。《诗》云：'大风有隧，贪人败类[③]。'固非谬言也。昔秦惠王欲伐蜀[④]，不知其径，乃刻五石牛，置金其后。蜀人见之，以为牛能便金，蜀王使五丁力士拖牛入蜀，道成，秦师随而伐之，蜀国遂亡。汉大司农田延年赃贿三千万[⑤]，事觉自死。如此之流，何可胜记！朕今以蜀王为元龟，卿等亦须以延年为覆辙也。"

【注释】①内外官：指内、外朝官。旧时朝官有内朝、外朝之分。外朝官是指以丞相为首的各官，如御史大夫和九卿等；内朝官是皇宫之内接近君主的各官，也称中朝官。②公仪休：春秋时期鲁国的贤相。据《淮南子·道应训》载：公仪休喜欢吃鱼，有人就送鱼给他，他拒而不受。送鱼的人说："听说你喜欢吃鱼，为什么不肯接受我送的鱼呢？"公仪休说："正因为我喜欢吃鱼，所以更不能接受你的鱼。我现在做宰相，买得起鱼，自己可以买来吃，如果我因为接受了你送的鱼而被免去宰相之职，我自己就买不起鱼了，你难道还会再给我送鱼吗？这样一来，我还能再吃得到鱼吗？因此，我是决不能接受你送的鱼的。"③"大风"两句：语出《诗·大雅·桑柔》。意谓大风因隧道而生成，贪财的人败坏同类。

④秦惠王(前356~前311):即秦惠文王,名嬴驷,孝公之子。公元前325年,惠文王自称为王。在位期间,任用贤能,推行法制,并不断向外拓展领土。在对关东六国作战取胜后,秦惠文王于公元前316年出兵灭蜀。蜀:我国古代先秦时期的蜀族在现今四川建立的国家,后被秦国所灭。但关于蜀国的历史在先秦文献中一直没有详细记载,直到东晋常璩在其《华阳国志·蜀志》中才记载了关于蜀国的历史和传说。⑤大司农:官名。汉景帝时称大农令,武帝太初元年更名大司农。掌租税、钱谷、盐铁和国家的财政收支。为九卿之一。田延年(?~前72):字子宾,西汉阳陵(今陕西高陵西南)人。初为大将军霍光长史,后任河东太守,诛杀豪强,奸邪震惧。入为大司农。宣帝即位,他以定策功封阳成(一作阳城)侯。不久,因主守盗官钱三千万,被人告发,自刎而死。

【译文】贞观二年(628),太宗对身边的大臣们说:“我曾经说过,贪财的人是不懂得爱惜财物的,比如说当今内、外朝官员五品以上的,俸禄品秩都很优厚,一年之内所得到的,数量自然很多。如果收受别人的贿赂,也不过数万,一旦暴露出来,官职俸禄都被削夺,这哪里能算得上是懂得爱财?这是看见小的利益,却失掉了大的利益。从前,公仪休喜欢吃鱼,但他却不收别人送的鱼,所以他能长久地吃到鱼。作为一国之君要是很贪婪,必然丧失掉他的国家;作为臣子要是很贪婪,必然丧失掉他的性命。《诗经》上说:‘大风因隧道而生成,贪财的人败坏同类。’这确实不是荒谬的话。从前秦惠王想征伐蜀国,不知道前往蜀国的道路,就雕刻了五头石牛,把金子放置在牛的屁股后面。蜀国人见后,以为石牛会拉出黄金来,于是蜀王派了五个大力士把石牛拖回蜀国,结果就形成了道路,秦军跟随其后而攻打了蜀国,蜀国就灭亡了。汉朝大司农田延年贪赃三千万,事发后自刎而死。类似这样的事,怎么能数得过来!我今天把蜀王作为借鉴,你们也要把田延年当作前车之鉴啊!”

【原文】贞观四年,太宗谓公卿曰:“朕终日孜孜,非但忧怜百姓,亦欲使卿等长守富贵。天非不高,地非不厚,朕常兢兢业业,以畏天地。卿等若能小心奉法,常如朕畏天地,非但百姓安宁,自身常得欢乐。古人云:‘贤者多财损其志,愚者多财生其过。’此言可以为深诫。若徇私贪浊,非止坏公法,损百姓,纵事未发闻[①],中心岂不恒恐惧?恐惧既多,亦有因而致死。大丈夫岂得苟贪财物,以害身命,使子孙每怀愧耻耶?卿等宜深思此言。”

【注释】①纵:即使。

【译文】贞观四年(630),太宗对公卿大臣们说:“我整天孜孜不倦,不仅仅是忧念爱惜百姓,也是想让你们能够长久地富贵。天并不是不高,地并不是不厚,然而我常常兢兢业业,是因为对天地十分敬畏。你们如果能够小心谨慎奉公守法,经常像我敬畏天地一样,不但能够使得百姓安宁,你们自身也经常能得到快乐。古人说:‘贤明的人如果财产多了,就会损害他们的志向;愚蠢的人如果财产多了,就会造成他们的过错。’这话可以深以为诫。如果徇私贪污,不但是破坏了国法,伤害了百姓,即使事情没有败露,心中怎能不常怀恐惧呢?恐惧多了,也有因此而导致死亡的。大丈夫怎么能够为了贪图财物而害

了自身性命,使子孙后代每每为此感到惭愧羞耻呢?你们应当深刻地思考这些话。"

【原文】贞观十六年,太宗谓侍臣曰:"古人云:'鸟栖于林,犹恐其不高,复巢于木末;鱼藏于泉,犹恐其不深,复穴于窟下。然而为人所获者,皆由贪饵故也。'今人臣受任,居高位,食厚禄,当须履忠正,蹈公清,则无灾害,长守富贵矣。古人云:'祸福无门,惟人所召①。'然陷其身者,皆为贪冒财利②,与夫鱼鸟何以异哉?卿等宜思此语,用为鉴诫。"

【注释】①祸福无门,惟人所召:语出《左传·襄公二十三年》。意谓祸福无定,由人自取。②贪冒:贪图财利。

【译文】贞观十六年(642),太宗对身边的大臣们说:"古人说:'鸟栖息在树林里,还担心树木不够高,又在树梢上筑巢;鱼潜藏在泉水里,还担心水不够深,又在洞窟下做穴。但是它们仍然被人捕获,这都是因为贪食诱饵的缘故啊。'现在臣子接受任命,身居高位,享有厚禄,应当做事忠诚正直,遵循清廉无私的原则,那么就不会有灾难,能长久保持富贵。古人说:'祸福无定,由人自取。'然而那些以身犯法的人,都是因为贪图财利,这与那些鱼、鸟有什么不同呢?你们应该思考这些话,作为借鉴和告诫。"

崇儒学篇第二十七

【题解】

《崇儒学》篇主要记述了贞观时君臣有关崇儒重道的一些言行。作者认为学识的厚薄对治国安邦能力的大小有很大影响,而且与世风民俗的好坏也有很大关系。自汉武帝采纳董仲舒"罢黜百家,独尊儒术"的建议以来,儒家思想就成为历代王朝的统治思想,备受推崇。太宗即位之初,也着意文治,崇尚儒学。所以他连年下诏,确定孔子、颜回为先圣先师,设置弘文馆,将前代名儒左丘明、卜子夏、公羊高、谷梁赤、伏胜、高堂生、戴圣、毛苌、孔安国、刘向、郑众、杜子春、马融、卢植、郑玄、服虔、何休、王肃、王弼、杜预、范宁等的著作"垂于国胄",并将这些名儒"配享尼父庙堂"。同时命令颜师古考定五经、孔颖达撰写《五经正义》,"付国学施行"。太宗认为"为政之要,惟在得人,用非其才,必难致理。今所任用,必须以德行、学识为本"。贞观时期崇孔尊儒,兴学重教,把勤奋学习儒家思想看作是一种美德,使儒学成为封建社会的正统思想,其目的是为了维护自己的统治。

【原文】太宗初践阼①,即于正殿之左置弘文馆②,精选天下文儒,令以本官兼署学士③,给以五品珍膳,更日宿直④,以听朝之隙,引入内殿,讨论坟典⑤,商略政事,或至夜分乃罢。又诏勋贤三品已上子孙⑥,为弘文馆学生。

【注释】①践阼:即位。践,踏。阼,大殿前东面的台阶称"阼",君主即位时践阼升殿,因称君主即位为"践阼"。②弘文馆:唐武德四年(621)置修文馆于门下省。九年(626),太宗即位,改名弘文馆。聚书二十余万卷。置学士,掌校正图籍,教授生徒。置校书郎,掌校理典籍,刊正错谬。③学士:最早见于《周礼·春官》,指那些在学校读书的人。

唐代置学士于学士院，以文学言语参谋谏诤，掌制诰，得受优宠。其后有承旨、侍读、侍讲、直学士等品秩之分。④更日：隔日或按日轮换。宿直：夜间值班。⑤坟典："三坟""五典"的并称，后转为古代典籍的通称。⑥勋贤：指有功勋有才能的人。

【译文】太宗登基初年，就在皇宫正殿的左边修建了一个弘文馆，精选了全国通晓儒学的人，让他们以原来的官职兼任弘文馆学士，供给他们五品以上高官的珍贵饮食享用，按日轮换在皇宫里值班，在皇帝上朝的间隙就召到内殿来，讨论古代典籍，商议治政方略，有时到夜深才结束。太宗又下诏让那些三品以上有功勋有才能的人的子孙，做弘文馆的学生。

【原文】贞观二年，诏停以周公为先圣，始立孔子庙堂于国学[①]，稽式旧典[②]，以仲尼为先圣，颜子为先师，而笾豆干戚之容[③]，始备于兹矣。是岁大收天下儒士，赐帛给传[④]，令诣京师，擢以不次[⑤]，布在廊庙者甚众[⑥]。学生通一大经已上[⑦]，成得署吏。国学增筑学舍四百馀间，国子、太学、四门、广文亦增置生员[⑧]，其书、算各置博士、学生[⑨]，以备众艺。太宗又数幸国学，令祭酒、司业、博士讲论[⑩]，毕，各赐以束帛。四方儒生负书而至者，盖以千数。俄而吐蕃及高昌、高丽、新罗等诸夷酋长亦遣子弟请入于学[⑪]。于是国学之内，鼓箧升讲筵者[⑫]，几至万人，儒学之兴，古昔未有也。

【注释】①国学：《周礼·春官·乐师》云："乐师掌国学之政，以教国子小舞。"孙诒让《周礼正义》云："国学者，在国城中王宫左之小学也。"周代的"国学"只是国家所办的"贵族子弟学校"。此后朝代更替，国学逐步由小学演变为高等学府。②稽式：准则，法式。这里引申为取法。③笾豆：笾和豆，古代祭祀时盛食物的礼器。干戚：干（盾）和戚（大斧），古代祭祀时操干戚以舞。④给传：谓朝廷给予驿站车马。汉代，凡朝廷征召之人由公车（官署名）以车接送。⑤不次：不依寻常次序。⑥廊庙：这里指朝廷。⑦大经：唐国子监教课及进士考试经书，皆按经文长短分大、中、小三级，唐以《礼记》《春秋左氏传》为大经。⑧国子：指国子学（监），我国封建时代的教育管理机关和最高学府，唐代国子学下辖国子、太学、四门学、广文馆、书学、算学和律学共七学。国子学是教文武三品以上官员及国公的子孙。太学：与国子学（监）均为传授儒家经典的最高学府，只是教育的对象不同，太学是教文武五品以上官员及郡县公的子孙。四门：即四门学。唐代四门学隶国子学（监），传授儒家经典，性质与国子学、太学同，只是四门学的教育对象是七品以上官员及普通人家的优秀子弟。广文："广文馆"的简称。官署名，领国子学中修进士业者。⑨书、算：即指书学和算学。书学是唐代培养书法人才的学校。《新唐书·选举志》："凡书学：《石经三体》限三岁，《说文》二岁，《字林》一岁。"算学是培养天文、数学人才的学校。⑩祭酒：为国子监的主管官。司业：学官名。隋以后国子监置司业，为监内的副长官，协助祭酒，掌儒学训导之政。博士：古代学官名，是管教七品以上官员的子弟以及有才干的庶人子弟。⑪吐蕃：公元7至9世纪时我国古代藏族所建政权，与唐经济文化联系至为密切。高昌：故城坐落在今新疆维吾尔自治区吐鲁番东面四十多公里的三堡乡。高昌古城，历史悠久，始建于公元前1世纪汉代，因其"地势高敞，人广昌盛"而得名。公元460

年(和平元年)车师国亡,柔然立阚氏伯周为王,称其国为高昌国,掀开了高昌王国的序幕。640年唐朝统一高昌,在此设立西州,辖高昌、交河、柳州、天山、蒲昌五县。高丽:少数民族政权之一,在今朝鲜半岛。新罗:朝鲜半岛东南部土著民族建立的本土政权。⑫鼓箧:谓击鼓开箧,古时入学的一种仪式。这里借指来求学的人。讲筵:讲经、讲学的处所。这里借指讲学的人。

【译文】贞观二年(628),太宗下诏停止庙祀周公为先圣,开始在国子学内建立奉祀孔子的庙堂,取法旧有的制度,尊孔子为先圣,颜渊为先师,庙堂两边陈列的笾豆、干戚等礼器和乐舞用具从此齐备了。这一年又广泛招揽天下的儒士,赏赐给他们布帛,供给他们驿传车马,让他们到京城来,不按寻常的次序授予他们高低不等的官职,因此在朝廷做官的儒士有很多。太学生中如能读通《礼记》《左传》大经中的一种,都能任职为吏。在国子学内增加建筑了四百多间房舍,国子、太学、四门、广文四学也都增加了学生的名额,书学、算学也分别设置了博士、招收学生,使各种科目都设置完备。太宗又几次亲自前往国学,命祭酒、司业以及博士等学官进行讲论,讲完后每人赏赐五匹帛。四面八方带着书赶来求学的儒生数以千计。不久以后吐蕃和高昌、高丽、新罗等四夷的酋长们也派他们的子弟前来申请入学。于是在国子学内,前来讲学和求学的人几乎达到万人,儒学这么兴旺,是自古以来未曾有过的。

【原文】贞观二年,太宗谓侍臣曰:"为政之要,惟在得人,用非其才,必难致理。今所任用,必须以德行、学识为本。"

谏议大夫王珪曰:"人臣若无学业,不能识前言往行,岂堪大任。汉昭帝时①,有人诈称卫太子②,聚观者数万人,众皆致惑。隽不疑断以蒯聩之事③。昭帝曰:'公卿大臣,当用经术明于古义者,此则固非刀笔俗吏所可比拟④。'"

【注释】①汉昭帝(前94~前74):即汉武帝少子刘弗陵,西汉第六位皇帝。前87~前74年在位,前后在位共十三年。②卫太子:名叫刘据,是大将军卫青的姐姐卫皇后所生,元狩元年(前122)被立为太子,成了汉武帝法定的接班人。据《汉书·昭帝纪》记载:始元五年(前82),张延年诈称为卫太子刘据,后以诬罔罪腰斩(而《资治通鉴》记载冒充卫太子的男子则是成方遂)。③隽不疑:西汉勃海(今河北沧县东)人。初为郡文学。暴胜之为绣衣御史至勃海,知其贤,荐于武帝,任为青州刺史。昭帝即位,齐孝王孙刘泽与燕王旦联络郡国谋反,他发觉收捕,擢为京兆尹。治民严而不残,吏民服其威信。始元五年(前82),有人冒充卫太子,朝臣不敢辨,他以儒经决事,收捕追治,终发其伪。以此名重当时。蒯聩:春秋时卫灵公的世子,因事不顺从卫灵公,曾出奔宋国。卫灵公死,蒯聩又回卫国争位,卫出公不接纳他。汉昭帝时(始元五年)有人冒充卫太子,隽不疑根据《春秋》里的记载说卫出公不接纳蒯聩是对的,隽不疑在辨别真假卫太子时以儒经决事,根据《春秋》的义理把那个冒充卫太子的人给抓了起来,经审查,此人果然是冒充卫太子。④刀笔俗吏:指旧时官衙内办理公文案卷的小吏。古代在竹简上记事,错讹处用刀刮去,故称。

【译文】贞观二年(628),太宗对身边的大臣们说:“治理国家的关键在于选择合适的人才,如果用非其人,就很难治理好国家。如今用人,必须将道德品行、学问见识作为选拔的根本。”

谏议大夫王珪说:“臣子如果没有学问,那就不会了解历史上的种种言行,怎能担负重大的责任?汉昭帝时,有人出来诈称自己是卫太子刘据,引来万人围观,当时在场的人都被迷惑了。京兆尹隽不疑根据《春秋》上记载的蒯聩的故事辨清了那个人。昭帝说:‘公卿大臣,应当选用通晓经学儒术懂得古义的人。这本来不是一般的刀笔之吏可比拟的。’”

【原文】太宗尝谓中书令岑文本曰:“夫人虽禀定性,必须博学以成其道,亦犹蜃性含水[①],待月光而水垂;木性怀火,待燧动而焰发[②];人性含灵,待学成而为美。是以苏秦刺股[③],董生垂帷[④]。不勤道艺,则其名不立。”

文本对曰:“夫人性相近,情则迁移,必须以学饬情,以成其性。《礼》云:‘玉不琢不成器,人不学不知道。’所以古人勤于学问,谓之懿德[⑤]。”

【注释】①蜃:即大蛤蜊。栖息于潮湿地带及浅海泥沙滩的表层,其肉质鲜美无比,可供食用。相传大蛤蜊的本性含水,等到有月光的时候才喷出来,借用光的折射原理形成美丽的图案。②燧:古代取火的器具。③苏秦刺股:苏秦,字季子。洛阳(今河南洛阳)人,师事鬼谷子。战国时期,中原大地七雄并立,战争连年不断,各国都想统一中原。年轻的苏秦凭借自己的学识和口才游说当时最强大的秦国,希望得到重用。但是未能如愿。后得太公《阴符经》,潜心研读。读书欲睡,就用锥子刺自己的大腿,血流至脚跟,经过了一番努力,终于学有所成。后来游说诸侯,合齐、楚、燕、赵、魏、韩六国抗秦,佩六国相印,开始了辉煌的政治生涯。④董生垂帷:董生,名仲舒,广川(今河北枣强)人,汉景帝时为博士。相传他在讲学时,为专心教书,放下帷幕,弟子均不得见其面。武帝即位,上对策三篇,任用为江都王相。生平讲学著书,他建议“独尊儒术,罢黜百家”,为武帝所采纳,使儒学成为封建社会的正统。著有《春秋繁露》等书。⑤懿德:美德。懿,美好(多指品德)。

【译文】太宗曾对中书令岑文本说:“人虽然各自有确定的秉性,但必须博学才能有所成就,就像大蛤蜊本性含水,但要等月光照射时才会把水吐出来而形成美丽的图案;又像木材本身包含易燃的因素,但要靠钻动燧石才能发出火来;人的本性中包含着聪明灵巧,但要通过学习才能显出他的美质。所以当年有苏秦刺股和董生垂帷这样刻苦学习的故事。说明不勤奋学习道德和技能,就不会树立起他们的名声。”

岑文本回答说:“人的天性是相近的,但人的情趣则可以随时变化,必须依靠学习来驾驭情感成就人的本性。《礼记》上说:‘玉不琢不成器,人不学不知道。’所以古人都注重勤奋学习,把它看作是一种美德。”

文史篇第二十八

【题解】

本篇主要记载了太宗对书写史书及“实录”内容的一些看法。太宗在阅读史书时发现前朝史书多看重靡丽文章，不务政事，甚至有导致灭亡者。他认为这些文章辞藻虚浮华丽，对于勉励劝诫人没有什么益处。因而鼓励臣子上书论政，要“词理切直，可裨于政理者”，同时他认为“若事不师古，乱政害物，虽有辞藻，终贻后代笑”。此外，太宗还特别关注记载自己言行的起居注，他认为“国史，用为惩恶劝善，书不以实，后嗣何观”？因而他对玄武门事变的记载，要求史官秉笔直书，使“雅合至公之道”，从而也反映出作者自己提倡秉笔直书、反对曲笔的观点。

【原文】贞观初，太宗谓监修国史房玄龄曰：“比见前、后《汉史》载录扬雄《甘泉》《羽猎》①，司马相如《子虚》《上林》②，班固《两都》等赋③，此既文体浮华，无益劝诫，何假书之史策④？其有上书论事，词理切直，可裨于政理者，朕从与不从皆须备载。”

【注释】①前、后《汉史》：即指前、后《汉书》。扬雄（前53～18）：一作“杨雄”，字子云，西汉蜀郡成都（今四川成都郫都区）人。西汉学者、辞赋家。少时好学，博览多识，酷好辞赋。后始游京师，经人引荐，被喜爱辞赋的成帝召入宫廷，侍从祭祀游猎，任给事黄门郎。他历成、哀、平“三世不徙官”。王莽称帝后，扬雄校书于天禄阁。后受他人牵累，即将被捕，于是坠阁自杀，未死。后召为大夫。扬雄一生悉心著述，除辞赋外，又仿《论语》作《法言》，仿《周易》作《太玄》，表述他对社会、政治、哲学等方面的思想，在思想史上有一定价值。扬雄早期以辞赋闻名，他最服膺司马相如，“每作赋，常拟之以为式”（《汉书·扬雄传》）。《甘泉》《羽猎》：扬雄的两篇赋名，是模拟司马相如《子虚》《上林》而写的，其内容为铺写天子祭祀之隆、苑囿之大、田猎之盛，结尾兼寓讽谏之意。其用辞构思亦华丽壮阔，与司马相如赋相类，所以后世有“扬马”之称。②司马相如（约前179～前117）：字长卿。西汉蜀郡成都（今四川成都）人，是汉代很有成就的散文名家、辞赋家。作品善于描写景物，烘托气氛，以情景交融的笔触，把人物感情的起伏跌宕写得惟妙惟肖，委婉动人，对后代的宫怨诗产生了相当大的影响。鲁迅先生对司马相如的评价最精炼，最权威：“不师故辙，自摅妙才，广博宏丽，卓绝汉代。”（《汉文学史纲要》）《子虚》：赋篇名。指司马相如的《子虚赋》。赋中假设子虚、乌有先生和亡是公三个寓言人物。写楚臣子虚使于齐，齐王盛待子虚。畋罢，子虚访问乌有先生，遇亡是公在座。子虚讲述齐王畋猎之盛，乌有先生不服，便以齐之大海名山、异方殊类，傲视子虚。在子虚看来，齐王对他的盛情接待中流露出大国君主的自豪、自炫。他作为楚国使臣，感到这是对自己国家和君主的轻慢。使臣的首要任务是不辱君命，于是，他以维护国家和君主尊严的态度讲述了楚国的辽阔和云梦游猎的盛大规模。全篇结构宏大，辞采富丽，是汉大赋的代表作。

《上林》:赋篇名。指司马相如的《上林赋》。该赋本与《子虚赋》为一篇,《文选》收录时始分为二,将前一部分题作《子虚赋》,后一部分题作《上林赋》。《上林赋》写亡是公笑子虚、乌有先生微不足道,乃大肆铺陈汉天子上林苑之宏美巨丽,天子射猎之壮观盛举,以压倒齐、楚,表明非诸侯国所能比。文章写山泽之美,色彩斑斓,绚丽夺目;写草木之盛,千姿百态,目不暇接;写帝王生活,富丽堂皇,淋漓尽致。此赋词采富丽,气势恢宏,是描写皇家园林的最有代表性的作品。上林,指上林苑,故址在今陕西西安西及周至、户县界。它本是秦代的旧苑,汉武帝时重修并加扩大。③班固(32~92):东汉史学家、文学家。扶风安陵(今陕西咸阳东北)人。父班彪也是史学家。他继承父业,续修《汉书》。又善于作赋,所写《两都赋》为汉赋名篇。公元89年,随大将军窦宪出击匈奴。后窦宪专权被杀,他受牵连,死在狱中。《两都》:赋篇名。分《西都赋》《东都赋》两篇。东汉班固作。两都,指西都长安和东都洛阳。东汉建都洛阳,"西土耆老"仍希望复都长安,班固持异议,因此作《两都赋》。赋中以主客问答方式假托"西都宾"向"东都主人"夸耀西都长安的关山之险要、官苑之广大和物产之繁盛,希望东汉皇帝驾返西都;然后又以"东都主人"责备"西都宾"安土重迁和炫耀失实,又夸耀光武建都洛阳修文德、来远人的盛况,以驳斥"西都宾"的"淫侈之论"。最后归之为应建都洛阳。《两都赋》颂扬了东汉建都洛阳和光武帝中兴汉室的功绩,体制宏大,写法上铺张扬厉,是西汉大赋的继续。《两都赋》开拓了写京都的题材,对张衡的《二京赋》和左思的《三都赋》均有影响。④史策:即史册。策,通"册"。

【译文】贞观初年,太宗对主管监修国史的房玄龄说:"近来看前、后《汉书》上载录了扬雄的《甘泉赋》《羽猎赋》,司马相如的《子虚赋》《上林赋》,班固的《两都赋》等,这些文章既辞藻虚浮华丽,对于勉励劝诫人也没有什么益处,为什么还记录在史册上?如果有人上书论述政事,只要文辞中肯直率,可以裨补于国事政务的,不论我是否采纳,都要详加记载。"

【原文】贞观十一年,著作佐郎邓隆表请编次太宗文章为集[①]。太宗谓曰:"朕若制事出令,有益于人者,史则书之,足为不朽。若事不师古,乱政害物,虽有词藻,终贻后代笑,非所须也。只如梁武帝父子及陈后主、隋炀帝[②],亦大有文集,而所为多不法,宗社皆须臾倾覆。凡人主惟在德行,何必要事文章耶?"竟不许。

【注释】①著作佐郎:著作局属官。《新唐书·百官志二》云:"著作局。郎二人,从五品上;著作佐郎二人,从六品上。"著作郎掌撰碑志、祝文、祭文,与佐郎分判局事,专掌史任。邓隆:相州(今河南安阳)人。贞观初,召授国子主簿,与崔仁师、慕容善行、刘觊、庾安礼、敬播俱为修史学士。后改著作佐郎,历卫尉丞。编次:按一定的次序编排。②梁武帝父子:指南朝的梁武帝萧衍和其子萧统。梁武帝(46~549),名萧衍,字叔达。是一个多才多艺学识广博的学者。他的政治、军事才能,在南朝诸帝中可以说是堪称翘楚;他在学术研究和文学创作上的成就,则更为突出。史书称他"六艺备闲,棋登逸品,阴阳纬候,卜筮占决,并悉称善","草隶尺牍,骑射弓马,莫不奇妙"。陈后主(553~604):即陈叔宝,南朝陈皇帝。在位时大建宫室，生活奢侈，日与妃嫔、文臣游宴，制作艳词。隋兵南下时，恃长江天险，不以为意。祯明三年(589)，隋兵入建康(今江苏南京)，被俘。后在洛阳病死，追封长城县公。

【译文】贞观十一年(637)，著作佐郎邓隆上表请求将太宗的文章编辑成文集。太宗对他说："我制订的政策、发出的诏令，如果对人民有好处的，史书已经记载了，足以流传不朽。如果处理的事务不师法古人，扰乱国家、对百姓有害，虽然文章辞藻华丽，终究会被后代耻笑，这不是我需要的。像梁武帝父子和陈后主、隋炀帝，也都有文集，但是他们的所作所为大多不合法度，国家在短时间内就灭亡了。凡是做君主的只在于道德品行的修养，何必要从事文章的写作呢？"太宗最终没有允许编辑文集的事。

礼乐篇第二十九

【题解】

本篇着重记载了贞观君臣在这方面的许多言论，以及修订礼乐制度的各种举措。太宗认为"礼乐之作，是圣人象物设教，以为撙节"的，因此他诏吏部尚书高士廉等刊正姓氏，撰为《氏族志》，其目的在于"崇树今朝冠冕"。他还诏曰："氏族之美，实系于冠冕，婚姻之道，莫先于仁义"，"使识嫁娶之序，务合典礼"。当时许多经济和政治上的典章制度，常常贯串在各种礼中，依靠各种礼的举行来加以确立和维护。因此礼乐是纲常伦理的关键，是处理人际关系、调整君臣秩序的原则。太宗诏令改革礼制，自身躬行不辍，并用礼法教诫诸子大臣，懂得"礼乐"是一种有效的治国方式。古代帝王常用兴礼乐为手段以求达到尊卑有序、远近和合的统治目的。

【原文】太宗初即位，谓侍臣曰："准《礼》[①]，名，终将讳之[②]，前古帝王，亦不生讳其名。故周文王名'昌'，《周诗》云：'克昌厥后。'春秋时鲁庄公名'同'，十六年《经》书[③]：'齐侯、宋公同盟于幽。'唯近代诸帝，皆妄为节制，特令生避其讳，理非通允，宜有改张。"

因诏曰："依《礼》，二名义不偏讳[④]。尼父达圣，非无前指。近世以来，曲为节制，两字兼避，废阙已多，率意而行，有违经语。今宜依据礼典，务从简约，仰效先哲，垂法将来。其官号人名及公私文籍，有'世'及'民'两字不连读，并不须避。"

【注释】①准《礼》：按照《周礼》。准，按照。②名，终将讳之：意谓人的名字，要等到他死了以后才避讳。《左传·桓公六年》云："周人以讳事神，名，终将讳之。"意谓周代用避讳事奉神灵，人死之后，他的名字就必须避讳。封建时代为了维护等级制度的尊严，说话写文章时遇到君主或尊亲的名字都不直接说出或写出，叫作避讳。③《经》：指《春秋》经。④"依《礼》"两句：意谓按照《礼记》，人名的两个字，不需要一一避讳。这里的《礼》指《礼记》。《礼记·曲礼上》云："二名不偏讳。"郑玄注："谓二名不一一讳也。孔子之母名'徵在'，言'在'不称'徵'，言'徵'不称'在'。"

【译文】太宗即位不久，对身边的大臣们说："按照《周礼》，人的名字要等到死后才避讳，从前古代帝王的名字也不在他们生前避讳。因此周文王名'昌'，《周颂》上说：'克昌厥后。'春秋时鲁庄公名'同'，庄公十六年《春秋》经记载着：'齐侯、宋公同盟于幽。'只有近代这些帝王才都乱加限制，特意下令在其生前就要避讳，这在道理上讲不通，应当有所改变。"

于是下诏说："按照《礼记》，人名的两个字，不需要一一避讳。孔子是通达事理的圣人，以前也不是没有指出过。近代以来，不合理地加以限制，人名的两个字都要避讳，废除和空缺的字因此很多，这样轻率任意地做，有违经典的训示。现在应该依据礼法，务必遵行简约的规定，效法前朝圣人，给后世也留下可行的法则。官职、人名以及公私文书典籍中，有'世'和'民'两个字而并不连读的，都不用避讳。"

【原文】又诏曰："氏族之美，实系于冠冕[1]。婚姻之道，莫先于仁义。自有魏失御[2]，齐氏云亡，市朝既迁[3]，风俗陵替[4]，燕、赵古姓，多失衣冠之绪，齐、韩旧族，或乖德义之风。名不著于州闾，身未免于贫贱，自号高门之胄，不敦匹嫡之仪⑤，问名唯在于窃赀[6]，结褵必归于富室[7]。乃有新官之辈，丰财之家，慕其祖宗，竞结婚姻，多纳货贿，有如贩鬻。或自贬家门，受屈辱于姻娅[8]；或矜其旧望，行无礼于舅姑[9]。积习成俗，迄今未已，既紊人伦，实亏名教。朕夙夜兢惕，忧勤政道，往代蠹害，咸已惩革，唯此弊风，未能尽变。自今已后，明加告示，使识嫁娶之序，务合典礼，称朕意焉。"

【注释】①冠冕：这里借指仕宦官爵。我国古代社会等级森严，阶级地位的高低往往决定人的尊卑贵贱。除了衣饰之外，冠冕、巾帻也尊卑分明。②失御：亦作"失驭"，失去驾驭。指丧失统治能力。③市朝：本指争名逐利之所。这里泛指朝野。④陵替：衰落，衰败。⑤敦：遵循，遵守。匹嫡：这里指缔结婚姻。⑥问名：旧时婚礼中六礼之一。谓男家具书托媒请问女子的名字和出生的年月日。这里泛指求亲。⑦结褵：代称成婚。⑧姻娅：泛指姻亲。⑨舅姑：妻称夫之父母（俗称公婆）、夫称妻之父母（俗称岳父母）皆曰舅姑。

【译文】太宗又下诏说："氏族值得赞美的地方，实际上是和官爵联系在一起的。婚姻的准则，应该先讲究仁义道德。自从北魏丧失统治能力，北齐灭亡，朝野已经变迁，风俗也已衰落，燕、赵的古姓家族，很多已经失去了官宦的地位，齐、韩的旧家大族，有的也违背了礼义的风气。他们的名字在州郡里闾已经听不到了，自身也不免变得贫贱，还自吹是高门贵族的后代，不遵循婚姻的礼仪，求亲只是为了勒索财物，缔结婚约一定要寻找富裕人家。于是就有一些新做官的人和有钱的人家，羡慕那些人祖宗的名声，争相和他们结成姻亲，赠送大量的彩礼，就像买卖东西一样。有的自己降低门第，受到姻亲的污辱；有的还夸耀自己过去的门第，对公公婆婆没有礼貌。这些坏习惯已积习成俗，至今还没有停止，既紊乱了人伦，又损害了名教。我日夜战战兢兢，思索治国之道，历代的积习弊端都做了惩治和革除，只有这种坏风气还没能完全改变。从今以后，明白告示，使大家懂得嫁娶的礼仪，一定要遵守礼法，这才符合我的心意。"

【原文】贞观十七年十二月癸丑,太宗谓侍臣曰:"今日是朕生日,俗间以生日可为喜乐,在朕情翻成感思。君临天下,富有四海,而追求侍养,永不可得。仲由怀负米之恨[①],良有以也。况《诗》云:'哀哀父母,生我劬劳[②]。'奈何以劬劳之辰,遂为宴乐之事!甚是乖于礼度。"因而泣下久之。

【注释】①仲由怀负米之恨:仲由,字子路。孔子的学生。据《孔子家语》记载:子路生长在非常贫穷的家庭里,吃得不好,穿得也不好。他怕父母营养不够,为了让父母能吃到米饭,他要到百里之外才能买到米,背回家奉养父母。虽然是这样辛苦,但是子路甘之如饴,孝敬之心始终没有间断和停止过。后来子路发达了,环境和物质条件好了,可是他的父母已经先后过世。生活环境这么好的情况下,他很想要报答父母之恩,可是父母已经不在身边了,所以他非常的痛心。②"哀哀"两句:语出《诗·小雅·蓼莪》。意谓哀伤我父母,生我真劳苦。

【译文】贞观十七年(643)十二月癸丑日,太宗对身边的大臣说:"今天是我的生日,民间认为生日可以高高兴兴、欢欢乐乐,而我的心情反而成了感慨和思念。当了君主,统治天下,拥有四海,想求得侍奉双亲,却永远无法做到了。子路怀有不能为父母背米的遗恨,实在有道理。况且《诗经》上说:'哀伤我父母,养育我真劳苦。'怎么能在父母劳苦的日子来举行宴会庆祝呢!这太有悖于礼仪法度了!"因此太宗哀伤哭泣了很长时间。

【原文】贞观二年,太常少卿祖孝孙奏所定新乐[①]。太宗曰:"礼乐之作,是圣人象物设教,以为撙节[②],治政善恶,岂此之由?"

御史大夫杜淹对曰[③]:"前代兴亡,实由于乐。陈将亡也,为《玉树后庭花》[④],齐将亡也,而为《伴侣曲》[⑤],行路闻之,莫不悲泣,所谓亡国之音。以是观之,实由于乐。"

太宗曰:"不然,夫音声岂能感人?欢者闻之则悦,哀者听之则悲。悲悦在于人心,非由乐也。将亡之政,其人心苦,然苦心相感,故闻而则悲耳。何有乐声哀怨,能使悦者悲乎?今《玉树》《伴侣》之曲,其声具存,朕当为公奏之,知公必不悲耳。"

尚书右丞魏徵进曰:"古人称,礼云,礼云,玉帛云乎哉?乐云,乐云,钟鼓云乎哉[⑥]?乐在人和,不由音调。"

【注释】①祖孝孙(?~628):隋唐间乐律学家。幽州范阳(今北京西)人。河北范阳祖氏家族律历算数学的传人之一。隋初开皇年间任协律郎,参定雅乐,曾奉命向陈山阳太守毛爽学习"京房律法",亦曾建言用"三百六十律",未被采纳。入唐后,历任著作郎、吏部郎、太常少卿等职。武德九年(626)唐高祖"诏太常少卿祖孝孙,协律郎窦等定乐",至贞观二年(628)乐成。新乐:《新唐书·乐志》曰:"武德九年,乃命祖孝孙修订雅乐,而梁、陈尽吴、楚之音,周、齐杂胡戎之伎。于是斟酌南北,考以古音,作为唐乐,贞观二年奏之。"祖孝孙等所制定的新雅乐有八十四调、三十四曲、十二和。②撙节:抑制,节制。③杜淹:字执礼。隋时隐太山,文帝恶之,谪戍江表。秦王引为天策府曹参军,文学馆学士,侍宴,赋诗尤工,赐金钟。坐事流嶲州。太宗召拜御史大夫,检校吏部尚书,参预朝政。④《玉树后庭花》:乐府吴声歌曲名,南朝陈后主作,著名的亡国之音。歌曰:"丽宇芳

林对高阁,新装艳质本倾城;映户凝娇乍不进,出帷含态笑相迎。妖姬脸似花含露,玉树流光照后庭;花开花落不长久,落红满地归寂中!"歌词本是形容嫔妃们娇娆媚丽的,堪与鲜花比美竞妍,但却笔锋一转,蓦然点出"玉树后庭花,花开不复久"的哀愁意味,时人都认为是不祥之兆。陈后主君臣整日酣歌,自夕达旦,以此为常,由此亡国。⑤《伴侣曲》:为荒嬉无度的南齐东昏侯萧宝卷(483~501)所作。萧宝卷在位期间荒淫无道,聚敛无度,荒唐残酷,穷奢极侈,宠潘贵妃,嬉游无度。每逢出巡,必令人敲鼓清道,触犯者一律处死。大修宫室,国库殆尽。他宠爱贵妃潘玉儿,恣其所为,作《伴侣曲》,不理朝政;又凿黄金为莲花,贴放于地,令潘妃行走其上,就是著名的"步步生莲花"。他任意诛杀大臣,逼得文官告退,武将造反,京城几度岌岌可危,后终于被萧衍攻破。萧宝卷被手下所杀,萧衍掌权后,授意宣德太后剥夺其帝号,追封为东昏侯。⑥"礼云"几句:语出《论语·阳货》。

【译文】贞观二年(628),太常少卿祖孝孙奏上他制作的新雅乐。太宗说:"制礼作乐,本来是圣人取法天地的物象而施行的教化,是用来抑制人的情感的,政事的好坏,怎么跟它有关呢?"

御史大夫杜淹回答说:"前朝的兴亡,的确是由于音乐。陈朝快要灭亡时创作了《玉树后庭花》,南齐快要灭亡时创作了《伴侣曲》,过路的人听到了,没有不悲哀流泪的,这就是所谓的亡国之音。从这一点看来,国家的兴亡确实与音乐有关系。"

太宗说:"不是那样的,声音怎么能影响人呢?欢快的人听到就喜悦,哀愁的人听到就悲伤。欢快和哀愁存在人的心中,并不是由于音乐的影响。将要灭亡的国家,百姓的内心就会愁苦,因为受愁苦心情的影响,所以听到这种音乐就觉得悲伤。哪里有哀怨的乐声能使愉快的人悲伤呢?现在《玉树后庭花》《伴侣曲》的乐谱都还在,我能为你们演奏一番,我知道你们一定不会感到悲伤的。"

尚书右丞相魏徵回答说:"古人说,礼呀,礼呀,仅仅是指玉帛说的吗?乐呀,乐呀,仅仅是指钟鼓说的吗?快乐的关键是由于人内心的和睦,不是由音乐来调节的。"

务农篇第三十

【题解】

《务农》篇主要记录了唐初统治者重视农桑、轻徭薄赋、与民休息、发展生产的一些言论和措施。太宗认为"凡事皆须务本。国以人为本,人以衣食为本,凡营衣食,以不失时为本","君无为则人乐,君多欲则人苦"。基于这种认识,太宗强调要省徭薄赋,不夺农时,期望五谷丰登,农民安居乐业。我国是传统的农业国家,历代王朝都把农业视为国家的根本,推行重农政策。农业发达,国家才能富庶;国家富庶,社会才能安定,王朝才能国祚绵长。唐太宗推行了轻徭薄赋的农业政策,使农业生产迅速恢复,这也为实现"贞观之

治”提供了必要的物质基础。

【原文】贞观二年,太宗谓侍臣曰:“凡事皆须务本。国以人为本,人以衣食为本,凡营衣食,以不失时为本。夫不失时者,唯在人君简静乃可致耳[①]。若兵戈屡动,土木不息,而欲不夺农时,其可得乎?”

王珪曰:“昔秦皇、汉武,外则穷极兵戈,内则崇侈宫室,人力既竭,祸难遂兴。彼岂不欲安人乎?失所以安人之道也。亡隋之辙,殷鉴不远,陛下亲承其弊,知所以易之。然在初则易,终之实难。伏愿慎终如始,方尽其美。”

太宗曰:“公言是也。夫安人宁国,惟在于君。君无为则人乐,君多欲则人苦。朕所以抑情损欲,克己自励耳。”

【注释】①简静:谓施政不繁苛。

【译文】贞观二年(628),太宗对身边的大臣说:“凡处理事情都必须抓住根本。国家以民众为根本,民众以衣食为根本,凡经营衣食,以不失农时为根本。而不违背农时,在于国君施政不繁苛才可以达到。假若连年征战,土木营建不停息,而想不挤占农事的时令,怎么可能呢?”

王珪说:“从前秦始皇、汉武帝对外穷兵黩武,对内大造宫室,人力用尽,灾难随即就会发生。他们难道不想让人民安居乐业吗?只是失去了能安定人民的办法。隋朝灭亡的教训,殷鉴不远,陛下亲身承受隋朝的弊病,知道怎样去改造。然而事情开始还容易做到,要坚持到底就很难了。但愿陛下能够始终谨慎小心,才能达到最完善的境界。”

太宗说:“你说得对啊。要使人民安乐国家安宁,关键在于国君。国君能够无为而治,人民就能安乐;国君贪得无厌,人民就要受苦。所以我要抑制感情、减少私欲,克制自己并进行自我勉励。”

【原文】贞观五年,有司上书言:“皇太子将行冠礼[①],宜用二月为吉,请追兵以备仪注[②]。”

太宗曰:“今东作方兴[③],恐妨农事,令改用十月。”

太子少保萧瑀奏言:“准阴阳家[④],用二月为胜。”

太宗曰:“阴阳拘忌,朕所不行,若动静必依阴阳,不顾礼义,欲求福佑,其可得乎?若所行皆遵正道,自然常与吉会。且吉凶在人,岂假阴阳拘忌?农时甚要,不可暂失。”

【注释】①冠礼:古代男子二十岁(天子、诸侯可提前至十二岁)举行的加冠之礼,以示其成人。②追兵:谓征召、调集军队。③东作:谓春耕。《尚书·尧典》:“寅宾出日,平秩东作。”孔传:“岁起于东,而始就耕,谓之东作。”④阴阳家:本是战国时期提倡阴阳五行说的一个学派,《汉书·艺文志》列为九流之一。后指以择日、占星、风水等迷信为业的人。

【译文】贞观五年(631),主管官署上奏说:“皇太子将举行加冠礼,应当选择二月作为吉日,请调集士兵以供各项礼仪之需。”

太宗说:“现在春耕刚刚开始,恐怕妨碍农事,下令改在十月举行吧!”

太子少保萧瑀上奏说："按照阴阳家的推算，在二月举行最好。"

太宗说："阴阳禁忌，我不信奉，如果人的行动都依照阴阳禁忌去办，不考虑道德和礼义，想求得福佑，那怎么可能得到呢？如果所作所为都能遵守正道，自然能常常遇到吉利。况且吉与凶都取决于人，怎么能依靠阴阳禁忌来决定呢？农时非常重要，不可耽误片刻。"

【原文】贞观十六年，太宗以天下粟价率计斗直五钱，其尤贱处，计斗直三钱，因谓侍臣曰："国以民为本，人以食为命，若禾黍不登[1]，则兆庶非国家所有。既属丰稔若斯[2]，朕为亿兆人父母，安得不喜？唯欲躬务俭约，必不辄为奢侈。朕常欲赐天下之人，皆使富贵。今省徭薄赋，不夺其时，使比屋之人。恣其耕稼，此则富矣。敦行礼让，使乡闾之间，少敬长，妻敬夫，此则贵矣。但令天下皆然，朕不听管弦，不从畋猎，乐在其中矣！"

【注释】①不登：指粮食歉收。登，粮食成熟。②丰稔：丰熟，丰收。

【译文】贞观十六年(642)，太宗因为全国大多数地方粮价每斗值五枚钱，最便宜的地方，一斗只值三枚钱，于是对身边的大臣说："国家以民众为根本，民众把粮食视为生命，如果粮食歉收，那么亿万百姓就不属于国家所有了。而今粮食如此丰足，我作为亿万百姓的父母，怎会不高兴呢？只想以身作则，厉行节约，一定不随意奢侈挥霍。我时常想赏赐天下百姓以恩惠，都让他们富贵起来。如今省除徭役租赋，不要占用他们的耕作时间，使家家户户的农民都能尽心耕耘收获，这样家家就能富足了。督促他们实行礼义谦让，使邻里乡亲之间年少的尊敬年长的，妻子尊敬丈夫，这样百姓就能尊贵了。只要能使天下都成为这样，我不听音乐，不去畋猎，也会乐在其中啊！"

刑法篇第三十一

【题解】

太宗认为使用刑罚要特别谨慎，要无偏无私，尤其对死刑判决要特别谨慎。"守文定罪，或恐有冤。自今以后，门下省覆有据法令合死而情可矜者，宜录奏闻"，所以要求执法者要五次覆奏。同时太宗总结历史教训，告诫官员要自律，"乐不可极，极乐生哀；欲不可纵，纵欲成灾"；"勿内荒于色，勿外荒于禽；勿贵难得之货，勿听亡国之音。内荒伐人性，外荒荡人心；难得之物侈，亡国之声淫"；处理公务要"如履薄临深，战战栗栗，用周文小心"；不要"危人自达，以钓声价"。由于贞观年间用刑宽大公平，所以社会才得以安宁，监狱也曾经几乎闲置不用。

【原文】贞观元年，太宗谓侍臣曰："死者不可再生，用法须务在宽简。古人云，鬻棺者欲岁之疫，非疾于人，利于棺售故耳。今法司覈理一狱[1]，必求深劾，欲成其考课[2]。今作何法，得使平允？"

谏议大夫王珪进曰："但选公直良善人，断狱允当者，增秩赐金，即奸伪自息。"诏

从之。

太宗又曰:"古者断狱,必讯于三槐、九棘之官[3],今三公、九卿即其职也。自今以后,大辟罪皆令中书、门下四品已上及尚书九卿议之[4],如此,庶免冤滥。"由是至四年,断死刑,天下二十九人,几致刑措[5]。

【注释】①覈理:审理。②考课:按一定的标准对官吏的政绩进行考核,以决定其升降赏罚。③三槐、九棘:相传,周代宫廷外种槐树三棵,荆棘九株。百官朝见天子之时,三公面对槐树而立,九卿面对荆棘而立。后世便以"三槐"代指三公一类官职,"九棘"代指九卿百官。④大辟:古代杀头的死刑。⑤刑措:也作"刑错"或"刑厝",指置刑法而不用。

【译文】贞观元年(627),太宗对身边的大臣说:"人死了就不可能再活,因此执法务必宽大简约。古人说,卖棺木的人希望每年都发生瘟疫,并不是他对人们仇恨,只是因为瘟疫有利于棺木出售罢了。现在司法部门审理一件狱案,总想把案子办得严峻苛刻,用这种手段来完成考核成绩。现在用什么办法,才能使得办案公平恰当呢?"

谏议大夫王珪说:"只管选择公正善良的人才,判案公允的人就增加俸禄,赏赐金帛,奸诈邪恶自然就会停止。"太宗下诏照办。

太宗又说:"古时候审案,一定要询问三槐、九棘这些官员,现今的三公、九卿就相当于这样的职务。从今以后,杀头的死刑都要让中书省、门下省四品以上官员以及尚书九卿等共同议决,这样才能避免冤案和滥用刑罚。"从这时到贞观四年(630),判为死刑的全国只有二十九人,几乎刑罚都快要搁置不用了。

【原文】蕴古,初以贞观二年自幽州总管府记室兼直中书省,表上《大宝箴》[1],文义甚美,可为规诫。其词曰:

"今来古往,俯察仰观;惟辟作福[2],为君实难。宅普天之下,处王公之上;任土贡其所有[3],具僚和其所唱[4]。是故恐惧之心日弛,邪僻之情转放。岂知事起乎所忽,祸生乎无妄[5]。固以圣人受命,拯溺亨屯[6];归罪于己,推恩于民,大明无偏照,至公无私亲;故以一人治天下,不以天下奉一人。礼以禁其奢,乐以防其佚。左言而右事,出警而入跸[7]。四时调其惨舒[8],三光同其得失[9]。故身为之度,而声为之律。勿谓无知,居高听卑;勿谓何害,积小成大。乐不可极,极乐生哀;欲不可纵,纵欲成灾。壮九重于内[10],所居不过容膝;彼昏不知,瑶其台而琼其室[11]。罗八珍于前[12],所食不过适口;惟狂罔念,丘其糟而池其酒[13]。勿内荒于色[14],勿外荒于禽;勿贵难得之货[15],勿听亡国之音。内荒伐人性,外荒荡人心;难得之物侈,亡国之声淫。勿谓我尊而傲贤侮士,勿谓我智而拒谏矜己。闻之夏后[16],据馈频起[17];亦有魏帝,牵裾不止[18]。安彼反侧,如春阳秋露;巍巍荡荡,推汉高大度[19]。抚兹庶事,如履薄临深,战战栗栗,用周文小心[20]。"

【注释】①《大宝箴》:《周易·系辞下》说:"天地之大德曰'生',圣人之大宝曰'位'。"后通常以"大宝"指帝位。箴,一种用以规谏劝诫的文体。②辟:指君主。《汉书·五行志》注:"辟,天子也。"③任土:依据土地的具体情况。④具僚:亦作"具寮",指百官。⑤无妄:意外。⑥亨屯:谓解救困厄,使困苦的人通达。⑦出警而入跸:古代天子出称“警”，入称“跸”。意谓帝王出入时肃清道路，禁止行人。⑧惨舒：汉张衡《西京赋》：“夫人在阳时则舒，在阴时则惨，此牵乎天者也。”后以“惨舒”指心情忧郁或舒畅。⑨三光：古时指日、月、星。《白虎通·封公侯》：“天有三光日月星，地有三形高下平。”⑩九重：指九重宫阙，帝王居处。⑪瑶其台而琼其室：玉砌的楼台宫室。泛指华丽的宫廷建筑物。相传暴君桀作瑶台，纣作琼室。瑶、琼，泛指美玉。⑫八珍：泛指珍馐美味。⑬丘其糟而池其酒：相传暴君桀、纣以酒为池，酒糟为堤。批评昏君瑶台琼室、丘糟池酒的荒淫腐化生活。⑭荒：迷乱，放荡。这里指沉迷。⑮勿贵难得之货：意谓不要看重那些难得的宝物。《老子》曰：“难得之货，令人行妨。”⑯夏后：即夏禹。⑰据馈频起：指吃一次饭要频繁地站起好几次，形容事务繁忙。传说夏禹为了接待前来访问的人，经常是“一馈而十起，一沐三握发”（吃一顿饭站起来十次，洗一次头发三次手握湿发同人谈话），决不慢待来访的人。这个故事，虽然是传说，但是反映了夏禹的为人勤政的精神和人民的愿望。后被借用到很多人身上。馈，吃饭。⑱牵裾：牵拉着衣襟。借指直言极谏。三国时魏文帝曹丕要从冀州迁十万户去充实河南，群臣上谏不听。辛毗再去谏，曹丕不答而入内，辛毗拉住他的衣裾直言极谏。后来魏文帝终于减去五万户。事见《三国志·魏书·辛毗传》。⑲汉高大度：《史记·高祖本纪》云：“仁而爱人，喜施，意豁如也。常有大度，不事家人生产作业。”汉高，指汉高祖刘邦。⑳周文小心：周文王谨慎小心。语出《诗·大雅·大明》，云：“维此文王，小心翼翼。”周文，指周文王。

【译文】张蕴古，当初在贞观二年（628）时任幽州总管府记室兼中书省的职务，向太宗呈奏《大宝箴》，文辞和意义都很好，可以作为对君主的规劝警戒。其文章说：

“古往今来，上下观察；只有君主作威作福，但作为君主也确实很难。居普天之下，处王公之上；根据土地的具体情况有权要求贡献其所有，百官同声附和君主的旨意。所以恐惧的心思日渐松弛，邪恶不正的情欲则日渐放纵。哪里知道事变往往发生在人所忽略的时候，灾祸往往发生在意料之外。本来让帝王承受天命，就是拯救万民于水火之中，使处于危难的人能够亨通；过错归罪于自己，恩德施给予百姓，最光明的日月不会偏照，大公无私的人不会私亲；所以用一个人治理天下，而不是用天下侍奉一个人。用礼制来禁止帝王的奢侈，用音乐来防止帝王的放荡。左史记载帝王的言论，右史记载帝王的行为，帝王出入时肃清道路，禁止路人通行。春夏秋冬调节帝王的喜怒哀乐，日月星辰共享帝王的成败得失。所以用自身为法度，用声音为钟律。不要说不知道，处在高位要了解下情；不要说没有祸害，积累小害可以成为大祸害。享乐不可达到极点，乐极生悲；情欲不可放纵，纵欲成灾。在宫内大肆营造九重宫殿，所居住的不过是很小的一部分；那些昏君不明白这个道理，竟用美玉来修筑亭台楼阁。面前陈列着珍馐美味，所吃的不过是适合口味的一小部分；而一味放纵不知节制的君王，过着丘糟池酒的荒淫生活。在内不要沉迷于美色，在外不要沉迷于狩猎；不要看重那些难得的宝物，不要欣赏亡国的音乐。在内沉迷于美色就会戕害人性，在外沉迷于田猎就会扰乱人心；贪图难得的宝物是奢侈，迷恋亡国的音乐是淫泆。不要自以为尊贵就傲视贤良，侮辱有才能的人士；不要自以为聪明

就拒绝规谏，自傲自矜。听说夏禹在吃一次饭之间也要频繁站起好几次，事务十分繁忙；又听说魏文帝被谏臣扯着衣袖不放，而终于采纳了谏劝建议。安抚那些心怀猜疑的人，要像春天的阳光和秋天的露水那样温润；胸怀宽广，要像汉高祖那样豁达大度。处理政事，要像脚踏薄冰、面临深渊那样谨慎，战战兢兢，就像周文王那样小心。"

【原文】"《诗》云：'不识不知①。'《书》曰：'无偏无党②。'一彼此于胸臆，捐好恶于心想。众弃而后加刑，众悦而后命赏。弱其强而治其乱，伸其屈而直其枉。故曰：如衡如石③，不定物以数，物之悬者，轻重自见；如水如镜，不示物以形，物之鉴者，妍媸自露④。勿浑浑而浊，勿皎皎而清；勿汶汶而暗⑤，勿察察而明。虽冕旒蔽目而视于未形⑥；虽黈纩塞耳而听于无声⑦。纵心乎湛然之域，游神于至道之精。扣之者，应洪纤而效响⑧；酌之者，随浅深而皆盈。故曰：天之清，地之宁，王之贞⑨。四时不言而代序，万物无为而受成；岂知帝有其力，而天下和平。吾王拨乱，戡以智力⑩；人惧其威，未怀其德。我皇抚运，扇以淳风；民怀其始，未保其终。爰述金镜，穷神尽性。使人以心，应言以行。包括理体，抑扬辞令。天下为公⑪，一人有庆⑫。开罗起祝⑬，援琴命诗⑭。一日二日，念兹在兹。惟人所召，自天祐之。争臣司直⑮，敢告前疑。"

太宗嘉之，赐帛三百段，仍授以大理寺丞。

【注释】①不识不知：语出《诗·大雅·皇矣》。意谓没有多少知识。旧喻民风淳朴。②无偏无党：语出《尚书·洪范》。意谓不偏私，不阿党。③衡、石：泛指称重量的器物。衡，秤。石，古代重量单位，一百二十斤为一石。④妍媸：美好和丑恶。⑤汶汶：昏暗不明的样子。⑥冕旒：古代大夫以上的礼冠。顶有延，前后有旒，故曰"冕旒"。旒，古代皇帝礼帽前后的玉串。天子之冕冠的前后悬垂着玉串十二旒，诸侯九，上大夫七，下大夫五。取目不视恶之意。见《周礼·夏官·弁师》。⑦黈纩：黄绵所制的小球。悬于冠冕之上，垂两耳旁，以示不欲妄听是非。⑧洪纤：大小，巨细。⑨天之清，地之宁，王之贞：语出《老子》，云："天得一以清，地得一以宁，……侯王得一以正。"意谓天有道就清明，地有道就安宁，国君有道天下就公正。"一"指"道"，是一种社会性的意识，是人们共同遵循的行为准则和规范。贞，通"正"。⑩戡：用武力取胜。⑪天下为公：原指君位不为一家私有，后变为一种美好的社会政治理想。语出《礼记·礼运》，云："大道之行也，天下为公。"⑫一人有庆：语出《尚书·吕刑》，云："一人有庆，兆民赖之，其宁惟永。"注云："一人：天子也。庆：善也。"孔传："天子有善，则兆民赖之，其乃安宁长久之道。"常用为歌颂帝王德政之词。⑬开罗起祝：意谓像商汤网开三面那样祝告禽兽逃生。见《史记·殷本纪》。⑭援琴命诗：指舜帝操五弦琴，歌《南风》之诗。意谓如舜帝弹琴颂诗那样教化百姓。⑮争臣：通"诤臣"，谏诤之臣。

【译文】"《诗经》上说：'没有多少知识，却遵守上帝的法则。'《尚书》上说：'不偏私，不阿党。'国君在胸中要一律平等待人，在心中要抛弃个人好恶。众人都唾弃的就加以惩罚，众人都赞扬的就加以奖赏。使强暴的势力削弱，使混乱的局面得到治理；使冤屈的得以昭雪，使诬枉的得以纠正。所以说：就像秤和石一样，它并不能确定物体的数量，但悬

挂上去的东西，其轻重自然显示；就像清水和铜镜一样，它并不显示物体的形状，但是照到的东西，其美丑自然会显露。不要以浑沌不清为污浊，不要以洁白无尘为清明；不要以昏暗不明为愚昧，不要以严苛细察谓精明。虽然冕冠上的旒珠遮住了双目，但仍能够看出没有暴露的事情；虽然冕冠旁的黈纩挡住了耳朵，但仍能够听到没有发出的声响。思想驰骋在清澈明净的境界，精神遨游在大道精华之中。敲击的乐器，随敲击的轻重而发出相应的回响；盛酒的器皿，随酒杯的深浅而各自盈满。所以说：天有道就清明，地有道就安宁，国君有道天下就公正。四季不语而按时更替，万物无为而自然成长；哪里知道帝王有统治威力，而使天下太平安定。陛下拨乱反正，以智慧和武力取胜；百姓只惧怕陛下的威严，却未能感念陛下的恩德。陛下掌握着国家的命运，倡导敦厚纯朴的风气；百姓感怀良好的开端，但还未能保持到最终。于是陈述清明治道，显示陛下洞察一切。用诚心役使百姓，用行动履行诺言。原则与义理要面面俱到，语言辞令要加以褒贬。天下为公，皇帝有美好的德行。像商汤网开三面那样祝告禽兽逃生，如舜帝弹琴颂诗那样教化百姓。一天又一天，念念不忘这些事。祸福由人自召，上天择善护佑。谏诤之臣的职责在于直言规劝，敢奏告上前面的疑虑。”

太宗称赞他这些意见，赐给他绢帛三百段，并授任他为大理寺丞。

【原文】贞观十一年，特进魏徵上疏曰：

“臣闻《书》曰：‘明德慎罚①’，‘惟刑恤哉②！’《礼》云：‘为上易事，为下易知，则刑不烦矣。上人疑则百姓惑，下难知则君长劳矣③。’夫上易事，则下易知，君长不劳，百姓不惑。故君有一德，臣无二心，上播忠厚之诚，下竭股肱之力，然后太平之基不坠，‘康哉’之咏斯起④。当今道被华戎⑤，功高宇宙，无思不服⑥，无远不臻⑦。然言尚于简文⑧，志在于明察，刑赏之用，有所未尽。夫刑赏之本，在乎劝善而惩恶，帝王之所以与天下为画一，不以贵贱亲疏而轻重者也。今之刑赏，未必尽然。或伸屈在乎好恶，或轻重由乎喜怒。遇喜则矜其情于法中，逢怒则求其罪于事外。所好则钻皮出其毛羽，所恶则洗垢求其瘢痕。瘢痕可求则刑斯滥矣，毛羽可出则赏典谬矣。刑滥则小人道长，赏谬则君子道消。小人之恶不惩，君子之善不劝，而望治安刑措，非所闻也。”

【注释】①明德慎罚：语出《尚书·康诰》。西周的立法指导思想之一。所谓明德，就是提倡尚德、敬德，它是慎罚的指导思想和保证。所谓慎罚，就是刑罚适中，不乱罚无罪，不乱杀无辜。②惟刑恤哉：语出《尚书·舜典》。意谓量刑时要有悯恤之意，使刑罚轻重适中。恤，怜悯，体恤。③“为上”五句：语出《礼记·缁衣》。④“康哉”之咏：相传虞舜时天下大治，作歌颂之，其臣皋陶赓续而歌：“庶事康哉！”⑤华戎：指天下百姓。华，指华夏民族。戎，指西方少数民族。⑥无思不服：语出《诗·大雅·文王》。意谓没有谁不想归服的。⑦臻：至，达到。⑧简文：选择美好的文辞。简，通“柬”，选择。

【译文】贞观十一年(637)，特进魏徵上奏章说：

“臣看到《尚书》上说：‘提倡尚德，刑罚适中’，‘量刑时要有悯恤之意！’《礼记》上说：‘国君容易侍奉，臣子就容易了解旨意，刑罚就不会太烦琐庞杂。国君犹疑不定，百姓就

会觉得迷惑，臣子难以了解旨意，国君就会操劳疲惫。'国君容易侍奉，臣子容易了解旨意，那么国君就不用烦心操劳，百姓也就不迷惑。因此国君有纯一的美德，臣子就没有二心，国君广布忠厚的诚意，臣子就会竭尽辅佐的力量，然后国家太平的根基就不会动摇，欢唱天下大治的歌咏就会兴起。当今陛下仁德覆盖了天下的百姓，功勋高过宇宙，没有谁不想归服的，没有哪个边远的地方是达不到的。然而在语言上崇尚选择美好的文辞，心志却在苛察烦琐小事，惩罚和赏赐的施行，还有不尽如人意之处。刑罚赏赐的根本，在于鼓励美善而惩治罪恶，帝王使用的刑罚和赏赐之所以天下一致，就在于不能因为亲疏贵贱而改变刑赏的轻重。如今施行的惩罚和赏赐，却未必都是这样。有的因自己的好恶来决定刑赏或伸或屈，有的因自己的喜怒来决定刑赏的轻重。遇到高兴时就在法律中寻求情有可原之处，遇到发怒时就到事实之外去寻找其罪过。对待喜爱的人就会钻开肉皮去寻找羽毛，极力为他开脱；对待憎恶的人就会洗净灰垢去寻找疤痕，极力对他挑剔。疤痕是可以找到的，但惩罚就会因此被滥用了；羽毛是可以找出的，但赏赐就会因此而变得荒谬。滥用惩罚，小人的胡作非为就会增多；赏赐荒谬，君子的正确主张就会损害。小人的罪恶不惩罚，君子的美善不勉励，而希望国家安宁、刑罚停止不用，臣下还没有听说过。"

【原文】"且夫暇豫清谈，皆敦尚于孔、老[①]；威怒所至，则取法于申、韩[②]。直道而行，非无三黜[③]，危人自安，盖亦多矣。故道德之旨未弘，刻薄之风已扇[④]。夫刻薄既扇，则下生百端，人竞趋时，则宪章不一。稽之王度[⑤]，实亏君道。昔州犁上下其手[⑥]，楚国之法遂差；张汤轻重其心[⑦]，汉朝之刑以弊。以人臣之颇僻，犹莫能申其欺罔，况人君之高下，将何以措其手足乎！以睿圣之聪明，无幽微而不烛[⑧]，岂神有所不达，智有所不通哉？安其所安，不以恤刑为念；乐其所乐，遂忘先笑之变[⑨]。祸福相倚，吉凶同域，惟人所召，安可不思？顷者责罚稍多，威怒微厉，或以供帐不赡，或以营作差违，或以物不称心，或以人不从欲，皆非致治之所急，实恐骄奢之攸渐[⑩]。是知'贵不与骄期而骄自至，富不与侈期而侈自至'，非徒语也。"

【注释】①孔、老：即孔子、老子。指孔子的儒家王道学说和老子的无为思想。②申、韩：即申不害和韩非。指他们所代表的战国时期法家思想。③三黜：指多次被罢官。形容宦途不顺。④扇：炽盛，旺盛。⑤稽：考核，衡量。⑥州犁上下其手：比喻玩弄手法，串通作弊。州犁，即伯州犁，晋国人。斗伯比后裔，伯宗之子。春秋时期晋国大夫、楚国太宰。《左传·襄公二十六年》记载了公元前547年楚国攻打郑国，楚大夫穿封戌俘虏了郑将皇颉，楚康王的弟弟公子围欲抢夺战功，就与穿封戌争执起来。伯州犁为了偏袒公子围，于是叫俘虏皇颉作证。让皇颉立于庭中，让公子围和穿封戌立于皇颉对面。伯州犁采用的"上下其手"的暗示法向皇颉暗示了应该说是公子围擒获了他。皇颉对伯州犁的暗示心领神会，作为楚国战俘，他急于求释，为讨好楚国当权者，他只好顺着伯州犁的暗示做了回答，最后果然得到了宽赦。⑦张汤轻重其心：意谓张汤经常揣摩皇上的意图，常以皇帝意旨为治狱准绳。张汤（？～前115），西汉杜陵（今陕西西安东南）人。西汉武帝

时期名臣。《汉书》记载其起于书吏，曾为长安吏、茂陵尉、侍御史，后迁升御史大夫，位至三公。他用法主张严峻，但常揣摩皇上的意图，还以《春秋》之义加以掩饰。⑧烛：照耀。引申为察见。⑨先笑之变：指命运的变化。先笑，语出《周易·同人》："九五，同人。先号咷而后笑，大师克相遇。"后以"先笑后号"指命运先吉后凶。南朝梁刘孝标《辩命论》云："然命体周流，变化非一，或先号后笑，或始吉终凶。"⑩攸：所。

【译文】"悠闲清谈的时候，都崇尚孔子和老子的学说；到逞威发怒之时，就采用申不害和韩非的思想。做事正直的人往往被多次撤职，损人利己而求得自安的人也就越来越多。所以道德的宗旨没有弘大，刻薄的风气却炽盛起来。刻薄的风气炽盛之后，社会就弊端百出，人人竞相趋赶时尚，于是典章制度就无法统一。用古代圣王的德行风度来衡量，实在有损君王的德业。过去伯州犁玩弄手法，串通作弊，于是楚国的法令就混乱了；张汤依据自己的心意决定量刑的轻重，于是汉朝的刑律也就遭到破坏。由于臣子的邪僻，欺骗蒙蔽尚且不能揭露，更何况国君再任意轻重高下国法，那么百姓将会更加手足无措！凭皇上这样的圣明，没有什么隐微的地方不被察觉，难道还有考虑不周，认识不到的吗？安于天下太平，就会不再考虑慎重刑罚之事；自得其乐，就会忘记命运可能先吉后凶的变化。祸与福相辅相成，吉和凶是相连相接的，它们的到来完全是由于个人的招引，怎么可以不考虑呢？近来陛下责罚的人渐渐增多，发怒逞威也渐渐严厉，有时是因为供给的东西不充裕，有时是因为营造的宫室不如意，有时是因为使用的物品不称心，有时是因为下面的人不听从命令，但这些都不是治理国家的当务之急，着实让人担忧因此滋长起骄纵奢侈来。由此可知，'尊贵不以骄傲为警戒而骄傲自然来到，富裕不以奢侈为警戒而奢侈自然来到'，这不是一句空话啊！"

【原文】"夫鉴形之美恶，必就于止水①；鉴国之安危，必取于亡国。故《诗》曰：'殷鉴不远，在夏后之世。'又曰：'伐柯伐柯，其则不远②。'臣愿当今之动静，必思隋氏以为殷鉴，则存亡治乱，可得而知。若能思其所以危，则安矣；思其所以乱，则治矣；思其所以亡，则存矣。知存亡之所在，节嗜欲以从人，省游畋之娱，息靡丽之作③，罢不急之务，慎偏听之怒。近忠厚，远便佞，杜悦耳之邪说，甘苦口之忠言。去易进之人，贱难得之货，采尧、舜之诽谤④，追禹、汤之罪己⑤，惜十家之产，顺百姓之心。近取诸身，恕以待物，思劳谦以受益⑥，不自满以招损。有动则庶类以和，出言而千里斯应⑦，超上德于前载，树风声于后昆⑧。此圣哲之宏规，而帝王之盛业，能事斯毕，在乎慎守而已。"

【注释】①止水：静止的水。②"伐柯"两句：语出《诗·豳风·伐柯》。第一个"柯"指伐木头用的斧头。第二个"柯"指被伐的木头，即枝柯，用来做斧柄。则，法则，方法。意谓用斧子去砍树做斧柄，不用去远处找图纸或样子，就在手边。所以"以人治人"的方法，不用去问别人，就拿自己做标准好了。③靡丽：奢侈华丽。④尧、舜之诽谤：相传尧、舜设在路旁立诽谤木牌，让人们写上谏言。诽谤，引以为谏言。《史记·孝文本纪》也云："古之治天下，朝有进善之旌，诽谤之木，所以通治者而来谏者。"⑤罪己：引咎自责。《左传·庄公十一年》记载："禹汤罪己，其兴也勃。"后世帝王在天灾人祸时，往往颁发引咎自责的

诏书(罪己诏)。⑥劳谦:勤勉谦虚。⑦出言而千里斯应:意谓只要一说话,千里之外都会相应。《周易大传》云:"其出言善,则千里之外应之;其出言不善,则千里之外违之。"⑧后昆:后代。

【译文】"观察容貌的美丑,一定要在静止的水面上;借鉴国家的安危,一定要以灭亡的国家作为教训。所以《诗经》上说:'殷朝用作鉴戒的历史并不遥远,就在于夏朝之世。'又说:'用斧子去砍树做斧柄,不用去远处找图纸或样子,就在手边。'臣希望朝廷的一切举动,一定要考虑以隋朝的灭亡作为借鉴,那么存亡治乱就可得而知。如果能思考隋朝之所以危亡的原因,那么国家就更安稳了;如果能思考隋朝之所以混乱的原因,那么国家就能得以治理了;如果能思考隋朝之所以灭亡的原因,那么国家就能得以保全了。知道了存亡的关键所在,就要节制自身的嗜好和欲望而顺从众人,减少游猎的娱乐,停建奢侈华丽的宫室,停办不急需的事情,谨慎戒除偏听时的发怒。亲近忠诚善良的人,疏远阿谀谄媚的人,杜绝悦耳的邪僻之说,喜欢苦口的规劝忠言。罢去苟且取进的人,看轻难以得到的宝物,采取尧、舜竖立诽谤木牌的方法,效法禹、汤归罪于自己的作风,爱惜人民的财产,顺应百姓的心意。就近从自身做起,以宽恕之心待人,想到勤谨谦虚能得到益处,不要骄傲自满而招来损害。这样的话,一旦有所行动,天下百姓就会一齐响应;只要一说话,千里之外都会唱和;就能超越前朝有高尚道德的帝王,树立高尚的风格声望给后人。这是圣人前哲的宏大规划,是帝王的伟大事业,能够完全做到这些事,就在于谨慎自持而已。"

【原文】"夫守之则易,取之实难。既能得其所以难,岂不能保其所以易?其或保之不固,则骄奢淫泆动之也。慎终如始,可不勉欤!《易》曰:'君子安不忘危,存不忘亡,治不忘乱,是以身安而国家可保也。'诚哉斯言,不可以不深察也。伏惟陛下欲善之志,不减于昔时,闻过必改,少亏于曩日。若以当今之无事,行畴昔之恭俭[①],则尽善尽美矣,固无得而称焉[②]。"

太宗深嘉而纳用。

【注释】①畴昔:往昔,从前。②称:相当,匹敌。

【译文】"守住国家社稷是容易的,但取得国家社稷是艰难的。既然能够取得困难的,怎会还不能保全容易的?如果有时不能牢牢地保住,那就是因为骄傲奢侈、荒淫放纵动摇了的缘故。要像开始时那样谨慎直到最后,怎能不时刻努力呢!《易经》上说:'君子在安逸的时候不能忘记危险,在存在的时候不能忘记覆亡,在太平的时候不能忘记动乱,因此自身平安而国家就能长治久安。'这句话说得很真实,不能不认真思考。臣看到陛下向往美善的愿望,并没有比过去减少,但闻过必改的作风,稍微比从前差了一点。如果利用如今天下太平的时机,厉行往昔的恭敬俭约,那就尽善尽美了,就没有什么人能和陛下相匹敌了。"

太宗很赞赏这番话,并且采纳了这些意见。

【原文】贞观十六年,太宗谓大理卿孙伏伽曰[①]:"夫作甲者欲其坚,恐人之伤;作箭者

欲其锐,恐人不伤。何则?各有司存[②],利在称职故也。朕尝问法官刑罚轻重,每称法网宽于往代。仍恐主狱之司利在杀人,危人自达[③],以钓声价。今之所忧,正在此耳!深宜禁止,务在宽平。"

【注释】①孙伏伽(?~658):唐贝州武城(今河北清河)人。隋大业末,从大理寺史累补万年县法曹。入唐,上书言事,望高祖以隋炀帝为戒,开直言之路,废止奢侈逸乐之举。被擢为治书侍御史。及平王世充、窦建德,复请宽贷二人所部。贞观初,转大理少卿,亦以直言著名。后为大理卿,出为陕州刺史。永徽五年(654),以年老致仕。②司存:执掌,职责。③自达:这里是使自己显达。

【译文】贞观十六年(642),太宗对大理卿孙伏伽说:"制造铠甲的人希望铠甲坚固,担心人受伤;制作弓箭的人希望箭矢锋利,唯恐人不受伤。为什么呢?这是因为他们各有执掌的职责,有利于他能胜任所担当的职务的缘故。我曾经询问过法官执行刑罚轻重的情况,他们总是说刑罚比过去的朝代宽大。我仍然害怕主管刑案的官署为追求自己的利益而滥施杀刑,用危害他人的手段来使自己显达,沽名钓誉。现在我所忧虑的正在这里啊!应大力加以禁绝,用刑务必宽大公平。"

赦令篇第三十二

【题解】

"赦令",就是减免罪刑或赋役的命令,是宽恕赦免的恩典。但如果使用过滥,则会带来很多弊病。太宗认为"一岁再赦,善人喑哑","愚人常冀侥幸,惟欲犯法,不能改过"。所以国家法令,惟须简约,不可一罪作数种条款,律法应该稳定划一,不能互相抵触,这样执法时才能做到公允平等。"格式既多,更生奸诈"。尤其是赦免令,更不能随意颁布,赦免愈多,就会使犯罪的人心存侥幸,达不到刑罚惩恶劝善的目的。因此,太宗从来慎用赦免令,意在维持社会法制的稳定。

【原文】贞观七年,太宗谓侍臣曰:"天下愚人者多,智人者少。智者不肯为恶,愚人好犯宪章。凡赦宥之恩[①],惟及不轨之辈。古语云:'小人之幸,君子之不幸。''一岁再赦,善人喑哑[②]。'凡养稂莠者伤禾稼[③],惠奸宄者贼良人[④]。昔'文王作罚,刑兹无赦[⑤],又蜀先主尝谓诸葛亮曰[⑥]:'吾周旋陈元方、郑康成之间[⑦],每见启告理乱之道备矣,曾不语赦。'故诸葛亮理蜀十年不赦,而蜀大化。梁武帝每年数赦,卒至倾败。夫谋小仁者,大仁之贼,故我有天下已来,绝不放赦。今四海安宁,礼义兴行,非常之恩,弥不可数。将恐愚人常冀侥幸,惟欲犯法,不能改过。"

【注释】①赦宥:宽恕,赦免。②喑哑:谓沉默不语。③稂莠:稂和莠,都是形状像禾苗而妨害禾苗生长的杂草。这里比喻坏人。④奸宄:亦作"奸轨",指违法作乱的人。⑤文王作罚,刑兹无赦:语出《尚书·康诰》。意谓文王创制惩罚,对有罪的人严加惩治,不轻

易赦免。无赦,不宽免罪罚。⑥蜀先主:即刘备。东汉末,刘备即帝位于蜀,是为先主。⑦周旋:引申为交际应酬。陈元方:即陈纪,字元方,陈 子。东汉末名士。郑康成:即郑玄,字康成,北海高密(今山东高密)人。东汉末年的经学大师,他对儒家经典的注释,长期被封建统治者作为官方教材,收入九经、十三经注疏中,对于儒家文化乃至整个中国文化的流传做出了相当重要的贡献。

【译文】贞观七年(633),太宗对身边的大臣说:"天下愚昧的人多,聪明的人少。聪明的人是不会作恶的,愚昧的人却常常触犯法令。大凡宽恕赦免的恩典,涉及的只是那些图谋不轨的愚昧的人。古话说:'小人的幸运,就是君子的不幸。''一年之内发布几次大赦令,善良的人就会沉默不语。'凡是长着稂莠杂草的地方就会伤害禾苗的生长,给违法作乱的人施恩就会伤害善良的人。从前,'文王创制惩罚,对有罪的人不轻易赦免'。还有蜀汉先主刘备曾对诸葛亮说:'我经常和陈元方、郑康成交际应酬,常听到他们谈论全备的治国办法,却从来没有听到讲实行赦令的。'所以诸葛亮治理蜀国十年中从不实行大赦,而蜀国却得到大治。梁武帝每年都大赦好几次,最终却导致倾覆败亡。施小恩小惠往往会损害仁义之本,所以我自从统治天下以来,绝不发布赦免令。现在天下太平,礼义盛行,特别的恩典多得不可胜计。我担心愚昧的人常寄希望于侥幸,只想犯法遇赦,却不去改正过错。"

【原文】贞观十年,太宗谓侍臣曰:"国家法令,惟须简约,不可一罪作数种条格。格式既多[①],官人不能尽记,更生奸诈。若欲出罪即引轻条[②],若欲入罪即引重条[③]。数变法者,实不益道理,宜令审细,毋使互文[④]。"

【注释】①格式:唐代法律的文本形式。格,是规定官吏的办事规则;式,是规定官署通用的文件程式。格、式创始于东魏、西魏。②出罪:开脱罪责。③入罪:加重罪责。④互文:指互有歧义的条文。

【译文】贞观十年(636),太宗对身边的大臣说:"国家法令,必须制订得简明,不应该一种罪有几种条款。格式繁多了,官吏就不能全都记下来,更容易发生奸诈。如果想开脱罪责就援引轻判的条款,如果想加重罪责就援引重判的条款。一再变更法令,实在无益于刑理,应该仔细审定法令,不要让法律条款产生歧义。"

【原文】贞观十一年,太宗谓侍臣曰:"诏令格式[①],若不常定则人心多惑,奸诈益生。《周易》称'涣汗其大号[②]',言发号施令,若汗出于体,一出而不复入也。《书》曰:'慎乃出令,令出惟行,弗为反[③]。'且汉祖日不暇给[④],萧何起于小吏[⑤],制法之后,犹称画一。今宜详思此义,不可轻出诏令,必须审定,以为永式。"

【注释】①诏令:唐代法律的表现形式。诏,是皇帝的命令或文告的总称。令,是皇帝的命令,规定各种行政的重要制度。②涣汗其大号:语出《周易·涣》。孔颖达疏:"涣汗其大号者,人遇险厄惊怖而劳,则汗从体出,故以汗喻险厄也。九五处尊,履正在号令之中,能行号令以散险厄者也。故曰涣汗其大号也。"大号,帝王的号令。③"慎乃"三句:语出《尚书·周官》。④日不暇给:形容事务繁忙,没有空闲。⑤萧何(?~前193):西汉初

年政治家。沛(今江苏沛县)人。早年任秦沛县监狱的小吏。秦末佐刘邦起义。攻克咸阳后,他收取了秦丞相、御史府所藏的律令、图书,掌握了全国的山川险要、郡县户口,并知民间疾苦,对日后制定政策和取得楚汉战争胜利起了重要作用。刘邦为汉王,以萧何为丞相,对建立汉朝起了重要作用。汉朝建立后,以他功最高封为鄼侯。他采摭秦法,重新制定律令制度,作《九章律》(《盗律》《贼律》《囚律》《捕律》《杂律》《具律》《户律》《兴律》《厩律》)。在法律思想上,主张"无为",喜好"黄老之术",被拜为相国。高祖死后,他辅佐惠帝。惠帝二年(前193)卒。

【译文】贞观十一年(637),太宗对身边的大臣说:"朝廷发布的诏令格式,如果长期不能稳定,人们就会产生许多疑惑,奸诈之事就会发生得更多。《周易》上说'涣汗其大号',是说发号施令,就像人体出汗,一出来就收不回去了。《尚书》上也说:'发布命令要慎重,命令发出就必须执行,不得更改。'汉高祖政事繁忙,没有空闲,丞相萧何又出身于小吏,但他们制定的法令还被称得上整齐划一。现在应该仔细地想想这个道理,不能轻率颁发诏令,必须严加审定,作为永久的准则。"

贡赋篇第三十三

【题解】

"贡赋"即土贡和赋税,在封建社会是劳动人民的致命负担,如果贡赋无穷,妄加攀比,既足以激发当政者的贪欲,也会将劳动人民逼向水深火热之中。本篇主要是记录了贞观时期君臣对纳受贡赋的看法和议论。贞观年间,唐王朝国势日渐强盛,各地和外国都派遣使者前来交纳贡赋。太宗不贪求贡赋,并汲取"始皇暴虐,至子而亡;汉武骄奢,国祚几绝"的历史教训。既不允许地方官去自己辖区以外的地方寻求贡赋,对于外国贡献的方物也往往婉拒。连鹦鹉"屡有苦寒之言"太宗都愍之,高丽美女也送回故土,都体现了太宗的怜悯之心。唐太宗能通过贡赋而想到国家的兴衰,从而不贪恋财物,退还贡品,获得了临邑属国及后世的赞许。

【原文】贞观二年,太宗谓朝集使曰①:"任土作贡,布在前典,当州所产,则充庭实②。比闻都督、刺史邀射声名③,厥土所赋,或嫌其不善,逾境外求,更相仿效,遂以成俗。极为劳扰,宜改此弊,不得更然。"

【注释】①朝集使:汉代时各郡每年遣使进京报告郡政及财经情况,称为上计吏。后世袭汉制,改称朝集使;②庭实:陈列于朝堂的贡献物品。③邀射:追求,谋取。

【译文】贞观二年(628),太宗对朝集使说:"根据土地的生产情况确定贡赋,都记载在从前的政典中,本州的土特产,就充当为朝堂的贡献物品。近来听说各州的都督、刺史为了追求声名,本州的土特产,有的他们嫌不好,就逾越州境到外地去寻求,地方官互相仿效,已经形成风气。极为烦劳,应该改掉这些弊病,不允许再这样做。"

【原文】贞观十八年，太宗将伐高丽，其莫离支遣使贡白金[1]。黄门侍郎褚遂良谏曰："莫离支虐杀其主，九夷所不容，陛下以之兴兵，将事吊伐[2]，为辽东之人报主辱之耻[3]。古者讨弑君之贼，不受其赂。昔宋督遗鲁君以郜鼎[4]，桓公受之于太庙。臧哀伯谏曰[5]：'君人者将昭德塞违。今灭德立违而置其赂器于太庙，百官象之[6]，又何诛焉？武王克商，迁九鼎于雒邑[7]，义士犹或非之。而况将昭违乱之赂器，置诸太庙，其若之何？'夫《春秋》之书，百王取则，若受不臣之筐篚[8]，纳弑逆之朝贡，不以为愆，将何致伐？臣谓莫离支所献，自不合受。"

太宗从之。

【注释】①莫离支：高丽官名，相当于唐朝吏部尚书兼兵部尚书。②吊伐：即吊民伐罪，意谓慰问受苦的民众，讨伐有罪的统治者。③辽东：辽河以东的地区。这里指高丽人。④宋督遗鲁君以郜鼎：指春秋时宋督杀了殇公，把郜鼎送给鲁桓公，桓公收下郜鼎，放置在太庙里。宋督，宋之卑者，卑者以国氏。督，字华父，宋戴公之孙。鲁君，指鲁桓公。郜，周文王子所封国。在今山东成武东南。春秋时为宋所灭。《春秋·桓公二年》记载：宋华父督弑其君殇公与夷，以郜鼎贿鲁桓公，遂为宋相。⑤臧哀伯：即臧孙达，春秋时鲁国大夫。⑥象：效仿。⑦迁九鼎于雒邑：传说夏禹铸了九个鼎，象征九州，奉为国宝。商汤灭夏，迁九鼎于商邑。周武王灭商，又迁九鼎于雒邑。⑧筐篚：盛物竹器。方曰筐，圆曰篚。这里指贿赂的礼物。

【译文】贞观十八年(644)，太宗将要讨伐高丽，高丽的莫离支派使者来贡献白金。黄门侍郎褚遂良规劝说："莫离支残酷地杀害了他的国君，是东方各族都不能容忍的，陛下因此起兵，去吊民伐罪，为高丽的百姓洗雪国君被杀的耻辱。古时候讨伐杀害国君的罪人，是不接受他的贿赂的。春秋时宋督杀了殇公，把郜鼎送给鲁桓公，桓公收下郜鼎放置在太庙里。臧哀伯劝谏说：'统治百姓的国君要发扬道德，堵塞邪恶。如今宋督违背道德，行为邪恶，而把他贿赂的器物放在太庙里，如果百官都跟着效仿，还能惩罚谁呢？周武王灭亡了商朝，把九鼎搬迁到雒邑，仁人义士还说他的不对，更何况把明显是邪恶叛乱的贿赂之物放在太庙里呢？'《春秋》上的记载，是值得所有国君取法的准则，如果收受背叛国君的人的礼物，接受杀害国君之人的朝贡，还不认为是错误的，那用什么理由去讨伐高丽呢？臣认为莫离支贡献的礼品，自然不应当接受。"

太宗听从了他的意见。

辩兴亡篇第三十四

【题解】

此篇记述了贞观时期君臣探讨国家兴亡的一些言论。通过讨论，唐太宗认为，"行仁义，任贤良则理；行暴乱，任小人则败"。只有推行仁政，信任贤良，国家才会得到治理，反之则国家就要衰败灭亡。太宗深以为戒的是前朝的覆亡,对前朝覆亡的原因太宗认识很深刻,"馋人自食其肉,肉尽必死。人君赋敛不已,百姓既弊,其君亦亡"。他们总结历史经验教训,励精图治,目的在于国家长治久安,避免覆亡。贞观君臣讨论的种种议题,最终的目的都是为了避免国家的灭亡。这也可以说是全书的要旨。

【原文】贞观初,太宗从容谓侍臣曰:"周武平纣之乱,以有天下;秦皇因周之衰,遂吞六国。其得天下不殊,祚运长短若此之相悬也[①]?"

尚书右仆射萧瑀进曰:"纣为无道,天下苦之,故八百诸侯不期而会[②]。周室微,六国无罪,秦氏专任智力,吞食诸侯。平定虽同,人情则异。"

太宗曰:"不然,周既克殷,务弘仁义;秦既得志,专行诈力。非但取之有异,抑亦守之不同。祚之修短,意在兹乎!"

【注释】①祚运:福运。②八百诸侯不期而会:据《史记·周本纪》记载,商纣王昏乱暴虐,淫乱不止,诸侯都叛离殷商而归顺西伯姬昌(周文王)。周文王卒,武王即位,以太公望、周公旦等人为辅佐,师修文王之业。武王二年,东观兵于孟津(今河南洛阳孟津东北,时为黄河重要渡口),"诸侯不期而会盟津(孟津)者八百",诸侯都说可以伐纣,武王则认为灭商时机还不成熟,于是退兵。不久武王灭商。不期而会,未经约定而自动聚集。

【译文】贞观初年,太宗从容地对身边的大臣说:"周武王平定了商纣王的祸乱,从而取得了天下;秦始皇乘东周的衰微,就吞并了六国。他们取得天下的过程没有什么不同,福运的长短为什么那么悬殊?"

尚书右仆射萧瑀回答说:"商纣王治理无道,天下受他的苦,所以八百诸侯未经约定而自动聚集来讨伐纣王。周朝虽然衰落,六国没有罪过,秦始皇全靠智谋和武力,吞食诸侯,逐渐侵占各国的土地。虽然同是平定天下,人们对待他们的态度却不相同。"

太宗说:"不是那样的,周取代了商以后,努力弘扬仁义;秦国得志后,却一味地施行欺诈暴力。他们不但取得天下的方式不同,而且守护江山的手段也不同。国运的长短,道理就在这里吧!"

【原文】贞观二年,太宗谓黄门侍郎王珪曰:"隋开皇十四年大旱,人多饥乏。是时仓库盈溢,竟不许赈给,乃令百姓逐粮[①]。隋文不怜百姓而惜仓库,比至末年,计天下储积,得供五六十年。炀帝恃此富饶,所以奢华无道,遂致灭亡。炀帝失国,亦此之由。凡理国者,务积于人,不在盈其仓库。古人云:'百姓不足,君孰与足[②]。'但使仓库可备凶年[③],此外何烦储蓄!后嗣若贤,自能保其天下;如其不肖,多积仓库,徒益其奢侈,危亡之本也。"

【注释】①逐粮:追逐粮食。这里指在灾年百姓到有粮食的地方去逃荒。②百姓不足,君孰与足:语出《论语·颜渊》。意谓如果百姓不富足,那么国君怎么会富足?此是孔子弟子有若答鲁哀公所问"年饥,用不足,如之何"时所言。也即是发挥孔子"政在使民富"(《说苑·政理》)的儒家思想。③凶年:灾荒年。

【译文】贞观二年(628),太宗对黄门侍郎王珪说:"隋文帝开皇十四年发生大旱,百姓大多饥饿困乏。当时国家的仓库粮食充溢,竟然不允许开仓赈济,却让百姓到有粮食

的地方去逃荒。隋文帝不怜悯百姓而吝惜仓库里的粮食，到了他的晚年，统计天下的粮食积储，可供全国食用五六十年。隋炀帝倚仗这种富裕，所以才豪华奢侈，荒淫无道，终于导致国家灭亡。隋炀帝的亡国，也是因为这个缘由。凡是治理国家的人，务必让百姓积蓄财物，不在于国库的充溢。古人说：'如果百姓不富足，那么国君怎么会富足？'只要仓库的储蓄能够防备灾荒年，此外又何必过分储蓄！后代儿孙如果贤能，自然能够保持他的天下；如果他不贤能，仓库中储蓄再多，只能增加他的奢侈，也是国家灭亡的祸根。"

【原文】贞观九年，北蕃归朝人奏[①]："突厥内大雪，人饥，羊马并死。中国人在彼者皆入山作贼[②]，人情大恶。"

太宗谓侍臣曰："观古人君，行仁义，任贤良则理；行暴乱，任小人则败。突厥所信任者，并共公等见之，略无忠正可取者。颉利复不忧百姓，恣情所为，朕以人事观之，亦何可久矣？"

魏徵进曰："昔魏文侯问李克[③]：'诸侯谁先亡？'克曰：'吴先亡。'文侯曰：'何故？'克曰：'数战数胜，数胜则主骄，数战则民疲，不亡何待？'颉利逢隋末中国丧乱[④]，遂恃众内侵，今尚不息，此其必亡之道。"

【注释】①北蕃：这里指北突厥国。归朝人：这里指归附唐朝的北突厥人。②中国人：这里指汉族人。③魏文侯（？～前396）：战国时期魏国的建立者。姬姓，魏氏，名斯。在位期间首先实行变法，改革政治，奖励耕战，兴修水利，发展封建经济，北灭中山国（今河北西部平山、灵寿一带），西取秦西河（今黄河与洛水间）之地，遂成为战国初期的强国。李克：即李悝，战国初期魏国著名政治家。李克在经济策略方面主张尽地力之教，在政治方面主张法治，提倡富国强兵。文侯时魏国能走上富强之路，李克做出了很大贡献。④中国：指中原黄河流域一带。古代华夏族建国于黄河流域一带，以为居天下之中，故称中国。

【译文】贞观九年（635），北突厥归附唐朝的人报告太宗说："突厥境内下了大雪，百姓遭遇饥荒，羊和马也死了很多。在那里的汉人都上山当了强盗，民情特别不好。"

太宗对身边的大臣说："我观察自古以来的君主能施行仁义、任用贤良者，国家就治理得好；凡是推行暴政、任用小人者，国家就要败亡。突厥君主所信任的人，我们都看到了，大略没有忠诚正直可取的。颉利又不关心百姓，肆意妄为，我从突厥人情事理上分析，他们怎么能长久统治呢？"

魏徵进言说："从前魏文侯问李克：'诸侯中谁会先灭亡？'李克回答说：'吴国先灭亡。'魏文侯又问说：'为什么呢？'李克说：'吴国每战必胜，屡屡获胜，君主就会骄傲，连续打仗，百姓就会疲惫，还有什么不败亡的呢？'颉利可汗乘着隋末中原混乱的时机，就依仗兵强马壮而入侵中原，至今还不罢休，这就是他必定败亡的原因。"

【原文】贞观九年，太宗谓魏徵曰："顷读周、齐史，末代亡国之主，为恶多相类也。齐主深好奢侈，所有府库，用之略尽，乃至关市无不税敛。朕常谓此犹如馋人自食其肉，肉尽必死。人君赋敛不已，百姓既弊，其君亦亡，齐主即是也[①]。"

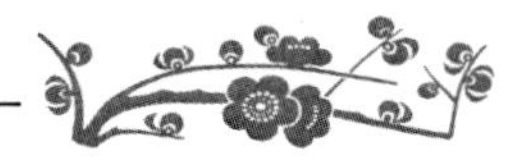

【注释】①齐主:指齐后主高纬,北齐世祖高洋之子。

【译文】贞观九年(635),太宗对魏徵说:"近来读北周、北齐历史,末代亡国的皇帝,作恶的情况大多相类似。齐后主非常喜欢奢侈,所有府库的储存,差不多都被他用尽,竟至于关口、集市无处不征收重税来聚敛财富。我时常说这好像馋嘴的人吃自己的肉一样,肉吃完了自己必定会死亡。国君征收赋税没有休止,百姓疲惫以后,他的国君也就会灭亡,齐后主就是这样。"

征伐篇第三十五

【题解】

本篇主要记载了贞观时期君臣们关于征伐的议论和谏疏,以及对屡犯边境的各少数民族采取恩威并施、以德怀人的民族怀柔方法。唐太宗对征战的基本看法是:军备不可以全部解除,兵器不可以经常使用,所以要慎于征伐,主张和亲。对外战争,劳民伤财,一旦征战不利,则会大伤国家元气。自古穷兵黩武,均难免灭亡的命运。贞观初年,太宗爱惜民力,对突厥推行和亲政策,得保边境平安。但他晚年在处理高丽问题上却刚愎自用,好大喜功,一意孤行,未能接受房玄龄等大臣的劝谏和忠告,结果执意讨伐高丽,劳民伤财,招致惨败,得不偿失。

【原文】贞观四年,有司上言:"林邑蛮国,表疏不顺,请发兵讨击之。"

太宗曰:"兵者,凶器,不得已而用之。故汉光武云:'每一发兵,不觉头须为白。'自古以来,穷兵极武,未有不亡者也。苻坚自恃兵强[①],欲必吞晋室,兴兵百万,一举而亡。隋主亦必欲取高丽,频年劳役,人不胜怨,遂死于匹夫之手。至如颉利,往岁数来侵我国家,部落疲于征役,遂至灭亡。朕今见此,岂得辄即发兵?且经历山险,土多瘴疠,若我兵士疾疫,虽克剪此蛮[②],亦何所补?言语之间,何足介意!"竟不讨之。

【注释】①苻坚(338~385):十六国时前秦皇帝。略阳临渭(今甘肃秦安)人。氐族。初为东海王,后在宫廷斗争中获胜。357年,自立为大秦天王。任用汉人王猛为丞相,抑制豪强,兴修水利,发展农桑,励精图治,统一黄河流域。383年,苻坚不听劝告,亲率大军进攻东晋,在淝水大败。各族首领乘机反秦自立。后被羌族首领姚苌擒杀。②克剪:消灭。

【译文】贞观四年(630),有官员上奏说:"林邑蛮夷之国,所上奏章中的言辞不够恭顺,请发兵讨伐他们。"

太宗说:"兵器是凶器,不得已才使用它。所以汉光武帝说:'每一次发兵打仗,不觉头发胡须就变白了。'自古以来,凡是穷兵黩武的人,就没有不灭亡的。苻坚倚仗自己兵力强大,一心想要吞并晋朝,发兵百万,一次战争就自取灭亡。隋炀帝也一心想要夺取高丽,连年征发劳役,人民十分怨恨,最后死在匹夫的手中。至于像颉利,往年多次来侵犯我国,他的部落都疲于征战,也导致灭亡。我现在看到这些,哪能就调兵打仗呢?何况要

翻山越岭，那些地方瘴气弥漫，瘟疫流行，假如我的士兵染上瘟疫，即使消灭了这个蛮国，又有什么好处呢？语言文字之间的不恭，何必在意！”太宗最终没有发兵讨伐林邑国。

【原文】太宗《帝范》曰[①]："夫兵甲者，国家凶器也。土地虽广，好战则人凋；邦国虽安，忘战则人殆。凋非保全之术，殆非拟寇之方[②]，不可以全除，不可以常用。故农隙讲武，习威仪也；三年治兵，辨等列也。是以勾践轼蛙[③]，卒成霸业；徐偃弃武[④]，终以丧邦。何也？越习其威，徐忘其务也。孔子曰：'以不教人战，是谓弃之[⑤]。'故知弧矢之威，以利天下，此用兵之机也。"

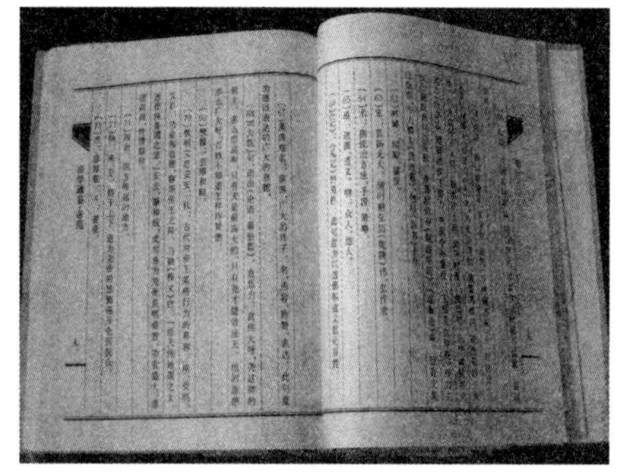

《帝范》书影

【注释】①《帝范》：唐太宗李世民撰。此书系唐太宗自撰的论述人君之道的一部政治文献，他在赐予子女时再三叮嘱，作为遗训："饬躬阐政之道，皆在其中，朕一旦不讳，更无所言。"书成于贞观二十二年（648）。全书十二篇，分上、下两卷。言简意赅，论证有据，凡"帝王之细，安危兴废，咸在兹焉"。后佚。今本系四库馆臣从《永乐大典》中所辑出，文下有注。此书《四库全书总目》已著录，并刊聚珍版传世。②拟寇：犹御寇。③勾践轼蛙：据《吴越春秋》记载：越王勾践将伐吴，自谓未能得士之死力。道见蛙张腹而怒，将有战争之气，即为之轼。其士卒有问于王，曰："君何为敬蛙而为之轼？"勾践曰："吾思士卒之怨久矣，而未有称吾意者。今蛙虫无知之物，见敌而有怒气，故为之轼。"于是军士闻之，莫不怀心乐死。④徐偃弃武：刘向《说苑》曰："王孙厉谓楚文王曰：'徐偃王好行仁义之道，汉东诸侯，三十二国尽服矣。王若不伐，楚必事徐王。'曰：'若信有道，不可伐。'对曰：'大之伐小，强之伐弱，犹大鱼之吞小鱼也，若虎之食豚也，恶有其理？'文王遂兴师伐徐，残之。徐偃王将死，曰：'吾修于文德，而不明武备；好行仁义之道，而不知诈人之术。'"徐偃，周穆王时诸侯，徐戎的首领，僭称偃王。⑤"以不教"两句：语出《论语·子路》。意谓让没有受过训练的人去作战，这等于是抛弃他们。

【译文】太宗的《帝范》中说："武器铠甲是国家的凶器。土地虽然广阔，要是喜欢发动战争，百姓就会凋疲；国家虽然安宁，要是忘记了战备，百姓就会懈怠。百姓凋疲不是保全国家的方法，百姓懈怠也不是对付敌人的策略，武装既不能完全解除，也不能经常运用。所以农闲时就讲习武艺，是为了熟悉威仪；三年练兵，是为了辨别等级位列。因此，越王勾践给怒蛙敬礼，是为了激励士气，终于成就了霸主的大业；徐偃王废弃武备，终于丧失了国家。这是为什么呢？因为越国经常练习其威仪，而徐偃王却忘掉了武备。孔子说：'让没有受过训练的人去作战，这等于是抛弃他们。'所以掌握了弓箭的威力，是用它来安定天下，这就是用兵者的职责。"

【原文】贞观二十二年，太宗将重讨高丽。是时，房玄龄遂上表谏曰：

"臣闻兵恶不戢[①]，武贵止戈。……《周易》曰：'知进而不知退，知存而不知亡，知得

而不知丧。'又曰:'知进退存亡,而不失其正者,其惟圣人乎[②]!'由此言之,进有退之义,存有亡之机,得有丧之理,老臣所以为陛下惜之者,盖谓此也。《老子》曰[③]:'知足不辱,知止不殆。'臣谓陛下威名功德,亦可足矣;拓地开疆,亦可止矣。彼高丽者,边夷贱类,不足待以仁义,不可责以常理。古来以鱼鳖畜之,宜从阔略[④]。必欲绝其种类,深恐兽穷则搏。且陛下每决死囚,必令三覆五奏,进素食、停音乐者,盖以人命所重,感动圣慈也。况今兵士之徒,无一罪戾,无故驱之于战阵之间,委之于锋刃之下,使肝脑涂地,魂魄无归,令其老父孤儿、寡妻慈母,望輀车而掩泣[⑤],抱枯骨而摧心[⑥],足以变动阴阳,感伤和气,实天下之冤痛也!且兵,凶器也;战者,危事也,不得已而用之。"

【注释】①不戢:这里指不停止战争。戢,收藏。引申指停止战争。②"知进"三句:语出《周易·文言传》,是解释乾卦的句子。③《老子》:书名。道家的主要经典,相传为春秋末老聃所作。书中以"道"解释宇宙万物的演变,以为"道生一,一生二,二生三,三生万物","道"乃"夫莫之命(命令)而常自然",因而"人法地,地法天,天法道,道法自然"。"道"为客观自然规律,同时又具有"独立而不改,周行而不殆"的永恒意义。书中包括了大量朴素辩证法观点。④阔略:宽容简略。⑤輀车:也作"楯车",运载灵柩的车子。⑥摧心:极度伤心。

【译文】贞观二十二年(648),太宗将要再次兴兵讨伐高丽。这时房玄龄于是上奏章劝谏说:

"臣听说战争最可怕的在于不能止息,武功最可贵的在于能制止战争。……《周易》上说:'知道前进而不知道后退,知道生存而不知道灭亡,知道取得而不知道丧失。'又说:'知道前进、后退、生存、灭亡,而又不迷失正道的人,只有圣人吧!'根据这点来说,前进中包含着后退的含义,生存中包含着灭亡的契机,取得中包含着丧失的可能,老臣所以替陛下惋惜的原因,也就在于这个。《老子》上说:'知道满足就不会受辱,知道适可而止就不会有危险。'臣下认为陛下的威名功德,可以满足了;开拓版图、扩大疆域,可以停止了。那个高丽国是边远外族低贱的族类,不值得用仁义来对待它,不能用正常的道理来要求它。自古以来就把它当作鱼鳖来畜养,应该对它施行宽缓简略的政策。如果一定要灭绝他们的种族,我非常担心他们会像野兽被逼得无路可走时那样拼死反抗。况且陛下每次判决死刑囚犯,一定要下命令反复审查多次再上奏,并且吃素食,停止音乐,其原因就是因为人命至重,感动了陛下仁慈的心。何况现在的士卒没有一点罪恶过失,无缘无故地驱赶他们到战阵中,置身在锋利的刀刃之下,使他们肝脑涂地,魂魄不能回归故乡,让他们的老父孤儿、寡妻慈母,凝望着运载灵柩的车子掩面哭泣,怀抱着亲人的枯骨极度伤心,这样足以使阴阳发生异常变动,动摇和损伤天地间和谐的气运,这实在是天下的冤屈和悲痛啊!而且兵器,是凶险之器;战争,是危险的事情,万不得已才使用它们。"

【原文】贞观二十二年,军旅亟动,宫室互兴,百姓颇有劳弊。充容徐氏上疏谏曰[①]:

"妾见顷年以来,力役兼总[②],东有辽海之军[③],西有昆丘之役[④],士马疲于甲胄,舟车倦于转输。且召募投戍,去留怀死生之痛;因风阻浪,往来有漂溺之危。一夫力耕,年无数十之获;一船致损,则倾数百之粮。是犹运有尽之农功,填无穷之巨浪;图未获之他众,

丧已成之我军。虽除凶伐暴，有国常规，然黩武玩兵，先哲所戒。昔秦皇并吞六国，反速危亡之基；晋武奄有三方[5]，翻成覆败之业。岂非矜功恃大，弃德而轻邦，图利忘害，肆情而纵欲？遂使悠悠六合[6]，虽广不救其亡；嗷嗷黎庶，因弊以成其祸。是知地广非常安之术，人劳乃易乱之源。愿陛下布泽流仁[7]，矜恤弊乏，减行役之烦[8]，增雨露之惠。

【注释】①充容：唐代嫔妃名。徐氏：即唐太宗妃徐惠，湖州长城（今属浙江）人，徐孝德之女，唐太宗李世民的妃子。因为才思不凡，被唐太宗召入宫中，封为才人。贞观末，上书极谏征伐、土木之烦，太宗颇善其言。太宗卒，因悲成疾，二十四岁就以身殉情。赠贤妃。②力役：指力役和兵役。③辽海之军：指贞观十八年（644）唐太宗征伐高丽之事。④昆丘之役：指贞观二十二年（648）唐军西征龟兹之事。昆丘，即指昆仑山。⑤晋武奄有三方：指晋武帝代魏自立，并攻占蜀、吴，统一全国。奄，覆盖，包括。⑥六合：指上、下和东、西、南、北四方，印天地四方。也泛指天下。⑦流仁：指流离失所之人。仁，通“人”。⑧行役：指因军役或劳役而在外奔波跋涉的人。

【译文】贞观二十二年（648），军队屡次大规模行动，宫室交替兴建，百姓很是辛劳疲困。宫中充容徐氏上奏章规劝说：

“我私下里见到近年以来，徭役、兵役同时进行，东边有征辽的军队，西边有讨龟兹的战役。军士马匹都疲于战争，车船厌倦于来回运输。且招募来戍边的士兵，离去的或留下的都怀有生离死别的悲痛；因为风狂浪阻，运输的人员和粮米都有漂走淹死的危险。一个农夫努力耕作，一年也难有几十石的收获；一艘船遭到损坏，就倾覆数百石的粮食。这好像是运送有尽的农产品，去填充无尽的巨浪；贪图还没有获得的外族民众，却丧失了自己已经训练好了的军队。虽然铲除凶恶、讨伐残暴，是国家正常的规矩，然而滥用武力发动战争，是先哲经常警戒的事情。从前秦始皇吞并了关东六国，反而成为迅速覆亡的基础；晋武帝夺取魏、蜀、吴三国，反而成为导致倾败的坏事。难道不正是因为自恃功业强盛，抛弃了道德而轻视国家安危，贪图利益而忘了危害，放纵私欲的结果吗？于是使得久长无穷的天地，虽然广阔也不能挽救他们的灭亡；饥饿哀号中的百姓，由于困苦不堪而造成他们的灾祸。由此可知，地域广阔并不是保持国家长治久安的策略，人民劳苦才是容易发生祸乱的根源。希望陛下向流离失所的人们布施恩泽仁义，怜悯、接济穷困疲乏的人，减少徭役、军役跋涉的烦劳，增加像甘露一样的恩惠。

【原文】“妾又闻为政之本，贵在无为。窃见土木之功，不可兼遂。北阙初建，南营翠微[1]，曾未逾时，玉华创制[2]。非惟构架之劳[3]，颇有工力之费。虽复茅茨示约[4]，犹兴木石之疲；假使和雇取人[5]，不无烦扰之弊。是以卑宫菲食[6]，圣王之所安；金屋瑶台，骄主之为丽。故有道之君，以逸逸人；无道之君，以乐乐身。愿陛下使之以时，则力不竭矣；用而息之，则人斯悦矣。”

【注释】①翠微：即指翠微宫，唐离宫名。在终南山上，贞观二十一年（647）建。②玉华：即指玉华宫，唐离宫名。在陕西宜君县，贞观二十一年（647）建。③构架：指建造宫殿。④茅茨：以茅草盖屋，谓居住俭朴。⑤和雇：古代官府出价雇用人力。⑥菲食：粗劣的饮食。

【译文】"妾又听说,治理国家的根本,最可宝贵的就是无为而治。妾私下以为,大兴土木的事情不能同时进行多项。北边的皇宫刚刚修建,南边又在营造翠微宫,还没有超过一年,又开始修建玉华宫。这不仅仅是建造屋宇的辛劳,还造成很多人力物力的浪费。虽然盖了茅草屋来显示俭朴节约,却又大兴土木,使人民疲惫不堪;即使是官府出价雇用人力,也不可避免会有烦扰百姓的弊端。因此简陋的宫室、简单的饮食,是圣明国君所安心受用的;金玉装饰的殿宇楼台,是骄奢放纵的国君为了奢侈靡丽。所以,有道的国君,用安逸使人民得到休息;昏庸无道的国君,用音乐使自己得到享乐。希望陛下要根据农时合理使用人力,那么人力就不会竭尽了;使用他们而又能让他们得到休息,这样百姓的内心就会高兴。"

【原文】"夫珍玩技巧,为丧国之斧斤;珠玉锦绣,实迷心之酖毒。窃见服玩鲜靡①,如变化于自然;职贡奇珍,若神仙之所制;虽驰华于季俗②,实败素于淳风。是知漆器非延叛之方,桀造之而人叛;玉杯岂招亡之术,纣用之而国亡。方验侈丽之源,不可不遏。夫作法于俭,犹恐其奢;作法于奢,何以制后?伏惟陛下,明照未形,智周无际,穷奥秘于麟阁③,尽探赜于儒林④。千王理乱之踪,百代安危之迹,兴亡衰乱之数,得失成败之机,固亦包吞心府之中,循环目围之内,乃宸衷久察⑤,无假一二言焉。惟知之非难,行之不易,志骄于业著,体逸于时安。伏愿抑志摧心,慎终成始,削轻过以添重德,择今是以替前非,则鸿名与日月无穷,盛业与乾坤永泰!"

太宗甚善其言,特加优赐甚厚。

【注释】①鲜靡:鲜艳细腻。②季俗:指末世颓败的风俗。③麟阁:即麒麟阁。汉宣帝曾将功臣的像画在麒麟阁内,以表彰其功绩。④探赜:探究幽深隐秘的事理。赜,幽深莫测。⑤宸衷:指帝王的心意。宸,帝王的住处。借指帝王。衷,内心。

【译文】"那些珍奇的玩物和技艺,是亡国的斧子;珠宝和锦绣,实在是迷乱心智的毒药。妾看见宫廷服用玩物鲜艳华丽,就像是从自然中变化出来的一样;进贡来的珍宝奇物,就像是神仙制造出来的一样;虽然可在颓废的世俗中张扬奢侈华丽,实际上却是败坏了淳朴的风尚。由此可知,漆器并不是招致叛逆的原因,夏桀造了它却引起了诸侯叛离;玉杯也不是招致灭亡的原因,纣王用了它却导致了国家的灭亡。这才验证了奢侈靡丽是亡国的根源,不能不加以遏止。以俭朴作为法则,还担心太奢侈了;做事效法奢侈,又凭什么来约束后人?希望陛下洞察尚未成形的事物,智慧遍及无垠大地,在麒麟阁上探寻其成功的秘密,与儒林学士探究幽深微妙的义理。那么成千君王治理与祸乱的踪迹,百世安定与危险的迹象,兴亡治乱的命运,得失成败的关键,就能包容在心中,往复循环在眼前,这是陛下内心长期思考的结果,无须借助妾的一两句话来说明。但只是了解这些并不困难,而实行起来却不很容易。意志骄纵是由于功业显著,身体逸乐是由于时势安定。希望陛下能抑制内心的欲望,坚持当初的志向,改正轻微的过失来增添高尚的品德,择取今天正确的去代替昨天错误的,那么宏大的名声将与日月一样无穷,盛大的事业就会像天地一样永存!"

太宗很赞赏她的话,特别给予优厚的赏赐。

安边篇第三十六

【题解】

本篇主要记述了贞观年间君臣有关如何安置边远地区少数民族降众问题的议论。唐初武力强盛，加之太宗政策开明，四方外族乐于归顺大唐。魏徵、褚遂良等大臣主张为降众恢复旧国，选择亲附唐朝的酋长做他们的君主，以羁縻之。温彦博等主张收揽和教化这些降众，使他们成为唐朝的臣民。对他们处置得当，就可以为国家的藩屏，反之后患无穷。让他们内迁还是外徙，设置郡县还是立本族人为王，着意经略远方还是看重内政，贞观君臣们对此争论激烈，其方略也互有得失。

【原文】贞观四年，李靖击突厥颉利，败之，其部落多来归降者，诏议安边之策。

温彦博曰："天子之于万物也，天覆地载，有归我者则必养之。今突厥破除，馀落归附，陛下不加怜愍，弃而不纳，非天地之道，阻四夷之意，臣愚甚为不可，处之河南。所谓死而生之，亡而存之，怀我厚恩，终无叛逆。"

彦博又曰："臣闻圣人之道，无所不通。突厥馀魂，以命归我，收居内地，教以礼法，选其酋首，遣居宿卫，畏威怀德，何患之有？且光武居河南单于于内郡，以为汉藩翰，终于一代，不有叛逆。"又曰："隋文帝劳兵马，费仓库，树立可汗，令复其国，后孤恩失信，围炀帝于雁门[①]。今陛下仁厚，从其所欲，河南、河北，任情居住，各有酋长，不相统属，力散势分，安能为害？"

【注释】①雁门：指雁门关。在山西代县北部。长城重要关口之一，向为山西南北交通要冲。

【译文】贞观四年(630)，李靖攻打突厥颉利可汗，打败了他，有很多突厥部落前来归降，太宗诏令讨论安定边境的政策。

温彦博说："天子对待万物，就像上天覆盖、大地承载一样，归附我们的必然要收养他们。现在突厥被打败，剩下的部落都来归附，陛下不加怜悯，抛弃他们而不予接纳，这不是天覆地载的道理。阻绝了外族的诚意，臣虽然愚昧，也认为万万不可，应该在河套以南一带安置他们。这就是常说的：将要死的让他能生存下来，将要灭亡的让他能存在下去，使他们感激我皇的深厚恩德，永不会叛逆。"

温彦博又说："我听说圣人的主张，没有什么地方达不到的。突厥残存的民众，把性命交给了我们，收容他们居住在内地，用礼仪法度教化他们，选拔他们的首领，派他们在宫禁中担任警卫，他们畏惧皇家的威力，感念皇上的恩德，会有什么祸患呢？而且汉光武帝让南单于的部众居住在内地州郡，作为东汉的屏障辅翼，经历了整整一个朝代并没有叛逆。"他又说："隋文帝兴师动众，浪费府库的财物，为突厥树立可汗，让他们恢复自己的国家，后来突厥不念恩德失守信用，在雁门关围攻隋炀帝。现在陛下仁慈宽厚，顺从他们

的意愿，河套南北地区，任他们随意居住，各部落都有酋长，相互之间不能统属，势力分散，怎么能成为祸害呢？”

【原文】贞观十四年，侯君集平高昌之后，太宗欲以其地为州县。

魏徵曰：“陛下初临天下，高昌王先来朝谒，自后数有商胡称其遏绝贡献[①]，加之不礼大国诏使，遂使王诛载加[②]。若罪止文泰，斯亦可矣。未若因抚其民而立其子，所谓伐罪吊民，威德被于遐外，为国之善者也。今若利其土壤以为州县，常须千馀人镇守，数年一易。每来往交替，死者十有三四，遣办衣资，离别亲戚，十年之后，陇右空虚[③]，陛下终不得高昌撮谷尺布以助中国。所谓散有用而事无用，臣未见其可。”

太宗不从，竟以其地置西州[④]，仍以西州为安西都护府，每岁调发千馀人，防遏其地。

【注释】①遏绝：阻止禁绝。②载加：一再增加。③陇右：古地区名。泛指陇山以西地区。古代以西为右，故称陇山以西为陇右。唐太宗贞观元年（627），分全国为十道，以东起陇山，西达沙州的地域始设陇右道。其地域包括今甘肃、新疆大部分地区和青海湖以东地区。④西州：唐朝在今新疆境内所置三州之一。贞观始置，天宝、至德时改名交河郡。领高昌、柳中、交河、蒲昌、天山五县，治高昌（今新疆吐鲁番东南高昌故城，即哈拉和卓古城）。贞观十四年（640）灭高昌氏王朝，以其地设西昌州（不久改称西州），并设安西都护府于交河（今新疆吐鲁番西）城。

【译文】贞观十四年（640），侯君集平定了高昌国之后，太宗准备在那个地方设立州县。

魏徵说：“陛下刚开始统治天下时，高昌国王麴文泰首先来朝拜谒见，但是从那以后，西域胡商屡次称高昌国王阻止他们来大唐朝贡，再加上高昌王对我国使臣无礼，以致皇上对他们的讨伐一再增加。如果只追究麴文泰一个人的罪过，这也就可以了。不如借此机会安抚那里的百姓并立高昌王的后代为王，这就是讨伐有罪的国君而慰问受难的百姓，使国家的威力恩德遍及边远的外邦，这才是治国的良策。现在如果贪图那里的土地而在那里设置州县，就必须常年派一千多人去镇守，几年更换一次。每次来往交换，死亡的就有十分之三四。还要派人置办衣物钱财，离别亲人，这样的话十年以后陇右地区就会变得空虚，陛下最终得不到高昌国的一撮谷、一尺布来资助中原。这就叫作分散有用的资财去从事无益的事情，我看不出它切实可行的道理。”

太宗没有听从他的意见，竟然还是在高昌境内设置了西州，并在西州设置安西都护府，每年调遣一千多人，前往防守这个地方。

【原文】黄门侍郎褚遂良亦以为不可，上疏曰：“臣闻古者哲后临朝，明王创制，必先华夏而后夷狄，广诸德化，不事遐荒。是以周宣薄伐[①]，至境而反；始皇远塞[②]，中国分离。陛下诛灭高昌，威加西域，收其鲸鲵[③]，以为州县。然则王师初发之岁，河西供役之年，飞刍挽粟[④]，十室九空，数郡萧然，五年不复。陛下岁遣千馀人，而远事屯戍，终年离别，万里思归。去者资装，自须营办，既卖菽粟，倾其机杼[⑤]。经途死亡，复在方外。兼遣罪人，增其防遏。所遣之内，复有逃亡，官司捕捉，为国生事。高昌涂路，沙碛千里，冬风冰冽，夏风

如焚，行人遇之多死。《易》云‘安不忘危，理不忘乱’。设令张掖尘飞[6]，酒泉烽举[7]，陛下岂能得高昌一人菽粟而及事乎？终须发陇右诸州，星驰电击。由斯而言，此河西者方于心腹，彼高昌者他人手足，岂得糜费中华，以事无用？陛下平颉利于沙塞，灭吐浑于西海[8]。突厥馀落，为立可汗；吐浑遗萌[9]，更树君长。复立高昌，非无前例，此所谓有罪而诛之，既服而存之。宜择高昌可立者，征给首领[10]，遣还本国。负戴洪恩，长为藩翰。中国不扰，既富且宁，传之子孙，以贻永代。”

疏奏，不纳。

【注释】①周宣薄伐：指周宣王征伐猃狁，追到边境就班师回朝，不穷追。②始皇远塞：指秦始皇修筑长城，防范匈奴。远塞，在边境设立关防。③鲸鲵：比喻凶恶的敌人。④飞刍挽粟：指迅速运送粮草。刍，饲料。挽，拉车或船。⑤机杼：织布机和梭子。这里指代布帛。⑥张掖：郡名。位于今甘肃河西走廊中部，为通往西域的要冲。古为河西四郡（敦煌、酒泉、张掖、武威）之一，历代中原王朝在西北地区的政治、经济、文化和外交活动中心。⑦酒泉：郡名。位于今甘肃省西北部河西走廊西端。西汉设郡，古为河西四郡之一。隋曾置肃州。⑧西海：郡名。西汉末于今青海湖附近置西海郡。位于今青海青海湖一带。⑨遗萌：犹遗氓。萌，通“氓”，指外来的百姓。⑩征：征聘。

【译文】黄门侍郎褚遂良也认为不能这样做，上奏章说：“臣听说古代圣哲的国君统治天下，明智的帝王创立制度，必定首先考虑华夏族然后再考虑外族的利益，广施恩德教化，不去征服遥远的荒服之地。因此，周宣王征伐猃狁，追到边境就班师回朝；秦始皇在边境修筑长城，设立关防，结果中原分崩离析。陛下诛灭了高昌国，威力达到西域，制服了凶恶的敌人，在那里设立了州县。然而，朝廷的军队刚出征的那年，也就是河西地区供给赋役的时候。由于大量迅速运送粮草，河西地区十室九空，几个州郡变得萧条荒凉，五年之内也恢复不了。陛下年派遣一千多人去远方镇守驻防，他们整年离别亲人，在万里之外渴望返回家园。而离开家乡人的路费行装，要自己筹办，已经卖掉了粮食，又卖尽了布帛。还有的人在途中死亡，就更不用说了。加上又要遣送罪犯，去增强那里的驻防力量，遣送的囚犯中又有逃跑的，官府要去追捕捉拿，给国家横生事端。通往高昌国的道路，有千里沙漠戈壁，冬天的风像冰一样寒冷，夏天的风像火一样炙热，行人遇到这种天气又多数死去。《易经》说：‘平安时不要忘了危亡，太平时不要忘了祸乱。’假设张掖郡发生了战事，酒泉郡烽烟四起，陛下难道能得到高昌人一点粮米来资助吗？最终还要调发陇右各州的军队，星驰电击般的攻击敌人。由此说来，这河西地方才是自己的心腹，那高昌国只是别人的手足，怎么能浪费中华的财物去做无用的事情？陛下在塞外沙漠平定颉利，在西海灭掉吐谷浑。对突厥的余部，为他们新立可汗；对吐谷的遗民，为他们重树首领。再为高昌树立君长，并不是没有先例。这就是有罪就讨伐它，既然降服了就保全它。应该选择高昌国中可以扶植的人，征聘他担任首领，遣送他回到本国。高昌既然承受大恩，就将长久地成为大唐的屏障。中国受不到侵扰，既富裕又安宁，留传给子孙，使后代昌盛。”

奏章呈送上去，太宗没有采纳。

【原文】至十六年，西突厥遣兵寇西州。太宗谓侍臣曰："朕闻西州有警急，虽不足为害，然岂能无忧乎？往者初平高昌，魏徵、褚遂良劝朕立麴文泰子弟，依旧为国，朕竟不用其计，今日方自悔责。昔汉高祖遭平城之围而赏娄敬[①]，袁绍败于官渡而诛田丰[②]。朕恒以此二事为诫，宁得忘所言者乎！"

【注释】①平城之围：前201年（汉高祖六年），冒顿单于发兵围攻马邑，韩王信投降，次年又攻晋阳（今山西太原）。汉高祖闻讯，亲率三十万大军迎战，被匈奴围困于平城白登山（今山西大同东南）。后来用陈平计，向单于阏氏行贿，才得脱险。史称"平城之围"。平城，在今山西大同东北。娄敬：汉初齐国卢（今山东长清）人。汉高祖五年（前202）汉王朝完成统一后，打算定都洛阳。时娄敬建议定都长安，得到张良的支持，刘邦最终决定建都长安。为表彰娄敬，赐姓"刘"。西汉初年，匈奴为汉王朝北方的最大边患。前200年（汉高祖七年），韩王信勾结匈奴反叛，刘邦率军亲征，娄敬独持异议，认为只有实行"和亲"，方是上策。汉高祖七年七月，娄敬向刘邦提出迁徙山东豪强以实关中的建议，刘邦采纳这一建议，并命娄敬负责实施。娄敬所提定都、和亲、迁豪三项计策，对稳定汉初的政治形势起了重要的作用。②袁绍败于官渡：公元199年，袁绍率军南下，恃兵多粮足，在官渡（今河南中牟北）与处劣势的曹操相持。次年曹操利用袁绍轻敌和内部不稳之机，成功地突袭其后方屯粮重地，袁绍军心动摇。曹操乘机挥军全线出击，大破袁军主力，袁绍大败。袁绍（？～202），字本初，汝南汝阳（今河南商水西南）人。官僚家庭出身。初任司隶校尉。大将军何进召董卓谋诛宦官事泄被杀，他杀尽宦官。后董卓入京专朝政，他奔冀州（今河北中南部）称冀州牧，号召起兵讨董卓。后逐渐占有冀（今河北中南部）、青（今山东东北部）、幽（今河北北部）、并（今山西太原）等四州。公元200年，在官渡被曹操打败，不久病死。田丰：钜鹿郡（今河北钜鹿一带）人。博览多识，权略多奇。袁绍用田丰谋略，消灭公孙瓒，平定河北，虎踞四州。建安四年（199），曹袁争霸，田丰提出稳打稳扎的持久战略，袁绍执意南征而不纳。官渡之战，田丰再议据险固守，分兵抄掠的疲敌策略，乃至强谏，被袁绍以为沮众，械系牢狱。建安五年（200），袁绍官渡战败，将其杀害。

【译文】到了贞观十六年（642），西突厥派兵侵犯西州。太宗对身边的大臣说："我听说西州有紧急情况，虽然不至于造成大危害，但怎么能不忧虑呢？从前刚刚平定高昌时，魏徵、褚遂良劝我立麴文泰的子弟做国君，让高昌依旧成为一个国家，我竟没有采纳他们的计策，到现在才后悔自责。过去汉高祖不听谋臣娄敬的劝谏，遭受平城之围，而后赏赐娄敬；袁绍不听谋臣田丰的劝阻，在官渡战败后诛杀了田丰。我常把这两件事引为鉴戒，难道能够忘记曾经劝谏过我的人吗？"

行幸篇第三十七

【题解】

在本篇中，作者分析了隋炀帝喜好巡幸，耗费人力，终致天怒人怨、身死国亡的教训，以此来劝诫唐太宗。古代帝王巡幸天下时，仪仗豪华，全靠所过之处人民供应，百姓往往因此倾家荡产。隋炀帝"不顾百姓，行幸无期"，遂致"身戮国灭，为天下笑"。唐太宗深知隋炀帝命丧江都的原因，因此自我警戒，减少巡游举动。太宗认为"虽复帝祚长短，委以玄天；而福善祸淫，亦由人事"，"广宫室，好行幸，竟有何益"。所以应当"战战栗栗，每事省约，参踪前列，昭训子孙"，"以副百姓所望"。大臣们也纷纷劝诫太宗节制奢侈行为，避免惊扰百姓。如此君臣一心，与民休息，方可"令百姓安静，不有怨叛"。

【原文】贞观初，太宗谓侍臣曰："隋炀帝广造宫室，以肆行幸，自西京至东都，离宫别馆，相望道次，乃至并州、涿郡[①]，无不悉然。驰道皆广数百步，种树以饰其傍。人力不堪，相聚为贼。逮至末年，尺土一人，非复己有。以此观之，广宫室，好行幸，竟有何益？此皆朕耳所闻，目所见，深以自诫。故不敢轻用人力，惟令百姓安静，不有怨叛而已。"

【注释】①并州：古州名。其地约当今河北保定和山西太原、大同一带地区。治所在今山西太原。涿郡：隋炀帝大业初罢州置郡，故改幽州为涿郡。唐武德元年(618)复为幽州，辖境相当于今北京市、河北北部、辽宁南部。治所在今河北涿州市。

【译文】贞观初年，太宗对身边的大臣说："隋炀帝大造宫室，供他纵情巡游，从长安到洛阳，离宫别馆，沿路相望。以至并州、涿郡，也没有哪一个地方不是这样的。驰道都宽达数百步，道路两边都种上树来做装饰。百姓的人力、物力不能承受，聚集起来反抗。到了隋朝末年，没有一尺土一个百姓是属于隋炀帝所有了。由此看来，大造宫室，喜爱巡游，到底有什么好处？这都是我亲耳听到、亲眼看到的，我深深地以此为戒。所以不敢轻易动用百姓的劳力，只想让百姓得到安宁，不要发生怨恨、叛乱就差不多了。"

【原文】贞观十一年，太宗幸洛阳宫，泛舟于积翠池[①]，顾谓侍臣曰："此宫观台沼并炀帝所为，所谓驱役生人，穷此雕丽，复不能守此一都，以万人为虑。好行幸不息，人所不堪。昔诗人云：'何草不黄？何日不行[②]？''小东大东，杼轴其空[③]。'正谓此也。遂使天下怨叛，身死国灭，今其宫苑尽为我有。隋氏倾覆者，岂惟其君无道？亦由股肱无良。如宇文述、虞世基、裴蕴之徒[④]，居高官，食厚禄，受人委任，惟行谄佞，蔽塞聪明，欲令其国无危，不可得也。"

【注释】①积翠池：汉唐宫池名。唐段成式《酉阳杂俎·物异》："汉积翠池中珊瑚高一丈二尺，一本三柯，上有四百六十二条，是南越王赵佗所献，号为烽火树，夜有光影，常似欲燃。"一本作"积草池"，《西京杂记》卷一亦作"积草池"。《旧唐书·魏徵传》："后太宗在洛阳宫，幸积翠池，宴群臣，酒酣各赋一事。"②"何草"两句：语出《诗·小雅·何草

不黄》。描写行役在外的征夫生活艰险辛劳,表达了对遭受非人待遇的抗议。第一章以草黄起兴喻征夫之劳瘁。一连三句反诘、语意十分怨恨。世上没有不黄不枯的草,也没有不凋不谢的花。人的劳苦奔波却不一样。有人终年劳累奔波,当牛做马,不得歇息。有人锦衣玉食,作威作福,游手好闲。有人衣不遮体,食不果腹。有人却高枕无忧,饱食终日,无所用心。③"小东"两句:语出《诗·小雅·大东》。是周代东方诸侯小国怨刺西周王室诛求无已、劳役不息的诗。作者可能是一位精通星卜的文人,后来遭受西周王室的强迫劳动和残酷搜刮,实质上已沦为西人的奴隶。他思想感情也随着发生了转变。借着歌唱来揭露、批判统治者的罪恶,提出沉痛的控诉,发泄其怨愤之情。诗中鲜明地塑造了两个形象:一个是残酷、贪婪、骄奢的西人剥削者形象,一个是被榨取、被奴役、被压迫得透不过气来、对西人满怀仇恨的东人形象。诗通过这两个典型形象的刻画,深刻地反映了君子与小人两个阶级的对立。小东大东,指东方各诸侯小国。杼轴其空,生产废弛,贫无所有。杼轴,亦作"杼柚",是织布机上的两个部件,即用来持纬(横线)的梭子和用来承经(直线)的筘。这里泛指工商之事。④裴蕴(?~618):隋朝大臣。隋河东闻喜(今山西闻喜东北)人。初仕陈,隋灭陈之战中为内应,仕隋累官太常少卿、民部侍郎。为核检户口脱漏,他于大业五年(609)奏行"貌阅"法,搜得人口六十余万。擢御史大夫,参掌机密,迎合隋帝,助纣为虐,杀数万人,又陷害司隶大夫薛道衡。司马德戡举兵反隋时,被杀。

【译文】贞观十一年(637),太宗巡游洛阳宫,在积翠池里乘舟游玩,他回头对身边的大臣说:"这些宫、观、台、沼都是隋炀帝营造的,他役使人民,用尽财物建造这些雕饰华丽的东西,却又不能驻守这座都城,为百姓着想。却喜欢不停地出游,人民实在不堪忍受。古代诗人说:'哪有野草不枯黄,哪有一天不奔忙?''东方各诸侯小国,财产都被搜罗光。'说的正是这种情况。以致使天下的人们怨愤反叛隋炀帝,最终身死国亡,现在他的宫室苑囿全部都归属于我了。隋朝败亡的原因,难道仅仅是国君无道吗?同时也有辅佐大臣的不贤良。比如宇文述、虞世基、裴蕴之流,身居高官,享受厚禄,接受帝王的委任,却只会花言巧语,巴结逢迎,蒙蔽阻塞帝王的视听,想要他们的国家不危亡,不可能有这样的道理。"

【原文】贞观十三年,太宗谓魏徵等曰:"隋炀帝承文帝馀业,海内殷阜[①],若能常据关中,岂有倾败?遂不顾百姓,行幸无期[②],径往江都[③],不纳董纯、崔象等谏诤[④],身戮国灭,为天下笑。虽复帝祚长短,委以玄天;而福善祸淫,亦由人事。朕每思之,若欲君臣长久,国无危败,君有违失,臣须极言。朕闻卿等规谏,纵不能当时即从,再三思审,必择善而用之。"

【注释】①殷阜:富足。②行幸:古代专指皇帝出行。③径往江都:指公元616年,隋炀帝不顾隋朝的安危,再次巡游江都,临出发时,小官崔民象上表谏阻,隋炀帝杀死崔民象。走到汜水(今河南荥阳),小官王爱仁上表劝谏,隋炀帝又杀死王爱仁,继续前行。到了梁都(今河南开封),有人拦路上书,说你如果定要去江都,天下就不是你的了,隋炀帝

又杀死了上书人，最后，他来到江都。江都，今江苏扬州。④董纯：隋代成纪（今甘肃秦安北）人，以功进位上开府、拜柱国、爵郡公。崔象：即崔民象，隋臣，信奉使。大业十二年（616），隋炀帝再次巡游江都，临出发时，崔民象上表谏阻，被隋炀帝所杀。

【译文】贞观十三年（639），太宗对魏徵等大臣说："隋炀帝继承文帝遗留下的基业，国内富足，如果能够常住在关中，怎么会倾覆败亡呢？他不顾惜百姓，出游没有限度，径直前往江都，不接受董纯、崔象等人的直言劝谏，身死国亡，为天下人所耻笑。虽说帝位传承的长短，全由上天决定，然而福善祸淫，也是全由人的行为所决定的。我经常思虑这些问题，要想君臣长久平安，国家不危亡破败，君王有所过失，臣子必须极力进谏。我听到你们的规劝，即使不能当时就听从，经过再三思量审察，一定会选择好的建议加以采纳。"

【原文】贞观十二年，太宗东巡狩，将入洛，次于显仁宫[①]，宫苑官司多被责罚。

侍中魏徵进言曰："陛下今幸洛州，为是旧征行处，庶其安定，故欲加恩故老。城郭之民未蒙德惠，官司苑监多及罪辜，或以供奉之物不精，又以不为献食，此则不思止足，志在奢靡。既乖行幸本心，何以副百姓所望？隋主先命在下多作献食，献食不多，则有威罚。上之所好，下必有甚，竞为无限，遂至灭亡。此非载籍所闻，陛下目所亲见，为其无道，故天命陛下代之。当战战栗栗，每事省约，参踪前列，昭训子孙，奈何今日欲在人之下？陛下若以为足，今日不啻足矣。若以为不足，万倍于此，亦不足也。"

太宗大惊曰："非公，朕不闻此言，自今已后，庶几无如此事。"

【注释】①显仁宫：据《隋书》记载，隋炀帝大业元年（605）命宇文恺与封德彝等造显仁宫，起三山，造五湖，营建十六院，以供享乐。搜罗大江以南、五岭以北的奇材、异石，又下令各地贡献草木花果、奇禽异兽。

【译文】贞观十二年（638），太宗东巡，即将抵达洛阳，住在显仁宫，负责宫苑事务的各级官吏都受到太宗的责罚。

侍中魏徵进谏说："陛下今日巡幸洛阳，是因为这里是往日曾经征战过的地方，如今这里已经安定，因此想给这里的百姓父老增加恩赐。如今城里的人民还没有受到陛下的恩惠，主管宫苑的各级官员却受到太多责罚，有的是因为供奉的器物不精美，有的是因为没有进献异味珍品。这就是不知道满足，一心追求奢侈华靡生活的表现。这样做既违背了陛下巡幸的本意，又怎能满足百姓们的希望呢？隋炀帝巡游时先命令下属多贡献美食，贡献的美食不多就要受到责罚。在上位的人有什么爱好，下面的人就会更加厉害，相互竞争就会没有限度，这样下去就会导致国家灭亡。这并不是在史籍上可以见到的，而是陛下亲眼所见的事实。正因为隋炀帝无道，所以上天才授命陛下取而代之。陛下应当战战兢兢、小心谨慎，事事俭省节约，参照前朝的事例来教训子孙，怎么今天的想法反而在他人之下？陛下如果感到满足，今天的供应无疑已经足够了。如果陛下感到不满足，即使比今天再好上一万倍，也还是不会满足的。"

太宗听后大吃一惊，说："如果不是你，我是不会听到这席话的，从今以后，不会再发生这样的事情了。"

畋猎篇第三十八

【题解】

本篇主要记述的内容是群臣劝阻唐太宗过度畋猎的诤言与谏疏。群臣认为畋猎不但耗费民财，而且君主与猛兽格斗，践踏危险之地，是危害自身安全、置宗庙社稷于不顾的举动。虞世南认为应当“时息猎车，且韬长戟，不拒刍荛之请，降纳涓浍之流，袒裼徒搏，任之群下，则贻范百王，永光万代”。太宗驾临同州，亲格猛兽，晨出夜还。魏徵认为“猝遇逸材之兽，骇不存之地，虽乌获、逢蒙之伎不得用，而枯木朽株尽为难矣。虽万全而无患，然本非天子所宜近”。山林当中危机四伏，贵为皇帝，不应冒险，应该看重自身的安全。大臣们认为太宗应该“割私情之娱，罢格兽之乐，上为宗庙社稷，下慰群寮兆庶”。唐太宗最终采纳了这些谏言，克制了自己对畋猎的嗜好。

虞世南

【原文】秘书监虞世南以太宗颇好畋猎，上疏谏曰：“臣闻秋狝冬狩[①]，盖惟恒典；射隼从禽[②]，备乎前诰[③]。伏惟陛下因听览之馀辰，顺天道以杀伐，将 欲摧班碎掌[④]，亲御皮轩[⑤]，穷猛兽之窟穴，尽逸材之林薮。夷凶翦暴，以卫黎元[⑥]；收革擢羽，用充军器；举旗效获[⑦]，武遵前古。然黄屋之尊[⑧]，金舆之贵[⑨]，八方之所仰德，万国之所系心，清道而行，犹戒衔橛[⑩]，斯盖重慎防微，为社稷也。是以马卿直谏于前[⑪]，张昭变色于后[⑫]。臣诚细微，敢忘斯义？且天弧星罕[⑬]，所殪已多[⑭]，颁禽赐获，皇恩亦溥[⑮]。伏愿时息猎车，且韬长戟[⑯]，不拒刍荛之请，降纳涓浍之流，袒裼徒搏[⑰]，任之群下，则贻范百王[⑱]，永光万代。”太宗深嘉其言。

【注释】①秋狝冬狩：秋天打猎称“秋狝”，冬天打猎叫“冬狩”。狝，指秋天打猎。②隼：鸟类的一科，一种猛禽。翅膀窄而尖，上嘴呈钩曲状，背青黑色，尾尖白色，腹部黄色。饲养驯熟后，可以帮助打猎。从：追逐。③诰：文体的一种，用于告诫或劝勉。④班：通“斑”，斑纹。这里借指老虎。掌：指熊掌。借指熊。⑤皮轩：古代用虎皮装饰的狩猎的车子。⑥黎元：百姓，民众。⑦效获：打猎的收获。这里指贡献猎获物。⑧黄屋：古代帝王专用的黄缯车盖。这里借指帝王之车。⑨金舆：亦作“金 ”，帝王乘坐的车轿。⑩衔橛：指马嚼子和车之钩心。《汉书·司马相如传》注张揖曰：“衔，马勒衔也。橛，马口长衔也。”师古曰：“橛，谓车之钩心也。衔橛之变，言马衔或断，钩心或出，则致倾败以伤人也。”⑪马卿：汉司马相如字长卿，后人遂称之为马卿。据《史记》《汉书》记载，汉武帝虽有雄才大略的一面，但沉湎于游猎。司马相如为郎时，曾作为武帝的随从行猎长杨宫，武帝不仅迷恋驰逐野兽的游戏，还喜欢亲自搏击熊和野猪。司马相如写了一篇谏猎书呈

上，由于行文委婉，劝谏与奉承结合得相当得体，武帝看了称"善"，并采纳了他的意见。⑫张昭（156～236）：徐州彭城郡（今江苏徐州）人。东汉末年张昭避乱扬州。孙策举事时，张昭出任长史、抚军中郎将。孙策器重张昭，有关文武之事均由张昭办理。孙策死时将孙权托付给张昭，张昭则尽力辅佐孙权，迅速稳定了民心士气。据《三国志·张昭传》记载，孙权每次打猎，常乘马射虎，虎常突前攀持马鞍。张昭变色而上前劝曰："你用什么抵挡它？为人君者，应该能驾驭英雄，驱使群贤，岂能驰逐于原野，骁勇于猛兽？如一旦有所危险，恐天下耻笑？"⑬天弧星罕：比喻弓箭罗网四处密布。弧，弓。罼，掩捕乌兔的长柄小网。⑭殪：杀死。⑮溥：通"普"，普遍。⑯韬：掩藏。⑰袒裼徒搏：脱去衣服，徒手搏斗。袒裼，露出身体。徒搏，空手搏击。⑱贻范：指留下的典范。

【译文】秘书监虞世南认为太宗很喜欢打猎，于是上奏章规劝说："臣听说国君在秋冬两季狩猎，大概是历来的传统；射猎猛禽和追捕野兽，前人已有详备的告诫。恳切希望陛下利用上朝批阅奏章的空余时间，顺应时令进行狩猎，要想猎杀虎豹熊罴，就亲自驾驰狩猎之车，穷追到猛兽的窟穴，搜杀尽山林中最凶猛的野兽。铲除凶恶，消灭残暴，保卫一方百姓；收集兽皮，拔取羽毛，充实军用器械；举起旌旗向宗庙献上猎获物，遵循上古的仪式。但是坐在用黄缯做车盖、金玉装饰的御车中的尊贵天子，全国人民景仰他的德行，他的行动为万国臣民所牵挂，要清理道路才出行，还要仔细检查马嚼子和车之钩心。这样谨小慎微的措施，都是为了宗庙社稷。因此，前有司马相如直言劝阻汉武帝，后有张昭严肃规劝吴主孙权。臣虽然微不足道，但怎么敢忘了这个道理？况且四处密布弓箭罗网，射杀的禽兽已经很多了，陛下的恩惠也很广泛而浩大。希望陛下能适时停止打猎，暂且收起长戟，不拒绝微臣的请求，接纳如涓涓细流般的诚意，把脱衣露体、徒手搏斗的事交给臣子们去做，给后世帝王留下光辉的典范，永远光照万代。"

太宗很赞赏他的建议。

【原文】贞观十四年，太宗幸同州沙苑[①]，亲格猛兽，复晨出夜还。

特进魏徵奏言："臣闻《书》美文王不敢盘于游田[②]，《传》述《虞箴》称夷羿以为戒[③]。昔汉文临峻坂欲驰下[④]，袁盎揽辔曰[⑤]：'圣主不乘危，不徼幸。今陛下骋六飞[⑥]，驰不测之山，如有马惊车覆，陛下纵欲自轻，奈高庙何？'孝武好格猛兽，相如进谏：'力称乌获[⑦]，捷言庆忌[⑧]，人诚有之，兽亦宜然。猝遇逸材之兽[⑨]，骇不存之地，虽乌获、逢蒙之伎不得用[⑩]，而枯木朽株尽为难矣。虽万全而无患，然本非天子所宜近。'孝元帝郊泰畤[⑪]，因留射猎，薛广德称：'窃见关东困极，百姓罹灾。今日撞亡秦之钟，歌郑、卫之乐，士卒暴露，从官劳倦，欲安宗庙社稷何？凭河暴虎[⑫]，未之戒也？'臣窃思此数帝，心岂木石，独不好驰骋之乐？而割情屈己，从臣下之言者，志存为国，不为身也。臣伏闻车驾近出，亲格猛兽，晨往夜还。以万乘之尊，暗行荒野，践深林，涉丰草，甚非万全之计。愿陛下割私情之娱，罢格兽之乐，上为宗庙社稷，下慰群寮兆庶[⑬]。"

太宗曰："昨日之事，偶属尘昏[⑭]，非故然也，自今深用为诫。"

【注释】①同州：唐州名。在今陕西大荔。沙苑：地名。在今陕西大荔之南。其地多沙草,宜放牧,唐置牧监于此。②“臣闻”句:语出《尚书·无逸》。意谓赞美文王不敢沉迷于出游打猎。盘,乐于。游田,出游打猎。③“《传》”句:语出《左传·襄公四年》。谓把将喜好打猎的后羿作为鉴戒。《虞箴》,古代虞人(掌山泽苑囿之官)为戒田猎而作的箴谏之辞。④峻坂:陡坡。⑤袁盎:字丝,是西汉时的大臣,楚国人。汉文帝时因为犯颜直谏,被调任陇西都尉,后至吴国做丞相。⑥六飞:亦作“六騑”“六蜚”,古代皇帝的车驾六马,疾行如飞,故名。⑦乌获;战国时秦之力士。一说可能为更古之力士。后为力士的泛称。⑧庆忌:春秋时吴王僚之子。传说他身材高大,敏捷无比,能走追猛兽,手接飞鸟。⑨逸材:谓兽畜健壮有力。这里表示凶猛。⑩逢蒙:夏朝时有名的射箭手。⑪郊:这里指郊祀。古代于郊外祭祀天地,南郊祭天,北郊祭地。泰畤:古代天子祭天神之处。⑫凭河暴虎:比喻人有勇而无谋。凭,从水中走过去。暴虎,空手打虎。⑬寮:做官的人,官员。⑭尘昏:尘积昏暗。这里比喻糊涂。

【译文】贞观十四年(640),太宗驾临同州沙苑,亲自格杀猛兽,经常是清晨出去深夜才回来。

特进魏徵上奏说:“臣听说《尚书》上赞美文王不敢乐于出游打猎,《左传》记述《虞箴》里的话说,把喜好打猎的后羿作为鉴戒。过去,汉文帝面临陡坡,想驱车奔驰而下,袁盎拉住缰绳说:‘圣明的国君不乘坐危险的车子,不心存侥幸。现在陛下驱驾六马之车,奔驰在无法预料结果的山上,如果发生马惊车翻的事故,陛下纵然不看重自己的性命,又怎么对得起祖先啊?’汉武帝喜好格杀猛兽,司马相如劝阻说:‘论力气人们称赞乌获,论敏捷人们称赞庆忌,在人类中确实有这样杰出的人,野兽中也必然会有这样异常凶猛的野兽。倘若突然遇到凶猛的野兽,陷入死亡危险的境地,即使有乌获、逢蒙那样的绝技也无法施展,而那些朽木枯枝也能让人为难。即使万无一失而没有祸患,也原本不是天子所应该做的事。’汉元帝到南郊去祭祀天神,因此留下来打猎,薛广德上奏说:‘臣见到关东地区极为困苦,那里的百姓正遭受着灾难。而现在每天撞着亡秦的编钟,唱着郑、卫两国的靡靡之音,士卒暴露在旷野当中,随从官员劳苦疲倦,是想如何安定宗庙社稷吗?为什么不以凭河暴虎的行为作为鉴戒呢?’臣私下考虑这几位帝王,难道心如木石,唯独不喜欢驰骋打猎的乐趣吗?而他们能割舍自己的喜好、委屈自己,听从臣子劝阻的原因,是在于心中存有保全国家的志愿,而不是为了自身。臣听说陛下最近驾车出巡,亲自与猛兽格斗,晨出夜归。以帝王极尊贵的身份,黑夜中在荒郊野外奔波,穿行于深密的丛林,跋涉走过茂密的草丛,尤其不是万全之计。希望陛下割舍个人喜爱的娱乐,停止与猛兽格斗的游乐,上为宗庙国家着想,下抚百官和百姓。”

太宗说:“昨天的事属于偶然糊涂,不是历来都是这样。从今以后我要深深作为警戒。”

灾祥篇第三十九

【题解】

本篇记述了唐太宗与侍臣们有关灾害祥瑞的议论。太宗认为:“但使天下太平、家给人足,虽无祥瑞,亦可比德于尧、舜。若百姓不足,夷狄内侵,纵有芝草遍街衢,凤凰巢苑囿,亦何异于桀、纣?”为人之君,贵在“至公理天下,以得万姓之欢心”,这才是最大的祥瑞。虞世南、魏徵认为,邪恶战胜不了道德,修养道德可以消除灾变。岑文本认为,君犹舟,人犹水,水可以载舟,亦覆舟,只要能“明选举,慎赏罚,进贤才,退不肖。闻过即改,从谏如流”,国家就会昌盛长久。贞观君臣看重的是国家治乱、百姓生计,并不在意灾异祥瑞,这也显示了“贞观之治”重人事、修德政的特点。

【原文】贞观六年,太宗谓侍臣曰:“朕比见众议以祥瑞为美事,频有表贺庆。如朕本心,但使天下太平,家给人足,虽无祥瑞,亦可比德于尧、舜。若百姓不足,夷狄内侵,纵有芝草遍街衢[1],凤凰巢苑囿,亦何异于桀、纣?尝闻石勒时[2],有郡吏燃连理木煮白雉肉吃[3],岂得称为明主耶?又隋文帝深爱祥瑞,遣秘书监王劭著衣冠[4],在朝堂对考使焚香以读《皇隋感瑞经》[5]。旧尝见传说此事,实以为可笑。夫为人君,当须至公理天下,以得万姓之欢心。昔尧、舜在上,百姓敬之如天地,爱之如父母,动作兴事,人皆乐之;发号施令,人皆悦之;此是大祥瑞也。自此后诸州所有祥瑞,并不用申奏。”

【注释】①芝草:即灵芝。菌属。古以为瑞草。②石勒(274~333):十六国时后赵的建立者。上党武乡(今山西武乡,一说在今山西榆社北)人。羯族。年轻时被晋官吏掠卖到山东为耕奴,因而聚众起义。后投靠刘渊为大将,重用汉族失意官僚张宾,联合汉族上层,发展成割据势力。319年称赵王,建立政权,史称后赵。329年初灭前赵,取得黄河流域大部分地区,建都襄国(今河北邢台)。后称帝。③连理木:枝条连生一起的两棵树。古以为祥瑞。白雉:白色羽毛的野鸡。古时以为瑞鸟。④王劭:字君懋,生卒年不详,太原晋阳(今山西太原)人。隋代历史学家。隋文帝杨坚建立政权后,王劭被授为著作佐郎。隋炀帝继位后,王劭改任秘书监,数年后,卒于官。⑤《皇隋感瑞经》:也称《皇隋灵感志》,王劭编著。隋文帝任命王劭为著作郎,在任期间王劭前后上表言上受命符瑞甚众,隋文帝喜好机祥(吉凶祸福的预兆),王劭乘势献谀,便“采民间歌谣,引图书谶纬,依约符命,捃摭佛经”,撰成《皇隋灵感志》三十卷,美化隋朝的统治。隋文帝读后令宣示天下。

【译文】贞观六年(632),太宗对身边的大臣说:“我近来听见众人议论,认为祥瑞的出现是喜事,频频有贺表上奏。要是依照我的本意,只要能使天下太平,家家户户丰衣足食,即使没有什么吉祥的征兆,我的德行也可以和尧、舜相比。如果百姓衣食不足,外族侵扰中原,即使满街长满了灵芝,凤凰在苑囿中筑巢,又和桀、纣有什么区别呢?我曾听说后赵石勒时,有个郡的官员烧连理木煮白雉肉吃,难道石勒能称得上是英明的国君吗?

还有像隋文帝特别喜爱祥瑞之事，派秘书监王劭穿上礼服，在朝堂上对各州朝集使焚香朗读《皇隋感瑞经》。过去曾听到传说此事，觉得实在可笑。作为国君，应该用至公无私之心来治理天下，以此获得万众的欢心。从前尧、舜在帝位上，百姓像尊敬天地一样尊敬他们，像热爱父母一样热爱他们。他们兴办事情，百姓都乐意参加；他们发号施令，人民都乐于遵行；这才是最大的祥瑞啊！从今以后，各州出现祥瑞之类的事，一律不用申奏。”

【原文】贞观八年，有彗星见于南方[①]，长六丈，经百馀日乃灭。

太宗谓侍臣曰："天见彗星，由朕之不德，政有亏失，是何妖也？"

虞世南对曰："昔齐景公时有彗星见，公问晏子。晏子对曰：'公穿池沼畏不深，起台榭畏不高，行刑罚畏不重，是以天见彗星为公戒耳！'景公惧而修德，后十六日而星没。陛下若德政不修，虽麟凤数见[②]，终是无益。但使朝无阙政，百姓安乐，虽有灾变，何损于时？愿陛下勿以功高古人而自矜大，勿以太平渐久而自骄逸。若能慎终如始，彗星见未足为忧。"

太宗曰："吾之理国，良无景公之过。但朕年十八便为经纶王业[③]，北剪刘武周，西平薛举，东擒窦建德、王世充，二十四而天下定，二十九而居大位，四夷降伏，海内乂安[④]。自谓古来英雄拨乱之主无见及者，颇有自矜之意，此吾之过也。上天见变，良为是乎？秦始皇平六国，隋炀帝富有四海，既骄且逸，一朝而败，吾亦何得自骄也？言念于此，不觉惕焉震惧[⑤]！"

魏徵进曰："臣闻自古帝王未有无灾变者，但能修德，灾变自销。陛下因有天变，遂能戒惧，反复思量，深自克责，虽有此变，必不为灾也。"

【注释】①彗星：绕着太阳旋转的一种星体，通常在背着太阳的一面拖着一条扫帚状的长尾巴，体积很大，密度很小。通称扫帚星。古人认为彗星为怪异之星，把彗星贬称为"扫帚星""灾星"，往往把人间的战争、饥荒、洪水、瘟疫等灾难和彗星的出现联系在一起。②麟凤：指麒麟和凤凰。麒麟，古代传说中的一种动物。形状像鹿，头上有角，全身有鳞甲，尾像牛尾。古人以为仁兽、瑞兽，拿它象征祥瑞。凤凰，古代传说中的百鸟之王，也是古人常用来象征祥瑞的鸟类。③经纶：本指整理过的蚕丝。比喻规划、管理政治的才能。这里是经营、创建的意思。④乂安：太平，安定。⑤惕焉：担心、害怕的样子。

【译文】贞观八年(634)，有彗星出现在南方，光芒长六丈，经过一百多天才消失。

太宗对身边的大臣说："天空出现彗星，是因为我没有修好仁德，处理政事有过失，这是什么凶兆呢？"

虞世南回答说："过去齐景公时也有彗星出现，景公询问晏子。晏子回答说：'您挖掘池沼时唯恐不深，修建台榭时只怕不高，施用刑罚时只嫌不重，所以天空出现彗星，向您提出告诫！'景公内心恐惧，因而修行仁德，十六天后彗星消失了。陛下如果不修行德政，即使是麒麟凤凰屡次出现，终究还是没有益处的。只要朝廷处理政事没有过失，百姓安居乐业，即使出现凶兆怪异现象，对陛下的治理又有什么损害呢？希望陛下不要因为功

业高过古人而骄傲自大，不要因为太平日子渐渐长久就骄奢淫逸。如果能够始终如一保持谨慎，即使彗星出现，也不必担忧。”

太宗说：“我治理国家，确实没有齐景公那样的过失。但我十八岁就经营帝王事业，向北灭掉了刘武周，向西平定了薛举，向东擒获了窦建德、王世充，二十四岁时平定全国，二十九岁时登上帝位，四方的民族投降归顺，国内平安无事。我自己认为自古以来那些治理乱世的君主没有能赶得上我的，因而颇有一些骄傲自得的思想，这是我的过错。上天出现变异，当真是因为这个缘故吗？秦始皇平定六国，隋炀帝拥有天下的财富，他们既骄奢又淫逸，很快就败亡了，我又有什么值得骄傲的呢？说到这些，不由得感到非常担心、害怕！”

魏徵进言说：“臣听说自古以来的帝王没有一个不遭遇凶兆怪异的，只要能修行仁德，凶兆怪异自然会消除。陛下因为天空出现变异，就能够警惕惧怕，反复思量，深切自责，虽然有此凶兆，也一定不会成为灾祸。”

【原文】贞观十一年，大雨，穀水溢[①]，冲洛城门，入洛阳宫，平地五尺，毁宫寺十九所，所漂七百馀家。

太宗谓侍臣曰：“朕之不德，皇天降灾，将由视听弗明，刑罚失度，遂使阴阳舛谬，雨水乖常。矜物罪己，载怀忧惕，朕又何情独甘滋味？可令尚食断肉料[②]，进蔬食。文武百官各上封事，极言得失。”

中书侍郎岑文本上封事曰：“臣闻开拨乱之业，其功既难；守已成之基，其道不易。故居安思危，所以定其业也；有始有卒，所以崇其基也。今虽亿兆乂安，方隅宁谧[③]，既承丧乱之后，又接凋弊之馀，户口减损尚多，田畴垦辟犹少。覆焘之恩著矣[④]，而疮痍未复；德教之风被矣，而资产屡空。是以古人譬之种树，年祀绵远，则枝叶扶疏[⑤]；若种之日浅，根本未固，虽壅之以黑坟[⑥]，暖之以春日，一人摇之，必致枯槁。今之百姓，颇类于此。常加含养，则日就滋息；暂有征役，则随日凋耗。凋耗既甚，则人不聊生；人不聊生，则怨气充塞；怨气充塞，则离叛之心生矣。故帝舜曰：‘可爱非君，可畏非人[⑦]。’孔安国曰：‘人以君为命，故可爱。君失道，人叛之，故可畏[⑧]。’仲尼曰：‘君犹舟也，人犹水也。水所以载舟，亦所以覆舟[⑨]。’是以古之哲王虽休勿休，日慎一日者，良为此也。伏惟陛下览古今之事，察安危之机，上以社稷为重，下以亿兆为念。明选举，慎赏罚，进贤才，退不肖。闻过即改，从谏如流。为善在于不疑，出令期于必信。颐神养性，省游畋之娱；去奢从俭，减工役之费。务静方内，而不求辟土；载櫜弓矢[⑩]，而不忘武备。凡此数者，虽为国之恒道，陛下之所常行。臣之愚昧，惟愿陛下思而不怠，则至道之美，与三、五比隆[⑪]，亿载之祚，与天地长久。虽使桑穀为妖[⑫]，龙蛇作孽[⑬]，雉雊于鼎耳[⑭]，石言于晋地[⑮]，犹当转祸为福，变灾为祥，况雨水之患，阴阳恒理，岂可谓天谴而系圣心哉？臣闻古人有言：‘农夫劳而君子养焉，愚者言而智者择焉[⑯]。’辄陈狂瞽[⑰]，伏待斧钺[⑱]。”

太宗深纳其言。

【注释】①穀水：古河名。发源于渑池峭山以东的马头山谷。古时的穀水，自王城西

北流经千金竭而东注，绕流故洛阳城四周，入洛水。②尚食：官名。掌帝王膳食。③宁谧：宁静。④覆焘：也作"覆帱"，犹覆被。谓施恩、加惠。⑤扶疏：枝叶茂盛，高低疏密有致。⑥黑坟：色黑而坟起，谓土地肥沃。这里指肥土。⑦"可爱"两句：语出《尚书·虞书·大禹谟》。意谓可爱的并不是国君，可怕的并不是百姓。⑧"人以君"五句：是孔安国为《尚书》这句话作的注文，意谓百姓把国君当作性命，所以国君可爱。国君一旦丧失道义，百姓就会背叛他，所以百姓可畏。⑨"君犹舟"四句：语出《后汉书·皇甫规传》注引《孔子家语》。意谓国君就像是船，百姓就像是水。水能够承载船，也可以倾覆船。比喻在平时要想到可能发生的困难和危险。⑩櫜：收藏弓矢、盔甲的袋子。这里指把武器收藏起来。⑪三、五：这里指三皇五帝。⑫桑穀为妖：据《史记·殷本纪》记载："商汤的都城亳（今河南商丘，一说在今河南偃师）出现了桑树和穀树合生在朝堂上的怪异现象，一夜之间就长得有一搂粗。太戊帝很害怕，就去向伊陟询问。伊陟对太戊帝说：'我曾经听说，妖异不能战胜有德行的人，会不会是您在施政上有什么失误啊？希望您进一步修养德行。'太戊帝听从了伊陟的规谏，那怪树就枯死而消失了。"颜师古注说："穀，即今之楮树也。"楮树又名构树，为桑科落叶乔木，皮可作纸。⑬龙蛇作孽：据《后汉书·五行志》记载，《五行传》曰："皇之不极，是谓不建。厥咎眊，厥罚恒阴，厥极弱。时则有射妖，时则有龙蛇之孽。"在上古，本来龙是代表天帝，但降灾之事逐渐被称为"龙蛇之孽"时，于是有了妖龙、孽龙的称呼。⑭雉雊于鼎耳：据《史记·殷本纪》记载，有一次武丁祭祀成汤，第二天，有一只野鸡飞来登在鼎耳上鸣叫，武丁为此惊惧不安。祖己说："大王不必担忧，先办好政事。"祖己进一步开导武丁说："上天监察下民是着眼于他们的道义。上天赐给人的寿运有长有短，并不是上天有意使人的寿运夭折，中途断送性命。有的人不遵循道德，不承认罪恶，等到上天降下命令纠正他的德行了，他才想起来说'怎么办'。唉，大王您继承王位，努力办好民众的事，没有什么不符合天意的，还要继续按常规祭祀，不要根据那些应该抛弃的邪道举行各种礼仪！"武丁听了祖己的劝谏，修行德政，全国上下都高兴，殷朝的国势又兴盛了。⑮石言于晋地：据《左传·昭公八年》记载："春，石言于晋魏榆。晋侯问于师旷曰：'石何故言？'对曰：'石不能言，神或凭焉。'抑臣又闻之曰：'作事不时，怨动于民，则有非言之物而言。令宫室崇侈，民力凋尽，怨并作，莫保其性，石言，不亦宜乎？'于是晋侯方筑 祁之宫。叔向曰：'君子之言，信而有征。'"师旷认为，石头本身不会说话，如果听到石头说话，那么有三种可能，一种是有神附于其上；一种是民间流传的谣言；一种是朝廷腐败，民生凋敝，怨声载道。在后一种讲法里，他把一个精怪的传言解释为一种在政治昏乱情况下民怨沸腾的反应或表现，实际上是表达了一种"乱而生怪"的观念。师旷知道晋国政治腐败，百姓怨怒，面对邪恶暴政，人不敢言，托之于石。他利用"作事不时，怨动于民，则有非言之物而言"的传言来诱导晋侯施行善政。⑯"农夫"两句：意谓农夫生产粮食而为君子所食用，愚昧人说的话而为明智人择善而从。养，当作"食"，食用。⑰狂瞽：愚妄无知。多用作自谦之辞。⑱斧钺：斧和钺，古代兵器，用于斩刑。借指重刑。

【译文】贞观十一年(637)下大雨，穀水泛滥，冲进洛阳城门，涌入洛阳宫，平地水深五

尺,冲毁宫庙佛寺十九处,淹没人家七百余户。

太宗对身边的大臣说:"由于我没有修好德行,所以上天降下灾祸,或是由于我视听不明,刑罚过度,于是使得阴阳错乱,雨水反常。我怜悯百姓,责备自己,心怀忧惧,还有什么心情来享受美味呢?可以命令尚食官停止供应肉食,只进蔬菜素食。文武百官各上奏章,尽量指出政事的过失。"

中书侍郎岑文本上奏章说:"臣听说开创拨乱反正的事业,成功已经很难;守住已成功的基业更加不容易。所以居安思危,是为了稳固这个事业;做事有始有终,是为了巩固国家的基业。现在虽然百姓安居乐业,边疆平静,但是既承接了丧亡乱离之后,紧接着又是衰败凋敝之时,天下人口减少了很多,开垦的田地尤其少。皇上庇护百姓的恩惠十分显著,但战争的疮痍尚未恢复;仁德教化的风气遍布全国,但国家财政仍然时常匮乏。因此古人用种树来做比喻,说年岁久远的树,其枝叶就会茂盛;如果种下的时间短,树根还没有稳固,即使用肥土去培护它,用春天般的阳光去温暖它,但只要有一个人去摇动它,就一定会导致枯萎。现在的百姓就很类似这种情况。经常给予关心养护,就会一天天繁衍生息;一旦有征调徭役,就会一天天凋敝耗损。凋敝耗损的程度愈深,就会民不聊生;民不聊生,就会心里充满怨恨;心里充满怨恨,就会产生背离叛乱的意图。所以帝舜说:'可爱的并不是国君,可怕的并不是民众。'孔安国说:'民众把国君当作性命,所以国君可爱。国君一旦丧失道义,民众就会背叛他,所以民众可畏。'孔子说:'国君就像是船,民众就像是水。水能够承载船,也可以倾覆船。'因此古人说,圣明的国君虽然有福禄却不敢享受,一天比一天谨慎,确实就是因为这个原因。希望陛下纵览古今的事例,考察安全与危险的关键,对上应该以国家利益为重,对下应该把亿万百姓放在心里。公正明白地选拔人才,慎重地进行奖赏惩罚,要选用贤良的人,斥退奸佞的人。听到自己的过失要立即改正,接受规劝要像流水一样自然。做善事要毫不犹豫,发布命令一定要有诚信。要保养精神性情,减省游猎娱乐的活动;要戒除奢侈,厉行节俭,减省土木建筑的费用。要尽力保持国内安定,不贪求开辟疆土;要把武器收藏起来,但不要忘记军备。大凡这几件事,是治理国家的常法,也是陛下经常所施行的。以臣的愚昧,只希望陛下多加思考而不要懈怠,那么完美的道德就能与三皇五帝比拟,亿万年的国运就会跟天地一样长久。即使出现桑榖成妖,龙蛇作孽,野雉在鼎耳上鸣叫,晋地的石头开口说话,也能转祸为福,变灾为吉祥。况且雨水造成的灾害,是阴阳变化常见的自然现象,怎么能说是上天谴责,而使陛下忧心呢?臣听说古人说过这样的话:'农夫生产粮食而为君子所食用,愚昧人说的话而为明智人择善而从。'臣的陈述愚妄无知,俯伏等待陛下的重罚。"

太宗很赞同他的话,并采纳了他的建议。

慎终篇第四十

【题解】

《慎终》篇所收录的言论,从不同的角度对这一问题进行了反复论述,反映李世民和魏徵等人注意防微杜渐,力求善始慎终的思想与事迹。其中魏徵的"十渐疏"列举了贞观后期唐太宗的十种骄纵倾向,分析透辟,言辞激烈。《慎终》置于全书之末,表达了作者吴兢对当朝及后世帝王的期望。

善始易,善终难。做一件事情,开头做好并不难,难的是坚持不懈,善始善终。治理国家也是一样的,创业难,守业更难。创业初期,往往能励精图治;承平日久,难免骄奢放纵,导致败亡。当权治国的人,应该居安思危,引以为戒。

【原文】贞观五年,太宗谓侍臣曰:"自古帝王亦不能常化,假令内安,必有外扰。当今远夷率服,百谷丰稔,盗贼不作,内外宁静。此非朕一人之力,实由公等共相匡辅。然安不忘危,理不忘乱,虽知今日无事,亦须思其终始。常得如此,始是可贵也。"

魏徵对曰:"自古已来,元首股肱不能备具[①],或时君称圣,臣即不贤;或遇贤臣,即无圣主。今陛下圣明,所以致理。向若直有贤臣[②],而君不思化,亦无所益。天下今虽太平,臣等犹未以为喜,惟愿陛下居安思危,孜孜不怠耳!"

【注释】①元首:头。这里指君主。②直有:只有。

【译文】贞观五年(631),太宗对身边的大臣说:"自古以来帝王也不能经常消除祸患,假使国内安定,外部必定会有侵扰。现在远方外族都已归顺,五谷丰登,没有盗贼出现,国家内外都平安宁静。这样的局面绝不是我一个人的力量可以达到的,实在是你们共同辅佐的结果。然而安定时不能忘了危亡,太平时不能忘了战乱,虽知今日无事,也必须考虑让这种状况保持始终。经常能够这样,才是可贵的。"

魏徵回答说:"自古以来,君臣不可能都完美,有时国君圣明,大臣却不贤良;有时大臣贤良,却又没有圣明的国君。现在陛下圣明,因此天下太平。假如只有贤臣,而国君不考虑教化,也不会有什么益处。现在天下虽然太平,但我等臣子还不能以此为喜,只希望陛下能居安思危,孜孜不倦,不要懈怠!"

【原文】贞观六年,太宗谓侍臣曰:"自古人君为善者,多不能坚守其事。汉高祖,泗上一亭长耳[①],初能拯危诛暴,以成帝业,然更延十数年,纵逸之败,亦不可保。何以知之?孝惠为嫡嗣之重[②],温恭仁孝,而高帝惑于爱姬之子,欲行废立[③];萧何、韩信,功业既高,萧既妄系[④],韩亦滥黜,自馀功臣黥布之辈[⑤],惧而不安,至于反逆。君臣父子之间悖谬若此,岂非难保之明验也?朕所以不敢恃天下之安,每思危亡以自戒惧,用保其终。"

【注释】①泗上:泛指泗水北岸的地域。这里指泗水亭(今江苏沛县东),刘邦曾任泗水亭长。亭长:秦汉时在乡村每十里设一亭,置亭长,掌治安,捕盗贼,理民事。②孝惠:

即汉惠帝刘盈(前213~前188),西汉第二位皇帝(前194~前188),他是汉朝开国皇帝刘邦的嫡长子,母亲吕雉,在位7年。③"高帝"两句:当初,汉高帝宠幸戚夫人,戚夫人有一子名曰刘如意,刘如意聪明伶俐,英武果敢,作风很像汉高帝,高帝觉得太子刘盈优柔寡断,软弱无能,便想废刘盈。刘盈的母亲吕皇后便请大贤商山四皓来替刘盈说话并辅佐,才免了废太子的厄运。④妄系:无故抓人入罪。⑤黥布:即英布(?~前195),六安(今安徽六安)人,因受秦律被黥,所以称黥布。初属项羽,为霸王帐下五大将之一,被封为九江王,后叛楚归汉,被封为淮南王。与韩信、彭越并称汉初三大名将。汉王十一年,吕后诛杀淮阴侯韩信,引起了英布的惊慌。同年夏,又杀梁王彭越。英布得知后,大为恐慌,怕祸及自身,于是暗中聚合部队,起兵反叛。后兵败被杀。

【译文】贞观六年(632),太宗对身边的大臣说:"自古以来做善事的帝王,大多数不能坚持到底。汉高祖原本是泗水亭的一个亭长,最初还能够拯救危亡,翦除暴政,因此成就了帝王大业,然而再让他延长十几年的话,就会放纵逸乐而败亡,也不能保住他创下的帝业。为什么知道这些呢?汉惠帝刘盈有嫡长子继承人的重要地位,而且为人温和、恭敬、仁爱、孝顺,然而汉高祖却因爱姬的儿子刘如意而犹豫不决,准备废黜皇储而另立太子;萧何、韩信的功业很高,而萧何后来被无端械系下狱,韩信也被滥加贬黜,其余的功臣像黥布等辈,就会惧怕而不能自安,最终叛逆谋反。君臣父子之间悖逆荒谬到这种地步,难道不是难以保住功业的明证吗?所以我不敢倚仗天下安宁,而常常考虑到危险败亡来使自己警戒害怕,以此来保持到最终。"

【原文】贞观九年,太宗谓公卿曰:"朕端拱无为[①],四夷咸服,岂朕一人之所致,实赖诸公之力耳!当思善始令终,永固鸿业,子子孙孙,递相辅翼。使丰功厚利施于来叶[②],令数百年后读我国史,鸿勋茂业粲然可观,岂惟称隆周、炎汉及建武、永平故事而已哉[③]?"

房玄龄因进曰:"陛下㧑挹之志[④],推功群下,致理升平,本关圣德,臣下何力之有?惟愿陛下有始有卒,则天下永赖。"

太宗又曰:"朕观古先拨乱之主,皆年逾四十,惟汉光武年三十三。但朕年十八便举兵,年二十四定天下,年二十九升为天子,此则武胜于古也。少从戎旅,不暇读书,贞观以来,手不释卷,知风化之本,见政理之源。行之数年,天下大理而风移俗变,子孝臣忠,此又文过于古也。昔周、秦已降,戎狄内侵,今戎狄稽颡[⑤],皆为臣妾,此又怀远胜古也。此三者,朕何德以堪之?既有此功业,何得不善始慎终耶?"

【注释】①端拱:谓闲适自得,清静无为。②来叶:后世。③周:指西周。炎汉:指西汉。汉自称以火德王,故称炎汉。建武:刘秀称帝,国号汉,是为东汉,年号建武。永平:建武中元二年二月汉明帝即位,沿用建武中元年号,次年改元永平。④㧑挹:亦作"㧑抑",谦抑,谦让。⑤稽颡:古代一种跪拜礼,屈膝下拜,以额触地,表示极度的虔诚。

【译文】贞观九年(635),太宗对公卿们说:"我闲适自得,清静无为的政策,使四方外族全部归服,这哪里是我一个人能办得到的,实在是依靠诸位的大力扶持啊!应当考虑善始善终,永远巩固宏伟的基业,使子子孙孙,一代一代互相辅佐。让丰功伟业、深厚的

利益延续到后世，让数百年以后读我朝历史的人们，感到伟大的功勋和繁荣的事业光辉耀眼，岂止是称颂西周、西汉和东汉光武帝、明帝的故事而已？”

房玄龄趁势进奏说：“陛下谦逊的心意，把功劳推让给群臣，国家治理的太平，其根本原因在陛下的大德，我们有什么功劳呢？只希望陛下有始有终，那么天下就永远可以得到依靠。”

太宗又说：“我观察古代拨乱反正的国君，年龄都超过了四十岁，只有汉光武帝是三十三岁。但是我十八岁就举兵创业，二十四岁时平定天下，二十九岁时升为天子，这是武功胜过了古人。我少年轻时从军，没有闲暇时间来读书，贞观以来，手不释卷，明白了教育感化的根本，发现了执政方略的渊源。施行了数年之后，天下大治，风俗习气得到改革，儿子孝顺，臣子忠心，这是文治又胜过了古人。过去周、秦以来各个朝代，外族入侵中原，现在戎狄都虔诚归服，都成了臣属，这是安抚远邦又胜过了古人。这三方面，我有什么德行可以承受得起？既然有了这样的功业，怎么能不善始善终呢？”

【原文】贞观十二年，太宗谓侍臣曰：“朕读书见前王善事，皆力行而不倦。其所任用公辈数人，诚以为贤，然致理比于三、五之代，犹为不逮，何也？”

魏徵对曰：“今四夷宾服[①]，天下无事，诚旷古所未有。然自古帝王初即位者，皆欲励精为政，比迹于尧、舜；及其安乐也，则骄奢放逸，莫能终其善。人臣初见任用者，皆欲匡主济时，追踪于稷、契[②]；及其富贵也，则思苟全官爵，莫能尽其忠节。若使君臣常无懈怠，各保其终，则天下无忧不理，自可超迈前古也。”

太宗曰：“诚如卿言。”

【注释】①宾服：归顺，顺服。②稷、契：稷和契的并称，唐虞时代的两位贤臣。稷，即后稷，名叫弃，是周代姬氏最初的远祖，帝尧时人。他爱好耕种农作物，能选择肥沃土壤和地势适宜的地方种植五谷，当时人民都效法他。尧帝见他对农事有特殊才干，就任用他为农师，掌管农事，封他于邰地（今陕西武功境），号称为后稷。契，虞舜时，派契、后稷帮助禹治水。十三年后，禹治好了水，同时也封契于商（今陕西商县）。虞舜又任命契为司徒，也开始治理商地。

【译文】贞观十二年（638），太宗对身边的大臣说：“我在读书时发现前朝帝王做过的善事，都身体力行而不知厌倦。我任用你们几位，确实认为你们是贤良的大臣，然而治理国家的成绩还是比不上三皇五帝时代，这是什么原因呢？”

魏徵回答说：“现在四方异族归顺，天下平安无事，的确是旷古未没有过的盛况。然而，自古以来凡是刚即位的帝王，都想振奋精神治理好国家，与尧、舜的功绩相媲美；等到他太平安乐时，就骄奢放纵，不能把善政坚持到底。凡是刚刚得到任用的臣子，都想辅佐国君，挽救时局，追赶上稷、契的功绩；等到他们富贵时，就只想苟且保住自己的官职爵位，不能够尽忠尽节了。假使能让君臣经常不懈怠，各自坚持到底，那么天下就不用担心治理不好，自然可以超越前代古人。”

太宗说：“确实像你说的这样。”

【原文】贞观十三年，魏徵恐太宗不能克终俭约，近岁颇好奢纵，上疏谏曰：

"臣观自古帝王受图定鼎[1]，皆欲传之万代，贻厥孙谋。故其垂拱岩廊[2]，布政天下。其语道也，必先淳朴而抑浮华；其论人也，必贵忠良而鄙邪佞；言制度也，则绝奢靡而崇俭约；谈物产也，则重谷帛而贱珍奇。然受命之初，皆遵之以成治；稍安之后，多反之而败俗。其故何哉？岂不以居万乘之尊，有四海之富，出言而莫己逆，所为而人必从，公道溺于私情，礼节亏于嗜欲故也？语曰：'非知之难，行之惟难；非行之难，终之斯难。'所言信矣。"

【注释】①受图定鼎：建立王朝。受图，《尚书·仲虺》载，河伯曾以河图授大禹，后因称帝王受命登位为"受图"。定鼎，相传禹铸九鼎，为古代传国之宝，保存在王朝建都的地方。后来称定都或建立王朝为"定鼎"。②岩廊：亦作"岩郎"，高峻的廊庑。这里借指朝廷。

【译文】贞观十三年(639)，魏徵恐怕太宗不能始终保持俭朴节约，近几年又很喜欢奢侈放纵，于是上奏章规劝说：

"臣观察自古以来的帝王建立王朝，都想把皇位传到万世，为子孙做打算。所以他们垂衣拱手，端坐朝堂，向天下宣布政令。他们谈论治国的方略时，一定是推崇质朴敦厚而抑制虚浮华丽；在议论人物时一定是赞许忠诚贤良而鄙视邪恶奸佞；在讲述政治法度时一定是禁止奢侈浪费，崇尚俭朴节约；在谈论物产时就会说重视谷物布帛，轻视珍宝奇玩。在受命登基之初，都能遵循这些原则达到政治清明；稍微安定之后，大多数人违反了这些原则而败坏了社会风俗。这是什么缘故呢？难道不是因为处在极其尊贵的地位，拥有天下的财富，说出的话没有谁敢违背，所做的事别人都一定会遵从，公道被个人的情感所淹没，礼仪法度被欲望所损害的缘故吗？古话说：'不是了解它有困难，而是实行它才会困难；不是实行它有困难，而是坚持到底才困难。'所说的是很实在啊！"

【原文】"伏惟陛下，年甫弱冠[1]，大拯横流[2]，削平区宇，肇开帝业。贞观之初，时方克壮，抑损嗜欲，躬行节俭，内外康宁，遂臻至治。论功则汤、武不足方[3]；语德则尧、舜未为远。臣自擢居左右，十有馀年，每侍帷幄，屡奉明旨。常许仁义之道，守之而不失；俭约之志，终始而不渝。一言兴邦，斯之谓也。德音在耳，敢忘之乎？而顷年已来，稍乖曩志[4]，敦朴之理，渐不克终。"谨以所闻，列之如左：

【注释】①弱冠：古时以男子二十岁为成人，初加冠，因体犹未壮，故称弱冠。②横流：水往四处乱流。这里指世道混乱。③方：泛指并列。这里是相提并论的意思。④曩志：过去的志向。曩，以前，过去。

【译文】"陛下年龄刚到二十，就极力拯救混乱的世道，平定了域中战乱，开创了帝王的基业。贞观初年，正当陛下年轻力壮的时候，就能够抑制嗜好和欲望，亲自实行节俭，内外安乐宁静，于是达到大治的局面。论功业，就是商汤、周武王也不能相提并论；论道德，就是与唐尧、虞舜也相差不远。臣自从被擢任为陛下的左右侍臣来，已有十多年，常常在宫廷中侍从君主，参与谋划，屡次接受英明的旨意。陛下常赞许仁义的治国方法，坚

持奉行而不放弃；厉行俭朴节约的志向，始终不渝。一句话可以让国家兴盛起来，说的就是这个道理。陛下的话还在耳边回响，我怎么敢忘记呢？然而近年以来，陛下逐渐违背了原来的志向，敦厚纯朴的精神也渐渐不能坚持到底了。”谨把臣所听说到的，列举在下面：

【原文】“陛下贞观之初，无为无欲，清静之化，远被遐荒。考之于今，其风渐坠。听言则远超于上圣，论事则未逾于中主[1]。何以言之？汉文、晋武俱非上哲，汉文辞千里之马，晋武焚雉头之裘[2]。今则求骏马于万里，市珍奇于域外，取怪于道路，见轻于戎狄，此其渐不克终一也。”

【注释】①中主：中等才德的君主。②“晋武”句：晋武帝时，太医司马程据献上一件“雉头裘”，（就是用野鸡头上绒毛做成的裘衣），武帝认为这是奇装异服，也不符合典礼，于是让人将“雉头之裘”在殿前烧毁。

【译文】“陛下在贞观初年，恪守无为无欲的治国方略，清明宁静的教化，覆盖到了遥远的荒凉地区。但考察时下，这种风气已经渐渐丧失了。听陛下的言论，已远远超过上古英明的帝王；论陛下的作为，却连中等才德的君主都没能超越。为什么这样说呢？汉文帝、晋武帝都不是英明圣哲的帝王，但汉文帝曾辞退了别人奉献的千里马，晋武帝曾烧掉了用雉头毛制成的裘衣。现在陛下却派人到万里之外去寻求骏马，到域外购买珍奇宝物，招致道路行人的惊怪，被外族所轻视，这是陛下渐渐不能坚持到底的第一个方面。”

【原文】“昔子贡问理人于孔子。孔子曰：‘凛乎若朽索之驭六马[1]。’子贡曰：‘何其畏哉？’子曰：‘不以道遵之，则吾雠也，若何其无畏？’故《书》曰：‘民惟邦本，本固邦宁[2]。’为人上者奈何不敬？陛下贞观之始，视人如伤，恤其勤劳，爱之犹子。每存简约，无所营为[3]。顷年已来，意在奢纵，忽忘卑俭，轻用人力，乃云：‘百姓无事则骄逸，劳役则易使。’自古以来，未有由百姓逸乐而致倾败者也，何有逆畏其骄逸而故欲劳役之哉？恐非兴邦之至言，岂安人之长算？此其渐不克终二也。

【注释】①懔：恐惧。这里是小心谨慎的意思。六马：指用六匹马驾的车子。②“民惟”两句：语出《尚书·五子之歌》。意谓人民是国家的根本，根本牢固，国家才安宁。③营为：这里指经营大兴土木活动。

【译文】“从前子贡向孔子请教治理百姓的方法。孔子说：‘要像用腐朽的缰绳驾驭六匹马拉着的车那样小心谨慎。’子贡问：‘为什么这么担心呢？’孔子说：‘不用仁义之道去引导百姓，百姓就会仇恨我，怎么能不担心呢？’所以《尚书》上说：‘民众是国家的根本，根本牢固，国家才安宁。’统治百姓的国君怎么能对百姓不敬重呢？贞观初年，陛下对待百姓就像对待自身的伤口一样，怜悯他们的勤恳辛劳，爱护百姓就像爱护自己的子女一样。自己总是保持简朴节约，没有营构什么宫室。近几年来，却着意于奢侈纵欲，忽视了谦虚节俭，轻易地使用劳力，还说：‘百姓没有事干就会放纵懒散，经常役使就容易驾驭。’自古以来，没有因为百姓清闲安乐而导致国家倾覆败亡的，哪有反而担心百姓安逸而故意去劳累他们的呢？这恐怕不是振兴国家的正确言论，怎么能作为安抚人民的长远

打算呢？这是陛下渐渐不能坚持到底的第二个方面。”

【原文】“陛下贞观之初，损己以利物，至于今日，纵欲以劳人。卑俭之迹岁改，骄侈之情日异。虽忧人之言不绝于口，而乐身之事实切于心。或时欲有所营，虑人致谏，乃云：‘若不为此，不便我身。’人臣之情，何可复争？此直意在杜谏者之口[①]，岂曰择善而行者乎？此其渐不克终三也。”

【注释】①直：只是。

【译文】“贞观初年，陛下简省自己的享受而让百姓得到好处，到了现在，却放纵个人的私欲而劳役百姓。谦逊俭朴的作风一年年地在改变，骄矜奢侈的性情一天天在发展。虽然关心百姓的话在口中不停地说着，但自身享乐的事在心里是最关切的。有时想营造宫室，担心臣子进谏劝阻，就说：‘如果不这样做，对我自身不方便。’碍于君臣的情分，臣子怎么能再谏诤呢？这只是意在封住大臣们的嘴，哪能说是选择好的意见而施行呢？这是陛下渐渐不能坚持到底的第三个方面。”

【原文】“立身成败，在于所染，兰芷鲍鱼[①]，与之俱化。慎乎所习，不可不思。陛下贞观之初，砥砺名节[②]，不私于物，唯善是与[③]，亲爱君子，疏斥小人。今则不然，轻亵小人[④]，礼重君子。重君子也，敬而远之；轻小人也，狎而近之。近之则不见其非，远之则莫知其是；莫知其是，则不间而自疏，不见其非，则有时而自昵[⑤]。昵近小人，非致理之道；疏远君子，岂兴邦之义？此其渐不克终四也。

【注释】①兰芷：兰草与白芷，皆香草。这里比喻品质高洁的人。鲍鱼：咸鱼，气味腥臭。这里比喻腐败丑恶的人。亲近兰芷，远离鲍鱼，是儒家教人处世立身的原则。在接触人与事的过程中，要接触像兰芷一样品质高洁的人，要拒绝像鲍鱼一样腐败丑恶的人。②砥砺：磨炼。③与：交往，友好。④轻亵：轻佻地亲近。⑤昵：亲近，亲热。

【译文】“立身的成功与失败，取决于人所接触的环境，接触像兰芷一样品质高洁的人和像鲍鱼一样腐败丑恶的人，时间久了就会受到它们的影响。因此要谨慎地对待所接触的东西，不能不认真思考。陛下在贞观初年时，注意磨炼名誉和节操，对人不偏私，只要是善良的就和他交往，亲近爱护君子，疏远斥退小人。现在就不是那样了，对小人轻佻地亲近，对君子礼节性地尊重。名义是尊重君子，实际上是敬而远之；名义上是轻视小人，实际上是亲近他们。亲近小人就看不见他们的错误，疏远君子就不知道他们的正确；不知道君子的正确，就会不用别人离间也自然疏远他们，看不见小人的错误，就会不时地自觉去亲近他们。亲近小人，绝不是治理国家的办法；疏远君子，难道是振兴国家的方略？这是陛下渐渐不能坚持到底的第四个方面。”

【原文】“《书》曰：‘不作无益害有益，功乃成；不贵异物贱用物，人乃足。犬马非其土性不畜，珍禽奇兽弗育于国[①]。’陛下贞观之初，动遵尧、舜，捐金抵璧[②]，反朴还淳。顷年以来，好尚奇异，难得之货，无远不臻；珍玩之作，无时能止。上好奢靡而望下敦朴，未之有也。末作滋兴[③]，而求丰实，其不可得亦已明矣。此其渐不克终五也。”

【注释】①“不作”六句：语出《尚书·旅獒》。②捐金抵璧：谓不重财物。语本晋葛洪

《抱朴子·安贫》:"上智不贵难得之财,故唐虞捐金而抵璧。"③末作:古代指工商业。

【译文】"《尚书》上说:'不要做无益的事来损害有益的事,事业才能成功;不看重奇异的东西,不轻视日常用品,百姓才会富足。犬马不是本地生长的就不要畜养,珍禽奇兽不要养育在国中。'陛下在贞观初年,动则效法唐尧、虞舜,不看重财物,返璞归真。近几年来,喜欢崇尚稀奇怪异的东西,难以获得的物品,无论多远也要弄到手;珍奇玩物的制作,没有时间能够停止。国君喜欢奢靡而希望下面的人敦厚俭朴,是没有过的事。大举兴办工商业而指望农民丰足厚实,这不可能办到是很明显的。这是陛下渐渐不能坚持到底的第五个方面。"

【原文】"贞观之初,求贤如渴,善人所举[1],信而任之,取其所长,恒恐不及。近岁已来,由心好恶,或众善举而用之,或一人毁而弃之;或积年任而用之,或一朝疑而远之。夫行有素履[2],事有成迹。所毁之人,未必可信于所举;积年之行,不应顿失于一朝。君子之怀,蹈仁义而弘大德;小人之性,好谗毁以为身谋。陛下不审察其根源,而轻为之臧否[3],是使守道者日疏,干求者日进[4]。所以人思苟免,莫能尽力。此其渐不克终六也。"

【注释】①善人所举:有道德的人所举荐的人才。善人,这里指有道德的人,善良的人。②素履:平素的言行。③臧否:褒贬,好坏。④干求:求取。

【译文】"贞观初年,陛下求贤若渴,有道德的人所举荐的人才,相信并任用他们,发挥他们的长处,常担心他们赶不上最好的。近年以来,陛下完全是凭借自己心中的喜好和厌恶来用人,有时众人都说好而被举荐的人才能被任用,但只要有一个人诋毁就抛弃他们;有时多年相信并任用的人,一旦有所怀疑就疏远他们。人的品行在平素可以表现出来,做事有成绩可以检验。诋毁人的人,不一定比被举荐的人可信;积累多年的品行,不应该一下子就被否定。君子的胸怀,是为了实行仁义和弘扬道德;小人的本性,喜欢花言巧语攻击别人是为了自己的利益。陛下不审察他们的来龙去脉,而轻易地加以褒贬,这样就使得奉行道义的人一天天被疏远,钻营求取的人一步步得到进用。因此人人都想苟全免祸,谁也不愿尽心竭力。这是陛下渐渐不能坚持到底的第六个方面。"

【原文】"陛下初登大位,高居深视,事惟清静,心无嗜欲。内除毕弋之物[1],外绝畋猎之源。数载之后,不能固志,虽无十旬之逸[2],或过三驱之礼。遂使盘游之娱见讥于百姓,鹰犬之贡远及于四夷。或时教习之处,道路遥远,侵晨而出[3],入夜方还,以驰骋为欢,莫虑不虞之变,事之不测,其可救乎?此其渐不克终七也。"

【注释】①毕弋:"毕"为捕兽所用之网,"弋"为射鸟所用的系绳之箭。②十旬之逸:指长时间的游乐。《尚书·五子之歌》云:"太康盘游无度,畋于有洛之表,十旬弗返。"旬,十天。③侵晨:天刚有点亮时。

【译文】"陛下刚登上帝位时,高瞻远瞩,办事只求清静,心中没有嗜好欲望。在内除去毕、弋等狩猎工具,在外禁绝狩猎游玩的根源。几年以后,就不能坚守当初的志向了,虽然没有狩猎十旬不归的事情,但有时也超过了天子一年三次田猎的礼制。于是使游猎的娱乐遭到百姓的讥讽,所进贡的猎鹰猎犬,有的来自四方边远的民族。有时候教习武

艺的地方道路遥远，陛下天刚有点亮就出去，深夜才回来，把车马驰骋当作欢乐，不考虑难以预料的变故，如果事有不测，能来得及挽救吗？这是陛下渐渐不能坚持到底的第七个方面。”

【原文】“孔子曰：‘君使臣以礼，臣事君以忠[①]。’然则君之待臣，义不可薄。陛下初践大位，敬以接下，君恩下流，臣情上达，咸思竭力，心无所隐。顷年已来，多所忽略，或外官充使[②]，奏事入朝，思睹阙庭，将陈所见，欲言则颜色不接，欲请又恩礼不加。间因所短，诘其细过，虽有聪辩之略，莫能申其忠款[③]，而望上下同心，君臣交泰[④]，不亦难乎？此其渐不克终八也。”

【注释】①“君使臣”两句：语出《论语·八佾》。这是孔子对鲁定公说的话。意谓君主使用臣下应该以礼节相待，臣下侍奉君主应该用忠心相报。②外官：地方官。与京官相对。③款：诚恳亲切。④交泰：这里指君臣之意互相融洽，上下同心。

【译文】“孔子说：‘君主使用臣下应该以礼节相待，臣下事奉君主应该用忠心相报。’既然这样，国君对待臣子，礼节上不可轻薄。陛下刚登帝位时，用恭敬的态度接待臣下，使国君的恩惠向下流布，臣子的想法向上禀报国君，君臣都想竭心尽力，心中没有什么隐讳保留的。近年以来，有许多地方被忽略了，有时地方官充任使节，入朝奏事，想拜见陛下，陈述见解，但想说话时陛下却不能和颜悦色地倾听，想提出请求又得不到恩准。有时还因臣下有不足之处，就责问他细小的过失，这样即使臣子有聪敏善辩的才能，也无法表明他的忠诚，而希望上下同心，君臣融洽，不也是很困难吗？这是陛下渐渐不能坚持到底的第八个方面。”

【原文】“傲不可长，欲不可纵，乐不可极，志不可满。四者，前王所以致福，通贤以为深诫。陛下贞观之初，孜孜不怠，屈己从人，恒若不足。顷年已来，微有矜放，恃功业之大，意蔑前王，负圣智之明，心轻当代，此傲之长也。欲有所为，皆取遂意，纵或抑情从谏，终是不能忘怀，此欲之纵也。志在嬉游，情无厌倦，虽未全妨政事，不复专心治道，此乐之将极也。率土乂安，四夷款服，仍欲远劳士马，问罪遐裔[①]，此志将满也。亲狎者阿旨而不肯言，疏远者畏威而莫敢谏，积而不已，将亏圣德。此其渐不克终九也。”

【注释】①遐裔：这里指边远地区的少数民族。

【译文】“骄傲不可滋长，私欲不可放纵，娱乐不可过度，心志不可溢满。这四个方面，前朝帝王用作求得福运的方法，历代贤人用作深切的警戒。陛下在贞观初年，孜孜不倦，委屈自己顺从他人，还常常觉得做得不够。近年以来，稍微有些骄傲放纵，自恃功业盛大，心中轻视前朝帝王，自以为圣哲英明，内心看不起当代人物，这就是骄傲滋长的表现。想要干什么，都随心所欲，即使有时压抑自己的情绪听从臣子的劝谏，却始终是耿耿于怀，这就是放纵私欲的表现。志趣在嬉戏游乐上，心里从来没有厌倦，虽然没有完全妨碍处理政事，但却不能专心思考治国，这就是娱乐过度的表现。天下安定，外族归顺，却仍然让士兵远行辛劳，向边远的民族进兵，这就是心志溢满的表现。亲近的人迎合陛下的旨意而不肯直谏，疏远的人畏惧陛下的天威而不敢规劝，这样不断地积累下去，将有损陛

下高尚的品德。这是陛下渐渐不能坚持到底的第九个方面。”

【原文】“昔陶唐、成汤之时，非无灾患，而称其圣德者，以其有始有终，无为无欲，遇灾则极其忧勤，时安则不骄不逸故也。贞观之初，频年霜旱，畿内户口并就关外，携负老幼，来往数年，曾无一户逃亡，一人怨苦。此诚由识陛下矜育之怀①，所以至死无携贰②。顷年已来，疲于徭役，关中之人，劳弊尤甚。杂匠之徒，下日悉留和雇③；正兵之辈，上番多别驱使④；和市之物不绝于乡闾⑤，递送之夫相继于道路。既有所弊，易为惊扰，脱因水旱⑥，谷麦不收，恐百姓之心，不能如前日之宁帖⑦。此其渐不克终十也。”

【注释】①矜育：矜怜养育。②携贰：离心，怀有二心。③下日：指服役结束之日。④上番：指调到京城服役。⑤和市：古代指官府按市价向民间购买实物。至唐宋以后，实际成为强行摊派、掠夺民财民物的制度。⑥脱因：或许因为。⑦宁帖：也作“宁贴”，安宁舒贴。

【译文】“从前陶唐、成汤的时代，不是没有灾祸，之所以称颂他们圣明贤德的原因，是因为他们做事有始有终，无为而治，没有私欲，遇到灾祸时就特别忧虑、勤于政事，时世安定时，也不骄矜不放纵的缘故。贞观初年，连年霜灾旱灾，京郊的百姓全都流向关外，扶老携幼，往返数年，却没有一户人家逃亡，没有一个人抱怨痛苦。这确实是因为百姓体会到陛下怜悯抚育他们的胸怀，因此至死也不怀二心。近年以来，百姓被徭役弄得疲惫不堪，关中的百姓尤其严重。各种工匠结束服役期限后，又都被迫留下来继续受官府雇用；正在服役的士兵，大多被调到京城去做杂役；不断地在乡间中强行摊派、掠夺民财民物，在道路上押送物资的差役络绎不绝。既已出现了弊端，百姓就容易被惊扰，万一因为水旱灾害，谷物绝收，恐怕百姓的心就不能像过去那样安宁舒贴。这是陛下渐渐不能坚持到底的第十个方面。”

【原文】“臣闻‘祸福无门①，唯人所召’。人无衅焉②，妖不妄作。伏惟陛下统天御宇十有三年，道洽寰中③，威加海外，年谷丰稔，礼教聿兴④，比屋喻于可封⑤，菽粟同于水火⑥。暨乎今岁，天灾流行，炎气致旱，乃远被于郡国；凶丑作孽，忽近起于毂下⑦。夫天何言哉？垂象示诫，斯诚陛下惊惧之辰，忧勤之日也。若见诫而惧，择善而从，同周文之小心，追殷汤之罪己。前王所以致理者，勤而行之；今时所以败德者，思而改之。与物更新，易人视听，则宝祚无疆⑧，普天幸甚，何祸败之有乎？然则社稷安危，国家理乱，在于一人而已。当今太平之基，既崇极天之峻；九仞之积，犹亏一篑之功⑨。千载休期⑩，时难再得，明主可为而不为，微臣所以郁结而长叹者也。”

【注释】①祸福无门：谓祸福没有定数，都是人所自取。②衅：缝隙，破绽。引申为争端，事端。③道洽寰中：道义遍及全国。洽，广泛，普遍。寰中，天下。④聿：古汉语助词，用在句首或句中。⑤“比屋”句：家家户户都为可以旌表而感到喜悦。比屋，家家户户。喻，通“愉”，愉快，高兴。可封，在唐、虞时代，贤人很多，差不多每家都有可受封爵的德行。这里指可以得到旌表（封建统治者用立牌坊或挂匾额等表扬遵守封建礼教的人）。⑥菽粟同于水火：比喻菽粟就像水火一样遍及且容易取得。⑦毂下：辇毂之下。旧指京

城。⑧宝祚：国运，帝位。⑨"九仞"两句：语出《尚书·旅獒》："为山九仞，功亏一篑。"意谓堆积九仞高的山，还差一筐土就不能成功。比喻做事情只差最后一点没能完成。亏，欠缺。篑，盛土的筐子。⑩休期：美好的时期。

【译文】"臣听说'福祸的降临没有定数，都是人们自己招来的'。人们没有疏漏事端，怪异之事就不会发生。陛下统治天下已经有十三年了，道义遍及全国，声威远加境外，粮食连年丰收，礼教兴盛，家家户户都为可以旌表而感到喜悦，菽粟就像水火一样到处都有而容易取得。到了今年，天灾流行，炎热的气候引起旱灾，遍及全国各地；凶恶之徒犯上作乱，忽然就发生在离京城这么近的地方。上天会说什么呢？显现异常天象，这是表示告诫，这实在是陛下应该警惕畏惧之时、忧虑勤奋之日了。如果陛下见到上天垂示的告诫而畏惧，就应该选择好的意见加以采纳，像周文王那样小心谨慎，像商汤那样归罪自己。前朝帝王实现天下太平的措施，应该勤奋地施行；现在败坏道德的行为，应该深切反省，加以改正。与天下万物一起更新，改变人们对事物的印象和看法，那么帝位就可以永久流传，普天下都很幸运，怎么还会发生祸害败亡的事情呢？国家的安危治乱，就在于国君一个人而已。现在太平的基业已经像天一样高；就像堆积九仞高的山，还差一筐土就能完成了。这是千载难逢的大好时机，时机很难再得，英明的国君可以做到而不努力去做，这就是微臣心怀郁结而长声叹息的原因。"

【原文】"臣诚愚鄙，不达事机，略举所见十条，辄以上闻圣听。伏愿陛下采臣狂瞽之言，参以刍荛之议，冀千虑一得，衮职有补[①]，则死日生年，甘从斧钺。"

疏奏，太宗谓徵曰："人臣事主，顺旨甚易，忤情尤难[②]。公作朕耳目股肱，常论思献纳。朕今闻过能改，庶几克终善事。若违此言，更何颜与公相见？复欲何方以理天下？自得公疏，反复研寻，深觉词强理直，遂列为屏障，朝夕瞻仰。又录付史司[③]，冀千载之下，识君臣之义。"乃赐徵黄金十斤，厩马二匹。

【注释】①衮职有补：意谓对国君的缺失有所补益。衮职，古代指帝王的职事。亦借指帝王。《诗·大雅·烝民》："衮职有阙，维仲山甫补之。""补阙"的本义是替皇帝弥补过失。②忤情：违逆心意。③史司：史官。

【译文】"臣实在愚昧浅陋，不通晓事理的关键，大致列举所观察到的十个方面，就奉上让陛下知晓。希望陛下采纳臣下的愚妄言论，参考樵夫俗子的意见，期望愚者千虑之一得，对国君的缺失有所补益，那么臣下虽死犹生，甘心接受刑戮。"

奏章送上去，太宗对魏徵说："臣下侍奉君主，顺从旨意很容易，违逆国君的旨意很难。你作为我的辅佐大臣，常常论述自己的观点献给我采纳。我现在知道自己有过失时就能改正，也许能做到善始善终。如果我违背了这句话，还有什么脸面和你相见呢？又将用什么方法来治理天下呢？自从看到你的奏章，我反复研究探求，深深感觉到它言辞有力、道理正确，于是就把它贴在屏风上，早晚恭恭敬敬地观看。又抄录下来交给史官，希望千年以后的人们也能够知道君臣之间应遵守的道义。"于是太宗赏赐给魏徵黄金十斤，宫中的马两匹。

【原文】贞观十四年，太宗谓侍臣曰："平定天下，朕虽有其事，若守之失图[①]，功业亦复难保。秦始皇初亦平六国，据有四海，及末年不能善守，实可为诫。公等宜念公忘私，则荣名高位，可以克终其美。"

魏徵对曰："臣闻之，战胜易，守胜难。陛下深思远虑，安不忘危，功业既彰，德教复洽，恒以此为政，宗社无由倾败矣[②]。"

【注释】①失图：政策失误。②宗社：宗庙和社稷的合称，借指国家。

【译文】贞观十四年(640)，太宗对身边的大臣说："平定天下，我虽然做到了，如果守天下时政策失误，功业仍然难以保持。秦始皇当初也曾平定六国，据有四海，到了晚年却不能保住江山，实在值得引以为戒。你们应当想着国家，忘掉私利，那么荣耀的名声和崇高的爵位，就能完美地保持到最后。"

魏徵回答说："臣听说，夺取胜利容易，保持胜利困难。陛下深谋远虑，居安思危，功业已很显著，道德教化又和谐融洽，长期这样处理政事，国家就没有理由倾覆败亡了。"

【原文】贞观十六年，太宗问魏徵曰："观近古帝王，有传位十代者，有一代两代者。亦有身得身失者。朕所以常怀忧惧，或恐抚养生民不得其所[①]，或恐心生骄逸，喜怒过度。然不能自知，卿可为朕言之，当以为楷则。"

徵对曰："嗜欲喜怒之情，贤愚皆同。贤者能节之，不使过度；愚者纵之，多至失所。陛下圣德玄远[②]，居安思危，伏愿陛下常能自制，以保克终之美，则万代永赖。"

【注释】①生民：人民，百姓。②玄远：玄妙幽远。这里指深谋远虑。

【译文】贞观十六年(642)，太宗问魏徵说："我观察自古以来的帝王，有传帝位至十代的，也有传位一代两代的，也有自己取得又自己失去的。我所以经常心中感到忧惧，有时是担心抚育的百姓没有得到应有的安置，有时又惧怕自己产生骄矜放纵的情绪，喜怒过度。然而我不能自己察觉得到，你可以为我指出来，我当作行动的准则。"

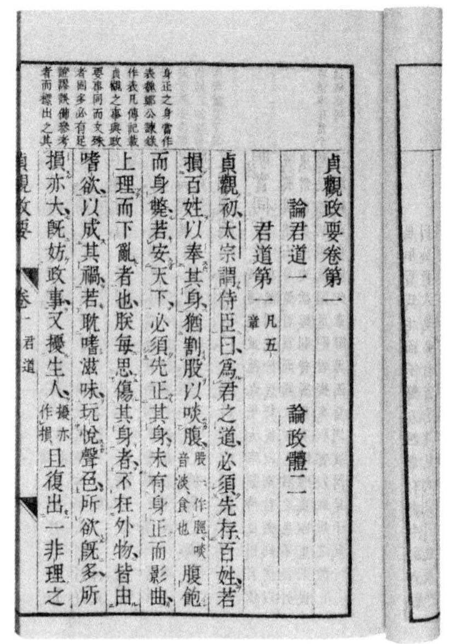

貞觀政要卷第一

論君道一　論政體二

君道第一 凡五章

貞觀初、太宗謂侍臣曰、爲君之道、必須先存百姓、若損百姓以奉其身、猶割股以啖腹、腹飽而身斃、若安天下、必須先正其身、未有身正而影曲、上理而下亂者也、朕每思傷其身者、不在外物、皆由嗜欲以成其禍、若耽嗜滋味、玩悅聲色、所欲既多、所損亦大、既妨政事、又擾生人、且復出一非理之

貞觀政要 卷一 君道

《贞观政要》书影

魏徵回答说："嗜欲喜怒的情感，贤良的人和愚昧的人都是一样的。贤良的人能够节制情感，不让它超过限度；愚昧的人则是放纵情感，大都到了不可收拾的地步。陛下圣明，深谋远虑，居安思危，希望陛下经常能够自我克制，以保全善始善终的美德，那么千秋万代的基业就有了依靠。"

国语

【导语】

《国语》是一部先秦时期的历史文献汇编。关于它的作者,司马迁认为是左丘明。

左丘明像

《国语》所记载的内容主要是当时各级贵族与治国相关的言论。由于说话人的身份、国别及时代不同,其思想倾向也各有差异。一般来说,《周语》《鲁语》带有较多的周代礼乐文化特点,其思想比较接近儒家;《齐语》记管仲辅佐齐桓公成就霸业,内容与《管子》相似;《越语》中范蠡说勾践,讲阴阳刚柔,持盈定倾之术,颇近于黄老道家;而《晋语》中有些言论,讲纵横捭阖的权谋,又带有纵横家的色彩。书中最有价值的内容是那些劝谏规诫之辞,其中往往包含着深刻的道理,体现了西周以来出现的进步思想。在这些言论中,国君的品德受到格外重视,有的论者提出:"天道无亲,唯德是授","唯厚德者能受多福,无德而服者众,必自伤也"(《晋语六》),"国大而有德者近兴"(《郑语》)。与此同时,论者越来越认识到民的重要作用,神虽然仍旧受到崇敬,但其地位已逐渐下降。长勺之战前,曹刿问鲁庄公凭借什么和齐国作战,庄公说:"余不爱衣食于民,不爱牲玉于神。"曹刿说:"夫惠本而后民归之志,民和而后神降之福。若布德于民而均平其政事,君子务治而小人务力,动不违时,财不过用;财用不匮,莫不能使共祀。是以用民无不听,求福无不丰。"(《鲁语上》)他认为"民和"是神降福的前提,而这又取决于当政者"布德于民而均平其政事"。在讲到君民关系时,一些论者强调尊重民意,保民安民。邵公谏厉王弭谤说:"防民之口,甚于防川,川壅而溃,伤人必多,民亦如之。是故为川者决之使导,为民者宣之使言。"(《周语上》)伍举谏楚灵王说:"臣闻国君服宠以为美,安民以为乐……若于目观则美,缩于财用外匮,是聚民得以自封而瘠民也,胡美之为?夫君国者,将民之与处;民实瘠矣,君安得肥?"(《楚语下》)这些闪耀着民本思想光辉的言论,是《国语》中最富于时代特色的进步内容。此外,还有不少言论讲述了治国用兵的经验和谋略,值得后人借鉴。

周 语

祭公谏穆王征犬戎

【题解】

本文记载了祭公劝谏周穆王不要伐犬戎的话。文中提出了“耀德不观兵”的思想，反对穷兵黩武。祭公认为，统治者应该体恤百姓的痛苦而为其除害，对远方之人，应以感召为主，“增修于德而无勤民于远”，这样就能做到“近无不听，远无不服”。后来孔子提出“远人不服，则修文德以来之”，就是对这一思想的发展。周穆王不听劝告，最终导致了远人的叛离。

【原文】穆王将征犬戎[1]，祭公谋父谏曰[2]：“不可。先王耀德不观兵[3]。夫兵戢而时动[4]，动则威[5]，观则玩[6]，玩则无震[7]。是故周文公之颂曰[8]：‘载戢干戈[9]，载櫜弓矢[10]。我求懿德[11]，肆于时夏[12]，允王保之[13]。’先王之于民也，懋正其德而厚其性[14]，阜其财求而利其器用[15]，明利害之乡[16]，以文修之，使务利而避害，怀德而畏威，故能保世以滋大。

【注释】①穆王：即周穆王，周康王之孙、昭王之子，姓姬名满。犬戎：西北游牧民族，又称西戎。②祭公谋父：祭国国君，谋父是其字。祭，西周王畿内的小国，是周公之后。祭公世世做周朝的卿士。③耀德：宣明德化。观兵：显示武力。④戢：聚。时动：按照时令而动，指春夏秋三季务农，冬季讲武。⑤威：畏，使人畏惧。⑥玩：黩，轻慢。⑦震：震恐，畏惧。⑧周文公：即周公，姓姬名旦，是文王之子，武王之弟。⑨载：则，就。戢：收藏。⑩櫜：盛弓矢的袋。这里是装进袋子的意思。⑪懿德：美德。⑫肆：陈设施行。时：是，此。夏：指中国。⑬允：信，确实。⑭懋：勉，努力。性：情性。⑮阜：大，增加。器用：指武器和农具。⑯乡：通“向”，方向。

【译文】周穆王将要征伐犬戎，祭公谋父劝谏他说：“不可以。先王宣明德化而不显示武力。武力聚藏起来，按照时令而动，动就使人畏惧，显示武力别人就会轻慢，轻慢就不会畏惧。因此周公的《颂》诗说：‘就把干戈藏起来，就把弓箭装起来，我追求美德，施行于中国，王确实能保有它。’先王对于百姓，努力使他们德行纯正，情性笃厚，增加他们的财用而改善他们的器具，明确利害的方向，用礼法来修饰，使他们从事有利的事情而避免祸患，心怀感激而畏惧威严，因此就能保有国家而越来越壮大。

【原文】“昔我先王世后稷[1]，以服事虞、夏[2]。及夏之衰也，弃稷不务[3]，我先王不窋用失其官[4]，而自窜于戎、狄之间[5]，不敢怠业，时序其德，纂修其绪[6]，修其训典[7]，朝夕恪勤[8]，守以敦笃，奉以忠信，奕世载德[9]，不忝前人[10]。至于文王、武王，昭前之光明而加以慈和，事神保民[11]，莫弗欣喜。商王帝辛[12]，大恶于民[13]。庶民不忍，欣戴武王[14]，以致戎于

商牧⑮。是先王非务武也,勤恤民隐而除其害也⑯。"

【注释】①后稷:农官。②虞:指虞舜。夏:指夏启。周人的祖先弃在舜时为后稷,不窋在夏启时为后稷。③弃稷不务:指夏启之子太康废除后稷之官,不复务农。④用:因。⑤自窜于戎、狄之间:指不窋失去后稷之官,迁至西北,与戎狄邻近。⑥纂:继承。绪:事业。⑦训:训教。典:法典。⑧恪勤:恭敬勤勉。⑨奕世:累世,一代接一代。载德:成德。⑩忝:辱。⑪保民:养民。⑫商王帝辛:即商纣王,名帝辛。⑬恶于民:被民所厌恶。⑭戴:拥戴。⑮致戎:兴兵。商牧:商朝的城郊牧野。⑯恤:体恤。隐:痛苦。

【译文】"当初我们的先王世世做农官,为虞舜和夏朝效劳。等到夏朝衰败的时候,废弃农官,不再劝民务农,我们的先王不窋因而失去官职,自己迁徙到戎狄中去,不敢荒怠旧业,时时称述祖德,继承修习其业,奉行其教训和法度,早晚恭敬勤勉,敦厚诚笃地去遵守,忠实诚信地去奉行,一代接一代地培养德行,不辱没前人。到了文王、武王,发扬前代的光明而更加慈爱温和,敬神爱民,百姓无不欣喜。商纣王帝辛,被百姓深恶痛绝,百姓不能忍受,高兴地拥戴武王,兴兵于商郊牧野。这是先王不从事于武力,而是勤勤恳恳地体恤百姓的痛苦而为之除害。

【原文】"夫先王之制,邦内甸服①,邦外侯服②,侯、卫宾服③,蛮、夷要服④,戎、狄荒服⑤。甸服者祭⑥,侯服者祀⑦,宾服者享⑧,要服者贡⑨,荒服者王⑩。日祭、月祀、时享、岁贡、终王⑪,先王之训也。有不祭则修意⑫,有不祀则修言⑬,有不享则修文⑭,有不贡则修名⑮,有不王则修德,序成而有不至则修刑⑯。于是乎有刑不祭,伐不祀,征不享,让不贡⑰,告不王⑱。于是乎有刑罚之辟⑲,有攻伐之兵,有征讨之备⑳,有威让之令,有文告之辞。布令陈辞而又不至,则增修于德而无勤民于远㉑,是以近无不听,远无不服。"

【注释】①邦内:指王畿之内千里之地。甸服:周代制度,将王畿外围按远近每五百里划分成一个区域,称为甸服、侯服、绥服、要服、荒服等,各书记载略有差异。这里的甸服指王畿之内。《礼记·王制》:"千里之内曰甸。"服,指服侍天子。②侯服:指王畿之外五百里范围。③侯、卫:指《周书·康诰》所说的侯、甸、男、采、卫五服之内的诸侯。宾服:诸侯常以宾客身份向周天子纳贡,故称宾服。④蛮夷:指侯卫以外的区域,离王城三千五百里至四千五百里。要服:指蛮夷与周朝要约盟好,服从周朝。⑤戎、狄:离王城四千五百里以外的地区。荒服:指极其荒远之地。荒,远。⑥祭:向天子纳贡,供给日常祭祀之需。⑦祀:向天子纳贡,供给每月祭祀之需。⑧享:向天子纳贡,供给四季祭祀之需。这里指祭祀时的献礼。⑨贡:供给天子岁贡,要服者每六年朝见一次天子。⑩王:远方蕃国尊奉周天子为王,执其礼来朝见。⑪终王:指一个蕃国之君对每位天子只来朝见一次。终,指终其世,周朝嗣王或蕃国之君即位才来相见,故称终。⑫意:志意。指畿内有不供日祭的人,则天子修其志意以自责,使其感化。⑬言:指号令。⑭文:指训典礼法。⑮名:指尊卑职责等名号。⑯序成:指上述五种情况依次完成。修刑:使用刑罚。⑰让:谴责。⑱告:用辞令告晓。⑲辟:刑辟。⑳备:武备。㉑勤民:劳民。

【译文】"先王的制度:王畿之内称作甸服,王畿之外称作侯服,侯、甸、男、采、卫五服

之内的诸侯称作宾服，蛮、夷称作要服，戎、狄称作荒服。甸服内的诸侯向天子供给日祭之需，侯服内的诸侯向天子供给月祀之需，宾服内的诸侯向天子供给时享之需，要服的蛮夷向天子供给岁贡，荒服的戎狄尊奉天子为王，携带礼物来朝见。诸侯有的供给日常祭祀，有的供给每月、每季的祭祀，蛮夷每年来纳贡，戎狄终世来朝见，这是先王的训典。有不来供日祭的，天子就修其志意以自责，有不来供月祀的，天子就修其号令，有不来供时享的，天子就修其典法，有不来供给岁贡的，天子就修其名号，有不尊奉天子为王的，天子就修其文德。五种事情依次完成还有不来的，就动用刑戮。于是就有诛罚不供日祭的，攻伐不供月祀的，征讨不供时享的，责让不来岁贡的，喻告不来朝见的。于是就有了刑辟诛罚，有了攻伐的军队，有了征讨的武备，有了威责的命令，有了文告的辞令。发布命令陈说辞令还不来，就进一步修德而不劳民去远方征伐，因此，近处的人没有不听命的，远方的人没有不服从的。

【原文】“今自大毕、伯士之终也[1]，犬戎氏以其职来王[2]。天子曰：‘予必以不享征之[3]，且观之兵。’其无乃废先王之训而王几顿乎[4]！吾闻夫犬戎树惇[5]，帅旧德而守终纯固[6]，其有以御我矣[7]！”

王不听，遂征之，得四白狼，四白鹿以归。自是荒服者不至。

【注释】①大毕、伯士：犬戎的两个君长。终：去世。②以其职来王：指犬戎的新君长携带珍宝来朝见周王。职，职分。带珍宝来朝见周天子是犬戎的职分。③以不享征之：以宾服之礼来责备犬戎未能助天子祭祀之需，兴兵征伐。④几：危。顿：困败。⑤树惇：树立淳朴之性。⑥帅：遵循。守终纯固：生性专一，终身不变。⑦御：抗拒。

【译文】“如今自从大毕、伯士死后，犬戎的君长来尽职分朝见天子，天子说：‘我一定要因为犬戎不供时享而征伐，并且向他显示武力。’这难道不是废弃了先王的训典而使大王遭遇危败吗？我听说犬戎立性淳朴，遵循其先君的旧德，生性专一，终身不变，他们有办法抗拒我们了！”

穆王不听，于是就征伐犬戎，得到犬戎进献的四只白狼、四只白鹿回来。从此荒服的戎狄不来朝见天子了。

邵公谏厉王弭谤

【题解】

周厉王时，发生了国人暴动，周厉王被国人流放。事件的起因是周厉王极其暴虐，使国人不堪忍受。本文记载了邵公对厉王的劝谏之辞，其中提出“防民之口，甚于防川”的观点。邵公主张尊重舆论，让民众充分发表意见，反对厉王用杀人的办法来弭谤。他所列举的天子广开言路，通过不同渠道了解民情的做法，是原始社会中民主制度的遗存，也是西周初年出现的民本思想在国家政治中的体现。西周中期以后，统治者改变了这些做法，周朝就逐渐衰败了。

【原文】厉王虐[①]，国人谤王。邵公告曰[②]：“民不堪命矣[③]！”王怒，得卫巫[④]，使监谤者[⑤]，以告，则杀之。国人莫敢言，道路以目[⑥]。王喜，告邵公曰：“吾能弭谤矣[⑦]，乃不敢言。”邵公曰：“是障之也[⑧]。防民之口，甚于防川[⑨]。川壅而溃[⑩]，伤人必多，民亦如之。是故为川者决之使导[⑪]，为民者宣之使言[⑫]。故天子听政[⑬]，使公卿至于列士献诗[⑭]，瞽献曲[⑮]，史献书[⑯]，师箴[⑰]，瞍赋[⑱]，矇诵[⑲]，百工谏[⑳]，庶人传语[㉑]，近臣尽规[㉒]，亲戚补察[㉓]，瞽、史教诲[㉔]，耆、艾修之[㉕]，而后王斟酌焉，是以事行而不悖[㉖]。民之有口，犹土之有山川也，财用于是乎出[㉗]；犹其原隰之有衍沃也[㉘]，衣食于是乎生。口之宣言也，善败于是乎兴[㉙]，行善而备败[㉚]，其所以阜财用、衣食者也[㉛]。夫民虑之于心而宣之于口，成而行之[㉜]，胡可壅也[㉝]？若壅其口，其与能几何[㉞]？”王不听，于是国莫敢出言[㉟]，三年，乃流王于彘[㊱]。

【注释】①厉王：周厉王姬胡，周夷王之子。②邵公：即邵穆公虎，是周朝的卿士。③不堪命：不堪忍受厉王的政令。命，令。④卫巫：卫地之巫。⑤监：察。相传巫的神灵，能知道何人谤王。⑥道路以目：在路上相遇，不敢说话，以目示意。⑦弭：止。⑧障：堵塞。⑨防：河堤。这里作动词用，是堵塞的意思。⑩壅：堵塞。溃：决口。⑪为川者：治理河流的人，决：疏浚。导：畅通。⑫宣：开导，使他们发表意见。⑬听政：处理政事。⑭列士：各等的士。周朝的士分为上士、中士、下士三等。献诗：指进献能反映民情的诗歌。下句的“献曲”意同。⑮瞽：无目的盲人。这里指乐师。⑯史：即外史，其职责是掌管历史文献。⑰师：即小师，掌管音乐之官。箴：讲述有规诫意义的言辞。⑱瞍：无眼珠的盲人。赋：不歌而诵。这里是指赋公卿列士所献之诗。⑲矇：有眼珠的盲人。《周礼》：“矇主弦歌讽诵。”诵：即讽诵那些箴谏之语。⑳百工：为天子服务的各种工匠。谏：指百工通过他们的工作巧妙地向天子进谏。㉑庶人：平民。传语：传播有关时政得失的言论，使天子知道。㉒近臣：天子身边的侍臣。尽规：尽其规谏之责。㉓亲戚：指天子的同姓大臣。补察：弥补过失，监察时政。㉔瞽、史教诲：瞽和史用他们掌握的天道方面的知识来教导天子。《国语·周语下》：单襄公曰：“吾非瞽、史，焉知天道？”韦昭注：“瞽，乐太师，掌知音乐风气，执同律以听军声，而诏吉凶。史，太史，掌抱天时，与太师同车，皆知天道者。”㉕耆、艾：天子的师傅及老臣。耆，六十岁的老人。艾，五十岁的老人。修之：整理瞽史的教诲，上告天子。㉖悖：逆，错乱。㉗于是乎出：从这里生出来。是，此。㉘原：广平的土地。隰：低湿的土地。衍：低下而平的土地。沃：可以灌溉的土地。㉙善败：毁誉。善，赞美。败，毁，批评。㉚行善而备败：凡是百姓赞美的就实行，百姓批评的就防范。㉛阜：增加。㉜成而行之：考虑成熟就表达出来。行，指表达。㉝胡：何，怎么。㉞与：赞同。㉟国：国人。公序本“国”字下有“人”字。㊱流：流放。彘：晋地，在今山西霍县境内。

【译文】周厉王暴虐，国人毁谤厉王。邵公对厉王说：“百姓不堪忍受您的政令了！”厉王大怒，找来一个卫国的巫，让他监察毁谤的人。发现之后，报告厉王，厉王就把他杀了。国人于是不敢说话了，走在路上相遇，只能用眼睛示意。厉王大喜，告诉邵公说：“我能止谤，国人不敢讲话了。”邵公说：“这是堵塞百姓之口。堵塞百姓之口，比堵住河流的危害还大。河流壅堵而决口，伤人会更多，百姓也是如此。因此，治理河流的人疏浚它让

它通畅，治理百姓的人开导他们让他们讲话。因此天子处理政事，让公卿和各种士献诗，瞽献乐曲，外史献典籍，小师进箴言，瞍赋诗，矇讽诵，百工各以其职事进谏，庶人传播各种议政之语，近臣尽规谏之责，父兄子弟补察缺失，瞽史用天道加以教诲，师傅、老臣加以整理而上达于王，然后王加以斟酌采纳，因此政事得以实行而不错乱。百姓有口，如同土地有山川，财用从那里生出来；如同平原低地上有良田沃土，衣食从那里生出来。嘴用来发表言论，毁誉就从中生出来，实行百姓所赞美的，防范百姓所批评的，这是增加财用、衣食的办法。百姓用心考虑问题用嘴表达出来，考虑成熟就自然表达出来，怎么能堵塞呢？如果堵他们的嘴，还有多少人能拥护您呢？”厉王不听，于是国人没人敢说话了。过了三年，国人就把厉王流放到彘地去了。

鲁 语

曹刿论战

【题解】

本文记载长勺之战前曹刿与鲁庄公的对话，谈论的是决定战争胜负的条件，从中反映了春秋时期对战争的看法以及民本思想，强调要取得民心，必须寻求治国的根本，即施惠于民。

【原文】长勺之役①，曹刿问所以战于庄公②。公曰："余不爱衣食于民③，不爱牲玉于神④。"对曰："夫惠本而后民归之志⑤，民和而后神降之福。若布德于民而均平其政事⑥，君子务治而小人务力；动不违时，财不过用⑦；财用不匮，莫不能使共祀⑧。是以用民无不听，求福无不丰。今将惠以小赐，祀以独恭⑨。小赐不咸⑩，独恭不优。不咸，民不归也；不优，神弗福也。将何以战？夫民求不匮于财，而神求优裕于享者也⑪。故不可以不本。"公曰："余听狱虽不能察⑫，必以情断之。"对曰："是则可矣。知夫苟中心图民⑬，智虽弗及，必将至焉。"

【注释】①长勺：鲁地名。②曹刿：鲁人，《左传》孔颖达疏以为他就是《史记》中的曹沫。庄公：鲁国国君（前 693～前 662 年在位），鲁桓公之子，名同。③爱：吝惜。④牲：牺牲，指猪牛羊之类。玉：玉帛。均用于祭祀。⑤惠本：以施惠为根本。民归之志：民以其志归之。⑥布德：布施恩德。均平：公平合理。⑦财不过用：公序本作"器不过用"。⑧能使：公序本无。⑨独恭：国君一人致敬于神。⑩咸：普遍。⑪享：祭祀的献礼。⑫狱：指诉讼案件。⑬知：公序本无。图民：图虑百姓之事。

【译文】长勺之战，曹刿问鲁庄公凭借什么与齐国作战。庄公说："我对民众十分慷慨，从不吝惜衣食；祭祀神祇，从不吝惜牺牲玉帛。"曹刿回答说："治民以施惠为本，民众

才会衷心归附。民众安宁,然后鬼神才会降赐福祉。若能对民众布施恩德,并且公平合理地处理政事;君子专心于治理,小人致力于劳作;治理国家的举措不违背时令,财用不超过礼制;国家财用不缺乏,举国上下都有丰厚的祭品祭祀;这样,役使民众则无不听从,求福于神,无不获得丰厚的降赐。现在仅向民众施以小惠,祭祀也只是独自恭敬。小惠不能普及,祭祀独自恭敬也不能使国家上下都充裕。恩惠不能普及,则民众不会归附;祭品不丰厚,鬼神不会降福。那将凭借什么作战呢?民众追求的是财用不匮乏,而鬼神所求的是丰厚的祭品,因此不能不寻求治国的根本。”庄公说:“我审理诉讼案件即使不能明察一切,但必做到合情合理。”曹刿回答说:“若能这样,就可以打此一仗。只要真心图虑百姓之事,智慧即使不及,但迟早会达到的。”

曹刿谏庄公如齐观社

【题解】

鲁庄公前往齐国观看春社,曹刿对此进行劝阻,阐明君主的一言一行应该遵循先王的礼制,否则,不但不能训导民众,而且记载的这种不合法度的事也无法垂范后世。但庄公并没有听从。

【原文】庄公如齐观社[①]。曹刿谏曰:“不可。夫礼,所以正民也。是故先王制诸侯,使五年四王、一相朝[②]。终则讲于会[③],以正班爵之义[④],帅长幼之序,训上下之则,制财用之节,其间无由荒怠[⑤]。夫齐弃太公之法而观民于社[⑥],君为是举而往观之,非故业也[⑦],何以训民?土发而社[⑧],助时也[⑨]。收攟而蒸[⑩],纳要也[⑪]。今齐社而往观旅[⑫],非先王之训也。天子祀上帝,诸侯会之受命焉[⑬]。诸侯祀先王、先公,卿大夫佐之受事焉[⑭]。臣不闻诸侯相会祀也,祀又不法[⑮]。君举必书,书而不法,后嗣何观?”公不听,遂如齐。

【注释】①如齐观社:社,此处指祭祀社神而娱民的节日,故庄公于前671年往观之。②四王:五年中四次派人朝聘天子。相朝:诸侯亲自朝见天子。《礼记·王制》:“诸侯之于天子也,比年一小聘,三年一大聘,五年一朝。”注:“比年,每岁也。小聘使大夫,大聘使卿,朝则君自行。”③终:朝毕。讲:讲习。会:朝会天子。④班爵:排列爵位次序及尊卑等级。义:同“仪”,指仪式。⑤“帅长幼”四句:帅,遵循。训,教。财用之节,诸侯对王室贡职的规定。节,法度。其间,朝会期间。⑥太公:齐始祖太公望,姜姓。⑦故业:故事,故例。⑧土发:地气蒸腾。⑨助时:有助于农事。⑩攟:搜集。蒸:又作烝,冬祭日烝。⑪纳要:收藏(五谷)。⑫观旅:指观看社祭时百姓的各项活动。旅,众。⑬受命:诸侯助祭接受政令。⑭卿大夫佐之受事:卿大夫参与诸侯祭祀,履行其职事。⑮不法:指观民。

【译文】鲁庄公要去齐国观看春社。曹刿劝谏说:“不可。礼,是用来端正、教化民众的。因此先王制定有关诸侯的礼仪,规定诸侯五年中要派使臣朝见天子四次,亲自朝见天子一次。朝见之礼完毕就讲习礼仪,用来厘正爵位尊卑之义,遵循长幼的次序,规范上下的法度,确定纳贡的标准,在朝会期间不能荒闲怠慢。现在齐国废弃始祖太公望制定

的礼制，在社祭时让民众游观，你也为这种活动前去观看，这是没有先例的，如果这样做，将拿什么去训导民众呢？在地气蒸腾的春天举行社祭，是祈求农事得到上天的赐福。收获庄稼以后举行社祭，是为了向土神报功并结束农事。现在齐国举行社祭而你前去观看民众的游观，这不符合先王的礼制。天子祭祀上帝，诸侯参加助祭，听受政令；诸侯祭祀先王、先公，卿大夫参与祭祀，履行其职事。我没有听说过诸侯之间可以互相观看祭祀的，况且这种祭祀又不合法度。国君的一言一行都必定由史官记载在史册上，所记载的这种不合法度的事，后世子孙们将会怎么看呢？”庄公不听，还是去了齐国。

公父文伯之母论劳逸

【题解】

本文记载敬姜训诫其子公父文伯之语，针对公父文伯讲求安逸的想法，敬姜枚举自王而下各级官吏应积极从事基于自身地位相对应的事务，强调“男女效绩，愆则有辟”，并指出“民劳则思，思则善心生；逸则淫，淫则忘善，忘善则恶心生”，这些话语即使在今天看来也有其合理性。此外，敬姜论及“君子劳心，小人劳力”，孟子继承这种说法，并做了新的展开，从而使这种说法对后世产生深刻的影响。

【原文】公父文伯退朝[1]，朝其母，其母方绩。文伯曰：“以歜之家而主犹绩[2]，惧忓季孙之怒也[3]。其以歜为不能事主乎！”

【注释】①公父文伯：季悼子之孙，公父穆伯之子公父歜，鲁国大夫。②主：古代大夫之妻亦可称主。此处指公父文伯之母敬姜。③忓：触犯。季孙：即季康子，季悼子曾孙，季桓子之子，名肥，鲁国正卿，为季氏大宗。

【译文】

公父文伯退朝回家，拜见母亲，他的母亲正在纺麻。公父文伯说：“像我们这样的家庭，母亲还要亲自纺麻，我惧怕触犯季康子的怒气，他会认为我不能侍奉好母亲呢！”

【原文】其母叹曰：“鲁其亡乎！使僮子备官而未之闻耶[1]？居，吾语女[2]。昔圣王之处民也，择瘠土而处之，劳其民而用之，故长王天下。夫民劳则思，思则善心生；逸则淫，淫则忘善，忘善则恶心生。沃土之民不材，逸也；瘠土之民莫不向义，劳也。是故天子大采朝日[3]，与三公、九卿祖识地德[4]；日中考政[5]，与百官之政事[6]，师尹维旅、牧、相宣序民事[7]；少采夕月[8]，与大史、司载纠虔天刑[9]；日入监九御[10]，使洁奉禘、郊之粢盛[11]，而后即安[12]。诸侯朝修天子之业命[13]，昼考其国职[14]，夕省其典刑[15]，夜儆百工[16]，使无慆淫[17]，而后即安。卿大夫朝考其职，昼讲其庶政[18]，夕序其业，夜庀其家事[19]，而后即安。士朝受业，昼而讲贯[20]，夕而习复，夜而计过无憾，而后即安。自庶人以下，明而动，晦而休，无日以怠。”

【注释】①僮：未成年的男子。②语：告诉。女：同“汝”。③大采：指五彩的衣服。朝日：朝拜日神，一般在每年的春分节进行。④祖识：熟悉。地德：指土地生长万物。⑤日中考政：中午视察朝政。⑥百官之政事：指百官府之为长官及任群职者。⑦师尹：大夫

官。维:及。旅:众士。牧:州牧。相:国相。宣:普遍。序:次序。⑧少采:指三采的衣服。夕月:祭祀月神,一般在每年的秋分节进行。⑨大史:王者身边担任星历、卜筮、记事的官。司载:载即灾,司载指保章氏、冯相氏等,主天文观察,借以判断吉凶。纠:恭。虔:敬。天刑:天法。⑩九御:九嫔之官,主祭品、祭服的女官。⑪禘:祭祀名,天子祭祀祖宗的典礼。郊:祭祀名,古代祭祀天地的典礼,一般冬至祀天南郊,夏至祀地北郊。粢盛:装在祭器中的谷物。⑫即安:指安寝。⑬业命:事业命令。⑭国职:国家政务。⑮典刑:典常法令。⑯做:监督。百工:百官。⑰慆淫:怠慢,荒废。⑱讲:谋划。庶政:各种政务。⑲庀:治理。⑳讲贯:讲习。

【译文】他的母亲叹息说:"鲁国大概要灭亡了!让你这样不懂事的孩子做官,怎么却没有让你听说做官的道理呢?坐下,我来告诉你吧。过去圣王治理民众,挑选贫瘠的土地使他们居住,让民众辛勤劳动,才好任用他们,所以能长久统治天下。民众勤劳于是就会想到节俭,想到节俭就能产生善心;安逸就会放荡,放荡就会忘记善心,忘记善心就会产生坏心。生活在肥沃土地上的民众不能成材,这是因为安逸的缘故;生活在贫瘠土地上的民众无不向往仁义,这是因为勤劳的缘故。因此天子在每年春分时穿起五彩的礼服朝拜日神,和三公九卿一起熟悉万物的生长情况;中午视察朝政,考察百官政事,了解大夫官及众士、州牧、国相按次序全面地处理民众的事务;每年秋分时天子穿起三彩的礼服祭祀月神,和太史、司灾恭敬地观察上天的征兆;日落以后监督内宫女官的工作,让她们整洁地把禘祭和郊祭的祭品准备好,然后才去安寝。诸侯早上处理天子交给的事务和命令,白天考察封国的政务,晚上检查法令的执行情况,夜间还要监督百官,使他们不要怠慢,然后才去安寝。卿大夫早上要考察本职工作,白天谋划各种政务,晚上检查白天经办的事务,夜间处理家事,然后才去安寝。士人早上接受任务,白天讲习政事,晚上复习,夜间检查自己白天的言行有无过失,然后才去安寝。庶人以下,天亮就劳动,天黑了就休息,没有一天可以怠惰。"

【原文】"王后亲织玄紞[①],公侯之夫人加之以纮、綖[②],卿之内子为大带[③],命妇成祭服[④],列士之妻加之以朝服[⑤],自庶士以下,皆衣其夫。社而赋事[⑥],蒸而献功[⑦],男女效绩,愆则有辟[⑧],古之制也。君子劳心,小人劳力,先王之训也。自上以下,谁敢淫心舍力?今我,寡也,尔又在下位[⑨],朝夕处事[⑩],犹恐忘先人之业。况有怠惰,其何以避辟!吾冀而朝夕修我曰[⑪]:'必无废先人。'尔今曰:'胡不自安。'以是承君之官,余惧穆伯之绝嗣也[⑫]。"仲尼闻之曰:"弟子志之,季氏之妇不淫矣。"

【注释】①玄紞:黑色的带子。紞,古代冠冕两旁用来悬瑱的带子。②纮:系于颔下的帽带。綖:古代覆盖在帽子上的装饰。③内子:卿的嫡妻。大带:素带。④命妇:大夫之妻。祭服:指玄衣纁裳。⑤列士:周代士人有元士、中士、下士之分,列士即元士。⑥社:此处指春分祭社。赋事:安排农桑之事。⑦蒸:祭名。献功:蒸祭时献上五谷、布帛之类。⑧愆:过失。辟:惩罚。⑨尔:你。下位:指大夫。⑩处事:致身于做事。⑪冀:希望。而:你。修:儆戒。⑫绝嗣:断绝后裔。

【译文】“王后要亲自编织玄紞，公侯的夫人还要再编织纮和綖，卿的妻子要亲自编织素带，大夫的妻子要亲自做祭祀用的礼服，列士的妻子除此之外还要给丈夫做朝服，自下士以下的妻子都要亲自制做给丈夫穿的衣服。春社时要安排农桑的事务，冬祭时要献上五谷、布帛等，男女都各尽其力，有了过失就要治罪，这是自古以来的制度。君子使用心力，小人使用体力，这是先王传下的训诫。从上到下，谁敢放纵安逸而懈怠不劳？如今我已是寡妇，你又处于大夫的地位，从早到晚致身于工作，还恐怕亡失祖先的成业。更何况心存怠惰之念，又怎么能躲避罪责呢！我希望你每天早晚都儆诫我说：‘一定不要废弃先人的成业。’你现在却说：‘为什么不自求些安逸？’用这样怠惰的态度来担任国君赋予你的官职，我担心你父亲穆伯要断绝后代啊！”孔子听到这番话后说：“弟子们要记住敬姜的话，季氏家的妇人确实是不贪图安逸的人。”

齐 语

管仲对桓公以霸术

【题解】

齐桓公取得齐国政权以后，听取鲍叔的意见，任命管仲为相。管仲在斟酌损益百王之法的基础上，制定了与齐国实际相适宜的制度，即“参其国而伍其鄙，定民之居，成民之事”“作内政而寄军令”，为齐桓公的霸王之业奠定坚实的基础。

【原文】桓公自莒反于齐①，使鲍叔为宰②，辞曰：“臣，君之庸臣也。君加惠于臣，使不冻馁，则是君之赐也。若必治国家者，则非臣之所能也。若必治国家者，则其管夷吾乎③。臣之所不若夷吾者五：宽惠柔民④，弗若也；治国家不失其柄⑤，弗若也；忠信可结于百姓，弗若也；制礼义可法于四方，弗若也；执枹鼓立于军门⑥，使百姓皆加勇焉，弗若也。”桓公曰：“夫管夷吾射寡人中钩，是以滨于死⑦。”鲍叔对曰：“夫为其君动也⑧。君若宥而反之⑨，夫犹是也。”桓公曰：“若何⑩？”鲍子对曰：“请诸鲁⑪。”桓公曰：“施伯⑫，鲁君之谋臣也，夫知吾将用之，必不予我矣。若之何？”鲍子对曰：“使人请诸鲁，曰：‘寡君有不令之臣在君之国，欲以戮之于群臣⑬，故请之。’则予我矣。”桓公使请诸鲁，如鲍叔之言。

【注释】①桓公：齐桓公（前685~前643年在位），名小白。②鲍叔：鲍叔牙，齐大夫，姒姓之后，鲍敬叔之子。宰：太宰，辅佐国君执政的百官之长。③管夷吾：名夷吾，字仲，又称管敬仲，姬姓之后，管严仲之子。④柔：安抚。⑤柄：此处指根本。⑥军门：军营的牙门。⑦滨：靠近，临近。⑧夫：彼，指管仲。君：指公子纠。动：尽心尽力，无所爱惜曰动。⑨宥：赦免。⑩若何：指怎样使管仲回国。⑪请诸鲁：管仲在鲁，故请之。⑫施伯：鲁大

夫，惠公之孙、施父之子。⑬欲以戮之于群臣：公序本无“之”字。

【译文】齐桓公自莒返齐做了国君，任命鲍叔为太宰，鲍叔推辞说：“我只是您的一个平庸的臣子。您对我施加恩惠，使我不挨冻受饿，这已经是您的恩赐了。如果要治理国家的话，那就不是我所能做到的。若一定需要治理国家的人，那么大概是管仲吧。我不如管仲的有五个方面：以宽厚慈惠来安抚民众，我比不上他；治理国家不失掉根本，我比不上他；用忠诚信义取得民众的信任，我比不上他；制定的礼仪能使天下效法，我比不上他；在军门前击鼓指挥战争，使民众加倍勇猛，我比不上他。”桓公说：“管仲曾用箭射中了我的腰带，使我险些丧命。”鲍叔回答说：“他是为其主子效劳啊。您若赦免他，让他回来，他也会那样为您效劳的。”桓公问：“怎样使他回来呢？”鲍叔说：“请求鲁国把他还给我们。”桓公说：“施伯是鲁君的谋臣，他知道我将任用管仲，一定不会放还给我的。那可怎么办？”鲍叔回答说：“派人向鲁国请求说：‘我们国君有个不守法令的臣子在贵国，国君想在群臣面前处死他，所以请把他交给我国。’这样鲁国就会把他放还我国了。”于是桓公派人向鲁国提出要求，按照鲍叔说的那样做。

【原文】庄公以问施伯，施伯对曰：“此非欲戮之也，欲用其政也。夫管子，天下之才也[①]，所在之国，则必得志于天下。令彼在齐，则必长为鲁国忧矣。”庄公曰：“若何？”施伯对曰：“杀而以其尸授之[②]。”庄公将杀管仲，齐使者请曰：“寡君欲亲以为戮，若不生得以戮于群臣，犹未得请也。请生之。”于是庄公使束缚以予齐使，齐使受之而退。

【注释】①天下之才：才冠天下。②之：指齐使。

【译文】鲁庄公询问施伯这件事如何处置，施伯回答说：“这不是想处死他，而是要用他来执政。管仲是天下的大才，他所辅佐的国家，一定会称霸于诸侯。让他在齐国，必将会长久地成为鲁国的祸患。”庄公说：“那怎么办呢？”施伯答道：“杀了他把尸体交给齐使。”庄公准备处死管仲，齐国使者请求说：“我们国君想亲自处死他，如果不把他活着带回去在群臣面前施刑，就像贵国没有满足我们的请求一样。请让他活着回去。”于是庄公派人把管仲捆缚起来交给齐国使者，齐使接受管仲后就离开了鲁国。

【原文】比至，三衅、三浴之[①]。桓公亲逆之于郊[②]，而与之坐而问焉[③]，曰：“昔吾先君襄公筑台以为高位，田、狩、毕、弋[④]，不听国政，卑圣侮士，而唯女是崇[⑤]。九妃、六嫔[⑥]，陈妾数百，食必粱肉，衣必文绣。戎士冻馁，戎车待游车之裂[⑦]，戎士待陈妾之馀。优笑在前[⑧]，贤材在后。是以国家不日引[⑨]，不月长。恐宗庙之不扫除，社稷之不血食[⑩]，敢问为此若何？”管子对曰：“昔吾先王昭王、穆王，世法文、武远绩以成名，合群叟[⑪]，比校民之有道者[⑫]，设象以为民纪[⑬]，式权以相应[⑭]，比缀以度[⑮]，竱本肇末[⑯]，劝之以赏赐，纠之以刑罚[⑰]，班序颠毛[⑱]，以为民纪统。”桓公曰：“为之若何？”管子对曰：“昔者，圣王之治天下也，参其国而伍其鄙[⑲]，定民之居，成民之事，陵为之终[⑳]，而慎用其六柄焉[㉑]。”

【注释】①衅：以香涂身，或为作“熏”。②逆：迎接。郊：近郊。③而与之坐而问：公序本“问”上无“而”字。④田：打猎。狩：围守捕取禽兽。毕：捕捉野兔山鸡的网。弋：用

带绳子的箭射。⑤崇：重，尚。⑥妃：诸侯的正妻叫妃。嫔：妇官。⑦戎车：兵车。游车：游戏之车。蘘：当为“襄”，残破。⑧优笑：倡俳。⑨引：延长。⑩血食：享受祭祀。⑪合：会合，召集。叟：年老的男人。⑫比校：考核。⑬设象：在宫廷的门阙上悬挂法律条文。象，法令。⑭式：使用。权：平均。⑮比缀：比较人口的多少把户口联结起来。⑯溥：均齐。肇：端正。⑰纠：矫正。⑱班序颠毛：排列头发的黑白顺序，即使长幼有序。颠，头顶。⑲参其国：把都城划分为三部分，即工、商、士三区。参，三。国，都城。伍其鄙：把鄙野划分为五部分，让农民专事耕作。鄙，郊外。⑳陵：坟墓。㉑六柄：指生、杀、贫、富、贵、贱六种根本手段。柄，根本。

【译文】管仲回到齐国时，三次熏香沐浴，桓公亲自到郊外迎接，与他一起坐下并询问治国之道：“过去，我们的先君襄公修筑高台以示尊荣，打猎、围捕、捉兔、射鸟，成天游乐，不理国家政事，鄙视圣贤，侮辱文士，只重女色。有九妃六嫔、姬妾数百围在身边，吃的一定是精米鱼肉，穿的一定是彩绣的衣服。战士们挨冻受饿，战车要等游玩的车子破损后才充用，战士们吃的穿的都是宫中侍妾们剩余的。亲近戏谑逗乐的倡优，把贤德的人抛在一边。因此使国家不能日有所进、月有所长。这样恐怕宗庙将无人清扫，社稷也难以享受血祭。请问怎么处理这些情况？”管仲回答说：“从前先王周昭王、周穆王因效法文王、武王的政绩而成就美名，召集德高望重的老人来考察选择百姓中有德行的人；制定法令作为民众的准则；治国用民做到平均适宜；用法度把民众组织起来；均齐根本，端正末节；用赏赐来引导民众。用刑罚来纠正偏差，使长幼有序，把这些作为治理民众的准则。”桓公说：“怎样去做这些呢？”管仲回答说：“过去，圣王治理天下时，把都城分为三区、郊野编为五区，确定百姓的居住地域，让百姓各就其业，设置葬地作为他们的归宿，并谨慎地运用生、杀、贫、富、贵、贱六种权力。”

【原文】桓公曰：“成民之事若何？”管子对曰：“四民者[1]，勿使杂处，杂处则其言哤[2]，其事易。”公曰：“处士、农、工、商若何？”管子对曰：“昔圣王之处士也[3]，使就闲燕[4]；处工，就官府；处商，就市井；处农，就田野。”

【注释】①四民：指下文士、农、工、商。②哤：言语杂乱。③士：讲学道义的人。④闲燕：清净。

【译文】桓公问：“怎样成就百姓事业呢？”管仲回答说：“士、农、工、商，不要让他们混杂居住，混杂居住会使他们出现言语混乱，本业受到干扰而变迁。”桓公问：“怎样安置士、农、工、商的居住地域呢？”管仲回答说：“过去圣王安置士人的住处，使他们住在清静的地方；把工匠的住处安置在官府；把商人的住处安置在市井；把农民的住处安置在田野。”

【原文】“令夫士，群萃而州处[1]，闲燕则父与父言义，子与子言孝，其事君者言敬，其幼者言弟。少而习焉，其心安焉，不见异物而迁焉[2]。是故其父兄之教不肃而成[3]，其子弟之学不劳而能。夫是，故士之子恒为士。”

【注释】①萃、州：均指聚集。②物：事。迁：改变。③肃：严谨。

【译文】“让那些士人集中在一起居住，清闲时父老之间谈论对人要讲究礼义，子弟之间谈论对老人要有孝道，侍奉国君的人谈论对君主要恭敬，年幼的则谈论对兄长要敬爱。从小就受到习染，他们的心就安定了，不会看到其他事物而见异思迁。因此他们父兄的教诲不严峻也能完成，子弟的学习用不着费大力气就能学好。这样，士人的子弟就一直是士人。”

【原文】“令夫工，群萃而州处，审其四时[①]，辨其功苦[②]，权节其用[③]，论比协材[④]，旦暮从事，施于四方[⑤]，以饬其子弟[⑥]，相语以事，相示以巧，相陈以功。少而习焉，其心安焉，不见异物而迁焉。是故其父兄之教不肃而成，其子弟之学不劳而能。夫是，故工之子恒为工。”

【注释】①审其四时：考虑四季的不同需要。②辨：辨别。功苦：质量的好坏。功，质量精美。苦，质量粗劣。③权：权衡。节：节制。④论：选择。比：比较。协：调谐。⑤施：此处指销售。⑥饬：教导。

【译文】“让那些工匠聚集在一起居住，考虑四季的不同需要，辨别器物质量的好坏，衡量器物的用途，选择比较合适的材料，从早到晚做这些事，把器物销往四方，用这些来教导子弟，互相谈论这些工作，互相观看技艺的精巧，互相展示自己的产品。从小就受到习染，他们的心就安定了，不会看到其他事物而见异思迁。因此他们父兄的教诲不严峻也能完成，子弟的学习用不着费大力气就能学好。这样，工匠的子弟就一直是工匠。”

【原文】“令夫商，群萃而州处，察其四时[①]，而监其乡之资[②]，以知其市之贾，负、任、担、荷[③]，服牛、轺马[④]，以周四方，以其所有，易其所无，市贱鬻贵[⑤]，旦暮从事于此，以饬其子弟，相语以利，相示以赖[⑥]，相陈以知贾。少而习焉，其心安焉，不见异物而迁焉。是故其父兄之教不肃而成，其子弟之学不劳而能。夫是，故商之子恒为商。”

【注释】①察其四时：了解四季的不同需要。②监其乡之资：观察本地财物的贵贱有无。监，观察。资，财物。③负：背负。任：抱持。担：肩挑。荷：肩扛。④服牛：用牛驾车。轺：轻便小车。⑤市：买。鬻：卖。⑥赖：赢利，利益。

【译文】“让那些商人聚集在一起居住，了解四季的不同需要，观察本地财物的贵贱有无，了解市场的价格行情，或背负、抱持、肩挑、人扛，或用牛车、轻便马车，把货物运往四方，用本地已有的东西来交换本地缺少的物品，低价买进高价卖出，从早到晚做这些事，用这些来教导子弟，互相谈论生财之道，互相交流赚钱经验，展示物品互相了解价格。从小就受到习染，他们的心就安定了，不会看到其他事物而见异思迁。因此他们父兄的教诲不严峻也能完成，子弟的学习用不着费大力气就能学好。这样，商人的子弟就一直是商人。”

【原文】“令夫农，群萃而州处，察其四时[①]，权节其用，耒、耜、枷、芟[②]，及寒，击菒除田[③]，以待时耕[④]；及耕，深耕而疾耰之[⑤]，以待时雨；时雨既至，挟其枪、刈、耨、镈[⑥]，以旦暮从事于田野。脱衣就功，首戴茅蒲[⑦]，身衣袯襫[⑧]，沾体途足[⑨]，暴其发肤[⑩]，尽其四支之敏[⑪]，以从事于田野。少而习焉，其心安焉，不见异物而迁焉。是故其父兄之教不肃而成，

其子弟之学不劳而能。夫是，故农之子恒为农，野处而不昵[12]。其秀民之能为士者[13]，必足赖也。有司见而不以告[14]，其罪五。有司已于事而竣[15]。"

【注释】①察其四时：了解四时适宜的农事。②耒：犁。耜：耒下端铲土的部分，用以翻土，先以木，后用金属为之。枷：即连枷，用以打谷。芟：割草的镰刀。③菒：即稾，枯草。④时耕：指立春之后。⑤疾：急速。耰：即"榎"，古农具，形如榔头，用以击碎土块，平整土地。⑥挟：夹持。枪：掘土除草的农具。刈：镰刀。耨：象锄，用以除草。镈：锄类农器。⑦茅蒲：草笠。⑧袯襫：蓑衣。⑨沾：浸湿。⑩暴：晒。⑪支：同"肢"。敏：才能。⑫昵：《管子·小匡》作"慝"，奸慝。⑬秀民：农民中的优秀者。赖：依靠。⑭有司：掌民之官。罪五：罪在五刑。⑮已：完毕。竣：退伏。

【译文】"让那些农民聚集在一起居住，了解四时适宜的农事，根据不同的农事准备耒、耜、枷、镰等农具，大寒之后，要除去枯草，平整田地，等待立春之后耕地；到了耕种时，要深翻土壤，然后立即击碎土块，平整土地，以等待春雨；春雨过后，带着枪、刈、耨、镈等农具从早到晚在田里劳作。脱去上衣劳动，头戴草笠，身穿蓑衣，身体被雨水打湿，双足沾满泥土，太阳曝晒皮肤，使尽四肢力气，在田里努力干活。他们的子弟从小就受到习染，心就安定了，不会看到其他事物而见异思迁。因此他们父兄的教诲不严峻也能完成，子弟的学习用不着费大力气就能学好。这样，农民的子弟就一直是农民。他们居住在郊野而不奸慝，其中的优秀者能当士的，一定是值得信赖的。掌民之官见到这样的人而不报告，要受到五刑的处罚。他们须完成推荐贤才后才可退归安居。"

【原文】桓公曰："定民之居若何？"管子对曰："制国以为二十一乡[1]。"桓公曰："善。"管子于是制国以为二十一乡：工商之乡六[2]；士乡十五[3]，公帅五乡焉[4]，国子帅五乡焉，高子帅五乡焉[5]。参国起案[6]，以为三官[7]，臣立三宰[8]，工立三族[9]，市立三乡[10]，泽立三虞，山立三衡。

【注释】①国：国都。乡：二千家为一乡，二十一乡，凡四万二千家，此为管子所制，非周法。②工商之乡六：工、商各三也，二者不从戎役。③士乡：军士之乡。士，此处指士、工、商之士，因其从戎役，故称"士乡"。④公帅五乡：五乡万人，为中军，国君亲自统率。⑤国子、高子：齐上卿。⑥参国起案：分国事以为三。参，同"三"。案，界限。⑦三官：士、工、商三系统官吏。⑧三宰：即三卿，掌管群臣。⑨族：属，此处指掌管工匠之官。⑩市：商人。乡：此处指掌管商人之官。

【译文】桓公问："怎样划定百姓的住地呢？"管仲回答说："把国都城郊分为二十一个乡。"桓公说："好。"管仲于是把国都城郊划分为二十一个乡：工匠、商人之乡六个；军士之乡十五个，国君掌管五个乡，国子掌管五个乡，高子掌管五个乡。分国事为三部分，以此为界任命官吏，设三官主管士、工、商，设三卿主管群臣，设三族主管工匠，设三乡主管商人，设三虞主管川泽，设三衡主管山林。

【原文】桓公曰："吾欲从事于诸侯[1]，其可乎？"管子对曰："未可。国未安。"桓公曰："安国若何？"管子对曰："修旧法[2]，择其善者而业用之；遂滋民[3]，与无财，而敬百姓，则国

安矣。"桓公曰:"诺。"遂修旧法,择其善者而业用之;遂滋民,与无财,而敬百姓。国既安矣,桓公曰:"国安矣,其可乎?"管子对曰:"未可。君若正卒伍[4],修甲兵,则大国亦将正卒伍,修甲兵,则难以速得志矣。君有攻伐之器,小国诸侯有守御之备,则难以速得志矣。君若欲速得志于天下诸侯,则事可以隐令[5],可以寄政。"桓公曰:"为之若何?"管子对曰:"作内政而寄军令焉[6]。"桓公曰:"善。"

【注释】①欲从事于诸侯:指欲行霸道,讨不义。②旧法:指百王之法。③遂:语词,因。滋:当读为"兹",爱,恤。④正:治理。卒伍:韦注云:"周礼:'五人为伍,百人为卒。'今管子亦以五人为伍,而以二百人为卒。"⑤事:兵事,军旅之事。隐令:隐藏军令。⑥作内政而寄军令:因治政以寄军令。内政,国政。

【译文】桓公说:"我想推行霸道,讨伐不义,大概可以吧?"管仲回答说:"不可以。国家还不安定。"桓公问:"怎样安定国家呢?"管仲说:"修整百王之法,选择其中好的敬而行之;并且爱抚民众,救济贫困的人,敬重百官,这样国家就安定了。"桓公说:"好。"于是修整百王之法,选择其中好的敬而行之;并且爱抚民众,救济贫困的人,敬重百官。国家安定了以后,桓公说:"国家已经安定了,大概可以推行霸道了吧?"管仲说:"不可以。您如果治理军队、修造盔甲兵器,其他大国也将治理军队,修造盔甲兵器,那么您就难以很快实现您的心愿了。您有进攻的武器,小国诸侯就有防御的武备,那么您就难以很快实现您的心愿了。您若想迅速满足在天下诸侯中称霸的心愿,就应该把军令隐蔽起来,把它寄托在国政之中。"桓公问:"怎样去做呢?"管仲回答说:"治理国家政务而把军令寄寓其中。"桓公说:"好。"

【原文】管子于是制国:"五家为轨,轨为之长[1];十轨为里,里有司[2];四里为连,连为之长;十连为乡,乡有良人焉[3]。以为军令[4]:五家为轨,故五人为伍,轨长帅之;十轨为里,故五十人为小戎[5],里有司帅之;四里为连,故二百人为卒,连长帅之;十连为乡,故二千人为旅,乡良人帅之;五乡一帅,故万人为一军,五乡之帅帅之[6]。三军,故有中军之鼓,有国子之鼓,有高子之鼓。春以搜振旅[7],秋以狝治兵[8]。是故卒伍整于里,军旅整于郊。内教既成,令勿使迁徙。伍之人祭祀同福[9],死丧同恤,祸灾共之。人与人相畴,家与家相畴[10],世同居,少同游。故夜战声相闻,足以不乖;昼战目相见,足以相识。其欢欣足以相死[11]。居同乐,行同和,死同哀。是故守则同固,战则同强。君有此士也三万人,以方行于天下[12],以诛无道,以屏周室[13],天下大国之君莫之能御。"

【注释】①轨为之长:在轨中选择一人作为轨长。②里有司:即里中设立有司。③良人:乡大夫。④以为军令:即把居民组织变为军事编制。⑤小戎:兵车,此为里有司所乘,故称小戎。一般兵车一乘,步卒七十二人,管仲改革军制,为一乘步卒五十人。⑥五乡:即一军。帅:长。乡帅,即卿。⑦搜:春天打猎。振:整。旅:众。⑧狝:秋天打猎。⑨同福:同祈福。⑩畴:同类。⑪相死:致死以相救。⑫方:当作横。⑬屏:屏藩。

【译文】管仲于是就制定治理国家的制度:"五家为一轨,选择一人作为轨长;十轨为一里,里中设立有司;四里为一连,选择一人作为连长;十连为一乡,乡有乡大夫。把以上

的这种居民组织变为军事编制:五家为一轨,所以五人编为一伍,由轨长统率;十轨为一里,所以五十人编为一小戎,由里的有司统率;四里为一连,所以二百人编为一卒,由连长统率;十连为一乡,所以两千人编为一旅,由乡大夫统率;五乡为一帅,所以一万人编为一军,由卿来统率。全国有三军,所以有国君统率的中军的旗鼓,有国子的旗鼓,有高子的旗鼓。春天利用春猎来整编军队,秋天利用秋猎来操练军队。因此卒、伍一级的军队在里中就已经编成,军旅在郊野田猎中就已训练好。内政中所包含的军事组织完成以后,就命令民众不得迁徙。同一个伍的人祭祀时一同祈福,死亡丧葬时一同哀伤,有了灾祸共同承担。人与人相处,家与家比居,世代同住一地,从小一起游玩。所以夜间作战听到彼此的声音,就不会发生误会;白天作战眼睛看见,足以相互认识。那种真挚的情谊,能使他们拼死相助。居家时共同欢乐,行军时融洽和睦,死人时一同哀伤。所以,防守时就坚固不移,作战时就英勇顽强。您若能拥有三万名这样的兵士,就能率领他们横行天下,讨伐无道,屏藩王室,天下的大国诸侯没有谁能与您对抗。"

管仲教桓公亲邻国

【题解】

在整顿内政之后,管仲提出成就霸业的外交策略,即反侵地、正封疆、亲邻国、伐无道。从此则记载可以看出,春秋时期的霸业迥异于战国之际的霸业,与后者相较,春秋时期的霸业带有王道之特色,这或许为时代使然。

【原文】桓公曰:"吾欲从事于诸侯,其可乎?"管子对曰:"未可。邻国未吾亲也。君欲从事于天下诸侯[①],则亲邻国。"桓公曰:"若何?"管子对曰:"审吾疆埸[②],而反其侵地;正其封疆[③],无受其资;而重为之皮币,以骤聘眺于诸侯[④],以安四邻,则四邻之国亲我矣。为游士八十人[⑤],奉之以车马、衣裘,多其资币,使周游于四方,以号召天下之贤士。皮币玩好[⑥],使民鬻之四方[⑦],以监其上下之所好[⑧],择其淫乱者而先征之。"

【注释】①"君欲"句:徐元诰《国语集解》:"宋庠本君上有'若'"字。②审:正,不偏斜。疆埸:边界。③其:此处指邻国。封疆:疆界。④聘眺:古代诸侯每三年行聘问之礼。⑤为:有。八十人:每州派游士八十人。⑥玩好:指赏玩物品。⑦鬻:卖。⑧以监其上下之所好:韦注云:"观其所好,则知其奢俭。玩好物贵,则其国奢;贱,则其国俭。"监,察看。上下,指君臣。

【译文】齐桓公说:"我想推行霸业,讨伐不义,大概可以了吧?"管仲回答说:"不可以。邻国尚未亲近我们。您如果想在诸侯国之间建立霸业,那就要先亲近邻国。"桓公说:"如何去做呢?"管仲回答说:"审定我国的疆界,返还从邻国侵夺来的土地,帮助邻国审正疆界,不接受邻国的资财;准备丰厚的毛皮缯帛之类的礼物,赶紧派出使者聘问诸侯,以此安定周边邻国,那么周边邻国就亲近我们了。准备游说之士八十人,带着车马、衣裘和足够的钱财,让他们周游四方诸侯,用来召纳天下的贤能之士。皮毛、币帛和赏玩

之物，让人到各地去贩卖，以此来观察各国君臣上下的爱好，然后选择奢侈淫逸的就首先征伐它。”

桓公帅诸侯而朝天子

【题解】

本文详细叙述齐桓公的霸业，东征西讨，南伐北战，大会诸侯，“兵车之属六，乘车之会三”。从本文的记载看，齐桓公霸业的目的并不在于侵取土地，吞灭诸侯，而在于臣服诸侯，达到“隐武事，行文道，帅诸侯而朝天子”的目的。

【原文】桓公曰：“吾欲南伐，何主①？”管子对曰：“以鲁为主。反其侵地棠、潜②，使海于有蔽，渠弭于有渚③，环山于有牢。”桓公曰：“吾欲西伐，何主？”管子对曰：“以卫为主。反其侵地台、原、姑与漆里④，使海于有蔽，渠弭于有渚，环山于有牢。”桓公曰：“吾欲北伐，何主？”管子对曰：“以燕为主。反其侵地柴夫、吠狗⑤，使海于有蔽，渠弭于有渚，环山于有牢。”四邻大亲。既反侵地，正其封疆，地南至于䧁阴⑥，西至于济⑦，北至于河⑧，东至于纪酅⑨，有革车八百乘⑩。择天下之甚淫乱者而先征之。

【注释】①主：供给军用的主人。②棠、潜：鲁国二邑名。③渚：水中小块陆地。④台、原、姑、漆里：卫国四邑。⑤柴夫、吠狗：燕国二邑。⑥䧁阴：即岱阴，泰山之北，为齐国南部边界。⑦济：济水。⑧河：《管子·小匡篇》作“海”。⑨纪酅：纪国纪季之邑。⑩革车八百乘：“八”当为“六”。

【译文】齐桓公说：“我打算征伐南方，哪个国家可以做供给军用的主人？”管仲回答说：“用鲁国做主人。归还侵占它的棠和潜两个地方，使我们在海边有了屏蔽，在边远水泽中有了可居之地，在环绕边境的山地有了牢固的屏卫。”桓公说：“我打算征伐西方，哪个国家可以做供给军用的主人？”管仲回答说：“用卫国做主人。归还侵占它的台、原、姑和漆里四个地方，使我们在海边有了屏蔽，在边远水泽中有了可居之地，在环绕边境的山地有了牢固的屏卫。”桓公说：“我打算征伐北方，哪个国家可以做供给军用的主人？”管仲回答说：“用燕国做主人。归还侵占它的柴夫和吠狗两个地方，使我们在海边有了屏蔽，在边远水泽中有了可居之地，在环绕边境的山地有了牢固的屏卫。”于是周边国家都亲近齐国。归还了侵占邻国的土地，重新审正了疆界，齐国的边界南至岱阴，西达济水，北到黄河，东临纪酅，拥有兵车八百辆。然后选择天下奢侈淫逸的就首先征伐它。

【原文】即位数年，东南多有淫乱者，莱、莒、徐夷、吴、越①，一战帅服三十一国。遂南征伐楚，济汝②，逾方城，望汶山③，使贡丝于周而反。荆州诸侯莫敢不来服。遂北伐山戎④，刜令支、斩孤竹而南归⑤。海滨诸侯莫敢不来服。与诸侯饰牲为载⑥，以约誓于上下庶神，与诸侯戮力同心⑦。西征攘白狄之地⑧，至于西河⑨，方舟设泭⑩，乘桴济河⑪，至于石枕⑫。悬车束马，逾太行与辟耳之溪拘夏⑬，西服流沙、西吴⑭。南城于周⑮，反胙于绛⑯。岳滨诸侯莫敢不来服⑰，而大朝诸侯于阳谷⑱。兵车之属六，乘车之会三⑲，诸侯甲

不解累[20],兵不解翳[21],弢无弓[22],服无矢[23]。隐武事,行文道,帅诸侯而朝天子。

【注释】①莱:莱夷,殷时古国,姜姓。莒:西周诸侯,嬴姓。徐夷:徐国,东夷诸侯。②济:渡。汝:水名。③望:遥祭,古代天子祭祀山川、日月、星辰。汶山:一作"慜山",又作"岷山",在今四川松潘北。④山戎:即北狄,又名北戎、无终,我国古代北方少数民族名。⑤制:刀砍。令支:一作"泠",又作"离",古伯夷之国。《史记·齐太公世家》作"离枝"。孤竹:古国名。⑥饰牲:陈列牺牲。饰,刷治洁清。载:载书,盟词。⑦戮力:并力。⑧攘:排除。白狄:赤狄之别种,分布于宁夏、陕北、山西北部。⑨西河:尹桐阳说:"河自砥柱以上,龙门以下日西河。"⑩方舟:把两船合并在一起。设:合并。泭:用竹木并排编扎的筏。⑪桴:用竹、木编扎的小筏。⑫石枕:即石抗,晋地名。一说石抗即石梁,本名曲梁。⑬太行、辟耳:山名。太行,亦名羊肠坂。辟耳,一作卑耳。拘夏:辟耳山之溪谷。⑭流沙、西吴:均为雍州之地。⑮城:王城。⑯反胙于绛:韦注云:"人君即位,谓之践胙。此言桓公城周,尊事天子,又讨晋乱,复其胙位,善之也。"⑰岳:北岳恒山。《管子·小匡篇》作"海滨诸侯"。⑱阳谷:齐邑名。⑲属:会。⑳累:绳索。㉑翳:兵士躲避对方兵器的器具。㉒弢:弓袋。㉓服:箭袋。

【译文】齐桓公即位数年,东南有很多淫乱的诸侯,如莱、莒、徐夷、吴和越等,桓公一战就征服了三十一个国家。于是向南讨伐楚国,渡过汝水,翻越方城山,望祭汶山,迫使楚国向周王室朝贡丝帛然后才班师。荆州一带的诸侯没有谁敢不服从的。于是向北讨伐山戎,打败令支,击溃孤竹然后才南返。海边一带的诸侯没有谁敢不服从的。齐国与诸侯陈列牺牲,缔结盟约,以此向天地间的神灵发誓,和诸侯并力同心。齐国又向西征讨,占领了白狄的土地,直到西河,备置船只和木筏,渡过黄河,到达晋国的石枕。齐军悬吊起兵车,勒紧马缰翻越太行山和辟耳山的拘夏溪谷,征服西面的流沙和西吴。向南为周王室修筑王城,在绛城帮助晋惠公继承君位。北岳一带的诸侯没有谁敢不服从的。于是齐桓公在阳谷举行大规模的诸侯盟会。齐桓公曾举行兵车之会六次,乘车之会三次,诸侯的铠甲不要从累中取出来,兵器不要从翳中拿出来,弓袋里的弓没有用,箭袋里的箭没有用。消弭诸侯之间的战乱,推行文治之道,齐桓公率领诸侯朝见周天子。

桓公霸诸侯

【题解】

由本篇记载可看出,桓公霸诸侯的两个基点:武功与文事,而其最终的取向似乎趋于文事一面,文中"教大成,定三革,隐五刃"包蕴了这一理念。

【原文】桓公忧天下诸侯。鲁有夫人、庆父之乱[①],二君弑死[②],国绝无嗣。桓公闻之,使高子存之[③]。

【注释】①夫人:鲁庄公夫人哀姜。庆父:庄公之弟共仲,一说庆父为庄公庶兄。乱:鲁庄公夫人哀姜与庄公之弟庆父(共仲)私通,前662年,庄公死,哀姜欲立庆父为君,庆

父杀太子般;前660年又弑闵公。②二君:指太子般与鲁闵公。③高子:齐卿,高奚敬仲。存之:指立鲁僖公。

【译文】齐桓公忧虑天下诸侯。鲁国发生哀姜和庆父之乱,两个国君被杀,君位没有人继承。桓公知道后,派高奚立鲁僖公为君,使鲁国得以保存下来。

【原文】狄人攻邢,桓公筑夷仪以封之[①],男女不淫,牛马选具[②]。狄人攻卫,卫人出庐于曹,桓公城楚丘以封之[③]。其畜散而无育[④],桓公与之系马三百[⑤]。天下诸侯称仁焉。于是天下诸侯知桓公之非为己动也[⑥],是故诸侯归之。

【注释】①"狄人攻邢"二句:前661年,狄人攻灭邢,齐桓公联合宋、曹相救,迁国于夷仪。邢,姬姓,周公之后。夷仪,邢邑。封,封土。②牛马选具:牲畜皆全,不见掠夺。③"狄人攻卫"三句:前660年,狄人攻卫,杀卫懿公,卫人奔宋,宋桓公聚卫国遗民立公孙申于曹,是为卫戴公。齐桓公派公子无亏戍曹。戴公死,立卫文公,齐桓公赠卫文公战马三百,牛羊猪鸡狗各三百,并率诸侯为卫筑楚丘。庐,寄居。④畜:六畜。散:失亡。育:养。⑤系马:关在圈里的马,非野外放牧之马。⑥桓公之非为己动:公序本无"非"字。

【译文】狄人攻灭邢国,齐桓公率诸侯修筑夷仪城,把邢国迁到那里,使邢国的民众避免狄人的奸淫掳掠,牛马也得到保存。狄人攻占卫国,卫国的民众被迫出走曹邑寄居,齐桓公营建楚丘,恢复卫国。卫人的牲畜在战乱中散失了,无法繁殖,桓公送给卫国三百匹良马。天下诸侯都称赞桓公的仁义。于是天下诸侯知道桓公的这些举动是为了自己,因此诸侯都归附他。

【原文】桓公知诸侯之归己也,故使轻其币而重其礼[①]。故天下诸侯罢马以为币[②],缕綦以为奉[③],鹿皮四介;诸侯之使垂橐而入[④],稇载而归[⑤]。故拘之以利,结之以信,示之以武,故天下小国诸侯既许桓公[⑥],莫之敢背,就其利而信其仁、畏其武。桓公知天下诸侯多与己也,故又大施忠焉。可为动者为之动[⑦],可为谋者为之谋,军谭、遂而不有也[⑧],诸侯称宽焉。通齐国之鱼盐于东莱[⑨],使关市几而不征[⑩],以为诸侯利,诸侯称广焉。筑葵兹、晏、负夏、领釜丘[⑪],以御戎、狄之地,所以禁暴于诸侯也[⑫];筑五鹿、中牟、盖与、牡丘[⑬],以卫诸夏之地,所以示权于中国也。教大成,定三革[⑭],隐五刃[⑮],朝服以济河而无怵惕焉,文事胜矣。是故大国惭愧,小国附协。唯能用管夷吾、宁戚、隰朋、宾胥无、鲍叔牙之属而伯功立[⑯]。

【注释】①币:挚币,聘问的礼物。礼:酬宾之礼。②罢:同"疲",瘦。马:币马。③缕綦:麻线编织的带子。缕,丝线,麻线。綦,此处指带子。奉:承受物件的东西。④垂橐:空袋。橐,装物的袋子。⑤稇载:满载。稇,用绳索捆。⑥既:皆,全。许:听从盟约。⑦动:疑当为"勤",助。⑧军:用军队灭亡。谭:古国名。遂:妫姓,舜的后裔。不有:分给诸侯。⑨通:开通。东莱:古国名。⑩几:稽查。征:征税。⑪葵兹、晏、负夏、领釜丘:地名。⑫禁暴:禁止大势掠夺。⑬五鹿、中牟、盖与、牡丘:地名。⑭定:停止,停息。三革:指甲、胄、盾。⑮隐:当读为偃,停止,停息。五刃:指刀、剑、矛、戟、矢。⑯管夷吾、宁戚、隰朋、宾胥无、鲍叔牙:均为齐国的卿、大夫。伯:通"霸"。

【译文】齐桓公知道天下诸侯已归附自己，因此使诸侯减轻朝聘的礼物，而在酬宾时齐国加重对他们的赠送物品。因此天下诸侯到齐国朝聘时用瘦马做礼物，用麻织的带子做托玉器的衬垫，以及四张鹿皮；诸侯的使者空着口袋而来，却都满载而归。齐国用利益笼络他们，用诚信结交他们，用武力威慑他们，因此天下的小国诸侯全都与桓公缔结盟约，没有谁敢背叛，这是因为得到他的好处，信服他的仁义，畏惧他的武力。桓公知道天下诸侯都听从自己，于是又大施忠信。可以为诸侯提供帮助的就提供帮助，可以为诸侯谋划的就为他们谋划，桓公派军队灭掉谭和遂两个小国，但把它们的土地分给诸侯，诸侯称颂他的宽厚。在东莱开放齐国的鱼盐，命令关市对过往的货物只稽查而不征税，用这样的方式使诸侯获取利益，诸侯称颂他的广施恩惠。修筑葵兹、晏、负夏、领釜丘四个要塞，用以防御戎人和狄人的扩张，禁止他们对诸侯的大势侵掠；修筑五鹿、中牟、盖与、牡丘四个关塞，用以捍卫诸夏的领土，并向中原各国显示盟主的权威。教化取得成功，于是停用甲、胄、盾，封藏刀、剑、矛、戟、矢，穿着朝服西渡黄河与晋国定盟而无顾虑，这是文治的成功。因此大国感到惭愧，小国纷纷归附。齐桓公只因能重用管仲、宁戚、隰朋、宾胥无、鲍叔牙等人，从而创立了霸业。

晋　语

史苏论骊姬必乱晋

【题解】

骊姬之乱对晋国的影响是很大的，本文记载的是史苏对这一事件发生之前的预测：晋献公讨灭骊戎，立骊戎之女骊姬为夫人，并听从骊姬的请求，使申生、重耳、夷吾外驻，骊姬之子奚齐留守国都。据此，史苏推论骊姬必乱晋国，而后来的事实证明史苏论断的准确性。

【原文】献公伐骊戎，克之，灭骊子①，获骊姬以归，立以为夫人，生奚齐。其娣生卓子②。骊姬请使申生主曲沃以速悬③，重耳处蒲城，夷吾处屈④，奚齐处绛⑤，以儆无辱之故⑥。公许之。

【注释】①灭：杀。骊子：骊戎国君。子，春秋时期对夷狄戎蛮国君的称呼。②娣：《尔雅·释亲》："女子同出，谓先生为姒，后生为娣。"孙炎说："同出，谓俱嫁共事一夫也。"③申生：晋献公的太子。主：公序本作"处"。悬：远。④重耳、夷吾：晋献公庶子，申生异母弟。蒲城：晋邑名。屈：晋有南屈、北屈。⑤绛：为晋的国都。⑥以儆无辱之故：三子为镇于外，以儆备戎、狄，无耻辱于国。

【译文】晋献公讨伐骊戎，战败了它，杀了国君骊子，俘获骊姬回国，立她作为夫人，生

下奚齐。她妹妹生下卓子。骊姬请求献公派太子申生驻曲沃，促他远离晋献公，派公子重耳驻蒲城，公子夷吾驻屈，奚齐留在国都绛城，说这是为了防备戎、狄的入侵，使晋国免受耻辱。献公同意了她的请求。

【原文】史苏朝，告大夫曰："二三大夫其戒之乎，乱本生矣！日[①]，君以骊姬为夫人，民之疾心固皆至矣。昔者之伐也，兴百姓以为百姓也[②]，是以民能欣之[③]，故莫不尽忠极劳以致死也。今君起百姓以自封也[④]，民外不得其利，而内恶其贪，则上下既有判矣[⑤]；然而又生男，其天道也？天强其毒，民疾其态，其乱生哉！吾闻君之好好而恶恶，乐乐而安安，是以能有常。伐木不自其本，必复生；塞水不自其源，必复流；灭祸不自其基[⑥]，必复乱。今君灭其父而畜其子，祸之基也。畜其子，又从其欲，子思报父之耻而信其欲[⑦]，虽好色，必恶心，不可谓好[⑧]。好其色，必授之情[⑨]。彼得其情以厚其欲，从其恶心，必败国且深乱。乱必自女戎[⑩]，三代皆然。"骊姬果作难，杀太子而逐二公子[⑪]。君子曰："知难本矣。"

【注释】①日：昔日，当初。②为百姓：为百姓除害。③欣：欣戴。④封：富厚。⑤判：分离。⑥基：始。⑦信：古"申"字，舒展。⑧好：美。⑨情：此处指答应骊姬立其子为君。⑩女戎：女兵。⑪逐二公子：指重耳奔狄、夷吾奔梁。

【译文】史苏上朝时告诉大夫说："诸位大夫可要戒备啊，祸乱的根源已经产生了！当初，君主立骊姬为夫人，民众的怨恨之情就已很深了。古代明君的征伐，是征用百姓为百姓除害，因此民众能欣戴他，没有谁不尽忠竭力拼死效力的。现在国君发动百姓是为自身的富厚，民众对外不能得到攻战的利益，内心又厌恶君主的贪欲，这样上下就已有离心了；然而骊姬又生了儿子，难道这是天意啊？上天加强了晋国的祸害，民众怨恨这种状况，内乱大概就要发生了！我听说国君应该对好的就喜欢，坏的就憎恶，欢乐时就高兴，安定时就放心，这样才能保持正常。砍伐树木不从树根砍断，必定会重新萌生；堵塞河水不从源头堵住，必定会继续流淌；消灭祸乱不从开始着手，必定会重生祸乱。如今国君杀了骊姬的父亲而又养下她的儿子，这是祸乱的开始啊。养下她的儿子，又顺从她的欲望，她想报杀父之耻就会伸张自己的贪欲，虽然外貌美丽，可内心很丑恶，不能算是真正的美。国君喜欢她的美丽外貌，一定会接受她的要求。她得到国君的宠爱会加强她的欲望，放纵她的恶毒之心，一定会使晋国败亡并且造成深重的祸乱。祸乱一定来自女人，夏、商、西周都是这样。"后来骊姬果然作乱，杀了太子申生并驱逐了公子重耳和夷吾。君子评论说："史苏知道祸乱的根源啊。"

献公将黜太子申生而立奚齐

【题解】

晋献公准备废黜太子申生，立奚齐。对此晋国三位大夫有不同的看法，荀息唯君命是从，丕郑辨道义之所在，里克取明哲保身之法，他们的分歧无疑为晋献公的废立之举提供有利机会。而太子申生本人虽明知个中利害，但从孝、敬、忠、贞出发，选择杀身成仁的

道路。

【原文】骊姬生奚齐，其娣生卓子。公将黜太子申生而立奚齐[①]。里克、丕郑、荀息相见[②]，里克曰："夫史苏之言将及矣！其若之何？"荀息曰："吾闻事君者，竭力以役事[③]，不闻违命。君立臣从，何贰之有[④]？"丕郑曰："吾闻事君者，从其义，不阿其惑[⑤]。惑则误民，民误失德，是弃民也。民之有君，以治义也[⑥]。义以生利，利以丰民，若之何其民之与处而弃之也？必立太子。"里克曰："我不佞，虽不识义，亦不阿惑，吾其静也[⑦]。"三大夫乃别。

【注释】①黜：废退。②里克：晋大夫里季子。丕郑：晋大夫。荀息：即荀叔，晋大夫。③役：为，做。④贰：二心。⑤阿：附和。⑥义：指上下之义。⑦静：默。

【译文】骊姬生了奚齐，她妹妹生了卓子。晋献公准备废黜太子申生而改立奚齐为太子。晋大夫里克、丕郑、荀息三人相见，里克说："史苏的预言将要应验了，该怎么办呢？"荀息说："我听说侍奉国君的，应尽力为国君办事，没听说违抗君命的。国君决定的事臣子应该服从，怎么能够有二心呢？"丕郑说："我听说侍奉国君的，服从国君有道义的决定，不能附和他的昏乱。附和国君的昏乱会贻误民众，贻误民众就会丢失德行，这是抛弃民众。民众拥有国君，是用来确定上下之间礼义的。礼义可以生出利益，利益可以丰裕民众，怎么能够与民众相处却要抛弃他们呢？一定拥立申生为太子。"里克说："我没有才能，虽不懂得道义，但也不会附和国君的昏乱，我还是默观吧。"三位大夫于是告别。

【原文】蒸于武公[①]，公称疾不与，使奚齐莅事。猛足乃言于太子曰[②]："伯氏不出[③]，奚齐在庙，子盍图乎！"太子曰："吾闻之羊舌大夫曰[④]：'事君以敬，事父以孝。'受命不迁为敬，敬顺所安为孝。弃命不敬，作令不孝[⑤]，又何图焉？且夫间父之爱而嘉其贶[⑥]，有不忠焉；废人以自成，有不贞焉。孝、敬、忠、贞，君父之所安也[⑦]。弃安而图，远于孝矣，吾其止也。"

【注释】①蒸：冬祭。武公：疑当作"武官"。②猛足：太子申生之臣。③伯氏：指狐突，晋大夫，字伯行。④羊舌大夫：晋大夫，羊舌职之父羊舌突。⑤作令：韦注云："谓擅发举以有为也。"⑥间：离间。贶：赐。⑦安：善。

【译文】在武公庙举行冬祭，献公称病没有参加，派奚齐到场主持祭事。猛足于是对太子申生说："狐突闭门不出，奚齐在祖庙主祭，您为什么不为自身的安固考虑呢？"太子说："我听羊舌大夫说过：'用恭敬侍奉国君，用孝顺服侍父亲。'接受命令不改变叫作敬，恭敬地顺从父亲的意愿叫作孝。放弃君主的命令是不敬，擅自发令行动是不孝，又有什么考虑的呢？况且离间父亲所爱的而又享受他的赏赐，那就是不忠；废弃别人来成全自己，那就是不贞。孝、敬、忠、贞，是君父肯定的善行。放弃这些善行而考虑自己，就远离了孝，我还是不去想吧。"

公子重耳夷吾出亡

【题解】

本篇记载重耳、夷吾先后出亡之事。重耳接受狐偃的建议,选择狄作为避难之地,静观局势,以待后图;夷吾后出亡,按照冀芮的设想,选择近于秦的梁国为避难地,依秦而迫使骊姬和解,最后先重耳返国为君。

【原文】二十二年[①],公子重耳出亡,及柏谷[②],卜适齐、楚。狐偃曰[③]:"无卜焉。夫齐、楚道远而望大[④],不可以困往。道远难通[⑤],望大难走[⑥],困往多悔。困且多悔,不可以走望[⑦]。若以偃之虑,其狄乎!夫狄近晋而不通[⑧],愚陋而多怨,走之易达。不通可以窜恶,多怨可与共忧。今若休忧于狄,以观晋国,且以监诸侯之为[⑨],其无不成。"乃遂之狄。

【注释】①二十二年:即晋献公二十二年,前655年。②及:到达。柏谷:晋地。③狐偃:字子犯,重耳之舅、狐突之子。④望大:企望很大,即望诸侯朝贡。⑤通:至。⑥难走:难以投奔。⑦走:衍文。望:望其力,即依赖其力量。⑧通:交往。⑨监:观察。

【译文】晋献公二十二年,公子重耳出逃。到柏谷,卜问去齐国还是楚国。狐偃说:"不须占卜。齐、楚两国离晋国很遥远,只希望诸侯朝贡,不能在困厄时去投奔。道路遥远就难以到达,望诸侯朝贡就难以投奔,在困厄中去投奔会有很多灾咎。处于困厄之中且多灾咎,不能指望投奔后得到帮助。若依我的考虑,还是去狄国吧!狄国靠近晋国而互相没有交往,愚昧落后又怨恨晋国,投奔它容易到达。不与晋国交往可以让晋君厌恶的人避难,与晋国结怨多就可以与我们共担忧患。现在如果能在狄国避难消忧,以静观晋国政局的变化,并且注视诸侯国的行动,那就没有不能成事的。"于是就到了狄国。

【原文】处一年,公子夷吾亦出奔[①],曰:"盍从吾兄窜于狄乎?"冀芮曰[②]:"不可。后出同走,不免于罪。且夫偕出偕入难,聚居异情恶[③],不若走梁。梁近于秦,秦亲吾君[④]。吾君老矣,子往,骊姬惧,必援于秦。以吾存也,且必告悔,是吾免也。"乃遂之梁。居二年[⑤],骊姬使奄楚以环释言[⑥]。四年,复为君[⑦]。

【注释】①"处一年"二句:晋献公二十三年,献公派贾华伐屈,夷吾自屈出奔。②冀芮:晋大夫,冀缺之父。③聚:共。④秦亲吾君:晋献公之女为秦穆公夫人,故如此说。⑤居二年:晋献公二十四年。⑥环:玉环。言:间隙。⑦四年,复为君:鲁僖公九年,晋献公卒,其子奚齐立。冬,奚齐被杀,卓子立。僖公十年,卓子被杀,夷吾立,是为晋惠公。

【译文】一年以后,公子夷吾也被迫出逃,夷吾说:"我何不跟随哥哥逃亡狄国呢?"冀芮说:"不行。你出逃在后却与他奔向同一个国家,难免有合谋之嫌。况且一同出走想一同回国就很困难,共居一起各自都想归国为君就会相互憎恨,不如投奔梁国。梁国接近秦国,秦国亲善我们国君。我们国君已年迈了,你去梁国,骊姬害怕,一定向秦国求援,就会赶上我们在梁国而先告诉悔意,这样我们就免去罪责了。"于是就到梁国。过了二年,骊姬派奄楚呈送玉环以释解前嫌。四年后,夷吾回国当了国君。

卫文公不礼重耳

【题解】

重耳流亡到卫，卫文公因邢、狄之故，没有以礼相待。宁庄子对此进行谏说，认为卫文公将会一举弃三德，这是不可取的。卫文公没有接受宁庄子的规谏。

【原文】过卫，卫文公有邢、狄之虞[①]，不能礼焉。宁庄子言于公曰[②]："夫礼，国之纪也；亲[③]，民之结也；善[④]，德之建也。国无纪不可以终，民无结不可以固，德无建不可以立。此三者，君之所慎也。今君弃之，无乃不可乎！晋公子善人也，而卫亲也[⑤]，君不礼焉，弃三德矣[⑥]。臣故云君其图之。康叔，文之昭也。唐叔，武之穆也。周之大功在武，天祚将在武族[⑦]。苟姬未绝周室，而俾守天聚者[⑧]，必武族也。武族唯晋实昌，晋胤公子实德。晋仍无道，天祚有德，晋之守祀，必公子也。若复而修其德，镇抚其民，必获诸侯，以讨无礼。君弗蚤图，卫而在讨。小人是惧，敢不尽心。"公弗听。

【注释】①卫文公：前659～前635年在位，宣公之孙、昭伯顽之子，名毁。虞：忧。②宁庄子：名速，卫正卿，穆仲静之子宁。③亲：亲亲。④善：善善。⑤亲：晋祖唐叔，武王之子。卫祖康叔，文王之子。故曰亲。⑥三德：指礼宾、亲亲、善善。⑦族：后嗣。⑧俾：使。聚：财富。

【译文】重耳经过卫国，卫文公因忧虑邢人、狄人的入侵，没有按礼节接待。宁庄子对卫文公说："按礼节接待宾客是国家的纲纪，亲亲是结交人心、互相亲近的纽带，友善有德行的人是立德的根本。国家没有纲纪不可能长久，人不亲近他地位就不能巩固，德行没有建立就不能立身成事。这三者，是国君应当谨慎的。现在君主放弃它，恐怕不行吧！晋公子重耳是有德之人，并且是卫国的亲戚，君主不按礼节接待，就是抛弃了礼宾、亲亲、善善三种美德。臣所以说要请君主考虑。卫国的先祖康叔，是周文王的儿子。晋国的先祖唐叔，是周武王的儿子。为周朝建立大功的是周武王，上天将赐福武王的后裔。假若姬姓能继续享有天下，那么守着上天所聚集的财富和民众的，一定是武王的后裔。武王后裔只有晋国繁衍昌盛，晋国后代中公子重耳最有德行。现在晋君无道，上天保佑有德的人，能守住晋国祭祀的，一定是公子重耳了。如果重耳返国复位，修其德行，安抚百姓，必然获得诸侯的拥护，那时将会讨伐对他无礼的国家。君主如果不早做打算，卫国难免要遭到讨伐。小人对此感到惧怕，不敢不尽心把话说出来。"卫文公不听。

曹共公不礼重耳而观其骿胁

【题解】

重耳过曹，曹共公不按礼节接待，并想观其骿胁，僖负羁对此进行了规谏，认为国君应该爱亲明贤、礼宾矜穷，否则，会导致"失位而阙聚"。

【原文】自卫过曹，曹共公亦不礼焉[①]，闻其骈胁[②]，欲观其状，止其舍，谍其将浴，设微薄而观之[③]。僖负羁之妻言于负羁曰[④]："吾观晋公子，贤人也，其从者皆国相也，以相一人，必得晋国[⑤]。得晋国而讨无礼，曹其首诛也。子盍蚤自贰焉[⑥]？"僖负羁馈飧[⑦]，置璧焉。公子受飧反璧。

【注释】①曹共公：前652~前618年在位，名襄，曹昭公之子。②骈：肋骨并成一片。③微薄：帘。④僖负羁：曹大夫。⑤以相一人，必得晋国：当作"以相，夫必得晋国"。⑥蚤：通"早"。贰：别异。⑦飧：熟食。

【译文】重耳自卫国经过曹国，曹共公也不按礼节接待，听说重耳的肋骨并成一片，想趁他裸体时看看，便留重耳等人住在旅舍里，打听到重耳准备洗澡，偷偷透过张设的帘幕观看。僖负羁的妻子对负羁说："我看晋公子是贤德之人，他的随从都具国相之才，有他们的辅佐，晋公子一定能得到晋国，得到晋国讨伐无礼的国家，那么曹国大概是他首先要诛伐的。你何不早一点表示自己的不同呢？"僖负羁便送给重耳一盘熟食，盘底放一块玉璧。重耳接受了熟食退回玉璧。

【原文】负羁言于曹伯曰："夫晋公子在此，君之匹也，不亦礼焉[①]？"曹伯曰："诸侯之亡公子其多矣，谁不过此！亡者皆无礼者也，余焉能尽礼焉！"对曰："臣闻之：爱亲明贤[②]，政之干也。礼宾矜穷[③]，礼之宗也。礼以纪政，国之常也[④]。失常不立，君所知也。国君无亲，以国为亲。先君叔振，出自文王，晋祖唐叔，出自武王，文、武之功，实建诸姬。故二王之嗣，世不废亲。今君弃之，是不爱亲也。晋公子生十七年而亡[⑤]，卿材三人从之[⑥]，可谓贤矣，而君蔑之，是不明贤也。谓晋公子之亡，不可不怜也。比之宾客，不可不礼也。失此二者，是不礼宾，不怜穷也。守天之聚，将施于宜。宜而不施，聚必有阙[⑦]。玉帛酒食，犹粪土也，爱粪土以毁三常[⑧]，失位而阙聚，是之不难，无乃不可乎？君其图之。"公弗听。

【注释】①不亦礼焉：公序本"不"上有"君"字。②明贤：尊贤。③矜：怜悯。④常：准则。⑤亡：奔亡。⑥三人：指狐偃、赵衰、贾佗。⑦阙：缺。⑧三常：指政之干、礼之宗、国之常。

【译文】僖负羁对曹共公说："晋国的公子在我国，其地位和君主相当，难道不应当按礼节接待吗？"曹共公说："诸侯各国奔亡的公子太多啦，谁不经过这儿呢！奔亡的人都是违背礼仪的，我怎么能够都对他们按礼节接待呢！"僖负羁回答说："我听说，爱护亲人，尊重贤人，是政事的主干。按礼节接待宾客，怜悯不得志的人，是礼义的根本。用礼来治理国政，是国家的准则。失去准则就不能自立，这是君主知道的。国君没有私亲，把国家当作最亲的。我们的先祖叔振，是文王的儿子，晋国的先祖唐叔，是武王的儿子，文王、武王的功劳，主要是建立了许多姬姓的封国。所以二王的后裔，世代都没有废弃相亲相爱。现在国君没有按礼节接待晋公子，这是不爱亲近的人啊。晋公子十七岁时奔亡国外，有三个卿相之才的人跟随他，可以说是贤人了，可是君主轻视他，这是不尊重贤人。知道晋公子奔亡的，不会不怜悯他。将他当做宾客，不能不按礼节接待。没有做到这两点，就是不按礼节接待宾客，不怜悯不得志的人。守着上天赐给的财富，应当把它们用于符合道

义的地方。符合道义的事而不去做,聚敛再多也会有缺失。珠玉锦帛良酒美食,如同粪土,爱惜粪土而毁弃三条根本准则,丢掉君位、失去聚集的财富,这是不难的,恐怕不可以吧?国君仔细考虑吧。"曹共公不听。

宋襄公赠重耳以马二十乘

【题解】

重耳过曹卫,均遭致非礼的待遇,宋襄公接受公孙固的规谏,以礼待之,并"赠以马二十乘",正如公孙固所言"树于有礼,必有艾",重耳返国为君后,对宋国眷顾有加。

【原文】公子过宋,与司马公孙固相善[1],公孙固言于襄公曰[2]:"晋公子亡,长幼矣[3],而好善不厌,父事狐偃,师事赵衰[4],而长事贾佗[5]。狐偃,其舅也,而惠以有谋。赵衰,其先君之戎御[6],赵夙之弟也,而文以忠贞。贾佗,公族也[7],而多识以恭敬。此三人者,实左右之。公子居则下之,动则谘焉,成幼而不倦[8],殆有礼矣。树于有礼,必有艾[9]。《商颂》曰[10]:'汤降不迟,圣敬日跻。'降,有礼之谓也。君其图之。"襄公从之,赠以马二十乘。

重耳像

【注释】①公孙固:宋庄公之孙,时任宋国大司马。②襄公:宋襄公(前650~前637年在位),名兹父,宋桓公之子。③长幼:自幼至长。④赵衰:即赵成子,字子余,晋国大夫。⑤长:以对兄长的礼节来对待。贾佗:即狐射姑,字季佗,狐偃之子,食采邑于贾。⑥先君:指献公。戎御:驾驶兵车。⑦公族:姬姓。⑧成幼:自幼至成人。⑨艾:即乂,乂即刈,获,报。⑩《商颂》:指《诗经·商颂·长发》。

【译文】公子重耳经过宋国,与宋国司马公孙固友好,公孙固对宋襄公说:"晋公子重耳流亡在外很多年,从孩子到长大成人,修养德行而不自满,以待父之礼事奉狐偃,以待师之礼事奉赵衰,以待兄之礼事奉贾佗。狐偃是他的舅舅,仁慈而又多谋。赵衰是晋国先君晋献公的戎御赵夙的弟弟,有文采而为人忠贞。贾佗是晋国的公族,见识广博而谦恭有礼。这三个人辅助他。公子平时对他们谦卑恭敬,有事就向他们咨询,从年幼到成人不曾懈怠,公子应该说是有礼了。结交有礼之士,一定会有回报。《商颂》上说:'商汤急于尊贤下士,圣明恭敬之德天天增进。'尊贤下士,就是有礼的表现。君主还是认真考虑吧。"宋襄公听从了他的规谏,赠给重耳二十辆车八十匹马。

郑文公不礼重耳

【题解】

周朝立国后大势分封，其中以姬姓为主，对异姓诸侯则采取通婚的办法以笼络之，总之是借助血缘关系的维系来使他们屏卫王室，这同时也有助于加强彼此的关系。本篇郑文公拒绝叔詹的规谏就反映这一事实。

【原文】公子过郑，郑文公亦不礼焉①。叔詹谏曰②："臣闻之：亲有天③，用前训④，礼兄弟，资穷困，天所福也。今晋公子有三祚焉，天将启之⑤。同姓不婚，恶不殖也⑥。狐氏出自唐叔⑦。狐姬，伯行之子也⑧，实生重耳。成而隽才，离违而得所⑨，久约而无衅⑩，一也。同出九人⑪，唯重耳在，离外之患，而晋国不靖⑫，二也。晋侯日载其怨⑬，外内弃之；重耳日载其德，狐、赵谋之，三也。在《周颂》曰⑭：'天作高山，大王荒之。'荒，大之也。大天所作，可谓亲有天矣。晋、郑兄弟也，吾先君武公与晋文侯戮力一心⑮，股肱周室，夹辅平王，平王劳而德之，而赐之盟质⑯，曰：'世相起也⑰。'若亲有天，获三祚者⑱，可谓大天，若用前训，文侯之功，武公之业，可谓前训。若礼兄弟，晋、郑之亲，王之遗命，可谓兄弟⑲。若资穷困，亡在长幼，还轸诸侯⑳，可谓穷困。弃此四者㉑，以徼天祸㉒，无乃不可乎？君其图之。"弗听。

【注释】①郑文公：前672～前628年在位，姬姓，名捷，郑厉公之子。②叔詹：郑国大夫。③亲有天：亲近上天福佑的人。④前训：先王之教。⑤启：开启。⑥殖：繁殖，生长。⑦狐氏：重耳外家。出自唐叔：与晋同祖，均为姬姓。⑧伯行：狐突字。⑨离违：离祸去国。离，同"罹"，遭遇。违，去。⑩约：穷困。衅：瑕疵。⑪同出：同父。⑫靖：安定。⑬载：成。⑭《周颂》：指《诗经·周颂·天作》。⑮武公：郑武公，名滑突，郑桓公之子，前770～前744年在位。晋文侯：前780～前746年在位，名仇，晋穆侯之子。戮：并。一：同。⑯盟质：盟约。⑰起：扶持。⑱三祚：指成而隽才，晋国不靖，狐、赵谋之。⑲兄弟：晋、郑同姓，且平王之遗命使相起，故曰可谓兄弟。⑳还轸：指回车周历诸国，遭离厄困。轸，车后横木。㉑四者：指有天、前训、兄弟、穷困。㉒徼：求取。

【译文】重耳经过郑国，郑文公也不按礼节接待他。叔詹劝谏说："我听说：亲近上天福佑的人，秉承先王的遗教，礼敬兄弟之国，资助处于穷困境地的有志之士，这样上天是会福佑他的。现在晋公子拥有三福，上天将要赞助他吧。同姓男女不能结婚，是担心后代不昌盛。狐氏也是唐叔的后代，狐姬是伯行的女儿，她生了重耳。重耳长大成人且才智杰出，遭遇祸难离国奔亡仍举止得体，长久处于穷困却没有过失，此其一。同父的九个兄弟只有重耳还活着，自遭受避祸流亡之难以来，晋国却一直不安定，此其二。晋侯日益引起大家的怨恨，国内外都厌弃他；重耳积聚天天增长的美德，又有狐偃、赵衰为他谋划，此其三。《周颂》说：'天生万物于高山，太王大大发展它。'荒，就是尊大的意思。尊崇扩大上天所生成的，可以说是亲近上天所福佑的事物了。晋、郑是兄弟之国，我们先君武公

和晋文侯曾勠力同心，捍卫周室，辅佐周平王，平王慰劳、感激他们，赐给他们誓约，说：‘世世代代互相扶持。’如果亲近上天福佑的人，像重耳这种获得天赐三种福佑的人，可说是尊崇扩大上天所生成的事物了。如果说秉承先王的遗教，晋文侯的功劳，郑武公的业绩，可说是先王的遗教。如果礼敬兄弟之国，晋、郑同姓相亲，又有周平王的遗命，可说是兄弟。如果要资助处于穷困境地的有志之士，公子从小到大流亡在外，乘车周历诸国，可说是处于穷困境地的有志之士。抛弃这四种美德，以求取天祸，恐怕不行吧？君主还是认真考虑吧。”郑文公没有听从。

【原文】叔詹曰："若不礼焉，则请杀之。谚曰：'黍稷无成[①]，不能为荣[②]。黍不为黍，不能蕃庑[③]。稷不为稷，不能蕃殖。所生不疑，唯德之基[④]。'"公弗听。

【注释】①稷：谷子。无成：指死。②荣：秀，开花。③蕃：繁殖，滋生。庑：茂盛。④"所生"两句：韦注云："所生，谓种黍得黍，种稷得稷，唯所在树之，祸福亦由是也。若不礼重耳，则当除之；不尔，则宜厚之。如此不疑，是为德基。"

【译文】叔詹说："如果不能按礼节接待他，那就请杀了他。谚语说：'黍稷如果不让它生长，就不能开花。黍的种子不能长成黍，是因为不让它茂盛。稷的种子不能长成稷，是因为不让它滋生。它们的生长与否在于人毫不迟疑地种植，这才是培养德行的根基。'"郑文公不听。

楚成王以周礼享重耳

【题解】

重耳到楚国，楚成王用君礼招待他，重耳觉得这种礼节于己身份不合，子犯则以天意释之，这当然是一种过于神秘的解释。

【原文】遂如楚，楚成王以周礼享之[①]，九献[②]，庭实旅百[③]。公子欲辞，子犯曰："天命也，君其飨之。亡人而国荐之[④]，非敌而君设之，非天，谁启之心！"既飨，楚子问于公子曰："子若克复晋国，何以报我？"公子再拜稽首对曰："子女玉帛[⑤]，则君有之。羽旄齿革[⑥]，则君地生焉。其波及晋国者，君之余也，又何以报？"王曰："虽然，不穀愿闻之[⑦]。"对曰："若以君之灵，得复晋国，晋、楚治兵，会于中原，其避君三舍[⑧]，若不获命，其左执鞭弭[⑨]，右属櫜鞬[⑩]，以与君周旋。"

【注释】①楚成王：熊頵，前671～前626年在位，楚武王之孙、文王之子。周礼：应作"君礼"。②九献：《周礼·秋官·大行人》贾疏云："九献者，王酌献宾，宾酢主人，主人酬宾，酬后更八献，是为九献。"③庭实：诸侯朝于天子，或互相聘问，必将礼物陈列庭内，叫庭实。④荐：进献。⑤子女：美女。⑥羽：鸟羽，翡翠、孔雀之类。旄：旄牛尾。齿：象牙。革：犀兕皮。⑦不穀：古代诸侯自谦之词。⑧舍：古者军行三十里为一舍，三舍为九十里。⑨鞭：马鞭。弭：末端用骨作装饰的弓。⑩櫜：收藏弓矢的袋子。鞬：马上盛弓矢的器具。

【译文】重耳到楚国去，楚成王用待诸侯的礼节款待他，献酒九次，庭中陈列上百的礼

品。公子重耳准备推辞，子犯说："这是上天的旨意，您还是接受此礼吧。流亡在外的人却享用国君的礼节，身份地位不相配却像对待国君那样为您陈设礼物，若不是上天的旨意，谁能使楚王有这样的想法呢？"享礼之后，楚王对公子重耳说："您若能返晋为君，用什么来报答我呢？"公子重耳再拜叩头说："美女玉帛，您楚国有很多。鸟羽、旄牛尾、象牙和犀皮革，都生在您的土地上。那些流及至晋国的，已是君主剩下来的了，又拿什么来报答您呢？"楚王说："虽然这样，我还是想听您怎样报答我。"重耳回答说："若凭借您的威灵，我得以返晋为君，将来晋、楚交战，在中原相遇，我愿避开君主后退九十里。若这样仍得不到您退军的命令，我只好左手拿着鞭子和弓，右手摸着弓囊箭袋，与您周旋。"

【原文】令尹子玉曰[①]："请杀晋公子。弗杀，而反晋国，必惧楚师[②]。"王曰："不可。楚师之惧，我不修也。我之不德，杀之何为！天之祚楚，谁能惧之？楚不可祚，冀州之土，其无令君乎？且晋公子敏而有文[③]，约而不谄[④]，三材侍之[⑤]，天祚之矣。天之所兴，谁能废之？"子玉曰："然则请止狐偃[⑥]。"王曰："不可。《曹诗》曰[⑦]：'彼己之子，不遂其媾[⑧]。'邮之也[⑨]。夫邮而效之，邮又甚焉。效邮，非礼也。"于是怀公自秦逃归[⑩]。秦伯召公子于楚，楚子厚币以送公子于秦。

【注释】①令尹：楚国官名，相当于相。子玉：成得臣，楚若敖之曾孙。②惧：病，忧虑。③敏而有文：应作"敏而文"。敏，聪明。文，有文辞。④约：节俭。⑤三材：卿材三人。侍：一本作"傅"。⑥止：此处指留为人质。⑦《曹诗》：指《诗经·曹风·候人》。⑧遂：久。媾：厚。⑨邮：通"尤"，错误，此处作动词。⑩怀公：即子圉。前 643 年质于秦，前 638 年逃归。

【译文】令尹子玉说："请杀掉晋公子重耳。不杀，让他回到晋国，必然对楚军造成忧患。"楚王说："不行。楚军有忧患，那是我们不修德。我们不修德，杀了他有什么用！如果上天福佑楚国，谁能威胁我们呢？如果上天不能福佑楚国，那么晋国的土地上就不会有其他德行完美的君主吗？况且晋公子为人聪明富于文辞，节俭而不对人谄谀，有三位卿相之材的人教导他，这是上天福佑他啊。上天扶助的人，谁能废弃他呢？"子玉说："既然这样，那么我请求扣留狐偃。"楚王说："不行。《曹诗》上说：'那个人呀，不能始终深爱。'这是指责他的过错。明知错的又去仿效，错就更重了。仿效错的，是违背礼的啊。"此时晋怀公从秦国逃回晋国。秦穆公派人到楚国来召请公子重耳，楚王用厚礼送重耳到秦国。

文公救宋败楚于城濮

【题解】

宋国背楚事晋，楚成王伐宋，文公率领齐、秦两国的军队讨伐楚的盟国曹、卫，借此解救宋国，于是晋、楚矛盾直接化。如何化解这个矛盾，晋国君臣进行商议，最终采取先轸的计谋，激怒齐、秦，转移矛盾，并离间曹、卫与楚的关系；同时兑现许给楚王的诺言。这

一切最终使晋国取得胜利。

【原文】文公立四年[①],楚成王伐宋[②],公率齐、秦伐曹、卫以救宋。宋人使门尹班告急于晋[③],公告大夫曰:"宋人告急,舍之则宋绝[④]。告楚则不许我[⑤]。我欲击楚,齐、秦不欲,其若之何?"先轸曰[⑥]:"不若使齐、秦主楚怨。"公曰:"可乎?"先轸曰:"使宋舍我而赂齐、秦[⑦],藉之告楚[⑧]。我分曹、卫之地以赐宋人。楚爱曹、卫,必不许齐、秦。齐、秦不得其请,必属怨焉[⑨],然后用之,蔑不欲矣[⑩]。"公说,是故以曹田、卫田赐宋人。

【注释】①文公立四年:晋文公二年,前633年。②楚成王伐宋:因宋背楚事晋,故伐之。③门尹班:宋国大夫。④舍之:舍弃宋。⑤告楚:请楚国退兵。⑥先轸:晋中军大夫。⑦使宋舍我:使宋不向我们求援。⑧藉之告楚:利用齐、秦出面请楚国退兵。⑨属:结。⑩蔑:无。

【译文】晋文公即位的第四年,楚成王讨伐宋国。文公率领齐、秦两国的军队讨伐曹、卫两国以解救宋国。宋国派门尹班到晋国告急,晋文公对大夫说:"宋国来告急,丢下宋国不管,它就会与我国断绝关系。请求楚国退兵,楚国也不会答应。我想攻打楚国,齐、秦两国又不愿意,该怎么办呢?"先轸说:"不如激怒齐、秦两国,使它们都去怨恨楚国。"文公说:"可以吗?"先轸回答说:"使宋不向我们求援,而给齐、秦两国送财物,利用他们去请求楚国退兵。我们又把曹、卫两国土地分给宋国。楚国爱惜曹国和卫国,一定不会答应齐国和秦国的请求。齐、秦两国没有获得楚国的答应,一定怨恨楚国,然后我们利用齐、秦两国攻楚,没有不愿意的。"晋文公很高兴,因此将曹、卫两国的田地分给宋国。

【原文】令尹子玉使宛春来告曰[①]:"请复卫侯而封曹[②],臣亦释宋之围。"舅犯愠曰[③]:"子玉无礼哉!君取一,臣取二,必击之。"先轸曰:"子与之[④]。我不许曹、卫之请,是不许释宋也。宋众无乃彊乎[⑤]!是楚一言而有三施[⑥],子一言而有三怨。怨已多矣,难以击人。不若私许复曹、卫以携之[⑦],执宛春以怒楚,既战而后图之[⑧]。"公说,是故拘宛春于卫。

【注释】①子玉:名成得臣,字子玉,城濮之战楚军统帅。宛春:楚国大夫。②复:复位。封:建立。③愠:怒。④与:答应。⑤彊:通"僵",毙。⑥三:指曹、卫、宋。⑦携:离间。⑧图之:考虑复曹、卫。

【译文】楚国的令尹子玉派宛春来告知晋军,说:"请恢复卫侯的君位和曹国的封疆,我们也撤掉对宋国的包围。"子犯恼怒说:"子玉真无礼啊!晋君只得一项好处,子玉得两项好处,一定要攻打楚军。"先轸说:"你还是答应他。我们不同意曹、卫两国的请求,这是不让楚国解除对宋国的包围,宋国恐怕会亡国吧!这样,楚国的一句话对三个国家施了恩,你的一句话却跟三个国家结怨。怨恨我们的国家多了,就难以攻击敌人。不如私下答应恢复曹、卫两国,以离间他们与楚国的关系,拘留宛春来激怒楚国,战争之后再考虑曹、卫的事。"晋文公很高兴,于是把宛春拘押在卫国。

【原文】子玉释宋围,从晋师[①]。楚既陈,晋师退舍[②],军吏请曰:"以君避臣,辱也。且楚师老矣[③],必败。何故退?"子犯曰:"二三子忘在楚乎?偃也闻之:战斗,直为壮[④],曲为老。未报楚惠而抗宋[⑤],我曲楚直,其众莫不生气,不可谓老。若我以君避臣,而不去,彼

亦曲矣。”退三舍避楚。楚众欲止，子玉不肯，至于城濮[⑥]，果战，楚众大败。君子曰：“善以德劝。”

【注释】①从晋师：追逐晋军。②退舍：后退三十里。③老：疲惫。④直：理直。下文“曲”为理由的意思。⑤抗：救。⑥城濮：卫地。

【译文】子玉撤掉对宋国的包围，追逐晋军。楚军摆好阵后，晋军退却三十里，军吏请求说：“作为国君的避让臣子，是耻辱。况且楚军已经疲惫，一定战败，我们为什么要后退呢？”子犯说：“你们都忘了君主流亡楚国时的诺言吗？我听说：作战，理直就士气旺盛，理曲就士气低落。我们尚未报答楚王的恩惠却救助宋国，我们理曲楚国理直，楚军没有谁不士气旺盛，这不能说他们已疲劳。如果我们以国君的身份避让臣子，楚军还不撤退，那是对方理曲了。”晋军撤退九十里，避让楚军。楚军准备停下来，子玉不肯，到了城濮，战争发生，楚军大败。君子说：“子犯、先轸善于以德来劝谏。”

文公任贤与赵衰举贤

【题解】

本篇记载任贤与让贤。文公向赵衰询问中军主帅的人选，赵衰推荐郄縠，后文公准备让赵衰为卿，赵衰推辞，举荐其他合宜之人。

【原文】文公问元帅于赵衰[①]，对曰：“郄縠可[②]，行年五十矣，守学弥惇[③]。夫先王之法志[④]，德义之府也[⑤]。夫德义，生民之本也[⑥]。能惇笃者，不忘百姓也。请使郄縠。”公从之。公使赵衰为卿，辞曰：“栾枝贞慎[⑦]，先轸有谋，胥臣多闻[⑧]，皆可以为辅佐，臣弗若也。”乃使栾枝将下军，先轸佐之。取五鹿，先轸之谋也。郄縠卒，使先轸代之。胥臣佐下军。公使原季为卿[⑨]，辞曰：“夫三德者，偃之出也[⑩]。以德纪民，其章大矣，不可废也。”使狐偃为卿，辞曰：“毛之智[⑪]，贤于臣，其齿又长。毛也不在位，不敢闻命。”乃使狐毛将上军，狐偃佐之。狐毛卒，使赵衰代之，辞曰：“城濮之役，先且居之佐军也善[⑫]，军伐有赏[⑬]，善君有赏，能其官有赏。且居有三赏，不可废也。且臣之伦[⑭]，箕郑、胥婴、先都在[⑮]。”乃使先且居将上军。公曰：“赵衰三让。其所让，皆社稷之卫也。废让，是废德也。”以赵衰之故，搜于清原，作五军[⑯]。使赵衰将新上军，箕郑佐之；胥婴将新下军，先都佐之。子犯卒，蒲城伯请佐，公曰：“夫赵衰三让不失义[⑰]。让，推贤也；义，广德也。德广贤至，又何患矣。请令衰也从子。”乃使赵衰佐上军。

【注释】①元帅：晋国以中军为最高，中军主帅统率全军，故称元帅，为上卿。②郄縠：晋大夫。③弥：更加。惇：敦厚。④法志：记载典范言行的典籍。志，记。⑤府：库藏。⑥生民：指教养民众。⑦栾枝：即栾贞子，晋大夫。⑧胥臣：即司空季子，晋大夫。⑨原季：即赵衰。⑩偃：狐偃。⑪毛：指狐毛，狐偃之兄，晋大夫。⑫先且居：先轸之子，又称蒲城伯。⑬伐：功劳。⑭伦：同辈。⑮箕郑、胥婴、先都：均为晋大夫。⑯作五军：建立五军。⑰义：合宜。

【译文】晋文公问赵衰谁可担任中军主帅，赵衰回答说："郤縠可以，他已经五十岁了，仍坚持学习，道德修养更加敦厚。先王的圣典，是道德义理的宝库。道德和义理，是教养民众的根本。能够重视笃爱学习的人，是不会忘记百姓的。请让郤縠担任中军主帅。"文公听从他的建议。文公让赵衰为卿，赵衰推辞说："栾枝为人忠贞谨慎，先轸富于谋略，胥臣知识渊博，都可以作为辅佐，我比不上他们。"于是任命栾枝统率下军，先轸为副将。攻取五鹿，就是出于先轸的计谋。郤縠死，让先轸接替他任中军统帅。胥臣担任下军副将。文公又让赵衰为卿，赵衰推辞说："那三桩好事，都是狐偃出的计谋。用德行来治理人民，成效显著，不能不任用他。"文公任命狐偃为下卿，狐偃推辞说："狐毛的才智超过我，年龄又比我大。狐毛如果不在卿位，我不敢接受您的任命。"文公于是让狐毛统率上军，狐偃为副将。狐毛死，文公让赵衰代他任上军统帅，赵衰又推辞说："城濮之战中，先且居辅佐治军很好，立有军功的应得到奖赏，用道义辅佐君主的应得到奖赏，能胜任职位的应得到奖赏。先且居有这三种应受到的奖赏，不能不任用他。况且和我一样的人，箕郑、胥婴、先都还在。"文公于是让先且居统率上军。文公说："赵衰三次谦让，他所推让的，都是国家有力的保卫者。废弃谦让，这是废弃德行。"因为赵衰谦让的缘故，文公在清原检阅军队，建立五军。让赵衰担任新上军的统帅，箕郑为副将；胥婴担任新下军的统帅，先都为副将。子犯死，蒲城伯请求委派副将，文公说："赵衰三次谦让，举人适宜。谦让是为了举用贤人，举人适宜是为了推广善德。善德推广贤才就会来，那又忧虑什么呢。让赵衰随从你吧。"于是文公让赵衰担任上军的副将。

胥臣论教诲之力

【题解】

晋文公准备让阳处父做讙的老师，又担心阳处父能否教育好他，对此，胥臣认为个人的成就取决于自身的素质。

【原文】文公问于胥臣曰："吾欲使阳处父傅讙也而教诲之[1]，其能善之乎？"对曰："是在讙也。籧篨不可使俯[2]，戚施不可使仰[3]，僬侥不可使举[4]，侏儒不可使援[5]，蒙瞍不可使视[6]，嚚瘖不可使言[7]，聋聩不可使听[8]，僮昏不可使谋[9]。质将善而贤良赞之，则济可竢[10]。若有违质[11]，教将不入，其何善之为！臣闻昔者大任娠文王不变[12]，少溲于豕牢[13]，而得文王不加疾焉。文王在母不忧，在傅弗勤[14]，处师弗烦，事王不怒，孝友二虢[15]，而惠慈二蔡[16]，刑于大姒[17]，比于诸弟[18]。《诗》云[19]：'刑于寡妻，至于兄弟，以御于家邦。'于是乎用四方之贤良。及其即位也，询于八虞[20]，而谘于二虢[21]，度于闳夭而谋于南宫[22]，诹于蔡、原而访于辛、尹[23]，重之以周、邵、毕、荣[24]，亿宁百神，而柔和万民[25]。故《诗》云[26]：'惠于宗公，神罔时恫[27]。'若是，则文王非专教诲之力也。"公曰："然则教无益乎？"对曰："胡为文，益其质。故人生而学，非学不入。"公曰："奈夫八疾何！"对曰："官师之所材也[28]，戚施直镈[29]，籧篨蒙璆[30]，侏儒扶卢[31]，蒙瞍修声[32]，聋聩司火。僮昏、嚚瘖、僬侥，官师之所不材也，

以实裔土[33]。夫教者,因体能质而利之者也。若川然有原,以印浦而后大[34]。"

【**注释**】①阳处父:晋国大夫,又称阳子。讙:即晋襄公,文公之子。②籧篨:有残疾不能俯身的人。③戚施:驼背。④僬侥:古代传说中的矮人。⑤侏儒:身材短小的人。⑥蒙瞍:盲人。⑦嚚:有声音而不能说话,即哑巴。瘖:失音病,哑。⑧聩:耳聋。⑨僮昏:愚昧无知而不明事理之人。⑩竢:等待。⑪违:邪。⑫大任:即太任,王季之妻,文王之母。娠:怀孕。不变:指怀孕时保持端庄的德行。⑬少溲:小便。豕牢:厕所。⑭傅:特指帝王的相或帝王、诸侯之子的老师。勤:劳。⑮友:善兄弟为友。二虢:指虢仲、虢叔,文王之弟。⑯惠慈:惠爱。二蔡:指管叔、蔡叔。⑰刑:效法。大姒:太姒,文王妃。⑱比:亲近。诸弟:同宗之弟。⑲《诗》:指《诗经·大雅·思齐》。⑳询:咨询。八虞:周代八个才能突出的人。㉑谘:商议。㉒闳夭:周文王的谋臣。南宫:南宫适。㉓诹:咨询。蔡:蔡公。原:原公。辛:辛甲。尹:尹佚。四人均为周太史。㉔周:周公。邵:邵康公。毕:毕公。荣:荣公。㉕柔:安抚。㉖《诗》:指《思齐》。㉗"惠于"两句:惠,孝顺。宗公,周先公。恫,痛伤。㉘官:官能。师:长处。材:同"裁",指因材施教。㉙直:担任。镈:钟。㉚蒙:戴。璆:玉磬。㉛扶卢:古代的一种杂技。㉜修声:辨识乐音。修,一作"循"。㉝裔:荒远。㉞印:即御,迎。浦:小河流入江河的入口处。

【**译文**】晋文公对胥臣说:"我准备让阳处父做讙的老师来教诲他,阳处父能教育好他吗?"胥臣回答说:"这关键在讙。籧篨不能让他俯身向下,戚施不能让他上仰,僬侥不能让他举重物,侏儒不能让他攀高,不能让蒙瞍看东西,不能让嚚瘖说话,不能让聋子听声音,不能让愚昧无知的人出主意。素质好而又有贤良的老师教导,那他的成就可以期待。如果本质邪恶,教诲就不会进入他的心灵,那他又有什么善呢!我听说以前太任怀孕时保持端庄的德行,她生产时像在厕所小便一样容易,没受到任何痛苦就生下文王。文王在母腹里不让母亲痛苦,对于太傅不让他多操劳,尊重师长不让他感到烦扰,事奉父王不让他生气,友爱弟弟虢仲、虢叔,惠爱儿子管叔、蔡叔,为妻子太姒做出典范,亲近同宗的兄弟。诗说:'为自己的妻子做出典范,进而熏陶自己的兄弟,以此来治理国家。'于是他招徕天下的贤良之士。到他即位后,有事咨询八虞,与虢仲、虢叔商议,听取闳夭的意见,同南宫括磋商,咨询蔡公、原公,访问辛甲、尹佚,再加上周公、邵康公、毕公和荣公的辅助,从而让百神安宁,使万民祥和。所以诗说:'文王孝顺祖庙里的先公,鬼神没有降下灾祸。'从这看来,周文王的道德功业就不仅仅是老师教诲的力量所致。"晋文公说:"这样的话,教诲就没有用处了吗?"胥臣回答说:"具备良好的素质,再加上文采,就会更加美好。因此人生下来就应学习,不学习就不能进入正道。"文公说:"对八种残疾人怎么办呢?"胥臣回答说:"根据他们自身的长处因材施教,戚施击钟,籧篨戴上玉磬,侏儒表演杂技,蒙瞍辨识乐音,聋聩掌管烧火。愚昧无知之徒及嚚瘖、僬侥之类,自身无长处可用,就把他们迁往荒远之地。施教者根据受教者本身的潜质加以因势利导的,就像江河有了源头,才能迎到江河入口处,然后让它汇成巨流。"

叔向论忧德不忧贫

【题解】

韩宣子身为正卿却忧虑贫困,叔向认为作为执政,担忧的应是自己的德行够不够,而不是别的东西;为此,叔向例举栾氏、郄氏家族的兴衰史,证明"忧德不忧贫"的现实意义。

【原文】叔向见韩宣子,宣子忧贫,叔向贺之,宣子曰:"吾有卿之名,而无其实,无以从二三子,吾是以忧,子贺我何故?"对曰:"昔栾武子无一卒之田[①],其宫不备其宗器[②],宣其德行,顺其宪则[③],使越于诸侯[④],诸侯亲之,戎、狄怀之[⑤],以正晋国,行刑不疚[⑥],以免于难。及桓子骄泰奢侈[⑦],贪欲无艺,略则行志[⑧],假贷居贿[⑨],宜及于难,而赖武之德,以没其身。及怀子改桓之行[⑩],而修武之德,可以免于难,而离桓之罪'[⑪]以亡于楚。夫郄昭子[⑫],其富半公室,其家半三军,恃其富宠,以泰于国,其身尸于朝,其宗灭于绛。不然,夫八郄,五大夫三卿[⑬],其宠大矣,一朝而灭,莫之哀也,唯无德也。今吾子有栾武子之贫,吾以为能其德矣,是以贺。若不忧德之不建,而患货之不足,将吊不暇,何贺之有?"宣子拜稽首焉,曰:"起也将亡,赖子存之,非起也敢专承之,其自桓叔以下嘉吾子之赐[⑭]。"

【注释】①栾武子:栾书。一卒之田:一百顷田地。②宗器:祭器。③宪则:法则。④越:传播。⑤怀:归服。⑥疚:诟病。⑦桓子:即栾黡,栾武子之子。⑧略则:违反法纪。⑨假:借。居:蓄。⑩怀子:即栾盈,桓子之子。⑪离:同"罹",遭受。⑫郄昭子:郄至。⑬三卿:指郄至、郄锜、郄犨。⑭桓叔:即曲沃桓叔,桓叔有子名万,封在韩邑,称韩万,故尊桓叔为先祖。

【译文】叔向去见韩宣子,宣子正忧愁自己贫困,叔向祝贺他,韩宣子说:"我只有正卿的虚名,却没有正卿之实,没办法同诸卿大夫往来,我正为此发愁,你祝贺我是什么缘故呢?"叔向说:"从前栾武子身为晋国上卿却没有一百顷的田地,家中置备不齐祭器,可他却发扬德行,遵循法则,使自己的名声远播诸侯,诸侯亲近他,戎、狄归服他,以此治理晋国,施行法令没有诟病,所以避免厉公之难。到桓子时,骄纵奢侈,贪婪之欲无极,违反法纪,随意妄为,借放高利贷蓄积财物,本应遭受祸难,只是依仗他父亲武子的余德,才得以善终。到了怀子,一改桓子的胡作非为,继承祖父武子的美德,本来可以免除祸难,可遭受父亲桓子罪恶的连累,只有奔亡到楚国。还有郄昭子,他的财富抵得上晋国公室的一半,他家几乎占了三军将帅中的一半,依仗自己的财富和权势,在晋国奢侈到了极点,结果自己尸首放在朝廷上示众,宗族也在绛城被灭绝。若不是这样,郄氏八人,有五个大夫,三个卿,他们的权势够大了,可一旦被诛灭,没有谁来哀痛,就是因为没有德行啊。现在你有栾武子那样的清贫,我认为你也能具有他的德行,因此向你道贺。如果不忧虑自己德行还没有建立,却担忧财富不足,哀悼您还来不及,我又祝贺什么呢?"韩宣子向他下拜叩头,说:"我将要灭亡了,依赖您保存了我,不独是我一个人敢承受您的恩惠,从我的先祖桓叔以下都要感激您的恩赐。"

吴 语

越王勾践命诸稽郢行成于吴

【题解】

吴、越两国因处同一区域内,春秋末期,常年兼并争战不休。公元前 496 年,吴王阖庐趁越王允常去世攻打越国,在携李之战中被越王勾践射伤致死。三年后,吴王夫差为报父仇,再次举兵伐越,在夫椒之战中打败越军,越王勾践退保会稽。本文记载勾践听从大夫文种之计,派遣大夫诸稽郢向吴王求和一事。诸稽郢一番谦卑臣服的外交辞令,吴王最终答应了和解。

【原文】吴王夫差起师伐越[①],越王勾践起师逆之[②]。大夫种乃献谋曰[③]:"夫吴之与越,唯天所授,王其无庸战[④]。夫申胥、华登简服吴国之士于甲兵[⑤],而未尝有所挫也。夫一人善射,百夫决拾[⑥],胜未可成也。夫谋必素见成事焉[⑦],而后履之[⑧],不可以授命[⑨]。王不如设戎[⑩],约辞行成[⑪],以喜其民,以广侈吴王之心。吾以卜之于天,天若弃吴,必许吾成而不吾足也[⑫],将必宽然有伯诸侯之心焉[⑬]。既罢弊其民[⑭],而天夺之食,安受其烬[⑮],乃无有命矣。"

【注释】①吴王夫差:春秋末年吴国国君,阖庐之子,姬姓,公元前 495~473 年在位。②越王勾践:春秋末年越国国君,允常之子,姒姓,公元前 496~465 年在位。逆:迎战。③大夫种:即文种,越国大夫。④庸:用。⑤申胥:即伍员,字子胥,楚太傅伍奢之子。公元前 522 年楚平王杀伍奢,伍员逃到吴国,吴王封申地给他做食邑,故称申胥。华登:宋司马华费遂之子。公元前 522 年宋元公杀华氏、向氏,华登逃到吴国,封为大夫。简服:简,挑选;服,教习。⑥决拾:决,用兽骨做的扳指,射箭时套在右手大拇指上,用来钩弦。拾,皮革做的护臂,套在左臂上,用来拢住衣袖保护臂腕。⑦素见:预见。⑧履:执行,实施。⑨授命:送命。⑩戎:兵。⑪约辞:谦卑的言辞。行成:求和。⑫不吾足:即"不足吾"之倒置。意思是越国不足于畏惧。⑬伯:通"霸",称霸。⑭罢:同"疲",使疲劳。⑮烬:灰烬,残余。这里指残局。

【译文】吴王夫差出兵攻打越国,越王勾践率兵迎战。越国大夫文种向勾践献计说:"吴国和越国的未来命运,是由上天决定的,大王还是不用再战了。申胥和华登挑选吴人训练成勇猛善战的士兵,至今还未曾打过败仗。吴国只要有一人善于射箭,就会有一百人仿效学习他,我们越国能否战胜他们,实在没有把握。凡是谋划一件事情,必须预见到有成功的可能,然后才去付诸实施,不能去白白送死。大王不如对内设兵防守,对外用谦卑的言辞向吴国求和,让吴国人高兴,让吴王称霸的野心膨胀。我们可以此卜问上天,上天如果要抛弃吴国，必定会保佑我们求和成功，并且不以为我们越国是令人畏惧的，吴国将会更加扩张称霸诸侯的野心。等到吴国百姓被战争拖垮，上天降灾而粮食歉收，这时越国安然来收拾残局，吴国就失去了天命的保佑了。”

【原文】越王许诺，乃命诸稽郢行成于吴①，曰："寡君勾践使下臣郢不敢显然布币行礼②，敢私告于下执事曰③：昔者越国见祸④，得罪于天王⑤。天王亲趋玉趾⑥，以心孤勾践⑦，而又宥赦之。君王之于越也，繄起死人而肉白骨也⑧。孤不敢忘天灾，其敢忘君王之大赐乎！今勾践申祸无良⑨，草鄙之人，敢忘天王之大德，而思边垂之小怨，以重得罪于下执事？勾践用帅二三之老⑩，亲委重罪⑪，顿颡于边⑫。"

【注释】①诸稽郢：越国大夫。②布币：布，陈；币，玉帛。③下执事：办事人员。古人说话时的谦称，表示不敢直接向吴王陈说，须请吴王的办事人员代为转达。④见祸：指越王允常去世。见，表被动，遭受。⑤天王：对吴王的尊称。⑥玉趾：尊贵的脚。⑦孤：顾念。⑧繄：句首语气词。起死人而肉白骨：使死人生还而白骨长肉，比喻恩同再造。⑨申祸：再次遭到祸害，指先后两次遭到吴国的讨伐。申，再次。⑩用：因此。老：家臣。⑪委：归罪。⑫顿颡：屈膝下拜，以额触地。边：边境。

【译文】越王同意了文种的计策，于是命令大夫诸稽郢去吴国求和。诸稽郢对吴王说："我们的君主勾践派小臣诸稽郢来通好，我不敢公然向您献上玉帛礼品，只得请办事人员转达说：当初越王允常去世时，在携李之战中得罪了天王。天王亲率大军讨伐越国，本打算灭掉勾践，因顾念勾践，而又宽宏赦免了。君王对于越国，恩重如山，犹如让死人复活，让白骨生肉。勾践我不敢忘记天灾，又怎敢忘掉君王的大德！现在勾践我再遭祸患，是没有良好的德行，我这草野鄙陋之人，怎敢忘记天王的大恩大德，而去计较两国边境上的小怨恨，以致再次得罪于天王的职事人员呢？勾践我因此带着几个家臣，亲自戴罪，在边境上向君王叩头求赦了。"

【原文】"今君王不察，盛怒属兵①，将残伐越国。越国固贡献之邑也，君王不以鞭箠使之，而辱军士使寇令焉②。勾践请盟：一介嫡女③，执箕箒以晐姓于王宫④；一介嫡男，奉槃匜以随诸御⑤；春秋贡献，不解于王府⑥。天王岂辱裁之？亦征诸侯之礼也。"

【注释】①属：会，集。②辱：辱没，谦称。寇令：抵御寇贼的号令。③一介：一人。④晐姓：献女子于天子。晐，配备。姓，各种姓氏。⑤槃：木盘。匜：古代洗手的器皿。御：近臣一类的官。⑥解：通"懈"，懈怠。

【译文】"现在君王不了解情况，盛怒之下调集军队，打算灭掉越国。越国本来就是向吴国纳贡的城邑，君王不用鞭子役使它，反而让您的军士屈尊来讨伐。勾践请求缔结盟约：一个嫡生女儿，手拿箕帚到王宫里侍奉您；一个嫡生儿子，捧着盘匜随近臣一起伺候您；每年的贡品，决不间断。天王何须屈辱来制裁越国呢？我们现在进献贡品也是按照天子向诸侯征税的礼制。"

【原文】"夫谚曰：'狐埋之而狐搰之①，是以无成功。'今天王既封殖越国②，以明闻于天下③，而又刈亡之④，是天王之无成劳也。虽四方之诸侯，则何实以事吴⑤？敢使下臣尽

辞，唯天王秉利度义焉[⑥]！”

【注释】①搰：发掘。②封殖：以草木为喻，栽培扶植。③明闻：显名。④刈：割草。⑤实：事实。事：侍奉。⑥秉：执。

【译文】“谚语说：‘狐狸埋藏了东西，又会把它发掘出来，所以没有成功。’现在天王既已扶植越国，以显名远扬于天下，而今又要灭亡它，这意味着天王徒劳无功。即使四方的诸侯，凭什么事实来臣服吴国呢？下臣我冒昧地把话说明白，希望天王根据利义来作决断。”

吴王夫差与越荒成不盟

【题解】

本文写吴王夫差急于北上攻打齐国，称霸中原，竟然不顾伍子胥的劝谏，就口头答应了越国的求和。

【原文】吴王夫差乃告诸大夫曰：“孤将有大志于齐[①]，吾将许越成，而无拂吾虑[②]。若越既改，吾又何求？若其不改，反行[③]，吾振旅焉[④]。”

【注释】①大志于齐：即讨伐齐国。②拂：违背。③反：同“返”。④振旅：兴兵征伐。

【译文】吴王夫差于是告诉大夫们说：“我将要讨伐齐国，以称霸中原，因此我将答应越国的讲和，你们不要违背我的计划。如果越国已经认罪改过，我还要求什么？如果越国不能改过，讨伐齐国返回后，我将整顿军队再次攻打它。”

【原文】申胥谏曰：“不可许也。夫越非实忠心好吴也，又非慑畏吾兵甲之强也。大夫种勇而善谋，将还玩吴国于股掌之上[①]，以得其志。夫固知君王之盖威以好胜也[②]，故婉约其辞，以从逸王志[③]，使淫乐于诸夏之国，以自伤也。使吾甲兵钝弊，民人离落[④]，而日以憔悴，然后安受吾烬。夫越王好信以爱民，四方归之，年谷时熟，日长炎炎[⑤]。及吾犹可以战也，为虺弗摧[⑥]，为蛇将若何？”

【注释】①还：旋转。玩：玩弄。②盖威：崇尚武力。③从：同“纵”，放纵。④离：叛离。落：陨落。⑤炎炎：兴盛。⑥虺：小蛇。

【译文】申胥规谏说：“不能答应越国的求和。越国并不是真心地与吴国通好，也不是慑服于我们军队的强大。越国大夫文种英勇而且善于策谋，他将玩弄吴国于股掌之上，来实现他的灭吴野心。他原本就知道您好摆威风，好胜心强，所以就用委婉谦卑的话来放纵您的志意，让您逞欲于中原各国，以至毁损自己。使我们的军队疲惫，兵器折损，民众叛离逃亡，国力日渐衰落，然后安稳地收拾我们的残局。越王讲信义，爱民众，四方之人都来归附。每年粮食丰收，国力强盛。趁着我们现在还能战胜他时就赶紧消灭他，犹如一条小蛇，现在不打死它，等它长成了大蛇将怎么办呢？”

【原文】吴王曰：“大夫奚隆于越[①]，越曾足以为大虞乎[②]？若无越，则吾何以春秋曜吾军士[③]？”乃许之成。

【注释】①奚：为什么。隆：兴盛。②曾：难道。虞：忧患。③春秋：代指一年。曜：炫耀。

【译文】吴王说："大夫你为什么把越国说得那么强大，越国难道会对我们构成很大的威胁吗？如果没有越国，那么每年阅兵时，我向谁去炫耀我们的军力呢？"于是答应了越国的求和。

【原文】将盟，越王又使诸稽郢辞曰："以盟为有益乎？前盟口血未干[1]，足以结信矣。以盟为无益乎？君王舍甲兵之威以临使之，而胡重于鬼神而自轻也[2]？"吴王乃许之，荒成不盟[3]。

【注释】①口血未干：指距前次结盟的时间很短。古代结盟立誓，要将牲血涂抹嘴上，以示诚意，即歃血。②胡：为什么。③荒成不盟：口头答应越国的求和，没有歃血为盟。荒，空。

【译文】吴、越两国将要举行结盟仪式时，越王又派诸稽郢来推辞说："君王认为盟誓有用吗？如果有用，那么前次结盟时涂在嘴上的血迹还没有干，足够表示信用了。君王认为盟誓没有用吗？如果没用，那么君王就可以不必动用军队，亲自来役使我们就行了，何必看重鬼神的威力而看轻自己的力量呢？"吴王于是同意了，口头答应了越国的求和，而没有歃血盟誓。

夫差伐齐不听申胥之谏

【题解】

吴王夫差答应了越国的求和后，率军北上攻打齐国。夫差不听申胥劝谏，对齐国发动了艾陵之战，并取得胜利，进一步膨胀了他的称霸中原的野心。

【原文】吴王夫差既许越成，乃大戒师徒，将以伐齐。申胥进谏曰："昔天以越赐吴，而王弗受。夫天命有反[1]，今越王勾践恐惧而改其谋，舍其愆令[2]，轻其征赋，施民所善，去民所恶，身自约也，裕其众庶，其民殷众，以多甲兵。越之在吴，犹人之有腹心之疾也。夫越王之不忘败吴，于其心也侙然[3]，服士以伺吾间[4]。今王非越是图，而齐、鲁以为忧。夫齐、鲁譬诸疾，疥癣也，岂能涉江、淮而与我争此地哉？将必越实有吴土。

【注释】①天命有反：指盛转为衰、祸化为福。②愆令：错误的命令。③侙：警惕。④服：教习。间：间隙。

【译文】吴王夫差答应了越国的求和之后，于是遍告军士，将要讨伐齐国。申胥进谏说："过去上天把越国送给吴国，而大王没有接受。天命也会反向，现在越王勾践因恐惧而改变了他的谋划，废弃了那些错误的命令，减轻了民众的赋税，施予民众所喜欢的，革除民众所讨厌的，自身非常节俭，而让民众富裕。民众数量多了，就能扩充军队。越国对于吴国，犹如一个人的心腹之病。越王不忘要打败吴国，内心时刻警惕着，训练士兵，等待着复仇的机会。现在大王不图谋灭掉越国，却以齐国和鲁国为忧虑。以疾病为喻，则

齐国和鲁国不过是疥癣一类的小病，它们怎能渡过长江和淮河来与我们争夺这里的地盘？将来一定是越国占有吴国的土地。"

【原文】"王其盍亦鉴于人[1]，无鉴于水。昔楚灵王不君，其臣箴谏以不入。乃筑台于章华之上，阙为石郭[2]，陂汉[3]，以象帝舜。罢弊楚国，以间陈、蔡[4]。不修方城之内[5]，逾诸夏而图东国[6]，三岁于沮、汾以服吴、越[7]。其民不忍饥劳之殃，三军叛王于乾谿[8]。王亲独行，屏营彷徨于山林之中[9]，三日乃见其涓人畴[10]。王呼之曰：'余不食三日矣。'畴趋而进，王枕其股以寝于地。王寐，畴枕王以墣而去之[11]。王觉而无见也，乃匍匐将入于棘闱[12]，棘闱不纳，乃人芋尹申亥氏焉[13]。王缢，申亥负王以归，而土埋之其室。此志也，岂遽忘于诸侯之耳乎？"

【注释】①盍：何不。②阙：通"掘"，挖掘。石郭：即石椁，墓中停放棺材的石室。③陂汉：壅导汉水。④以间陈、蔡：等待时机消灭陈国、蔡国。⑤方城：楚国北面的山名。⑥东国：楚国东面的徐、夷、吴、越等国。⑦沮、汾：二水名，在楚国东部边境。⑧乾谿：地名，在楚国东面。⑨屏营：恐惧。⑩涓人：洒扫宫室的小臣。⑪墣：土块。⑫棘闱：楚国地名。⑬芋尹：官名，芋县长官。申亥：人名，楚国大夫。

【译文】"大王何不也以人为鉴，不要仅用水做镜子。从前楚灵王不行君道，臣下的告诫劝谏听不进去。在章华修建高台，穿石为椁，导引汉水，仿造帝舜的陵墓。使楚国民力疲惫，并伺机消灭陈国和蔡国。不治理好内政，却想越过陈国和蔡国去讨伐东方的诸侯国，他用了三年时间才渡过沮水和汾水来征讨吴、越两国。楚国民众忍受不了饥饿劳累的祸害，三军在乾谿背叛了楚灵王。灵王孤身逃亡，惶恐不安地徘徊于山林之中，三天后才碰到宫中涓人畴。楚灵王呼喊他，说：'我已经三天没吃东西了。'畴快步走到灵王前，灵王枕着他的大腿在地上睡觉。等灵王睡着后，畴用土块代替枕头抽身离开了。灵王醒来后没有看见畴，就爬着想进入棘闱，棘闱人不接纳他，于是只得前往芋县长官申亥家。灵王上吊自杀了，申亥背着灵王的尸体回到家里，用土把他葬在了屋内。史籍上记载的这件事，难道很快就被诸侯们忘掉了吗？"

【原文】"今王既变鲧、禹之功[1]，而高高下下[2]，以罢民于姑苏[3]。天夺吾食，都鄙荐饥[4]。今王将很天而伐齐[5]。夫吴民离矣，体有所倾[6]，譬如群兽然，一个负矢，将百群皆奔，王其无方收也[7]。越人必来袭我，王虽悔之，其犹有及乎？"

【注释】①鲧、禹之功：鲧、禹治水造福于民的功绩。②高高：建台榭。下下：挖湖池。③姑苏：山名，夫差在此筑台，名姑苏台。④荐饥：连年饥荒。⑤很：违背。⑥倾：伤。⑦无方：没有办法。收：返回。

【译文】"现在大王已经改变了鲧、禹治水造福于民的功业，在高处筑台，在低处造湖，修建姑苏台使民力疲惫不堪。上天降灾，粮食歉收，都城边邑连年饥荒。现今大王违背天意将去攻打齐国，吴国的民心要离散了。国家有所伤害，就会像一群野兽，其中只要一个中了箭，整群的野兽都会逃走，那时大王就没有办法收拾残局了。而且越国人必定会来袭击我们，那时大王即使后悔，还来得及吗？"

【原文】王弗听。十二年,遂伐齐。齐人与战于艾陵[①],齐师败绩[②],吴人有功。

【注释】①艾陵:齐国地名。②败绩:战败。

【译文】吴王夫差不听申胥劝谏。在他即位后的第十二年,于是率兵讨伐齐国。齐国与吴国在艾陵展开大战,齐军战败,吴国获得了成功。

申胥自杀

【题解】

本文写吴王夫差伐齐成功后回国对申胥横加责难,申胥见劝谏无效,便自杀身亡。死前预料吴国必定将被越国灭掉。

【原文】吴王还自伐齐,乃讯申胥曰[①]:"昔吾先王体德明圣[②],达于上帝,譬如农夫作耦[③],以刈杀四方之蓬蒿,以立名于荆[④],此则大夫之力也。今大夫老,而又不自安恬逸[⑤],而处以念恶[⑥],出则罪吾众,挠乱百度[⑦],以妖孽吴国。今天降衷于吴[⑧],齐师受服。孤岂敢自多[⑨],先王之钟鼓,寔式灵之[⑩]。敢告于大夫。"

【注释】①讯:"谇"之讹,责问。②先王:指吴王阖庐。③耦:两人并肩而耕,喻申胥辅佐阖庐。④立名于荆:指公元前506年,申胥辅佐吴王阖庐在柏举战败楚国。⑤恬:恬静。逸:安逸。⑥处以念恶:闲居时想着中伤吴国。⑦百度:各种法度。⑧衷:善福。⑨自:自夸功劳。⑩寔:实在。式:显示。灵:神灵。

吴王夫差战胜齐国归来,于是责问申胥,说:"从前我们的先王行德圣明,通达上天,就像农夫并肩耕作一样,割除四方的飞蓬蒿草,战败楚国,扬名诸侯,这都是大夫你的功劳。现在你老了,却又不安心于闲适恬静的日子,在家尽想些坏的念头,出外又怪罪吴国军队,扰乱各种法度,来败坏吴国。现在上天降福给吴国,齐国军队接受了降服。我哪敢自夸,实在是先王的军队,受到神灵的保佑。我冒昧告诉你这件事。"

【原文】申胥释剑而对曰:"昔吾先王世有辅弼之臣,以能遂疑计恶[①],以不陷于大难。今王播弃黎老[②],而孩童焉比谋[③],曰:'余令而不违。'夫不违,乃违也。夫不违,亡之阶也。夫天之所弃,必骤近其小喜,而远其大忧。王若不得志于齐,而以觉寤王心,而吴国犹世[④]。吾先君得之也,必有以取之;其亡之也,亦有以弃之。用能援持盈以没[⑤],而骤救倾以时[⑥]。今王无以取之,而天禄亟至[⑦],是吴命之短也。员不忍称疾辟易[⑧],以见王之亲为越之擒也。员请先死。"遂自杀。将死,曰:"以悬吾目于东门,以见越之入,吴国之亡也。"王愠曰:"孤不使大夫得有见也。"乃使取申胥之尸,盛以鸱鵜[⑨],而投之于江。

【注释】①遂:决断。计:谋划。②黎老:老人。③比谋:商量。④世:世代相传。⑤援持:继续保持。盈:满,指兴盛的形势。没:去世。⑥骤:及时。⑦亟:屡次,多次。⑧辟易:退避。⑨鸱鵜:皮革制的袋子。

【译文】申胥解下宝剑回答说:"过去我们的先王世代都有辅佐的大臣,所以能决断疑难,谋虑险恶,因而没有遭受大难。现今大王抛弃老臣,而和年轻人共商国事,说:'我的

命令不得违背。'不违背您的命令，却是对天道的违背。不违背您的命令，这是亡国的阶梯。上天所要抛弃的，必定多给他小欢喜，让大忧患暂时远离他。大王如果伐齐没有获胜，以此让大王内心觉悟，吴国还能世代相传。我们先王取得成功，必定有成功的条件；遭到失败，也有失败的原因。因此能保持吴国的兴盛直至他去世，并多次及时地挽救吴国的危局。现在大王没有取得成功的条件，而上天赐给的福禄却多次降临，说明吴国的天运已经不远了。我伍员不忍心称病退避，亲眼看到大王被越国人擒捉，我只好请求先死。"于是自杀了。临死时，他说："把我的眼睛悬挂在国都的东门上，让我亲眼看到越国人进入国都，吴国灭亡。"吴王夫差愤怒地说："我不会让你看到什么。"于是派人把申胥的尸体，装在皮袋里，投入了长江。

吴晋争长未成勾践袭吴

【题解】

吴王夫差战胜齐国后，继续挺进中原与晋国争当霸主。公元前482年，在黄池会盟时，越王勾践趁机攻入吴国都姑苏。吴王恐惧，大夫王孙雒献计以兵威慑服晋国而先歃血，然后从容回国。

【原文】**吴王夫差既杀申胥，不稔于岁[1]，乃起师北征。阙为深沟[2]，通于商、鲁之间，北属之沂[3]，西属之济[4]，以会晋公午于黄池[5]。**

【注释】①稔：庄稼成熟。②阙：通"掘"，挖穿。③沂：鲁国水名。④济：宋国水名。⑤晋公午：晋定公，名午。黄池：地名。

【译文】吴王夫差杀了申胥之后，没等庄稼成熟，于是率兵北伐。他召集民力挖掘沟渠，沟通宋国和鲁国，北连沂水，西连济水，准备与晋定公在黄池举行会盟。

【原文】**于是越王勾践乃命范蠡、舌庸[1]，率师沿海泝淮以绝吴路[2]。败王子友于姑熊夷[3]。越王勾践乃率中军泝江以袭吴，入其郛[4]，焚其姑苏，徙其大舟[5]。**

【注释】①范蠡、舌庸：越国大夫。②泝：逆流而上。③王子友：吴王夫差的太子，名友。姑熊夷：吴国地名，在国都姑苏城外。④郛：外城。⑤徙：获取。大舟：吴王乘坐的船。

【译文】与此同时，越王勾践命令范蠡和舌庸，率兵沿着海岸逆淮河而上，来断绝吴军的归路。越国军队在姑熊夷战败了王子友。越王勾践率领中军逆江而上来袭击吴国，攻入国都的外城，焚烧姑苏台，运走吴王的大船。

【原文】**吴、晋争长未成[1]，边遽乃至[2]，以越乱告。吴王惧，乃合大夫而谋曰："越为不道，背其齐盟[3]。今吾道路修远，无会而归，与会而先晋[4]，孰利？"王孙雒曰[5]："夫危事不齿[6]，雒敢先对。二者莫利。无会而归，越闻章矣，民惧而走，远无正就[7]。齐、宋、徐、夷曰：'吴既败矣！'将夹沟而㢑我[8]，我无生命矣。会而先晋，晋既执诸侯之柄以临我，将成其志以见天子。吾须之不能[9]，去之不忍。若越闻愈章，吾民恐叛。必会而先之。"**

【注释】①长：诸侯之长，即盟主。成：定。②遽：驿车。乃：通“仍”，频繁，多次。③齐盟：同盟。④先晋：让晋国先歃血。⑤王孙雒：吴国大夫。⑥不齿：不顾年龄大小。⑦正：合适。⑧痻：从旁边攻击。⑨须：等待。

【译文】吴、晋两国争当盟主还没定下来，吴国边境上的驿车就不断地到来，报告越国作乱的消息。吴王夫差很害怕，于是召集大夫们商量对策，说：“越国不守道义，违背盟誓。现今我们回国路途遥远，不参加会盟马上回国，或者参加会盟，而让晋国先歃血，哪个更有利？”王孙雒说：“遇到危急的事情，顾不上年龄大小了，我冒昧地先来回答。我认为这两者都不利。如果不参加会盟就回国，越国的名声就大了，吴国民众就因害怕而逃走，老远赶回去却没有合适的安顿之处。齐、宋、徐、夷等国家会说：‘吴国已经失败了！’将沿着沟渠从两侧攻击我们，我们就没有活路了。如果参加会盟但让晋国先歃血，晋国就执掌了诸侯盟主的权柄来监控我们，实现了诸侯霸主的志愿并去朝见周天子。我们既没有时间等待朝见天子，离去又无法忍受。如果越国的名声越来越大，我们的民众恐怕要叛离。一定要参加盟会而且要先歃血。”

【原文】王乃步就王孙雒曰[①]：“先之，图之将若何[②]？”王孙雒曰：“王其无疑，吾道路悠远，必无有二命，焉可以济事。”王孙雒进，顾揖诸大夫曰：“危事不可以为安，死事不可以为生，则无为贵智矣。民之恶死而欲贵富以长没也，与我同。虽然，彼近其国，有迁[③]；我绝虑[④]，无迁。彼岂能与我行此危事也哉？事君勇谋，于此用之。今夕必挑战，以广民心。请王励士，以奋其朋势[⑤]。劝之以高位重畜[⑥]，备刑戮以辱其不励者，令各轻其死。彼将不战而先我，我既执诸侯之柄，以岁之不获也，无有诛焉[⑦]，而先罢之，诸侯必说。既而皆入其地，王安挺志[⑧]，一日惕[⑨]，一日留[⑩]，以安步王志。必设以此民也，封于江、淮之间，乃能至于吴。”吴王许诺。

【注释】①就：近。②图：谋划。③迁：转移退却。④绝虑：没有其他想法。⑤朋：通“冯”，盛怒。⑥重畜：贵重财宝。⑦诛：责问。⑧安：乃。挺志：宽心。⑨惕：快速。⑩留：缓慢。

【译文】吴王夫差于是走近王孙雒，说：“要先歃血，将怎么办？”王孙雒说：“大王不要犹豫，我们回国路途遥远，决不能有两条命令，这样才可以成就事业。”王孙雒上前一步，回头对诸位大夫作揖，说：“不能将危险的事化为平安，不能把将近死亡的事转为生机，就不算有超人的智慧。人们怕死而想富贵并且长寿以死，这和我们是相同的。既然这样，晋军离国都很近，有退却的可能；我们没有什么顾虑，没有回转的可能。晋国哪能和我们一样做这种危险的事呢？侍奉君王的勇和谋，在这时就派上用场了。今天晚上一定要向晋国挑战，来安定人心。请大王激励将士，来振奋大家的战斗激情，用高官和财宝来劝勉大家，准备好刑杀来惩治那些不努力作战的人，让大家都不怕死。这样晋国将不会开战而让我们先歃血，我们执掌了诸侯之长的权柄后，以年成歉收为由，不要求诸侯贡赋，让他们先回国，诸侯们肯定很高兴。等到他们都回到本国以后，大王也就可以放心回国，一天快走，一天慢走，来安心地实现回国的志愿。一定要许诺这些努力作战的士卒，将封给他们江淮一带的地方，这样我们才能回到吴国了。”吴王夫差同意了他的谋划。

越　语

勾践灭吴

【题解】

本篇从越国的角度讲述勾践灭吴的过程。勾践被吴王夫差打败，在危急之中向谋臣求教，他卑辞厚礼向吴国求和，然后回国安抚百姓，恢复国力，终于一举打败吴国。在灭吴过程中，勾践的谋臣特别是范蠡向他进了很多谋略，灭吴的军事行动也值得详细叙述，但本篇对这些都不予交代，只是写勾践的政治措施。作为一个杰出的政治家，勾践首先善于审时度势，在国家面临灭亡的时刻灵活地应对，保全了越国的有生力量。其次，他勇于自责，在越国人面前承担了失败的责任，凝聚了人心，然后采取措施凝聚力量，图谋东山再起。另外，他在打败吴国后仍保持清醒的头脑，不给对方以喘息恢复的机会，彻底消除了后患。文章通过这些内容，表现了勾践的政治品质，也给后人提供了历史的借鉴。

越王勾践像

【原文】越王勾践栖于会稽之上[①]，乃号令于三军曰："凡我父兄昆弟及国子姓[②]，有能助寡人谋而退吴者，吾与之共知越国之政[③]。"大夫种进对曰[④]："臣闻之：贾人夏则资皮[⑤]，冬则资絺[⑥]，旱则资舟，水则资车，以待乏也。夫虽无四方之忧，然谋臣与爪牙之士[⑦]，不可不养而择也。譬如蓑笠，时雨既至必求之。今君王既栖于会稽之上，然后乃求谋臣，无乃后乎[⑧]？"勾践曰："苟得闻子大夫之言[⑨]，何后之有？"执其手而与之谋。

【注释】①栖：此指退守。会稽：地名。②国子姓：国君的同姓。③知：主持。④大夫种：即文种。⑤贾人：商人。资：准备。⑥絺：细葛布，可做夏衣。⑦爪牙之士：勇猛的将士。⑧后：迟。⑨子大夫：对大夫的尊称。

【译文】越王勾践兵败后退守在会稽山上，于是向三军发出号令说："凡是我父老兄弟和国内的同姓，有能帮助我出谋划策打退吴国的，我就和他共同掌管越国的大权。"大夫文种向前回答说："我听说，商人夏天就要准备皮货，冬天就要准备做夏衣的细葛布，天旱时就准备好舟船，雨天就准备好车辆，这都是为等待物资缺乏时预备的。即使没有四方被侵扰的忧患，但谋臣和勇猛善战的将士，不能不事先培养供选择录用。譬如蓑衣和斗笠，雨季来后一定会寻求使用的。现在君王已退守到会稽山上，才想起寻找谋臣，不也太迟了吗？"勾践说："如果能听到大夫您的话，有什么晚呢？"握着他的手和他商量对策。

【原文】遂使之行成于吴，曰："寡君勾践乏无所使，使其下臣种，不敢彻声闻于天王[①]，私于下执事曰：寡君之师徒不足以辱君矣[②]，愿以金玉、子女赂君之辱[③]，请勾践女女于王[④]，大夫女女于大夫，士女女于士。越国之宝器毕从，寡君帅越国之众，以从君之师徒，唯君左右之[⑤]。若以越国之罪为不可赦也，将焚宗庙[⑥]，系妻孥[⑦]，沉金玉于江，有带甲五千人将以致死[⑧]，乃必有偶[⑨]。是以带甲万人事君也，无乃即伤君王之所爱乎[⑩]？与其杀是人也，宁其得此国也，其孰利乎？"

【注释】①彻：达。②师徒：军队。③君之辱：指君王屈尊大驾光临越国。④女女：第一个"女"指女儿，第二个"女"指当婢妾。⑤左右：指调遣。⑥焚宗庙：把宗庙焚毁，表拼死抵抗。⑦系妻孥：把妻子儿女捆缚起来。⑧致死：拼死。⑨偶：加倍。⑩所爱：指吴国军队。

【译文】于是派文种到吴国求和，说："我们国君勾践没有合适的人可派遣，派下臣文种前来，不敢直接与天王说话，私下对您手下人说：我们国君的军队已不值得屈尊君王亲自去讨伐了。愿意把金玉、美女奉献给天王，酬谢您以前屈驾光临。请允许勾践的女儿做君王的婢妾，越国大夫的女儿做吴国大夫的婢妾，越国士的女儿做吴国士的婢妾。越国的财物宝器全都随着献上，我们国君率领越国的军队，随从君王的军队，任凭君王调遣。如果认为越国的罪不可饶恕，那我们将烧掉宗庙，捆缚妻子儿女，把金玉沉入江中。我们有带甲的士兵五千人准备拼死一战，那就必定一个顶两个，也就等于一万士兵同您作战了，那岂不是会伤君王所爱的军队吗？与其作战杀了这些人，还不如得到这个国家，哪个更有利呢？"

【原文】夫差将欲听与之成，子胥谏曰："不可。夫吴之与越也，仇雠敌战之国也。三江环之[①]，民无所移，有吴则无越，有越则无吴，将不可改于是矣。员闻之，陆人居陆，水人居水。夫上党之国[②]，我攻而胜之，吾不能居其地，不能乘其车。夫越国，吾攻而胜之，吾能居其地，吾能乘其舟。此其利也，不可失也已，君必灭之。失此利也，虽悔之，必无及已。"

【注释】①三江：指钱塘江、吴江、浦阳江。②上党之国：指中原列国。

【译文】夫差准备听从文种的话跟越国讲和，伍子胥劝谏说："不行。吴国和越国，从来就是互相仇视、交战的国家。三条大江环绕着吴、越两国，民众没地方迁移，有吴就不能有越，有越就不能有吴，这种形势是不可改变的。我听说，陆地上的人习惯住在陆地，水乡的人习惯住在水乡。地势高的中原列国，我们进攻并战胜他们，也不能居住在他们的土地上，不能乘坐他们的车子。而越国，我们进攻并战胜他们，就能居住他们的土地上，就能乘坐他们的船只。这是我们攻打越国的好处，不可丧失良机，君王一定要灭掉越国。失掉这个良机，虽然后悔，也必然来不及了。"

【原文】越人饰美女八人纳之太宰嚭[①]，曰："子苟赦越国之罪，又有美于此者将进之。"太宰嚭谏曰："嚭闻古之伐国者，服之而已。今已服矣，又何求焉。"夫差与之成而去之。

【注释】①太宰：官名。嚭：即伯嚭，吴国正卿。

【译文】越国人打扮了八个美女进献给太宰嚭，说："您如果赦免越国的罪过，还有比这些更美的女子进献给您。"太宰嚭劝谏吴王说："我听说古代讨伐别的国家，使它归服就

可以了。现在越国已经服从了,还要求什么呢?"夫差跟越国讲和后撤离了越国。

【原文】勾践说于国人曰:"寡人不知其力之不足也,而又与大国执雠[①],以暴露百姓之骨于中原[②],此则寡人之罪也。寡人请更[③]。"于是葬死者,问伤者,养生者,吊有忧,贺有喜,送往者,迎来者,去民之所恶,补民之不足。然后卑事夫差,宦士三百人于吴[④],其身亲为夫差前马[⑤]。

【注释】①执雠:结仇。②中原:原野之中。③更:改正。④宦士:指当仆隶的人。⑤前马:骑马为前导。

【译文】勾践对国人解释说:"我不知道自己的力量不足,又与大国结下仇恨,使百姓的尸骨暴露在原野上,这是我的罪过,我请求改正。"于是就埋葬战死的人,慰问受伤的人,供养活着的人,吊唁有丧事的人,庆贺有喜事的人,送走离开的人,迎接来到越国的人,废弃百姓所厌恶的事情,补充百姓不足的东西。然后谦卑地事奉夫差,派遣三百个士人去吴国服役,勾践亲自当夫差车驾的前导。

【原文】勾践之地,南至于句无[①],北至于御儿[②],东至于鄞[③],西至于姑蔑[④],广运百里[⑤]。乃致其父母昆弟而誓之曰:"寡人闻,古之贤君,四方之民归之,若水之归下也。今寡人不能,将帅二三子夫妇以蕃[⑥]。"令壮者无取老妇,令老者无取壮妻[⑦]。女子十七不嫁,其父母有罪;丈夫二十不娶,其父母有罪。将免者以告[⑧],公令医守之。生丈夫[⑨],二壶酒,一犬;生女子,二壶酒,一豚[⑩]。生三人,公与之母[⑪];生二人,公与之饩[⑫]。当室者死[⑬],三年释其政[⑭];支子死[⑮],三月释其政。必哭泣葬埋之如其子。令孤子、寡妇、疾疹、贫病者[⑯],纳宦其子[⑰]。其达士,洁其居,美其服,饱其食,而摩厉之于义[⑱]。四方之士来者,必庙礼之[⑲]。勾践载稻与脂于舟以行,国之孺子之游者[⑳],无不餔之也[㉑],无不歠也[㉒],必闻其名。非其身之所种则不食,非其夫人之所织则不衣,十年不收于国,民俱有三年之食。

【注释】①句无:越地名,今浙江诸暨。②御儿:越地名,今浙江桐乡。③鄞:越地名,今浙江宁波。④姑蔑:越地名,今浙江衢江区。⑤广运百里:方圆百里。⑥蕃:繁殖人口。⑦取:同"娶"。⑧免:通"娩"。⑨丈夫:男孩。⑩豚:小猪。⑪母:乳母。⑫饩:粮米。⑬当室者:嫡子。⑭政:赋税。⑮支子:庶子。⑯疹:同"疢",热病。⑰纳宦:由官府养活教育。⑱摩厉:探讨。⑲庙礼:在宗庙里接待。⑳孺子:指青少年。㉑餔:给人吃。㉒歠:给人喝。

【译文】勾践的国土,南面到句无,北面到御儿,东面到鄞,西面到姑蔑,方圆百里。于是勾践召集父老兄弟发誓说:"我听说,古代贤明的君主,四方的民众归附他,就像水往低处流一样。现在我虽没这个能耐,但将带领你们繁殖生息。"下令壮年男子不准娶老妇,老年男人不准娶青年妻子。女子十七岁不出嫁,她的父母有罪;男子二十岁不娶妻,他的父母有罪。妇女快分娩时要向官府报告,公家派医生看护。生男孩,官府给两壶酒,一只狗;生女孩,官府给两壶酒,一头小猪。生三胞胎的,公家拨给乳母;生双胞胎的,公家供给食物。当家的长子死了,免除他家三年徭役;庶子死了,免除他家三个月的徭役,一定哭着参加埋葬,就像对待自己的儿子。规定丧妻的、寡妇、有病和贫弱的人,可把子女送

入官府。对知名人士，让他们住整洁的住房，穿华丽的衣服，吃丰厚的食物，和他们共同探讨事物的道理。对从各地来投奔的士人，一定在庙堂里设礼接待。勾践用船装载稻米和油脂到各地巡行，遇到在外游荡的年轻人，没有不给吃的，不给喝的，一定问清他们的姓名。不是他亲自种的粮食就不吃；不是他夫人亲自织成的布做的衣服就不穿。十年之间没向民众收赋税，民众家里都备有三年的粮食。

【原文】国之父兄请曰："昔者夫差耻吾君于诸侯之国，今越国亦节矣[①]，请报之。"勾践辞曰："昔者之战也，非二三子之罪也，寡人之罪也。如寡人者，安与知耻？请姑无庸战[②]。"父兄又请曰："越四封之内[③]，亲吾君也，犹父母也。子而思报父母之仇，臣而思报君之雠，其有敢不尽力者乎？请复战。"勾践既许之，乃致其众而誓之曰："寡人闻古之贤君，不患其众之不足也，而患其志行之少耻也。今夫差衣水犀之甲者亿有三千[④]，不患其志行之少耻也，而患其众之不足也。今寡人将助天灭之。吾不欲匹夫之勇也[⑤]，欲其旅进旅退也[⑥]。进则思赏，退则思刑，如此则有常赏[⑦]。进不用命，退则无耻，如此则有常刑。"果行，国人皆劝[⑧]，父勉其子，兄勉其弟，妇勉其夫，曰："孰是君也，而可无死乎？"是故败吴于囿[⑨]，又败之于没[⑩]，又郊败之。

【注释】①节：有节度。②姑：暂且。庸：用。③四封：四境之内。④衣：穿。水犀：犀牛的一种。亿：十万。有：又。⑤匹夫之勇：个人逞强的勇敢。⑥旅：一同。⑦常赏：合于常规的赏赐。⑧劝：勉励。⑨囿：吴地名，即笠泽。⑩没：吴地名。

【译文】越国的父兄向勾践请求说："以前夫差使您在诸侯面前蒙受耻辱，现在越国已得到了恢复，请求对吴国报仇雪恨！"勾践辞谢说："当初战争失利，不是你们的罪过，是我的罪过。像我这样的人，哪里知道耻辱呢？请暂且不要作战。"父兄再一次请求说："越国境内的民众爱我们的国君，就像爱自己的父母一样。当儿子的想为父母报仇，做臣子的想为国君报仇，有敢不尽全力的吗？请求和吴国作战。"勾践答应了他们的请求，召集民众宣布要求说："我听说古代的贤君，不担忧他的军队不够，却担忧他的士兵缺乏知耻的精神。现在夫差有穿犀甲的军队十万三千人，不担忧他的士兵缺乏知耻的精神，却担忧他的士兵不够。现在我将帮助上天灭掉吴国。我不喜欢个人逞强的匹夫之勇，希望大家一同前进，一同后退。前进时就想到立功受赏，后退时就想到会受惩罚，这样才有合于常规的赏赐。前进时不听从号令，后退时不知羞耻，这样就会有合于常规的惩罚。"军队出发了，国人都互相勉励，父亲勉励儿子，哥哥勉励弟弟，妻子勉励丈夫，大家说："谁有我们这样好的国君啊，能不为他拼死作战吗？"因此在囿地打败了吴军，又在没地打败了吴军，还在吴都的郊外打败了吴军。

【原文】夫差行成，曰："寡人之师徒，不足以辱君矣。请以金玉、子女赂君之辱。"勾践对曰："昔天以越予吴，而吴不受命；今天以吴予越，越可以无听天之命，而听君之令乎！吾请达王甬句东，吾与君为二君乎。"夫差对曰："寡人礼先壹饭矣[①]，君若不忘周室，而为弊邑宸宇[②]，亦寡人之愿也。君若曰：'吾将残汝社稷，灭汝宗庙。'寡人请死，余何面目以视于天下乎！"越君其次也[③]，遂灭吴。

【注释】①礼先壹饭：指小的恩惠，夫差曾赦免过越国。②宸宇：屋檐下。③次：进驻，占领。

【译文】夫差请求讲和，说："我的军队已经不值得屈辱您亲自讨伐了，请允许用金玉美女来酬谢您屈驾光临。"勾践说："过去上天把越国赐给吴国，而吴国没有接受；现在上天把吴国交给越国，越国可以不听天命，却听从你的命令吗！我请求把你送到甬句东去，我和你仍然是两国的国君啊。"夫差说："我以前在礼节上曾对您有个小小的恩惠，您如果不忘吴是周王室同姓的情分，而做吴国的保护国，也是我的愿望。您如果说：'我将灭掉你的国家，毁坏你的宗庙。'我就只有请求一死，我还有什么脸去见天下人呢？"勾践率军进驻吴国，于是灭了吴国。

范蠡进谏勾践持盈定倾节事

【题解】

勾践当初不听范蠡的建议，致使伐吴失败，自此勾践重新认识并接受范蠡的建议，使文种主内，范蠡主外，促使越国从困境中走出来。

范蠡像

【原文】越王勾践即位三年而欲伐吴[①]，范蠡进谏曰："夫国家之事，有持盈[②]，有定倾[③]，有节事[④]。"王曰："为三者，奈何？"对曰："持盈者与天[⑤]，定倾者与人，节事者与地。王不问，蠡不敢言。天道盈而不溢[⑥]，盛而不骄[⑦]，劳而不矜其功[⑧]。夫圣人随时以行[⑨]，是谓守时。天时不作[⑩]，弗为人客[⑪]；人事不起[⑫]，弗为之始。今君王未盈而溢，未盛而骄，不劳而矜其功，天时不作而先为人客，人事不起而创为之始，此逆于天而不和于人。王若行之，将妨于国家，靡王躬身[⑬]。"王弗听。

【注释】①勾践即位三年：指前494年。②持盈：保持昌盛。③定倾：转危为安。④节：节制。事：指整治措施。⑤与天：效法天道。下文的"人"指人道，"地"指地道。⑥天道盈而不溢：天的规律是充盈而不过度。⑦盛：指元气充塞。⑧劳：指天道运行不息。矜：夸耀。⑨随：顺从。时：天时。⑩作：兴起。⑪客：指出兵讨伐。⑫人事：指国家发生内乱。⑬靡：危害。

【译文】越王勾践当国君的第三年就想去攻打吴国。范蠡劝谏说："治理国家有三种情况：国家昌盛时应考虑怎样保持；遇到国家倾覆时考虑怎样转危为安；还要采取有节制的政治措施，做到一切有序。"越王说："怎样做到这三点呢？"范蠡说："保持昌盛就应效法天道，转危为安就应效法人道，使一切有序就应效法地道。君王若不问，我是不敢说的。天道盈满而不过分，大气充塞宇宙，使万物生存，但天不骄傲；天道运行不已，虽辛劳而不夸耀有功。君王依据天时行事，这就叫守时。上天对敌国没有降下灾害，就不要进攻敌国；敌国没有发生变乱，就不要挑起事端。现在国家没有殷富，君王就有了过分的野

心；国势没有强盛就骄傲起来；没有辛劳就夸耀自己的功劳；吴国没有天灾，您就想发动进攻；吴国没有发生变乱，您就要挑起事端，这都是违背天意不顺人情的。君王如果要讨伐吴国，一定会损害国家，危害自身。”越王没有听从范蠡的话。

【原文】范蠡进谏曰："夫勇者，逆德也；兵者，凶器也；争者，事之末也[①]。阴谋逆德，好用凶器，始于人者，人之所卒也；淫佚之事[②]，上帝之禁也，先行此者，不利。"王曰："无是贰言也[③]，吾已断之矣！"果兴师而伐吴，战于五湖[④]，不胜，栖于会稽。

【注释】①事之末：人事中最后一种手段。②淫佚：过分。③贰言：指阴谋、淫佚。④五湖：指太湖。

【译文】范蠡又进谏说："勇于攻战，掠取别国的土地，是违背德义的反常行为；兵器是杀害人的器物；战争是解决人事的最后一种手段。暗中谋划、违背德义，喜欢动用兵器，首先挑起战争的人，最终会被人打垮。做过分的事，是上天所禁止的，首先挑起战争，不会得到好处。"越王说："不要再说啦，这是惑乱视听的话，我已决定了！"越王决然出兵伐吴，五湖之战中，被吴军打败，退守在会稽山上。

【原文】王召范蠡而问焉，曰："吾不用子之言，以至于此，为之奈何？"范蠡对曰："君王其忘之乎？持盈者与天，定倾者与人，节事者与地。"王曰："与人奈何？"对曰："卑辞尊礼[①]，玩好女乐[②]，尊之以名[③]。如此不已，又身与之市[④]。"王曰："诺。"乃令大夫种行成于吴，曰："请士女女于士，大夫女女于大夫，随之以国家之重器。"吴人不许。大夫种来而复往，曰："请委管籥属国家[⑤]，以身随之，君王制之[⑥]。"吴人许诺。王曰："蠡为我守于国。"对曰："四封之内，百姓之事，蠡不如种也。四封之外，敌国之制，立断之事。种亦不如蠡也。"王曰："诺。"令大夫种守于国。与范蠡入宦于吴。

【注释】①尊：即"撙"，克制。②玩好：指珍宝。③名：美名。④身与之市：指勾践亲身去侍奉夫差。⑤委：交出。管籥：指国库钥匙。⑥制：控制。

【译文】越王召见范蠡，对他说："我没有听从你的劝告，才到了这步田地，该怎么办呢？"范蠡说："君王大概忘了吧？保持昌盛就应效法天道，转危为安就应效法人道，使一切有序就应效法地道。"越王问："效法人道，如何做呢？"范蠡说："用谦卑的辞令，尊敬有加的礼节向吴王道歉，带上珍宝和歌舞女乐向吴王求和，尊吴王为天王。如果这样吴王还不应允，君王那就把自己也卖给他，做他的奴仆。"越王说："好吧。"于是派大夫文种前去吴国求和，说："我们请求把越国士的女儿做吴国士的婢妾，越国大夫的女儿做吴国大夫的婢妾，并且把越国的宝货重器都献上。"吴王不答应。文种回越国复命后又去吴国求和，说："我们愿意把国库的钥匙和整个国家交给天王，越王随后也来侍奉您，一切由天王处置。"吴王答应了。越王说："范蠡留下替我守卫国家。"范蠡说："在国内治理百姓的事，我比不上文种。在国外对付敌国，当机立断，文种也比不上我。"越王说："好吧。"于是就叫文种留守越国，自己和范蠡同到吴国做奴仆。

【原文】三年[①]，而吴人遣之。归及至于国，王问于范蠡曰："节事奈何？"对曰："节事者与地。唯地能包万物以为一[②]，其事不失[③]。生万物，容畜禽兽[④]，然后受其名而兼其

利。美恶皆成,以养其生。时不至,不可强生;事不究[5],不可强成。自若以处[6],以度天下,待其来者而正之[7],因时之所宜而定之。同男女之功,除民之害,以避天殃。田野开辟,府仓实,民众殷。无旷其众[8],以为乱梯。时将有反[9],事将有间[10],必有以知天地之恒制,乃可以有天下之成利。事无间,时无反,则抚民保教以须之。”

【注释】①三年:指在吴三年。②一:整体。③不失:不失季节。④畜:养。⑤究:终极。⑥自若:不妄动。⑦正:正常。⑧旷:浪费。⑨反:同“返”。⑩间:间隙。

【译文】三年后,吴王放他们回国。一回到越国,越王就问范蠡说:“措施有节制该怎么做呢?”范蠡说:“措施有节制应当效法地道。只有大地能包容万物成为一个整体,养育万物不失时机。大地生长万物,畜养飞禽走兽,享有载物的美名,同时也兼得万物之利。万物不论好坏,大地一视同仁,都使之成长,人类依赖它们得以养活。时令不到,万物不能勉强生长;人事不到最终的关头,也不能勉强完成。顺乎自然地处于世上,对天下之事有适当的估计,等待机会来临时把不利的局面扭转过来,根据最适宜的时机巩固已扭转的局面。君王应参加男耕女织的劳动,解除祸害百姓的法令,以防备上天降下灾殃。还要开辟田野,充实仓库,使民众生活富足。不要使民众浪费时日,无事可做,以致成为叛乱的阶梯。天时是循环的,越国的命运会有好转,人事是有漏洞的,吴国的事情也会有间隙可乘,必须掌握天地的常规,才能拥有天下有利的成果。如果人事一时还没有间隙可乘,天时还没有转化,君王就要安抚和教育民众,等待时机的到来。”

【原文】王曰:“不穀之国家,蠡之国家也,蠡其图之!”对曰:“四封之内,百姓之事,时节三乐[1]。不乱民功,不逆天时,五谷睦熟[2],民乃蕃滋,君臣上下交得其志[3],蠡不如种也。四封之外,敌国之制,立断之事,因阴阳之恒[4],顺天地之常,柔而不屈,强而不刚,德虐之行,因以为常;死生因天地之刑[5],天因人,圣人因天;人自生之,天地形之,圣人因而成之。是故战胜而不报,取地而不反,兵胜于外,福生于内,用力甚少而名声章明,种亦不如蠡也。”王曰:“诺。”令大夫种为之[6]。

【注释】①三乐:指春、夏、秋三季勉励百姓乐业。②睦:和。③交:都。④恒:常理。⑤死:杀。刑:通“形”,征兆。⑥为之:指治理国家内政。

【译文】越王说:“我的国家就是范蠡的国家,你应好好谋划、治理它!”范蠡说:“在国境以内治理百姓的事,在春、夏、秋农忙季节使百姓安居乐业,不扰乱他们的生产活动,不违反天时,使五谷按季节成熟,人口得到繁衍,让君臣彼此都满意,这方面我比不上文种。在国境以外对付敌国,当机立断,根据阴阳变化的规律,顺应天地的常规,对强国表面柔顺而内心不屈服,骨子里虽强硬但表面上不粗暴,不论使人生存的善的行为,还是使人死亡的恶的行为,都以天地为常法;生杀大事都以天地表现的自然规律为依据,上天是根据人的善恶而降下福祸的,圣人根据上天指示的规律办事;人类的吉凶福祸自然发生的,其征兆由天地显示出来,圣人根据天地的征兆去行事就可以获得成功。因此战胜敌人后,它就没机会报复,夺取敌人的土地而它再没有机会夺回;军队在国外取得胜利,给国内带来福气,用力很少但名声显赫,这方面文种不如我。”越王说:“说得对。”于是让文种治理

内政。

越兴师伐吴而弗与战

【题解】

本篇记载范蠡向勾践陈述应敌之法。

【原文】至于玄月[①]，王召范蠡而问焉，曰："谚有之曰：'觥饭不及壶飧[②]。'今岁晚矣，子将奈何？"对曰："微君王之言，臣故将谒之。臣闻从时者，犹救火、追亡人也，蹶而趋之[③]，惟恐弗及。"王曰："诺。"遂兴师伐吴，至于五湖。

【注释】①玄月：指九月。②觥饭：丰盛的肴馔。壶飧：水泡饭。③蹶：急走。

【译文】到了九月，越王召见范蠡，问他说："谚语说：'迟迟吃到丰盛的肴馔，还不如先吃到粗食充饥。'一年快要完了，你将怎么做呢？"范蠡说："即使君王不说，我也要请求君王攻打吴国。我听说善于抓住机遇的，就像救火和追捕逃犯一样，拼命追赶还怕追不上。"越王说："对。"于是起兵讨伐吴国，进驻五湖。

【原文】吴人闻之，出而挑战，一日五反。王弗忍，欲许之。范蠡进谏曰："夫谋之廊庙[①]，失之中原，其可乎？王姑勿许也。臣闻之，得时无怠，时不再来，天予不取，反为之灾。赢缩转化[②]，后将悔之。天节固然[③]，唯谋不迁。"王曰："诺。"弗许。

【注释】①廊庙：朝堂。②赢缩：进退。转化：变动。③节：时期。

【译文】吴国人听说越军来了，出兵挑战，挑战者一天来回五次。越王忍耐不住，准备答应交战。范蠡进谏说："在朝廷里谋划好的，到战场上就抛弃，这行吗？君王暂且不要答应交战。我听说，得到了时机不要怠慢，时机不会再来。上天赐予的不接受，反而会招来灾难。进退变化之中，可能前功尽弃，将来一定会后悔。天道运行，经过一段时间就要变化，谋划好的事不应再更改。"越王说："好。"便没答应交战。

【原文】范蠡曰："臣闻古之善用兵者，赢缩以为常[①]，四时以为纪[②]，无过天极[③]，究数而止[④]。天道皇皇[⑤]，日月以为常，明者以为法[⑥]，微者则是行[⑦]。阳至而阴[⑧]，阴至而阳；日困而还[⑨]，月盈而匡[⑩]。古之善用兵者，因天地之常，与之俱行。后则用阴，先则用阳；近则用柔，远则用刚。后无阴蔽，先无阳察，用人无艺[⑪]，往从其所。刚强以御，阳节不尽[⑫]，不死其野。彼来从我，固守勿与。若将与之，必因天地之灾，又观其民之饥饱劳逸以参之。尽其阳节，盈吾阴节而夺之[⑬]，宜为人客[⑭]，刚强而力疾；阳节不尽，轻而不可取。宜为人主[⑮]，安徐而重固；阴节不尽，柔而不可迫。凡阵之道，设右以为牝，益左以为牡，蚤晏无失，必顺天道，周旋无究。今其来也，刚强而力疾，王姑待之。"王曰："诺。"弗与战。

【注释】①赢缩：此处指金星出没的方向，金星早出为赢，晚出为缩。古人认为金星是主兵象的。②纪：规律。③天极：天的准则。④究：穷尽。⑤皇皇：光明的样子。⑥明：指日月盛满。⑦微：指日月亏损。⑧至：极。⑨困：尽。⑩匡：亏损。⑪无艺：无常。⑫阳节：刚强的气势。⑬盈：积蓄。夺：进攻。⑭为人客：指采取攻势的一方。⑮为人主：指采取

守势的一方。

【译文】范蠡说:"我听说古代善于用兵的人,根据金星的方位作为用兵的常法,用四时的运行变化作为用兵的规律,不能违反天道的准则,到了一定的限度就停止。天道非常明显,日月运行是常存的天道,日月盛满时可以做进攻的依据。日月亏损时可以做隐蔽的依据。阳到极点会转化为阴,阴到极点会转化为阳;太阳落了又升,月亮圆了又缺。古代善于用兵的人,根据天地变化的规律采取行动,被动防守时用隐蔽的阴,主动进攻时用阳道。敌人逼近时用柔道,使他轻敌冒进,敌人远离时用刚道,使他不敢来犯。被动防守时不宜过于畏缩,主动进攻时也不能过于显露,用兵之道没有一定的成规。我们招致敌方顽强抵抗,敌人的力量还没有耗尽,我们还不容易取胜。敌方来和我们交战,最好坚守不战。如果准备出战,一定要趁敌方遭到灾祸的时候,还要看他们民众饥饱、劳逸的情况。把敌方的阳刚之气耗尽,同时积蓄自己饱满的阴气,才可夺取胜利。采取攻势时,应该勇猛刚强、行动迅速;敌方兵力尚没耗尽前,不要轻易地攻取。采取守势时,应该从容不迫沉着稳重;守方阴气没有耗尽前,看上去柔弱,但不可随便进逼。采取适当的布阵方法,在右翼布阵为牝,左翼为牡,早晚不能疏忽,顺应天道规律,变化无穷,做到无懈可击。现在吴军来势凶猛而迅速,君王暂且等一等。"越王说:"好。"没有和吴军交战。

范蠡谏勾践勿许吴成卒灭吴

【题解】

本篇记载范蠡谏勾践不能答应吴国求和的要求,以免后患。

【原文】居军三年,吴师自溃。吴王帅其贤良①,与其重禄②,以上姑苏③。使王孙雒行成于越④,曰:"昔者上天降祸于吴,得罪与会稽。今君王其图不穀,不穀请复会稽之和。"王弗忍,欲许之。范蠡进谏曰:"臣闻之,圣人之功,时为之庸⑤。得时不成,天有还形⑥。天节不远,五年复反,小凶则近,大凶则远。先人有言曰:'伐柯者其则不远⑦。'今君王不断,其忘会稽之事乎?"王曰:"诺。"不许。

【注释】①贤良:指吴王左右亲近之士。②重禄:指大臣。③姑苏:台名。④王孙雒:吴国大夫。⑤庸:用。⑥形:通"刑",惩罚。⑦柯:斧柄。则:样子。

【译文】越军围困吴国三年,吴军不战自败。吴王带着他的亲信和大臣到姑苏台避难,派王孙雒向越国求和,说:"当初上天给吴国降下灾祸,使我在会稽得罪了越王。现在越王报复了我们,我想请求按照越王退守会稽时的情况实行和好。"越王不忍心,想要答应讲和。范蠡进谏说:"我听说,圣人的成功在于能利用时机。得了时机而不抓紧完成事业,上天就会反过来给以惩罚。天到循环为期不很远,五年一次,小的灾难来的日子近些,大的灾难来的日子远些。前人说:'砍树做斧柄,拿的斧柄就是样式。'现在君王不决断,难道忘记了当年在会稽蒙受的耻辱吗?"越王说:"好吧。"不答应与吴国讲和。

【原文】使者往而复来,辞愈卑,礼愈尊,王又欲许之。范蠡谏曰:"孰使我蚤朝而晏罢

者，非吴乎？与我争三江、五湖之利者，非吴耶？夫十年谋之，一朝而弃之，其可乎？王姑勿许，其事将易冀已[①]。”王曰：“吾欲勿许，而难对其使者，子其对之。”范蠡乃左提鼓，右援桴，以应使者，曰：“昔者上天降祸于越，委制于吴，而吴不受。今将反此义以报此祸[②]，吾王敢无听天之命，而听君王之命乎？”王孙雒曰：“子范子，先人有言曰：‘无助天为虐，助天为虐者不祥。’今吴稻蟹不遗种，子将助天为虐，不忌其不祥乎？”范蠡曰：“王孙子，昔吾先君固周室之不成子也[③]，故滨于东海之陂[④]，鼋鼍鱼鳖之与处，而蛙黾之与同渚[⑤]。余虽腼然而入面哉[⑥]，吾犹禽兽也，又安知是谖谖者乎[⑦]？”王孙雒曰：“子范子将助天为虐，助天为虐不祥。雒请反辞于王。”范蠡曰：“君王已委制于执事之人矣[⑧]。子往矣，无使执事之人得罪于子。”

【注释】①冀：希望。②反此义：反此道。③不成子：不成国的子爵。④滨：接近。陂：岸。⑤黾：金线蛙。渚：水中小块陆地。⑥腼然：惭愧的样子。⑦谖谖：巧言善辩。⑧执事之人：指范蠡。

【译文】吴国的使者回去了又来求和，措辞越发谦卑，礼节越发尊贵，越王又想答应他。范蠡进谏说：“谁使我们早上朝、晚罢朝忧劳国事的，不是吴国吗？和我们争夺三江五湖利益的，不也是吴国吗？谋划了十年，一个早晨就前功尽弃，怎么能行呢？君王暂且不要答应，灭掉吴国很快就有希望了。”越王说：“我想不答应，可难以应付吴国的使者，你去答复吧。”范蠡于是左手提着鼓，右手拿着鼓槌来接待吴国的使者，说：“当初上天给越国降下灾祸，受吴国控制，吴国却不接受。现在我们将一反此道，灭掉吴国。我们君王敢不听从上天的命令，而听从吴王的命令呢？”王孙雒说：“范先生！古人说：‘不要帮助上天作恶。帮助上天作恶的人不吉祥。’现在我们吴国螃蟹吃稻谷连种子都吃得精光了，您还要帮助上天为难我们，您不忌讳那是不祥吗？”范蠡说：“王孙先生！当初我们先君原是周朝不够格的子爵，一直住在东海岸边，和鼋鼍鱼鳖相处，和蛙类一同住在岛上。我们虽然面貌具备人的形状，实际上和禽兽差不多，我哪里知道你说的这些巧辩的话呢？”王孙雒说：“范先生一定要帮助上天做坏事，助天为恶是不祥的。我请求面见越王，把吴王的意见告诉他。”范蠡说：“我们君王已把此事委托给我这个管事的人了。你回去吧，不要让管事的人得罪你。”

【原文】使者辞反[①]。范蠡不报于王，击鼓兴师以随使者，至于姑苏之宫，不伤越民，遂灭吴。

【注释】①使者辞反：使者回吴复命。

【译文】使者王孙雒回吴复命。范蠡不向越王报告，擂鼓出兵跟在吴国使者的后面，进占姑苏宫，越国军队没什么伤亡，就灭掉了吴国。

战国策

【导语】

战国时期，波翻云诡，策士纵横，政治、军事和外交斗争错综复杂，令人目迷五色。但我们在研习这段历史时，却感到材料异常缺乏，其原因是多方面的，一是当时各国对文献的销毁，更为严重的是秦始皇焚书，六国的史籍是焚烧的重点，竹帛烟消，典籍散亡，造成了难以弥补的损失。战国二百数十年间的历史，全靠《战国策》保存了一个梗概，这是极其难得的。我们今天去古已远，尤其应该珍视。

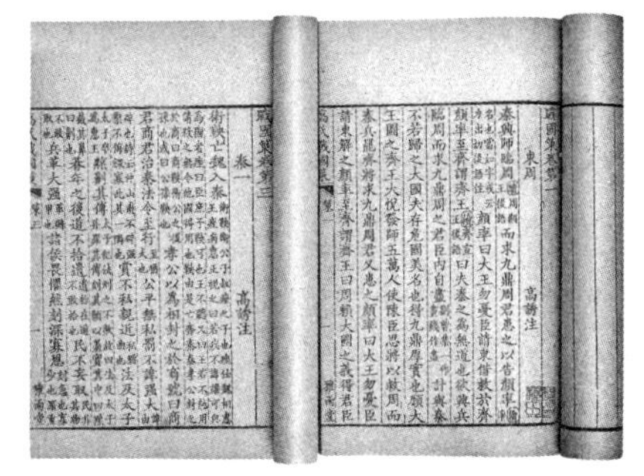

《战国策》书影

在文学方面，《战国策》也是千古传诵的名著，历代许多知名的文学家都受其影响，从中汲取了宝贵的营养。

本书创造了众多的人物形象，各种不同身份、不同性格的人都栩栩如生，跃然纸上。

纵横家是战国舞台上风头最健的人物，他们不仅对天下大势、各国实力、风土人情、山川险隘了如指掌，还要揣度人主心理，有针对性地提出对策。如书中写苏秦、张仪游说各国，谈锋犀利，舌吐风雷，一席谈话，便使得国君俯首，倾心听从。又如写弹铗而歌的冯谖，为孟尝君焚券市义，赢得薛邑人民的拥护。写陈轸为齐说昭阳，谈言微中，化解了齐、楚之间的一场战祸。特别是书中写了一些品格高尚的人物，形象突出，光彩照人。如写鲁仲连义不帝秦，指斥向强秦低头的辛垣衍，英气逼人，千古如见。唐代飘逸的诗仙李白，在诗篇中把他引为同调。写唐雎不畏权威，奋力抗争，终使秦王的野心收敛。写邹忌讽齐王纳谏，从身边的琐事悟入，小中见大，由近及远，诱导齐王虚心听取臣民的意见。此外，如写商鞅、范雎、田单、乐毅的政治、军事活动，写赵武灵王胡服骑射，锐意革新，都虎虎有生气，令人难忘。写反面人物，如谗臣王错、奸妃郑袖、暴君宋康王、昏君魏惠王等，则揭露他们的阴险愚昧、两面三刀，使魑魅无处遁形。此书可算得上是我国古代传记文学的光辉开端。

在语言方面，《战国策》的文风别具一格，铺张扬厉，雄浑恣肆，气势磅礴，笔力千钧。行文则波澜起伏，笔势纵放，绝无平铺直叙之笔。涵泳其中，可使我们执笔为文，富于曲折变化，不致板滞不灵。《战国策》中还运用了许多寓言，如“狐假虎威”“画蛇添足”“南辕北辙”“惊弓之鸟”等等，都一直活跃在人们的口头和笔下，表现了强大的生命力。

《战国策》全书共有460章，我们这里选取105章文字优美、思想健康积极的，加以注释和评析，希望能对广大读者朋友们扩大知识领域、了解祖国优秀的传统文化，养成高尚的道德情操等方面，有所裨益。

东周策

秦兴师临周而求九鼎

【题解】

九鼎是国家政权的象征，秦兴师求鼎，就是想取代周室，成为天下的新主人。求鼎不是简单的索取几件器物，而是关系到周能否继续存在的大事。周君所患，正在于此。颜率向齐求救，因为齐是东方可以和秦抗衡的强国，所以陈臣思率领的齐兵一出，秦军随即退去。

颜率用献出九鼎作为交换条件，换取齐国出兵，秦兵既退，如何向齐国交代，这又成了新问题。对此，颜率巧设了两道难关：一是九鼎巨大，运输需要数万人，难于解决。二是运送的路线也解决不了。从梁运输吧，梁国君臣早就对九鼎垂涎三尺；从楚运输吧，楚国君臣也是魂牵梦绕，早有问鼎之心。齐王无奈，只好知难而退。颜率巧妙地把违约的责任推给对方，帮助周君化险为夷，躲过一场劫难。

【原文】秦兴师临周而求九鼎①，周君患之，以告颜率②。颜率曰："大王勿忧，臣请东借救于齐。"颜率至齐，谓齐王曰："夫秦之为无道也，欲兴兵临周而求九鼎，周之君臣，内自画计③，与秦，不若归之大国④。夫存危国⑤，美名也；得九鼎，厚实也⑥，愿大王图之。"齐王大悦，发师五万人，使陈臣思将以救周⑦，而秦兵罢。

【注释】①九鼎：周王室的传国之宝。②颜率：周臣。③画计：商量。④大国：指齐。⑤危国：指周。时周受秦兵威胁，面临危亡。⑥实：实际利益。⑦陈臣思：齐威王的名将田忌。古代田、陈同音。

【译文】秦国发兵逼近周境，欲索取周的九鼎。周君感到担忧，就告诉颜率，颜率说："大王不要担心，我愿东到齐国，借兵援救。"颜率到齐，对齐王说："秦国不讲道义，想发兵夺取周的九鼎。周的君臣寻思，与其给秦，还不如给贵国。保存濒危的国家，是美名；得到九鼎，是很实在的利益，希望大王考虑一下。"齐王听罢非常高兴，发兵五万，命大将陈臣思率领救周，秦兵于是撤回。

【原文】齐将求九鼎，周君又患之。颜率曰："大王勿忧，臣请东解之。"颜率至齐，谓齐王曰："周赖大国之义，得君臣父子相保也，愿献九鼎，不识大国何途之从而致之齐？"齐王曰："寡人将寄径于梁①。"颜率曰："不可。夫梁之君臣欲得九鼎，谋之晖台之下②、沙海之上③，其日久矣。鼎入梁，必不出。"齐王曰："寡人将寄径于楚④。"对曰："不可。楚之君臣欲得九鼎，谋之于叶庭之中⑤，其日久矣。若入楚，鼎必不出。"王曰："寡人终何途之从

而致之齐?”颜率曰:“弊邑固窃为大王患之。夫鼎者,非效醯壶酱甀耳[⑥],可怀挟提挈以至齐者;非效鸟集乌飞,兔兴马逝[⑦],漓然止于齐者[⑧]。昔周之伐殷,得九鼎,凡一鼎而九万人之[⑨],九九八十一万人,士卒师徒,器械被具[⑩],所以备者称此。今大王纵有其人,何途之从而出?臣窃为大王私忧之。”齐王曰:“子之数来者,犹无与耳。”颜率曰:“不敢欺大国,疾定所从出,弊邑迁鼎以待命。”齐王乃止。

【注释】①梁:即魏。魏惠王迁都大梁(今河南开封市),故魏又称梁。②晖台:台名。③沙海:地名,今河南开封西北。④寄径于楚:由周至齐,并不经过楚国,这是拟议的话。⑤叶庭:地在今湖北华容。⑥醯:醋。甀:瓮。⑦兔兴马逝:比喻轻快。⑧漓然:水渗流的样子。⑨ :牵引。⑩被具:运鼎士卒需要准备的器具。

【译文】齐国向东周索取九鼎,周君又担心起来。颜率说:“大王不要焦虑,我愿到东方解决此事。”颜率到了齐国,对齐王说:“依靠大国的仗义相助,周国上下得以保全,情愿献上九鼎,不知大国从什么途径运到齐国?”齐王说:“我打算向梁国借道。”颜率说:“不可以。梁国的君臣一心想得到九鼎,在晖台脚下,沙海边上反复策划,日子已经很久了。九鼎一进入梁国,肯定出不来。”齐王说:“我就另向楚国借道。”颜率回答说:“不行。楚国的君臣为了得到九鼎。在叶庭中密谋,时间也很长了。九鼎一进入楚国,不可能出来。”齐王说:“我要从什么途径才能把它运到齐国呢?”颜率说:“敝国私下替大王担忧。九鼎可不像醋瓶酱罐,可以怀揣手提就到达齐国的,也不像鸟聚鸦飞、兔跑马奔,瞬息就可到达齐国。从前周人攻殷,得到了九鼎,一只鼎用九万人牵引,共用九九八十一万人,而辅助的兵卒和器具,数量与此略等。如今即使大王有这些人,又从哪里经过呢?我私下真为你担忧啊!”齐王说:“你屡次前来,无非不愿把鼎给予齐国罢了。”颜率说:“不敢欺骗大国,请快快决定运送路线,敝国将把鼎迁出,随时待命运走。”齐王只好作罢。

(《东周策》)

秦攻宜阳

【题解】

宜阳是韩国军事重镇。宜阳之战,从秦国方面说,是志在必得;从韩国方面看,是势在必守。战事的结局将会如何?周君和赵累各自从不同的角度进行了分析。

周君认为,宜阳是八里见方的大城,加上有精兵十万,有可用数年的粮储,韩相公仲亲率二十万大军,指挥防御作战,楚将景翠又带领人马,驰赴伏牛山一线,作为声援,这些都是防守的有利条件。周君判断:秦国不可能拿下宜阳。

赵累的看法和周君判断相反,他认为甘茂是从楚国入秦的客籍人士,政治上的升降沉浮,全要看能不能为秦建功立业,必然全力奋战。在秦武王方面,他不顾重臣们的反对,坚持任用甘茂,如果无功而返,将无法面对群臣。所以宜阳必然失守。

周君向赵累问计,该怎么办?赵累建议他向楚军主将景翠进言,最好是静观战局的

发展,秦、韩双方必然对楚争相拉拢,楚国便可两面得利。

结局果如赵累所料,秦攻拔宜阳,景翠乘机进兵。于是秦国割地,韩国献宝,景翠深深感激东周给他出了个好主意。

【原文】秦攻宜阳[①],周君谓赵累曰[②]:"子以为何如?"对曰:"宜阳必拔也。"君曰:"宜阳城方八里,材士十万[③],粟支数年,公仲之军二十万[④],景翠以楚之众[⑤],临山而救之[⑥],秦必无功。"对曰:"甘茂羁旅也[⑦],攻宜阳而有功,则周公旦也[⑧];无功,则削迹于秦[⑨]。秦王不听群臣父兄之议而攻宜阳[⑩],宜阳不拔,秦王耻之。臣故日拔。"君曰:"子为寡人谋,且奈何?"对曰:"君谓景翠曰:'公爵为执圭[⑪],官为柱国[⑫],战而胜,则无加焉矣,不胜则死,不如背秦,秦拔宜阳,公进兵,秦恐公之乘其弊也,必以宝事公;公仲慕公之为己乘秦也,亦必尽其宝。'"

【注释】①秦攻宜阳:周赧王七年(前308年),秦武王派甘茂攻宜阳,次年攻克。宜阳位于洛阳西南熊耳山北端,洛水萦带,山坂迂回,是韩国西陲军事要塞,故城在今陕西北洛河北岸韩城镇。②赵累:周臣。③材士:有强劲战斗力的士兵。④公仲:韩相国,名朋。⑤景翠:楚将。⑥山:指伏牛山。⑦甘茂:楚国下蔡(今安徽寿县)人,时为秦左丞相。⑧周公旦:周文王子,武王弟,佐武王克商。武王死,辅佐成王,长期主持国政。⑨削迹:除名。⑩群臣父兄:指秦国贵臣中反对甘茂的樗里疾、公孙郝等人。⑪执圭:楚国的高级爵位,谓执玉圭(上尖下方的玉器)朝见君主。⑫柱国:楚国的最高武官。

【译文】秦国进攻宜阳,周君对赵累说:"你认为这场战争的结果如何?"赵累回答道:"宜阳必定会被攻破。"周君说:"宜阳城方圆八里,拥有十多万勇士,粮食储备几年都吃不完,韩国的相国公仲还有二十万军队,楚国大将景翠又率兵前往救援,秦军必定会无功而返。"赵累答道:"甘茂寄居秦国,如果攻下宜阳,他就会像周公旦那样长期执政;如果失败,他也就无法在秦国立足了。秦王不听群臣的意见,执意攻打宜阳,如果宜阳没被攻破,他会感到耻辱。所以我认为宜阳必被攻破。"周君说:"你替我想想该怎么办?"赵累说:"您可这样对景翠说:'将军的爵位已到了执圭的地步,官职也升到了大司马,就算打了胜仗,也没有什么可加官晋爵的了;如果打了败仗,就难逃一死。不如与秦作对,等秦军攻下宜阳之后你再进兵,秦国会害怕你攻打他的疲惫之师,必定会献出珍宝给你;而韩相公仲也会认为你是为救韩国而攻秦军的,也一定把珍宝全部献上。'"

【原文】秦拔宜阳,景翠果进兵。秦惧,遽效煮枣[①],韩氏果亦效重宝。景翠得城于秦,受宝于韩,而德东周。

【注释】①效:献。煮枣:地名,在今山东菏泽西南,乃魏邑,此处恐有讹误。

【译文】秦军攻下了宜阳,景翠果然出兵。秦国害怕了,马上献出煮枣城,韩国果然也献出了珍贵的器物。景翠既从秦国夺到了煮枣城,又从韩国得到了珍宝,因此很感谢东周。

(《东周策》)

西周策

薛公以齐为韩、魏攻楚

【题解】

前298年，薛公田文率领齐、韩、魏三国攻秦，向西周借兵乞粮。处在齐、秦两大国之间的小小西周难于应付。答应田文，会开罪秦国；如不答应，会使齐国不满，真是两难。

韩庆为西周游说田文，提出了三点：一、停止攻秦，以免让韩、魏壮大。二、由西周转告秦王，释放被拘留的楚怀王，楚国将把东部的淮北之地献给齐国，这对齐有利，田文在薛的封邑也可永保安宁。三、秦国未受削弱，将会对三晋构成威胁，三晋定会更加重视齐国，齐国举足轻重。薛公认为此计大妙，就停止攻秦，向西周借兵求粮的事，也就无形化解。韩庆一石二鸟，既帮西周排忧解难，又使秦国免遭攻打。看来，他既是西周的谋士，也是秦国的说客。

【原文】薛公以齐为韩、魏攻楚[①]，又与韩、魏攻秦[②]，而藉兵乞食于西周。韩庆为西周谓薛公曰[③]："君以齐为韩、魏攻楚，九年而取宛、叶以北以强韩、魏[④]，今又攻秦以益之。韩、魏南无楚忧，西无秦患，则地广而益重，齐必轻矣。夫本末更盛，虚实有时，窃为君危之。君不如令弊邑阴合于秦而君无攻，又无藉兵乞食。君临函谷而无攻[⑤]，令弊邑以君之情谓秦王曰[⑥]：'薛公必不破秦以张韩、魏，所以进兵者，欲王令楚割东国以与齐也[⑦]。'秦王出楚王以为和[⑧]，君令弊邑以此惠秦，秦得无破而以楚之东国自免也，必欲之。楚王出，必德齐，齐得东国而益强，而薛世世无患。秦不大弱而处之三晋之西[⑨]，三晋必重齐。"薛公曰："善。"因令韩庆入秦，而使三国无攻秦，而使不藉兵乞食于西周。

【注释】①薛公以齐为韩、魏攻楚：薛，齐邑，故城在今山东滕县南四十里。齐威王封少子田婴于薛，子田文袭封，故称薛公。此薛公指田文。为：与。②又与韩、魏攻秦：秦昭王八年（前299年），田文入秦为相，不久受谗被囚，次年逃回齐国，任齐相。田文怨秦，因而和韩、魏攻秦。③韩庆：西周臣。④宛、叶以北：指今河南襄城、鲁山一带。宛，今河南南阳。叶，在今河南叶县南三十里。⑤函谷：秦关，在今河南灵宝北三十里。⑥秦王：指秦昭王。⑦东国：自今河南郾城以东，沿淮北至泗上一带。⑧出楚王：前299年，秦约楚怀王在武关相会，怀王被执入秦。⑨三晋：韩、赵、魏三家分晋，故称三晋。

【译文】薛公利用齐国和韩、魏攻打楚国，又和韩、魏攻秦，并向西周借兵求粮。韩庆为西周对薛公说："您利用齐国和韩、魏攻楚，历时九年，取得宛、叶以北的地方，使韩、魏强大起来，现在又通过攻秦来增强他们的力量。韩、魏南边不担心楚国，西边不担心秦国，于是土地扩大，地位提高，齐国必受到轻视。事情的本末和虚实经常是互相变换的，

我私下为您感到不安啊。您不如让敝国暗地和秦国联合而您不去攻打秦国，也不向敝国借兵求粮。您兵临函谷关下，不要展开进攻，让敝国把您的想法告诉秦王说：'薛公定不会破秦来扩张韩、魏的势力，他之所以向秦国进兵，为的是让大王把楚的东国地区割给齐国啊。'秦王释放楚王回国，两国讲和，您让敝国以此讨好秦国，秦国不受破坏而可以用楚的东国来免除自己的战祸，定会同意。楚王被释，定会感激齐国。齐得到楚的东国会更加强大，薛邑也可以累世无忧。秦国未受重大削弱而处在三晋的西方，对三晋构成威胁，三晋必然重视齐国。"薛公说："很好。"就叫韩庆到秦国去，同时停止了三国攻秦的行动，也不再向西周借兵求粮。

（《西周策》）

雍氏之役

【题解】

前300年，楚兵攻打韩国的雍氏，韩向西周征兵调粮。周君派人向秦求助，又向苏代问计。苏代替周君游说韩相国公仲，说是楚军主将昭应在出发前，曾经保证，一月之内必能拿下雍氏，时间已过五月，未能攻下，楚王的信心已经动摇。韩如在此时向周征兵征粮，无异公开宣布自己兵力不足，楚王定将增派援军，雍氏必难守住。不如把高都还给西周，周将倒向韩国，秦将与周断交，韩、周合二为一，加强了韩的防卫力量，岂不甚妙。公仲采纳了苏代的意见，雍氏也终于守住。

苏代的活动，使西周没有任何付出，反而得到高都，周君的喜悦，可想而知。

【原文】雍氏之役[1]，韩征甲与粟于周[2]，周君患之，告苏代[3]。苏代曰："何患焉？代能为君令韩不征甲与粟于周，又能为君得高都[4]。"周君大悦曰："子苟能，寡人请以国听。"

【注释】①雍氏：韩邑，在今河南禹县东北。②甲：指兵卒。③苏代：河南洛阳人，姚本注为苏秦之兄，鲍本注为苏秦之弟。④高都：韩邑，在今河南伊阙南。

【译文】在雍氏这场战役发生时，韩国向周国征调兵士和粮食，周君感到为难，告诉苏代。苏代说："有什么好担忧的？我可以替您叫韩国不向你征调兵士和粮食，又能让您得到高都。"周君非常高兴，说："你如能办成，我愿意把国家大政交给你管理。"

【原文】苏代遂往见韩相国公仲曰[1]："公不闻楚计乎？昭应谓楚王曰[2]：'韩氏罢于兵[3]，仓廪空，无以守城，吾收之以饥，不过一月必拔之。'今围雍氏五月不能拔，是楚病也[4]，楚王始不信昭应之计矣；今公乃征甲及粟于周，此告楚病也。昭应闻此，必劝楚王益兵守雍氏，雍氏必拔。"公仲曰："善。然吾使者已行矣。"代曰："公何不以高都与周？"公仲怒曰："吾无征甲与粟于周，亦已多矣。何为与高都？"代曰："与之高都，则周必折而入于韩，秦闻之，必大怒而焚周之节[5]，不通其使，是公以弊高都得完周也，何不与也？"公仲曰："善。"

【注释】①公仲：韩相国公仲朋。②昭应谓楚王：昭应，楚将。楚王，怀王。③罢：疲惫。④病：困。⑤焚周之节：焚节表示绝交。节，符节，使臣所执。

【译文】苏代就去见韩相公仲，说："您没有听说楚国的打算吗？楚臣昭应对楚王说：'韩国受到战争的消耗，仓库空虚，没有办法防守，我乘它饥饿的时机，要不了一个月，必定拿下来。'现在围攻雍氏已有五月，还不能拿下，楚国感到难办，楚王已经开始不相信昭应的说法了。如今您却向周国征兵调粮，这分明是告诉楚国，韩国已经很危急了。昭应听到这个消息，一定会劝说楚王增加兵力包围雍氏，雍氏必被拿下。"公仲说："好。可是我向周国派出的使者已经动身了。"苏代说："你为什么不把高都送与周国呢？"公仲生气地说："我不向周国征调兵士和粮食，就算很好了！为什么还要把高都送给它呢？"苏代说："把高都送给周国，那么它必然转而投向韩国。秦国听说，一定非常恼怒，就会烧掉周国的信物，不接纳它的使臣。这是你用残破的高都换得一个完整的周国，为什么不给他呢？"公仲说："好。"

【原文】**不征甲与粟于周而与高都，楚卒不拔雍氏而去。**

【译文】于是韩国不向周国征调兵士和粮食，却给了它高都，楚国的军队最终未能拿下雍氏，就撤军了。

（《西周策》）

苏厉谓周君

【题解】

前281年，秦昭王打算派白起攻梁。消息传出，苏厉面见周君，指出梁破则周危，最好让这事消弭在萌芽状态中。周君于是派他往见白起。

苏厉用旁敲侧击的方法，告诉白起，即使像养由基那样百发百中的人，当他精力疲敝时，也会一发不中而前功尽弃，如今你的情况，正好与此类似，不如请病假，不接受这次任务，还可保住已有的名声。一场迫在眉睫的大战，就此烟消云散。

【原文】**苏厉谓周君曰[①]："败韩、魏，杀犀武[②]，攻赵，取蔺、离石、祁者[③]，皆白起[④]，是攻用兵，又有天命也。今攻梁，梁必破，破则周危，君不若止之。谓白起曰：'楚有养由基者[⑤]，善射，去柳叶者百步而射之，百发百中，左右皆曰善。有一人过曰，善射，可教射也矣。养由基曰，人皆曰善，子乃日可教射，子何不代我射之也？客曰，我不能教子支左屈右[⑥]。夫射柳叶者，百发百中而不已善息[⑦]，少焉气力倦，弓拨矢钩，一发不中，前功尽矣。今公破韩、魏，杀犀武，而北攻赵，取蔺、离石、祁者，公也。公之功甚多。今公又以秦兵出塞[⑧]，过两周，践韩而以攻梁，一攻而不得，前功尽灭，公不若称病不出也。'"**

【注释】①苏厉：苏秦弟。② 武：魏将。③蔺、离石、祁：蔺，今山西离石西。离石，今山西离石，祁，今山西祁县。④白起：秦将，郿（今陕西眉县）人，以功封武安君。⑤养由基：春秋时楚国善射的人。⑥支左屈右：左手支弓，右手弯曲，引箭射出。左右，指左右手。⑦已：同"以"。⑧塞：指伊阙塞，在今河南洛阳市南。

【译文】苏厉对周君说："打败韩、魏联军，杀掉魏将 武，攻下赵国的蔺、离石、祁三城

的，都是秦将白起，这是他善于用兵，又有上天保佑的缘故啊。如今攻打魏国，魏国定被攻破，魏破则周岌岌可危，你不如设法制止他。可向白起说：'楚国有个叫养由基的人，是射箭高手，能够百步穿杨，百发百中，旁边的人都说他射技高明。有一人从这里经过说，射得好，可以接受射箭的教育了。养由基说，别人都说好，你却说够条件接受训练，你怎么不代我射它一下呢？这人说，我不能教你左右手如何具体操作。即使百步穿杨，不能及时休息，不久身体疲倦，便会弓箭歪斜，一发不中，从前的努力都白费了。如今击破韩、魏，杀掉 武，向北攻取赵国，拿下蔺、离石、祁的，都是您，您的功劳很大。现在又率领秦兵出关，经过东、西两周，侵韩攻魏，一战不胜，就前功尽弃了，您最好还是请病假不要出来吧。"

（《西周策》）

秦　策

卫鞅亡魏入秦

【题解】

本章文字简洁，是一篇商鞅略传。首言商鞅由魏入秦，受到孝公重视，尊崇任职。接叙商鞅治秦的原则是："公平无私，罚不讳强大，赏不私亲近"，一切按照法令的规定办。变法周年之后，所取得的效果是："道不拾遗，民不妄取，兵革大强，诸侯畏惧。"社会秩序井然，提高了秦的军威和国威。

后半部分，写孝公临终前，打算传位给商鞅，这表现出他们君臣关系的融洽，并反映了当时的禅让之风。

在秦惠王即位后，由于商鞅功高震王，相权和君权发生严重冲突，终致被杀。结尾说商鞅车裂而秦人不加同情，正和上文商鞅执法"刻深寡恩"相呼应。

【原文】卫鞅亡魏入秦①，孝公以为相②，封之于商③，号曰商君。商君治秦，法令至行，公平无私，罚不讳强大，赏不私亲近。法及太子，黥劓其傅④。期年之后⑤，道不拾遗，民不妄取，兵革大强，诸侯畏惧。然刻深寡恩，特以强服之耳。

商鞅像

【注释】①卫鞅：商鞅，本卫国的公子，故称卫鞅。②孝公以为相：秦孝公，名渠梁，前 361～前 338 年在位。他用卫鞅为左庶长，实行变法。鞅后因功升大良造，执掌国政，此"为相"指为大良造而言。秦正式设相在武王时，孝公时尚未设相。③商：故城在今陕西商县东九十里。④黥劓其傅：指卫鞅因太子犯法，刑其傅公子虔，黥其师公孙贾。黥、劓，刻面、割鼻，为古代酷刑。⑤期年：一年。

【译文】卫鞅从魏国逃亡到秦国，秦孝公任命他为丞相，把商地分封给他，号称“商君”。商君治理秦国，法令贯彻，公正而没有偏私，行罚不避让有地位的人，行赏不偏向关系亲近的人。法令执行到太子头上，对太子师傅处以刻面割鼻之刑。法令实施一年之后，掉在地上的东西无人去拾，民众都不取非法的东西，兵力非常强大，诸侯都感到害怕。但是商君刻薄少恩，只不过是用强力压服而已。

【原文】孝公行之八年[1]，疾且不起，欲传商君，辞不受。孝公已死，惠王代后，莅政有顷，商君告归。

【注释】①孝公行之八年："八"上应有"十"字。秦孝公六年，用卫鞅为左庶长，下令变法至二十四年卒，正好十八年。

【译文】秦孝公用商鞅推行法令十八年，重病将死，想把君位传给商君，他推辞不肯接受。秦孝公死后，秦惠王继承君位，执政不久，商君要求回到自己的封地。

【原文】人说惠王曰："大臣太重者国危，左右太亲者身危。今秦妇人婴儿皆言商君之法，莫言大王之法，是商君反为主，大王更为臣也。且夫商君固大王仇雠也，愿大王图之。"商君归还，惠王车裂之[1]，而秦人不怜。

【注释】①车裂：肢解身体的酷刑。

【译文】有人对惠王说："大臣权势过重会危害到国家；身边的人过分亲近会危害到自己。现在秦国的男女老少都只说商君的法令，没有谁说是大王的法令，这样商君就成了主人，大王反而成为臣子了。况且商君本是大王的仇人，希望大王想办法对付。"商君从封地回到首都，惠王对他处以五马分尸的酷刑，秦国民众没有谁可怜他。

（《秦策一》）

苏秦始将连横

【题解】

苏秦说秦惠王的话，主旨在揭出秦国的有利条件：有四塞之固，民富国强，兵精粮足，具有"并诸侯，吞天下"的潜力，希望秦王能用他来完成这个伟业。秦王则用毛羽未丰，时机尚未成熟，加以推辞。

苏秦在秦国很不得意，貂裘破损，床头金尽。归家之后，又受尽家人白眼。好在他家富有藏书，从数十箱书中，拣出太公《阴符》之谋，头悬梁，锥刺股，发愤苦读。一年之后，自我感觉良好，认为可以出去游说各国君王了。

他和赵王的一席谈话，非常契合，约纵散横，左右时局，由布衣而为卿相，成为政治舞台上一颗耀眼的新星。这中间有机缘的巧合，更离不开辛苦的耕耘。

【原文】苏秦始将连横，说秦惠王曰[1]："大王之国，西有巴、蜀、汉中之利[2]，北有胡貉、代马之用[3]，南有巫山、黔中之限[4]，东有肴、函之固[5]。田肥美，民殷富，战车万乘，奋击百万[6]，沃野千里，蓄积饶多，地势形便，此所谓天府，天下之雄国也。以大王之贤，士民之

众，车骑之用，兵法之教，可以并诸侯，吞天下，称帝而治。愿大王少留意，臣请奏其效。”

【注释】①苏秦：字季子，战国时东周洛阳人，纵横家的代表人物之一。连横：联合六国共同事秦。说：游说。战国时策士们用谈话说动国君采纳自己的主张。②巴、蜀：地名，巴指今重庆一带，蜀指今四川西部。汉中：地名，今陕西南部及湖北西部。③胡貉：北方游牧民族，分布在今内蒙古南部。代马：地名，代郡、马邑，在今山西东北部。④巫山：山名，今重庆巫山东。黔中：郡名，今湖南西部常德地区一带及贵州东北部。⑤肴：或作“崤”“殽”，山名，在今河南洛宁北。函：关名，即函谷关，在今河南灵宝东北。⑥奋击：能奋勇击敌的战士。

【译文】苏秦开始用连横的主张去游说秦惠王道：“大王的国家，西边有巴、蜀、汉中的物产可供利用，北边有胡、代地区可提供战备，南有巫山、黔中的险地，东有崤山、函谷关坚固的要塞。土地肥沃，人民众多而富足，拥有战车万辆，精兵百万，良田纵横千里，粮食储备丰富，地理形势便于攻守，这真是人们所说的天然府库，确实是天下的强国啊！凭着大王的贤能，军民的众多，战备的充实，战士的训练有素，完全能够兼并诸侯，统一天下，成为治理天下的帝王。希望大王稍加留意，让我向您陈述如何可以取得重大效果。”

【原文】秦王曰：“寡人闻之，毛羽不丰满者，不可以高飞；文章不成者[1]，不可以诛罚；道德不厚者，不可以使民；政教不顺者，不可以烦大臣。今先生俨然不远千里而庭教之，愿以异日。”……

【注释】①文章：此指法度。

【译文】秦惠王道：“我听说，毛羽长得不丰满的鸟儿不能高飞；法制不健全的国家不能实施刑罚；道德不高尚的人不能役使百姓；政教不上轨道的不能拿战争来劳烦大臣。现在先生郑重地不远千里而来，亲临指教，我希望日后再来领教。”……

【原文】说秦王书十上而说不行。黑貂之裘弊[1]，黄金百斤尽，资用乏绝，去秦而归。羸滕履蹻[2]，负书担橐，形容枯槁，面目犁黑，状有归色[3]。归至家，妻不下 ，嫂不为炊，父母不与言。苏秦喟然叹曰：“妻不以我为夫，嫂不以我为叔，父母不以我为子，是皆秦之罪也。”乃夜发书，陈箧数十，得太公《阴符》之谋[4]，伏而诵之，简练以为揣摩。读书欲睡，引锥自刺其股，血流至足。曰：“安有说人主不能出其金玉锦绣，取卿相之尊者乎？”期年，揣摩成，曰：“此真可以说当世之君矣。”

【注释】①黑貂：身体细长，皮毛珍贵。②羸：缠绕。滕：绑腿布。蹻：草鞋。③犁黑：同“黧黑”。归：通“愧”。④太公《阴符》：姜太公，周初的开国功臣姜尚，被封于齐，是齐国始祖。《阴符》，相传是他所写的讲兵法权谋的书。

【译文】苏秦游说秦王的奏章先后上了十次，意见始终未被采纳。他穿的黑貂皮衣破旧了，百斤金属货币也用光了，生活费用失去了来源，只好离开秦国回家。他腿上缠着绑腿，脚穿草鞋，背着书箱，挑着行李，神情憔悴，面色黄黑，脸上显出羞愧的神色。回到家里，正在织布的妻子不下机迎接，嫂子也不肯替他烧火做饭，父母也不和他讲话。苏秦长叹道：“妻子不把我当作丈夫，嫂子不把我当作小叔，父母不把我当作儿子，这都是苏秦的

过错啊。”当天晚上取出藏书，打开了几十个书箱，找到一部姜太公写的叫作《阴符》的谋略书，于是埋头苦读，选择精要处反复钻研。当读书困倦，睡意袭来的时候，他就用锥子猛扎自己的大腿，鲜血流到了脚跟。他自言自语地说：“哪里还会有游说列国君主而不能让他们拿出金玉锦绣、取得卿相高位的呢？”经过一年，苏秦钻研有得，感觉良好，他说：“这下真能用来说服各国在位的君主了。”

【原文】于是乃摩燕乌集阙[①]，见说赵王于华屋之下，抵掌而谈[②]。赵王大悦，封为武安君，受相印，革车百乘，锦绣千纯，白璧百双[③]，黄金万溢[④]，以随其后，约从散横，以抑强秦。

【注释】①燕乌集阙：古关塞名，今地不详。②抵：击，拍。③璧：圆形的玉器，中有小圆孔。④溢：同“镒”，重量单位，二十两为一镒（一说二十四两）。

【译文】于是苏秦取道燕乌集阙，在华丽的宫殿里游说赵王，谈得甚是投机。赵王非常高兴，封他为武安君，赐给他相印，并赐给他兵车百辆，锦缎千匹，白璧百双，黄金万镒，跟随在他身后，联络东方各国建立合纵联盟，瓦解连横阵线，用以对付强大的秦国。

（《秦策一》）

医扁鹊见秦武王

【题解】

扁鹊是传说中的名医，他精通医术，活人无数。山东微山两城山曾出土东汉时《扁鹊针灸行医图》的浮雕画像石，可见他的事迹流传久远，深入人心。

扁鹊像

扁鹊本是春秋末年人，距离秦武王已有一百五十多年，本文所写的是一则寓言。

文中写秦武王请扁鹊治病，却又听左右的话，干扰扁鹊的诊治，引起了扁鹊的愤慨。目的在于说明，办事不能在“与知之者谋之”的时候，又去让“不知者败之”，不然，只会把事情弄糟。以此治病会害死人，以此治国会导致亡国。做事让不懂行的人指手划足，必将出现险情。

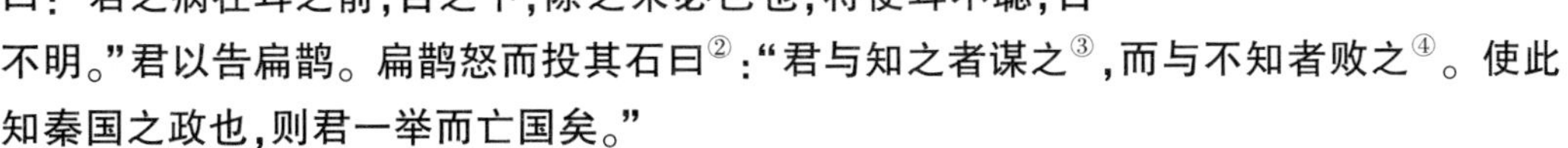

【原文】医扁鹊见秦武王[①]，武王示之病，扁鹊请除。左右曰：“君之病在耳之前，目之下，除之未必已也，将使耳不聪，目不明。”君以告扁鹊。扁鹊怒而投其石曰[②]：“君与知之者谋之[③]，而与不知者败之[④]。使此知秦国之政也，则君一举而亡国矣。”

【注释】①扁鹊：姓秦名越人，春秋战国间的名医。秦武王：秦惠王子，名荡。②石：针石，治病的工具。③知之者：指懂得医术的扁鹊。④不知者：指秦王身边不懂医术的人。

【译文】医生扁鹊拜见秦武王，武王谈了自己的病情，扁鹊愿意给他治病。武王身边的人说：“大王的病，在耳朵的前面，眼睛的下面。治疗它未必能治好，将让听力受损，视力模糊。”武王告诉扁鹊。扁鹊生气地丢掉用来治病的针石，说：“您向懂得病情的人求教，而让

不懂得病情的人从中破坏。要是秦国的政治也如此,那么您将会一下就亡国了。"

(《秦策二》)

甘茂亡秦且之齐

【题解】

本章写苏子为甘茂奔走秦、齐之间,使他们都重视甘茂,甘茂得以重获要职。

甘茂是才智之士,他在离秦往齐的途中,恰好遇到苏子。甘茂用江上处女和群女会织,先到纺织处洒扫布席的寓言,希望苏子也能仿效,做这种无损于己而有益于人的事,拉他一把。

以下写苏子用利害关系,游说秦、齐两国的君主,争用甘茂,使甘茂骤形重要。秦王用相印到齐国迎接甘茂,让他官复原职,齐王则任命甘茂为上卿,让他留在齐国。甘茂的机智和苏子无碍的辩才,一一跃然纸上。

【原文】甘茂亡秦且之齐①,出关遇苏子②,曰:"君闻夫江上之处女乎?"苏子曰:"不闻。"曰:"夫江上之处女,有家贫而无烛者,处女相与语,欲去之。家贫无烛者将去矣,谓处女曰:'妾以无烛,故常先至,扫室布席,何爱余明之照四壁者③?幸以赐妾,何妨于处女?妾自以有益于处女,何为去我?'处女相语以为然而留之。今臣不肖,弃逐于秦而出关,愿为足下扫室布席,幸无我逐也。"苏子曰:"善。请重公于齐。"

【注释】①甘茂亡秦且之齐:秦昭王元年(前306年),大臣向寿等谗毁甘茂,甘茂害怕对己不利,遂出走。且,将。②关:指函谷关。苏子:后文作苏秦。③爱:吝惜。

【译文】甘茂从秦国出逃,打算到齐国去。出关后遇见苏子说:"你听说过江上处女的故事吗?"苏子说:"没有听说过。"甘茂继续说道:"在江上的处女中,有一个家贫而无烛的人,其他处女互相商量,想赶走她。家贫无烛的那个处女在要离开时,对其他处女说:'我因为没有烛的缘故,所以经常先到,打扫房屋,铺好席子,何必吝惜照耀四壁的剩余烛光呢?大方地赐给我,对你们有什么妨碍呢?我自认为对你们也有一些好处,为什么还要赶我?'处女们相互商量,认为她说得对,就把她留下来。现在我不才,被秦抛弃,将要出关,愿意为你打扫房屋,铺好座席,希望你不要赶我。"苏子说:"好。我想法子让齐国重用你。"

【原文】乃西说秦王曰:"甘茂,贤人,非恒士也。其居秦累世重矣①,自殽塞、谿谷②,地形险易尽知之。彼若以齐约韩、魏,反以谋秦③,是非秦之利也。"秦王曰:"然则奈何?"苏代曰:"不如重其贽④、厚其禄以迎之。彼来则置之槐谷,终身勿出,天下何从图秦?"秦王曰:"善。"与之上卿⑤,以相迎之齐⑥,甘茂辞不往。

【注释】①居秦累世重矣:甘茂历事秦惠王、武王、昭王,所以说他数世受重用。②殽塞:即崤山,在今河南洛宁北。西北接陕县,东接渑池县。崤有两峰,东西相距三十五里,故又称二崤。其山上有峻坡,下临绝涧,山路奇狭。是极险之地。谿谷:此及后文"槐谷",《史记》并作"鬼谷",其地在今陕西三原的清水谷。③反:同"返"。④贽:古代见面

时馈赠对方的礼物。男子相见，大的用玉帛，小的用禽鸟。⑤上卿：最高爵位。⑥以相迎之：或作“以相印迎之”。下同。

【译文】苏子就西去向秦王进言说：“甘茂是贤能的人，不是平常的人。他停留在秦国，几代受到重用，秦地的山川要塞、地形的复杂情况，他都知道。他如果通过齐国拉拢韩、魏两国，转而对付秦国，这对秦国是没有好处的。”秦王说：“如果那样，该怎么办？”苏秦说：“不如拿上贵重的礼物，用丰厚的俸禄去欢迎他。他来了。就把他安置在槐谷，终身不让他出来，各国又怎么能算计秦国呢？”秦王说：“好。”给予他上卿的爵位，用丞相的职位到齐国迎接他。甘茂推辞，不肯前往。

【原文】苏秦为谓齐王曰：“甘茂，贤人也，今秦与之上卿，以相迎之，茂德王之赐，故不往，愿为王臣。今王何以礼之？王若不留，必不德王。彼以甘茂之贤，得擅用强秦之众，则难图也。”齐王曰：“善。”赐之上卿，命而处之①。

【注释】①命而处之：此文的末尾，《史记·甘茂传》有“秦于是厚待甘茂的家属以拉拢齐国”的话，作为此事的结束。

【译文】苏秦替他对齐王说：“甘茂是贤能的人。现在秦国给予他上卿的爵位，用相印来迎接他，甘茂感谢大王的赐予，所以没有前往，愿意做大王的臣子，现在大王用什么礼节来对待他呢？大王如果不留住他，他一定不会感谢大王。以甘茂的才能，又能动用强秦的力量，就难以对付了。”齐王说：“好。”就赐予他上卿的爵位，让他留下来。

（《秦策二》）

濮阳人吕不韦贾于邯郸

【题解】

吕不韦凭他多年从事商业的经验，看出当时在赵国做人质的秦公子异人是“奇货可居”，于是和异人结为政治投机的伙伴。

秦安国君妻华阳夫人在政治上很有势力，但膝下无子，吕不韦通过夫人弟阳泉君，说服华阳夫人，从赵国召回异人。

华阳夫人是楚人，异人返秦，吕不韦让他穿上楚地服装去参拜夫人，夫人一见，大为高兴，决定把异人收为己子，给他改名为“楚”，并劝安国君（即位后为孝文王）把子楚立为太子。孝文王即位，三日即死。接着子楚登位，是为庄襄王。由于吕不韦有拥立的大功，于是让他担任相国，主持国政，号为文信侯，并把蓝田十二县作为他的封邑。吕不韦终于如愿以偿，从一个精明的商人变成大权在握的政治家。

【原文】濮阳人吕不韦贾于邯郸①，见秦质子异人②，归而谓父曰：“耕田之利几倍？”曰：“十倍。”“珠玉之赢几倍③？”曰：“百倍。”“立国家之主赢几倍？”曰：“无数。”曰：“今力田疾作，不得暖衣余食；今建国立君，泽可以遗世，愿往事之。”

【注释】①濮阳：卫邑，在今河南濮阳西南。贾：做买卖。②异人：秦孝文王子，时在赵

做人质，后即位为庄襄王。③赢：商业利润。

【译文】濮阳人吕不韦在邯郸做生意，见到秦国人质公子异人，回去对他的父亲说：“种田的利益有几倍？”父亲回答：“十倍。”“做珠宝生意的可获利几倍？”父亲回答：“百倍。”“拥立国君，可获利几倍？”父亲回答：“无数。”吕不韦说道：“如今努力耕种，还是穿不暖，吃不饱。如果拥立君主，利益可以留传后世。我想前往侍奉他。”

【原文】秦子异人质于赵，处于廖城[①]。故往说之曰：“子傒有承国之业[②]，又有母在中。今子无母于中[③]，外托于不可知之国[④]，一日倍约，身为粪土。今子听吾计事，求归，可以有秦国。吾为子使秦，必来请子。”

【注释】①廖城：即聊城，在今山东聊城西北十五里。②子傒：异人的异母弟，都是安国君（后即位为孝文王）之子。③今子无母于中：异人母夏姬，无宠，等于无母。④不可知：态度变化莫测。

【译文】秦国公子异人在赵国做人质，住在廖城。他就去对异人说：“子傒有继承君位的基础，又有母亲在宫中支持。现在您宫内没有支持您的母亲，又寄居在态度不定的赵国，一旦背弃盟约，您就完蛋了。现在您听从我的安排，要求回去，可以拥有秦国。我为您到秦国活动，一定让他们来迎接您。”

【原文】乃说秦王后弟阳泉君曰[①]：“君之罪至死，君知之乎？君之门下无不居高尊位，太子门下无贵者[②]。君之府藏珍珠宝玉，君之骏马盈外厩，美女充后庭。王之春秋高[③]，一日山陵崩[④]，太子用事，君危于累卵而不寿于朝生[⑤]。说有可以一切，而使君富贵千万岁，其宁于太山四维[⑥]，必无危亡之患矣。”阳泉君避席⑦，请闻其说。不韦曰：“王年高矣，王后无子，子傒有承国之业，士仓又辅之[⑧]。王一日山陵崩，子傒立，士仓用事，王后之门必生蓬蒿[⑨]。子异人贤材也，弃在于赵，无母于内，引领西望，而愿一得归。王后诚请而立之，是子异人无国而有国，王后无子而有子也。”阳泉君曰：“然。”入说王后，王后乃请赵而归之。

【注释】①秦王后：指安国君妻华阳夫人。②太子：指子傒。③王之春秋高：言其年老。王，指孝文王。④一日：一旦。山陵崩：比喻秦王死，这是一种避讳的说法。⑤朝生：指朝生夕落的槿花。⑥太山：即泰山，在今山东泰安北。⑦避席：表示恭敬。⑧士仓：即昭王时的秦相社仓。⑨生蓬蒿：言无人行走，比喻门庭冷落。

【译文】于是游说王后的弟弟阳泉君说：“您犯有死罪，您知道吗？您的手下都占据高官尊位，太子门下却没有有地位的人。您的仓库储藏了许多珍珠宝玉，马棚充满了骏马，后宫充满了美女。秦王的年事已高，一旦死去，太子继位，你就非常危险，性命将会不保。有一种办法可以让您富贵千万年，比泰山还安稳，必然没有危亡的祸患。”阳泉君离开座位说：“我愿听听你的高见。”吕不韦说：“秦王年事已高，王后没有儿子。子傒有继承王位的条件，又有社仓辅佐。秦王一旦死去，子傒继位，社仓掌权，王后的门庭必然冷落。公子异人是贤能的人，被遗弃在赵国，在宫内没有支持他的母亲，伸长脖子向西边遥望，希望有机会回来。王后真能请求立他为太子，那么公子异人就是无国而有国，王后就是无

子而有子了。”阳泉君说:“是这样。”就进宫告诉王后,王后就向赵国提出请求,让公子异人返秦。

【原文】赵未之遣,不韦说赵曰:“子异人,秦之宠子也,无母于中,王后欲取而子之。使秦而欲屠赵,不顾一子以留计[①],是抱空质也。若使子异人归而得立,赵厚送遣之,是不敢倍德畔施,是自为德讲。秦王老矣,一日晏驾[②],虽有子异人,不足以结秦。”赵乃遣之。

【注释】①留计:延缓其计划。②晏驾:对天子死的避讳说法。

【译文】赵国还未放行,吕不韦游说赵王说:“公子异人是秦王宠儿,在宫中没有母亲,王后想让他做儿子。假使秦国要想消灭赵国,不会顾惜一个儿子而不行动,那您就是留了一个不起作用的人质。如果能让公子异人回国立为秦王,赵国用厚礼送归他,他一定不会忘记赵国的恩情,这是用恩德来联系。秦王老了,一旦驾崩,只有通过公子异人才能拉拢秦国。”于是赵国就送异人返回秦国。

【原文】异人至,不韦使楚服而见。王后悦其状,高其知,曰:“吾楚人也。”而自子之。乃变其名曰楚。王使子诵,子曰:“少弃捐在外,尝无师傅所教学,不习于诵。”王罢之,乃留止。间曰:“陛下尝轫车于赵矣[①],赵之豪杰得知名者不少。今大王反国[②],皆西面而望。大王无一介之使以存之,臣恐其皆有怨心,使边境早闭晚开。”王以为然,奇其计。王后劝立之。王乃召相,令之曰:“寡人子莫若楚。”立以为太子。

【注释】①轫车:停车,指为质的事。轫,阻止车轮滚动的木头。②反:同“返”。

【译文】异人回秦,吕不韦让他穿上楚国服装去拜见王后。王后喜欢他的打扮,认为他的智商很高,说:“我是楚国人。”就把他当作自己的儿子,把他的名字改称为“楚”。秦王让他诵读念过的书。他说:“我从小被抛弃在外,没有师傅的教诲,不懂得念书。”秦王作罢,就把他留下来。吕不韦抽空对秦王说:“陛下曾经在赵国停留,赵国的豪杰和你关系好的不少。如今大王回国,他们都满怀希望向着西方。大王没有派遣一位使臣去慰问他们,我恐怕他们会抱怨,使边城局势不稳。”秦王认为他说得对,是个有才能的人。王后劝秦王立子楚为太子。秦王就召见丞相,对他说:“我的儿子中最有才能的是子楚。”就立他为太子。

【原文】子楚立[①],以不韦为相,号曰文信侯,食蓝田十二县[②]。王后为华阳太后,诸侯皆致秦邑。

【注释】①子楚立:是为庄襄王。②蓝田:今陕西蓝田西十一里。

【译文】子楚即位,以吕不韦做丞相,号为“文信侯”,封给他蓝田十二县。王后号为华阳太后,各国诸侯都给秦国送来封邑。

(《秦策五》)

齐　策

靖郭君将城薛

【题解】

靖郭君打算加强薛地的城防工事，引起邻国震恐，身边反对的人也不少。靖郭君最初不想听反对意见，后经一位门客用“海大鱼”的巧妙比喻，说服他放弃了原来的想法。

【原文】靖郭君将城薛[1]，客多以谏。靖郭君谓谒者无为客通[2]。齐人有请者曰：“臣请三言而已矣，益一言，臣请烹！”靖郭君因见之。客趋而进曰：“海大鱼。”因反走。君曰：“客有于此。”客曰：“鄙臣不敢以死为戏。”君曰：“亡，更言之。”对曰：“君不闻大鱼乎？网不能止，钩不能牵，荡而失水，则蝼蚁得意焉。今夫齐，亦君之水也。君长有齐阴[3]，奚以薛为！失齐，虽隆薛之城到于天，犹之无益也。”君曰：“善。”乃辍城薛。

【注释】①靖郭君：齐国大臣田婴，靖郭君是他的封号。薛：靖郭君的封邑，在今山东滕县南四十里。②谒者：靖郭君手下管传达的小吏。③阴：同“荫”，庇护。

【译文】靖郭君将要修筑薛城，许多门客都来劝阻。靖郭君对传达员说，不要给门客通报。有一位齐国门客要求接见，说：“我只说三个字就行了，多说一个字，就愿受烹煮之刑。”靖郭君于是接见他。门客急步走到靖郭君面前说：“海大鱼。”说了转身就走。靖郭君说：“你可留下把话说完。”门客说：“我不敢用性命来开玩笑。”靖郭君说：“我不怪罪你，请继续说吧。”门客说：“您没有听说过海大鱼吗？网打不上，钩钓不到，一旦离开了水，蚂蚁都可以戏弄它。如今齐国就像是您的水。您有齐国为您遮风挡雨，拿薛来干什么呢！失去齐国，就算把薛的城墙筑到天那样高，仍然是没有用处的啊！”靖郭君说：“你说得对。”就停止修筑薛的城墙。

（《齐策一》）

邯郸之难

【题解】

发生在公元前354年的桂陵之战，是在齐威王、段干纶的决策下，在田忌、孙膑的指挥下，对魏作战所取得的一次重大胜利。

“围魏救赵”一役，成了经典战例，被载入许多兵法书中。它的指导思想是攻其所必救，以达到趋利避害、机动歼敌的目的。

魏军素称骁勇，看不起齐军。面对凶猛的强敌，齐军利用赵、魏相争，互相消耗的机

会牵着敌人的鼻子走，使对方疲于奔命，被动挨打。在魏军的归途中实施截击，在桂陵选好阵地，等到魏军到来，然后一举歼敌。

【原文】邯郸之难[1]，赵求救于齐。田侯召大臣而谋曰[2]："救赵孰与勿救？"邹子曰[3]："不如勿救。"段干纶曰[4]："弗救，则我不利。"田侯曰："何哉？""夫魏氏兼邯郸，其于齐何利哉！"田侯曰："善。"乃起兵，曰："军于邯郸之郊。"段干纶曰："臣之求利且不利者[5]，非此也。夫救邯郸，军于其郊，是赵不拔而魏全也。故不如南攻襄陵以弊魏[6]，邯郸拔而承魏之弊，是赵破而魏弱也。"田侯曰："善。"乃起兵南攻襄陵。七月，邯郸拔。齐因乘魏之弊，大破之桂陵[7]。

【注释】①邯郸之难：指赵都受到魏军的攻打。邯郸，赵都，在今河北邯郸西南二十里。②田侯：战国时齐国国君，即齐威王，名田齐，前356~前320年在位。③邹子：即邹忌，齐威王大臣，他做齐相，被封在下邳，号称为成侯。④段干纶：齐臣。⑤臣之求利且不利："之求"当作"言救"。且，抑或。⑥襄陵：魏邑，在今河南睢县西一里。⑦桂陵：齐地，在今河南长垣北。

【译文】赵都邯郸被魏军包围，赵国向齐国求救。齐威王召集大臣们商议道："救赵还是不救？"邹忌说："不如不去救。"段干纶说："不去救会对我国不利。"齐威王说："为什么呢？"段干纶回答说："让魏国攻下邯郸，这对齐国有什么好处呢！"齐威王说："好。"于是派兵，说："大军驻扎在邯郸城外。"段干纶说："我所说的利或不利，不是指的这样办。援救邯郸，而驻军在它的城外，会造成赵都不被攻下而魏国兵力无损的局面。所以说不如向南攻打襄陵，使魏军疲敝。邯郸被攻下而魏军疲敝，将使赵国残破而魏国削弱。"齐威王说："好。"就派兵南下攻打襄陵。这年的七月，邯郸失守。齐军乘魏军疲敝之机，在桂陵把它打得大败。

（《齐策一》）

邹忌修八尺有余

【题解】

本章主旨在说明接受批评、广开言路，在政治生活中的重要性。

齐相邹忌身长八尺，形象光彩照人，但比起城北徐公则远远不如，这是客观事实。邹忌的妻妾和客却都说邹忌比徐公美，这就留下悬念，需要证实。恰好，第二天徐公来访，邹忌把他看了又看，觉得自己不如，这是邹忌有知人之明；邹忌又对着镜子自照，感到确实比徐公差了一截，这是邹忌有自知之明。邹忌从中受到启发，于是进见齐威王，指出"王之蔽甚矣"。威王不愧是有为之君，立即接受意见，广开言路，对凡能指陈时弊，提出批评的人，分别给予上、中、下三等不同的赏赐。最初进谏的人很多，后来逐渐减少。政治修明，各国来朝，这就是纳谏的明效大验。

【原文】邹忌修八尺有余[1]，身体昳丽[2]，朝服衣冠，窥镜，谓其妻曰："我孰与城北徐公

美？"其妻曰："君美甚。徐公何能及君也！"城北徐公，齐国之美丽者也。忌不自信，而复问其妾曰："吾孰与徐公美？"妾曰："徐公何能及君也！"旦日，客从外来，与坐谈，问之客曰："吾与徐公孰美？"客曰："徐公不若君之美也！"

【注释】①修八尺有余：约1.70米的个子。修，长。尺，指周尺，一尺约为20厘米。②昳丽：光艳美丽。

【译文】邹忌身高八尺有余，容貌光彩照人，一天早晨，他穿戴好衣冠，看着镜子，对他的妻子说："你看我和城北徐公比起来，谁更漂亮？"他的妻子说："您漂亮极了。徐公怎么比得上您呢！"城北徐公是齐国有名的美男子，邹忌不相信会是这样，又问他的小妾道："我漂亮还是徐公漂亮？"小妾说："徐公哪能比得上您呢！"第二天，来了一位客人，邹忌和他谈话时又问："我和徐公相比，谁更漂亮？"客人说："徐公比不上您漂亮啊！"

【原文】明日，徐公来，孰视之，自以为不如；窥镜而自视，又弗如远甚。暮寝而思之，曰："吾妻之美我者，私我也；妾之美我者，畏我也；客之美我者，欲有求于我也。"

【译文】又隔一天，徐公来了。邹忌仔细端详他，觉得自己比不上；对着镜子看自己，更觉得比徐公差得很远。夜里，睡在床上反复考虑这件事，醒悟道："我的妻子说我漂亮，是因为她偏爱我啊！小妾说我漂亮，是因为她害怕我啊！客人说我漂亮，是因为他有求于我啊！"

【原文】于是入朝见威王曰："臣诚知不如徐公美，臣之妻私臣，臣之妾畏臣，臣之客欲有求于臣，皆以美于徐公。今齐地方千里，百二十城。宫妇左右，莫不私王；朝廷之臣，莫不畏王；四境之内，莫不有求于王。由此观之，王之蔽甚矣！"王曰："善。"乃下令："群臣吏民能面刺寡人之过者，受上赏！上书谏寡人者，受中赏！能谤议于市朝，闻寡人之耳者，受下赏！"

【译文】于是，邹忌上朝对齐威王说："我自知确实不如徐公漂亮，我的妻子偏爱我，我的小妾害怕我，我的客人有求于我，都说我比徐公漂亮。如今齐国的土地纵横千里，有一百二十座城池。大王宫中的后妃和身边的侍从没有不偏爱大王的，朝廷里的群臣没有不害怕大王的，国内的百姓没有不想向大王求助的。这样看来，大王所受的蒙蔽真是非常厉害啊！"齐威王说："说得对。"于是就颁布了一道命令："无论朝廷群臣、小吏或百姓，凡是能当面指责我的过错的，受上等奖赏！能上奏章规劝我的，受中等奖赏！能在公众场合批评议论我，传到我的耳中的，受下等奖赏！"

【原文】令初下，群臣进谏，门庭若市；数月之后，时时而间进；期年之后，虽欲言，无可进者。燕、赵、韩、魏闻之，皆朝于齐。此所谓战胜于朝廷。

【译文】命令刚颁布，官吏们纷纷前来，提出意见，使宫廷内外像集市一样热闹。几个月后，只是断断续续地有人来提意见。一年以后，就是有人想来进言，也没有什么可说的了。燕、赵、韩、魏等国听到这个情况，都到齐国朝见。这就是人们所说的，通过朝廷上的举措，不需要用兵，就可以战胜别国了。

（《齐策一》）

秦假道韩、魏以攻齐

【题解】

前314年，齐乘燕国内乱攻燕，诸侯出兵救燕，本章所载秦假道韩、魏以攻齐，即属于诸侯救燕之师。

齐国攻燕，统兵的本是章子，秦救燕之师既至，齐宣王就使章子领兵迎战。战争期间，多人谗毁章子，说他带兵降秦，宣王始终不为所动。

一个人的品质表现在各个方面。宣王认为章子能孝于父，必不会背君。“求忠臣必于孝子之门”，宣王真是目光如炬，知人善任。

【原文】秦假道韩、魏以攻齐，齐威王使章子将而应之①，与秦交和而舍②。使者数相往来，章子为变其徽章，以杂秦军③。候者言章子以齐入秦，威王不应。顷之间，候者复言章子以齐兵降秦，威王不应。而此者三。有司请曰：“言章子之败者，异人而同辞，王何不发将而击之？”王曰：“此不叛寡人明矣，曷为击之！”

【注释】①齐威王：当为齐宣王，下同。章子：齐名将匡章。②交和而舍：两军相对，军门称为和。舍，屯驻。③徽章：包括旗帜和士卒衣服的标识。

【译文】秦国向韩、魏借道去攻打齐国，齐威王派章子领兵应战，他和秦军一接触就驻扎下来。双方的人员多次来往，章子改变了军队衣服上的标识，和秦军混杂。侦察人员说章子带领齐兵投向了秦军，齐威王没有理会。不久，侦查人员又说章子带兵投降了秦军，齐威王仍旧没有理会。像这样重复了三次。有关主管人员提出说：“说章子背叛的人，几个都异口同声，大王为什么不派兵攻打他？”齐王说：“很明显他不会背叛我，为什么要去攻打他？”

【原文】顷间，言齐兵大胜，秦军大败，于是秦王拜西藩之臣而谢于齐。左右曰：“何以知之？”曰：“章子之母启得罪其父，其父杀之而埋马栈之下。吾使章子将也，勉之曰：‘夫子之强，全兵而还，必更葬将军之母。’对曰：‘臣非不能更葬先妾也。臣之母启得罪臣之父，臣之父未教而死。夫不得父之教而更葬母，是欺死父也，故不敢。’夫为人子而不欺死父，岂为人臣欺生君哉？”

【译文】不久，传来消息说，齐军大胜，秦军大败。于是秦王自称西边的藩臣并向齐国谢罪。齐王身边的人说：“您怎么知道章子不会背叛您？”齐王说：“章子的母亲启得罪了他的父亲，他的父亲杀了他的母亲，把她埋在马棚下面。我派章子领兵，鼓励他说：‘以你的勇敢，凯旋而归，我一定重新安葬你的母亲。’章子说：‘我并不是不能重新安葬死去的母亲。我的母亲启得罪了先父，先父没有留下什么吩咐就死了；我没有得到父亲的吩咐就擅自改葬母亲，这是在欺骗死去的父亲。所以不敢这样办。’作为儿子不欺骗死去的父亲，作为臣子怎么可能去欺骗活着的君主呢？”

（《齐策一》）

苏秦为赵合从说齐宣王

【题解】

本章是战国晚期纵横家嫁名苏秦的模拟之作，但在了解齐国经济发展的问题上，具有重要意义。

由于商品经济的迅速发展，战国后期出现了许多著名的商业城市，齐都临淄就是其中之一。户数超过七万，人口在二十万以上，居民财大气粗，游乐竞技成为时尚。“车毂击，人肩摩”，市区道路的拥挤程度，不同凡响。据现代调查，临淄故城包括大小二城，总面积达六十余平方华里，真可算得上东方大都会了。

【原文】苏秦为赵合从说齐宣王曰[①]：“齐南有太山，东有琅邪[②]，西有清河[③]，北有渤海，此所谓四塞之国也。齐地方二千里，带甲数十万，粟如丘山。齐车之良[④]，五家之兵[⑤]，疾如锥矢，战如雷电，解如风雨。即有军役，未尝倍太山、绝清河、涉渤海也。临淄之中七万户[⑥]，臣窃度之，下户三男子，三七二十一万，不待发于远县，而临淄之卒固以二十一万矣。临淄甚富而实，其民无不吹竽、鼓瑟、击筑、弹琴、斗鸡、走犬、六博、踏鞠者[⑦]。临淄之途，车毂击，人肩摩，连衽成帷，举袂成幕，挥汗成雨，家敦而富，志高而扬。夫以大王之贤与齐之强，天下不能当，今乃西面事秦，窃为大王羞之！”

【注释】①苏秦：本章为纵横家练习游说之作，此苏秦及下文齐宣王都是假托人名。②琅邪：山名，在今山东诸城东南。③清河：指济水，是齐、赵边境界河。④齐车：当作“三军”。⑤五家之兵：又称“五都之兵”，为齐军主力。⑥临淄：齐都，今山东淄博东北。⑦竽：乐器，笙类。瑟：乐器，似琴。古为五十弦，后改为二十五弦。筑：乐器，似瑟而较大，头安弦，用竹击打。琴：乐器，古为五弦，后用七弦。斗鸡：用鸡相斗的游戏。走犬：指田猎活动。六博：古代棋戏之一。踏鞠：类似足球，以皮做成，用毛充实。

【译文】苏秦为赵国合纵，游说齐宣王说：“齐国的南面有泰山，东面有琅邪山，西面有清河，北面有渤海，是四方都有要塞的国家。齐国方圆两千里，精兵数十万，粮食堆积如山。三军的勇士，五家的精选部队，行动像射箭那样快，打击敌人，威力就像雷电，解散部队就像风雨那样，说停就停。即使有军事活动，从来没有征调泰山下、清河边和渤海之滨的部队。单是临淄城中就有七万家，我私下估量，每户不少三个男子，三七二十一万，不需等待从远地调兵，临淄城中的兵力就已经达到二十一万了。临淄非常富庶而充实，它的百姓们没有不吹竽、鼓瑟、击筑、弹琴、斗鸡、走犬、六博、踢球的。临淄的路上，车轮的轴互相撞击，人们的肩膀互相摩擦，把衣襟连起来就成为帷帐，卷起袖子就成了幕布，挥出的汗水成为雨点；每家都非常富有，心胸远大而愉快。以大王的贤名与齐国的强大，天下没有谁能够相比，如今却向西服从秦国，我为大王感到羞耻。”

【原文】“且夫韩、魏之所以畏秦者，以与秦接界也。兵出而相当，不至十日而战胜存亡之机决矣。韩、魏战而胜秦，则兵半折，四境不守；战而不胜，以亡随其后，是故韩、魏之

所以重与秦战而轻为之臣也。”

【译文】“韩、魏两国之所以惧怕秦国，是因为他们与秦国接壤。部队一出，双方相对，不到十天，胜败存亡就见分晓了。韩、魏两国战胜秦国，兵力就会损失一半，边境无法防守；要是战而不胜，就会走到灭亡的边缘。所以韩、魏不敢轻易和秦国开战，却容易向秦表示屈服啊！”

【原文】“今秦攻齐则不然，倍韩、魏之地，过卫阳晋之道[①]，径亢父之险[②]，车不得方轨，马不得并行，百人守险，千人不能过也。秦虽欲深入，则狼顾，恐韩、魏之议其后也。是故恫疑虚猲，高跃而不敢进，则秦不能害齐，亦已明矣。夫不深料秦之不奈我何也，而欲西面事秦，是群臣之计过也。今无臣事秦之名，而有强国之实，臣固愿大王之少留计。”

【注释】①阳晋：卫地，在今山东郓城西。②亢父：齐邑，在今山东济宁南五十里。

【译文】“如今秦国攻齐却不是这样，背后是韩、魏的地方，穿越卫国阳晋的要道，通过亢父的险路，两车不能并驾，两马不能并行，一百人守住险隘，一千人都不能通过。秦军虽然想深入，老是心中不安，恐怕韩、魏从后面偷袭。所以虚声恫吓，迟疑不敢前进。秦国不能危害齐国，是很明显的事。不考虑秦国不能把我怎么样，而想向西服从秦国，这是群臣的计谋错了。现在没有臣事秦国的名声，而能得到强国的地位，我希望大王稍稍考虑一下。”

【原文】齐王曰：**“寡人不敏，今主君以赵王之教诏之，敬奉社稷以从。”**

【译文】齐王说：“我不够聪明，现在你把赵王的教诲告诉我，我恭敬地把国家托付给你。”

（《齐策一》）

齐人有冯谖者

【题解】

本章写孟尝君善待冯谖，冯谖为他“市义”，为他经营“三窟”，使他终身无祸，突出了冯谖过人的才能，是一篇富于情趣的冯谖传。

本章立意甚奇，行文变化莫测，高潮迭起，如入武夷九曲，步步引人入胜。开始写冯谖生活无着，投靠孟尝君，完全未受重视。其后冯谖三歌长铗，改善了自己和老母的生活，也看出孟尝君待门下是真诚的。到冯谖挺身自任，愿为孟尝君收债，已微露头角，所以孟尝君改容礼谢。冯谖问：“以何市而反？”问得好，其实心中早有主意。孟尝君答：“视吾家所寡有者。”答得妙，实际上是许他便宜行事。冯谖到薛，矫命焚券，为孟尝“市义”，奇峰突起。他返齐报命，虽竭力解释，孟尝始终不悦，可见是不以为然的。后来孟尝君就国于薛，薛民百里相迎，这才佩服冯谖市义是为他办了一件大好事。冯谖接着游说梁王，设法为孟尝君恢复相位；又为他谋划在薛立宗庙，使孟尝君终身无祸。三窟的经营，显示了冯谖确实是一个高瞻远瞩的谋士。

【原文】齐人有冯谖者[①]，贫乏不能自存，使人属孟尝君，愿寄食门下。孟尝君曰："客何好？"曰："客无好也。"曰："客何能？"曰："客无能也。"孟尝君笑而受之曰："诺。"左右以君贱之也，食以草具。

【注释】①谖：音

【译文】齐国有个叫冯谖的人，穷得没法养活自己，就求人向孟尝君请求，在他的门下当一名食客。孟尝君问："客有什么爱好吗？"冯谖回答说："没什么爱好。"孟尝君又问："客有什么才能？"冯谖回答说："没有什么才能。"孟尝君笑着答应道："好吧！"孟尝君身边的人因为主人看不起冯谖，就随便拿些粗劣的饭食给他吃。

【原文】居有顷，倚柱弹其剑。歌曰："长铗归来乎[①]！食无鱼。"左右以告。孟尝君曰："食之，比门下之客。"居有顷，复弹其铗，歌曰："长铗归来乎！出无车。"左右皆笑之，以告。孟尝君曰："为之驾，比门下之车客。"于是乘其车，揭其剑，过其友曰："孟尝君客我。"后有顷，复弹其剑铗，歌曰："长铗归来乎！无以为家。"左右皆恶之，以为贪而不知孟尝君足。孟尝君问："冯公有亲乎？"对曰："有老母。"孟尝君使人给其食用，无使乏。于是冯谖不复歌。

孟尝君

【注释】①铗：剑柄，这里指剑。

【译文】住下不久，冯谖靠在廊柱上，弹着他的佩剑歌唱着："长剑啊，咱们回去吧！吃饭没有鱼啊。"随从们把这事报告给孟尝君。孟尝君说："给他鱼吃，把他当中等门客对待。"没过多久，冯谖又弹着剑歌唱道："长剑啊，咱们回去吧！出门没有车坐。"周围的人都笑他，又告诉孟尝君。孟尝君说："给他备车，让他享受乘车门客的待遇。"于是冯谖坐着车，举着剑，去拜访他的朋友说："孟尝君把我当门客看待。"此后不久，冯谖又弹着剑歌唱道："长剑啊，咱们回去吧！没办法养家啊。"孟尝君周围的人都讨厌他，认为他贪心不足。孟尝君问："冯先生有亲属吗？"冯谖回答说："有个老母亲。"孟尝君派人把吃的用的给她送去，不让她感到短缺。于是冯谖也就不再歌唱了。

【原文】后孟尝君出记[①]，问门下诸客："谁习计会，能为文收责于薛者乎[②]？"冯谖署曰："能。"孟尝君怪之，曰："此谁也？"左右曰："乃歌夫'长铗归来'者也。"孟尝君笑曰："客果有能也，吾负之，未尝见也。"请而见之，谢曰："文倦于事，愦于忧，而性懧愚[③]，沉于国家之事，开罪于先生。先生不羞，乃有意欲为收责于薛乎？"冯谖曰："愿之。"于是约车治装，载券契而行，辞曰："责毕收，以何市而反[④]？"孟尝君曰："视吾家所寡有者。"

【注释】①记：文告。一说指账册。②责：同"债"。③懧：懦弱。④反：同"返"。

【译文】后来孟尝君出了文告，向门客们征询道："有谁熟悉会计业务，能替我到薛邑去收债呢？"冯谖签上自己的名字，说："我能办到。"孟尝君感到奇怪，问道："这人是谁

呀?"侍从们告诉他:"就是那个歌唱'长剑回去吧'的人啊!"孟尝君笑着说:"这位门客真是有本领啊,我对不起他,还从来没有接见过他呢。"就把冯谖请来见面,并向他道歉说:"我被各种事务困扰得很疲劳,愁得心烦意乱,我又生性懦弱,陷入国事的忙碌中,以致开罪了先生。先生不见怪,还愿意为我到薛邑收债吗?"冯谖说:"我愿意。"于是备车整装,带上契约,准备上路。辞行时问道:"收完债,买些什么东西回来呢?"孟尝君说:"就看着我家所缺少的东西买吧。"

【原文】驱而之薛,使吏召诸民当偿者悉来合券。券遍合,起矫命,以责赐诸民,因烧其券,民称万岁。

【译文】冯谖驱车来到薛邑,叫差役召集该还债的百姓前来核对契约。核对完毕后,冯谖起身假传孟尝君的命令,宣布免掉百姓所欠的债务,并当众把契约烧掉,百姓们欢呼万岁。

【原文】长驱到齐,晨而求见。孟尝君怪其疾也,衣冠而见之,曰:"责毕收乎?来何疾也!"曰:"收毕矣。""以何市而反?"冯谖曰:"君云'视吾家所寡有者'。臣窃计,君宫中积珍宝,狗马实外厩,美人充下陈[①]。君家所寡有者,以义耳!窃以为君市义。"孟尝君曰:"市义奈何?"曰:"今君有区区之薛,不拊爱子其民[②],因而贾利之[③]。臣窃矫君命,以责赐诸民,因烧其券,民称万岁。乃臣所以为君市义也。"孟尝君不说[④],曰:"诺。先生休矣!"

【注释】①下陈:堂下的庭院。②拊:抚爱。③贾利:用商人的手段取利。④说:同"悦"。

【译文】冯谖扬鞭催马赶回齐都临淄,一大早就去拜见孟尝君。孟尝君对他很快返回感到奇怪,穿戴好衣帽出来接见他,问道:"债收完了吗?回来得好快啊!"冯谖答说:"收完了。"孟尝君又问:"买了什么回来?"冯谖说:"您说'看着我家所缺少的东西买'。我想,您宫中堆放着珍宝,狗马充满了畜圈,美女站满了堂下。您家所缺少的就是义啊!我私下为您把义买回来了。"孟尝君问:"买义是怎么一回事呢?"冯谖说:"现在您只有一个小小的薛邑,不抚爱那里的百姓,反而像商人一样地在他们身上取利。我已擅自假传您的命令,把债款赐给了百姓,并烧掉了契约,百姓们高呼万岁。这就是我给您买回的'义'啊。"孟尝君听了很不高兴,说:"好啦,先生下去休息吧!"

【原文】后期年,齐王谓孟尝君曰[①]:"寡人不敢以先王之臣为臣。"孟尝君就国于薛,未至百里,民扶老携幼,迎君道中。孟尝君顾谓冯谖曰:"先生所为文市义者,乃今日见之。"

【注释】①齐王:指齐闵王。

【译文】过了一年,齐闵王对孟尝君说:"我不敢把先王的大臣当作自己的臣下。"孟尝君只好回到自己的封地薛邑。在距薛邑还有百多里路的地方,百姓扶老携幼,早已等在路上迎接他了。孟尝君回过头对冯谖说:"先生为我买的'义',我今天算是看到了。"

(《齐策四》)

楚　策

荆宣王问群臣

【题解】

本章中，江乙在回答楚宣王的问题时，讲了一个有名的“狐假虎威”的寓言。这则故事告诉人们，要透过现象看本质，要擦亮眼睛辨别真假。

昭奚恤身为令尹，掌握着楚国的大权，楚国的内外大事，都需要他的点头。楚国地方五千里，带甲数十万，对北方虎视眈眈，以昭奚恤所处的地拉，北方害怕他是很自然的。

江乙从魏国来到楚国，想动摇楚王对昭奚恤的信任，故把他比成狐，百兽（北方）怕他，只不过是借用了虎（楚王）的威势，以此来说明昭奚恤并没有什么了不起。尽管如此，昭奚恤被北方畏惧，毕竟是无法改变的客观事实。

【原文】荆宣王问群臣曰①：“吾闻北方之畏昭奚恤②，果诚何如？”群臣莫对。

【注释】①荆宣王：即楚宣王，熊姓，名良夫，前369~前340年在位。②昭奚恤：楚国的令尹（相）。

【译文】楚宣王问群臣道：“我听说北方各国都害怕昭奚恤，真是这样吗？”群臣无人回答。

【原文】江乙对曰①：“虎求百兽而食之，得狐。狐曰：‘子无敢食我也。天帝使我长百兽，今子食我，是逆天帝命也。子以我为不信，吾为子先行，子随我后，观百兽之见我而敢不走乎？’虎以为然，故遂与之行。兽见之皆走。虎不知兽畏己而走也，以为畏狐也。今王之地方五千里，带甲百万，而专属之昭奚恤；故北方之畏奚恤也，其实畏王之甲兵也，犹百兽之畏虎也。”

【注释】①江乙：魏国人，当时在楚国做官。

【译文】江乙回答道：“老虎寻找各种野兽吃，得到一只狐狸。狐狸说：‘你可不敢吃我啊。老天爷派我做群兽的首领，如今你要是吃了我，这就是违抗老天爷的命令啊。如果你认为我的话不可靠，我走在前面，你跟在我身后，看看野兽们见了我有敢不跑的吗？’老虎认为它说得对，就和它一起走。野兽见到它们，都逃跑了。老虎不知道野兽是因为害怕自己才逃跑的，以为是害怕狐狸。如今大王的国土纵横五千里，精兵百万，都交给昭奚恤统领；所以北方各国害怕昭奚恤，其实是害怕大王的精兵，就好像野兽害怕老虎啊。”

（《楚策一》）

苏子谓楚王

【题解】

推荐贤才对国家、对人民都是一件好事,可是在封建社会里,做官的人要做到这一点是十分困难的。贤才受到重用,将影响自己的地位和前途,怀挟私心、只图私利的人,怎么可能做到无妒而进贤呢?苏子的说法,只能是一个善良的愿望。

【原文】苏子谓楚王曰[①]:"仁人之于民也,爱之以心,事之以善言。孝子之于亲也,爱之以心,事之以财。忠臣之于君也,必进贤人以辅之。今王之大臣父兄,好伤贤以为资,厚赋敛诸臣百姓,使王见疾于民,非忠臣也。大臣播王之过于百姓,多赂诸侯以王之地,是故退王之所爱,亦非忠臣也,是以国危。臣愿无听群臣之相恶也,慎大臣父兄,用民之所善,节身之嗜欲,以百姓[②]。

【注释】①苏子谓楚王:这里的苏子和楚王都是假托人物,不能指实。②以百姓:"以"下恐有缺文。

【译文】苏子对楚王说:"有仁爱的人对于百姓,总是实心实意去爱他们,用善良的言辞为他们办事。孝子对于父母,总是敬爱他们,用财物供给他们。忠臣对于君主,一定推荐贤人去辅佐他。如今大王的大臣父兄们,喜欢攻击贤人作为提高自己的资本,对百姓加重剥削,使大王受到百姓的怨恨,这可不是忠臣啊。大臣把大王的错误向百姓散播,又把大王的很多土地割给诸侯,因而排斥受到大王重视的人,这也不是忠臣,所以国家危险。我希望你不听任群臣的互相攻击,慎用大臣父兄,要用百姓喜欢的人,节制嗜欲,来亲附百姓。

【原文】"人臣莫难于无妒而进贤。为主死易,垂沙之事[①],死者以千数。为主辱易,自令尹以下,事王者以千数。至于无妒而进贤,未见一人也。故明主之察其臣也,必知其无妒而进贤也。贤臣之事其主也,亦必无妒而进贤。夫进贤之难者,贤者用且使己废,贵且使己贱,故人难之。"

【注释】①垂沙之事:指前301年,秦和齐、韩、魏共同攻楚,杀死楚将,攻占垂沙的事。垂沙,在今河南唐河西南,地当秦、楚边境。

【译文】"作为臣子,难的是不忌妒而推荐贤才。为君主牺牲并不难,垂沙之战,牺牲的有好几千。为君主忍辱也容易,从令尹以下,为大王办事的人有几千。至于能不妒忌而推荐贤才的,没有见到一人。所以明主考察他的臣下,一定要看他能否不妒忌而举荐贤才。贤臣为他的君主办事,一定要做到不妒忌而推荐贤才。推荐贤才之所以难于做到,因为贤才受重用会使自己靠边,贤才受尊崇会使自己的地位降低,所以人们难于这样做。"

(《楚策三》)

五国伐秦

【题解】

前318年,五国攻秦不利,魏、楚都想与秦媾和,以便脱身。魏派惠施入楚,通报这一想法。楚谋士杜赫向昭阳建议,最好是拒绝惠施,然后暗中与秦讲和,因为谁先迈出这一步,谁就和秦国改善了关系。杜赫的计谋,提供了处在不利情况下,如何争取主动,摆脱孤立困境的做法。

【原文】五国伐秦[1],魏欲和,使惠施之楚[2]。楚将入之秦而使行和。

【注释】①五国伐秦:事在前318年。五国,三晋与楚、燕。②惠施:宋人,时为魏相。

【译文】楚、赵、魏、韩、燕五国攻秦不利,魏国想媾和,派惠施到楚国。楚国准备把他送到秦国去讲和。

【原文】杜赫谓昭阳曰[1]:"凡为伐秦者楚也。今施以魏来,而公入之秦,是明楚之伐而信魏之和也。公不如无听惠施,而阴使人以讲德秦。"昭子曰:"善。"因谓惠施曰:"凡为攻秦者魏也,今子从楚为和,楚得其利,魏受其怨。子归,吾将使人因魏而和。"

【注释】①杜赫:楚臣,游说之士。

【译文】杜赫对昭阳说:"这次攻秦是楚国主持的。如今惠施奉魏王之命前来,你把他送到秦国,不是说明楚国主张攻秦而让秦相信魏国是主张讲和的吗。你不如不要听从惠施的安排,而暗中派人用讲和来拉拢秦国。"昭阳说:"很好。"于是对惠施说:"主持攻秦的是魏国,现在你跟在楚国后面讲和,楚国得利,魏国会遭秦怨恨。你先回去,我将派人联系,让魏国主持和议。"

【原文】惠子反,魏王不说[1]。杜赫谓昭阳曰:"魏为子先战,折兵之半,谒病不听,请和不得,魏折而入齐、秦,子何以救之?东有越累,北无晋[2],而交未定于齐、秦,是楚孤也,不如速和。"昭子曰:"善。"因令人谒和于魏。

【注释】①魏王:指魏襄王。②北无晋:此晋指魏。

【译文】惠施返国,魏襄王很不高兴。杜赫对昭阳说:"魏国为你冲在前面,兵力损失一半,告诉你处境艰难,你不加援手,求和又不成功,魏国转而倒向齐、秦,你用什么办法来挽救呢?越人在东边制造麻烦,北边失去魏国,和齐、秦的邦交也不稳定,楚将受到孤立,不如赶快讲和。"昭阳说:"好。"就派人告诉魏国,请与秦国讲和。

(《楚策三》)

赵 策

知伯帅赵、韩、魏而伐范、中行氏

【题解】

晋阳之围有三个重要人物：知伯骄傲自大而贪得无厌，赵襄子沉着冷静而善于用人，张孟谈聪明机警而老谋深算。三个人的不同性格决定了晋阳攻防战的命运，最终，知伯身死国亡，成为天下人的笑柄。赵襄子、张孟谈君臣一心，在敌强我弱的形势下，争取到韩、魏反戈一击，扭败为胜。

只要团结一致，把利害相同的各方联合起来，就能征服险滩，渡过湍流，战胜顽敌。

【原文】赵襄子召张孟谈而告之曰[①]："夫知伯之为人[②]，阳亲而阴疏，三使韩、魏而寡人弗与焉，其移兵寡人必矣。今吾安居而可？"张孟谈曰："夫董阏于[③]，简主之才臣也[④]，世治晋阳[⑤]，而尹铎循之[⑥]，其余政教犹存，君其定居晋阳。"君曰："诺。"……

【注释】①赵襄子：战国初人，晋国六卿之一，名无恤，赵鞅之子。张孟谈：赵襄子的谋臣。②知伯：名瑶，晋国六卿之一。前458年，他联合韩、赵、魏三家灭掉范氏、中行氏，其势最强。"知"或作"智"。③董阏于：春秋时人，晋卿赵鞅的家臣。④简主：即赵简子，春秋末晋国大夫，名鞅，他奠定了建立赵国的基础。⑤晋阳：今山西太原南。⑥尹铎：春秋时人，晋卿赵鞅家臣。

【译文】赵襄子召见张孟谈，对他说："知伯的为人，表面对你友好，暗中却和你保持着距离，他屡次派人和韩、魏联系，单单避开我们，看来他一定调兵攻打我们。现在我们在哪里据守为好？"张孟谈说："那董阏于是先君简主得力的臣子，世代治理晋阳，其后由尹铎继任，他们的影响至今还保留着，你就驻守在晋阳吧。"赵襄子说："就这么办。"……

【原文】三国之兵乘晋阳城，遂战。三月不能拔，因舒军而围之，决晋水而灌之[①]。围晋阳三年，城中巢居而处，悬釜而炊，财食将尽，士卒病羸。襄子谓张孟谈曰："粮食匮，财力尽，士大夫病，吾不能守矣，欲以城下，何如？"张孟谈曰："臣闻之，亡不能存，危不能安，则无为贵知士也。君释此计，勿复言也。臣请见韩、魏之君。"襄子曰："诺。"

【注释】①晋水：在晋阳附近，今名晋河，东北流入汾河。

【译文】知、韩、魏三家的军队开到晋阳城下，战斗就打响了。三个月没有攻下，他们就散开军队把城包围起来，并掘晋水淹城。晋阳被围困了三年，城中的人被逼得在高处搭棚架栖身，吊起锅煮饭，吃的和用的都快没了，士兵们精疲力尽。赵襄子对张孟谈说："眼下粮缺财尽，臣民疲敝，我守不住了，想开城投降，你看怎么样？"张孟谈说："我听说，国家将亡而不能使它保存，局势危险而不能使它安定，那就用不着重视智谋之士了。请

您放弃这个打算,别再说了。我要求去见韩、魏的君主。”襄子说:“好。”

【原文】张孟谈于是阴见韩、魏之君曰:“臣闻唇亡则齿寒,今知伯帅二国之君伐赵,赵将亡矣,亡则二君为之次矣。”二君曰:“我知其然。夫知伯为人也,粗中而少亲,我谋未遂而知,则其祸必至,为之奈何?”张孟谈曰:“谋出二君之口,入臣之耳,人莫之知也。”二君即与张孟谈阴约三军,与之期日,夜遣入晋阳。张孟谈以报襄子,襄子再拜之。

【译文】张孟谈就秘密地会见了韩、魏两国的君主,对他们说:“我听说:‘唇亡齿寒’,如今知伯率领二位伐赵,赵氏即将灭亡。赵亡就会轮到二位了啊。”他俩说:“我们知道会是这样。那知伯的为人,粗暴而狠毒,我们的计谋还未成功,如被他发觉,就会大祸临头,你看怎么办?”张孟谈说:“计谋从二位口中说出,进入我的耳里,别人是不会知道的。”他们俩就和张孟谈秘密部署好部队,约定了举事的日期,夜里把张孟谈送回晋阳城内。张孟谈把情况向赵襄子汇报,赵襄子对他拜了二次以致谢。

【原文】襄子……使张孟谈见韩、魏之君曰:“夜期杀守堤之吏,而决水灌知伯军。”知伯军救水而乱,韩、魏翼而击之,襄子将卒犯其前,大败知伯军而禽知伯。

【译文】赵襄子……派张孟谈去见韩、魏两国君主说:“就在今夜杀掉守堤的人,放水去淹知伯的军营。”知伯军队忙着去救冲来的水,乱作一团,韩、魏军队从两翼夹击,赵襄子率领大军从正面进攻,大败知伯的军队,并活捉了知伯。

(《赵策一》)

晋毕阳之孙豫让

【题解】

本章是一篇豫让的小传。

从春秋末到战国,各国的当权人物纷纷养士,以培植自己的势力。豫让先在范氏、中行氏手下办事,并未得到重用,后来转投知伯,知伯把他待为国士,最终得到了他的报答。

豫让漆身为癞,吞炭变哑,能忍人之所不能忍,表现了“士为知己者死”的决心。赵襄子的大度,也给人留下了深刻印象。

豫让在死前要求剑击赵襄子的衣服,今人看来,颇难了解其用意所在,在古代人们的心目中,则认为砍击敌人的衣服,就如同砍到了穿衣服的本人,属于交感巫术。《战国策》在下文本来还提到,襄子的衣服被砍得斑斑血迹,随即死去,因为事涉怪异,被后人删去了。

【原文】晋毕阳之孙豫让,始事范、中行氏而不说,去而就知伯,知伯宠之。及三晋分知氏,赵襄子最怨知伯,而将其头以为饮器。豫让遁逃山中曰:“嗟乎!士为知己者死,女为悦己者容,吾其报知氏矣!”乃变姓名为刑人,入宫涂厕,欲以刺襄子。襄子如厕,心动,执问涂者,则豫让也,刃其扞[1],曰:“欲为知伯报仇。”左右欲杀之,赵襄子曰:“彼义士也,吾谨避之耳。且知伯已死,无后,而其臣至为报仇,此天下之贤人也。”卒释之。

【注释】①扞：当作“圬”，泥工抹墙器。

【译文】晋国毕阳的孙子豫让，最初在范氏、中行氏手下做事，不受重视。他就转投知伯门下，知伯十分信任重用他。后来赵、魏、韩三家瓜分了知氏的土地，赵襄子最恨知伯，把他的人头做成酒杯。豫让逃到山中说：“唉！士为知己者死，女为悦己者容，我要报答知伯的知遇之恩！”，于是改名换姓，扮成做杂役的人，到赵襄子宫中粉刷厕所，想谋刺赵襄子。赵襄子去厕所时，心中感觉异常，就让人把粉刷厕所的人抓来问他是谁，原来就是豫让，他在粉刷工具上装上兵刃，说：“我想替知伯报仇。”赵襄子身边的人想杀豫让，赵襄子说：“他是义士，我只要小心避开他罢了。而且知伯已死，没有后人，他的臣子能为他报仇，这可算得上是天下的贤人啊！”于是把他释放了。

【原文】豫让又漆身为厉[①]，灭须去眉，自刑以变其容，为乞人而往乞。其妻不识曰：“状貌不似吾夫，其音何类吾夫之甚也！”又吞炭为哑，变其音。其友谓之曰：“子之道甚难而无功，谓子有志则然矣，谓子智则否。以子之才而善事襄子，襄子必近幸子，子之得近而行所欲，此甚易而功必成。”豫让乃笑而应之曰：“是为先知报后知，为故君贼新君，大乱君臣之义者，无过此矣。凡吾所谓为此者，以明君臣之义，非从易也。且夫委质而事人，而求弑之，是怀二心以事君也。吾所为难，亦将以愧天下后世人臣怀二心者。”

【注释】①厉：通“癞”，恶疮。

【译文】豫让又在身上涂漆，使其长满恶疮，剃去须眉，用自残来改变容貌，扮成乞丐去行乞。他的妻子认不出他，说：“相貌不像我的丈夫，可是声音怎么那样像我的丈夫啊！”豫让又吞炭使自己的声音嘶哑，改变了自己嗓音。他的朋友劝他说：“你所用的方法，难度大而又没有成效，说你有志向倒是不错，但你并不聪明。以你的才能，如很好地为赵襄子办事，襄子必定亲近你，你利用接近的机会去实现自己的愿望，这样既容易而又必然成功。”豫让笑着回答说：“这是替早先了解我的人去报复后来了解我的人，是替旧主子去害新主子，极大地破坏君臣间的道义，没有比这更严重的了。我之所以这样做，是为了阐明君臣间的道义，并不想挑拣容易的去做。况且投身到别人手下办事，又想着去杀他，这是怀着异心去侍奉主子啊。我所以要采取困难的方法，是要使天下后世怀着异心去侍奉主子的人感到惭愧。”

【原文】居顷之，襄子当出，豫让伏所当过桥下。襄子至桥而马惊。襄子曰：“此必豫让也。”使人问之，果豫让。于是赵襄子面数豫让曰：“子不尝事范、中行氏乎？知伯灭范、中行氏而子不为报雠，反委质事知伯。知伯已死，子独何为报雠之深也？”豫让曰：“臣事范、中行氏，范、中行氏以众人遇臣，臣故众人报之。知伯以国士遇臣[①]，臣故国士报之。”襄子乃喟然叹泣曰：“嗟乎，豫子！豫子之为知伯，名既成矣，寡人舍子亦以足矣。子自为计，寡人不舍子。”使兵环之。豫让曰：“臣闻明主不掩人之义，忠臣不爱死以成名。君前已宽舍臣，天下莫不称君之贤。今日之事，臣故伏诛，然愿请君之衣而击之，虽死不恨。非所望也，敢布腹心。”于是襄子义之，乃使使者持衣与豫让。豫让拔剑三跃，呼天击之曰：“而可以报知伯矣。”遂伏剑而死。死之日，赵国之士闻之，皆为涕泣。

【注释】①国士：一国的精英。

【译文】过了不久，到了襄子外出视察的时候，豫让埋伏在襄子必经的桥下。襄子到达桥头。马儿猛然惊叫。襄子说："这定是豫让在此。"派人前去探问，果然正是豫让。于是襄子当面责备他说："你不是也曾在范、中行氏手下办事吗？知伯灭了范、中行氏，你不替他们报仇，反而转投到知伯手下。知伯已经死去，你为什么执着地为他报仇呢？"豫让说："我在范、中行氏手下办事，范、中行氏把我作为普通人对待，所以我就用一般人的态度对待他们。知伯把我做为国士对待，所以我就用国士的行为报答他。"襄子感叹流泪说："豫让啊，你为知伯所做的事，已使你成名了，我饶恕你也算是很够了。你自己盘算一下吧，我不再放过你了。"说罢，派兵士把他团团围住。豫让说："我听说贤明的主子不埋没别人的正义行为，忠臣不惜一死来成就自己的名声。你从前已经宽容我，天下都称赞你的贤明。今天的事，我本应伏法，但我请求能用剑击打你的衣服，我纵死也没有遗憾了。我的愿望不一定能够实现，但我想坦诚地说出来。"襄子被他说的话感动了，就派人把衣服递给豫让。豫让拔剑跳跃三次，击刺衣服，说："老天作证，我可以报答知伯的知遇之恩了。"语音刚落，就举剑自杀。他死的这天，赵国的人士听说，都忍不住为他落泪。

（《赵策一》）

秦王谓公子他

【题解】

本章是叙事体，写的是秦、赵长平之战的历史背景，亦即这场战事的由来。

前263年，秦昭王出兵攻韩，一支部队攻打荥阳，切断韩军来路；一支部队穿越太行山，直插上党的心脏地区。韩王恐惧，要求献出上党郡，与秦国讲和。韩王派韩阳叫上党郡守献地，郡守不肯从命，宣称要与上党共存亡。韩阳回朝报告，韩王决定派冯亭接替郡守职务。

冯亭到任后，暗中派人告诉赵王说："韩国不能坚守上党，将把它割给秦国，上党的百姓不愿做秦民而愿归赵，我愿将上党十七县献给赵国，希望大王笑纳。"赵王大喜，准备接受。平阳君赵豹警告说："秦国粮食充足，法令严明，士气高涨，难以对抗，希望大王收回成命。"赵王不听，决定接收上党。秦王闻听大怒，便派白起等领兵攻打赵国的长平。

【原文】（秦攻韩。）冯亭守三十日[①]，阴使人请赵王曰[②]："韩不能守上党[③]，且以与秦，其民皆不欲为秦而愿为赵。今有城市之邑十七，愿拜内之于王[④]，唯王才之[⑤]。"赵王喜，召平阳君而告之曰[⑥]："韩不能守上党，且以与秦，其吏民不欲为秦而皆愿为赵。今冯亭令使者以与寡人，何如？"赵豹对曰："臣闻圣人甚祸无故之利。"王曰："人怀吾义，何谓无故乎？"对曰："秦蚕食韩氏之地，中绝不令相通，故自以为坐受上党也。且夫韩之所以内赵者，欲嫁其祸也。秦被其劳而赵受其利，虽强大不能得之于小弱，而小弱顾能得之强大乎？今王取之，可谓有故乎？且秦以牛田、水通粮，其死士皆列之于上地，令严政行，不可

与战。王其图之。”王大怒曰：“夫用百万之众，攻战逾年历岁，未得一城也。今不用兵而得城十七，何故不为？”赵豹出。

【注释】①冯亭：韩国的上党郡守。②赵王：赵孝成王，名丹，赵惠文王子，前265～前245年在位。③上党：韩郡名，在今山西沁河以东一带。④内：同“纳”。下同。⑤才：通“裁”，裁度，裁定。⑥平阳君：赵豹，赵惠文王同母弟。

【译文】（秦国攻打韩国。）冯亭防守了三十天，暗中派人对赵王说：“韩国守不住上党，将要割让给秦国，它的百姓都不想做秦民而愿做赵民，如今有十七座城邑，愿敬献给大王，请大王考虑吧。”赵王心里高兴，召见平阳君并对他说：“韩国守不住上党，将割让给秦国，它的官吏和百姓都不愿做秦民而愿做赵民。如今冯亭派使者献给我，怎么样？”赵豹回答说：“我听说圣人认为无故得利将带来大祸。”赵王说：“别人倾慕我的德义，怎么说是无故呢？”赵豹答说：“秦国蚕食韩国的土地，从中切断使它不能相通，所以自认为可以安坐而得上党。况且韩国之所以把地献给赵国，是想把祸患转嫁给赵国啊。秦国遭受劳苦，而赵国得到利益，即使是强大者都不可能从小弱者手中得到，哪里有小弱者反从强大者手中得到的可能呢？如今大王取得它，可以说是有理由吗？况且秦国用牛耕田，用水道通运粮食，它的敢死之士都得到了上等的土地，法令严格而政令贯彻，不能和它交锋。大王好好考虑吧。”赵王非常生气地说：“动用百万大军，连续几年作战，没有得到一城。如今不用兵就可得到城池十七座，为什么不这样做？”赵豹就退下了。

【原文】王召赵胜、赵禹而告之曰[①]：“韩不能守上党，今其守以与寡人，有城市之邑十七。”二人对曰：“用兵逾年，未得一城，今坐而得城，此大利也。”乃使赵胜往受地。

【注释】①赵胜、赵禹：皆赵国大臣。赵胜即平原君，为赵相，封于东武城（今山东武城西北）。

【译文】赵王召见赵胜、赵禹，对他们说：“韩国守不住上党，如今它的郡守献给我，共有十七座城邑。”二人回答说：“连年用兵，没有得到一座城，如今安坐就能得城，这可是十分有利的事啊！”于是派赵胜去接受土地。

【原文】赵胜至曰：“敝邑之王使使者臣胜，太守有诏，使臣胜谓曰：‘请以三万户之都封太守，千户封县令，诸吏皆益爵三级，民能相集者，赐家六金。’”冯亭垂涕而勉曰：“是吾处三不义也。为主守地而不能死，而以与人，不义一也；主内之秦，不顺主命，不义二也；卖主之地而食之，不义三也。”辞封而入韩，谓韩王曰：“赵闻韩不能守上党，今发兵已取之矣。”

【译文】赵胜到后宣告说：“敝国的国王有诏派使者臣胜告诉太守说：‘如今拿三万家的大城封赐给郡守，千家的城封赐给县令，一般官吏加爵三级，百姓能够相安的，每家赐给六金。’”冯亭流泪低着头说：“这样我就会处在三不义的境地啊。作为君主守地而不能牺牲。反献给旁人，这是一不义；君主把地已割给秦国，不听主子的命令，这是二不义；卖掉主子的土地而自己得到封邑，这是三不义啊。”辞去封赏而进入韩国，对韩王说：“赵国听说韩国无力防守上党，如今已发兵把它占领了。”

【原文】韩告秦曰:"赵起兵取上党。"秦王怒[1],令公孙起、王龁以兵遇赵于长平[2]。

【注释】①秦王:秦昭王。②公孙起、王龁:皆秦将。公孙起即白起,郿(今陕西眉县)人,以善于用兵著称。长平:赵邑,在今山西高平西北。

【译文】韩国告诉秦国说:"赵国已派兵攻取了上党。"秦王发怒,派白起、王龁领兵至长平和赵军对阵。

(《赵策一》)

武灵王平昼间居

【题解】

前302年,赵武灵王顺应时势,推行改革,决定在赵国实行胡服骑射。

改革前,赵国强邻环伺,形势严峻。对赵威胁最大的是近在肘腋的中山和匈奴。匈奴骑兵经常侵扰赵的边境。中山地虽不大,但也曾屡败赵兵,深入赵境。赵武灵王对此念念不忘,想通过胡服骑射来扭转被动局面。

什么是胡服骑射?胡服是把过去衣裳连体,一直拖到地面的服装,改为上穿短衣,下着分裆裤的衣服,骑射则是用跨马射箭的骑兵代替笨重迟缓的战车。

实行胡服骑射后,很快就见到成效。赵连续击败北边的林胡、楼烦,几年后就灭掉中山,兵锋所及,所向必克,这就是这场改革所带来的变化。

【原文】(赵武灵王胡服骑射以教百姓。)赵造谏曰[1]:"隐忠不竭,奸之属也。以私诬国,贼之类也。犯奸者身死,贼国者族宗。此两者,先圣之明刑,臣下之大罪也。臣虽愚,愿尽其忠,无遁其死。"王曰[2]:"竭意不讳,忠也。上无蔽言,明也。忠不辟危,明不距人,子其言乎!"

【注释】①赵造:赵臣。②王:指赵武灵王,名雍,赵肃侯之子,前325~前299年在位。

【译文】(赵武灵王以胡服骑射来教导百姓。)赵造规劝道:"藏住忠心不说,属于奸邪之类。因私心而误国,属于贼害之类。犯奸的应处死,害国的应灭族。这两种,是先王明确的刑罚,是臣子的大罪啊。我虽然愚钝,愿尽忠心,不敢逃避死罪。"武灵王说:"畅所欲言,不加避讳,这是忠臣啊。君主不阻拦臣下发表意见,这是明君啊。忠臣不避危险,明君不拒绝别人提意见,你就说吧。"

【原文】赵造曰:"臣闻之:'圣人不易民而教,知者不变俗而动。'因民而教者,不劳而成功;据俗而动者,虑径而易见也。今王易初不循俗,胡服不顾世,非所以教民而成礼也。且服奇者志淫,俗辟者乱民。是以莅国者不袭奇辟之服,中国不近蛮夷之行,所以教民而成礼者也。且循法无过,修礼无邪,臣愿王之图之。"

【译文】赵造说:"我听说:'圣人不交换百姓而进行教诲,聪明的人不改变习俗而行动。'顺着民心去教诲的,不烦劳而可获得成功;依着习俗而行动的,轻车熟路,非常方便。现在大王改变原有的做法,不按习俗办事,改穿胡服而不顾社会上的议论,这可不是教导

百姓遵守礼制啊。况且服装奇异的人，心意就放荡，习俗怪僻的地方，往往民心混乱。所以治理国家的人不穿怪僻的服装，中原地区不仿效蛮夷的不开化行为，因为这是教导人们遵守礼制啊。并且遵循原有办法，没有什么过错，奉行传统制度，不会偏离正道，我希望大王好好考虑吧。”

【原文】王曰："古今不同俗，何古之法？帝王不相袭，何礼之循？宓戏、神农教而不诛[①]，黄帝、尧、舜诛而不怒[②]。及至三王[③]，观时而制法，因事而制礼，法度制令，各顺其宜，衣服器械，各便其用。故治世不一道，便国不必法古。圣人之兴也，不相袭而王；夏、殷之衰也，不易礼而灭。然则反古未可非，而循礼未足多也。且服奇而志淫，是邹、鲁无奇行也[④]；俗辟而民易，是吴、越无俊民也[⑤]。是以圣人利身之谓服，便事之谓教，进退之谓节，衣服之制，所以齐常民，非所以论贤者也。故圣与俗流，贤与变俱。谚曰：'以书为御者，不尽于马之情；以古制今者，不达于事之变。'故循法之功不足以高世，法古之学不足以制今，子其勿反也。"

【注释】①宓戏、神农教而不诛：宓戏、神农都是传说中的圣王，据说伏羲（即宓戏）教民畜牧，神农教民耕种，不用刑罚，这就是所谓"教而不诛"。②黄帝、尧、舜诛而不怒：黄帝、尧、舜都是传说中的古帝，据说他们虽然用兵诛乱，但仍以教化为主，所以说是"诛而不怒"。③三王：指夏、商、周三代的开国圣王。④邹、鲁：古国名，均在今山东境内，是礼教最早发达的地方。⑤吴、越：古国名，在今江苏、浙江境内，据说它们的百姓"断发文身"，和中原的习俗不同。

【译文】武灵王说："古今的习俗本不相同，为什么要效法古代？历代帝王互不相袭，为什么要遵循古代的礼制？伏羲、神农时代，只教化而不用刑罚，黄帝、尧、舜时代，虽用刑罚而不愤怒。夏、商、周三代的圣王，都是观察社会现实而制定法令，法令制度都顺应潮流，衣服器械都使用方便。所以说，治理国家不一定只用一种方法，只要对国家有利就不必效法古代。圣人的兴起，不承袭前代而兴旺；夏、商的衰败，因不变更制度而灭亡。可见反对古来旧俗的，不应受到非议；而遵循旧制的人，也就不值得赞许了。如果说服装特殊就会思想放荡，那么服饰正统的邹、鲁两国，就应该没有不正的行为了；如果说风俗怪僻的地方，百姓就会变坏，那么风俗特殊的吴、越地区，就该没有杰出的人才了。所以圣人认为，凡是适合穿着的，就是好服装；凡是便于办事的，就是好规章。关于送往迎来的礼节，衣服的样式，是使百姓们整齐划一，而不是用来评论贤能的人的。所以圣人能随着风俗而变化，贤人能随社会变化而前进。谚语说：'照书上记载来驾车的人，不能通晓马的习性；用老办法来对付现代的人，不懂社会的变化。'所以遵循旧制的做法不会建立盖世的功勋，尊崇古代的理论不能治理当代，希望你不要再说反对胡服的话了吧！"

（《赵策二》）

秦、赵战于长平

【题解】

前260年，秦、赵之间爆发了长平大战。战争爆发后，赵军小有失利，赵孝成王在和战之间举棋不定。楼昌建议派特使赴秦求和，虞卿则建议拉拢楚、魏作为声援，对秦形成压力，才可在有利条件下媾和。

赵王不听虞卿之计，派亲信郑朱入秦，失去楚、魏援助，终致军败国弱，和秦国订立城下之盟。

【原文】秦、赵战于长平，赵不胜，亡一都尉[①]。赵王召楼昌与虞卿曰："军战不胜，尉复死。寡人使卷甲而趍之[②]，何如？"楼昌曰："无益也，不如发重使而为媾。"虞卿曰："夫言媾者，以为不媾者军必破，而制媾者在秦。且王之论秦也，欲破王之军乎？其不邪[③]？"王曰："秦不遗余力矣，必且破赵军。"虞卿曰："王聊听臣，发使出重宝以附楚、魏。楚、魏欲得王之重宝，必入吾使。赵使入楚、魏，秦必疑天下合从也，且必恐，如此则媾乃可为也。"

【注释】①都尉：中级军官。②趍：同"趋"。③不：同"否"。

【译文】秦、赵两国在长平大战，赵军不能取胜，死亡了一名都尉。赵王召见丞相虞卿和大臣楼昌。赵王说："现在我军不能取胜，还死了一名都尉。我想命令军队卷起铠甲袭击秦军，你们认为怎样？"楼昌说："这没有用，不如派人去和秦国讲和。"虞卿说："现在主张讲和的人，一定是认为不讲和则赵军必败，但讲和的主动权却在秦国。大王认为秦国是想打败赵军还是不想打败赵军？"赵王答道："秦国不遗余力，肯定是想打败赵军。"虞卿说："大王请听我的建议，派出使臣带着贵重的珍宝去讨好楚国、魏国。楚国、魏国要得到大王的珍宝，肯定会接待我们的使臣。赵国的使臣到了楚国、魏国，秦国肯定会怀疑天下诸侯联合抗秦，一定会害怕，只有这样，和谈才能成功。"

【原文】赵王不听，与平阳君为媾，发郑朱入秦，秦内之，赵王召虞卿曰："寡人使平阳君媾秦，秦已内郑朱矣，子以为奚如？"虞卿曰："王必不得媾，军必破矣，天下之贺战胜者皆在秦矣。郑朱，赵之贵人也，而入于秦，秦王与应侯必显重以示天下[①]。楚、魏以赵为媾，必不救王。秦知天下不救王，则媾不可得成也。"赵卒不得媾，军果大败。王人秦，秦留赵王而后许之媾。

【注释】①秦王：指秦昭王。

【译文】赵王没有采纳虞卿的建议，派平阳君主持和议，并派郑朱进入秦国，秦国接纳了郑朱。赵王召见虞卿说："我已派平阳君讲和，秦国也已接纳了郑朱，你认为结果如何！"虞卿答道："大王的和谈一定不会成功，赵军必败，天下诸侯全都会向秦国祝贺胜利。郑朱，是赵国的贵人，现在去了秦国，秦王与应侯必定会隆重接待，告知天下诸侯。楚国、魏国会认为赵国已与秦国讲和，肯定不会出兵救赵。秦王知道诸侯都不救赵，那么讲和

是不会成功的。”赵国最终没能与秦国讲和,赵军果然大败。赵王到了秦国,秦国扣留了赵王才同意讲和。

(《赵策三》)

秦围赵之邯郸

【题解】

长平之战后,秦军围攻赵都邯郸,赵国危亡迫在眉睫,向魏求救。

魏国先后派出两批人员。一是由将军晋鄙带领的部队,停留在魏、赵边境,做出援赵的姿态。一是,派将军辛垣衍进入邯郸,劝赵尊秦为帝,认为秦必喜而罢兵。

鲁仲连闻讯,面见辛垣衍,申明他宁蹈东海而死,也不愿做秦的臣民,并分析了尊秦为帝的严重后果,指出秦若为帝,将对诸侯颐指气使,特别是会“变易诸侯之大臣”,辛垣衍也将丧失其原有地位。这番话道出了辛垣衍的心病,击中了要害,辛垣衍终于表态,不敢再说帝秦的话。加上魏公子无忌率领援军到来,秦军只好撤退。李白诗说:“齐有倜傥生,鲁连特高妙。却秦振英声,后世仰末照”,热情地歌颂了鲁仲连义不帝秦的高风亮节。

【原文】秦围赵之邯郸①,……此时鲁仲连适游赵,会秦围赵。闻魏将欲令赵尊秦为帝,乃见平原君曰:“事将奈何矣?”平原君曰:“胜也何敢言事②!百万之众折于外,今又内围邯郸而不能去。魏王使将军辛垣衍令赵帝秦③。今其人在是,胜也何敢言事!”鲁连曰:“始吾以君为天下之贤公子也,吾乃今然后知君非天下之贤公子也。梁客辛垣衍安在?吾请为君责而归之。”……

【注释】①秦围赵之邯郸:事在前257年。②胜:平原君自称其名。③魏王:魏安釐王,名圉,前276年~前243年在位。辛垣衍:他国人,在魏任将军。

【译文】秦军包围了赵国的都城邯郸,……这时鲁仲连恰好到赵国游历,碰上秦军围赵。他听说魏国打算叫赵国尊秦为帝,就去见平原君道:“事情怎么样了?”平原君说:“我还能说什么呢!百万大军在外受到损失,现在秦军深入,包围邯郸而无法使他们退兵。魏王派客将军辛垣衍叫赵国尊秦为帝,现在这个人正在这里,我还能说什么呢!”鲁仲连说:“早先我把您看作是天下顶尖的贤公子,如今我才发现您不是这样的人啊。魏国客人辛垣衍在哪里?我愿为您责备他并打发他回去。”……

【原文】鲁连见辛垣衍而无言。辛垣衍曰:“吾视居此围城之中者,皆有求于平原君者也。今吾视先生之玉貌,非有求于平原君者,曷为久居此围城之中而不去也?”

【译文】鲁仲连见到辛垣衍后一言不发。辛垣衍说:“我看留在这座围城中的人,都是有求于平原君的。如今我看先生的神采,不像是有求于平原君的人,为什么老留在这座围城中而不走呢?”

【原文】鲁连曰:“……彼秦者,弃礼义而上首功之国也。权使其士,虏使其民。彼则肆然而为帝,过而遂正于天下,则连有赴东海而死矣,吾不忍为之民也!……

【译文】鲁仲连说:"……那秦国是个不讲礼义而以杀人为荣的国家。它用权术对待士人,像对待俘虏那样地役使百姓。它如果放肆地称帝,甚至进一步对天下发号施令,那么我鲁仲连只好跳东海自杀了,我是决不肯做它的子民的!……

【原文】"且秦无已而帝,则且变易诸侯之大臣。彼将夺其所谓不肖,而予其所谓贤;夺其所憎,而与其所爱。彼又将使其子女谗妾为诸侯妃姬,处梁之宫,梁王安得晏然而已乎?而将军又何以得故宠乎?"

【译文】"再说秦国的野心没有止境,一旦称帝,就将对诸侯的大臣进行变动。它将撤掉他们认为不好的人,而提拔他们认为能干的人;撤去他们所厌恶的人,任用他们所喜欢的人。还会把秦国的女子、说坏话的女人嫁给诸侯们做姬妾,住进魏王的宫里,魏王哪能安宁度日呢?而将军又怎能得到原有的宠幸呢?"

【原文】于是,辛垣衍起,再拜,谢曰:"始以先生为庸人,吾乃今日而知先生为天下之士也。吾请去,不敢复言帝秦。"

【译文】于是辛垣衍起身,拜了两拜,并赔不是说:"起初我认为先生是个平庸的人,到今天才知道先生是天下少有的高士啊。请让我告辞,今后我再不敢说尊秦为帝的话了。"

【原文】秦将闻之,为却军五十里,适会魏公子无忌夺晋鄙军以救赵击秦[①],秦军引而去。于是平原君欲封鲁仲连。鲁仲连辞让者三,终不肯受。平原君乃置酒,酒酣,起前以千金为鲁连寿。鲁连笑曰:"所贵于天下之士者,为人排患、释难、解纷乱而无所取也。即有所取者,是商贾之人也,仲连不忍为也。"遂辞平原君而去,终身不复见。

【注释】①晋鄙:魏安釐王将。

【译文】秦军将领听说此事后。为此退兵五十里。恰好正赶上魏公子无忌夺取了晋鄙指挥的军队来救赵,抗击秦军,秦军就撤退回国了。于是平原君准备封赏鲁仲连。鲁仲连再三推辞,坚决不肯接受。平原君就设宴招待他,酒正喝得高兴,平原君起身向前,奉上千金为鲁仲连祝福。鲁仲连笑着说:"我所以受到天下贤士的尊重,就在于为人排难解纷而不要任何报酬。如果有所索取,那就成为商人一样的人了,我可不愿这样做啊。"于是就告别平原君而去,从此以后再没有见过面。

(《赵策三》)

赵太后新用事

【题解】

前265年,秦军攻赵,赵向齐求救,齐要求用长安君做人质,才肯出兵。

长安君是太后的爱子,怎肯让他做人质?太后说,如有人再提此事,就要唾他的面,拒绝任何人进言。老臣触龙忠心为国,知道此事必须解决,宣称愿见太后。他用迂回战术,先从身边的生活琐事谈起,不知不觉中,打消了太后的怒气,终于说服太后,送出长安君,争取到齐国的援助。

文末所载子义的评论，对后代传记文学有深远影响。司马迁在《史记》各篇的传末，都有一段“太史公曰”作为赞语，其后历代正史的传记，也都用“史臣曰”进行评价，甚至清代蒲松龄的《聊斋志异》，也在篇末用“异史氏曰”来发挥议论，显得余韵悠扬。

【原文】赵太后新用事[1]**，秦急攻之。赵氏求救于齐。齐曰：“必以长安君为质**[2]**，兵乃出。”太后不肯，大臣强谏。太后明谓左右：“有复言令长安君为质者，老妇必唾其面。”**

【注释】①赵太后：赵孝成王母。②长安君：赵太后的幼子。长安是封号，不是地名。

【译文】赵太后刚执政，秦军就猛烈攻打赵国。赵国向齐国求救。齐国说：“定要用长安君做人质，才能发兵。”太后不同意，大臣们竭力劝说。太后向身边的人明确宣布：“有谁再说叫长安君做人质的，老婆子一定向他的脸上吐唾沫。”

【原文】左师触龙言愿见太后[1]**，太后盛气而胥之**[2]**。入而徐趋，至而自谢，曰：“老臣病足，曾不能疾走，不得见久矣。窃自恕，而恐太后玉体之有所郄也**[3]**，故愿望见太后。”太后曰：“老妇恃辇而行**[4]**。”曰：“日食饮得无衰乎？”曰：“恃粥耳。”曰：“老臣今者殊不欲食，乃自强步，日三四里，少益嗜食，和于身也。”太后曰：“老妇不能。”太后之色少解。**

【注释】①左师触龙：左师，执政官。触龙，赵臣。②胥：等待。③郄：通“隙”。此指身体不适。④辇：人拉的车。

【译文】左师触龙说他愿进见太后，太后气冲冲地等着他。才入宫时，小步移动示敬，到后致歉意，说：“老臣的脚有毛病，所以不能快走，好久没有机会见面了。我私下原谅自己，又恐怕太后的身体劳累，所以希望谒见太后。”太后说：“老婆子行动靠车。”触龙问道：“每天饮食怕会有所减少吧？”太后回答说：“靠的是稀饭而已。”触龙说：“老臣近些时候不思饮食，于是勉强步行，一天走三四里，逐渐想吃东西，使身子舒服了点。”太后说：“老婆子办不到。”太后的脸色有所缓和。

【原文】左师公曰：“老臣贱息舒祺，最少，不肖，窃爱怜之，愿令得补黑衣之数[1]**，以卫王宫，没死以闻**[2]**。”太后曰：“敬诺。年几何矣？”对曰：“十五岁矣。虽少，愿及未填沟壑而托之。”太后曰：“丈夫亦爱怜其少子乎？”对曰：“甚于妇人。”太后笑曰：“妇人异甚。”对曰：“老臣窃以为媪之爱燕后贤于长安君**[3]**。”曰：“君过矣，不若长安君之甚。”左师公曰：“父母之爱子，则为之计深远。媪之送燕后也，持其踵为之泣，念悲其远也，亦哀之矣。已行，非弗思也，祭祀必祝之，祝曰：‘必勿使反。’岂非计久长，有子孙相继为王也哉！”太后曰：“然。”**

【注释】①黑衣：卫士穿的衣服，此借指侍卫。②没死：冒死罪。③媪：对老年妇女的敬称。燕后：赵太后女，因嫁给燕王，故称燕后。

【译文】左师公说：“老臣的犬子舒祺，年纪最小，没有本领，而今我老了，心里很喜欢他，希望能让他补进黑衣侍卫的队伍里，保卫王宫，我冒着死罪提出这个请求。”太后说：“非常同意。有多大年纪了？”触龙回答：“十五岁了。虽说年幼，希望在我死前能把他托付给人。”太后说：“男人们也喜爱自己的小儿子吗？”触龙回答说：“超过女人家。”太后笑道：“女人家爱小儿子可是特别厉害啊！”触龙答说：“老臣私下里认为您老人家爱燕后超

过了长安君。"太后说："您错了，比起爱长安君差得远。"左师公说："父母疼爱子女，为他们考虑得很深远。您老人家送燕后出嫁，临别登车，握住她的足跟哭泣，悲伤她的远去，也是感到伤心啊。她走后，不是不思念她，祭祀必为她祝福，祝告道：'一定别让她回来。'难道不是考虑长远，希望她的子孙世代继承王位吗？"太后说："是的。"

【原文】左师公曰："今三世以前，至于赵之为赵，赵主之子孙侯者，其继有在者乎？"曰："无有。"曰："微独赵，诸侯有在者乎？"曰："老妇不闻也。""此其近者祸及身，远者及其子孙。岂人主之子侯则必不善哉？位尊而无功，奉厚而无劳，而挟重器多也。今媪尊长安君之位，而封之以膏腴之地，多予之重器，而不及今令有功于国，一旦山陵崩[①]，长安君何以自托于赵？老臣以媪为长安君计短也，故以为其爱不若燕后。"太后曰："诺。恣君之所使之。"于是为长安君约车百乘质于齐，齐兵乃出。

【注释】①山陵崩：国君或王后之死的讳称。

【译文】左师公说："从现在上推到三代以前，直到赵建国时，赵君的子孙做侯的，他的后嗣还有存在的吗？"太后答说："没有。"左师公又问："不单是赵国，其他诸侯情况相同还有存在的吗？"太后答说："老婆子没有听说过。"触龙说："这些人近的本身遭祸，远的子孙遭祸。难道君主的儿子做侯的就一定不好吗？因为他们地位高而并未建功，俸禄多而并无劳绩，并占有许多宝物啊。如今您老人家提高长安君的地位，把肥沃的地方封给他，给他很多宝物，不趁现在让他为国立功，一旦您不幸逝世，长安君怎么在赵国立足呢？老臣认为您老人家为长安君考虑得少，所以说您爱他比不上爱燕后。"太后说："说的是。听凭你安排他吧。"于是替长安君准备了一百辆车子，让他到齐国做人质，齐国这才发兵。

【原文】子义闻之曰[①]："人主之子也，骨肉之亲也，犹不能恃无功之尊，无劳之奉，而守金玉之重也，而况人臣乎！"

【注释】①子义：赵国的贤人。

【译文】子义听说这件事后说道："国君的儿子，是国君的亲骨肉啊，尚且不能依靠无功而得来高位，无劳而得来俸禄，坐拥金玉等贵重财物，何况是做臣子的呢？"

（《赵策四》）

魏 策

文侯与虞人期猎

【题解】

战国初年,由于魏文侯具有卓越的政治才能,在国内完成了一系列改革,使魏国首先强大起来,韩、赵、齐等国都接受了魏国的领导,声名显赫,超过了春秋五霸之首的齐桓公。

魏文侯能够取得巨大的成功,有多方面的原因,本文所载,他和虞人约定狩猎日期后,顶风冒雨,如期前往,从一个侧面反映他能严格遵守信用,勇于承担责任,说话算话,博得国内人民的信任,也树立了他的国际声望,国内国外,对他都心悦诚服。文末所说的"魏于是乎始强",正是一句画龙点睛之笔。

【原文】文侯与虞人期猎[1]。是日饮酒乐,天雨。文侯将出,左右曰:"今日饮酒乐,天又雨,公将焉之?"文侯曰:"吾与虞人期猎,虽乐,岂可不一会期哉!"乃往,身自罢之。魏于是乎始强。

【注释】①虞人:管理山泽的小官。

【译文】魏文侯和虞人约定日期打猎。到了这天,喝酒兴致很高,天下着雨。文侯将要出行,身边的人说:"今天酒喝得高兴,天又下雨,您准备到哪里去呢?"文侯说:"我和虞人约定了打猎的日期,虽然高兴,怎能不如期相会呢!"于是动身前往,亲自告诉他因雨停止打猎的事。魏国于是逐渐强大起来。

(《魏策一》)

魏武侯与诸大夫浮于西河

【题解】

吴起是战国时期杰出的英雄人物,他不仅是卓越的军事家,也是一个优秀的政治家。魏武侯派他镇守西河,防守坚不可摧,挡住了秦军东进的道路。

本章写他和魏武侯的一段谈话,充分表现了他的政治眼光。魏武侯认为凭借河山之险,就可以高枕无忧,这个观点本来是错误的,大夫王错却随声附和,企图博得魏武侯的欢心。吴起尖锐指出,河山之险并不足恃,桀、纣都因恃险而亡国,归根到底,政治的好坏才是起决定作用的因素,一席话说得魏武侯连连点头称是。

不幸的是,吴起从此与王错结下仇怨,王错成天说吴起的坏话,终于把吴起挤走。木

秀于林,风必摧之。吴起流着眼泪离开魏国,魏国的地位从此不断下滑,直至丧失霸主地位。

【原文】魏武侯与诸大夫浮于西河[①],称曰:"河山之险,岂不亦信固哉!"王错侍坐[②],曰:"此晋国之所以强也[③]。若善修之,则霸王之业具矣。"吴起对曰[④]:"吾君之言,危国之道也;而子又附之,是重危也。"武侯忿然曰:"子之言有说乎?"

【注释】①魏武侯:名击,魏文侯之子,前395年~前370年在位。西河:黄河流经魏国西部由北向南的一段。下文的"西河"是郡名,指今陕西东部黄河西岸地区。②王错:魏臣。③晋国:指魏国。④吴起:卫国人,战国时著名军事家和政治家,时仕魏。

【译文】魏武侯和诸位大夫在西河乘船而下,他赞叹道:"河山如此险要,难道不真是坚不可摧吗?"王错陪坐在旁边,说:"这就是魏国所以强大的的原因啊。如果好好地治理它,成就霸之王业的条件就具备了。"吴起接着说:"我们国君的话,把国家引向了危险的路,而你又附和他,这就更危险了。"武侯生气地说:"您这样说有什么理由吗?"

【原文】吴起对曰:"河山之险,不足保也;伯王之业,不从此也。昔者三苗之居[①],左彭蠡之波[②],右有洞庭之水[③],文山在其北[④],而衡山在其南[⑤]。恃此险也,为政不善,而禹放逐之[⑥]。夫夏桀之国[⑦],左天门之阴[⑧],而右天谿之阳[⑨],庐、睪在其北[⑩],伊、洛出其南[⑪]。有此险也,然为政不善,而汤伐之[⑫]。殷纣之国[⑬],左孟门而右漳、釜[⑭],前带河,后被山。有此险也,然为政不善,而武王伐之[⑮]。且君亲从臣而胜降城,城非不高也,人民非不众也,然而可得并者,政恶故也。从是观之,地形险阻,奚足以霸王矣!"

【注释】①三苗:古族名。②彭蠡:古泽名,即今江西鄱阳湖。③洞庭:湖名,在今湖南北部。④文山:即岷山,在今四川松潘北,绵延于川、甘二省边境。⑤衡山:古称南岳,在今湖南衡山西北。⑥禹:夏后氏部落联盟领袖。⑦夏桀:夏代的末代君主。⑧天门:即天井关,在今山西晋城南。⑨天谿:指黄河和济水。⑩庐、睪:山名,在今山西太原、交城一带。睪,通"皋"。⑪伊、洛:二水名,均在今河南境内。⑫汤:商朝的开国君主。⑬殷纣:商朝的末代君主。⑭孟门:太行山的隘口,在今河南修武北。漳、釜:二水名。漳水在今河南、河北二省分界处。釜,当作"滏",即今河北南部的滏阳河。⑮武王:指周武王,姬姓,名发,西周的开国君主。

【译文】吴起回答说:"河山形势的险要,不能确保国家的安全;称霸称王的大业,也不是从这里产生的。从前三苗部落居住的地方,左边有彭蠡泽,右边有洞庭湖,文山在他们的北面,衡山在他们的南面。凭着这些险要,而政治不好,大禹就放逐了他们。那夏桀的国都,左有天门险关,右有黄河、济水,庐、睪二山在北,伊、洛二水在南。有这样险要的地势,但政治不好,商汤王就讨伐他。殷纣的都城,左有孟门山,右有漳、滏二水,它前临河,后靠山。尽管有这样险要的形势,但因政治腐败,所以周武王就攻灭了它。再说,您曾亲自和我一道迫使敌方的城邑投降,他们的城墙不是不高,百姓不是不多,但仍然可以加以吞并,就是因为他们政治糟糕啊。这样看来,地形险要怎么就能说足以称霸称王呢?"

【原文】武侯曰:"善。吾乃今日闻圣人之言也!西河之政,专委之子矣。"

【译文】魏武侯说："说得好。我今天才算是听到了圣人的言论啊。西河郡的政务，就都交给你了。"

（《魏策一》）

魏公叔痤为魏将

【题解】

本章写公叔痤在取得浍北之战的胜利以后，能冷静地分析获胜的各种原因，正确地看到吴起馀教和巴宁、爨襄对克敌制胜所起的作用，不居功自傲，不把一切功劳都挂到自己的账上，表现了谦虚自处的政治风范。他的这种态度，加强了魏国的内部团结。由于他在战胜强敌之后，又能"不遗贤者之后，不掩能士之迹"，因而受到了魏王的重赏。

【原文】魏公叔痤为魏将，而与韩、赵战浍北[①]，禽乐祚[②]。魏王说[③]，迎郊，以赏田百万禄之。公叔痤反走，再拜辞曰："夫使士卒不崩，直而不倚，挠拣而不辟者[④]，此吴起馀教也，臣不能为也。前脉地形之险阻，决利害之备，使三军之士不迷惑者，巴宁、爨襄之力也[⑤]。县赏罚于前，使民昭然信之于后者，王之明法也。见敌之可也鼓之，不敢怠倦者，臣也。王特为臣之右手不倦赏臣，何也？若以臣之有功，臣何力之有乎！"王曰："善。"于是索吴起之后，赐之田二十万，巴宁、爨襄田各十万。

【注释】①浍：水名，源出今山西翼城东南浍山下，西南流入汾河。②禽：同"擒"。乐祚：赵将。③魏王：魏惠王。④拣：当删。辟：躲避。⑤巴宁、爨襄：均是魏将。

【译文】魏国的公叔痤担任将领，和韩、赵两国在浍北展开大战，俘虏了赵将乐祚。魏王十分高兴，到郊外去迎接公叔痤，赏赐公叔痤百万田地作为俸禄。公叔痤转身就走，再三推辞说："让士兵不溃散，勇往直前，百折不挠的，是受吴起从前的教导，我是做不到这些的。事前就去观察复杂险要的地势，使将士们不被迷惑的，这是巴宁、爨襄的功劳。制定赏罚制度于前，使人民明白遵守于后，这是君王的法度明确。看见敌人可以攻打，就击鼓进军而不敢懈怠的，这是我的责任。大王只为我不敢懈怠的手就赏赐我，这是为什么呢？如果认为我有功劳，我又有什么功劳呢？"魏王说："好。"魏王于是派人寻访到了吴起的后人，赏赐他田地二十万，还赏赐巴宁和爨襄田地十万。

【原文】王曰："公叔岂非长者哉！既为寡人胜强敌矣，又不遗贤者之后，不掩能士之迹，公叔何可无益乎！"故又与田四十万，加之百万之上，使百四十万。故《老子》曰："圣人无积，既以为人，己愈有；既以与人，己愈多。"公叔当之矣。

【译文】魏王说："公叔痤难道不是德高望重的人吗？他既为我打败了强敌，又没有遗忘贤人的后代，不埋没能人的功绩，公叔痤怎么能不得到赏赐呢！"魏王因此又赐公叔痤田地四十万，加上以前赐的一百万，共有一百四十万。《老子》曾说："圣人不积蓄，全力帮助他人，自己得的也就会越多；尽量给予别人的，自己也会更充分拥有。"公叔痤应该就是这样的人啊！

（《魏策一》）

魏公叔痤病

【题解】

魏国是战国初年最强的国家，到了魏惠王时，开始走下坡路，国势由盛转衰。魏惠王的失败，有多种因素，不用人才，排斥人才，逼使人才出走，是其中的重要因素。在遭受严重挫败之后，惠王说："恨不用公叔痤之言"，他是后悔没有任用公孙鞅，还是后悔没有杀掉公孙鞅呢？这可是费人猜想的悬念。

人才是国家的宝贵资源，魏惠王昏头昏脑，不辨黑白，放弃了公叔痤向他推荐的贤才公孙鞅，终于为此付出了丧师失地的惨痛代价。

【原文】**魏公叔痤病[1]，惠王往问之[2]，曰："公叔病，即不可讳，将奈社稷何？"公叔痤对曰："痤有御庶子公孙鞅[3]，愿王以国事听之也；为弗能听，勿使出竟[4]。"王弗应，出而谓左右曰："岂不悲哉！以公叔之贤，而谓寡人必以国事听鞅，不亦悖乎！"**

【注释】①公叔痤：魏相。②惠王：即梁惠王，战国时魏国国君，名罃，魏武侯子，前369～前319年在位。③公孙鞅：卫人，即商鞅，后入秦佐秦孝公变法。④竟：同"境"。

【译文】魏相公叔痤病重，惠王前去探视他，问道："公叔病重，如不幸去世，国家怎么办？"公叔痤回答说："我有御庶子公孙鞅，希望大王把国事交给他处理；如果办不到，不要让他走出国境。"惠王没有说话，出去之后告诉身边的人说："真可悲啊！以公叔的贤能，而叫我把国政交给公孙鞅支配，岂不是昏聩吗！"

【原文】**公叔痤死，公孙鞅闻之，已葬，西之秦，孝公受而用之[1]。秦果日以强，魏日以削。此非公叔之悖也，惠王之悖也。悖者之患，固以不悖者为悖。**

【注释】①孝公：即秦孝公，战国时秦国国君，名渠梁，前361～前338年在位。

【译文】公叔痤去世了，公孙鞅听到这个消息，在下葬后，就向西去到秦国。秦孝公接纳并重用他。秦国果然一天天强大，魏国一天天削弱。这不是公叔昏聩，而是惠王昏聩啊！脑子昏聩的人的毛病，会把不昏聩的人说成是昏聩的。

（《魏策一》）

齐、魏战于马陵

【题解】

马陵之战，魏国惨败，折损十万人马，太子被杀。魏惠王恼羞成怒，想动员倾国之师，和齐国奋力一搏。幸亏惠施沉着冷静，面对巨大挫折，仍能保持头脑清醒，他对惠王提出了两点建议，一是放下架子，屈尊朝齐。二是和齐君互尊为王。尽管他向来主张废除尊号，这时也不再坚持，先度过目前难关再说。齐君原来称侯，他并不安于现状，他的想法是，远则效法黄帝，支配天下；近则继承齐桓、晋文，领导诸侯。魏国愿和他一起称王，当

然正中下怀,于是欣然同意。楚王闻听大怒,亲自领兵伐齐,在徐州城下大败齐军。惠施的建议,使魏国摆脱了困境,借用楚国的力量报了魏国的大仇。

【原文】齐、魏战于马陵[1],齐大胜魏,杀太子申,覆十万之军。魏王召惠施而告之曰[2]:"夫齐,寡人之仇也,怨之至死不忘,国虽小,吾常欲悉起兵而攻之,何如?"对曰:"不可。臣闻之,王者得度,而霸者知计。今王所以告臣者,疏于度而远于计。王固先属怨于赵,而后与齐战。今战不胜,国无守战之备,王又欲悉起而攻齐,此非臣之所谓也。王若欲报齐乎,则不如因变服折节而朝齐,楚王必怒矣[3]。王游人而合其斗,则楚必伐齐,以休楚而伐罢齐[4],则必为楚禽矣。是王以楚毁齐也。"魏王曰:"善。"乃使人报于齐,愿臣畜而朝。田婴许诺。

【注释】①马陵:今河北大名东南。②魏王:指魏惠王。惠施:魏相。③楚王:指楚威王。④罢:使疲惫。

【译文】齐、魏两国在马陵交战,齐国击溃魏国,杀掉魏太子申,歼灭了魏的十万大军。魏惠王召见惠施,对他说:"齐国是我的死对头,我对它的怨恨,到死都不会忘记,魏国虽小,我想动员所有兵力去攻打齐国,你看怎么样呢?"惠施回答说:"不可以。我听说,王者度量宽宏而霸者懂得计谋。如今大王告诉我的话,度量狭小而计谋不当。大王本来先和赵国结怨,然后和齐国交战。如今战事失利,国家没有守战的准备,大王又打算全力攻齐,这不是我所说的王霸风范啊。大王如果想报复齐国,就不如脱下王服,卑躬屈节去朝见齐国,楚王定会生气。大王派人游说,促使他们互相争斗,楚国必将攻打齐国,以休闲的楚国去攻打疲劳的齐国,齐定会被楚击溃,这就是大王用楚国去毁掉齐国啊!"魏王说:"好。"就派人向齐国通报,愿称臣朝见齐国。田婴答应了。

【原文】张丑曰[1]:"不可。战不胜魏,而得朝礼,与魏和而下楚,此可以大胜也。今战胜魏,覆十万之军而禽太子申,臣万乘之魏而卑秦、楚,此其暴戾定矣。且楚王之为人也,好用兵而甚务名,终为齐患者,必楚也。"田婴不听,遂内魏王[2],而与之并朝齐侯再三[3]。

【注释】①张丑:齐臣。②内:同"纳"。③齐侯:指齐威王。

【译文】张丑说:"不可以。如果对魏作战没有获胜,互相朝见,与魏讲和而共同攻楚,这可以取得大胜啊。如今打败了魏国,歼灭了它十万大军,擒杀了太子申,使魏国称臣而鄙视秦、楚,齐君定然行为暴戾。并且楚王的为人,喜欢用兵而很想出名,最终成为齐国祸患的,定是楚国啊。"田婴没有听从,就接纳魏王和他一起多次朝见齐侯。

【原文】赵氏丑之。楚王怒,自将而伐齐,赵应之,大败齐于徐州[1]。

【注释】①徐州:今山东滕县东南。

【译文】赵国感到羞辱。楚王生气,亲自领兵攻齐,赵国响应它,在徐州大败齐军。

(《魏策二》)

信陵君杀晋鄙

【题解】

做出一点贡献,有了一点成绩,这只是事业的起点,决不能成为骄傲的资本。谦逊是一种美德,能使人保持头脑清醒。功成而不居,更能赢得别人的尊重。骄傲自满,沾沾自喜,常使人脑子发热,自以为是,往往埋下失败的祸根。有的人一生兢兢业业,做出许多贡献,可到了晚年,志得意满,躺在功劳簿上睡大觉,有时因为一念之差,犯下严重错误,不能保持晚节,令人惋惜,这都是骄傲所致。

"满招损,谦受益",这是我国古代有益的格言,值得我们牢牢记取。唐雎所说,就是这个意思。

【原文】信陵君杀晋鄙[①],救邯郸,破秦人,存赵国,赵王自郊迎[②]。

【注释】①信陵君杀晋鄙:前257年,信陵君通过魏王的爱妃如姬窃得虏符,杀掉将军晋鄙,选兵八万,在邯郸城下大破秦军。②赵王:赵孝成王。

【译文】信陵君杀掉晋鄙,挽救了邯郸,击破秦军,保全了赵国,赵王亲自到郊外迎接他。

【原文】唐雎谓信陵君曰[①]:"臣闻之曰,事有不可知者,有不可不知者;有不可忘者,有不可不忘者。"信陵君曰:"何谓也?"对曰:"人之憎我也,不可不知也;吾憎人也,不可得而知也。人之有德于我也,不可忘也;吾有德于人也,不可不忘也。今君杀晋鄙,救邯郸,破秦人,存赵国,此大德也。今赵王自郊迎,卒然见赵王[②],臣愿君之忘之也。"信陵君曰:"无忌谨受教。"

【注释】①唐雎:魏人。②卒然:同"猝然"。

【译文】唐雎对信陵君说:"我听人说,事情有不能知道的,有不能不知道的;有不能忘记的,有不能不忘记的。"信陵君说:"这话怎么说呢?"唐雎回答说:"别人憎恨我,不可不知道;我憎恨别人,是不可能知道的。别人对我有恩惠,不应忘记;我对别人有恩惠,不可以不忘记啊。如今您杀掉晋鄙,挽救了邯郸,击破秦军,保全了赵国,这是很大的恩惠啊。如今赵王亲自到郊外迎接,忽然见到赵王,我希望您忘记所施的恩惠啊。"信陵君说:"我恭敬地接受您的教诲。"

(《魏策四》)

韩 策

秦、韩战于浊泽

【题解】

前314年,秦、韩爆发了浊泽之战,韩国失利。韩相公仲朋提出了倒向秦国,转而和秦联合伐楚的意见,说这样可以把祸患转嫁给楚国。

楚国谋臣陈轸要楚王做出救韩的姿态,让韩国高兴,感激楚国,以避免秦、韩的攻打。公仲也不是容易欺骗的,他看透了陈轸的用心,说如果不派人使秦而去相信陈轸的话,定会后悔。韩王不听公仲忠告,果然遭遇岸门大败,陈轸则在一旁暗自发笑。

公仲和陈轸双雄斗智,韩王把胜利送给陈轸,公仲只好徒唤奈何。

【原文】秦、韩战于浊泽[1],韩氏急。公仲朋谓韩王曰[2]:"与国不可恃,今秦之心欲伐楚,王不如因张仪为和于秦,赂之以一名都,与之伐楚,以此一易二之计也。"韩王曰:"善。"乃儆公仲之行,将西讲于秦。

【注释】①浊泽:韩地,在今河南长葛西与禹县西北交界处。②韩王:韩宣惠王。

【译文】秦、韩两国在浊泽大战,韩军处境危急。公仲朋对韩王说:"盟国是不能依靠的,现在秦国想的是攻打楚国,大王不如通过张仪与秦国讲和,送上一座大城,让秦国去攻打楚国,这是一石二鸟之计。"韩王说:"好。"于是为公仲朋准备好一切,派他到秦国去谈判。

【原文】楚王闻之[1],大恐,召陈轸而告之。陈轸曰:"秦之欲伐我久矣,今又得韩之名都一而具甲,秦、韩并兵南乡[2],此秦所以庙祠而求也。今已得之矣,楚国必伐矣。王听臣,为之儆四境之内选师,言救韩,令战车满道路。发信臣,多其车,重其币,使信王之救己也。韩为不能听我,韩必德王也,必不为雁行以来[3]。是秦、韩不和,兵虽至楚,国不大病矣。为能听我,绝和于秦,秦必大怒,以厚怨于韩。韩得楚救,必轻秦;轻秦,其应秦必不敬。是我困秦、韩之兵,而免楚国之患也。"

【注释】①楚王:楚怀王。②乡:通"向"。③雁行:跟随。

【译文】楚王听说,大为恐慌,急忙召见陈轸把这件事告诉他。陈轸说:"秦国一直想攻打楚国,现在又得到韩国的一座大城,并准备好了军队,秦、韩起兵南进,这是秦国多次祈求神灵所想的事,现在终于实现,楚国肯定会遭到攻打。大王听我一言,在全国调集军队,对外宣称准备出兵救韩,让战车塞满道路。同时派出使者,多备车辆,带上重礼,让韩相信楚国会救它。韩国就算不相信楚国,也将会感谢大王,定不会与秦国一起攻楚。这

样，秦国、韩国不能团结一致，就算攻打楚国，楚国也不会有太大的危险。如果韩国相信楚国，不和秦国联合，秦国必定会大怒，深恨韩国。韩国得到楚国的援救，就会看轻秦国，这样对秦国的要求也不会言听计从。这样楚国就能阻挡秦、韩的军队，而免除楚国的祸患了。”

【原文】楚王大说，乃儆四境之内选师，言救韩，发信臣，多其车，重其币，谓韩王曰：“弊邑虽小，已悉起之矣。愿大国遂肆意于秦，弊邑将以楚殉韩。”

【译文】楚王十分高兴，于是下令在全国调集军队，声称要援救韩国；派出使者，带上车辆和重礼，对韩王说：“我国虽小，已经调动全国之兵来援。希望贵国下决心抵抗秦国，楚国将与韩国共存亡。”

【原文】韩王大说，乃止公仲。公仲曰：“不可。夫以实困我者，秦也；以虚名救我者，楚也。恃楚之虚名，轻绝强秦之敌，必为天下笑矣。且楚、韩非兄弟之国也，又非素约而谋伐秦也。秦欲伐楚，楚因以起师言救韩，此必陈轸之谋也。且王以使人报于秦矣，今弗行，是欺秦也。夫轻强秦之祸，而信楚之谋臣，王必悔之矣。”

【译文】韩王大为高兴，让公仲朋停止出发。公仲朋说：“不能这样。以战争之实陷我们于困苦窘迫之地的是秦，用诺言假说来援救我们的是楚。相信楚国的谎言而轻易地与强秦为敌，必定会让天下耻笑。况且，楚、韩又不是友好国家，没有共同攻打秦国的约定。秦国想要攻打楚国，所以楚国声言起兵救韩，这一定是陈轸的计策。而且大王已派人通知秦王要去和谈，现在又反悔，就是欺骗秦国。轻视强秦的威胁而听信楚王的谋臣，大王是一定会后悔啊！”

【原文】韩王弗听。遂绝和于秦。秦果大怒，兴师与韩氏战于岸门①，楚救不至，韩氏大败。

【注释】①岸门：在今河南长葛北。

【译文】韩王没有听从公仲朋的意见，和秦国断交。秦国大怒，兴兵与韩军在岸门大战，楚国援军并没有到达，韩军大败。

【原文】韩氏之兵非削弱也，民非蒙愚也，兵为秦禽，智为楚笑，过听于陈轸，失计于韩也。

【译文】韩国的军队并没有削弱，韩国的人民也并不愚昧，韩军被秦军打败，行动被楚国耻笑的原因，是由于误听陈轸的诳言而没有采纳公仲朋的正确主张啊。

（《韩策一》）

史疾为韩使楚

【题解】

战国时期，各国竞相实行变革，以求富国强兵。北方各国的改革比较顺利，在楚国则

受到守旧势力的严重阻碍，中途而废。

吴起在楚国实行变法，曾取得南平百越，北并陈、蔡的效果。后来吴起被贵戚杀害，楚国改革的成果随风而逝，国内形势大变，盗贼公行，名实混淆，史疾所言，说明楚国的局势着实让人担忧。

楚国尽管地半天下，但在和秦斗争中，连遭挫败，终致丧失抵抗能力，一再迁都，逃跑了又逃跑，这和楚国高层人物不懂得“正可以治国”是分不开的。

【原文】史疾为韩使楚[①]，楚王问曰[②]：“客何方所循？”曰：“治列子圉寇之言[③]。”曰：“何贵？”曰：“贵正。”王曰：“正亦可为国乎？”曰：“可。”王曰：“楚国多盗，正可以圉盗乎[④]？”曰：“可。”曰：“以正圉盗，奈何？”顷间有鹊止于屋上者，曰：“请问楚人谓此鸟何？”王曰：“谓之鹊。”曰：“谓之乌，可乎？”曰：“不可。”曰：“今王之国有柱国、令尹、司马、典令[⑤]，其任官置吏，必曰廉洁胜任。今盗贼公行而弗能禁也，此乌不为乌，鹊不为鹊也。”

【注释】①史疾：韩臣。②楚王：不详何王。③列子圉寇：即列御寇，又称列子，战国时郑国学者。④圉：防御，禁止。⑤司马：主管军事。典令：主管发布政令。

【译文】史疾替韩国出使楚国，楚王问道：“先生研究何种学问？”史疾回答说：“钻研列子圉寇的学说。”楚王又问：“看重什么？”史疾回答：“看重正。”楚王说：“正也可用来治国吗？”史疾回答说：“可以。”楚王说：“楚国的盗贼多，正可以御盗吗？”史痴回答说：“可以。”楚王问：“以正御盗，如何实施？”不久，有只鹊停在了屋上，史疾问：“请问楚国把这种鸟称为什么？”楚王说：“叫它鹊。”史疾问：“称为乌鸦可以吗？”赵王回答说：“不可以。”史疾说：“如今大王的国内有柱国、令尹、司马、典令等官，在任用官员时，定要叫他们廉洁胜任。如今盗贼横行而不能禁止，这就是乌不成乌，鹊不成鹊啊。”

（《韩策二》）

段干越人谓新城君

【题解】

祸患的发生，不会突然而来，总有一个由小到大的积累过程。有远见的人，善于发现苗头，防微杜渐，不让它发展到不可收拾，段干越人和造父弟子都是这样的人。

对于个人来说，有了小的错误就要及时纠正，迷途知返。大风起于萍末，细流汇成江河，小小问题，哪怕对事情的影响只有万分之一，也不可以忽视。“不因善小而不为，不因恶小而为之”，不要忘记这两句有益的教诲。

【原文】段干越人谓新城君曰[①]：“王良之弟子驾[②]，云取千里，遇造父之弟子[③]。造父之弟子曰：‘马不千里。’王良弟子曰：‘马[④]，千里之马也；服[⑤]，千里之服也。而不能取千里，何也？’曰：‘子纆牵长[⑥]。’故纆牵于事，万分之一也，而难千里之行。今臣虽不肖，于秦亦万分之一也，而相国见臣不释塞者，是纆牵长也。”

【注释】①段干越人：魏国人。段干，复姓。越人，名。新城君：芈戎，秦相。②王良：

赵简子的驾车者,善驾车马。③造父:周穆王的驾车者,也以善驾车马闻名。④马:古代以四马驾车,两边是骖马,当中夹辕的是服马,此"马"当指"骖"。⑤服:指服马。⑥缧牵:马缰绳。

【译文】段干越人对新城君说:"王良的弟子把马套好,说是要行千里,遇到了造父的弟子。造父的弟子说:'马行不了千里。'王良的弟子说:'这马是千里马,服马也是千里马,你却说行不了千里,这是为什么?'造父的弟子回答说:'你牵马的绳索过长。'牵马索对于这事来说,只占万分之一,却影响到千里马的行程。如今我虽然不才,对秦国也算是万分之一吧,可是相国您却不为我排除障碍,这就等于是驾马时牵马的绳索过长啊!"

(《韩策三》)

燕　策

人有恶苏秦于燕王者

【题解】

前307年,齐攻占燕国十城。这时苏秦来到,为燕使齐,说服齐闵王归还十城,初试锋芒,为燕国立了大功。

苏秦的成功,招来了燕臣的嫉妒,他们语快如风,白沫四溅,躲在阴暗的角落里施放冷箭,中伤苏秦,因而苏秦在返燕时受到冷遇。苏秦以忠心而遭受笞打的侍妾为例,希望燕王能详察内情,不使自己含冤负屈。

孝廉信都是儒家充分肯定的美德,苏秦却对之提出异议,认为这些品德都偏于自我修养,而不是进取之道,可见作为纵横家的代表人物,他思想是开放和进取的。

【原文】人有恶苏秦于燕王者曰:"武安君[①],天下不信人也。王以万乘下之,尊之于廷,示天下与小人群也。"

【注释】①武安君:苏秦在燕国的封号。

【译文】有人在燕昭王面前诡毁苏秦说:"武安君苏秦是天下最不讲信用的人。大王以万乘大国君主的身份,屈尊礼待他,在朝廷上敬重他,这是向天下表示与小人为伍啊。"

【原文】武安君从齐来,而燕王不馆也。谓燕王曰:"臣东周之鄙人也,见足下身无咫尺之功,而足下迎臣于郊,显臣于廷。今臣为足下使,利得十城,功存危燕,足下不听臣者,人必有言臣不信,伤臣于王者。臣之不信,是足下之福也。使臣信如尾生,廉如伯夷,孝如曾参,三者天下之高行,而以事足下可乎?"燕王曰:"可。"曰:"有此,臣亦不事足下矣。"

【译文】武安君从齐国返回,燕王不再任用他。他对燕王说:"我是东周的郊野小民,

前来见你，身无微功，您亲身到郊外迎接我，让我在朝廷上占据显要位置。如今我为您出使齐国，得到十城的利益，有保存危燕的功劳，您却不相信我，一定有人说我不讲信用，在大王面前中伤我。我不守信用，是您的福分。如果我像尾生那样守信，像伯夷那样廉洁，像曾参那样尽孝，有这三种天下最可贵的德行，来为你办事，可以吗？"燕王说："可以。"苏秦说："有这样的臣子，也不会来侍奉你了。"

【原文】苏秦曰："且夫孝如曾参，义不离亲一夕宿于外，足下安得使之之齐？廉如伯夷，不取素餐①，污武王之义而不臣，焉辞孤竹之君②，饿而死于首阳之山③。廉如此者，何肯步行千里，而事弱燕之危主乎？信如尾生，期而不来，抱梁柱而死。信至如此，何肯扬燕、秦之威于齐而取大功乎哉？且夫信行者，所以自为也，非所以为人也，皆自覆之术④，非进取之道也。且夫三王代兴，五霸迭盛，皆不自覆也。君以自覆为可乎？则齐不益于营丘⑤，足下不逾楚境⑥，不窥于边城之外，且臣有老母于周，离老母而事足下，去自覆之术，而谋进取之道，臣之趣固不与足下合者。足下皆自覆之君也，仆者进取之臣也，所谓以忠信得罪于君者也。"

【注释】①素餐：无功而食。②孤竹：古国名，在今河北卢龙县南。③首阳之山：首阳山，在今河南偃师西北。④自覆：自满。⑤营丘：即临淄，齐国早期都城，在今山东临淄东北。⑥足下不逾楚境：当作"楚境不逾沮、漳"。沮、漳二水在湖北汉水之西，合流后，在江陵西流入长江。

【译文】苏秦接着又说："况且像曾参那样的孝子，他的行为准则是不会离开父母在外住宿一个晚上，你怎么能使他到齐国去呢？像伯夷那样廉洁，不受无功之禄，认为武王的行为不合正义，不肯做他的臣子，于是辞掉孤竹君位，饿死在首阳山。像这样廉洁的人，怎么肯步行千里来到微弱的燕国，侍奉处境艰危的国君呢？像尾生那样守信，约会的时间到了而情人没有来，河水暴涨，宁肯抱着桥柱死去，也不愿离开。守信到了这种程度，怎么会到齐国去宣扬燕、秦的威望而成就大功呢？况且守信的行为，是为自己而不是为别人，是安于现状而不是进取的途径。况且三王轮流兴起，五霸先后强盛，都是不满足现状。您认为安于现状是可行的吗？那么齐国的势力就不会超出营丘，楚国的势力也不能越过沮、漳二水，不能在边城以外去寻求发展。况且我在东周有老母在堂，去掉保守而谋求进取，我的趋向本来就和你不一致。您是安于现状的君主，我是积极进取的臣子，这就是所谓因忠信而得罪君主的人啊。"

【原文】燕王曰："夫忠信又何罪之有也？"对曰："足下不知也。臣邻家有远为吏者，其妻私人。其夫且归，其私之者忧之。其妻曰：'公勿忧也，吾已为药酒以待之矣。'后二日，夫至，妻使妾奉卮酒进之。妾知其药酒也，进之则杀主父，言之则逐主母，乃阳僵弃酒，主父大怒而笞之。故妾一僵而弃酒，上以活主父，下以存主母也。忠至如此，然不免于笞，此以忠信得罪者也。臣之事，适不幸而有类妾之弃酒也。且臣之事足下，亢义益国，今乃得罪，臣恐天下后事足下者，莫敢自必也。且臣之说齐，曾不欺之也？使说齐者，莫如臣之言也，虽尧、舜之智不敢取也。"

【译文】燕王问："忠信又有什么罪过呢？"苏秦回答说："您是不了解的。我的邻居有到远方做官的人，他的妻子有了外遇。她的丈夫快要回家，她的相好感到担忧。他的妻子说：'你不要担忧，我已经为归家的丈夫准备好药酒了。'隔了两天，丈夫到家，妻子叫侍妾捧着酒杯递上。侍妾知道杯里装的是药酒，递上去就会使男主人丧命，把事情说明就会使女主人被驱逐，就假装倒地，把酒洒在地上。男主人非常生气地殴打了她。这个侍妾扑倒而洒酒，在上则挽救了男主人的性命，在下则保全了女主人，忠心达到这样的程度，但仍不免遭受责打，这就是因为忠信而背负罪名啊。我的情况与这个扑倒洒酒的妾相类似。况且我为您办事，合乎道义而又有益于国家，现在竟然获罪，我恐怕日后所有替您办事的人，都会丧失信心啊。并且我对齐王说的话，不是曾经欺骗他吗？要是游说齐王的人都不是像我那样进言，即使有尧、舜那样的智慧，也是不能给国家带来任何利益的。"

（《燕策一》）

苏秦死，其弟苏代欲继之

【题解】

本章由两个部分组成，上半部分写燕昭王下令求贤之后，苏秦由周至燕，和燕昭王讨论伐齐报仇的谈话。燕昭王说他对齐国有深仇大恨，寝不安席，食不甘味，誓报齐国破燕之仇。苏秦如能帮他实现心愿，他愿把国政托付给苏秦。

后半部分则是苏秦分析齐国灭宋后，燕国攻齐的条件已趋于成熟。一是齐在长期战争中，国力消耗，民劳兵敝。二是齐国驻守在济西，河北备燕的兵力已经抽走，边防空虚。三是苏秦可做内应，与燕军内外夹攻，可操胜算。

《孙子兵法·用间篇》说："燕之兴也，苏秦在齐。"可见苏秦在齐国心脏里的成功战斗，已成为间谍活动的范例，载入了不朽的《孙子兵法》。

【原文】苏秦北见燕王哙曰："臣东周之鄙人也，窃闻王义甚高甚顺，鄙人不敏，窃释锄耨而干大王，至于邯郸，所闻于邯郸者，又高于所闻东周。臣窃负其志，乃至燕廷，观王之群臣下吏，大王天下之明主也。"

【译文】苏秦北行去见燕王哙说："我是东周郊野的农家子，听说大王的德义很崇高，我不才，就放下农具来求见大王，到了邯郸，所听说的，又比在东周听到的评价更高。我怀着理想，来到燕国朝廷，见到了大王的众多臣下，了解大王真是天下最英明的君主。"

【原文】王曰："子之所谓天下之明主者，何如者也？"对曰："臣闻之，明主者务闻其过，不欲闻其善，臣请谒王之过。夫齐、赵，王之仇雠也，楚、魏者，王之援国也。今王奉仇雠以伐援国，非所以利燕也。王自虑此则计过，无以谏者，非忠臣也。"

【译文】燕王说："你所说的英明君主，是什么样的人呢？"苏秦回答说："我听说，英明的君主特别喜欢听别人指责他的错误，不愿听别人说他的好话，因此，我愿告诉大王有什

么过失。齐国是大王的仇敌，楚、魏是援助大王的国家，如今大王侍奉仇敌去攻打友邦，不是对燕国有利的事。大王自己决定这样做，是错误的决策，臣下没有人劝告，可不是忠臣啊！”

【原文】王曰：“寡人之于齐、赵也，非所敢欲伐也。”曰：“夫无谋人之心而令人疑之，殆；有谋人之心而令人知之，拙；谋未发而闻于外则危。今臣闻王居处不安，食饮不甘，思念报齐，身自削甲扎[①]，曰有大数矣，妻自组甲絣[②]，曰有大数矣，有之，乎？”

【注释】①甲扎：甲，战袍。扎，甲上的叶片。②絣：编甲的绳。

【译文】燕王说：“我对齐国，并不敢去攻打它。”苏秦说：“没有算计别人的想法却让人心存疑虑，不安全；有算计别人的心而让人知道，笨拙；计划尚未实施就让外边知道，这是危险的。如今我听说大王寝不安席，食不甘味，一心想报复齐国，亲自裁制铠甲上的甲片，说是有定额；妻子自己搓编组甲片的绳子，也说是有定额，有这回事吗？”

【原文】王曰：“子闻之，寡人不敢隐也。我有深怨积怒于齐，而欲报之二年矣。齐者，我雠国也，故寡人之所欲伐也。直患国弊，力不足矣。子能以燕敌齐，则寡人奉国而委之于子矣。”

【译文】燕王说：“既然你都知道了，我也不敢隐瞒。我对齐有深仇大恨，想要报复，已有两年之久了。齐国是我的死对头，所以我想讨伐它，只是忧虑国家疲敝，力量不够。你能用燕国攻打齐国，我愿把国家大政交给你支配。”

【原文】对曰：“凡天下之战国七，而燕处弱焉。独战则不能，有所附则无不重。南附楚则楚重，西附秦则秦重，中附韩、魏则韩、魏重。且苟所附之国重，此必使王重矣。今夫齐王长主也[①]，而自用也。南攻楚五年，蓄积散；西困秦三年，民憔瘁，士罢弊；北与燕战，覆三军，获二将[②]；而又以其余兵南面而举五千乘之劲宋[③]，而包十二诸侯。此其君之欲得也，其民力竭也，安犹取哉？且臣闻之，数战则民劳，久师则兵弊。”

【注释】①齐王：齐闵王。②“北与燕战”三句：此指前296年，齐、燕权（今河北正定北）之战。“覆三军，杀二将”，指燕军的损失。③举五千乘之劲宋：指前286年，齐灭宋事。

【译文】苏秦回答说：“天下互相攻打的国家有七个，而燕国是较弱的。单独作战则力量不够，依附哪国则该国就显得重要。向南依附楚国则楚国重要，向西依附秦国则秦国地位提高，中间依附韩、魏则韩、魏受到重视。假如所依附的国家被看重，这定会使大王举足轻重了。如今齐王算是诸侯的老大，自认为很强大。向南连续攻楚五年，积蓄受到消耗；向西连续三年困扰秦国，人民憔悴，战士疲敝；在北边和燕国交战，击溃燕军，擒获两员燕将；又率领他长期作战的部队，向南重创拥有五千辆战车的宋国，又囊括了泗水流域的一些小国。这都是梦寐以求的，但民力也因此耗尽了，还能有什么作为呢！并且我听说，多次战斗则民力辛劳，长期用兵则战士疲敝。”

【原文】王曰：“吾闻齐有清济、浊河可以为固[①]，有长城、巨防足以为塞[②]，诚有之乎？”对曰：“天时不与，虽有清济、浊河，何足以为固？民力穷弊，虽有长城、巨防，何足以为塞？

且异日也，济西不役[3]，所以备赵也；河北不师[4]，所以备燕也。今济西、河北尽以役矣，封内弊矣。夫骄主必不好计，而亡国之臣贪于财。王诚能毋爱宠子、母弟以为质，宝珠玉帛以事其左右，彼且德燕而轻亡宋，则齐可亡已。"

【注释】①清济、浊河：济水清，黄河浊，二水皆在齐的西北境。②长城巨防：巨防，大堤。齐长城西起平阴（今山东平阴东北），缘汶水经泰山千余里，东至琅邪台入海。③济西：济水以西，今山东聊城、高唐一带。不役：免于征调，养兵备敌。④河北：今河北沧县、景县一带。

【译文】燕王问："我听说齐国有济水、黄河可以作为屏障，有长城、大堤可以作为要塞，真是这样吗？"苏秦回答说："得不到天时的支持，纵有济水、黄河，哪里能作为屏障？民力凋敝，即使有长城、大堤，怎么能作为要塞？况且从前不征调济水以西的民众服役，是为了防备赵国；不动用黄河以北的部队，是为了防备燕国。如今济西、河北的兵力都已动用，国内已十分疲敝了。骄傲的君主一定不善于计谋，亡国的臣子都是贪财的。大王要真能把宠爱的儿子或弟弟送去做人质，再拿珍贵的珠玉财物去拉拢他身边的人，他将会感激燕国，并把灭亡宋国看得很容易，就可伺机灭亡齐国了。"

【原文】王曰："吾终以子受命于天矣。"曰："内寇不与，外敌不可拒。王自治其外，臣自报其内，此乃亡之之势也。"

【译文】燕王说："我将顺应天意始终信任你。"苏秦说："内乱不生，外边不能轻易行动。大王在外面策划对付齐国，我在它的内部制造混乱，这样，灭亡齐国的形势就形成了。"

（《燕策一》）

燕昭王收破燕后即位

【题解】

齐宣王攻破燕国后，由于燕国民众奋起反抗，各国诸侯也纷纷派出救燕的军队，齐军被迫撤退。赵国于前 311 年送燕公子职返国即位，是为燕昭王。

昭王复国后，面对残破的燕国，如何报仇雪耻，是个严峻的问题。他把选用人才作为首要任务，"昭王延郭隗，遂筑黄金台"，各国贤士闻风而至。昭王发展生产，振作士气，与百姓同甘共苦，燕国上下团结，气象一新。对外则与秦、三晋联合，最大限度地壮大了自己，孤立了敌人。乐毅率五国联军横扫齐国，终于完成昭王复仇的心愿。

【原文】燕昭王收破燕后即位[1]，卑身厚币，以招贤者，欲将以报仇。故往见郭隗先生曰[2]："齐因孤国之乱，而袭破燕。孤极知燕小力少，不足以报。然得贤士与共国，以雪先王之耻[3]，孤之愿也。敢问以国报仇者奈何？"

【注释】①燕昭王：名职，燕王哙之子，前 311～前 278 年在位。②郭隗：燕国贤人。③先王之耻：前 316 年，燕王哙把王位让给相国子之，引起内乱，齐宣王秉机攻破燕国，杀

死燕王哙。先王，指燕王哙。

【译文】燕昭王在收拾残破的燕国后登位，他谦恭有礼，用丰厚的礼品延聘贤人，打算依靠他们为国报仇。他特地去见郭隗先生说："齐国乘着我国的内乱而攻破我国。我深知燕国国小力弱，没有足够的力量报仇。但如能得到贤士和我共同治理国家，为先王报仇雪恨，这可是我的心愿啊。请问先生，怎样才能为国复仇呢？"

【原文】郭隗先生对曰："帝者与师处，王者与友处，霸者与臣处，亡国与役处。诎指而事之，北面而受学，则百己者至。先趋而后息，先问而后嘿[①]，则什己者至。人趋己趋，则若己者至。冯几据杖[②]，眄视指使[③]，则厮役之人至。若恣睢奋击[④]，呴籍叱咄[⑤]，则徒隶之人至矣。此古服道致士之法也。王诚博选国中之贤者，而朝其门下，天下闻王朝其贤臣，天下之士必趋于燕矣。"

【注释】①嘿：同"默"。②冯：同"凭"。③眄视：斜视。④恣睢：放肆骄横。⑤呴籍：凌辱。叱咄：大声吼叫。

【译文】郭隗先生回答说："成就帝业的国君，把贤人当作师长对待；成就王业的国君，把贤人当作朋友对待；成就霸业的国君，把贤人当作普通臣下对待；亡国的君主，则把贤人当作仆役对待。国君如能屈己奉人，像弟子一样向贤人求教，才能超过自己百倍的人就会到来。如果做事抢先而休息在后，发问在前而沉默在后，才能高出自己十倍的人就会到来。如果跟着别人亦步亦趋，才能与自己相当的人就会到来。如果身靠几案，手拄拐杖，斜眼看人，指手画脚，那么供跑腿差使的人就会到来。如果放肆骄横，对人任意凌辱，狂呼乱叫，那就只有奴隶般的人到来了。这是从古以来侍奉贤者，招致人才的方法啊。大王真能广泛选拔国内的贤人，亲自登门求教，天下的贤人听到这个消息，定会赶到燕国来。"

【原文】昭王曰："寡人将谁朝而可？"郭隗先生曰："臣闻古之人君，有以千金求千里马者，三年不能得。涓人言于君曰[①]：'请求之。'君遣之。三月得千里马，马已死，买其首五百金，反以报君。君大怒曰：'所求者生马，安事死马而捐五百金？'涓人对曰：'死马且买之五百金，况生马乎？天下必以王为能市马，马今至矣。'于是不能期年，千里之马至者三。今王诚欲致士，先从隗始，隗且见事，况贤于隗者乎？岂远千里哉！"

【注释】①涓人：国君身边的侍从。

【译文】燕昭王说："我去拜见谁才好呢？"郭隗先生说："我听说古代有一位国君，用千金求购千里马，三年都没能买到。他身边的侍臣对他说：'请让我去寻求吧。'国君就派他去了。三个月后得到了千里马，可马已经死了，他就用五百金买下死马的头，回去向国君复命。国君非常生气地说：'我寻求的是活马，怎么去买死马而白费我的五百金呢？'侍臣答道：'死马尚且用五百金来买它，何况活马呢！天下都知道大王喜欢买好马，千里马就会来到了。'于是不到一年，买到的千里马就有三匹。如今大王真想招致贤士，请先从我郭隗开始。我郭隗尚且受到重视，何况胜过郭隗的呢？他们难道会嫌燕国太远而不肯前来吗？"

【原文】于是昭王为隗筑宫而师之。乐毅自魏往[1],邹衍自齐往[2],剧辛自赵往[3],士争凑燕。燕王吊死问生,与百姓同其甘苦。二十八年,燕国殷富,士卒乐佚轻战。于是遂以乐毅为上将军[4],与秦、楚、三晋合谋以伐齐。齐兵败,闵王出走于外。燕兵独追北入至临淄,尽取齐宝,烧其宫室宗庙。齐城之不下者,唯独莒、即墨。

【注释】①乐毅:原为中山国灵寿(今河北平山东北)人,赵灭中山,成为赵人,后入燕,成为燕国名将。②邹衍:齐国学者。③剧辛:赵国贤人。④上将军:位在诸将之上,相当于统帅。

【译文】于是燕昭王为郭隗修建了房舍,拜他为师。接着,乐毅从魏国前来,邹衍从齐国前来,剧辛从赵国前来,贤士们争着聚集到燕国。燕昭王悼唁死去的人,慰问生存的人,和百姓同甘共苦。经过二十八年,燕国富庶,战士们安乐舒适,敢于战斗。于是燕昭王任用乐毅做上将军,和秦、韩、赵、魏等国共同策划攻打齐国。齐军被打得大败,齐闵王逃亡国外。燕军单独追击败逃的齐军,直入临淄,搬走齐国的所有珍宝,烧毁齐国的宫室宗庙。齐国的城邑,只有莒和即墨未被攻下。

(《燕策一》)

宋卫策

公输般为楚设机

【题解】

前444年,楚军东侵,地盘一直扩充到了泗水流域,准备北上攻宋,恰好巧匠公输般又制成了攻城利器云梯,更促成楚王攻宋的决心。

主张兼爱非攻的墨子,悲天悯人,反对非正义战争,他为制止楚国攻宋,从齐国出发,穿越楚方城防线,翻过伏牛山,取道南阳,向西南行进,步行十天十夜,脚底打起了老茧,郢都终于在望。

他一到就去拜访同乡公输般,劝他不要攻宋。他们当场进行攻防演习,公输般已无攻城之方,墨子守卫之法却还游刃有余,公输般认输,只好引他去见楚王。

墨子把楚王攻宋,比喻成患有偷窃病的人,放着自己家里的好东西不去享受,却去偷邻居的劣等品,这不是得了偷窃病吗?楚王被说得无言以对,只好说:“我愿放弃攻宋的打算。”

【原文】公输般为楚设机[1],将以攻宋。墨子闻之[2],百舍重茧[3],往见公输般,谓之曰:“吾自宋闻子,吾欲藉子杀人。”公输般曰:“吾义固不杀人。”墨子曰:“闻公为云梯,将以攻宋。宋何罪之有?义不杀人而攻国,是不杀少而杀众。敢问攻宋何义也?”公输般服

焉，请见之王。

【注释】①公输般：春秋末年鲁国人，是著名的巧匠。②墨子：名翟，春秋末年鲁国人，是墨家学派的创始者，主张兼爱非攻。③百舍：百里一舍。

【译文】公输般为楚国设计了攻城的器械，将要用来攻打宋国。墨子听说之后，步行了几千里，脚都打起老茧，去见公输般，对他说："我从宋国听说你的大名，我想请你为我杀人。"公输般回答："我是不会随便杀人的。"墨子说："听说你制造云梯之类的攻城器械，准备用来攻打宋国。宋国何罪之有？不乱杀人却攻打宋国，这不是少杀人而是多杀人。请问攻打宋国有什么理由呢？"公输般无言以对，请墨子进见楚王。

【原文】墨子见楚王曰[①]："今有人于此，舍其文轩，邻有弊舆而欲窃之；舍其锦绣，邻有 褐而欲窃之[②]；舍其粱肉[③]，邻有糟糠而欲窃之。此为何若人也？"王曰："必为有窃疾矣。"

【注释】①楚王：楚惠王。② ：粗布上衣。③粱肉：精美的食物。

【译文】墨子进见楚王说："现在有这样一个人，抛弃自己的彩车，邻居有一辆破车他却想去偷；扔掉自己华丽的服装，邻居有粗布衣服他却想去偷；舍弃自己的美味，邻居有米糠他却想去偷，这是什么样的人啊？"楚王说："他肯定是患了偷窃的病啊！"

【原文】墨子曰："荆之地方五千里，宋方五百里，此犹文轩之与弊舆也；荆有云梦，犀兕麋鹿盈之，江、汉鱼鳖鼋鼍为天下饶，宋所谓无雉兔鲋鱼者也，此犹粱肉之与糟糠也；荆有长松、文梓、楠、豫樟，宋无长木，此犹锦绣之与 褐也。臣以王吏之攻宋为与此同类也。"王曰："善哉！请无攻宋。"

【译文】墨子说："楚国方圆五千里，宋国仅有五百里，这就好像彩车和破车一样；楚国有云梦泽，到处都是犀兕麋鹿等珍稀动物，长江汉水里的鱼鳖鼋鼍等珍稀鱼类是天下最多的，宋国只是一个连小兔、小鱼都没有的地方，这就好像美味和米糠一样；楚国有长松、文梓、楠、豫樟这些珍贵的高大树木，宋国连普通的大树都没有，这就好像华丽的服装和粗布衣服一样。我认为大王的手下想去攻宋与此同类。"楚王说："你讲得太对了，我不会攻打宋国了。"

（《宋卫策》）

中山策

犀首立五王

【题解】

前 341 年的马陵之战，使魏惠王的霸业由盛转衰，他采纳惠施的建议，和齐威王在徐

州相会，互尊为王，向齐国屈服。魏、齐相王并没有让魏国摆脱困境，魏在西方又受到秦的不断攻击，丧失了河西、上郡七百里的地方。看来，单靠魏国本身的力量，无法抗御齐、秦的进攻。因此，魏惠王采用犀首广泛争取同盟的建议，约集受齐、秦、楚威胁和侵略的国家，在前 323 年，一起称王，联合魏、赵、韩和燕、中山五个较弱的国家，一起来抵抗齐、秦、楚三个强大的国家。

齐、秦、楚对五国联合极为仇视，极力想法破坏。齐国以中山国小为借口，不肯承认它有称王资格，想拉拢赵、魏不许中山称王，以破坏五国联合。张登为中山游说齐国大臣田婴，让他不再反对中山称王，得到田婴的许诺，加上赵、魏也没有同意干涉中山称王的计划，反而和中山更加亲善，中山称王的事，终于尘埃落定。

【原文】犀首立五王①，而中山后持。齐谓赵、魏曰："寡人羞与中山并为王，愿与大国伐之，以废其王。"中山闻之，大恐，召张登而告之②，曰："寡人且王，齐谓赵、魏曰，羞与寡人并为王，而欲伐寡人。恐亡其国，不在索王，非子莫能吾救。"

【注释】①犀首：魏相公孙衍。立五王：约三晋和燕、中山同时称王。②张登：中山臣。

【译文】犀首让五国互相称王，只有中山落在最后。齐王对赵、魏说："我为与中山并立为王而羞愧，希望和你们一起讨伐它，取消它的王号。"中山君听说后大为恐慌，召见张登告诉他说："我将要称王，齐王对赵、魏说，羞与我一起称王，想讨伐我，我很怕自己的国家灭亡，并不要求一定称王，现在只有你能救我。"

【原文】登对曰："君为臣多车重币，臣请见田婴。"中山之君遣之齐，见婴子曰："臣闻君欲废中山之王，将与赵、魏伐之，过矣。以中山之小而三国伐之，中山虽益废王，犹且听也。且中山恐，必为赵、魏废其王而务附焉。是君为赵、魏驱羊也，非齐之利也。岂若中山废其王而事齐哉？"

【译文】张登回答道："请给我准备车辆和重礼，我愿去拜见齐国的大臣田婴。"中山国君派张登出使齐国，对田婴说："我听说您想废除中山的王号，将和赵、魏一起攻打中山，这个打算错了。小小的一个中山却用三个国家来攻打，就算是比取消王号更严重的事，中山也会听从。如果中山害怕，必定会因为赵、魏要取消它的王号而依附它们，齐国就把中山逼到赵、魏那边去了，这对齐国是没有任何好处的，还不如让中山废除王号而依附齐国。"

【原文】田婴曰："奈何？"张登曰："今君召中山，与之遇而许之王，中山必喜而绝赵、魏，赵、魏怒而攻中山，中山急而为君难其王，则中山必恐，为君废王事齐。彼患亡其国，是君废其王而立其国，贤于为赵、魏驱羊也。"田婴曰："诺。"

【译文】田婴说："我该怎么办呢？"张登说："现在您去会见中山国君，答应他称王，中山必定会高兴而和赵、魏绝交，赵、魏一定会生气，攻打中山，中山感到危急而齐国又阻止它称王，那么中山就会恐惧，就会为了你废掉王号依附齐国。中山国君害怕国家灭亡，您在废掉它的王号后去安抚他，显然胜过把它驱赶到赵、魏方面去啊。"田婴说："好。"

【原文】张丑曰①："不可。臣闻之，同欲者相憎，同忧者相亲。今五国相与王也，负海

不与焉[2]，此是欲皆在为王，而忧在负海。今召中山，与之遇而许之王，是夺四国而益负海也。致中山而塞四国，四国寒心。必先与之王而故亲之，是君临中山而失四国也。且张登之为人也，善以微计荐中山之君久矣，难信以为利。"

【注释】①张丑：齐臣。②负海：指齐国。

【译文】张丑说："不可以这样。我听说，欲望相同的人会彼此憎恨，有共同忧患的人会互相靠拢。现在五国相约称王，齐国没有参与。五国都想称王，害怕齐国不同意。现在会见中山国君，同意他称王，是分散了五国的团结而增强了齐国的力量。拉拢中山而排斥四国，四国就会害怕，定会先同意中山称王而和它亲善，那么您就会因拉拢中山而失去四国的支持。况且张登善于用阴谋来讨好中山国君，他的话是难以相信的。"

【原文】田婴不听，果召中山君而许之王。张登因谓赵、魏曰："齐欲伐河东[1]。何以知之？齐羞与中山并为王甚矣，今召中山，与之遇而许之王，是欲用其兵也，岂若令大国先与之王，以止其遇哉？"

【注释】①河东：赵、魏边境。

【译文】田婴不听张丑的劝告，果然召见中山国君，同意他称王。张登对赵、魏说："齐国想攻打赵、魏河东之地，怎么知道呢？齐国非常不愿意和中山共同称王，现在召见中山国君，同意中山称王，是想支配它的兵力，哪里比得上你们先同意中山称王而破坏他们的会见呢？"

【原文】赵、魏许诺，果与中山王而亲之。中山果绝齐而从赵、魏。

【译文】赵、魏两国同意了，果然和中山一起称王，改善了他们的关系。中山果然和齐国绝交而倒向赵、魏。

（《中山策》）

商君书

【导语】

《商君书》又称《商君》《商子》,是法家学派的代表作之一,在战国后期颇为流行,《韩非子·五蠹》说:“今境内之民皆言治,藏商、管之法者家有之。”

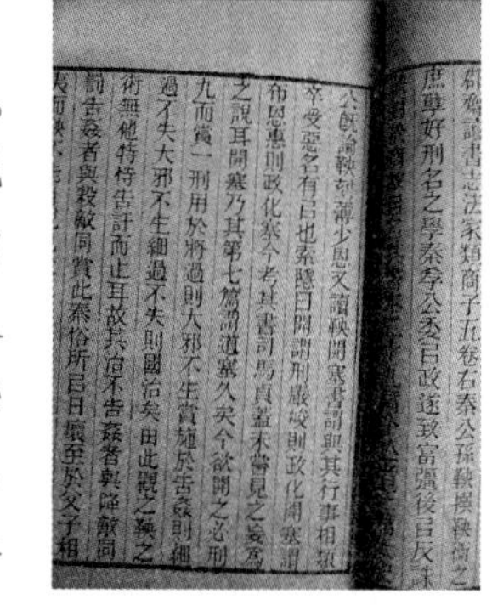

《商君书》书影

《商君书》中既有宏观的理论阐述,也有细致的法令、军规。其中有一些内容对今人有一定借鉴意义,如“不宿治”的提法,既能够提高政府的办事效率,又起到了不给奸吏枉法以可乘之机的作用;《禁使》指出不能让利益一致的人互相监督,利益一致的人互相监督,只能使罪恶掩藏而得不到揭露。《商君书》中也有些内容在今天看来是不可取的,如愚民政策、重农轻商的观点等等,从历史发展的经验看,这些措施只能救一时之敝,而不能支撑社会的长期可持续发展。

《商君书》文字虽然不多,但内容庞杂,其中涉及经济、政治、军事、法治等等诸多重大问题,可谓洋洋大观,欲究其竟,还需细细品读原文。

更法第一

【题解】

更法,即变法。秦孝公登基之时“周室微,诸侯力政,争相并。秦僻在雍州,不与中国诸侯之会盟,夷翟遇之”(《史记·秦本纪》)。于是,秦孝公发奋图强,酝酿变法强国。本篇记载了秦国以商鞅为代表的革新派与以甘龙、杜挚为代表的守旧派围绕变法与否展开的激烈争论。商鞅极力鼓舞秦孝公不畏流俗,尽快实行变法。他指出建立礼法的目的是“爱民”“便事”。所以,只要是强国利民的礼法制度就可以施行。针对保守派的质疑,商鞅以“三代不同礼而王,五霸不同法而霸”的历史事实说明变法才能图强,以“前世不同教,何古之法?帝王不相复,何礼之循”,反驳因袭守旧的迂腐之论,大胆断言“反古者未必可非,循礼者未足多是”,促使秦孝公下定变法决心。本篇是存世《商君书》中唯一一篇论辩形式的文章,文中商鞅以古论今,在对前代历史演绎归纳、分析综合的基础上得出令

人信服的结论，在滔滔雄辩中一展他的治世之才。

【原文】孝公平画[1]，公孙鞅、甘龙、杜挚三大夫御于君[2]。虑世事之变，讨正法之本[3]，求使民之道。

【注释】①孝公：秦孝公。姓嬴，名渠梁。公元前361～前338年在位。平画：商讨、谋划。②甘龙、杜挚：皆为秦孝公时大臣，其事迹不详。御：侍奉，陪侍。③正：修正。

【译文】秦孝公同大臣商讨强国大计，公孙鞅、甘龙、杜挚三位大夫陪侍在孝公的左右。他们分析社会形势的变化，研究修正法制的根本原则，寻求统治人民的方法。

【原文】君曰："代立不忘社稷[1]，君之道也；错法务明主长[2]，臣之行也。今吾欲变法以治，更礼以教百姓[3]，恐天下之议我也[4]。"

【注释】①代立：接替君位。社稷：土神和谷神，古时君主都祭祀社稷，后来就用社稷代表国家。②错法：订立法度。错，通"措"。明：彰明。长：权威。③教：教化。④议：批评。

【译文】秦孝公说："接替先君的位置做了国君后不忘国家社稷之事，这是国君应当奉行的原则；实施变法务必显示出国君的权威，这是做臣子的行为准则。现在我想要通过变法来治理国家，改变礼制来教化百姓，却又担心天下的人批评我。"

【原文】公孙鞅曰："臣闻之：'疑行无名，疑事无功[1]。'君亟定变法之虑[2]，殆无顾天下之议之也[3]。且夫有高人之行者，固见负于世[4]；有独知之虑者，必见骜于民[5]。语曰：'愚者暗于成事[6]，知者见于未萌[7]。''民不可与虑始，而可与乐成。'郭偃之法曰[8]：'论至德者不和于俗，成大功者不谋于众。'法者，所以爱民也；礼者，所以便事也[9]。是以圣人苟可以强国，不法其故；苟可以利民，不循其礼。"

孝公曰："善！"

【注释】①疑行无名，疑事无功：语出《战国策·赵策二》，原作"疑事无功，疑行无名"。疑行、疑事即"疑于行""疑于事"，谓做事犹豫不决。②亟：快，尽快。③殆：表示希望的语气副词。无：通"毋"。议：议论，此指非议。④负：背，背离，不赞同。⑤骜：借为"謷"，嘲笑。⑥暗：看不见，不明了。⑦知：同"智"。⑧郭偃：晋文公时大臣，掌卜筮之事，曾辅佐晋文公变法。⑨便：方便，便利。事：做事，处理政务。

【译文】公孙鞅说："我听说：'行动迟疑不定就不会有什么成就，办事犹豫不决就不会有什么功效。'国君应当尽快下定变法的决心，不要顾虑天下人批评您。何况做出比他人高明的行为的人，一向会被世俗所非议；有独特见解的人，也会遭到周围人的嘲笑。俗语说：'愚笨的人在事成之后还不明白是怎样一回事，聪明的人却能预见到那些还没有显露萌芽的迹象。''百姓是不可以同他们讨论开创某件事的，而只能够同他们一起欢庆事业的成功。'郭偃的法书上说：'追求崇高道德的人不去附和那些世俗的偏见，成就大事业的人不去同众人商量。'法度，是用来爱护百姓的；礼制，是为了方便办事的。所以圣明的人治理国家，如果能够使国家富强，就不必去沿用旧有的法度；如果能够使百姓得到益处，就不必去遵循旧的礼制。"

孝公说："好！"

【原文】甘龙曰："不然。臣闻之：'圣人不易民而教[1]，知者不变法而治。'因民而教者，不劳而功成；据法而治者，吏习而民安[2]。今若变法，不循秦国之故，更礼以教民，臣恐天下之议君，愿孰察之[3]。"

【注释】①易：改变。民：当指民俗，"不易民"与下文"不变法"对举。②习：熟悉。③孰：同"熟"，仔细认真。察：思考。

【译文】甘龙说："不是这样。我也听说这样一句话：'圣明的人不去改变百姓的旧习俗来施行教化，聪明的人不改变旧有的法度来治理国家。'顺应百姓旧有的习俗来实施教化的，不用费什么辛苦就能成就功业；按照旧有的法度来治理国家，官吏驾轻就熟，百姓也安适。现在如果改变法度，不遵循秦国旧有的法制，更改礼制教化百姓，我担心天下人要批评国君了，希望君王认真考虑这件事。"

【原文】公孙鞅曰："子之所言，世俗之言也。夫常人安于故习，学者溺于所闻[1]。此两者，所以居官而守法[2]，非所与论于法之外也。三代不同礼而王[3]，五霸不同法而霸[4]。故知者作法，而愚者制焉[5]；贤者更礼，而不肖者拘焉⑥。拘礼之人不足与言事，制法之人不足与论变。君无疑矣。"

【注释】①溺：沉溺，此指拘泥。②居官：居于官位。③三代：指夏商周三个朝代。王：称王。④五霸：即春秋五霸，一般指齐桓公、宋襄公、晋文公、秦穆公、楚庄王。后一"霸"字作动词，称霸。⑤制：控制，被控制。⑥不肖者：指没有作为的人。

【译文】公孙鞅说："您所说的这些话，正是世俗的言论。平庸的人固守旧的习俗，死读书的人局限于他们听过的道理。这两种人，只能用来安置在官位上遵守成法，却不能同他们讨论变革旧有法度的事情。夏、商、周这三个朝代礼制不相同却都能称王于天下，春秋五霸各自的法制不同却能称霸诸侯。所以聪明的人能创制法度，而愚蠢的人只能受法度的约束；贤能的人变革礼制，而无能的人只能受礼制的束缚。受旧的礼制制约的人不能够同他商讨国家大事，被旧法限制的人不能同他讨论变法。国君不要迟疑不定了。"

【原文】杜挚曰："臣闻之：'利不百，不变法；功不十，不易器。臣闻：'法古无过，循礼无邪[1]。'君其图之[2]！"

【注释】①邪：偏斜。②图：思考。

【译文】杜挚说："我听说过这样的话：'如果没有百倍的利益不要改变法度，如果没有十倍的功效不要更换使用工具。'我还听说：'效法古代法制不会有过错，遵循旧的礼制不会有偏差。'希望国君对这件事仔细考虑。"

【原文】公孙鞅曰："前世不同教[1]，何古之法？帝王不相复[2]，何礼之循？伏羲、神农教而不诛[3]，黄帝、尧、舜诛而不怒[4]，及至文、武[5]，各当时而立法[6]，因事而制礼。礼、法以时而定，制、令各顺其宜[7]，兵甲器备各便其用。臣故曰：治世不一道，便国不必法古。汤、武之王也[8]，不循古而兴[9]；殷、夏之灭也[10]，不易礼而亡。然则反古者未必可非，循礼者未足多是也[11]。君无疑矣。"

【注释】①教：政教。②复：重复。③伏羲：古代传说中的三皇之一。风姓。相传伏羲

始画八卦,创造文字。又教民渔猎畜牧,取牺牲以供庖厨,因而被称为庖牺。神农:古代传说中的三皇之一,农业和医药的发明者。教:教化。诛:惩罚。④黄帝:传说中的五帝之一。姓公孙,居轩辕之丘,故号轩辕氏。尧:传说中的五帝之一。帝喾之子,本名放勋。舜:传说中的五帝之一。姚姓,名重华。原始时代有虞氏的部落首领,故又称虞舜。诛而不怒:刑罚却不过分,意谓刑罚较轻。怒,超过。⑤文:指周文王。商代末年西方诸侯之长,建国于岐山。行仁政,使岐周国力日强。武:指周武王,文王之子。他联合庸、蜀、羌等部族,打败了商纣王,建立了西周王朝。⑥当:顺应。⑦宜:事,事宜。⑧汤:商汤,子姓。商族部落首领。任用伊尹灭掉夏桀,建立商朝。武:指周武王。⑨循:遵循。⑩殷:朝代名,即商朝。公元前16世纪商汤灭夏所建,因商王盘庚迁都至殷地而得名。公元前11世纪为周武王所灭。夏:朝代名,相传夏后氏部落首领禹之子启建立,是我国历史上第一个奴隶制国家,改禅让制为世袭制。约公元前16世纪为商所灭。⑪是:正确。

【译文】公孙鞅说:"以前的朝代政教各不相同,应该去效法哪个朝代的古法呢?古代帝王的法度不相互因袭,应该遵循哪一种礼制呢?伏羲、神农施行教化不施行惩罚,黄帝、尧、舜虽然施行惩罚但却用刑不重,到了周文王和周武王的时代,他们各自顺应时势而建立法度,根据国家的具体情况制定了严格的法令。礼制和法令都要根据实际情况来制定,法条、命令都要顺应当时的社会事宜,就像兵器、铠甲、器具、装备的制造都要方便使用一样。所以我说:治理国家不一定都用一种方式,对国家有利不一定非要效法古代。商汤、周武王称王于天下,并不是因为他们遵循古代法度才兴旺的;殷朝和夏朝的灭亡,也不是因为他们更改旧的礼制才覆亡的。既然如此,那么违反旧的法度的人不一定要予以谴责,遵循旧的礼制的人不一定值得肯定。国君对变法的事就不要迟疑了。"

【原文】孝公曰:"善!吾闻'穷巷多怪①,曲学多辨②'。愚者笑之,智者哀焉;狂夫乐之,贤者丧焉。拘世以议,寡人不之疑矣。"于是遂出垦草令③。

【注释】①穷巷:地处偏僻的里巷。②曲学:囿于一隅之学。辨:争辩,谓固执己见。③垦草令:秦孝公颁布的法令,内容是督促鼓励农民开垦荒地,详见下篇。

【译文】孝公说:"好。我听说'从偏僻小巷走出来的人爱少见多怪,学识浅陋的人多喜欢诡辩'。愚昧的人所讥笑的事,正是聪明人所感到悲哀的事;狂妄的人高兴的事,正是有才能的人所担忧的。那些拘泥于世俗偏见的议论言词,我不再因它们而疑惑了。"于是,孝公颁布了关于开垦荒地的命令。

垦令第二

【题解】

垦令,即开垦荒地的法令。本篇是有关垦荒令的内容,共有二十条法令及对法令的论证和解释。各条法令之间没有严密的逻辑关系,归纳起来主要有:整顿吏治、统一法规

使百姓不被不良官吏盘剥，从而稳定民心；通过提高赋税的手段，迫使高门贵族的子女、依附他们的食客和仆役去务农；限制经营项目、提高经商的赋税，使经商无利可图，迫使人们放弃经商的念头；控制百姓的居、行、言论、意志，使他们心不旁骛只知耕种。很明显，其目的是对社会生活的各个方面加以限制，迫使人民去从事农业生产。奴隶社会时期，粮食在国家安全中有着举足轻重的作用，商鞅抓住了这一强国的根本问题。但商鞅的举措在今天看来还是比较激进，一些措施，对于中国社会重农抑商的传统，产生了重大影响。鼓励政策少，强制手段多，显示出商鞅高调变法的作风。

【原文】无宿治[①]，则邪官不及为私利于民[②]，而百官之情不相稽[③]。百官之情不相稽，则农有余日[④]。邪官不及为私利于民，则农不败[⑤]。农不败而有余日，则草必垦矣。

【注释】①无：通“毋”，表示禁止的副词。宿：隔夜的，此指拖延。②邪官：有私心的官吏。③情：事情。稽：滞留。④余日：空闲。⑤败：毁坏，此指农民被盘剥。

【译文】不允许官吏拖延政务不办，那样有私心的官吏就找不到机会到百姓那里谋求私利，大臣之间的事情就不会拖延。大臣之间的事情不拖延，那么农民就会有空闲时间。有私心的官吏没有机会到百姓中谋私利，那么农民就不会受到盘剥。农民不受到盘剥又有空闲时间，那么，荒地就一定能得到开垦了。

【原文】訾粟而税[①]，则上壹而民平[②]。上壹则信[③]，信则官不敢为邪。民平则慎[②]，慎则难变。上信而官不敢为邪，民慎而难变，则上不非上，中不苦官[⑤]。上不非上，中不苦官，则壮民疾农不变[⑥]。壮民疾农不变，则少民学之不休[⑦]。少民学之不休，则草必垦矣。

【注释】①訾：衡量，计算。粟：一种粮食作物，北方通称“谷子”，去皮后称“小米”。古代泛称谷类。②壹：统一，一致。③信：明确。④慎：谨慎。⑤苦：担忧。⑥壮民：指老一辈的人。疾：积极。⑦少民：指少一辈的人。

【译文】根据粮食的产量来收税，那么国家的政策统一，而百姓感觉公平。国家的制度统一了，就使百姓对政策有明确的认知，百姓对政策有明确的认知，大臣便不敢谋私利。百姓觉得公平，就会谨慎，百姓谨慎，就不会生出异心。国家的田赋制度明确而官吏不敢谋私，百姓谨慎而不易生出异心。如此，百姓上不会对君主不满，中间不会担忧官吏的盘剥。百姓上不对君主不满，中间不担心官吏的盘剥，那么老一辈人就会积极从事农业生产不改做其他行业。老一辈人积极从事农业生产，那么后代人一定会一辈接一辈地效仿前人。后代不断地效仿前人积极务农，那么荒地就一定能得到开垦了。

【原文】无以外权任爵与官[①]，则民不贵学问，又不贱农。民不贵学则愚，愚则无外交。无外交，则国安而不殆[②]。民不贱农[③]，则勉农而不偷[④]。国安不殆，勉农而不偷，则草必垦矣。

【注释】①外：指务农之外的事。权：衡量。任：任用。②殆：危险。③贱：轻视。④勉：努力。偷：怠惰。

【译文】不要用务农以外的因素来衡量给某些人封官晋爵，那样百姓就不会看重学问，也不会轻视农业。百姓不认为有学问尊贵，就会愚昧。百姓愚昧没有见识，就不会到外国交游。百姓不到外国交游，那么国家就没有危险。农民不轻视农业，就会努力生产

而不怠惰。国家没有危险，农民尽力从事农业生产不怠惰，那么荒地就一定能得到开垦了。

【原文】禄厚而税多，食口众者[1]，败农者也。则以其食口之数，赋而重使之[2]，则辟淫游惰之民无所于食[3]。无所于食则必农，农则草必垦矣。

【注释】①食口：指依附贵族的食客。②赋：收税。使：指徭役。③辟淫游惰之民：指游手好闲之徒。辟，邪。

【译文】士大夫贵族的俸禄丰厚而收取的租税又多，食客数量众多，这是有损农业生产的。那就要根据他们豢养的食客的人数收取赋税并从重役使他们。那么这些游手好闲的人就没有地方混饭吃。这些游手好闲的人没处混饭吃。就一定会去务农。他们都去务农，那么荒地就一定能得到开垦了。

【原文】使商无得粜[1]，农无得籴[2]。农无得籴，则窳惰之农勉疾[3]。商无得粜，则多岁不加乐[4]。多岁不加乐，则饥岁无裕利[5]。无裕利，则商怯[6]。商怯，则欲农。窳惰之农勉疾，商欲农，则草必垦矣。

【注释】①粜：卖出谷物。②籴：买进谷物。③窳惰：懒惰。④多岁：丰年。乐：乐岁之乐，指可观的收入。⑤裕：充裕，此指多余。⑥怯：担忧，顾虑。

【译文】商人不准卖粮食，农民不准买粮食。农民不准买粮食，那么懒惰的农民就会积极努力从事农业生产。商人不准卖粮食，到了丰年就不能牟取丰厚的利润。丰年没有丰厚的利润，那么饥年更没有过多的利润可图。没有厚利可图，那么商人就会有顾虑。商人有顾虑，就会想去务农。懒惰的农民努力从事生产，商人也想去务农，那么荒地就一定能得到开垦了。

【原文】声服无通于百县[1]，则民行作不顾[2]，休居不听[3]。休居不听，则气不淫[4]；行作不顾，则意必壹[5]。意壹而气不淫，则草必垦矣。

【注释】①声服：淫声异服。②行作：行走劳作。③休居：居家休息。“行作不顾，休居不听”互文见意。④淫：精神涣散。⑤壹：专一。

【译文】不允许淫声异服在各郡县流行，那么农民在外出劳作时就不会看见奇装异服，在家里休息时听不到靡靡之音。休息时听不到靡靡之音，那么他的精神就不会涣散；到田间劳动时看不见奇装异服，那么他的心思一定会专心在农业生产上。心思专一而且意志不涣散，那么荒地就一定能得到开垦了。

【原文】无得取庸[1]，则大夫家长不建缮[2]。爱子不惰食[3]，惰民不窳[4]，而庸民无所于食，是必农。大夫家长不建缮，则农事不伤。爱子惰民不窳，则故田不荒。农事不伤，农民益农，则草必垦矣。

【注释】①庸：同“佣”，雇佣。②家长：即家主。建：建筑。缮：修葺房屋。③爱子：指大夫家主的子女。④窳：偷懒。

【译文】不准许雇用佣工，那么大夫、家主就不会建院修屋。他们那些娇养的儿女无法不劳而食，懒惰的人也不能偷懒，那些靠给人作佣工生活的人就没有地方混饭吃，这样

他们就一定去务农。大夫、家主不建院修屋，那么农业生产就不会受到妨害。卿大夫儿女和懒惰之人不再偷懒，那么原本归他们种的农田就不会撂荒。农业生产不会受到妨害，农民更加努力从事农业生产，那么荒地就一定能得到开垦了。

【原文】废逆旅[①]，则奸伪、躁心、私交、疑农之民不行[②]。逆旅之民无所于食，则必农。农则草必垦矣。

【注释】①逆旅：旅馆客舍。②奸伪、躁心、私交、疑农之民：分别指奸猾、心思活泛、喜欢四处交游、不专心务农的人。

【译文】取缔旅馆，那么奸邪伪诈、心思活泛、私下交游、不专心务农的人就不会外出四处周游，那些开旅馆的人就没有办法谋生，那么他们一定会去务农。这些人都去务农，那么荒地就一定能得到开垦了。

【原文】壹山泽[①]，则恶农、慢惰、倍欲之民无所于食[②]。无所于食，则必农。农则草必垦矣。

【注释】①壹：统一，意谓收归国有。②倍欲：指贪念十足。

【译文】国家统一管理山林、湖泽，那么讨厌务农、怠慢懒惰、贪欲十足的人就没有吃饭的营生。没有吃饭的营生，那么一定会去务农。这些人都去务农，那么荒地就一定能得到开垦了。

【原文】贵酒肉之价，重其租，令十倍其朴[①]。然则商贾少[②]，民不能喜酣奭[③]，大臣不为荒饱[④]。商贾少，则上不费粟[⑤]；民不能喜酣奭，则农不慢；大臣不荒饱，则国事不稽，主无过举[⑥]。上不费粟，民不慢农，则草必垦矣。

【注释】①朴：指成本。②商贾：商人。③酣奭：谓饮酒过度。酣，半醉。奭，盛，过多。④荒饱：指大吃大喝。荒，放纵。⑤商贾少，则上不费粟：此句谓卖酒肉的商人少，酿酒和平日大吃大喝浪费的粮食就少。⑥过举：错误的举措。

【译文】抬高酒肉等奢侈品的价钱，加重收取这些东西的赋税，让赋税的数量高出它的成本十倍。如果这样的话，卖酒、肉的商人就会减少，农民也就不能尽情饮酒作乐，大臣也就不会大吃大喝。经商的人少了，那么从源头上就不会浪费粮食；农民不能纵情饮酒作乐，那么农民就不会懒惰怠慢；大臣不大吃大喝，那么国家的政事就不会被拖延，君主也就不会有错误的举措。源头上不浪费粮食，农民不怠慢放松农业，那么荒地就一定能得到开垦了。

【原文】重刑而连其罪[①]，则褊急之民不讼[②]，很刚之民不斗[③]，怠惰之民不游，费资之民不作[④]，巧谀、恶心之民无变也[⑤]。五民者不生于境内，则草必垦矣。

【注释】①重刑：加重处罚力度。连其罪：即连坐。②褊急：心胸狭隘、性情急躁。讼：争嚷。③很刚：凶残暴戾。很，“狠”的古字。④费资之民：指奢侈浪费的人。作：起。⑤巧谀：花言巧语。恶心：心怀叵测。变：变诈。

【译文】加重处罚力度，并且建立连坐制度，那么那些心胸狭隘、性格暴躁的人就不敢争吵斗嘴，凶狠强悍的人便不再敢打架斗殴，懒惰的人也不敢到处游荡，喜欢挥霍的人也

不再会产生，善于花言巧语、心怀叵测的人就不敢再进行欺诈。这五种人在国内不任意胡来，那么荒地就一定能得到开垦了。

【原文】使民无得擅徙[1]，则诛愚[2]。乱农之民无所于食而必农[3]。愚心躁欲之民壹意，则农民必静[4]。农静诛愚，乱农之民欲农，则草必垦矣。

【注释】①徙：迁徙，搬家。②诛愚：愚昧。③乱：扰乱，不安心。④静：稳定，没有其他想法。

【译文】让百姓不能随便搬迁，那么就会愚昧迟钝，而那些不安心务农的人就失去混饭吃的地方，一定会去务农了。愚昧无知、性情浮躁的人也能专心从事农业生产了，那么农民就一定会安心务农。农民安心务农又愚昧迟钝，不安心务农的人也想去务农，那么荒地就一定能得到开垦了。

【原文】均出余子之使令[1]，以世使之[2]。又高其解舍[8]，令有甬官食[4]，槩[5]。不可以辟役[6]，而大官未可必得也，则余子不游事人[7]，则必农。农则草必垦矣。

【注释】①余子：指奴隶主贵族、卿大夫嫡长子以外的子弟。②世：指出身。③解舍：免除兵役和徭役。④有：取。甬官：掌管徭役的官吏。⑤槩：量米时将米刮平，使米与量器口平齐的工具。⑥辟：通"避"。⑦游：游历它处。事人：指作高门的家臣，以求逃避徭役。

【译文】统一发布有关卿大夫、贵族嫡长子以外子弟担负徭役赋税的法令，根据他们的出身让他们服徭役。提高他们免除服徭役的条件，让他们从掌管徭役的官吏那里领取粮食，而不多付给粮食照顾他们。不可能逃避徭役，也不能通过游历结交权贵而做大官，那么那些子弟就不再四处游历投靠权贵，而一定会去务农。这些人去务农，那么荒地就一定能得到开垦了。

【原文】国之大臣诸大夫，博闻、辩慧、游居之事[1]，皆无得为；无得居游于百县，则农民无所闻变见方[2]。农民无所闻变见方，则知农无从离其故事[3]，而愚农不知，不好学问。愚农不知，不好学问，则务疾农。知农不离其故事，则草必垦矣。

【注释】①辩慧：巧辩。游居：周游。②变：通"辩"。方：广博。③知：同"智"，有头脑。故事：旧事，旧业。

【译文】国家的大臣诸大夫们，不准做那些提高闻见、辩论、周游居住外乡之类的事；不准许到各郡县去居住游说，那么农民就无从听到奇谈怪论增广见闻。农民没有地方听到奇谈怪论增广见闻，那么有头脑的农民就没有办法脱离他们原本从事的农业，而那些愚昧的农民就会无知，不喜欢学问。愚昧的农民无知，不喜欢学问，那么就会积极务农。有头脑的农民不脱离他们原来所从事的农业，那么荒地就一定能得到开垦了。

【原文】令军市无有女子[1]，而命其商令人自给甲兵，使视军兴[2]。又使军市无得私输粮者，则奸谋无所于伏[3]，盗粮者无所售[4]，输粮者不私稽[5]，轻惰之民不游军市。盗粮者无所售，送粮者不私稽，轻惰之民不游军市，则农民不淫，国粟不劳[6]，则草必垦矣。

【注释】①军市：军中的市场。②兴：动向。③伏：隐藏。④售：卖出去。⑤稽：贮存。

⑥劳:劳苦,此谓亏空。

【译文】命令军队的市场上不准有女子,还要命令军内市场上的商人自己给军队准备好铠甲兵器,让他们时刻关注军队军事行动的动向。要让军队内部的市场不能有私自运输粮食的人,那么那些打粮食主意的人举动就没办法隐藏。偷军粮的人没有地方卖出去,运粮食的人也不能私藏粮食,那些轻浮懒惰的人就不到军中市场上游荡。偷运的粮食不能卖出去,运送粮食的人无法私自储存,轻浮懒惰的人不到军中市场游逛,那么农民就不会被迷惑,国家的粮食就不会亏空,荒地就一定能开垦了。

【原文】百县之治一形,则徙迁者不饰[①],代者不敢更其制[②],过而废者不能匿其举[③]。过举不匿,则官无邪人。迁者不饰,代者不更,则官属少而民不劳[④]。官无邪,则民不敖[⑤]。民不敖,则业不败。官属少,则征不烦[⑥]。民不劳,则农多日。农多日,征不烦,业不败,则草必垦矣。

【注释】①徙迁:意谓调职升迁。饰:装饰,美化。②代者:指接替职位的人。③过:犯错。废:指免官。④官属:属吏,从属人员。⑤敖:游玩,此指离开故土。⑥烦:繁。

【译文】各郡县的政令和治理措施必须一致,那么到期离任和升迁的官吏就没有办法美化自己的政绩,接任的官吏也不能随意更改已有的制度,犯了错误被罢官的人不能隐瞒自己的错误。错误行为不能隐瞒,那么官吏中就会没有心术不端的人。升迁的人不用粉饰自己,接任的官吏不敢更改制度,那么官吏的从属人员就会减少,农民的负担就不会过重。官吏中没有心术不端的人,农民就不用离开故土四处躲避。农民不用四处躲避,那么农业就不会受到危害。官吏的从属人员少了,那么征收的赋税就不会多。农民的负担不重,那农民的闲暇时间就多。农民闲暇的时间多,征收的赋税也不多,农业不受损害,那么荒地就一定能得到开垦了。

【原文】重关市之赋[①],则农恶商,商有疑惰之心[②]。农恶商,商疑惰,则草必垦矣。

【注释】①关市:位于交通要道的市集。②疑:怀疑,此谓缺少信心。惰:不积极。

【译文】加重交通要道的市集上商品的税收,那么农民就会不敢轻易经商,商人也会对经商持怀疑的态度。农民不敢经商,商人对自己所从事的产业缺乏信心,那么荒地就一定能得到开垦了。

【原文】以商之口数使商[①],令之厮、舆、徒、童者必当名[②],则农逸而商劳[③]。农逸则良田不荒;商劳则去来赍送之礼无通于百县[④]。则农民不饥,行不饰[⑤]。农民不饥,行不饰,则公作必疾[⑥],而私作不荒,则农事必胜。农事必胜,则草必垦矣。

【注释】①使:役使,指摊派徭役。②厮、舆、徒、童:都是仆役的别称。当名:谓与户口所登记的相合。③农逸而商劳:按照古代的规定,除为官者,只有作仆役的人可以不按照户口的登记去服徭役。而商鞅规定商人家的仆役还需要按照户口去服徭役,商人的负担就加重了。④赍:赠送。⑤饰:装饰。⑥作:耕作。

【译文】根据商人的家庭人口数量向他们摊派徭役,让他们家中的厮舆徒童等仆役都一定要按照官府登记注册的情况服徭役,那么相比之下农民的负担就会轻而商人的负担

就会重。农民负担轻，良田就不会荒芜；商人负担重，往来赠送的礼物就不会在各地通行。如果这样，农民就不会饥饿，做什么事也不用装饰门面。农民不挨饿，做事不装门面，那么他们就一定会对公田的耕作积极努力，并且个人的田地也不会荒废，那么在农业上的事就会得到好的发展。农业上的事发展好了，那么荒地就一定能开垦了。

【原文】令送粮无得取僦[1]，无得反庸[2]。车牛舆重[3]，役必当名。然则往速徕疾，则业不败农[4]。业不败农，则草必垦矣。

【注释】①僦：雇车。②反：通"返"，返回。庸：此处意同"佣"，雇佣。③舆重：指载重量。④业：事，指运粮之事。

【译文】下令运送粮食不能雇别人的车子，更不准运粮车辆在返回时私自搭载其他货物。车、拉车的牛、车子的载重量服役时一定要同注册登记的一致。如果这样的话，那么运粮车就会往返迅速，运粮的环节就不耽误农业生产。运粮的环节不耽误农业生产，那么荒地就一定能够得到开垦了。

【原文】无得为罪人请于吏而饟食之[1]，则奸民无主。奸民无主，则为奸不勉[2]。为奸不勉，则奸民无朴[3]。奸民无朴，则农民不败。农民不败，则草必垦矣。

【注释】①饟：通"饷"，送饭。食：使……吃。②勉：受到鼓励。③朴：根。

【译文】不准许为犯人向官吏求情并且给他们送食物让他们好吃好喝，那么作奸犯科的人就没有了指望。作奸犯科的人没有了指望，那么他们做坏事就没了劲头。做坏事没有劲头，那么作奸犯科的人就没有了根儿。作奸犯科没有了根儿，那么农民就不会受到他们的危害。农民不会受到危害，那么荒地就一定能开垦了。

农战第三

【题解】

农战，即农业和军事。商鞅认为重农重战是治国、强国、富国的根本。所谓"国之所以兴者，农战也""国待农战而安，主待农战而尊"。要使百姓高度重视农战，就要以农战作为奖赏的唯一条件，让一切利益都由农战得来。同时，要排除干扰民众积极从事农战的因素，亦即贬学抑商。商鞅认为"乐学""事商贾"将使人心浮荡，国力衰退。所以堵住这些人获得名利的其他途径，就能够从根本上遏制浮华空谈之风。文章多从正反两个方面进行反复对比论证，并多处采用递进、排比句式，增强了说服力。商鞅的农战思想在短期内提高了秦国的国力，为秦国的强盛奠定了基础。

【原文】凡人主之所以劝民者[1]，官爵也。国之所以兴者，农战也。今民求官爵，皆不以农战，而以巧言虚道[2]，此谓劳民[3]。劳民者，其国必无力。无力者，其国必削。

【注释】①劝：勉励。②虚道：指空泛无用的说教。③劳：懒惰，使懒惰。

【译文】通常君主用来勉励民众的是官职和爵位。可是国家得以强大的根本却是农

业和军事。现在民众求取官爵都不是凭借农耕和作战的功绩，而是靠花言巧语和空洞无物的说教，这叫作使百姓怠惰。使百姓怠惰的国家，统治必然软弱无力。统治软弱无力，那么国力就会被削弱。

【原文】善为国者，其教民也，皆作壹而得官爵[①]。是故不作壹，不官无爵[②]。国去言则民朴，民朴则不淫[③]。民见上利之从壹空出也[④]，则作壹。作壹，则民不偷营[⑤]。民不偷营，则多力。多力，则国强。今境内之民皆曰："农战可避，而官爵可得也。"是故豪杰皆可变业[⑥]，务学《诗》《书》，随从外权[⑦]，上可以求显[⑧]，下可以求官爵；要靡事商贾[⑨]，为技艺，皆以避农战。具备[⑩]，国之危也。民以此为教者，其国必削。

【注释】①作：从事。壹：指农战。②不：无。③淫：放纵。④利：赏禄。壹空：即一孔，一途。空，通"孔"。⑤偷营：谓私下从事农战以外的事。⑥可：肯。⑦随从：追随。外权：国外势力。⑧显：荣誉。⑨要靡：与豪杰对文，指平庸之人。⑩具备：意谓以上的情况都出现。

【译文】善于治理国家的君主，他教化民众都是要求通过专心农战来得到官职和爵位。因此不专心农战就不会得到官职也没有爵位。国家摒弃空谈民众就朴实，民众朴实就不放纵。民众看见国家给人们的赏禄都是从农耕与作战这一途径发出，那么便会专心从事农耕和作战。民众专心从事农耕和作战，就不会苟且谋求其他事务。民众不苟且谋求其他事务，力量就会增强。力量增强，国家就会强大。现在国内的民众都说："农耕和作战可以逃避，而官职和爵位同样能够得到。"所以那些豪杰之士都不惜改变自己的本行，而专门学习《诗》《书》，追随国外的权势，好的可以得到高位，次一点也能得到一官半职；而那些平庸之人便去经商，搞手工业，凭借这些方式来逃避农耕和作战。以上情况如果都出现，国家就要危险了。国君用以上两种行为来教育民众，这个国家的实力就一定会削弱。

【原文】善为国者，仓廪虽满，不偷于农[①]；国大民众，不淫于言，则民朴壹[②]。民朴壹，则官爵不可巧而取也。不可巧取，则奸不生。奸不生则主不惑。今境内之民及处官爵者，见朝廷之可以巧言辩说取官爵也，故官爵不可得而常也[③]。是故进则曲主[④]，退则虑所以实其私[⑤]，然则下卖权矣[⑥]。夫曲主虑私，非国利也，而为之者，以其爵禄也；下卖权，非忠臣也，而为之者，以末货也[⑦]。然则下官之冀迁者皆曰[⑧]："多货，则上官可得而欲也。"曰："我不以货事上而求迁者，则如以狸饵鼠尔，必不冀矣。若以情事上而求迁者[⑨]，则如引诸绝绳而求乘枉木也[⑩]，愈不冀矣。二者不可以得迁，则我焉得无下动众取货以事上，而以求迁乎？"百姓曰："我疾农，先实公仓，收余以食亲[⑪]。为上忘生而战，以尊主安国也。仓虚，主卑，家贫，然则不如索官！"亲戚交游合[⑫]，则更虑矣。豪杰务学《诗》《书》，随从外权；要靡事商贾，为技艺，皆以避农战，民以此为教，则粟焉得无少，而兵焉得无弱也！

【注释】①偷：懒惰，此指松懈。②朴：专心。③常：指封官授爵的法典。④曲主：曲意逢迎君主。⑤实其私：满足自己的私欲。⑥卖权：卖弄权势，谓玩弄权术。⑦末：追逐。货：货利，财利。⑧冀：希望。迁：升迁。⑨情：实情。⑩乘：登，升。枉：弯曲。⑪食：供

养。⑫交游:聚在一起。合:达成一致。

【译文】善于治理国家的君主,粮仓虽满也不放松农耕;国家的土地广大、人口众多,不让空洞无物的言论泛滥,那样民众就会专心于农战。民众专心农战,那么官职和爵位就不能靠花言巧语来取得。不能靠花言巧语来取得官职和爵位,那么奸猾的人就不会产生。奸民不产生,君主就不会受迷惑。现在国内的民众以及据有官爵的人看见朝廷中能靠巧妙的空谈、诡辩的说教来获得官职和爵位,所以认为官爵不可能靠国家制定的用人法规获得。因此这些人上朝便曲意逢迎君主,回家便琢磨怎样来满足自己的私欲,这样,他们就会在下面玩弄权术。曲意逢迎君主图谋自己的私利,就不会对国家有利,他们这样做的目的是为了得到爵位和厚禄;私下玩弄权术就不是忠臣,他们这么做的原因,就是为追求财利。如果这样的话,下面希望升迁的官员便说:"财产多了,就能得到想要的高官。"并且还说:"我如果不用金钱财物贿赂上级来求得升迁,那就像用猫做诱饵引老鼠上钩一样,一定不会有成功的希望。假如用为官任职的实际政绩呈给上级来求得升迁,那么就像牵着已经断了的绳子想爬上弯木一样,更加没有希望了。因为这两种办法都不能得到升迁,那我怎能不到下面去役使民众搜刮钱财来贿赂上级,而谋求升官呢?"百姓说:"我积极务农,先装满国家的粮仓,收取剩下的粮食供养亲人。替君主舍生忘死去作战,来使君主尊贵国家安定。现在,国家的粮仓空虚,国君地位卑微,家庭贫穷,这样还不如谋取个官做。"亲戚朋友在来往议论中会达成同样的认识,就会改变从事农战的想法。豪杰之士专心学习《诗》《书》,追随国外的权势人物;普通人会去经商,搞手工业,人们都靠这些来逃避农耕和作战。用这种现实来教化民众,那么国库的粮食怎能不减少,而军队的实力怎能不被削弱呢?

【原文】善为国者,官法明,故不任知虑①;上作壹,故民不偷营,则国力抟②。国力抟者强,国好言谈者削。故曰:农战之民千人,而有《诗》《书》辩慧者一人焉③,千人者皆怠于农战矣。农战之民百人,而有技艺者一人焉,百人者皆怠于农战矣。国待农战而安,主待农战而尊。夫民之不农战也,上好言而官失常也。常官,则国治;壹务,则国富。国富而治,王之道也。故曰:王道非外,身作壹而已矣。

【注释】①知:同"智"。虑:谋划。②抟:聚集,凝聚。③焉:于此,在这里。

【译文】善于治理国家的君主,任用官吏的法规严明,所以不起用那些头脑太灵活的人;君主专心于农耕和作战,所以民众就不会苟且经营农耕作战以外的行业,那么国家的力量就集中到农耕作战上。国家的力量集中就会强大,国家崇尚空谈力量就会被削弱。所以说:从事农耕和作战的民众有一千人,里面出现一个学《诗》《书》而巧言善辩的人,那么这一千人都会对从事农耕作战松懈了。从事农耕作战的民众有一百人,出现一个搞手工业的人,那么这一百人就都会放松了农耕和作战。国家依赖农耕和作战而安全,君主依靠农耕和作战才能尊贵。民众不从事农耕和作战,那是因为君主喜欢虚伪的空谈而不按照法规选用官吏。依法选用官吏,国家就能做到政治清明;专心务农,国家就会富强。国家富强而政治清明,这是称王天下的道路。所以称王天下的办法没有别的,就是

自己专心从事农耕和作战罢了。

【原文】今上论材能知慧而任之，则知慧之人希主好恶[①]，使官制物以适主心[②]。是以官无常，国乱而不壹，辩说之人而无法也。如此，则民务焉得无多[③]？而地焉得无荒？《诗》《书》、礼、乐、善、修、仁、廉、辩、慧，国有十者，上无使守战[④]。国以十者治，敌至必削，不至必贫。国去此十者，敌不敢至。虽至，必却；兴兵而伐，必取；按兵不伐，必富。国好力者以难攻[⑤]，以难攻者必兴；好辩者以易攻[⑥]，以易攻者必危。故圣人明君者，非能尽其万物也，知万物之要也。故其治国也，察要而已矣。

【注释】①希：通“睎”，观望。②制：处理，决断。③务：事务，此指行业。④守战：防守和进攻。⑤难：指“好力”之“力”，即加强农战，因为这种事做起来不容易，故曰难。⑥易：指“好辩”之“辩”，即崇尚虚谈，因为这种事做起来不费力，故曰易。

【译文】现在国君根据才能和智慧来用人，那么聪明的人就会察言观色根据君主的好恶做事，为官处理政务也千方百计迎合君主。因此，国家选用官吏不遵照用人的法规，国家就会混乱而没有统一的政策法令，善于巧舌游说的人就更加无法无天了。像这样，民众从事的其他职业怎么会不多？而土地又怎么能不撂荒呢？《诗》《书》、礼制、音乐、为善、修身、仁爱、廉洁、善辩、聪慧，国家有这十种事务，君主就无法让民众防守作战。国家用这十种东西来治理，敌人进犯国土就一定被割削，敌人不来进犯国家也一定会贫穷。若国家没有这十种东西，敌人就不敢来侵犯。即使来了，也一定会被赶走；如果发兵前去征伐他国，一定能取胜；如果按兵不动不去征伐，就一定会富足。注重耕战的国家以耕战的优势进攻，以耕战的优势进攻的国家一定会兴旺；喜欢空谈的国家以不实的想法去进攻，以不实的想法进攻的国家就一定会危险。所以那些成为圣人和明主的人，并不是能任意地运用万物，而是掌握了万事万物的规律和要领。因此他们治理国家的办法，就是辨明要领罢了。

【原文】今为国者多无要。朝廷之言治也，纷纷焉务相易也[①]。是以其君惛于说[②]，其官乱于言，其民惰而不农。故其境内之民，皆化而好辩乐学，事商贾，为技艺，避农战。如此，则不远矣。国有事，则学民恶法[③]，商民善化，技艺之民不用，故其国易破也。夫农者寡而游食者众，故其国贫危。今夫螟、螣、蚼蠋春生秋死[④]，一出而民数年不食。今一人耕而百人食之，此其为螟、螣、蚼蠋亦大矣。虽有《诗》《书》，乡一束[⑤]，家一员[⑥]，犹无益于治也，非所以反之之术也[⑦]。故先王反之于农战。故曰：百人农一人居者，王；十人农一人居者，强；半农半居者，危。故治国者欲民者之农也[⑧]。国不农，则与诸侯争权不能自持也[⑨]，则众力不足也。故诸侯挠其弱[⑩]，乘其衰[⑪]，土地侵削而不振，则无及已。

【注释】①纷纷焉：众说纷纭的样子。务：一定。相易：各持一说。②惛：糊涂。③学民：指有学识的人。④螟、螣：两种专吃小苗的害虫。蚼蠋：一种似蚕的害虫。⑤乡：古代居民单位，大约两千家为一乡。一束：一捆。⑥员：卷。⑦反：转变，指改变现状。⑧之：到，此谓从事。⑨自持：自保。⑩挠：侵扰。⑪乘：侵犯。

【译文】现在治理国家的人多不得要领。在朝廷讨论治国的方法时，众人七嘴八舌都

想改变对方的观点。因此，国君被不同的说法弄得糊里糊涂，而官吏被这些言谈弄得昏头涨脑，国中的民众也懒散不愿意从事农耕。所以那些国家的民众，都变得喜欢空谈和从事学习，经商，搞手工业，逃避农耕和作战。如果这样，那国家离灭亡就不远了。国家动荡，而那些有知识的人讨厌法规，商人善于变化，手工业者无所用，所以这个国家就容易被攻破。从事农耕的人少而靠巧言游说吃饭的人数众多，所以这个国家就贫困而危险。就像那些危害农作物的螟、螣、蚼蠋等害虫虽然春生秋死，但只要它们出现一次，民众就会多年歉收没有饭吃。现在一个人种地却供应一百个人吃饭，那么这些人比螟、螣、蚼蠋等害虫的危害更大。如果这样，虽然《诗》《书》，每个乡有一捆，每家有一卷，对治理国家也一点用处也没有，这不是改变现状的办法。所以以前君主转而依靠农耕和作战来突破困境。因此说：如果一百人从事耕作一个人闲着，这个国家就能称王天下；十个人从事农耕一个人闲着，这个国家就会强大；有一半人从事农耕有一半人闲着，这个国家就危险了。所以治理国家的人都想让民众去务农。国家不重视农耕，就会在诸侯争霸时不能自保，这是因为能够使用的民力不足。因此，其他诸侯国就乘其衰弱来侵扰它，乘其衰微来进犯它，土地就会被侵占从此一蹶不振，到那时就来不及想办法了。

【原文】圣人知治国之要，故令民归心于农。归心于农，则民朴而可正也，纯纯则易使也[①]，信可以守战也。壹，则少诈而重居[②]；壹，则可以赏罚进也；壹，则可以外用也。夫民之亲上死制也[③]，以其旦暮从事于农。夫民之不可用也，见言谈游士事君之可以尊身也、商贾之可以富家也、技艺之足以𫗦口也[④]。民见此三者之便且利也，则必避农。避农，则民轻其居，轻其居则必不为上守战也。凡治国者，患民之散而不可抟也。是以圣人作壹，抟之也。国作壹一岁者，十岁强；作壹十岁者，百岁强；作壹百岁者，千岁强；千岁强者王。君修赏罚以辅壹教，是以其教有所常，而政有成也。

【注释】①纯纯：诚恳的样子。②重居：重土难迁。③制：遵从。④𫗦口：糊口。𫗦，同“糊”。

【译文】圣贤的君主懂得治理国家的要领，因此命令民众都把心思放在农业上。专心务农，那么民众朴实而好管理，诚实就容易役使，一定可以用来守城作战。民众专心耕种作战，那么就很少有奸诈之事而且重土难迁；民众专心于农耕作战，那么就能用奖赏和惩罚的办法来鼓励上进；民众专心于农耕作战，就可以用他们来对外作战。民众亲附君主并且死心塌地地遵从，是因为他们一天到晚都从事农耕的缘故。民众不听从管理效力国家，是因为他们看见空谈游说的人逢迎君主也可以使自己得到尊贵的地位、商人也可以发财致富、手工业者也能以此养家糊口。民众看到这三种人的职业轻松又可以赚钱，就一定会逃避农耕。逃避农耕，那么民众就会不在意自己居住在什么地方。不在意自己居住在什么地方，那么就一定不会替君主守土作战。凡是治理国家的人，都害怕民心涣散不能凝聚。所以英明的君主实行农战政策，就是要凝聚民众。如果民众专心于农耕和作战一年，国家就能强大十年；如果民众专心于农耕和作战十年，国家就能强大一百年；如果民众专心于农耕和作战一百年，国家就能强大一千年；强大一千年就能称王于天下。

君主制定赏罚作为农战政策的辅助手段，所以对民众的教化有常法，治理国家也就会有成绩。

【原文】王者得治民之至要，故不待赏赐而民亲上，不待爵禄而民从事，不待刑罚而民致死。国危主忧，说者成伍，无益于安危也。夫国危主忧也者，强敌大国也。人君不能服强敌破大国也，则修守备，便地形[①]，抟民力，以待外事[②]，然后患可以去，而王可致也。是以明君修政作壹，去无用，止浮学事淫之民，壹之农，然后国家可富，而民力可抟也。

【注释】①便地形：谓占领有利地形。便，有利。②外事：指外来进犯。

【译文】君主掌握了统治民众的最关键原则，所以不等君主实行赏赐，民众便亲附于君主；不等君主封爵加禄，民众便从事农战；不等君主使用刑罚，民众就拼死效命。在国家危亡、君主忧虑的时候，巧言善辩的空谈之士成群，却对国家的安危没有任何益处。国家面临危亡、君主忧虑是因为遇上了强大的敌国。君主不能战胜强敌、攻破大国，那么就要修整防御设施，占据有利地形，集中民众力量来应付外来的入侵，这样威胁就可以消除了，而称王天下的目的也就达到了。因此英明的君主治理国家应专心于农耕和作战，清除那些无用的东西，禁止那些学习空洞浮华的学问和从事游说等不正当职业的民众，让他们专心于农耕，这样国家就能富强，民众的力量也可以凝聚了。

【原文】今世主皆忧其国之危而兵之弱也，而强听说者[①]。说者成伍，烦言饰辞而无实用[②]。主好其辩[③]，不求其实。说者得意，道路曲辩，辈辈成群[④]。民见其可以取王公大人也，而皆学之。夫人聚党与，说议于国，纷纷焉。小民乐之，大人说之[⑤]。故其民农者寡而游食者众。众，则农者殆；农者殆，则土地荒。学者成俗[⑥]，则民舍农从事于谈说，高言伪议。舍农游食而以言相高也，故民离上而不臣者成群。此贫国弱兵之教也。夫国庸民以言[⑦]，则民不畜于农[⑧]。故惟明君知好言之不可以强兵辟土也，惟圣人之治国作壹，抟之于农而已矣。

【注释】①强：优越，使优越。②烦：多。饰：巧诈。③辩：言辞华美。④辈辈：一批一批，一伙一伙。⑤说：通“悦”。⑥成俗：形成风气。⑦庸：任用。⑧畜：喜好。

【译文】现在各国国君都担心自己的国家危急而军事力量薄弱，却愿意听游说之士空洞的议论，说客们成群结队，废话连篇花言巧语却没有什么实际用处。君主爱听他们华美的言辞，而不去探求这些言论的实用价值。因此说客们非常得意，无论走在什么地方都巧言诡辩，一伙又一伙成群结队。民众看这些人能用这种本领取悦王公大臣，便都向他们学习。于是这些人结成党羽，在国内高谈阔论，议论纷纷。普通百姓喜欢这样做，王公大臣也这样做。因此国中民众务农的人少而靠游说吃饭的人多。游说的人多，那么从事农耕的人便会怠惰；务农的人怠惰，那么田地就会荒芜。学习花言巧语空谈成风，民众就会放弃农耕而去以谈说为业，高谈阔论。民众放弃农耕，游走混饭吃并凭花言巧语获取尊崇，所以民众远离君主，而不臣服的人成群结队。这是使国家贫穷、军队薄弱的统治措施。如果国家凭空谈任用民众，那么民众就不喜欢从事农耕。因此只有英明的君主知道喜欢空谈不能用来强军辟壤，只有圣明的人治理国家采用一个办法，把民众的力量集

中到农业上罢了。

去强第四

【题解】

去强，就是清除那些敢于与国家抗衡的民众。本篇主要讨论采取什么样的措施消除百姓不听从政令的弊端。民强则会和国家对抗，民弱则听从国家安排。治理百姓有强民政策和弱民政策，作者认为要去强需要使用弱民政策，即赏罚并用，以农战为赏罚的依据，使百姓专心农战；重罚轻赏，所谓“刑九赏一”，“以刑去刑”，彻底清除不听从政令的现象；指出儒家的诗书礼义是导致民众不听从政令的原因之一。另外，篇中指出要从户口管理、吏治、关乎国计民生的数据的统计、粮食的储存等方面加强统治，从中体现出法家严苛的本质。

【原文】以强去强者[①]，弱；以弱去强者[②]，强。国为善[③]，奸必多。国富而贫治[④]，曰重富[⑤]，重富者强。国贫而富治，曰重贫，重贫者弱。兵行敌所不敢行[⑤]，强。事兴敌所羞为[⑦]，利。主贵多变，国贵少变。国少物[⑧]，削；国多物，强。千乘之国守千物者削[⑨]。战事兵用而国强[⑩]，战乱兵怠而国削。

【注释】①强：前一个“强”指强民政策，即后文所谓“礼、乐、《诗》《书》、善、修、孝、弟、廉、辩”等儒家教化。后一个“强”指强民，即不听从命令的百姓。②弱：指弱民政策，即重赏罚。③善：指善政，仁政。④贫治：即以贫治，使百姓富而不淫。⑤重：加倍。⑥兵行敌所不敢行：指战士敢于拼死作战。⑦事兴敌所羞为：指排斥儒家的礼义。⑧物：财物。⑨千乘之国守千物：此句意谓平均一辆兵车守一物，物少，故曰削。⑩事：治理，往事。用：效力。

【译文】运用强民的办法来清除不服从法令的民众，君主的统治会被削弱；运用弱民措施来清除不服从法令的民众，君主的统治就会加强。国家施行善政，奸诈之人一定会多。国家富强却当作穷国来治理，这样的国家会富上加富，富上加富的国家一定强大。国家贫穷却当作富国来治理，这就叫穷上加穷，穷上加穷的国家一定衰弱。军队能做敌人所不敢做的事就强大。在国家大事上能做敌人认为耻辱不愿做的事就有利。君主贵在多谋善变，国家贵在法制稳定。国家财物少，就会衰弱；国家财物多，就会强大。有一千辆兵车只守有千物的国家就会削弱。行军打仗指挥有方，士兵效命的国家就强大，打仗时指挥混乱士兵怠惰的国家就会削弱。

【原文】农、商、官三者，国之常官也[①]。三官者，生虱害者六[②]：曰岁、曰食、曰美、曰好、曰志、曰行[③]。六者有朴[④]，必削。三官之朴三人，六害之朴一人[⑤]。以法治者，强；以政治者[⑥]，削。常官治省，迁官治大[⑦]。治大，国小；治小，国大[⑧]。强之，重削；弱之，重强。夫以强攻强者亡，以弱攻强者王。国强而不战，毒输于内[⑨]，礼乐虱害生，必削；国遂战，毒

输于敌,国无礼乐虱害,必强。举劳任功曰强[⑩],虱害生必削。农少、商多,贵人贫、商贫、农贫,三官贫,必削。

【注释】①官:职业。②虱害:像虱子一样为害。③岁、食、美、好、志、行:岁的害处指农民游惰,使年岁歉收。事的害处指农民不务本业,白吃粮米。美的害处指商人贩卖华丽的东西。好是玩好,好的害处指商人贩卖玩好的物品。志的害处指官吏营私舞弊的思想。行的害处指官吏贪赃枉法的行为。④朴:根,根源。⑤一人:指君王。⑥政:政令。⑦大:多。⑧国小、国大:指国家力量的大小。⑨毒:指虱害。输:灌输,产生。⑩举:推选。

【译文】农民、商人、官吏这三种人,从事的是国家常见的职业。这三种人产生了六种危害:"岁"害、"食"害、"美"害、"好"害、"志"害、"行"害,这六种危害生了根,国家力量一定削弱。农、商、官这三种职业的根源在从事它们的三种人身上,而六种危害的根源却在国君一个人身上。能用法律来治国,国家就强;专靠政教来治国,国家就弱。任用官吏有常典,治道就简洁;胡乱调动官员,治道就烦琐。治道烦琐,国家就会弱小。治道简洁,国家就会强大。使人民强大不守法,国家就会越来越削弱;使人民弱小遵纪守法,国家就会越来越强大。采用使民众变得强大的政策来整治不守法的百姓的国家就要亡国,采用使民众变得软弱的政策来整治不守法的百姓的国家就能成就王业。国强而不去征伐,毒害会产生于国内,礼乐等危害产生了,国力必然会削弱;国家进行征伐,毒害转嫁到国外,国内没有礼乐等危害,国家必定强大。任用有功劳的人国家就强大,胡乱用人危害产生国家就削弱。农民少商人多,因而公卿官吏贫穷了,商人贫穷了,农民贫穷了。这三种人都贫穷了,国家必被削弱。

【原文】**国有礼、有乐、有《诗》、有《书》、有善、有修、有孝、有弟、有廉、有辩[①]。国有十者,上无使战,必削至亡;国无十者,上有使战,必兴至王。国以善民治奸民者,必乱至削;国以奸民治善民者,必治至强。国用《诗》《书》、礼、乐、孝、弟、善、修治者,敌至,必削国;不至,必贫。国不用八者治,敌不敢至,虽至必却。兴兵而伐,必取,取必能有之;按兵而不攻,必富。国好力,曰以难攻;国好言,曰以易攻。国以难攻者,起一得十;国以易攻者,出十亡百。**

【注释】①修:贤良。弟:同"悌",敬爱兄长。辩:指智慧。

【译文】国家有礼、乐、《诗》《书》、仁善、贤良、孝敬父母、尊敬兄长、廉洁、智慧。国家有了这十种东西,国君就是不让民众去打仗,国家也一定会削弱以至灭亡;国家如果没有这十种东西,君主就是让民众去打仗,国家也一定会兴旺以至称王天下。用所谓良民来统治所谓奸民的国家,就一定会发生动乱直至被削弱;国家用所谓奸民来统治所谓良民,就一定会治理好直至强大。国家采用《诗》《书》、礼、乐、孝悌、仁善、贤良等儒家思想来治理,敌人来了,国家一定被削弱;敌人不来入侵,国家也一定会穷困。不采用这八种儒家思想治理国家,敌人就不敢来人侵,即使来也会被打退。如果发兵去讨伐别的国家,就一定能夺取土地,而且夺取了土地还能够占有它;如果按兵不动,不去攻打别国,就一定

会富足。国家重视实力,叫作以耕战的优势进攻。国家喜欢空谈,叫作以不实的想法攻打别国。国家以耕战的优势攻打别国,用一分力气得到十倍的收获;国家用容易做到的谈话之事为资本攻打别国,出十分的力气。就会丧失百倍的利益。

【原文】重罚轻赏,则上爱民,民死上;重赏轻罚,则上不爱民,民不死上。兴国行罚,民利且畏[①];行赏,民利且爱。国无力而行知巧者[②],必亡。怯民使以刑,必勇;勇民使以赏,则死。怯民勇,勇民死,国无敌者,强。强,必王。贫者使以刑,则富;富者使以赏,则贫[③]。治国能令贫者富,富者贫,则国多力,多力者王。王者刑九赏一,强国刑七赏三,削国刑五赏五。

【注释】①利:喜欢。②知巧:智谋巧诈。③"贫者使以刑"二句:即《说民》篇之"贫者益之以刑,则富;富者使之以赏,则贫。"

【译文】加重刑罚减少赏赐,那么国君爱护民众,民众就会为君主拼死效命;加重赏赐减轻刑罚,那么君主不爱护民众,民众也不为君主卖命。强盛的国家使用刑罚,民众喜欢又畏惧;使用赏赐,民众喜欢又贪图。没有实力而使用智谋和欺诈的国家,就一定会灭亡。对于胆小的人用刑罚来让他们作战,一定会勇敢;对勇敢的人使用奖赏的办法,他们就会拼死效力。胆小的人勇敢,勇敢的人不怕死,国家就没有敌手,这样的话就强大。国家强大,就一定能称王天下。用刑罚来役使穷人,让他们去务农,那就会富;对富人施行奖赏,让他们用钱粮买官,那就会变穷。治理国家能让穷人变富,富人变穷,那么这个国家就能实力雄厚,实力雄厚的就可以称王天下。称王天下的国家用九分的刑罚一分的赏赐,强国刑罚占七分赏赐只占三分,弱国的刑罚占五分赏赐也占五分。

【原文】国作壹一岁[①],十岁强;作壹十岁,百岁强;作壹百岁,千岁强;千岁强者,王。威,以一取十,以声取实,故能为威者王。能生不能杀[②],曰自攻之国,必削;能生能杀,曰攻敌之国,必强。故攻害、攻力、攻敌[③],国用其二舍其一,必强;令用三者,威,必王。

【注释】①作壹:即专一于农战。②生:培养实力。杀:消耗力量。③攻害:即消灭虱害。攻力:消耗实力。

【译文】国家专心从事耕战一年,就能强大十年;专心从事耕战十年,就能强大一百年;专心从事耕战一百年,就能强大一千年;能够保持一千年都强大的国家,就能称王天下。国家有威势,就能以一取十,先声夺人,所以能够有威势的国家就能称王天下。能积蓄实力却不能使用实力的国家,叫作"攻打自己"的国家,这样的国家一定会削弱;能积蓄实力也能使用实力的国家,叫作"攻打敌国"的国家,这样的国家一定强大。因此,消灭虱害,使用实力,攻打敌国这三点,国家使用其中的两项,舍弃其中的一项,一定强大;假如三项全部使用,国家就会有威势,必定称王天下。

【原文】十里断者[①],国弱;五里断者,国强。以日治者王,以夜治者强,以宿治者削。

【注释】①里:古代居民行政单位,通常五家为邻,五邻为里。断:决断。

【译文】政事在十个里之内才能做出决断的,国家就弱;在五个里之内能做出决断的,国家就强大。在当日就能处理好政务的国家就能称王天下,在当夜才能处理好政务的国

家就强大,第二天才能处理好政务的国家就会被削弱。

【原文】举民众口数,生者著[①],死者削[②]。民不逃粟[③],野无荒草,则国富,国富者强。

【注释】①著:著录。②削:除去。③逃粟:逃避赋税。

【译文】凡是民众的人数,活着的人登记造册,死了的人要从户口上销掉。如果这样,民众就不能逃避赋税,田野上就没有荒草,那么国家就能富足,国家富足也就强大了。

【原文】以刑去刑[①],国治;以刑致刑[②],国乱。故曰:行刑重轻[③],刑去事成,国强;重重而轻轻[④],刑至事生,国削。刑生力,力生强,强生威,威生惠。惠生于力。举力以成勇战,战以成知谋。

【注释】①以刑去刑:指用刑重而民众不敢犯法,就是以刑罚杜绝了犯罪。②以刑致刑:指用轻刑而民众不惧怕犯罪,就是以刑罚导致了犯罪。③重轻:轻罪重罚。④重重:重罪重罚。轻轻:轻罪轻罚。

【译文】用重刑杜绝犯罪,国家就能大治;用轻刑导致犯罪,国家会混乱。所以说:加重刑于轻罪,刑罚就是不用也能将事情办成,这样的国家才能强大;重罪重罚、轻罪轻罚,即使用了刑罚,犯法的事情却不断发生,国家会被削弱。刑罚能够衍生实力,实力能产生强大,强大能产生威势,威势能产生恩惠。所以,恩惠是从实力中产生的。崇尚实力能用来成就勇敢作战,作战才能产生出智慧和计谋。

【原文】金生而粟死[①],粟生而金生。本物贱[②],事者众,买者少,农困而奸劝[③],其兵弱,国必削至亡。金一两生于竟内[④],粟十二石死于竟外[⑤];粟十二石生于竟内,金一两死于竟外。国好生金于竟内,则金粟两死,仓府两虚[⑥],国弱;国好生粟于竟内,则金粟两生,仓府两实,国强。

【注释】①金生而粟死:意谓钱赚来了,而自己的粮食却卖出去了。②本物:谷物。③劝:受到鼓励。④竟:通“境”。⑤石:古代计量单位,十斗为一石。⑥仓:粮仓。府:金库。

【译文】有了金钱就没有了粮食,有了粮食就等于有了金钱。粮食价格低廉,而从事农耕的人多,买粮食的人就少,农民就贫困,奸诈的商人就得到鼓励,如果这样兵力就弱,国家的实力一定会被削弱以至灭亡。国内赚到一两黄金,就会有十二石的粮食运到国境外;国内购入十二石粮食,就有一两黄金运到国外。国家喜欢赚取黄金,那么黄金和粮食都会损失,粮仓和金库都会空虚,国家会弱小;国家喜欢在境内囤积粮食,那么粮食和黄金都能获得,粮仓、金库都会充实,国家就强大。

【原文】强国知十三数:竟内仓府之数,壮男壮女之数,老弱之数,官士之数[①],以言说取食者之数,利民之数[②],马、牛、刍藁之数[③]。欲强国,不知国十三数,地虽利,民虽众,国愈弱至削。

【注释】①官:官吏。士:知识阶层。②利民:农民。③刍藁:指柴草。刍,打草。藁,植物的茎杆。

【译文】使国家强大要知道十三种事物的数目:境内粮仓、金库的数目,壮年男子、壮

年女子的数目，老人、小孩的数目，官吏、士人的数目，靠游说吃饭的人的数目，农民的数目，马、牛、柴草的数目。想要使国家强大，不知道国家的这十三种事物的数目，土地即使肥沃，人口虽然众多，国家也难免越来越弱。

【原文】国无怨民曰强国。兴兵而伐，则武爵武任[1]，必胜。按兵而农，粟爵粟任[2]，则国富。兵起而胜敌、按兵而国富者王。

【注释】①武爵武任：按照军功赏赐任用。②粟爵粟任：按照种粮的多少赏赐任用。

【译文】国内没有对君主有怨言的民众叫强国。如果发兵去攻打别国，那么按军功的多少授予他们官职和爵位，就一定会取胜。如果按兵不动从事农耕，那么按生产缴纳粮食的多少授予官职和爵位，国家就一定富裕。发兵打仗就能战胜敌人、按兵不动就富足的国家就能称王天下。

说民第五

【题解】

说民，即论民。论述如何治理民众的问题。民众是国家的根本，国家的治与乱，其实就是民众的治与乱。文中指出"民胜其政，国弱；政胜其民，兵强"。"民胜法，国乱；法胜民，兵强。"所以，国家的政治与法令一定要强硬，以法治民。具体的措施就是摒弃不利国家统治的风气，用法令促使民众"弃易行难"，以重刑罚杜绝犯罪，以奖赏鼓励农战。研究民众的需求、针对民众的好恶，制定赏罚、引导民众从事农战。另外，强调提高行政效率也是一种比较独到的理念。而"令贫者富，富者贫"的举措，客观上起到了缩小贫富差距维持社会均衡的作用。

【原文】辩慧，乱之赞也[1]；礼乐，淫佚之征也[2]；慈仁，过之母也；任举，奸之鼠也[3]。乱有赞则行，淫佚有征则用，过有母则生，奸有鼠则不止。八者有群，民胜其政。国无八者，政胜其民。民胜其政，国弱；政胜其民，兵强。故国有八者，上无以使守战，必削至亡。国无八者，上有以使守战，必兴至王。

【注释】①赞：辅助。②征：征召，招引。③鼠：处，居处。

【译文】巧言善辩与聪明有智谋，是违法乱纪的帮手；礼与乐，是放荡淫乱的引子；仁与慈，是犯罪的根源；任用举荐，是奸邪的藏身之地。违法乱纪有了帮助才能流行，放荡有了引导才能起来，错误有了根源才能产生，奸邪有了藏身之地就无法制止。这八种东西结成群，民众的力量就会胜过政令。国家没有这八种东西，政令就会压服民众。民众的力量胜过政令，国家就会被削弱；政令能压制住民众，兵力就会强大。所以，国家如果有这八种东西，国君就没有办法派遣民众去防守和打仗，国家一定会被削弱甚至灭亡。国家没有这八种东西，国君就有办法役使民众去防守和打仗，国家就一定兴旺直至称霸天下。

【原文】用善[1]，则民亲其亲；任奸[2]，则民亲其制。合而复者[3]，善也；别而规者[4]，奸也。章善则过匿[5]，任奸则罪诛。过匿，则民胜法；罪诛，则法胜民。民胜法，国乱；法胜民，兵强。故曰：以良民治，必乱至削；以奸民治，必治至强。

【注释】①善：指重道义、仁善之人。②奸：与"善"相反。③合：合力。复：通"覆"，掩盖。④规：通"窥"，监视。⑤章：彰显。

【译文】任用所谓的"善民"，那么民众就只爱他们的亲人；任用所谓的"奸民"，那么民众就会遵守国家的法制。民众合力互相掩盖过失，这就是用所谓的"善民"的结果；民众疏远互相监督，这就是用所谓的"奸民"的结果。表彰所谓的"善民"，民众的罪过就会被掩盖起来；任用所谓的"奸民"，民众中的过错就会受到惩罚。民众的错误被掩盖，那么民众就凌驾在法规之上；民众的罪过受到惩罚，那么国家的法规就能压服民众。民众凌驾在法规之上，国家就会混乱；法规能够压服民众，国家的兵力就强大。所以说：用所谓的"善民"治理国家，国家就一定会乱套直至被削弱；用所谓的"奸民"治理国家，就一定能治理好国家直到强大。

【原文】国以难攻[1]，起一取十；国以易攻[2]，出十亡百。国好力曰以难攻，国好言曰以易攻。民易为言，难为用。国法作民之所难[3]，兵用民之所易，而以力攻者，起一得十；国法作民之所易，兵用民之所难，而以言攻者，出十亡百。

【注释】①难：难于做到的事，指靠农战增强国家的实力。②易：容易做到的事，指空谈。③作：鼓励。

【译文】国家用难以获得的耕战的实力去攻打其他国家，用一分力量能取得十分效果；国家用容易做到的空谈去攻打其他国家，用十分力量会损失百倍。国家崇尚实力叫作用难以得到的东西去攻打别国，国家崇尚空谈叫作用易于获得的东西去攻打别国。民众以空谈为易，以国家役使他们去从事农耕和作战为难。国家的法令鼓励民众做那些认为难以做到的事，战争中役使他们做那些事就会觉得很容易，用实力攻打他国，用一分力量能获得十倍的收获；国家的法规鼓励民众去做空谈那些容易做的事，战争中役使他们就会觉得很困难，用空谈攻打他国，那么付出十分的力量会损失百倍。

【原文】罚重，爵尊[1]；赏轻，刑威[2]。爵尊，上爱民；刑威，民死上。故兴国行罚，则民利；用赏，则上重。法详，则刑繁；刑繁，则刑省。民不治则乱，乱而治之又乱。故治之于其治，则治；治之于其乱，则乱。民之情也治，其事也乱。故行刑，重其轻者，轻者不生，则重者无从至矣，此谓治之于其治者。行刑，重其重者，轻其轻者，轻者不止，则重者无从止矣，此谓治之于其乱也。故重轻，则刑去事成，国强；重重而轻轻，则刑至而事生，国削。

【注释】①爵：爵位。②威：威势。

【译文】刑罚重，爵位才显得尊贵；赏赐轻，刑罚才更显威严。爵位尊贵，君王以此能够爱惜民众；刑罚有威严，民众因此拼死为君主效命。所以强盛的国家使用刑罚，民众会受益；施用奖赏，那么君主就会受到尊重。法令周详，那么刑罚就会繁多；刑罚繁多，那么受刑罚的人就会减少。民众不治理，国家就会混乱，混乱了才去治理它就会更乱。所以

要在社会安定的时候治理,国家才能治理好;在它混乱的时候去治理,就会更乱。民众的心里希望国家安定,他们做的事情却往往使国家动乱。所以使用刑罚,对民众犯的轻罪处以重的刑罚,那么轻微的犯罪就不会发生,严重的犯罪就不会出现。这就叫在国家安定的时候去治理。使用刑罚,对犯重罪的重罚,对犯轻罪的轻罚,那么轻微的犯罪不能杜绝,严重的犯罪就更无法制止了,这就叫在民众乱的时候去治理。所以轻罪重罚,那么刑罚能避免而社会也安定,国家就会强大;使用刑罚时重罪重罚而轻罪轻罚,那么虽然运用刑罚动乱却仍然发生,国家就会被削弱。

【原文】民勇,则赏之以其所欲;民怯,则杀之以其所恶[①]。故怯民使之以刑,则勇;勇民使之以赏,则死。怯民勇,勇民死,国无敌者,必王。

【注释】①杀:消除。

【译文】民众勇敢,那么国君就应该用民众想要的东西来奖赏他们;民众胆小,那么就用他们讨厌的东西消除他们的胆怯。因此,对胆小的民众使用刑罚,那么他们就会变得勇敢;对勇敢的民众使用奖赏,那么勇敢的民众就会拼死效力,胆小的民众变得勇敢,勇敢的民众拼死效力,国家没有可以抗衡的对手,一定能称霸天下。

【原文】民贫,则国弱;富,则淫。淫则有虱,有虱则弱。故贫者益之以刑[①],则富;富者损之以赏[②],则贫。治国之举,贵令贫者富,富者贫。贫者富,国强;富者贫,三官无虱[③]。国久强而无虱者,必王。

【注释】①故贫者益之以刑:此句意谓用刑罚强迫穷苦的百姓从事耕战,来增加财产。②富者损之以赏:此句意谓用赏赐诱使富裕的百姓捐献财物,来减少财产。③三官:指农、商、官。虱:虱害,危害。

【译文】民众贫穷,国家就弱;民众富裕,那么就会放纵自己。民众放纵就会产生虱害,有了虱害国家就会被削弱。所以对穷人用刑罚迫使他们参加耕战以增加收入,他们就会富足;对富裕的人用奖赏鼓励他们捐献财物来减少财富,他们就会变穷。治理国家的措施,最重要的是使贫穷的人变富裕,富裕的人变贫穷。贫困的人通过耕作变富裕,国家就会强大;富裕的人捐出财物变贫困,农民、官吏、商人这三种职业就不会有虱害产生。国家能长期保持强大又没有虱害产生,一定能称王天下。

【原文】刑生力,力生强,强生威,威生德,德生于刑[①]。故刑多,则赏重;赏少,则刑重。民之有欲有恶也,欲有六淫[②],恶有四难[③]。从六淫[④],国弱;行四难,兵强。故王者刑于九而赏出一[⑤]。刑于九,则六淫止;赏出一,则四难行。六淫止,则国无奸;四难行,则兵无敌。民之所欲万,而利之所出一。民非一,则无以致欲,故作一。作一,则力抟;力抟,则强。强而用,重强。故能生力能杀力,曰攻敌之国,必强。塞私道以穷其志[⑥],启一门以致其欲。使民必先行其所恶,然后致其所欲,故力多。力多而不用,则志穷;志穷,则有私;有私,则有弱。故能生力,不能杀力,曰自攻之国,必削。故曰:王者,国不蓄力,家不积粟。国不蓄力,下用也;家不积粟,上藏也。

【注释】①德:恩惠。②六淫:指《去强》篇中所说的六种虱害。③四难:指务农、力战、出钱、告奸四种人们厌恶的事。④从:通“纵”,放任。⑤九:虚数,意谓多。一:唯一,即农战。⑥穷:屈。志:指私心。

【译文】刑罚能够衍生实力,实力能够衍生强大,强大能衍生威力,威力能衍生恩惠,恩惠从刑罚而来。因此刑罚多,那么奖赏就显得丰厚;奖赏少,那么刑罚就严厉。民众有喜欢的事情也有讨厌的事情,民众所喜欢的事中有六种虱害,他们讨厌的事有四种。国家放任民众中这六种虱害,国家实力会被削弱;国家推行这四种民众畏难的事,兵力就强大。所以能称王天下的君主刑罚运用于多个方面,奖赏却只从农战这一个途径给出。刑罚用的方面多,那么六种虱害就能制止;奖赏从农战这一个途径给出,那么四种畏难的事就能推行。六种虱害被制止,那么国家就没有奸邪之事;四种难做的事能推行,那么军队就没有敌手。民众的欲望成千上万,可是能获得赏赐的只有农耕和作战一条路。民众不认可这一条路,那么就无法获得他们想要的东西,所以民众专心从事农耕和作战。民众专心从事农耕和作战,那么力量就能集中;力量集中,国家就会强大。国家强大又能用来攻敌,国家就会强上加强。因此,能够产生实力而又能使用实力的国家,叫作攻打敌人的国家,这样的国家一定强大。堵塞谋求个人私利的门路来断绝民众的私心,只打开农耕和作战这一条路满足民众的欲望。让民众一定先做他们所厌恶的事情,然后获得他们想得到的东西,所以国家的实力才能雄厚。实力雄厚却不用来攻敌,那么民众的愿望就会落空;民众的希望落空,那么民众就会产生私心;民众有了私心,那么国家的实力就会被削弱。因此,能够产生实力,而不能使用实力,叫作自己攻打自己国家,一定会被削弱。所以说:能够称王天下的君主,国家不储存实力,民众家中也不囤积粮食。国家不储存实力,是为了调动民众的力量;民众的家中不贮存粮食,是国家把粮食储藏在官仓中了。

【原文】国治:断家王①,断官强,断君弱。重轻,刑去。常官,则治。省刑,要保②,赏不可倍也③。有奸必告之④,则民断于心。上令而民知所以应,器成于家而行于官⑤,则事断于家。故王者刑赏断于民心,器用断于家。治明,则同;治暗,则异。同则行,异则止。行则治,止则乱。治,则家断;乱,则君断。治国者贵下断,故以十里断者弱,以五里断者强。家断则有余,故曰:日治者王。官断则不足,故曰:夜治者强。君断则乱,故曰:宿治者削。故有道之国,治不听君,民不从官。

【注释】①断:决断。家:家族。王:称王。②要:约定。保:指连保、连坐。③倍:古同“背”,违背,不守信用。④告:告发。⑤器:器物,产品。

【译文】治理国家有三种情况:在民众的家中能决断的国家能称霸天下,由官吏来决断的国家就强大,由国君来决断的国家就弱。轻罪重罚,犯罪就能杜绝。按法规来选用官吏,国家就能治理好。减少刑罚,就要在民众中建立连保制度,对那些应该行赏的不可失信。发现奸邪一定要告发它,那是由于民众的心中能判断是非。国君发布的命令民众明白应该响应,器物在民众的家中做成,得到官府的许可方可通行,那么事情在家中就能明确。所以成就霸业的君主奖赏和刑罚在民众心中十分明确,器物该是什么样在民众家中明确。社会政治清明,那么民众就会心齐;社会政治黑暗,民众就会产生异心。民众同

君主同心,国家的法令就能执行;民众同君主异志,国家的法令不能实行。国家的法令能执行,国家就能治理好;国家的法令不能实行,国家就会混乱。国家能治理好,民众在家中就能判断对错;国家混乱,那就要君主做决断。治理国家最可贵的是在民众中做出决断,所以十个里以内做出决断的国家弱,在五个里以内做出决断的国家强。事情在民众家就能决断,官府的办事时间就充足,因此说:当日办完政务的国家称王。事情都要到官府决断,官府的办事时间就会不足,因此说:在当夜把政务处理好的国家强大。政事必须由君主来决定,君主就会忙乱,所以说:第二天才以能处理好政务的国家会削弱。因此,治理得当的国家,官吏处理政务不必听从君主,民众处理事务也不必听从官吏。

算地第六

【题解】

算地,就是计算土地。这一节中商鞅论述了合理开发利用土地与强国的关系。“算地”是为了“任地待役”,即以地养战,保证军队的力量。其具体内容有:土地面积要和所居住的人口相适应;国土中山林、湖泊、溪流、都邑、道路、农田的比例要合理。而实现上述目标的方法是为提高民众从事农耕的积极性,篇中指出国君要充分利用人类趋利避害的本性,制定严苛的法令堵塞显荣佚乐之途,以“利出于地”“民资藏于地”的政策迫使百姓将力量投入到开荒种地上。

【原文】凡世主之患[①]:用兵者不量力[②],治草莱者不度地[③]。故有地狭而民众者,民胜其地[④];地广而民少者,地胜其民。民胜其地,务开[⑤];地胜其民者,事徕[⑥]。开,徕,则行倍[⑦]。民过地,则国功寡而兵力少;地过民,则山泽财物不为用。夫弃天物遂民淫者[⑧],世主之务过也。而上下事之,故民众而兵弱,地大而力小。故为国任地者[⑨]:山林居什一,薮泽居什一,溪谷流水居什一,都市蹊道居什一,恶田居什二,良田居什四,此先王之正律也。故为国分田数小[⑩]:亩五百,足待一役,此地不任也[⑪]。方土百里,出战卒万人者,数小也。此其垦田足以食其民,都邑遂路足以处其民,山林、薮泽、溪谷足以供其利,薮泽隄防足以畜[⑫]。故兵出,粮给而财有余;兵休,民作而畜长足[⑬]。此所谓任地待役之律也。

【注释】①患:弊病。②量:审度。③草莱:指荒地。度:度量。④胜:超过。⑤务:从事。开:开垦。⑥徕:招徕。⑦行:将。⑧遂:顺遂。淫:放纵。⑨任:承当、禁受。意谓超出地力。⑩数小:人数少,意谓人数少于土地则不能尽地力。⑪任:承担,胜任。⑫隄:同“堤”。⑬作:劳作,指务农。畜:积蓄。

【译文】一般国君犯的弊病是:用兵作战时不衡量自己的实力,开垦荒地时不计算好土地。因此有地方狭小而人口众多的情况,那是人口的数量超过了其所拥有的土地;也有土地广阔而人口稀少的情况,那是土地面积超过了人口数量。人口数量超过其拥有的土地,就要致力开垦荒地;土地面积超过人口,就要想办法招徕人口开荒。开垦荒地招徕外民,国力将成倍地增长。人口超过了其拥有的土地,那么国家取得的功绩就少而且兵力不足;土地面积超过人口数量,那么国家的山林、湖泽的财力物力就不会得到充分利用。放弃自然资源而放纵民众游手好闲,这是君主在行政上的过失。可是现在上上下下都这么做,因此,人口虽多而军队的实力却很弱,土地虽广而国家的实力却很小。所以君主统治国家利用土地的比例应该是:山林占十分之一,湖泊沼泽占十分之一,河流占十分之一,城市、道路占十分之一,薄地占十分之二,良田占十分之四,这是前代帝王的明确规定。所以治理国家给民众分配耕地使人数少于耕地数。五百亩土地国家得到的税收,足以养活一个士兵,这是地力还没有充分利用。土地方圆百里,能派出兵士一万人,是因为人数少于土地数。所以,让国家可耕种的土地足以养活那里的民众,城市乡村道路足够民众居住,山地、森林、湖泊、沼泽、山谷足够供应民众各种生活物资,湖泊、沼泽的堤坝足够积蓄水源。因此,军队出征作战,粮食的供应充足而财力有余;战事结束时,民众都从事农耕而积存经常富足。这就叫以地养战的规则。

【原文】今世主有地方数千里,食不足以待役实仓,而兵为邻敌,臣故为世主患之。夫地大而不垦者,与无地同;民众而不用者,与无民同。故为国之数[①],务在垦草;用兵之道,务在壹赏。私利塞于外,则民务属于农[②];属于农,则朴;朴,则畏令。私赏禁于下,则民力抟于敌[③];抟于敌,则胜。奚以知其然也[④]?夫民之情,朴则生劳而易力[⑤],穷则生知而权利[⑥]。易力则轻死而乐用,权利则畏罚而易苦[⑦]。易苦则地力尽,乐用则兵力尽。夫治国者,能尽地力而致民死者,名与利交至。

【注释】①数:术。②属:依托。③抟:聚集。④奚:何,疑问副词。⑤劳:劳作。易力:以出力为易。⑥知:同"智"。权利:权衡利弊。⑦苦:指农作。《算地篇》云:"夫农,民之所苦。"

【译文】现在君主拥有方圆几千里的土地,粮食还不够用来供养兵卒、装满粮仓,可是军队却与邻国为敌,所以我为君主担忧这件事。土地广大却不去开垦,和没有土地一样;人口众多却不能利用,和没有民众一样。所以,治理国家的方法,一定是开垦荒地;用兵的办法,关键在于统一奖赏的条件。堵塞民众从耕战之外获得私利的途径,那么民众就一定会依附于农耕;民众依附于农业,就一定淳朴;民众淳朴,就一定害怕法令。禁止臣子在下面私自行赏,那么民众的力量就会集中到对敌国作战上;集中于对敌作战,就一定能获胜。怎么知道会这样呢?人之常情,朴实就会劳作而不吝惜自己的力气,人贫穷就会产生智谋而衡量个人得失。以出力为易事就会不怕死而乐于被君主使用,权衡利弊就会害怕刑罚而以劳苦耕作为易。以苦为易就能够尽地力,乐于被君主使用就会最大地发挥兵力。治理国家的人,能够尽地力又能够让百姓效死,名和利就都得到了。

【原文】民之性:饥而求食,劳而求佚[①],苦则索乐,辱则求荣,此民之情也。民之求利,失礼之法;求名,失性之常。奚以论其然也?今夫盗贼上犯君上之所禁,而下失臣民之礼,故名辱而身危,犹不止者,利也。其上世之士,衣不煖肤[②],食不满肠,苦其志意,劳其四肢,伤其五脏,而益裕广耳[③],非生之常也[④],而为之者,名也。故曰:名利之所凑[⑤],则民

道之。

【注释】①佚:安逸。②煖:同“暖”。③裕:多。④生:古同“性”,指天性、本性。⑤凑:聚集。

【译文】人天生的本性是:饿了就要寻找食物,累了就寻求安逸,痛苦了就寻找欢乐,屈辱了就追求荣耀,这是人之常情。人追求个人私利,就会违背礼制;追求名誉,就会丧失人的本性。根据什么说他们这样呢?现在盗贼对上违反了君主的禁令,而在下面丧失了臣子的礼仪,因此他们的名声不好而生命也有危险,他们仍然不停止,这是因为利益的关系。那些古代的名士,穿的衣不蔽体,吃的不能填饱胃肠,磨炼自己的意志,辛劳自己的四肢,伤害自己的五脏,这样的人物很多,这不是正常的人性,他们这样做的原因,是因为名利。所以说:名和利之所在,民众就会趋向它。

【原文】主操名利之柄而能致功名者,数也。圣人审权以操柄,审数以使民。数者,臣主之术,而国之要也。故万乘失数而不危[①],臣主失术而不乱者,未之有也。今世主欲辟地治民而不审数,臣欲尽其事而不立术。故国有不服之民,主有不令之臣[②]。故圣人之为国也,入令民以属农,出令民以计战[③]。夫农,民之所苦;而战,民之所危也[④]。犯其所苦,行其所危者[⑤],计也。故民生则计利,死则虑名。名利之所出,不可不审也。利出于地,则民尽力;名出于战,则民致死。入使民尽力,则草不荒;出使民致死,则胜敌。胜敌而草不荒,富强之功可坐而致也。

【注释】①乘:车辆。古代四匹马拉的一辆兵车为一乘。②不令:不听从命令。③计:衡量利害。④危:以为危险,害怕。⑤犯:触及,此指从事。

【译文】君主掌握着给予民众名和利的大权而能使国家名利双收的原因,是统治方法。圣明的君主审视权力来操控名利,审视统治方法再役使民众。统治方法,是为君之术,也是治国的关键。所以,拥有万辆兵车的大国统治失误却不危险,君主统治方法失误而国家不混乱的情况,从没有过。现在君主想要开辟土地统治民众却不审视统治政策,大臣想要尽责而不确立治国方法。所以,国家有不服从的民众,君主有不听命的大臣。因此圣明的君主治理国家,在国内让民众来依附于农业,对外让民众考虑利害对敌作战。农耕,是民众认为辛苦的事;而打仗,是民众认为危险的事。民众肯做自己认为辛苦的事,干自己认为危险的事,这是出于一种利害的衡量。所以,民众活着就要衡量自己的利益,死也会考虑自己的名望。对名和利的来源,不能不仔细考察。利来源于土地,那么民众就会尽力耕地;名来源于对外作战,那么民众就会拼死作战。在国内让民众尽力种地,那么地就不会荒芜;对外让民众拼死作战,就能战胜敌国。能战胜敌国而土地又不荒芜,富强的局面便唾手可得了。

【原文】今则不然。世主之所以加务者,皆非国之急也。身有尧、舜之行,而功不及汤、武之略者[①],此执柄之罪也[②]。臣请语其过:夫治国舍势而任谈说,则身修而功寡[③]。故事《诗》《书》谈说之士,则民游而轻其君;事处士[④],则民远而非其上;事勇士,则民竞而轻其禁[⑤];技艺之士用,则民剽而易徙[⑥];商贾之士佚且利,则民缘[⑦]而议其上。故五民加

于国用，则田荒而兵弱。谈说之士资在于口，处士资在于意，勇士资在于气，技艺之士资在于手，商贾之士资在于身。故天下一宅，而圜身资[8]。民资重于身，而偏托势于外[9]。挟重资，归偏家[10]，尧、舜之所难也。故汤、武禁之，则功立而名成。圣人非能以世之所易胜其所难也，必以其所难胜其所易。故民愚，则知可以胜之；世知，则力可以胜之。臣愚，则易力而难巧；世巧，则易知而难力。故神农教耕而王天下，师其知也；汤、武致强而征诸侯，服其力也。今世巧而民淫，方傚汤、武之时[11]，而行神农之事，以随世禁[12]。故千乘惑乱，此其所加务者，过也。

【注释】①略：获得，收获。②执柄：指君主。③修：修养。④处士：有才德而隐居不仕的人。⑤竞：强悍。⑥剽：轻捷。⑦缘：攀附。⑧圜：环绕。⑨偏：通“遍”。⑩偏：偏私。⑪方傚：仿效。⑫随：此处借为“堕”，毁坏。

【译文】现在却不是这样。国君卖力做的，都不是国家当务之急的事情。他们身上有尧舜的品德，但他们所建立的功绩却赶不上商汤和周武王，这是因为他们掌握权柄之人的过错。请让我说说他们的过错：治理国家放弃统治方法而任用喜欢空谈的人，那么自身修养好可功绩却少。所以，任用读《诗》《书》的空谈之士，那么民众就会四处游荡轻视君主；任用那些隐逸之士，那么民众就会疏远君主并且诽谤君主；任用勇士，民众就会强悍而不重视君主的禁令；手工业者被任用，那么民众就轻浮好动而喜欢迁移；有钱的商人生活安逸而且能够赚钱，那么民众就会攀附他们而议论君主。如果这五种人被国家任用，那田地就会荒芜而军队的战斗力会削弱。空谈之人的资本在于巧言善辩，隐士的资本在于他的心志高洁，勇士的资本在于勇气，手工业者的资本在于一双巧手，商人的资本在于他自身。所以，这些人以四海为家，因为周身就是他们的资本。民众把自己谋生的资本看得比生命还重要，而在国外到处寻求势力来依附。挟带借以安身立命的资本，归附于私门，就是像尧、舜那样的贤明君主也难以将国家治理好。因此，商汤和周武王下令禁止这种情况，而功成名就。圣明的君主不是能够用世上容易做到的驾驭难以做到的，一定是用难以做到的来驾驭容易做到的。如果人们愚昧，那便可以用智慧战胜他们；世上的人有智慧，就可以用力量战胜他们。人们愚昧，那么他们就以出力为易而以技巧为难；世人有技巧，则以智慧为易而以出力为难。古代神农教会人们耕田而成为天下帝王，这是因为人们要学习他的智慧；商汤和周武王创造了强大的军队而征服天下诸侯，这是因为诸侯们屈服于他们的强力。现在世人多机巧而且民众多放荡，正是仿效商汤和周武王的时候，可是君主们却做神农当年做的事，破坏了治国的禁忌。所以，拥有千辆兵车的大国也混乱，这是因为他们特别认真去做的事情，都已经错了。

【原文】民之生[1]：度而取长，称而取重，权而索利。明君慎观三者，则国治可立，而民能可得。国之所以求民者少，而民之所以避求者多。入使民属于农，出使民壹于战。故圣人之治也，多禁以止能[2]，任力以穷诈[3]。两者偏用，则境内之民壹；民壹，则农；农则朴；朴则安居而恶出。故圣人之为国也，民资藏于地，而偏托危于外[4]。资藏于地则朴，托危于外则惑。民入则朴，出则惑，故其农勉而战戢也[5]。民之农勉则资重，战戢则邻危。资

重则不可负而逃，邻危则不归于外。无资归危外托，狂夫之所不为也。故圣人之为国也，观俗立法则治；察国事本则宜。不观时俗，不察国本，则其法立而民乱，事剧而功寡[6]。此臣之所谓过也。

【注释】①生：天性，本性。②能：能力，此指农耕以外的能力。③穷：杜绝。④偏：少。托：凭借。危：通"诡"，欺诈。⑤戢：聚。⑥剧：多。

【译文】人之常情：用尺量的东西会选取长的，用秤来称的东西就会选取重的，衡量个人的得失会选择对自己有利的。英明的君主认真思量这三种情况，那么治理国家的原则就能确立，而民众的才能就可以得到利用了。国家对民众的要求不多，可民众躲避国君要求的办法很多。在内役使民众依附于农业，对外让民众专心于作战。所以，圣明的君主治理国家，制定很多禁令来限制民众农战以外的才能，任用民力来杜绝欺诈行为。这两个办法推广使用，那国内的民众就会一心；民众一心，就会专心务农；专心务农，就会朴实；民众朴实，就会安于居所而厌恶外出。所以圣明的君主治理国家，让民众将收入来源寄托在土地上，而很少能够凭借欺诈在外安身。民众将收入来源寄托到土地里就会朴实，而凭借欺诈在外安身就会疑惑。民众在国内朴实，在国外疑惑，所以他们从事农耕尽力而作战时能够集聚团结。民众努力从事农业生产财物就会增多，作战能够集聚团结邻国就会危险。民众财物多就不容易带着出逃，邻国危险就不会去投靠。没有资本凭借欺诈投身外国，就是疯子也不会这么做。所以圣明的君主治理国家，观察风俗来确立法规就能把国家治理好；根据国情从事根本之业就能治理得当。不观察当时的风俗，不考察国家的根本，那么国家法令制定了民众却会混乱；政务繁忙而功绩少，这就是我所说的过失啊。

【原文】夫刑者，所以禁邪也；而赏者，所以助禁也。羞辱劳苦者，民之所恶也；显荣佚乐者，民之所务也。故其国刑不可恶，而爵禄不足务也，此亡国之兆也。刑人复漏[1]，则小人辟淫而不苦刑[2]，则徼 于上以利求[3]。显荣之门不一，则君子事势以成名。小人不避其禁，故刑烦[4]。君子不设其令，则罚舛。刑烦而罚行者，国多奸。则富者不能守其财，而贫者不能事其业，田荒而国贫。田荒，则民诈生；国贫，则上匮赏。故圣人之为治也，刑人无国位[5]，戮人无官任[6]。刑人有列，则君子下其位；衣锦食肉，则小人冀其利。君子下其位，则羞功；小人冀其利，则伐奸[7]。故刑戮者所以止奸也，而官爵者所以劝功也。今国立爵而民羞之，设刑而民乐之。此盖法术之患也。故君子操权一正以立术[8]，立官贵爵以称之，论劳举功以任之。则是上下之称平。上下之称平，则臣得尽其力，而主得专其柄。

【注释】①复：掩藏。漏：漏网。②辟：邪僻，不老实。苦：惧怕。③徼 ：侥幸。④烦：多。⑤刑人：受刑之人。⑥戮人：罪人。⑦冀：希望。伐：夸耀。⑧正：政。

【译文】刑罚，是用来禁止奸邪的手段；赏赐，是用来辅助刑罚的手段。羞辱劳苦，是人民所憎恶的；显荣逸乐，是人民所追求的。所以，如果国家的刑罚不令人惧怕，而爵禄不能吸引百姓去追求，这就是亡国的预兆了。如果该受刑罚的人能够躲避逃脱，那么百姓就邪僻放纵而不惧怕刑罚，就会对于君上存着侥幸的心理而去追求私利。如果显荣不

出于一途，那么官吏就要攀附权势贵族来获取名誉。百姓不避国家的禁令，所以触犯刑罚的情况就要繁多。官吏不执行法令，刑罚就要错乱。刑罚名目繁多而又错乱，就使国家的奸行多。这样，富人就不能保有他们的财产，穷人就不得从事他们的职业，土地就荒废，国家就贫穷。土地荒废，民众中会有欺诈产生；国家贫穷，国君就缺少财物进行赏赐。所以圣人治国，受过刑的人在社会上没有地位，犯过罪的人在朝廷上没有官做。如果受过刑的人位列朝班，官吏就会看不起自己的地位。如果犯过罪的人锦衣玉食，百姓就会贪图他们获得的利益。官吏看不起自己的职位，就会以自己忠于职守为可耻；百姓贪图非分的利益，就会以自己的奸巧为夸耀的资本。原本刑罚是禁止人们作奸的手段，官爵是鼓励人们立功的手段。现在国家设置官爵而人们以忠于职守为耻，制定刑罚，而人们以犯法为荣。这就是在法度方针上有弊病。因此，国君必须掌握大权统一政策而制定统治方针，封官授爵来奖励民众，按照功劳来任用群臣。这样，上上下下就会平衡。上下平衡，臣民就能为国尽力，国君也就能掌握统治权力。

开塞第七

【题解】

开塞，即开启阻塞的道路，更深一层则可以理解为清除政治统治中的弊端。篇中将人类政治生活的发展总结为三个阶段，三个阶段治理的方法不同是因为社会生活的实际不同。所以，治理国家就要既不效法古代，也不拘泥现有制度。拘泥于现有的制度就会阻塞政治的进步，这就是政治的弊端。本文认为时代在不断变化，现在的民众失去了先民的朴厚而变得奸诈虚伪，面对这种状况，先前儒家的仁政就行不通了，而只能用法制。法制的基本原则是刑多赏少，目的是以刑去刑。因而法制看似严苛，却能够禁止民众不犯法，是对民众最大的保障。法制看似与儒家的仁义相反，却与德治殊途同归。法制才是当时清除社会弊端的必要手段。本文中有些观点重复前篇，有些观点则令人耳目一新，如“有法不胜其乱，与无法同”，说明本文不仅仅强调法制在政治中的作用，还强调法制的执行力，这不失为一种明见。

【原文】天地设而民生之。当此之时也，民知其母而不知其父，其道亲亲而爱私[①]。亲亲则别[②]，爱私则险[③]。民众，而以别险为务，则民乱。当此时也，民务胜而力征[④]。务胜则争，力征则讼，讼而无正，则莫得其性也[⑤]。故贤者立中正，设无私，而民说仁[⑥]。当此时也，亲亲废，上贤立矣[⑦]。凡仁者以爱利为务，而贤者以相出为道[⑧]。民众而无制，久而相出为道，则有乱。故圣人承之，作为土地、货财、男女之分。分定而无制，不可，故立禁；禁立而莫之司[⑨]，不可，故立官。官设而莫之一，不可，故立君。既立君，则上贤废而贵贵立矣[⑩]。然则上世亲亲而爱私，中世上贤而说仁，下世贵贵而尊官。上贤者以道相出也，而立君者使贤无用也。亲亲者以私为道也，而中正者使私无行也。此三者非事相反也，民

道弊而所重易也，世事变而行道异也。

【注释】①亲亲：爱亲人。②别：别亲疏。③险：邪恶。④征：夺取。⑤性：欲。⑥说：同“悦”。⑦上：尚。⑧出：推出。⑨司：掌管。⑩贵贵：尊重权贵。

【译文】开天辟地之后人类就诞生了。在这个时候，人们只知道自己的母亲却不知道自己的父亲，他们处世的原则是爱自己的亲人而喜欢私利。爱自己的亲人就会区别亲疏，喜欢谋求私利就会心存邪恶。民众多，又都区别亲疏、心存邪恶，那人类就会混乱。这个时期，民众都尽力压制对方来竭力夺取财物。压制对方就会争斗，夺取财物就产生纠纷，发生了纠纷却没有一个公平的办法来解决，那就没有谁会顺心。所以贤者确立了公正的标准，奉行无私的原则，因此人们喜欢仁爱。在这个时候，只爱自己亲人的狭隘思想被废除了，崇尚有德之人的思想被确立了。凡是仁爱的人都把爱护别人、利他当作自己的本分，而贤人把推举贤人当作道义。人口众多而没有制度，长期把推举贤人作为治理准则，就又乱了。所以，圣人顺应社会的发展，规定了土地、财货、男女等的归属。名分确定了而没有制度，不行，因此设立了法令；法令确立了而没有人来管理，不行，因此又设立了官职。官吏有了而没有人统一领导，不行，所以设立了君主。君主确立了，崇尚贤德的思想就废除了，而尊重权贵的思想又树立了起来。如此看来，远古时代人们爱自己的亲人而喜欢私利，中古时代人们推崇贤人而喜欢仁爱，近世人们的思想是推崇权贵而尊重官吏。崇尚贤德的人所遵循的原则是推举贤人，可是设立了君主的地位崇尚贤人的方法就没有用了。爱亲人是以自私自利为原则的，而奉行不偏不倚的公正之道，自私自利便行不通了。这三个时代，不是行事互相违背，而是世风变化使人们所重视的东西变了，社会形势变了人们所要施行的政策也就不一样了。

【原文】故曰：王道有绳[①]。夫王道一端，而臣道亦一端，所道则异，而所绳则一也。故曰：民愚，则知可以王[②]；世知，则力可以王。民愚，则力有余而知不足；世知，则巧有余而力不足。民之生：不知则学，力尽而服。故神农教耕而王天下，师其知也；汤、武致强而征诸侯，服其力也。夫民愚，不怀知而问；世知，无余力而服。故以知王天下者并刑[③]，以力征诸侯者退德。

【注释】①绳：标准。②知：同“智”，智慧。③并：屏除。

【译文】所以说：君王统治天下是有准绳的。君王统治天下是一个途径，而大臣辅助君主治理天下又是一个途径，他们所行的途径不同，而他们所奉行的准则却又是一样的。所以说：民众愚笨，那么以智慧就能称王天下；世人聪慧，那么以实力就可称王天下。民众愚笨，就会力量有余而智慧不足；世人聪慧，就会聪明有余而实力不足。人的本性：无知就要向人学习，力量用尽了就会服输。所以神农教会人们从事农业生产而称王天下，这是因为人们要学习他的智慧；商汤和周武王拥有强大的实力而征服了诸侯，这是屈服于他的实力。民众愚笨，心中没有知识就要向别人请教；世人聪明，可是当力量用尽时就会屈服。所以靠智慧称王天下的人就会抛弃刑罚，用实力来征服诸侯的人就不用德政。

【原文】圣人不法古，不修今[①]。法古则后于时，修今则塞于势。周不法商，夏不法虞。

三代异势，而皆可以王。故兴王有道，而持之异理[2]。武王逆取而贵顺[3]，争天下而上让。其取之以力，持之以义。今世强国事兼并，弱国务力守，上不及虞、夏之时，而下不修汤、武。汤、武之道塞，故万乘莫不战，千乘莫不守。此道之塞久矣，而世主莫之能废也[4]，故三代不四。非明主莫有能听也，今日愿启之以效。

【注释】①修：遵循。②持：守。③逆取：周武王以诸侯的身份夺取帝位，不符合古代的礼法，故曰“逆”。④废：通“发”。

【译文】圣人不效法古人，也不遵循今人。效法古人就会落后于时代，遵循今人就会被社会形势阻碍。周不效法商，夏不效法虞舜时代。三代社会形势不同，却都能够称王天下。所以建立王业有一定的方法，而守住王业的办法却不相同。周武王靠叛逆的方法夺取政权却推崇顺从君主，用武力夺取天下却崇尚谦让。周武王夺取天下靠的是暴力，守业靠的却是礼制。现在强国致力于用武力兼并别国，弱国则尽力防守，远不及虞、夏两个时代，而近不遵循商汤、周武王的治国原则。商汤、周武王的治国之道被堵塞了，所以有万辆兵车的国家没有不征战的，有千辆兵车的国家没有不防守的。商汤、周武王统一天下的方法已经被塞堵很久了，可现在的君主没有谁能开启这些方法，因此，没有出现第四个像夏、商、周三代那样的朝代。不是英明的君主不能听进去我的这番话，今天我愿意用实际效果来说明这个道理。

【原文】古之民朴以厚，今之民巧以伪。故效于古者，先德而治；效于今者，前刑而法。此俗之所惑也。今世之所谓义者，将立民之所好，而废其所恶。此其所谓不义者，将立民之所恶，而废其所乐也。二者名贸实易[1]，不可不察也。立民之所乐，则民伤其所恶；立民之所恶，则民安其所乐。何以知其然也？夫民忧则思，思则出度[2]；乐则淫，淫则生佚[3]。故以刑治，则民威[4]；民威，则无奸；无奸，则民安其所乐。以义教，则民纵；民纵，则乱；乱，则民伤其所恶。吾所谓刑者，义之本也；而世所谓义者，暴之道也。夫正民者，以其所恶，必终其所好；以其所好，必败其所恶。

【注释】①贸：交换，颠倒。②出：生。③佚：安逸。④威：畏惧。

【译文】古代的民众淳朴又敦厚，现在的民众欺诈而虚伪。所以在古代有效的方法，就是把教化民众放在首位实行德治；现在治理国家有效的方法，就是把使用刑罚放在前面实行法治。这是世俗之人不能理解的。现在社会上所说的“义”，就是要建立民众所喜好的，废除民众所厌恶的。现在社会上所说的“不义”，就是要确立民众所讨厌的，废除民众的所喜欢的。现在二者名实颠倒，不可以不弄清楚。确立民众所喜欢的，那么民众就会被他们所讨厌的东西伤害；确立民众所讨厌的，那民众就会享受他所喜欢的东西。怎么知道会这样呢？人忧虑就要思考，思考了做事就能合乎法度；人快乐就放纵，放纵就会懒惰。因此用刑罚治理，民众就会畏惧；民众畏惧，就不会有邪恶的事发生；没有邪恶的事发生，民众就可以享受他们的快乐了。用道义来教化，民众就会放纵自己；民众放纵自己，就会作乱；民众作乱，就会被民众所讨厌的东西伤害。我所说的“刑”，就是实施道义的根本；而世人说的“义”是暴乱的原因。治理民众的人，用民众所讨厌的东西去治理，最

终民众一定能得到他们的喜欢的；如果用民众所喜欢的来治理，民众一定受害于他们讨厌的东西。

【原文】治国刑多而赏少。故王者刑九而赏一，削国赏九而刑一。夫过有厚薄[①]，则刑有轻重；善有大小，则赏有多少。此二者，世之常用也。刑加于罪所终，则奸不去；赏施于民所义，则过不止。刑不能去奸而赏不能止过者，必乱。故王者刑用于将过，则大邪不生；赏施于告奸，则细过不失。治民能使大邪不生，细过不失，则国治。国治必强。一国行之，境内独治。二国行之，兵则少寝[②]。天下行之，至德复立。此吾以杀刑之反于德而义合于暴也[③]。

【注释】①过：过失，错误。厚薄：大小。②寝：休。③反：古同"返"。

【译文】政治修明的国家，刑罚多而赏赐少。所以称王天下的国家，刑罚占十分之九，奖赏占十分之一；政治混乱削弱的国家，奖赏占十分之九，刑罚占十分之一。人的罪过有大有小，所以朝廷的刑罚有重有轻；人的善行有大有小，所以朝廷的赏赐有多有少。这两种是世人常用的方法。但是刑罚在人民已经犯了罪后使用，奸邪就不会断绝；赏赐用在人民所认为的"义"的上面，那么犯罪的事就不能杜绝。刑罚不能除去奸邪，赏赐不能遏止罪过，国家必乱。因此，成就王业的国君，把刑罚用在人民将要犯罪的时候，所以大的奸邪才不产生；把赏赐用在告发犯罪方面，所以小的罪过也不会漏网。治理人民能够使大的奸邪不产生，使小的罪过不漏网，国家就得到治理了。国家得到治理，就必定强大。一个国家这样做，他的国家就可以独享清明的政治。两个国家这样做，战争就可以有所止息。天下都这样做，最高的道德就会重新建立起来。所以我认为杀戮、刑罚能够合乎道德，而"义"反倒合于残暴。

【原文】古者民藂生而群处[①]，乱，故求有上也。然则天下之乐有上也，将以为治也。今有主而无法，其害与无主同；有法不胜其乱，与无法同。天下不安无君，而乐胜其法，则举世以为惑也。夫利天下之民者莫大于治，而治莫康于立君[②]。立君之道莫广于胜法[③]，胜法之务莫急于去奸，去奸之本莫深于严刑。故王者以赏禁，以刑劝。求过不求善，藉刑以去刑[④]。

【注释】①藂："丛"的俗体，聚集，丛生。②康：安。③胜法：任法。④藉：同"借"，借助。

【译文】古代人们聚集在一起群居，秩序混乱，所以要求有首领。那么，天下之人愿意有首领，是为了让他治理天下。现在有君主而没有法规，它的危害与没有君主相同；有了法规而不能制止混乱，和没有法规相同。天下的人都不希望没有国君，却又喜欢摆脱他的法律约束，那么天下的人就都会感到迷惑。对天下民众有利的事没有比治理天下更大的，而治理国家没有比确立君主的统治地位好的事。确立君主的原则，没有比施行法治的意义更大的，实施法治的任务没有比除掉邪恶更急迫的，去掉邪恶的根本没有比严苛刑罚更重要的。所以称王天下的君主用赏赐禁止民众犯罪，用刑罚规范民众。追究民众的过错而不理会民众的善举，借用刑罚以消除犯罪。

晏子春秋

【导语】

《晏子春秋》是记述春秋末期齐国名相晏婴言行的著作。

晏婴像

从《晏子春秋》的内容看，像薄赋、省刑、宽政、节用等主张，民本、民诛等思想，明显具有战国中期以后的时代特点；从语言风格看，该书文字朴实无华，流畅自然，绝少战国后期那种铺陈扬厉、挥挥洒洒的风格。所以，成书年代以定为战国中期以后、末期之前为宜。而从章节内容、语句多有重复、记事时间跨度大等情况看，该书不可能出自一人之手，不是一时之作。其作者可能有齐国的史官，也可能有稷下各学派的文学游说之士，还可能有晏子的后人和门人等。而全书风格相近，体例一致，文字统一，可能有一人或少数人修饰润色过。不过由于史料所限，无论是草创者、增补者，还是修饰者、润色者，都难于详考了。

我们只有根据《晏子春秋》本身的基本内容，联系当时的社会实际，才能对该书的思想倾向有一个比较客观的认识。

内篇谏上第一

庄公矜勇力不顾行义晏子谏

【题解】

《晏子春秋》共八卷二百十五章，其中只有六章涉及齐庄公。本章针对庄公矜夸勇力、不顾行义的行为提出批评。晏子认为，勇力必须受礼义的约束，必须为实行礼义服务；作为国君，如果一味崇尚勇力，不顾及道义，必将落个国危身亡的下场。从中体现了晏子以礼义治国的主张。

【原文】庄公奋乎勇力[①]**，不顾于行义。勇力之士，无忌于国，贵戚不荐善**[②]**，逼迩不引**

过[3],故晏子见公。

【注释】①庄公:齐庄公,名光,齐灵公之子,公元前553~前548年在位,为崔杼所杀,谥“庄”。奋:矜夸,夸耀。②贵戚:指同姓的显贵大臣。不荐善:不进善言。③逼迩:指近臣。不引过:指见过错不劝谏。引,称引。

【译文】齐庄公矜夸勇力,不实行道义。有勇力的人在国内肆行无忌,同姓的显贵不进善言,宠幸的近臣不劝谏过错,所以晏子去见庄公。

【原文】公曰:“古者亦有徒以勇力立于世者乎[1]?”

晏子对曰:“婴闻之,轻死以行礼谓之勇,诛暴不避强谓之力。故勇力之立也,以行其礼义也。汤、武用兵而不为逆[2],并国而不为贪,仁义之理也;诛暴不避强,替罪不避众[3],勇力之行也。古之为勇力者,行礼义也。今上无仁义之理,下无替罪诛暴之行,而徒以勇力立于世,则诸侯行之以国危,匹夫行之以家残。昔夏之衰也,有推侈、大戏[4];殷之衰也,有费仲、恶来[5]。足走千里,手裂兕虎[6],任之以力,凌轹天下[7],威戮无罪,崇尚勇力,不顾义理,是以桀、纣以灭,殷、夏以衰。今公自奋乎勇力,不顾乎行义,勇力之士,无忌于国,身立威强,行本淫暴,贵戚不荐善,逼迩不引过,反圣王之德,而循灭君之行[8]。用此存者,婴未闻有也。”

【注释】①徒:仅仅,只。②逆:叛逆。③替:灭,废。④推侈、大戏:都是夏桀时的勇力之士。⑤费仲、恶来:都是商纣的谗臣,有勇力。⑥兕虎:泛指猛兽。兕,犀牛。⑦凌轹:欺压。⑧循:沿着,顺着。

【译文】庄公说:“古代也有只凭借勇力就能在世上立身的人吗?”

晏子回答说:“我听说过,奋不顾身实行礼叫作勇,诛伐凶暴不避豪强叫作力。所以勇力的树立,是为了实行礼义。商汤、周武王起兵不能算作叛逆,兼并诸侯不能算作贪婪,因为这是符合仁义的准则的;诛伐凶暴不避豪强,消灭罪恶不怕人多势众,这是树立勇力的行为。古代实践勇力的人,是在实行礼义。如今在上位的没有仁义的准则,在下位的没有消灭罪恶诛伐凶暴的行为,却只是凭借勇力在世上立身,那么,诸侯这样行事国家就有危险,平民这样行事家庭就受损害。从前夏朝衰微的时候,有推侈、大戏那样的勇力之人;殷商衰微的时候,有费仲、恶来那样的勇力之人。他们足行千里,徒手打死猛兽,凭着力气被任用,欺凌天下诸侯,杀戮无罪之人,崇尚勇力,不顾礼义,因此桀、纣被灭掉,夏、商也衰亡了。现在您矜夸勇力,不实行道义,有勇力的人在国内肆行无忌,靠威武强横立身,行为凶狠残暴,同姓的显贵不进善言,宠幸的近臣不劝谏过错,违反圣贤君王的道德,却步亡国之君的后尘。这样做而能保全自身的,我没听说有过。”

景公饮酒酲三日而后发晏子谏

【题解】

晏子对齐景公喝醉酒三天不理朝政加以规劝,指出喝酒的目的应该是疏通气脉、娱

乐宾客，而不该酗酒以妨害本职工作。因此，喝酒应该节制。

【原文】景公饮酒酲[①]，三日而后发[②]。

晏子见曰："君病酒乎？"

公曰："然。"

晏子曰："古之饮酒也，足以通气合好而已矣。故男不群乐以妨事，女不群乐以妨功[③]。男女群乐者，周觞五献[④]，过之者诛[⑤]。君身服之[⑥]，故外无怨治[⑦]，内无乱行。今一日饮酒而三日寝之，国治怨乎外，左右乱乎内[⑧]。以刑罚自防者，劝乎为非[⑨]；以赏誉自劝者，惰乎为善。上离德行，民轻赏罚，失所以为国矣。愿君节之也。"

【注释】①景公：齐景公，名杵臼，庄公之子。公元前547～前490年在位。酲：即下文所说的"病酒"，因喝醉了酒而神志不清。②发：起，起身。③功：事。指女工。④周觞五献：轮番往酒器里酌酒五次。觞，古代饮酒器皿，酒杯。献，向人敬酒。⑤诛：责备。⑥服：行，做。⑦怨治：积压下来的政事。怨，通"蕴"，积聚。⑧左右：指近侍、近臣。⑨劝：努力。下句"自劝"之"劝"义为鼓励、勉励。

【译文】景公喝酒喝得大醉，躺了三天以后才起来。

晏子谒见景公，说："您喝醉酒了吗？"

景公说："是的。"

晏子说："古时候喝酒，只是用来使气脉疏通、让客人快乐罢了。所以男子不聚会饮酒作乐以致妨害本业，妇女不聚会饮酒作乐以致妨害女工。男子妇女聚会饮酒作乐的，只轮番敬五杯酒，超过五杯的要受责备。君主身体力行，所以朝外没有积压下来的政事，宫内没有混乱的行为。现在您一天喝了酒，三天睡大觉，国家的政事在朝外积压下来，您身边的人在宫内胡作非为。用刑罚防止自己去干坏事的，因为刑罚不公正，都纷纷去干坏事；用赏誉勉励自己去做好事的，因为奖赏不公正，都懒于去做好事。君主违背道德，百姓看轻赏罚，这就丧失了治理国家的办法。希望您喝酒加以节制！"

景公饮酒七日不纳弦章之言晏子谏

【题解】

本章写晏子以似褒扬实贬抑的话语谏止景公酗酒，表现了晏子高超的劝谏艺术。

【原文】景公饮酒，七日七夜不止。

弦章谏曰[①]："君饮酒七日七夜，章愿君废酒也。不然，章赐死。"

晏子入见，公曰："章谏吾曰：'愿君之废酒也。不然，章赐死。'如是而听之，则臣为制也[②]；不听，又爱其死[③]。"

晏子曰："幸矣，章遇君也！今章遇桀、纣，章死久矣。"于是公遂废酒。

【注释】①弦章：又作"弦商"，齐景公臣。②臣为制：臣子成为制约君主的人，即君主为臣子所制约。③爱：舍不得。

【译文】景公喝酒,喝了七天七夜都不停止。

弦章劝谏说:"您喝酒喝了七天七夜,我希望您停止喝酒。不然的话,我请求您赐我一死。"

晏子进宫谒见景公,景公说:"弦章劝谏我说:'希望您停止喝酒。不然的话,我请求您赐我一死。'就这样听从了他的劝谏,那就是被臣子制约了;如果不听从他的劝谏,又不舍得他死。"

晏子说:"弦章遇上您真是太幸运了!假如让弦章遇上桀、纣那样的君主,弦章早就死了。"于是景公就停止了喝酒。

景公燕赏无功而罪有司晏子谏

【题解】

景公凭一己的喜爱行赏,并认为喜爱谁便让他得利、厌恶谁就疏远他是为君之道。晏子首先指出,君主公正而臣子服从叫作顺从,君主邪僻而臣子服从叫作悖逆。就是说,臣对君不可盲从,应以正、邪为断。然后论述喜爱、厌恶的目的是劝善、禁暴,而判定的标准是"利于国"或"害于国"。只有这样,社会才能清平安定,百姓才能和乐团聚。

【原文】景公燕赏于国内[①],万钟者三[②],千钟者五,令三出而职计莫之从[③]。公怒,令免职计,令三出而士师莫之从[④]。公不说[⑤]。

【注释】①燕:通"宴",用酒饭招待人。②万钟者:享有万钟俸禄的人。钟,古代量器,六斛(十斗为一斛)四斗为一钟。此处作量词。③职计:官职名,掌财物。④士师:官职名,掌刑罚。⑤说:同"悦"。

【译文】景公宴请赏赐国内臣子,赏给万钟俸禄的三个人,千钟俸禄的五个人,赏赐的命令下达多次,可是掌财物的职计却不听从。景公大怒,命令罢免职计的官职,命令下达多次,可是掌刑罚的士师却不听从。景公很不高兴。

【原文】晏子见,公谓晏子曰:"寡人闻君国者[①],爱人则能利之,恶人则能疏之[②]。今寡人爱人不能利,恶人不能疏,失君道矣。"

晏子曰:"婴闻之,君正臣从谓之顺,君僻臣从谓之逆。今君赏谗谀之民,而令吏必从,则是使君失其道,臣失其守也[③]。先王之立爱,以劝善也;其立恶,以禁暴也。昔者三代之兴也[④],利于国者爱之,害于国者恶之。故明所爱而贤良众,明所恶而邪僻灭,是以天下治平,百姓和集。及其衰也,行安简易,身安逸乐,顺于己者爱之,逆于己者恶之。故明所爱而邪僻繁,明所恶而贤良灭,离散百姓,危覆社稷。君上不度圣王之兴[⑤],而下不观惰君之衰,臣惧君之逆政之行,有司不敢争[⑥],以覆社稷,危宗庙。"

公曰:"寡人不知也。请从士师之策。"

【注释】①君国:当国家君主。②恶:厌恶。③守:职守。④三代:指夏、商、周。⑤度:思忖,考虑。⑥有司:有关官吏。古代官府分曹理事,职有专司,所以把专管某项工作的

官吏叫"有司"。争:通"诤",直言规劝。

【译文】晏子去见景公,景公对晏子说:"我听说当国家君主的,喜爱谁就能让他有利,厌恶谁就能疏远他。现在我喜爱谁却不能让他有利,厌恶谁却不能疏远他,这是失去当君主的准则了。"

晏子说:"我听说过,君主公正、臣子服从叫作顺从,君主邪僻、臣子服从叫作悖逆。现在您赏赐谗佞谄谀之人,却让官吏一定服从,那么,这就是让君主失去当君主的准则,让臣子失去当臣子的职守了。先王之所以确立要喜爱人,是为了用来鼓励行善;之所以确立要厌恶人,是为了用来禁止凶暴。从前夏、商、周三代兴盛的时候,对国家有利的人,君主就喜爱他;对国家有害的人,君主就厌恶他。所以,明确了所喜爱的,因而天下贤良的人就多了;明确了所厌恶的,因而邪僻的人就灭绝了,因此天下清明安定,百姓和乐团聚。等到夏、商、周三代衰落的时候,君主的行为安于简慢轻忽,自身安于放纵享乐。顺从自己的人,君主就喜爱他;违背自己的人,君主就厌恶他。所以,明确了所喜爱的,邪僻的人就多了;明确了所厌恶的,贤良的人就灭绝了,百姓弄得流离失散,国家遭到倾覆危险。您上不思考圣贤的君主兴盛的原因,下不审察荒怠的君主衰亡的教训,我担心您实行暴政的时候,主管官吏们不敢谏诤,因而使国家倾覆,使宗庙危险。"

景公说:"我不知道这些道理啊,请按士师掌握的原则办。"

【原文】国内之禄,所收者三也。

【译文】国内邪僻之人的俸禄,分三次予以收回。

内篇谏下第二

景公藉重而狱多欲托晏子晏子谏

【题解】

景公赋敛沉重,狱讼繁多,被拘捕的人塞满监狱,怨恨的人充满外朝。晏子指出,治理国家,应该让居上位者处事公正,居下位者依理而行;限制近臣的贪欲,节制其奢靡,以防止私欲泛滥。如果放纵民欲,却严厉治理他们的诉讼,狠狠处罚他们的过错,是难以治理好国家的。

【原文】景公藉重而狱多[①],拘者满圄[②],怨者满朝。晏子谏,公不听。公谓晏子曰:"夫狱,国之重官也,愿托之夫子。"

晏子对曰:"君将使婴敕其功乎[③]?则婴有一妾能书足以治之矣。君将使婴敕其意乎?夫民无欲残其家室之生以奉暴上之僻者,则君使吏比而焚之而已矣[④]。"

【注释】①藉:赋税。狱:诉讼。②圄:牢狱。③敕:治理,整顿。功:事。④比而焚之:

指逐户烧掉债券。这样做是为了使民心归附。

【译文】景公赋税沉重，狱讼繁多，被拘捕的人塞满了监狱，怨恨的人充满了外朝。晏子劝谏，景公不听。景公对晏子说："监狱，是国家重要的官署，我希望把它托付给先生您。"

晏子回答说："您想让我整顿诉讼的事情吗？那么，我有一个能书写的妾，她有妇人的仁慈之心，就足以把狱讼治理好了。您想让我整顿民心吗？人民没有谁想弄得自己家破人亡以便供奉贪暴君主享乐的，那么，您让官吏挨门逐户把债券都烧掉就可以了。"

【原文】景公不说，曰："敕其功，则使一妾；敕其意，则比焚。如是，夫子无所谓能治国乎？"

晏子曰："婴闻与君异。今夫胡貉戎狄之蓄狗也[①]，多者十有余，寡者五六，然不相害。今束鸡豚妄投之[②]，其折骨决皮[③]，可立得也。且夫上正其治，下审其论[④]，则贵贱不相逾越。今君举千钟爵禄而妄投之于左右，左右争之，甚于胡狗，而公不知也。寸之管，无当[⑤]，天下不能足之以粟。今齐国丈夫耕，女子织，夜以接日，不足以奉上，而君侧皆雕文刻镂之观，此无当之管也，而君终不知。五尺童子[⑥]，操寸之烟[⑦]，天下不能足以薪[⑧]。今君之左右，皆操烟之徒，而君终不知。钟鼓成肆[⑨]，干戚成舞[⑩]，虽禹不能禁民之观。且夫饰民之欲[⑪]，而严其听，禁其心，圣人所难也；而况夺其财而饥之，劳其力而疲之，常致其苦而严听其狱，痛诛其罪，非婴所知也。"

【注释】①胡貉戎狄：都是我国境内少数民族。②豚：小猪。③决：通"抉"，挖出，挖掉。④论：通"伦"，伦理。⑤当：底，器物的底部。⑥五尺童子：古代尺小，一尺约当现在七寸，所以把儿童叫"五尺童子"。⑦烟：指火，火把。⑧薪：柴。⑨钟鼓：都是古代乐器。肆：列。⑩干戚成舞：指手持兵器跳舞。按古代手持兵器跳武，表示"偃武修文"之意，这里是指尽情作乐。干戚，泛指兵器。干，盾牌。戚，大斧。⑪饰：显示。这里指放纵。

【译文】景公听了很不高兴，说："说到整顿诉讼之事，就说让一个妾去做；说到整顿民心，就说让挨门逐户把债券烧掉。如此说来，先生您就不是所说的能治理国家的人了吗？"

晏子说："我听到地跟您说的不一样。比如胡貉戎狄等部族的人养狗，多的养十多条，少的养五六条，可是这些狗并不互相伤害。如果捆好了鸡和小猪随便扔给他们，那么它们争抢得咬断骨骼、撕裂皮肤的情景，立刻就可以看到。再说居上位的人处事公正，居下位的人按伦理行事，那么就会贵贱分明，不会发生等级混乱之事。现在您拿着千钟的俸禄，随便地扔给您身边的人，这些人争夺俸禄，比胡人的狗还厉害，可是您却不了解这些。一寸长的竹管，如果没有底，普天下的人都不能用粮食把它装满。现在齐国的男子耕田，女子织帛，他们夜以继日地工作，也不够供奉上边的征敛，而您的身旁到处都是雕刻着花纹的供观赏的东西，这就是无底的竹管啊，可是您始终不了解这些。几尺高的儿童，手里拿着一寸长的火种，普天下的人拿来柴草都不够他烧的。现在您身边的人，都是拿着火种的人，可是您始终不了解这些。排列好钟鼓等乐器奏乐，拿着盾牌大斧等兵器

舞蹈,即使是禹那样的君主也不能禁止人们观看。再说放纵人民的欲望,却严厉禁止人去听,禁止人去想,这是圣人也难以做到的;更何况掠夺人民的钱财,让他们饥饿,使用人民的力气,让他们疲劳,经常给人民带来痛苦,却严厉地处理他们的诉讼,狠狠地惩罚他们的罪过,这不是我所能理解的。"

景公欲杀犯所爱之槐者晏子谏

【题解】

景公为所喜爱的槐树下令:"犯槐者刑,伤之者死。"有醉而犯槐者,将被景公治罪。其女借故求见晏子申诉,认为明君治理国家,不应随便立法增刑,不应爱树而轻人。于是晏子朝见景公,指出,耗尽百姓财力以满足嗜好私欲,叫作暴虐;崇尚玩物、使其威严与君主相似,叫作乖戾;处罚杀死无罪之人,叫作残忍。这三种行为,是国家的大祸害。而君主的所作所为,正是最大的暴虐,是显明的乖戾,最严重的害民。最终迫使景公废除了伤槐治罪的命令,释放了犯槐之囚。

【原文】景公有所爱槐,令吏谨守之,植木县之[①],下令曰:"犯槐者刑,伤之者死。"有不闻令,醉而犯之者,公闻之曰:"是先犯我令。"使吏拘之,且加罪焉。

【注释】①植:竖立,插。县:同"悬",悬挂。

【译文】景公有一棵喜爱的槐树,命令官吏小心地看守它,立了一个木桩,上面挂着牌子,写着命令:"碰了槐树的受刑,伤了槐树的处死。"有一个没有听到命令、喝醉酒碰了槐树的人,景公听到这事以后说:"这个人先触犯了我的命令。"让官吏拘捕了他,将要治他的罪。

【原文】其子往辞晏子之家[①],托曰:"负廓之民贱妾[②],请有道于相国[③],不胜其欲[④],愿得充数乎下陈[⑤]。"

晏子闻之,笑曰:"婴其淫于色乎!何为老而见奔[⑥]?虽然,是必有故。"令内之[⑦]。女子入门,晏子望见之,曰:"怪哉!有深忧。"进而问焉曰:"所忧何也?"

对曰:"君树槐县令,犯之者刑,伤之者死。妾父不仁[⑧],不闻令,醉而犯之,吏将加罪焉。妾闻之,明君莅国立政[⑨],不损禄,不益刑,又不以私恚害公法[⑩],不为禽兽伤人民,不为草木伤禽兽,不为野草伤禾苗。吾君欲以树木之故杀妾父,孤妾身[⑪],此令行于民而法于国矣。虽然,妾闻之,勇士不以众强凌孤独,明惠之君不拂是以行其所欲[⑫]。此譬之犹自治鱼鳖者也,去其腥臊者而已[⑬]。昧墨与人比居庾肆,而教人危坐[⑭]。今君出令于民,苟可法于国而善益于后世,则父死亦当矣,妾为之收亦宜矣[⑮]。甚乎!今之令不然。以树木之故,罪法妾父,妾恐其伤察吏之法[⑯],而害明君之义也。邻国闻之,皆谓吾君爱树而贱人,其可乎?愿相国察妾言,以裁犯禁者[⑰]。"

晏子曰:"甚矣!吾将为子言之于君。"使人送之归。

【注释】①子:此处指女儿。古代男孩子、女孩子都可称"子"。辞:致辞,告诉。②负

廓:指在外城居住。廓,通"郭",外城。妾:女子的谦称。③道:陈说。④不胜其欲:禁止不住自己的欲望,即无限向往之意。胜,禁得住。⑤充数乎下陈:指在内宅充数当侍妾。乎,于。下陈,等于说"后列"。⑥奔:私奔。⑦内:同"纳"。⑧不仁:不才,不聪明。⑨莅国:治理国家。莅,临。⑩恚:恼怒。⑪孤:使成为孤儿。⑫拂:违背。是:正确。⑬"此譬"二句:比喻治国者应去掉对国家有害的东西。⑭"昧墨"二句:全句是比喻说法,黑暗之中却让人端端正正地坐在闹市中,喻国家政令苛酷,人民将无所措手足。昧墨,指黑暗之中。比居,并居,一块儿坐着。庾肆,指闹市。危坐,端正地坐着。⑮收:指收尸。⑯察吏:能明察是非的官吏。⑰裁:指量刑判处。

【译文】他的女儿到晏子家去,托人传话说:"我是住在外城百姓的女子,有话要对相国说,我无限向往,愿意在相国的后宅充数当个侍妾。"

晏子听到这话以后,笑着说:"我难道是个好色之徒吗?为什么我老了还有女子私奔我?虽说如此,这里面一定有原因。"命令让她进来。女子进了门,晏子远远地望见她,说:"奇怪呀!这个人脸上带着深深的忧伤。"等她进到屋里,晏子问她说:"你忧伤的是什么事情?"

女子回答说:"君主种了槐树,悬挂上命令,碰了槐树的受刑,伤了槐树的处死。我的父亲缺少才智,没有听到命令,喝醉酒后碰了槐树,官吏将要治他的罪。我听说,英明的君主管理国家制定政令,不轻易减少俸禄,不随便增加刑罚,又不因为私怨损害公法,不因为禽兽伤害人民,不因为草木伤害禽兽,不因为野草伤害禾苗。我们国君因为树木的缘故要杀死我父亲,让我成为孤儿,这命令已经对人民实行并且成为国家的法令了。虽说如此,可我听说过,勇士不凭着人多势众欺侮弱小孤单的人,明智的君主不背离正确的原则随心所欲地行事。这就好比亲自烹饪鱼鳖的人一样,只是去掉鱼鳖的腥味罢了。又好比黑暗中跟人一块呆在闹市,却让人端端正正地坐着,人们都会无所措手足。现在君主向人民发出命令,如果可以成为国家的法令并且对后世有好处,那么我父亲就是死了也是值得的,我为他收尸也是应该的。太厉害了!现在的命令却不是这样。因为树木的缘故,就治我父亲的罪,我担心这会破坏了能明察是非的官吏执掌的法令,伤害了英明君主的道义。邻国听到了这事,都会认为我们君主喜爱树却轻视人,这怎么可以呢?希望相国考虑我的话,根据法律裁决触犯君主禁令的人。"

晏子说:"这太过分了!我将替你向君主去说。"说完派人把她送了回去。

【原文】明日,早朝,而复于公曰:"婴闻之,穷民财力以供嗜欲谓之暴[①];崇玩好,威严拟乎君谓之逆[②];刑杀不辜谓之贼[③]。此三者,守国之大殃。今君穷民财力以羡饮食之具[④],繁钟鼓之乐,极宫室之观,行暴之大者;崇玩好,县爱槐之令,载过者驰,步过者趋[⑤],威严似乎君,逆之明者也;犯槐者刑,伤槐者死,刑杀不称[⑥],贼民之深者。君享国,德行未见于众[⑦],而三辟著于国[⑧]。婴恐其不可以莅国子民也[⑨]。"

公曰:"微大夫教寡人[⑩],几有大罪,以累社稷。今子大夫教之,社稷之福,寡人受命矣。"

【注释】①穷:用尽。②拟乎君:和君主相似。③贼:残忍。④羡:多余。⑤趋:小步快走,表示恭敬。⑥称:相符合。⑦见:显示。⑧辟:邪僻。⑨子民:以民为子,即爱民如子之意。⑩微:如果没有。

【译文】第二天早朝的时候,晏子向景公禀告说:"我听说过,耗尽人民的财力来满足自己的嗜好私欲,叫作暴虐;崇尚自己喜好的玩物,让它们的威严和君主相似。叫作乖戾;处罚杀死没有罪的人,叫作残忍。这三种行为,是保持住国家的大祸害。现在您耗尽人民的财力,把饮食用具置办得很丰盛,把钟鼓等乐器制造得很繁多,把宫室修建得很漂亮,这是最大的暴虐;崇尚自己喜好的玩物,对所喜爱的槐树悬挂上命令,驾车经过的要快赶,步行经过的要快走,它的威严和君主相似,这是最明显的乖戾行为;碰到槐树的受刑,伤害槐树的处死,处罚不该处罚的人,杀死不该杀死的人,这是最严酷的残害人民的行为。您享有国家,好的德行没有在百姓面前显示出来,可是三种邪僻的行为在国内却很显著。我担心这样是不可以治理国家、爱民如子的。"

景公说:"假如没有大夫您教诲我,我几乎要犯大罪,从而连累到国家。现在大夫您教诲我,这是国家的福气,我受教了。"

【原文】**晏子出,公令趣罢守槐之役[1],拔置县之木[2],废伤槐之法,出犯槐之囚。**

【注释】①趣:同"促",速,赶快。②拔置:拔下并收起。

【译文】晏子出朝以后,景公命令赶快撤走看守槐树的差役,拔掉木桩,扔掉挂着的牌子,废除伤害槐树治罪的命令,释放因碰到槐树被拘捕的囚犯。

景公逐得斩竹者囚之晏子谏

【题解】

景公拘捕了砍竹者并将治他的罪。晏子以齐先君丁公伐曲城不斩私藏金玉出城者为例,说明君主应该宽厚慈惠,不重物轻人。

【原文】**景公树竹,令吏谨守之。公出,过之,有斩竹者焉。公以车逐,得而拘之,将加罪焉。**

晏子入见,曰:"君亦闻吾先君丁公乎?"

公曰:"何如?"

晏子曰:"丁公伐曲城[1],胜之,止其财,出其民。公日自莅之。有舆死人以出者[2],公怪之,令吏视之,则其中金与玉焉。吏请杀其人,收其金玉。公曰:'以兵降城,以众图财,不仁。且吾闻之,人君者宽厚慈众,不身传诛[3]。'令舍之。"

公曰:"善。"

晏子退,公令出斩竹之囚。

【注释】①曲城:地名。故址在今山东掖县东北。②舆:抬。③不身传诛:不亲自传令杀人。意思是当交有关官吏治罪。

【译文】景公种了竹子，命令官吏小心地看守它。景公外出，在那里经过，看到有个人砍竹子。景公就坐着车追赶他，追上以后把他抓了起来，将要治他的罪。

晏子入宫去见景公，说："您听说过我们的先君丁公吧？"

景公说："怎么样？"

晏子说："丁公攻打曲城，取得了胜利，禁止城里的财物出城，把城里的人迁移出去。丁公每天亲自察看。有人抬着死人出城，丁公感到奇怪，命令官吏查看，原来棺材里装的都是金玉。官吏请求杀掉那个人，没收他的金玉。丁公说：'依靠军队攻克城池，依靠人多谋取财物，是不仁德的。况且我听说过，当百姓君主的，应该对百姓宽厚慈惠，不亲自传令杀人。'命令放了那个人。"

景公说："你说得好。"

晏子出宫以后，景公命令释放那个砍竹子的囚犯。

景公冬起大台之役晏子谏

【题解】

景公严冬征发徭役修建大台，服役者挨饿受冻。晏子以歌声诉说百姓之苦，从而使景公决定停止修建。晏子主动为景公承担过错的行为，则表现了他的"愚忠"。孔子正是从忠君的角度，对晏子大加赞扬的。

【原文】晏子使于鲁，比其返也[①]，景公使国人起大台之役。岁寒不已，冻馁之者乡有焉，国人望晏子。

【注释】①比：等到。

【译文】晏子出使鲁国，等到他返回的时候，景公正让齐国人服役修建大台。天气一直很寒冷，挨饿受冻的人每乡都有，齐国人都盼望晏子快回来。

【原文】晏子至，已复事，公延坐[①]，饮酒，乐。晏子曰："君若赐臣，臣请歌之。"歌曰："庶民之言曰：'冻水洗我，若之何？太上靡散我[②]，若之何？'"歌终，喟然叹而流涕。公就止之[③]，曰："夫子曷为至此[④]？殆为大台之役夫[⑤]！寡人将速罢之。"

【注释】①延坐：请他坐下。②太上：对君主的尊称。靡散：摧残，离散。③就：靠近，走近。④曷为：为什么。曷。何。⑤殆：大概，恐怕。

【译文】晏子回到齐国，汇报完事情以后，景公请他入座，喝酒喝得很高兴。晏子说："如果蒙您恩赐，请允许我唱支歌。"于是唱道："平民百姓都这样唱：'我们在冰水中受冻，怎么活？我们被君主弄得妻离子散，怎么过？'"唱完了歌，晏子叹息着流下了眼泪。景公上前制止住他，说："先生您为什么悲伤到这地步？大概是为修建大台的事吧！我将很快停止建大台。"

【原文】晏子再拜[①]，出而不言，遂如大台[②]，执朴鞭其不务者[③]，曰："吾细人也[④]，皆有盍庐以避燥湿[⑤]；君为一台而不速成，何为？"国人皆曰："晏子助天为虐。"

【注释】①再拜:拜两拜。再,二。②如:到……去。③朴:打人用的棍棒。④细人:小人,地位低下的人。⑤盍庐:房屋。盍,通“阖”。

【译文】晏子拜了两拜,一句话也不说就出了朝廷,接着就到了大台,拿着棍棒打那些不努力工作的人,说:“我们是些小民,都有房屋来躲避炎热潮湿;君主要建造一个大台,却不能很快建成。这是为什么?”国人都说:“晏子在帮助君主做坏事。”

【原文】晏子归,未至,而君出令趣罢役。车驰而人趋。

【译文】晏子回去,还没到家,君主就下达了命令,让赶快停止服役。服役的人和车都飞快地离开了。

【原文】仲尼闻之,喟然叹曰:“古之善为人臣者,声名归之君,祸灾归之身。人则切磋其君之不善①,出则高誉其君之德义。是以虽事惰君,能使垂衣裳②,朝诸侯③,不敢伐其功④。当此道者,其晏子是耶⑤!”

【注释】①切磋:比喻商讨、研究。②垂衣裳:比喻君王无为而治。③朝:使朝拜。④伐:自夸。⑤是:此,这样。

【译文】孔子听到这件事,慨叹着说:“古代善于当臣子的人,好名声都让给君主,灾祸都留给自己。入朝就研讨君主的缺点,出朝就赞美君主的道义。因此,即使是侍奉怠惰的君主,也能让君主无为而治,让诸侯来朝拜,而自己却不敢夸耀自己的功劳。现在能够符合这个原则的,大概只有晏子吧!”

景公为长庲欲美之晏子谏

【题解】

景公征徭役修建高大的房屋,晏子以歌诉说百姓因服劳役而庄稼不能收获、被害得妻离子散之苦,迫使景公停止了徭役。

【原文】景公为长庲①,将欲美之。有风雨作,公与晏子入坐,饮酒,致堂上之乐。酒酣,晏子作歌曰:“穗乎不得获,秋风至兮殚零落②。风雨之弗杀也③,太上之靡弊也④。”歌终,顾而流涕,张躬而舞⑤。公就晏子而止之,曰:“今日夫子为赐,而诫于寡人,是寡人之罪。”遂废酒罢役,不果成长庲 。

【注释】①庲:屋舍。②殚:尽,全都。③弗杀:击落,吹散。④靡弊:摧残,离散。⑤张躬:舒展身躯。躬,身。

【译文】景公修建长大的房舍,将要把它修建得非常漂亮。一天刮起了风,下起了雨,景公和晏子一起入座饮酒,享受厅堂之乐。喝酒喝得正畅快时,晏子起身唱歌,唱道:“禾穗啊不能收割,秋风一到啊全被刮落。全被风雨糟蹋了,君主害得我们妻离子散没法活。”唱完了歌,转过头流下了眼泪,伸开双臂跳起了舞。景公走到晏子跟前制止住他,说:“今天先生您赐教,用歌来告诫我,这是我的罪过。”于是撤掉了酒,停止了徭役,不再修建长大的房舍。

景公为邹之长涂晏子谏

【题解】

景公连年征发徭役,使百姓困苦不堪。晏子指出:君主耗尽民财的,自己难得其利;用尽民力的,自己难得快乐。并以楚灵王兴役不止最终身死乾溪的教训谏止景公修筑驰道。

【原文】景公筑路寝之台[①],三年未息。又为长庲之役,二年未息。又为邹之长涂[②]。

晏子谏曰:"百姓之力勤矣!公不息乎?"

公曰:"涂将成矣,请成而息之。"

对曰:"君屈民财者不得其利,穷民力者不得其乐。昔者楚灵王作倾宫[③],三年未息也。又为章华之台[④],五年又不息也。乾溪之役八年[⑤],百姓之力不足而息也。灵王死于乾溪,而民不与君归[⑥]。今君不遵明君之义,而循灵王之迹,婴惧君有暴民之行,而不睹长庲之乐也。不若息之。"

公曰:"善,非夫子者,寡人不知得罪于百姓深也。"于是令勿委壤[⑦],余财勿收,斩板而去之[⑧]。

【注释】①路寝之台:路寝台。路寝,天子正寝。周制天子有六寝,一为正寝,其余五寝通称燕寝或小寝。齐景公是诸侯,却筑路寝,乃是僭越。②邹之长涂:通往邹的驰道。邹,齐地名。涂,同"途",道路。③倾宫:又作"顷宫",楚宫室名。④章华之台:章华台,故址在湖北华容城内。⑤乾溪:地名,楚东境,今安徽亳县东南。楚伐吴,军队驻扎在乾溪。⑥不与君归:指不同意把君主的尸体运回去。与,赞同。⑦委壤;指征用土地修路。⑧斩板;砍断捆木板的绳子。意思是不再修路。古代修路或筑墙时,两旁需用木板夹住,中间加土夯实,木板要用绳子捆住以防移动。

【译文】景公修筑路寝台,三年没有停止。又修建长大的房舍,两年没有停止。又修筑通往邹的驰道。

晏子劝谏说:"老百姓太劳苦了!您不停止徭役吗?"

景公说:"驰道快修成了,请等修成驰道再停止徭役。"

晏子回答说:"君主把人民的财产征敛净尽的,自己最终不能得到利益;把人民弄得精疲力竭的,自己最终不能得到快乐。从前楚灵王修建顷宫,三年没有停止。又修建章华台,又是五年没有停止。乾溪的战役打了八年,老百姓力不胜任自己停止的。后来灵王死在乾溪,人民不允许把他的尸体运回去。现在您不遵循英明君主的道义,即沿着灵王的脚印走,我担心您有残害人民的行为,却不能看到修建长大的房舍给您带来的快乐。不如停止徭役好。"

景公说:"好。如果不是先生您,我还不知道自己深深地得罪了百姓。"于是命令不要

再征用土地，剩下的赋税不要再收敛，砍断捆筑路夹板的绳子，让服役的人都回家去。

景公春夏游猎兴役晏子谏

【题解】

齐景公春天夏天游玩打猎，又征发修大台的徭役。晏子劝谏说：春天夏天征发徭役，让百姓失去耕种时机，国家就会空虚。针对景公年老及时行乐的想法，晏子以楚灵王兴役不止而民叛之的教训，最终阻止了修建大台之役。

【原文】景公春夏游猎，又起大台之役。晏子谏曰："春夏起役且游猎，夺民农时①，国家空虚，不可。"景公曰："吾闻相贤者国治②，臣忠者主逸。吾年无几矣③，欲遂吾所乐④，卒吾所好，子其息矣⑤。"

晏子曰："昔文王不敢盘游于田⑥，故国昌而民安。楚灵王不废乾溪之役，起章华之台，而民叛之。今君不革，将危社稷，而为诸侯笑。臣闻忠不避死，谏不违罪⑦。君不听臣，臣将逝矣⑧。"

景公曰："唯唯⑨，将弛罢之。"未几，朝韦冏⑩，解役而归⑪。

【注释】①夺：失去。②治：治理得好，与"乱"相对。③无几：没有多久。④遂：与下句的"卒"都有"终""尽"的意思。⑤息：止。⑥盘游：游玩。田：同"畋"，打猎。⑦违：躲避。⑧逝：往，离开。⑨唯唯：应答声。⑩朝：臣下朝见君主。韦冏：人名。⑪归：指让服役之人回家去。

【译文】景公春天夏天去游玩打猎，又征发修筑大台的徭役。晏子劝谏说："春天夏天征发徭役，而且去游玩打猎，这样就让百姓失去了耕种的时机，国家就会空虚，不可以这样做。"景公说："我听说相国贤明，国家就治理得好；臣子忠诚，君主就安逸。我的寿命没有多久了，我想尽情地做完我喜欢的事情，尽情做完我爱好的事情。您还是不要干涉吧。"

晏子说："从前周文王不敢享受游玩打猎的乐趣，所以国家昌盛，百姓安定。楚灵王不停止乾溪的战役，又兴建章华台，因而百姓背叛了他。现在您如果不改正，就要危害到国家，被诸侯们耻笑。我听说忠臣不怕死，劝谏君主不怕获罪。您如果不听从我的劝告，我将要离开您。"

景公说："好，好，我将停止徭役。"不久，就招来韦冏，派他去免除徭役，让服役的人回家去。

景公猎逢蛇虎以为不祥晏子谏

【题解】

针对景公上山见虎、下泽见蛇以为不祥的迷信看法，晏子指出，有贤人却不知道、知道了却不使用、使用了却不委以重任，才是国家三件不吉祥之事。至于上山见虎、下泽见蛇，乃是情理中的事。

【原文】景公出猎，上山见虎，下泽见蛇。归，召晏子而问之曰："今日寡人出猎，上山则见虎，下泽则见蛇，殆所谓不祥也？"

晏子对曰："国有三不祥，是不与焉[1]。夫有贤而不知，一不祥；知而不用，二不祥；用而不任，三不祥也。所谓不祥，乃若此者。今上山见虎，虎之室也[2]；下泽见蛇，蛇之穴也。如虎之室[3]，如蛇之穴而见之，曷为不祥也？"

【注释】①是：此。与：在其中，相干。②室：指住处。③如：往，到……去。

【译文】景公外出打猎，上山看见了老虎，下沼泽看见了蛇。回来以后，召见晏子问他说："今天我外出打猎，上山看见了老虎，下沼泽看见了蛇，这大概就是所谓不吉祥吧？"

晏子回答说："国家有三件不吉祥的事，这些都不在其中。有贤德的人却不知道，这是第一件不吉祥的事；知道了却不使用，这是第二件不吉祥的事；使用了却不委以重任，这是第三件不吉祥的事。所谓不吉祥的事，就是像上边说的这些。现在您上山看见了老虎，那里本来有老虎的住处；下沼泽看见了蛇，那里本来有蛇的洞穴。到老虎的住处去。到蛇的洞穴去，看见了它们，怎么能算不吉祥呢？"

景公为台成又欲为钟晏子谏

【题解】

景公修建完高台又想铸造编钟。晏子批评景公欲望无穷，必然加重赋税，给百姓造成哀痛。

【原文】景公为台，台成，又欲为钟[1]。晏子谏曰："君国者不乐民之哀[2]。君不胜欲[3]，既筑台矣，今复为钟，是重敛于民，民必哀矣。夫敛民之哀而以为乐[4]，不祥，非所以君国者。"公乃止。

【注释】①钟：编钟，古代乐器。②君国者：当国家君主的人。君，当君主。③不胜欲：指欲望无穷无尽。胜，尽。④敛民之哀：意思是，聚敛民财从而给人民带来哀痛。

【译文】景公修筑高台，高台修成了，又想铸造钟。晏子劝谏说："当国家君主的，不把百姓的哀痛当成自己的快乐。您的欲望无穷无尽，已经修筑了高台，现在又要铸造钟，这样就要对百姓加重赋敛，百姓必定很哀痛。聚敛民财给百姓带来哀痛，用来供自己享乐，这是不吉祥的，这不是当国家君主的人应该做的。"景公这才停止铸编钟。

景公朝居严下不言晏子谏

【题解】

晏子认为，君主听朝威严，臣子就不敢讲话，君主也就听不到正确意见，这对治理国

家是有害的。因此，治理国家，应该广开言路，集思广益。

【原文】晏子复于景公曰[①]："朝居严乎？"

公曰："朝居严，则曷害于治国家哉？"

晏子对曰："朝居严则下无言，下无言则上无闻矣。下无言，则吾谓之喑[②]；上无闻，则吾谓之聋。聋喑，非害国家而如何也？且合升㪷之微[③]，以满仓廪；合疏缕之纬[④]，以成帏幕。太山之高[⑤]，非一石也，累卑然后高[⑥]。夫治天下者，非用一士之言也。固有受而不用[⑦]，恶有拒而不受者哉[⑧]？"

【注释】①复：告诉。②喑：哑。③㪷：同"斗"，量器。④纬：织物上的横线。⑤太山：即泰山。⑥卑：低。⑦固：本来。⑧恶：何，哪里。

【译文】晏子对景公说："您主持朝会威严吗？"

景公说："主持朝会威严，对于治理国家有什么妨害呢？"

晏子回答说："主持朝会威严，那么臣子就不讲话；臣子不讲话，那么君主就不能听到意见。臣子不讲话，我把这叫作哑；君主不能听到意见，我把这叫作聋。又聋又哑，不是对国家有害又是什么呢？况且，把微小的一升一斗汇合起来，就能装满仓库；把纤细的纬线汇合起来，就能织成帐幕。高大的泰山，并不是一块石头就能让它那么高，把细小的石头累积起来，然后才使泰山那样高。治理天下，不是采纳一个人的意见。固然有听到意见而不采纳的，哪有拒绝倾听意见的呢？"

景公登路寝台不终不悦晏子谏

【题解】

景公费财劳民修筑了路寝台，又责怪台高难登。晏子批评说：你如果想节省体力，就不要修这么高；既然让人修这么高，就不要怪罪修筑的人。指出修建宫室的目的是为了便于生活，不是为了奢华享乐。

【原文】景公登路寝之台，不能终[①]，而息乎陛[②]，忿然作色，不说，曰："孰为高台？病人之甚也[③]！"

晏子曰："君欲节于身而勿高[④]，使人高之而勿罪也。今高，从之以罪；卑，亦从以罪。敢问使人如此，可乎？古者之为宫室也，足以便生，非以为奢侈也。故节于身，谓于民[⑤]。及夏之衰也，其王桀背弃德行，为璇室玉门[⑥]。殷之衰也，其王纣作为倾宫灵台，卑狭者有罪，高大者有赏，是以身及焉[⑦]。今君高亦有罪，卑亦有罪，甚于夏、殷之王。民力殚乏矣，而不免于罪。婴恐国之流失[⑧]，而公不得享也。"

公曰："善。寡人自知诚费财劳民，以为无功，又从而怨之，是寡人之罪也。非夫子之教，岂得守社稷哉？"遂下，再拜，不果登台。

【注释】①终：指到顶点。②陛：台阶。③病人：让人劳累。病，疲劳。④而：则。下句"而"同此。⑤谓于民：指勤于民事。⑥璇：美玉。⑦身：自身，自己。及：赶上。⑧流失：

丢失,丧失。

【译文】景公登路寝台,不能登到顶端,就坐在台阶上休息,气愤地变了脸色,不高兴地说:"谁修筑的这高台?登着太让人劳累了!"

晏子说:"您如果想节省体力,就不要让人修这么高;既然让人修这么高,就不要怪罪修建的人。现在修高了,跟着就给加上罪名;修低了,也跟着给加上罪名。我冒昧地问一句,这样役使人,可以吗?古时候君主修建宫室,是为了便于生活,不是为了用来享受。所以他们能节省体力,勤于民事。到了夏朝衰微的时候,它的君王桀背弃了为君的德行,修建了以美玉为材料的宫室门户。商朝衰微的时候,商的君王纣修建了倾宫灵台,修得低矮的有罪,修得高大的有赏,因此自身遭到了祸害。现在您的情况是,修高了也有罪,修低了也有罪,这比夏、商的君王桀、纣还厉害。百姓精疲力竭,但仍避免不了罪名。我担心国家将有覆灭的危险,您也不能享有齐国了。"

景公说:"您说得好。我自己知道修筑路寝台确实劳民伤财,我不但认为百姓没有功劳,跟着又埋怨他们,这是我的罪过。假如不是先生您的教诲,我难道能够保住国家吗?"于是下了路寝台,拜了两拜,不再登上去。

景公登路寝台望国而叹晏子谏

【题解】

景公希望让自己的子孙后代世世享有齐国。晏子明确指出,君主致力于把政治纳入正轨,做事有利于百姓,子孙才能享有国家;而景公宁肯把聚敛的财物存放坏也不分给饥民,还对百姓加重赋税。今后掌握齐国政权的,必将是能让国人得利的人;因此,要想传国给子孙,与其求助于人,不如反躬自求。

【原文】景公与晏子登寝而望国①,公愀然而叹曰②:"使后嗣世世有此,岂不可哉?"

晏子曰:"臣闻明君必务正其治,以事利民,然后子孙享之。《诗》云:'武王岂不事?贻厥孙谋,以燕翼子③。'今君处佚怠,逆政害民有日矣,而犹出若言④,不亦甚乎?"

【注释】①寝:指路寝台。②愀然:忧愁的样子。③"武王"三句:所引诗句见《诗·大雅·文王有声》。事,做事。今本《诗》作"仕"(通"事")。贻,留给。今本《诗》作"诒"(通"贻")。厥,其,他的。燕,通"宴",安定。翼,帮助。④若:此。

【译文】景公和晏子一起登上路寝台,望着齐国都城,景公忧愁地慨叹道:"假如让我的子孙世世代代享有齐国,难道不可以吗?"

晏子说:"我听说英明的君主一定致力于让政治走上正轨,做事情对人民有利,然后他的子孙才能享有国家。《诗》中说:'周武王难道无所作为?他把谋略传给子孙,帮助他们安定了王业的根基。'现在您处于安乐懈怠的状况,暴虐的政治残害人民有很长时间了,可是您还说出这样的话来,不是太过分了吗?"

【原文】公曰:"然则后世孰将把齐国①?"

对曰:“服牛死[2],夫妇哭,非骨肉之亲也,为其利之大也。欲知把齐国者,则其利之者邪?”

【注释】①把:持,掌握。②服牛:驾车的牛。服,用牛马驾车。

【译文】景公说:“这样,那么后世谁将掌握齐国政权?”

晏子回答说:“驾车的牛死了,夫妻都哭泣,并不是和牛有骨肉之亲,是因为牛给他们带来很大利益。要想知道将来掌握齐国政权的人,那大概是能让齐国人民得到利益的人吧!”

【原文】公曰:“然。何以易[1]?”

对曰:“移之以善政。今公之牛马老于栏牢[2],不胜服也[3];车蠹于巨户[4],不胜乘也;衣裘襦袴朽弊于藏[5],不胜衣也;醯醢腐[6],不胜沽也[7];酒醴酸,不胜饮也;府粟郁[8],而不胜食。又厚藉敛于百姓,而不以分馁民。夫藏财而不用,凶也。财苟失守,下其报环至;其次昧财之失守,委而不以分人者,百姓必进自分也。故君人者与其请于人,不如请于己也。”

【注释】①易:改变。②栏牢:关牲畜的圈。③胜:禁得住,承受得了。④蠹:生蛀虫。户:门。⑤襦:短衣。袴:胫衣,类似后世的套裤。藏:指储物之所。⑥醯:醋。醢:肉酱。⑦沽:卖。⑧郁:腐臭。

【译文】景公说:“这样的话,那么该用什么方法改变这种情况?”

晏子回答说:“用美好的政治来改变这种情况。现在您的牛马在棚圈里衰老,不能再驾车了;车子在大门里生了蛀虫,不能再乘坐了;衣裘袄裤在储藏室里破旧腐朽,不能再穿了;醋和肉酱变质,不能再卖了;美酒变酸,不能再喝了;仓库里粮食发霉,不能再吃了。可是又对老百姓加重赋敛,却不把钱粮分给饥民。聚敛财物该使用时却不使用,这是凶险的事。财物如果丢失了,下面的报告就频繁地到来;其次是隐瞒财物丢失的情况,即使丢弃了也不拿来分给人民,这样,就会逼得老百姓去仓库里分财物。所以当君主的如果想把君位传给子孙,与其求助于人,不如反躬自求。”

景公路寝台成逢于何愿合葬晏子谏

【题解】

景公修建路寝台侵占了逢于何家的墓地,致使其母死后无法与其父合葬。晏子批评景公扩大宫室,侵夺人家的居处;广为台榭,毁坏人家的坟墓,让生者不得安居,死者不能合葬。这不是君主该做的。君主极力满足私欲,不顾小民死活,这不是保住国家的办法。最终说服了景公允许合葬。

【原文】景公成路寝之台。逢于何遭丧,遇晏子于途,再拜乎马前。晏子下车挹之[1],曰:“子何以命婴也?”对曰:“于何之母死,兆在路寝之台牖下[2],愿请命合骨。”晏子曰:“嘻!难哉!虽然,婴将为子复之[3]。适为不得[4],子将若何?”对曰:“夫君子则有以[5]。如

我者侪小人[6]，吾将左手拥格[7]，右手梱心[8]，立饿枯槁而死，以告四方之士曰：'于何不能葬其母者也。'"晏子曰："诺。"

【注释】①揖：同"揖"，作揖，拱手行礼。②兆：墓地。牖：窗。③复：禀告。④适：如果。不得：指不得其请，即请求不被允许。⑤君子：对人的尊称。有以：有办法。⑥侪：辈。⑦格：通"辂"，车辕前端的横木，用来牵引车。⑧梱：敲击。

【译文】景公建成了路寝台。逢于何遇上丧事，在路上碰到了晏子，在晏子的马前拜了两拜。晏子下了车，向他作揖还礼，说："您对我有什么吩咐？"逢于何回答说："我的母亲死了，我家坟地的界域在路寝台的台基下，希望您请求君主允许将我的母亲与父亲合葬。"晏子说："嘿！难哪！虽说这样，但我将为您禀报这件事。如果得不到允许，您将怎么办？"逢于何回答说："您是有办法的。像我这样的，不过是个小民，如果不蒙允许，我将左手挽着灵车辕端的横木，右手捶胸，站着饿得枯干了死去，并且告诉四面八方的士人说：'我是个不能安葬自己母亲的人。'"晏子说："好吧。"

【原文】遂入见公，曰："有逢于何者，母死，兆在路寝，当如之何？愿请合骨。"

公作色不说，曰："古之及今，子亦尝闻请葬人主之宫者乎？"

晏子对曰："古之人君，其宫室节，不侵生民之居；台榭俭，不残死人之墓。故未尝闻诸请葬人主之宫者也。今君侈为宫室，夺人之居；广为台榭，残人之墓。是生者悉忧，不得安处；死者离易，不得合骨。丰乐侈游，兼傲生死，非人君之行也。遂欲满求，不顾细民[1]，非存之道也。且婴闻之，生者不得安，命之曰蓄忧；死者不得葬，命之日蓄哀。蓄忧者怨，蓄哀者危。君不如许之。"

公曰："诺。"

【注释】①细民：小民。

【译文】晏子于是入朝见景公，说："有个叫逢于何的，他的母亲死了，坟地的界域在路寝台的台基下，应当怎么办？希望您允许合葬。"

景公变了脸色，不高兴地说："从古至今，您曾听说过请求在君主的宫中埋葬死人的吗？"

晏子回答说："古代的君主，他们的宫室节俭，修建宫室不侵占活人的住处；他们的台榭俭朴，修筑台榭不毁坏死人的坟墓。所以不曾听说过请求在君主宫中埋葬死人的。现在您把宫室修建得很奢侈，侵占了人家的住处；把台榭修筑得很宽大，毁坏了人家的坟墓。这样就让活着的人忧愁，不能安居；让死了的人尸骨离散，不能合葬。您尽情地游玩作乐，对活人死人全都轻慢，这不是君主应该做的。您极力满足私欲，不顾小民死活，这不是保住国家的办法。况且我听说过，活着的人不能安居，这叫作聚积忧愁；死了的人不能埋葬，这叫作聚积悲哀。聚积忧愁的怨恨您，聚积悲哀地对您有危害。您不如答应了。"

景公说："好吧。"

【原文】晏子出，梁丘据曰："自古及今，未尝闻求葬公宫者也，若何许之？"公日"削人

之居，残人之墓，凌人之丧，而禁其葬，是于生者无施，于死者无礼。《诗》云：'谷则异室，死则同穴[①]，'吾敢不许乎？"

【注释】①"谷则"二句：所引诗句见《诗·王风·大车》。谷，生，活着。

【译文】晏子出朝以后，梁丘据说："从古至今，不曾听说过请求在君主宫中埋葬死人的，您为什么答应了？"景公说："侵占人家的住处，毁坏人家的坟地，傲视人家的丧事，禁止人家埋葬，这样就是对活着的人不施恩惠，对死了的人不讲礼仪。《诗》上说：'活着不能住一屋，死后也要葬一墓。'我怎敢不答应呢？"

【原文】**逢于何遂葬其母路寝之牖下，解衰去绖[①]，布衣縢履[②]，玄冠茈武[③]。踊而不哭[④]，躃而不拜[⑤]。已乃涕洟而去[⑥]。**

【注释】①衰：丧服。以麻布披于胸前，服三年之丧者使用。绖：穿丧服时用来束腰的麻绳。②縢：绳子。履：鞋子。③玄：黑色。茈：通"纰"，除丧后戴的帽子。武：系帽的带子。④踊：跳跃。此指顿足。⑤躃：通"擗"，捶胸。⑥涕洟：指流下眼泪鼻涕。涕，眼泪。洟，鼻涕。

【译文】逢于何于是就把他母亲埋葬在路寝台的台基下，脱去了孝衣孝服，穿上布衣和用绳子编的鞋，戴上黑帽子。脚用力踏着地，但不啼哭；手使劲捶着胸，但不跪拜。埋葬完了以后，才流着鼻涕眼泪离开了。

景公嬖妾死守之三日不敛晏子谏

【题解】

景公的宠妾死后，景公守着她的尸体三天不吃饭，希望她复生。晏子假称有医生能起死回生，让景公离开后便命人把尸体收殓起来。面对景公的责备，晏子阐述说：君主正确，臣子服从，叫作顺从；君主邪僻，臣子服从，叫作悖逆。如今你行为邪僻，疏远贤人，任用谗佞，为宠妾之死过度悲哀，这种行为不可以引导人民，不可以保住国家，最终使景公依从了晏子的处置。

【原文】**景公嬖妾婴子死。公守之，三日不食，肤著于席不去[①]。左右以复，而君无听焉。**

晏子入，复曰："有术客与医俱言曰：'闻婴子病死，愿请治之。'"

公喜，遽起曰[②]："病犹可为乎？"

晏子曰："客之道也[③]，以为良医也，请尝试之。君请屏洁[④]，沐浴饮食，间病者之宫[⑤]，彼亦将有鬼神之事焉[⑥]。"

公曰："诺。"屏而沐浴。

【注释】①肤：身体。②遽：速，立刻。③道：说，通报。④屏洁：退居洁室。⑤间：间隔，隔开。⑥鬼神之事：指向鬼神祈祷之事。

【译文】景公的宠妾婴子死了。景公守着她的尸体，一连三天不吃饭，坐在席子上不

离开。身边的人禀报事情，景公一点儿也不听。

晏子进去禀告说："有个懂道术的客人跟医生一起到来，说：'听说婴子死了，希望允许把她治活。'"

景公很高兴，赶紧起身说："婴子的病还可以治好吗？"

晏子说："据客人说，他是一个高明的医生，请让他试试看。请您退居清洁之处，洗澡吃饭，离开病人的宫室，他将向鬼神祈祷。"

景公说："好吧。"于是退出去洗澡。

【原文】晏子令棺人入殓[1]，已敛而复曰："医不能治病，已敛矣，不敢不以闻。"

公作色不说，曰："夫子以医命寡人，而不使视；将敛，而不以闻。吾之为君，名而已矣。"

晏子曰："君独不知死者之不可以生邪？婴闻之，君正臣从谓之顺，君僻臣从谓之逆。今君不道顺而行僻[2]，从逆者迩[3]，导害者远[4]。谗谀萌通[5]，而贤良废灭，是以谄谀繁于间[6]，邪行交于国也。昔吾先君桓公用管仲而霸，嬖乎竖刁而灭。今君薄于贤人之礼，而厚嬖妾之哀。且古圣王畜私不伤行[7]，敛死不失爱[8]，送死不失哀。行伤则溺己，爱失则伤生，哀失则害性，是故圣王节之也。死即毕葬，不留生事[9]；棺椁衣衾[10]，不以害生养；哭泣处哀，不以害生道。今朽尸以留生，广爱以伤行，修哀以害性，君之失矣。故诸侯之宾客，惭入吾国；本朝之臣，惭守其职。崇君之行，不可以导民；从君之欲，不可以持国。且婴闻之，朽而不敛，谓之僇尸[11]；臭而不收，谓之陈胔[12]。反明王之性，行百姓之诽[13]，而内嬖妾于僇胔[14]，此之为不可。"

公曰："寡人不识，请因夫子而为之[15]。"

晏子复曰："国之士大夫、诸侯四邻宾客皆在外，君其哭而节之。"

【注释】①敛：通"殓"，把死者装入棺材。②道：行，做。③迩：近，亲近。④导害：指匡正过失。⑤萌通：产生并通达。⑥间：侧，近旁。⑦畜私：养活自己宠爱的人。畜，养。⑧不失爱：不失之于过爱。下句"不失哀"指不失之于过哀。⑨不留生事：指不保留尸体望其复生。⑩棺椁：内棺"棺"，外棺(套在棺外面的)叫"椁"。衾：被子。⑪僇尸：陈尸示众。僇，通"戮"。⑫胔：腐烂的尸体。⑬诽：批评，指责。⑭内：同"纳"。⑮因：凭，靠。

【译文】晏子命令管棺材的人把尸体收殓起来，等到收殓完了，向景公禀报说："医生不能治活婴子，已经把尸体收殓起来了，不敢不把这事告诉您让您知道。"

景公变了脸色，不高兴地说："先生您拿医生的话命令我，不让我看；要收殓尸体，却不告诉我让我知道。我当君主，只是徒有其名罢了。"

晏子说："您难道不知道人死不可复生吗？我听说过，君主正确臣子服从叫作顺从，君主邪僻臣子服从叫作乖逆。现在您不做顺理的事，却做邪僻的事，跟从您干乖逆事情的人您就亲近，匡正您的过失的人您就疏远。阿谀谗佞的人官运亨通，贤德优秀的人遭到废黜，因此阿谀谄媚之徒聚集在您身边，邪僻的行为遍布国内。从前我们的先君桓公任用管仲，因而称霸诸侯；宠爱竖刁，因而遭到灭亡。现在您对待贤德之人的礼节很轻

慢，而对宠妾的哀痛却很深切。况且，古代的圣贤君主，他们养活自己宠爱的人，但不妨害自己的行为；收殓死了的人，但不过分亲爱；为死了的人送葬，但不过分悲哀。行为受到妨害就会使自己沉溺在私欲中，过分亲爱就会伤害身体，过分悲哀就会伤害本性。因此，圣贤的君主对这些都加以节制。人死了就收殓起来，不保留尸体希望复生；棺椁衣被不过分耗费，不让这些妨害对活人的供养；哭泣悲哀有节制，不让它伤害了养生之道。现在您保留着快要腐烂的尸体，希望她复生，过分喜爱，因而妨害了行为，哀痛不止，因而伤害了本性，您错了。所以，诸侯的使者以到我国来为羞惭，我们朝廷的臣子以忠于职守为羞耻；如果推崇您的行为，就不可以引导人民；如果满足您的私欲，就不可以保住国家。况且我听说过，尸体腐烂了却不收殓，这叫作陈列尸体；尸体腐臭了却不收殓，这叫作陈列臭肉。违反英明君主的本性，做百姓们非难的事情，把宠妾的尸体放到腐烂发臭的地步，这样做是不可以的。”

景公说：“我不知道这些道理，请允许我依靠先生您处置这件事。”

晏子禀告说：“我国的士和大夫以及诸侯四邻的宾客都在外面，您哭的时候还是加以节制吧。”

【原文】仲尼闻之，曰：“星之昭昭①，不若月之曀曀②；小事之成，不若大事之废；君子之非，贤于小人之是也。其晏子之谓欤！”

【注释】①昭昭：明亮的样子。②曀曀：阴晦的样子。

【译文】仲尼听到这件事以后，说：“星星的光明，不如月亮的阴晦。做小事做成了，不如做大事做不成。君子的缺点，胜过小人的优点。这些大概说的就是晏子吧！”

景公欲以人礼葬走狗晏子谏

【题解】

景公命令给自己死去的猎犬准备棺材和祭品。晏子批评景公加重赋税，耗费钱财与近侍取乐；鳏寡孤独挨饿受冻得不到救济，死狗却得到棺材享受祭品。如此行事，必遭百姓怨恨、诸侯轻视。指出以人礼葬猎犬，绝非小事，迫使景公改变了主意。

【原文】景公走狗死①。公令外共之棺②，内给之祭③。晏子闻之，谏。

【注释】①走狗：善跑的狗，猎狗。②共：通“供”。③给：供给。

【译文】景公的猎狗死了，景公命令官外供给狗棺材，宫内供给狗祭品。晏子听到这件事以后，就去劝谏。

【原文】公曰：“亦细物也①，特以与左右为笑耳②。”

晏子曰：“君过矣！夫厚藉敛不以反民③，弃货财而笑左右，傲细民之忧而崇左右之笑④，则国亦无望已。且夫孤老冻馁，而死狗有祭；鳏寡不恤，而死狗有棺。行辟若此⑤，百姓闻之，必怨吾君；诸侯闻之，必轻吾国。怨聚于百姓，而权轻于诸侯，而乃以为细物，君其图之。”

公曰:“善。”趣庖治狗以会朝属[⑥]。

【注释】①细物:小事,微不足道的事。②特:只不过。③反:同“返”,还给。④崇:重,看重。⑤辟:邪僻。⑥趣:催促。庖:厨师。朝属:朝廷的臣子们。

【译文】景公说:“这不过是一件小事,只是借此跟身边的人取乐罢了。”

晏子说:“您错了!您加重赋敛,不把收敛来的钱财分给百姓,耗费钱财,以便与身边的人取乐,轻视小民的忧愁,看重身边人的快乐,这样做国家就没有希望了。况且,孤儿老人挨饿受冻,而死去的狗却有祭品;鳏夫寡妇得不到救济,而死去的狗却有棺材。这样干邪僻之事,百姓听到了,必定怨恨我们君主;诸侯听到了,必定轻视我们国家。对您的怨恨在百姓那里聚积,国家的权威被诸侯轻视,可是您竟认为如此对待狗是小事,希望您考虑考虑。”

景公说:“您说得好。”于是赶紧催促厨师宰割狗,用来宴会群臣。

景公登射思得勇力士与之图国晏子谏

【题解】

景公想得到天下的勇士与之治理国家。晏子指出,礼才是社会不可或缺的,礼可以制约勇力之士的非礼行为,礼是用来统治人民的。没有礼,就不能治理国家。

【原文】景公登射[①],晏子修礼而侍。公曰:“选射之礼[②],寡人厌之矣。吾欲得天下勇士,与之图国。”

晏子对曰:“君子无礼,是庶人也[③];庶人无礼,是禽兽也。夫勇多则弑其君,力多则杀其长,然而不敢者,维礼之谓也。礼者,所以御民也;辔者[④],所以御马也。无礼而能治国家者,婴未之闻也。”

景公曰:“善。”乃饰射[⑤],更席,以为上客,终日问礼。

【注释】①登射:指走上射箭的位置。②选射之礼:古代有通过射箭选拔人才的制度,射箭时有一套礼仪,所以这里说“选射之礼”。③庶人:众人,一般人。④辔:马缰绳。⑤饰射:整备射礼。饰,通“饬”,整治。

【译文】景公走到射箭的位置射箭,晏子依照射箭的礼仪陪伴景公。景公说:“通过大射选拔人才这一套礼仪,我已经厌烦了。我想得到天下的勇士,跟他们一起商量国家大事。”

晏子回答说:“君子如果没有礼仪,那就是一般人了;一般人如果没有礼仪,那就是禽兽了。过于勇猛的人就会杀死他们的君主,过于有力的人就会杀死他们的长辈,然而他们不敢这样做,只是因为有礼仪约束啊。礼仪,是用来统治人民的;缰绳,是用来驾驭马匹的。没有礼仪却能治理好国家的,我不曾听说过。”

景公说:“你说得好。”于是就整备射礼,更换座席,把晏子当成上宾,一整天都向晏子询问礼仪。

内篇问上第三

庄公问威当世服天下时耶晏子对以行也

【题解】

晏子认为,要想在世上树立威严,让天下人归服,不靠时机而靠行动;进而指出,只要热爱国内人民,重视士民的生命和力气,听信任用贤德之人,安于仁义,乐于利世,就能树立威严,让天下人归服。齐庄公不采纳晏子的主张,任用勇力之士,最终遭到杀身之祸。

【原文】庄公问晏子曰:"威当世而服天下[1],时耶?"

晏子对曰:"行也。"

【注释】①服:使归服。

【译文】庄公问晏子说:"在世上树立威严,让天下人归服,靠的是时机吧?"晏子回答说:"靠的是实际去做。"

【原文】公曰:"何行?"

对曰:"能爱邦内之民者[1],能服境外之不善;重士民之死力者,能禁暴国之邪逆;听赁贤者[2],能威诸侯;安仁义而乐利世者,能服天下。不能爱邦内之民者,不能服境外之不善;轻士民之死力者,不能禁暴国之邪逆;愎谏傲贤者之言[3],不能威诸侯;倍仁义而贪名实者[4],不能服天下。威当世而服天下者,此其道也已。"而公不用,晏子退而穷处。

【注释】①邦:国。指诸侯国。②听赁贤者:听信任用贤德之人的人。赁,任用。③愎谏:固执己见,不听劝谏。愎,固执,任性。④倍:通"背"。名实:名利。

【译文】庄公说:"怎样去做?"

晏子回答说:"能爱国内百姓的人,就能让国外的不肖之人归服;看重士和百姓的生命与力量的人,就能制止那些残暴国家的侵犯;听信、任用贤德之人的人,就能在诸侯中树立威严;安于仁义,以有利社会为乐的人,就能使天下人归服。不能爱国内百姓的人,就不能让国外的不肖之人归服;看轻士和百姓的生命与力量的人,就不能制止那些残暴国家的侵犯;固执己见不听劝谏、轻视贤德之人的人,就不能在诸侯中树立威严;违背仁义、贪图名利的人,就不能使天下人归服。在世上树立威严,让天下人归服,就是实行的这种方法啊。"可是庄公不听晏子的话,于是晏子辞去官职,居住在穷乡僻壤。

【原文】公任勇力之士,而轻臣仆之死[1]。用兵无休,国罢民害[2]。期年,百姓大乱,而身及崔氏祸[3]。

【注释】①臣仆:奴仆。②罢:通"疲"。③身及崔氏祸:自身赶上了崔杼的灾祸。指

庄公淫乱为崔杼所杀事。及,赶上。

【译文】庄公任用有勇力的人,看轻奴仆们的生命。用兵作战没有休止,国家疲困,人民受难。过了一年,百姓大乱。庄公自己也遭到了崔杼的杀身之祸。

【原文】君子曰:“尽忠不豫交[1],不用不怀禄,其晏子可谓廉矣。”

【注释】①豫交:指预先结交君主。

【译文】君子评论说:“侍奉君主尽忠,但不预先结交君主,不被任用而不贪恋俸禄,晏子真可以说是廉正了。”

景公问圣王其行若何晏子对以衰世而讽

【题解】

景公问古代圣贤君王的所作所为如何。晏子回答说:他们的行为公正无邪,不结党营私,不偏爱女色;供养自己微薄,供养人民丰厚;不侵占大国的土地,不损耗小国的财物;不用军队胁迫别人,不靠强大威逼别人;对诸侯施以恩德,给以教诲,对百姓施以慈爱,给予利益。所以四海之内都归附他们;而衰落社会的君主与之相反,所以众叛亲离。景公听从了晏子的主张,因而诸侯都归附他,百姓都亲近他。

【原文】景公外傲诸侯,内轻百姓,好勇力,崇乐以从嗜欲[1]。诸侯不说,百姓不亲。公患之,问于晏子曰:“古之圣王,其行若何?”

晏子对曰:“其行公正而无邪,故谗人不得入;不阿党[2],不私色[3],故群徒之卒不得容[4];薄身厚民,故聚敛之人不得行;不侵大国之地,不耗小国之民,故诸侯皆欲其尊;不劫人以兵甲,不威人以众强,故天下皆欲其强;德行教诲加于诸侯,慈爱利泽加于百姓,故海内归之若流水。今衰世君人者,辟邪阿党,故谗谄群徒之卒繁;厚身养,薄视民,故聚敛之人行;侵大国之地,耗小国之民,故诸侯不欲其尊;劫人以兵甲,威人以众强,故天下不欲其强;灾害加于诸侯,劳苦施于百姓,故雠敌进伐,天下不救,贵戚离散,百姓不与[5]。”

【注释】①从:同“纵”。②阿党:结党营私。③私:偏爱。④群徒之卒:指那些受宠爱的臣妾。⑤与:帮助。

【译文】景公对外傲视诸侯,对内轻视百姓,喜好勇力,崇尚作乐,竭力纵欲。诸侯都不喜欢他,百姓都不亲附他。景公对此很忧虑,就问晏子说:“古代的圣贤君王,他们的行为怎么样?”

晏子回答说:“他们的行为公正无邪,所以善进谗言的人不能入朝当官;不结党营私,不偏爱女色,所以那些靠谄媚取宠的臣妾不能存身;对自己供养微薄,对人民供养丰厚,所以善于聚敛民财的人不能畅行无阻;不侵占大国的土地,不损耗小国人民的财物,所以诸侯都希望他们地位尊贵;不靠军队胁迫人民,不凭人多势众威逼人民,所以天下人都希望他们势力强大;对诸侯用德行感化,给以教诲,对百姓给予慈爱,施加利益,所以普天下

的人就像流水一样归附他们。现在处于衰落社会的君主，他们行为邪僻，结党营私，所以谗佞谄媚之徒众多；对自己供养丰厚，对人民供养微薄，所以善于聚敛民财的人肆行无忌；侵占大国的土地，损耗小国人民的财物，所以诸侯都不希望他们地位尊贵；靠军队胁迫人民，凭人多势众威逼人民，所以天下人都不希望他们势力强大；把灾害加到诸侯头上，把劳苦加在百姓身上，所以敌国来进攻的时候，天下的人都不来救援，同姓的显贵东逃西散，百姓们都不援助。"

【原文】公曰："然则何若①？"

对曰："请卑辞重币以说于诸侯②，轻罪省功以谢于百姓③，其可乎？"

公曰："诺。"于是卑辞重币而诸侯附，轻罪省功而百姓亲。故小国入朝④，燕、鲁共贡。

【注释】①何若：何如，怎么办。②币：用作馈赠的礼品。③谢：道歉，谢罪。④入朝：指到齐国朝拜。

【译文】景公说："那么应该怎么办？"

晏子回答说："请您用谦卑的言辞、丰厚的聘币来取悦诸侯，用减轻刑罚、减少徭役的办法向百姓道歉，这样大概就可以了吧！"

景公说："好吧。"于是言辞谦卑，聘币丰厚，因而诸侯都归附他；减轻刑罚，减少徭役，因而百姓都亲附他。所以小国都到齐国来朝拜，燕国、鲁国都来进贡。

【原文】墨子闻之，曰："晏子知道①。道在为人，而失在为己。为人者重，自为者轻。景公自为，而小国不为②；为人，而诸侯为役。则道在为人，而行在反己矣。故晏子知道矣。"

【注释】①知道：懂得治国之道。②不为：指不为齐所用。

【译文】墨子听到这事以后，说："晏子懂得治国之道。治国之道在于为别人打算，失策在于为自己打算。为别人打算的人地位就尊贵，为自己打算的人地位就轻微。景公为自己打算时，小国都不为其所用；为别人打算时，诸侯都甘心被他役使。那么，治国之道在于为别人打算，君主的行为在于反躬自求了。所以晏子算是懂得治国之道了。"

景公问欲如桓公用管仲以成霸业晏子对以不能

【题解】

景公想让晏子辅佐自己以便彰显先君桓公的功德、继承管子的功业。晏子在详细回顾了桓公之所以能称霸诸侯的种种善政之后指出：如今君主疏远贤人，任用谗佞；无休无止地役使百姓，不知满足地敛取赋税；向百姓索取的多而施与的却很少，对诸侯索取的多而礼节却很轻慢；库藏的财物腐烂蛀蚀，对诸侯的礼仪悖乱；粮食严密储藏，深深积怨于百姓；君臣互相憎恨仇视，政令刑罚反复无常。国家有丧失的危险，又怎能彰显先君的功德、继承管子的功业？

【原文】景公问晏子曰:“昔吾先君桓公,有管仲夷吾保乂齐国[①],能遂武功而立文德[②]。纠合兄弟[③],抚存冀州[④]。吴、越受令,荆楚惛忧[⑤]。莫不宾服[⑥],勤于周室[⑦]。天子加德,先君昭功。管子之力也。今寡人亦欲存齐国之政于夫子[⑧],夫子以佐佑寡人[⑨],彰先君之功烈,而继管子之业。”

【注释】①保乂:治理使安定。乂,安定。②遂:成。③兄弟:指其他诸侯。④冀州:借指中原地区的国家。⑤惛:通“䎽”(古文“闻”字),听到。⑥宾服:佩服,归服。⑦勤:辛劳。⑧存:寄,托付。⑨佐佑:通“左右”,辅助,帮助。

【译文】景公问晏子说:“从前我们的先君桓公,有管仲治理齐国,能够成就武功,树立文德。会合其他诸侯,保全中原之国。吴国、越国服从命令,楚国闻而恐惧。天下没有不敬服的,保护了周王室。使周天子的美德增加,使先君桓公的功绩卓著。这些都是管子的力量啊。现在我也想把齐国的政事托付给先生您,先生您辅佐我,使先君桓公的功业发扬光大,继承管子的事业。”

【原文】晏子对曰:“昔吾先君桓公,能任用贤[①]。国有什伍[②],治遍细民;贵不凌贱,富不傲贫;功不遗罢[③],佞不吐愚[④];举事不私,听狱不阿[⑤];内妾无羡食[⑥],外臣无羡禄,鳏寡无饥色;不以饮食之辟害民之财,不以宫室之侈劳人之力。节取于民而普施之,府无藏[⑦],仓无粟[⑧]。上无骄行,下无谄德。是以管子能以齐国免于难,而以吾先君参乎天子[⑨]。今君欲彰先君之功烈,而继管子之业,则无以多辟伤百姓,无以嗜欲玩好怨诸侯,臣孰敢不承善尽力以顺君意?今君疏远贤人,而任谗谀;使民若不胜[⑩],藉敛若不得[⑪];厚取于民而薄其施,多求于诸侯而轻其礼;府藏朽蠹而礼悖于诸侯,菽粟藏深而怨积于百姓;君臣交恶[⑫],而政刑无常。臣恐国之危失,而公不得享也。又恶能彰先君之功烈,而继管子之业乎?”

【注释】①能任:能力胜任。②国有什伍:指管仲在齐国以治军的办法治理政务。什伍,借指军队。③罢:同“疲”。④佞:指聪明有才智的人。吐:抛弃。⑤阿:曲从。⑥羡:多余。⑦府:藏钱财的地方。⑧仓:藏粮食的地方。⑨参:并列。乎:于。⑩使民若不胜:竭力役使人民,还像没有满足似的。⑪藉敛若不得:尽量收取赋税,还像没有得到似的。⑫交恶:互相憎恨仇视。

【译文】晏子回答说:“从前我们的先君桓公,才能胜任,重用贤人。用治军的方法治理政务,管理遍及平民百姓;尊贵的不欺凌卑贱的,富裕的不轻视贫穷的;有功绩的不遗弃疲惫而无功的,聪明的不鄙弃愚笨的;处事不徇私情,断案公正无私;宫内的宠妾没有多余的食物,朝廷的臣子没有多余的俸禄,鳏夫寡妇没有饥饿的颜色;不因为自己饮食的嗜好而耗费人民的钱财,不因为自己宫室的豪华而让人民受劳苦。向人民收敛财物有节制,把国家的财物普遍地施舍给人民。国家钱库里没有积压的钱财,粮库里没有积压的粮食。君主没有骄横的品行,臣子没有谄媚的品德。因此管子能让齐国免于危难,能让我们的先君桓公与周天子比配。现在您想使先君桓公的功业发扬光大,继承管子的事

业，那就不要因为自己嗜好多而使百姓受损害，不要因为自己的私欲使诸侯怨恨。这样，臣子谁敢不继承美好的品德，尽心尽力，按照您的意愿去做呢？现在您疏远贤德之人，却任用谗佞谄谀之徒；竭力役使人民，还像不能满足似的；尽量收敛钱财，还像没有得到似的；向人民收取的很多，施舍给人民的却很少；向诸侯索取的很多，却看轻自己对诸侯的礼仪；仓库里收藏的东西都腐烂生了蛀虫，可是对诸侯的礼仪却悖乱了；粮食储藏得很严，可是在百姓那里却积怨甚多；君臣之间互相仇视，政令刑罚反复无常。我担心国家有丧失的危险，而您也就不能享有齐国了。又怎么能够让先君桓公的功业发扬光大，继承管子的事业呢？"

景公问治国何患晏子对以社鼠猛狗

【题解】

景公问晏子治理国家的祸害是什么。晏子回答是寄居在社坛的老鼠：既不能用水灌，又不能用烟熏。喻指君主身边的侍从就是国家的社鼠：侍从朝内朝外为害，因为有君主庇护而不能被除掉。又以狗猛而酒酸不售的寓言，比喻掌权的宠臣就是国家的猛狗。所以，君主的侍从和掌权的宠臣，就像社鼠和猛狗，是国家的祸害。

【原文】景公问于晏子曰："治国何患？"

晏子对曰："患夫社鼠[1]。"

【注释】①社鼠：寄居在社坛下的老鼠。社，本指土神。古代迷信，人们筑社坛祭社神以祈祷丰年。所祭土神叫社，祭土神的地方也叫社。这里指后者。社坛周围要种上适当的树，所以下文说"束木"。

【译文】景公向晏子问道："治理国家忧虑什么？"

晏子回答说："忧虑的是那社鼠。"

【原文】公曰："何谓也？"

对曰："夫社，束木而涂之[1]，鼠因往托焉。熏之则恐烧其木，灌之则恐败其涂[2]。此鼠所以不可得杀者，以社故也。夫国亦有焉，人主左右是也。内则蔽善恶于君上，外则卖权重于百姓[3]。不诛之则为乱，诛之则为人主所案据[4]，腹而有之[5]。此亦国之社鼠也。人有酤酒者[6]，为器甚洁清，置表甚长[7]，而酒酸不售。问之里人其故，里人云：'公狗之猛，人挈器而入，且酤公酒，狗迎而噬之[8]，此酒所以酸而不售也。'夫国亦有猛狗，用事者是也[9]。有道术之士，欲干万乘之主[10]，而用事者迎而龁之[11]。此亦国之猛狗也。左右为社鼠，用事者为猛狗，主安得无壅，国安得无患乎？"

【注释】①涂之：给它垒上墙。②败：毁坏。③权重：权力大。④案据：掌握，把持。⑤腹而有之：指厚养这些人。腹，厚。⑥酤：卖。⑦表：标记。⑧噬：咬。⑨用事者：掌权的人。此指君主的宠臣。⑩干：求，求得任用。万乘：代指大国。周制，天子出兵车万辆，

诸侯出兵车千辆。春秋战国时期,诸侯国穷兵黩武,扩大军备,所以“万乘”又代指大诸侯国。⑪齕:咬。

【译文】景公说:“您说的是什么意思?”

晏子回答说:“社坛那个地方,周围种上树,垒上墙,老鼠于是就去住在那里。用烟熏它,担心烧了那里的树;用水灌它,担心毁了那里的墙。这老鼠之所以不能被捉住杀死,是因为有社坛的缘故。国家也有社鼠,君主身边的侍从就是。这些人在朝廷内对君主隐瞒善与恶,在朝廷外向百姓显示权威。如果不杀掉他们,他们就要作乱;如果要杀掉他们,就被君主所庇护,而且君主还厚养这些人。这些人也就是国家的社鼠啊。有个卖酒的人,准备的酒器非常干净,设置的标记很长大,可是酒却放酸了卖不出去。就向同乡人问是什么原因,同乡人说:‘您的狗凶猛,人们拿着酒器要进去买您的酒,狗迎上来咬他们,这就是酒放酸了卖不出去的原因。’国家也有猛狗,掌权的宠臣就是。有掌握治国通术的人,想去拥有万辆兵车的大国君主那里谋求官职,可是掌权的宠臣却迎上去咬他,这些人就是国家的猛狗啊。君主身边的侍从成为社鼠,掌权的宠臣成为猛狗,君主怎么能不被隔绝,国家怎么能没有祸患呢?”

景公问欲令祝史求福晏子对以当辞罪而无求

【题解】

景公问晏子可否通过祭祀上帝、祖庙而求福。晏子首先介绍了古代君主的做法:政令符合民心,行为顺应神意;宫室、饮食均有节制,以保护山林川泽资源;祭祀只是悔过,而不敢求福。因此神民俱顺,山林川泽献出财富。然后指出,现在君主的做法恰恰与之相反,因此神民俱怨,应当谢罪,却想求福,是不可能的。景公于是采取了一系列改正措施,终于受到邻国的敬畏和百姓的亲附。

【原文】景公问于晏子曰:“寡人意气衰,身病甚①。今吾欲具珪璋牺牲②,令祝宗荐之乎上帝宗庙③,意者礼可以干福乎④?”

晏子对曰:“婴闻之,古者先君之干福也,政必合乎民,行必顺乎神;节宫室,不敢大斩伐,以无逼山林;节饮食,无多畋渔,以无逼川泽;祝宗用事,辞罪而不敢有所求也。是以神民俱顺,而山川纳禄⑤。今君政反乎民,而行悖乎神;大宫室,多斩伐,以逼山林;羡饮食,多畋渔,以逼川泽。是以民神俱怨,而山川收禄。司过荐罪⑥,而祝宗祈福,意者逆乎!”

公曰:“寡人非夫子,无所闻此,请革心易行。”

【注释】①病:疲惫。②珪璋:都是玉名。古人祭祀用 而不用璋。③祝宗:都是掌祭祀的官。荐:献,进献祭品。④意者:心想,考虑。⑤纳禄:献福。指献出财富。纳,致。⑥司过:官职名。荐:举。

【译文】景公向晏子问道："我的精神衰弱，身体疲惫极了。现在我打算准备好璧和牛羊猪等祭品，让祝官宗官敬献给天帝和祖宗神灵，我想祭祀可以求福吧？"

晏子回答说："我听说过，古代君主求福的时候，政治必定符合民心，行为必定顺应神意；修建宫室有节制，不敢大量砍伐树木，以便不毁灭山上的森林；饮食有节制，不频繁打猎捕鱼，以便不毁灭河流沼泽的野兽和鱼类；祝官宗官祭祀神灵时，只是悔过，不敢求福。因此神灵和百姓都顺从君主的意愿，高山河流都献出自己的财富。现在您的政治违背民心，行为违背神意；宫室修建得高大，大量砍伐树木，因而毁灭了山上的森林；饮食丰盛，频繁地打猎捕鱼，因而毁灭了河流沼泽的野兽和鱼类。因此神灵和百姓都怨恨，高山河流都收回自己的财富。司过官列举出您的过错来，祝官宗官却为您求福，我想这是互相矛盾的吧！"

景公说："我假如没有先生您，就听不到这些道理，请允许我改变自己的思想和行为。"

【原文】于是废公阜之游，止海食之献，斩伐者以时[①]，畋渔者有数。居处饮食，节之勿羡。祝宗用事，辞罪而不敢有所求也。故邻国忌之[②]，百姓亲之。晏子没而后衰。

【注释】①以时：按照一定季节。指在秋冬时砍伐，其时树木凋零，停止生长，是砍伐的季节。②忌：惧怕，敬畏。

【译文】于是取消去公阜游玩的打算，停止进献海味，砍伐树木按一定的季节，打猎捕鱼有一定的数量。住处饮食有节制，不过分豪华奢侈。祝官宗官祭祀的时候，向神灵悔过，不敢求福。所以邻国都敬畏景公，百姓都亲附景公。直到晏子死后，齐国才衰落下去。

景公问古之盛君其行如何晏子对以问道者更正

【题解】

景公问古代圣明君主的作为如何。晏子回答说：他们对自己供养微薄，对人民供养丰厚；昌明政治，推行教化；收取财物权衡有无，均衡贫富；诛罚不躲避权贵，赏赐不遗漏下民；不过度享乐，不过分悲哀；崇尚互利互爱，反对相害相恶，刑罚符合法律，罢免顺应民心；贤者居上位而不奢华，不贤者居下位而不怨恨；全国上下，同心同德。这就是圣明之君的所作所为。针对景公的不思进取，晏子指出，询问治国之道应端正态度。最终迫使景公改正了过失。

【原文】景公问晏子曰："古之盛君[①]，其行如何？"

晏子对曰："薄于身而厚于民，约于身而广于世[②]；其处上也，足以明政行教，不以威天下；其取财也，权有无，均贫富，不以养嗜欲；诛不避贵，赏不遗贱；不淫于乐，不遁于哀[③]；尽智导民而不伐焉[④]，劳力岁事而不责焉[⑤]；政尚相利，故下不以相害为行；教尚相爱，故民

不以相恶为名;刑罚中于法,废罪顺于民。是以贤者处上而不华[6],不肖者处下而不怨[7]。四海之内,社稷之中,粒食之民,一意同欲[8],若夫私家之政。生有厚利,死有遗教。此盛君之行也。"

【注释】①盛君:有大德的君主,圣明君主。②约:少。③遁于哀:悲哀不止的意思。④伐:自夸。⑤责:求。⑥华:浮华。⑦不肖:不贤。⑧一意同欲:同心同德的意思。

【译文】景公问晏子说:"古代有大德的君主,他们的所作所为怎么样?"

晏子回答说:"他们对自己供养微薄,对人民供养丰厚;对自己节俭,对世人广施钱财;他们居上位,足以使政治清明,推行教化,不以权势威逼天下人;他们敛取钱财,权衡有无,均衡贫富,不用敛取的钱财满足自己的嗜好;诛罚不躲避地位尊贵的人,赏赐不遗漏地位低下的人;不过分享乐,不过度悲哀;用尽才智引导人民向善,但不夸耀自己的功劳,勤劳于民事,但不苛求于人民;政治方面崇尚互相有利,所以人民不把互相损害当成好品行;教育方面崇尚互相爱护,所以人民不把互相厌恶当成好名声;施行刑罚符合法律,官吏升降顺应民心。因此,贤德的人居上位但不浮华,不贤德的人居下位但不怨恨。普天之下,全国之中,所有的人都同心同德,对待国事就像对待家事一样。他们活着有厚利施于人民,死后有遗教垂于后世。这就是大德的君主的所作所为。"

【原文】公不图[1]。晏子曰:"臣闻问道者更正[2],闻道者更容。今君税敛重,故民心离;市买悖,故商旅绝;玩好充,故家货殚。积邪在于上,蓄怨藏于民;嗜欲备于侧,毁非满于国。而公不图。"公曰:"善。"于是令玩好不御[3],公市不豫[4],宫室不饰,业土不成,止役轻税。上下行之,而百姓相亲。

【注释】①图:思考。②更正:指端正意念。③御:指进奉。④豫:诳骗。

【译文】景公不思考这些话。晏子又说:"我听说询问治国之道的人就要端正自己的思想,听到治国之道的人就要端正自己的态度。现在您的赋税沉重,所以民心离散;买卖混乱,所以商人绝迹;供您玩赏的东西充足,所以人民都倾家荡产。上面聚积了很多邪僻的事情,人民那里埋藏了很多的怨恨;您喜好的东西堆积在身边,诅咒责难您的言论充斥在国内。可是您却不考虑这些。"景公说:"您说得好。"于是下令玩赏的东西不再供奉,市场上不许欺诈,宫室不再修饰,已经动土的工程不再完成,停止徭役,减轻赋税。在上位的与在下位的都照此去做,因而百姓们都亲附景公。

景公问善为国家者何如晏子对以举贤官能

【题解】

景公问晏子善于治理国家的君主的所作所为如何。晏子指出,提拔贤德的人,授官给有才能的人,就是他们治理国家的方法。接着指明求贤的方法:通过其交友来观察他,通过其作为来评价他。官运显赫,就观察他推举什么人;仕途困窘,就观察他不干哪些

事；富庶了就观察他是否分钱财给别人，贫穷了就观察他是否不苟取钱财。

【原文】景公问晏子曰："莅国治民，善为国家者何如？"

晏子对曰："举贤以临国，官能以敕民[1]，则其道也。举贤官能，则民兴善矣。"

【注释】①官能：授予有才能的人官职。敕：整饬，治理。

【译文】景公问晏子说："治理国家管理人民，能够把国家治理得很好的人，他们的所作所为是怎样的？"

晏子回答说："提拔贤德的人来治理国家，让有才能的人当官来管理人民，这就是他们的方法。提拔贤德的，让有才能的人当官，那么人民就会向善了。"

【原文】公曰："虽有贤能，吾庸知乎[1]？"

晏子对曰："贤而隐，庸为贤乎？吾君亦不务乎是[2]，故不知也。"

【注释】①庸：怎么，哪里。②务：致力。是：此。

【译文】景公说："即使有贤德的人和有才能的人，我怎么能了解呢？"

晏子回答说："贤德的人如果隐居，怎么能算得上贤德呢？您又不致力于求贤，所以不能了解。"

【原文】公曰："请问求贤？"

对曰："观之以其游[1]，说之以其行[2]。君无以靡曼辩辞定其行[3]，无以毁誉非议定其身。如此，则不为行以扬声，不掩欲以荣君[4]。故通则视其所举[5]，穷则视其所不为[6]；富则视其所分，贫则视其所不取。夫上士难进而易退也，其次易进易退也，其下易进难退也。以此数物者取人[7]，其可乎！"

【注释】①游：交游，交结的朋友。②说：评说，评论。③靡曼：指言辞华丽。④荣：通"营"，迷惑。⑤通：官位显达，得志。⑥穷：仕途困窘，不得志。⑦物：事。

【译文】景公说："请问求贤的方法。"

晏子回答说："通过他交往哪些人来观察他，通过他的所作所为来评价他。不要根据他的言辞华丽善辩判定他的行为，不要根据别人对他的非议诋毁或赞誉判定他的为人。这样，人们就不会为博得好品行来宣扬自己，就不会掩盖自己的私欲来迷惑君主。所以，如果官位显赫，就观察他推举些什么人；如果官运不好，就观察他不干哪些事；如果富裕，就观察他是否分钱财给别人；如果贫穷，就观察他是否不苟且拿取钱财。那些上等的士难于出来当官，但容易辞去官职；次一等的士容易出来当官，也容易辞去官职；下等的士容易出来当官，但难于辞去官职。凭着这几种情况来选拔人，大概就可以了吧！"

景公问君臣身尊而荣难乎晏子对以易

【题解】

晏子认为：君主生活节俭，余财施与人民，君主就尊贵，人民就平安；臣子忠诚守信，

不越权行事,政事就治理得好,自己就荣耀。如果君主加重赋税,进用谗佞,疏远公正之人,自身就危险;如果臣子结党营私,越权行事谋取私利,一味顺从君主而不匡正过错,就罢免他。

【原文】景公问晏子曰:"为君身尊民安,为臣事治身荣[①],难乎,易乎?"

晏子对曰:"易。"

【注释】①治:治理得好。

【译文】景公问晏子说:"当君主,自身尊贵,人民安定;当臣子,政事治理得好,自身荣耀。要做到这些,困难呢,容易呢?"

晏子回答说:"容易。"

【原文】公曰:"何若[①]?"

对曰:"为君节养其余以顾民,则君尊而民安;为臣忠信而无逾职业,则事治而身荣。"

【注释】①何若:何如,怎样去做。

【译文】景公说:"应该怎么做?"

晏子回答说:"当君主,自身节俭,把余财施与人民,那么自身就尊贵,人民就安定;当臣子,忠诚守信,不做超越职权范围的事,那么政事就治理得好,自身就荣耀。"

【原文】公又问:"为君何行则危?为臣何行则废?"

晏子对曰:"为君厚藉敛而托之为民,进谗谀而托之用贤,远公正而托之不顺,君行此三者则危;为臣比周以求进[①],逾职业防下隐利而求多[②],从君不陈过而求亲,人臣行此三者则废。故明君不以邪观民[③],守则而不亏,立法仪而不犯。苟有所求于民,而不以身害之。是故刑政安于下,民心固于上。故察士不比周而进[④],不为苟而求[⑤]。言无阴阳[⑥],行无内外。顺则进,否则退,不与上行邪。是以进不失廉,退不失行也。"

【注释】①比周:结党,为私利勾结在一起。②隐利:隐匿私利。③观:示,让……看。④察士:能明察是非之士。⑤苟:不慎重,不严肃。⑥言无阴阳:指说话不阳奉阴违。

【译文】景公又问:"当君主怎样做就危险?当臣子怎样做就罢免他?"

晏子回答说:"当君主,加重赋税却托辞是为了人民,提拔谗佞谄谀之人却托辞是任用贤德之人,疏远公平正直之人却托辞不能顺从自己,君主做这三种事情就危险;当臣子,结成党羽以便求得提拔,做事超越职权范围,遏制人民,谋取私利,贪得无厌。侍奉君主不匡正过失,以便得到宠幸,臣子做这三种事情就罢免他。所以,英明的君主不做出邪僻的事情让人民看,严守准则,不随便损害,确立法度,不随便触犯。如果对人民有所求,也不因为自己的私欲损害人民的利益。因此刑法政令让人民感到安定,民心都归附君主。所以明察是非的人不结党来求得提拔,不为满足不合理的私欲去贪求财利。说话不阳奉阴违,行为表里如一,符合自己的意愿就当官,否则就隐退,不和君主一起干邪僻的事情。因此,当官时不丧失自己的廉正,隐退时不丧失自己的品行。"

景公问贤君治国若何晏子对以任贤爱民

【题解】

景公问贤明的君主如何治理国家。晏子答以“任贤”“爱民”；然后全面讲述了“爱民”的种种做法。做到了这些，人民就能安居乐业，相亲相爱。

【原文】景公问晏子曰：“贤君之治国若何？”

晏子对曰：“其政任贤，其行爱民。其取下节，其自养俭。在上不犯下，在治不傲穷[①]。从邪害民者有罪[②]，进善举过者有赏[③]。其政刻上而饶下[④]，赦过而救穷。不因喜以加赏，不因怒以加罚。不从欲以劳民，不修怒而危国。上无骄行，下无谄德。上无私义，下无窃权[⑤]。上无朽蠹之藏，下无冻馁之民。不事骄行而尚同，其民安乐而相亲。贤君之治国若此。”

【注释】①在治：指掌权。②从：同“纵”，放纵。③举过：指举君过。④刻：苛刻，严厉。饶：宽容。⑤窃权：指超越本职而专权。

【译文】景公问晏子说：“贤明的君主怎样治理国家？”

晏子回答说：“他们的政治是任用贤人，他们的品行是爱护人民。他们向下面敛取财物有节制，他们供养自己很俭朴。在上位的不侵犯在下位的，掌权的不傲视不掌权的。干邪僻事情伤害人民的人有罪，向君主进善言、列举君主过失的人有赏。他们的政令对上严厉，对下宽容，赦免有过错的人，救济贫穷的人。不因为自己高兴就增加赏赐，不因为自己生气就加重惩罚。不放纵私欲而使人民劳苦，不随意发怒而使国家受危害。君主没有骄横的品行，臣子没有谄媚的品德。君主没有自私的道义，臣子没有专权的事情。君主没有收藏得生蛀虫的财物，下面没有挨饿受冻的百姓。不做骄横的事情，崇尚上下一致，人民安居乐业，崇尚相亲相爱。贤明的君主就是这样治理国家的。”

景公问忠臣之事君何若晏子对以不与君陷于难

【题解】

晏子关于臣子侍奉君主“有难不死，出亡不送”的回答看似有悖常理，实则隐含真理：臣子的话如果被采纳，君主终身都不会遇难，臣子怎么会为君主殉死？臣子的谋略如果被听从，君主终身都不会出亡，臣子怎么会为君主送行？所以，忠臣能给君主献良策，而不与君主一起陷于死难境地。

【原文】景公问于晏子曰：“忠臣之事君也何若[①]？”

晏子对曰：“有难不死[②]，出亡不送。”

【注释】①事：侍奉。②有难不死：指君有难，臣不死，即臣不殉君难。下句“出亡不

送”指君出亡国外,臣不送行。

【译文】景公向晏子问道:“忠臣怎样侍奉君主?”

晏子回答说:“君主遇难不为他殉死,君主出亡不为他送行。”

【原文】公不说,曰:“君裂地而封之①,疏爵而贵之②,君有难不死,出亡不送,可谓忠乎?”

对曰:“言而见用③,终身无难,臣奚死焉?谋而见从,终身不出,臣奚送焉?若言不用,有难而死之,是妄死也④。谋而不从,出亡而送之,是诈伪也。故忠臣也者,能纳善于君⑤,不能与君陷于难。”

【注释】①裂地:分割土地。②疏爵:分封爵位。疏,分。③见:被。④妄死:无意义的死。⑤纳善:献出好计谋。纳,献出。

【译文】景公不高兴地说:“君主分割土地封给臣子,分封爵位让臣子显贵,君主遇难却不殉死,君主出亡却不送行,这可以叫作忠吗?”

晏子回答说:“说的话如果被采纳,君主终身都不会有难,臣子怎么会为君主殉死呢?计谋如果被听从,君主终身都不会出亡,臣子怎么会为君主送行呢?如果说的话不被采纳,君主有难,臣子为君主殉死,这是白白地送死;计谋如果不被听从,君主出亡,臣子为他送行,这是虚伪。所以忠臣能给君主献出好的计谋,不能跟君主一起陷于死难的境地。”

景公问忠臣之行何如晏子对以不与君行邪

【题解】

这里晏子列举了忠臣的所作所为,重点是选拔推举贤能之士,衡量自己的品德、才能,然后担当官职、接受俸禄,强调的是善于劝谏君主的过失,不跟君主干邪僻之事。

【原文】景公问晏子曰:“忠臣之行何如?”

对曰:“不掩君过,谏乎前,不华乎外①。选贤进能,不私乎内②。称身就位③,计能定禄。睹贤不居其上,受禄不过其量。不权居以为行④,不称位以为忠。不掩贤以隐长⑤,不刻下以谀上⑥。君在不事太子,国危不交诸侯。顺则进,否则退,不与君行邪也。”

【注释】①华:通“哗”。此指宣扬。②私:偏爱。③称:衡量。位:官职。④权:衡量。这里是计较的意思。居:位。⑤掩:掩盖,遮蔽。⑥刻下:对下苛刻。

【译文】景公问晏子说:“忠臣的所作所为是怎样的?”

晏子回答说:“不掩盖君主的过失,对君主的过失当面劝谏,不到外面去宣扬。选拔贤德的人,推举有才能的人,对自己亲近的人不偏私。衡量自己的品德再担任适当的官职,估计自己的才能再接受合适的俸禄。看到贤德的人,自己的职位不超过他;接受俸禄,不超过自己应得的数量。不把计较自己的职位高低当成好品行,不把衡量自己的地

位高低当成忠诚。不压制贤德的人，不隐瞒他们的优点，不苛刻地对待下面的人，不阿谀奉承居上位的人。君主健在就不侍奉太子，国家危难就不结交诸侯。能实现自己的抱负就当官，否则就隐退，不跟君主一起干邪僻的事情。”

景公问古之莅国者任人如何晏子对以人不同能

【题解】

晏子在这里提出了因人任事的主张。认为“人不同能”，“不可责遍成”。英明的君主，身边不留阿谀谄媚之徒，朝中不用结党营私之辈。任用人的长处，不勉强用其短处；任用人做擅长之事，不勉强他做不擅长之事。

【原文】景公问晏子曰：“古之莅国治民者，其任人何如？”

晏子对曰：“地不同生[①]，而任之以一种，责其俱生[②]，不可得；人不同能，而任之以一事，不可责遍成。责焉无已[③]，智者有不能给[④]；求焉无餍[⑤]，天地有不能赡也。故明王之任人，谄谀不迩乎左右[⑥]，阿党不治乎本朝。任人之长，不强其短；任人之工[⑦]，不强其拙。此任人之大略也。”

【注释】①生：通“性”。②责：要求。③无已：不止。已，停止。④给：与下文的“赡”都是供应充足的意思。⑤餍：满足。⑥迩：近。⑦工：擅长。

【译文】景公问晏子说：“古代统治国家管理人民的人，他们任用人的情况是怎样的？”

晏子回答说：“土地的性质不同，却种植同一种作物，要求这些不同性质的土地都能生长这种作物，是不可能的；人们的才能不相同，却委任一样的事情，不可以要求他们普遍都做好。毫无止境地要求众人做事情，聪明的人也有不能满足要求的时候；贪得无厌地求取财物，天和地也有不能供应充足的时候。所以英明的君王任用人，不让阿谀谄媚的人留在自己身边，不让结党营私的人在朝廷里当官。任用人家的长处，不勉强任用他的短处；任用人家做擅长的事，不勉强他做不擅长的事。这就是他们任用人的大体情况。”

景公问古者离散其民如何晏子对以今闻公令如寇仇

【题解】

这里晏子列举了古代那些祸国殃民的君主的种种恶劣行径，其实应视为对齐景公等当世国君的告诫：不要重蹈古代亡国之君的覆辙！

【原文】景公问晏子曰：“古者离散其民而陨失其国者[①]，其常行何如？”

晏子对曰：“国贫而好大，智薄而好专[②]。贵贱无亲焉，大臣无礼焉。尚谗谀而贱贤人，乐简慢而玩百姓。国无常法，民无经纪[③]。好辩以为智，刻民以为忠。流湎而忘国[④]，好兵而忘民。肃于罪诛[⑤]，而慢于庆赏。乐人之哀，利人之难。德不足以怀人，政不足以

惠民。赏不足以劝善[6],刑不足以防非。亡国之行也。今民闻公令如寇雠[7]。此古离散其民陨失其国所常行者也。”

【注释】①陨失:损失,丧失。②专:专断,独断专行。③经纪:纲纪。④流湎:指流连沉湎于饮酒作乐之中。⑤肃:严厉。⑥劝:鼓励,勉励。⑦寇雠:仇敌。

【译文】景公问晏子说:“古时候弄得人民东离西散,丧失掉自己国家的人,他们素常的所作所为是怎样的?”

晏子回答说:“国家贫困却好大喜功,才智贫乏却喜欢独断专行。对地位尊贵的和地位低下的都不去亲近,对大臣们不以礼相待。尊重谗佞谄谀之人,却轻视贤德之人;喜欢懒惰怠慢之人,却轻视老百姓。国家没有固定的法律,人民没有可遵循的纲纪。把能言善辩当成聪明,把苛刻待民当作忠诚。流连沉湎于饮酒作乐而忘掉了国家的利害,喜好用兵打仗而忘掉了人民的疾苦。在诛罚方面很严厉,在赏赐方面却漫不经心。把别人的悲哀当作自己快乐的事,把别人的危难当成对自己有利的事。道德不足以让人民怀念,政治不足以使人民得到好处。赏赐不足以鼓励人做好事,刑罚不足以防止人干坏事。这是使国家灭亡的行为。现在人民听到君主的命令,就像躲避仇敌一样。这就是古代弄得人东离西散,丧失掉自己国家的人素常的所作所为啊。”

景公问欲和臣亲下晏子对以信顺俭节

【题解】

景公问如何才能使臣子与自己和谐,让人民亲附自己。晏子指出:君主应放手任用臣子,言而有信;任用大臣不求全责备,使用近臣不找自己宠爱的人;不要让他们家庭贫困去贪求外财,不要信用谗佞使他们伤心。这样,臣子就与君主和谐了。节制赋税,节俭财物;徭役不超过农时,不把民力使尽;官吏设置精干得当,关口市场减少税收;山林池泽之利不专有,治理措施不烦乱;了解人民贫富情况,不让他们挨饿受冻。这样,人民就亲附君主了。景公听取了晏子的意见,采取了一些改进措施。

【原文】景公问晏子曰:“吾欲和臣亲下,奈何?”

晏子对曰:“君得臣而任使之,与言信[1]。必顺其令,赦其过。任大臣无多责焉,使迩臣无求嬖焉[2]。无以嗜欲贫其家,无信谗人伤其心。家不外求而足,事君不因人而进。则臣和矣。俭于藉敛,节于货财。作工不历时[3],使民不尽力[4]。百官节适[5],关市省征[6]。山林陂泽[7],不专其利。领民治民,勿使烦乱。知其贫富,勿使冻馁。则民亲矣。”

公曰:“善。寡人闻命矣。”故令诸子无外亲谒[8]。辟梁丘据[9],无使受报[4]。百官节适,关市省征,陂泽不禁。冤报者过[11],留狱者请焉[12]。

【注释】①信:言语诚实。②迩臣:近臣,君主身边的侍从。③历时:超过农时。历,过。④尽力:用尽民力。⑤百官:泛指各级官吏。节适:节制而适度。⑥关市:关隘和市

场。⑦陂：池塘。⑧无外亲谒：指不要让外人亲近求见。⑨辟：指免去。⑩报：判决罪人。⑪过：指受责备。⑫请：指请求释放。

【译文】景公问晏子说："我想让臣子跟我和谐，让人民亲附我，该怎么办？"

晏子回答说："您得到臣子以后就任用他们，同他们说话要诚实。让他们依法令行事，赦免他们的过错。任用大臣不求全责备，使用近臣不找自己宠爱的人。不要为了满足自己的私欲弄得他们家里贫困，不要听信谗人的话让他们伤心。他们居家时不必外求财物就能供应充足，他们侍奉君主时不凭借别人的力量就能被任用。这样，臣子就会跟您和谐了。征收赋税要节制，使用财物要节俭。兴建土木工程不要超过农时，役使人民不要使尽民力。各种官吏设置得精干恰当，关口和市场上减少税收，山林池泽的利益不专有。引导人民管理人民时，不要让他们感到烦乱。了解人民贫富的情况，不要让他们挨饿受冻。这样，人民就亲附您。"

景公说："您说得好。我受教了。"所以就命令儿子们不要让外人亲近求见。罢免梁丘据，不让他担任判决罪人的官职。各种官吏设置得精干恰当，关口和市场上减少税收，池泽里不禁止众人捕鱼。判决罪人判冤屈的要受责备，长期关押在狱中的人让官吏释放了他们。

景公问得贤之道晏子对以举之以语考之以事

【题解】

这里晏子提出了推举、考察贤德之人的方法：根据他的言语推举他，根据他的行事考察他，把考察言语与行事结合起来，就能得到贤德之人。

【原文】景公问晏子曰："取人得贤之道何如？"

晏子对曰："举之以语，考之以事。能谕则尚而亲之①，近而勿辱②。以取人，则得贤之道也。是以明君居上，寡其官而多其行③，拙于文而工于事④。言不中不言，行不法不为也。"

【注释】①谕：知道，通晓。②近而勿辱：意思是虽亲近但不狎辱，即不废礼仪。③寡其官：指设置的官职少。④文：文采。指华丽的外表。

【译文】景公问晏子说："选人能得到贤德之人的办法是怎样的？"

晏子回答说："根据他的言语推举他，根据他的行事考察他。能够通晓治国之道，就尊重并且亲近他，虽然亲近他，但是不废弃上下之间的礼仪。用这种办法选人，就是得到贤德之人的方法。因此英明的君主居上位，官职设置得少，但事情却做得多；不讲究外表华丽，却很擅长做实事。说话不中肯就不说，做事不合法制就不做。"

景公问臣之报君何以晏子对报以德

【题解】

晏子认为,臣子对待君主应该根据其有道还是无道采取不同的态度,进而提出了臣子“择君而事”的主张。

【原文】景公问晏子曰:“臣之报其君何以[①]?”

晏子对曰:“臣虽不知[②],必务报君以德。士逢有道之君,则顺其令;逢无道之君,则争其不义[③]。故君者择臣而使之,臣虽贱,亦得择君而事之。”

【注释】①何以:用什么。②知:同“智”,聪明。③争:通“诤”,劝谏。

【译文】景公问晏子说:“臣子用什么来报答他的君主?”

晏子回答说:“臣子虽然不聪明,也必定努力用恩德报答君主。士遇上有道德的君主,就顺从他的命令;遇上没有道德的君主,就对他的不符合道义的行为进行劝诤。所以君主要选择好的臣子来使用,臣子虽然地位低下,也可以选择好的君主来侍奉。”

景公问临国莅民所患何也晏子对以患者三

【题解】

晏子认为,统治国家管理人民,忧虑的事情有三件:忠臣不受信任;受信任的臣子不忠;君臣之间离心离德。

【原文】景公问晏子曰:“临国莅民[①],所患何也[②]?”

晏子对曰:“所患者三:忠臣不信,一患也;信臣不忠,二患也;君臣异心,三患也。是以明君居上,无忠而不信,无信而不忠者。是故君臣同欲[③],而百姓无怨也。”

【注释】①莅民:管理人民。②患:忧虑,担心。③君臣同欲:君主和臣子所想相同,即君臣同心。

【译文】景公问晏子说:“统治国家管理人民,忧虑的是什么呢?”

晏子回答说:“忧虑的事情有三件:忠臣不受信任,这是第一件忧虑的事情;受信任的臣子不忠,这是第二件忧虑的事情;君臣不同心同德,这是第三件忧虑的事情。因此英明的君主居上位,没有忠臣不受信任的,没有受信任的臣子不忠的。所以君臣同心同德,而百姓就没有怨恨了。”

景公问为政何患晏子对以善恶不分

【题解】

晏子认为,治理国家政事最担心善恶不分,进而提出考察善恶的办法:审慎地选择身

边的侍从。

【原文】景公问于晏子曰:“为政何患?”

晏子对曰:“患善恶不分。”

公曰:“何以察之?”

对曰:“审择左右。左右善,则百僚各得其所宜[1],而善恶分。”

孔子闻之曰:“此言也信矣[2]!善进,则不善无由入矣[3];不善进,则善无由入矣。”

【注释】①百僚:百官。②信:确实。③无由:没办法。

【译文】景公向晏子问道:“治理国家政事忧虑的是什么?”

晏子回答说:“忧虑的是不能分辨好坏。”

景公说:“用什么办法考察好坏?”

晏子回答说:“审慎地挑选身边的人。身边的人好,那么百官就能各得其所,因而好坏就能分辨了。”

孔子听到这话以后说:“这话真对呀!好人当道,那么不好的人就没有办法入朝当官了;不好的人当道,那么好人就没有办法入朝当官了。”

内篇问下第四

景公问何修则夫先王之游晏子对以省耕实

【题解】

晏子指出,古代君王春天出游是为了考察耕种情况从而对无力耕种者给予帮助,秋天出游是为了考察收获情况从而对歉收者给予补助。批评景公出游是为了纵情山水,田猎享乐。促使景公采取了一些救助贫困百姓的措施。

【原文】景公出游,问于晏子曰:“吾欲观于转附、朝舞[1],遵海而南[2],至于琅琊[3]。寡人何修则夫先王之游[4]?”

晏子再拜曰:“善哉,君之问也!闻天子之诸侯为巡狩[5],诸侯之天子为述职[6]。故春省耕而补不足者谓之游[7],秋省实而助不给者谓之豫[8]。夏谚曰:‘吾君不游,我曷以休?吾君不豫,我曷以助?一游一豫,为诸侯度[9]。’今君之游不然,师行而粮食[10],贫苦不补,劳者不息。夫从高历时而不反谓之流,从下而不反谓之连[11],从兽而不归谓之荒[12],从乐而不归谓之亡。古者圣王无流连之游、荒亡之行。”

公曰:“善。”命吏计公禀之粟[13],藉长幼贫氓之数[14],吏所委发廪出粟[15],以与贫民者三百钟[16]。公所身见癃老者七十人[17],振赡之,然后归也。

【注释】①转附、朝舞:不详。疑为山名。②遵:循,顺着……走。③琅琊:山名,在今山东诸城东南。④阿修:做什么事情。则:效法。⑤之:到……去。巡狩:如同说“视察”。⑥述职:报告其职责内的工作。述,陈述。⑦省:考察。⑧豫:指帝王秋天出巡。⑨度:法度,准则。⑩粮食:即“粮食于民”,从百姓那里筹集粮食吃。《管子·戒》作“夫师行而粮食其民者谓之亡”。⑪从:同“纵”,纵情,尽情。反:同“返”。⑫荒:与下句的“亡”都是迷乱、逸乐过度的意思。“荒亡”指沉迷于田猎、过度逸乐。⑬禀:同“廪”,粮仓。⑭藉:通“籍”,登记,统计。氓:民。⑮委:送给。⑯钟:古代量器,六斛四斗为一钟。这里用作量词。⑰罷:疲病。

【译文】景公外出游玩,向晏子问道:“我想到转附、朝舞两座山上去看看,再沿着海岸往南走,一直到达琅琊山。我应该怎样做才能效法先王的出游呢?”

晏子拜了两拜,说:“您问得真好啊!我听说天子到诸侯那里去叫作巡狩,诸侯到天子那里去叫作述职。所以春天检查耕种的情况,对无力耕种的给予帮助,这叫作游;秋天检查收割的情况,对收成不好的给予补助,这叫作豫。夏朝的谚语说:‘我们君王不出来游,我们的工作几时休?我们君王不出来走,我们几时得帮助?君王一游一走,足以作为诸侯的法度。’现在您出游却不是这样,人马走到哪里,就让那里的人民供应粮食,贫困的人得不到补助,劳苦的人得不到休息。纵情游山超过了时间不回去叫作流,纵情玩水不按时回去叫作连,纵情打猎不按时回去叫作荒,纵情作乐不按时回去叫作亡。古代的圣贤君王出游时没有这些流连荒亡的行为。”

景公说:“您说得好。”于是命令官吏计算国家仓库里的粮食,统计年长年幼的贫民数目,官吏从仓库里一共拿出三百钟粮食分给了贫民。景公遇见的七十名老弱疲病的人,都救济了他们,然后才返回。

景公问桓公何以致霸晏子对以下贤以身

【题解】

晏子认为,尽管齐桓公有嗜好饮酒作乐、爱好女色等过失,但其“大节”能以政令改变旧俗,能礼贤下士,任贤使能(典型事例是重用昔日仇人、有“安国济功”才能的管仲和任用挽车之徒宁戚),因此,处理内政,人民亲附他;出兵征讨,诸侯畏惧他,所以能成就称霸诸侯的大业。

【原文】景公问于晏子曰:“昔吾先君桓公,善饮酒,穷乐[①],食味方丈[②],好色无别[③]。辟若此[④],何以能率诸侯以朝天子乎?”

晏子对曰:“昔吾先君桓公,变俗以政,下贤以身。管仲,君之贼者也[⑤]。知其能足以安国济功,故迎之于鲁郊,自御[⑥],礼之于庙[⑦]。异日,君过于康庄[⑧],闻宁戚歌[⑨],止车而听之,则贤人之风也,举以为大田[⑩]。先君见贤不留[⑪],使能不怠[⑫]。是以内政则民怀之,征

伐则诸侯畏之。今君闻先君之过，而不能明其大节。桓公之霸也，君奚疑焉？"

【注释】①穷乐：极力作乐。穷，尽。②食味方丈：食品摆满了一桌子。方丈，一丈见方，极言菜肴丰盛。③无别：没有亲疏之别。《公羊传·庄公二十年》："此何以书？及我也。"何休《解诂》云："齐侯亦淫诸姑姊妹不嫁者七人。"④辟：邪僻，不正。⑤君之贼：桓公当国君前，管仲辅佐公子纠，曾箭射桓公，射中衣带钩，所以这里说他是"君之贼"。贼，指仇人。⑥御：赶车。⑦庙：宗庙。⑧康庄：泛指四通八达的道路。《尔雅·释宫》："五达谓之康，六达谓之庄。"⑨宁戚：卫国人，为人挽车至齐，齐桓公拜为大夫。⑩大田：官职名，农官。⑪留：遗漏。⑫怠：怠慢。

【译文】景公向晏子问道："从前我们的先君桓公，好喝酒，尽情作乐，佳肴美酒摆满桌子，喜欢女色，没有亲疏之别。这样做邪僻之事，为什么能够率领诸侯去朝见周天子呢？"

晏子回答说："从前我们的先君桓公，用政令改变了旧俗，亲自礼贤下士。管仲原先是桓公的仇人。桓公了解到他的才能足以安定国家，建立功勋，所以到鲁国边界迎接他，亲自给他赶车，在宗庙里按礼仪会见他。过了些日子，桓公从四通八达的道路上走过，听到宁戚在唱歌，停下车子细听，原来是贤德之人的歌声，就提拔他让他当了掌管农业的大田。先君看到贤德之人就任用，没有遗漏的；任用有才能的人，从不怠慢他们。因此他处理内政，人民都归附他；他出兵征讨，诸侯都畏惧他。现在您只听到了先君的过失，却不能了解他的大节。对桓公称霸诸侯，您怀疑什么呢？"

景公问欲逮桓公之后晏子对以任非其人

【题解】

针对景公能否继承桓公成就霸业的提问，晏子指出：桓公之所以能九合诸侯、一匡天下，靠的是身边有鲍叔牙、管仲那样的贤臣；而今君主身边都是倡优及谗佞谄谀之辈，如何能成就霸业呢？

【原文】景公问晏子曰："昔者先君桓公，从车三百乘[①]，九合诸侯[②]，一匡天下。今吾从车千乘，可以逮先君桓公之后乎？"

晏子对曰："桓公从车三百乘，九合诸侯，一匡天下，左有鲍叔[③]，右有仲父[④]。今君左为倡[⑤]，右为优[⑥]，谗人在前，谀人在后，又焉可逮桓公之后者乎？"

【注释】①从车：使兵车跟随自己，即率领着兵车。②合：会，盟会。③鲍叔：鲍叔牙，齐大夫，他把管仲推荐给齐桓公。④仲父：指管仲。齐桓公尊管仲为仲父，谓事之如父。⑤倡：表演音乐歌舞的艺人。⑥优：扮演杂戏的艺人。

【译文】景公问晏子说："从前我们的先君桓公，率领着兵车三百辆，多次盟会诸侯，使天下一切得到匡正。现在我率领兵车一千辆，可以跟随在先君桓公之后成就霸业吗？"

晏子回答说："桓公之所以能率领兵车三百辆，多次盟会诸侯，使天下一切得到匡正，

是因为左有鲍叔,右有管仲。现在您的左右都是倡优,您的前后都是谗佞阿谀之人,又怎么可以跟随在桓公之后成就霸业呢?"

景公问为臣之道晏子对以九节

【题解】

本章晏子列举了九条当臣子应遵守的准则,而把实行善政、举荐贤人、不苟且求官、不苟且求财放在重要地位。这在今天对公职人员仍有借鉴作用。

【原文】景公问晏子曰:"请问为臣之道?"

晏子对曰:"见善必通[①],不私其利。荐善而不有其名。称身居位,不为苟进。称事授禄[②],不为苟得。体贵侧贱[③],不逆其伦。居贤不肖[④],不乱其序。肥利之地,不为私邑。贤质之士,不为私臣[⑤]。君用其所言,民得其所利,而不伐其功[⑥]。此臣之道也。"

【注释】①通:行,实行。②授:通"受",接受。③体贵:居于尊贵地位。侧贱:处于低贱地位。侧,置身。④不肖:不贤,不善。⑤私臣:家臣。⑥伐:自夸,夸耀。

【译文】景公问晏子说:"请同当臣子的准则是什么?"

晏子回答说:"看到好的政令一定去实行,不从中谋取私利。推举贤德的人,不图自己落个举贤的好名声。衡量自己的才能然后再承担适当的官职,不苟且求官。衡量自己所做的事情然后再接受适当的俸禄,不苟且贪财。不管居高位还是居下位,都不违背伦次。不管贤德还是不贤德,都不搞乱次序。不把肥沃富庶的地方当作自己的封邑。不把贤德质朴的人当作自己的家臣。君主采纳他的意见,人民得到他的好处,他却不夸耀自己的功劳。这就是当臣子的准则。"

景公问贤不肖可学乎晏子对以勉强为上

【题解】

这里晏子引《诗》,意在说明人应向高处看,顺正道走;举诸侯并立、列士并学的不同结果,强调始终向善的重要。

【原文】景公问晏子曰:"人性有贤不肖,可学乎?"

晏子对曰:"《诗》云'高山仰止,景行行止'之者[①],其人也[②]!故诸侯并立,善而不怠者为长;列士并学[③],终善者为师。"

【注释】①高山仰止,景行行止:所引诗句见《诗·小雅·车舝》。大意是:高山可以仰望,大道可以行走。这里引用,意在说明人应向高处看,应顺正道走。止,语气词。景行,大路。行,行走。②其人也:大概说的是人吧。其,语气词。③列士:众士,众多的读书人。

【译文】景公问晏子说:“人的本性有好有不好,这些是可以学得的吗?”

晏子回答说:“《诗》中说‘高山可以举目看,大道可以走向前’,大概说的就是向善之人吧!所以诸侯们一块立身于世,只有向善而且不松懈的人才能当诸侯之长;众多读书人一块学习,只有始终向善的人才能当老师。”

景公问富民安众晏子对以节欲中听

【题解】

晏子指出,君主节制私欲,人民就会富裕;处理诉讼公正,人民就会安定,强调了做好这两件事的重要。

【原文】景公问晏子曰:“富民安众[1],难乎?”

晏子对曰:“易。节欲则民富,中听则民安[2]。行此二者而已矣。”

【注释】①富民:让人民富裕。安众:让众人安定。②中听:处理诉讼恰当。中,合适。听,听讼。

【译文】景公问晏子说:“让人民富裕安定,困难吗?”

晏子回答说:“容易。君主节制私欲,人民就富裕;处理诉讼公正,人民就安定。让人民富裕安定,只是做好这两件事罢了。”

景公问国如何则谓安晏子对以内安政外归义

【题解】

本章晏子回答怎样做才能使国家安定。所列举的条件,在当时社会大动荡、诸侯间兼并战争频仍、人民饱受战乱之苦的形势下,只是美好的愿望,是难以实现的。

【原文】景公问晏子曰:“国如何则可谓安矣?”

晏子对曰:“下无讳言,官无怨治[1]。通人不华[2],穷民不怨。喜乐无羡赏[3],忿怒无羡刑[4]。上有礼于士,下有惠于民。地博不兼小,兵强不劫弱。百姓内安其政,诸侯外归其义。可谓安矣。”

【注释】①怨治:积压的政事。怨,通“蕴”,积聚。②通人:显达的人。下句“穷民”指不显达的人,即困窘的人。③羡赏:滥施赏赐。羡,多余。④羡刑:滥施刑罚。

【译文】景公问晏子说:“国家怎么样就可以叫作安定了?”

晏子回答说:“下面的人没有忌讳的言语,官吏没有积压的政事。显达的人不奢侈,穷困的人不怨恨。君主高兴时不滥施赏赐,愤怒时不滥施刑罚。对上面的士有礼节,对下面的百姓有恩惠。地域广博不兼并小国,军队强大不掠夺弱国。国内的百姓对君主的政治感到安心,国外的诸侯由于他的道义而归服。这样,国家就可以叫作安定了。”

晏子使吴吴王问可处可去晏子对以视国治乱

【题解】

晏子认为,臣子的去就应视国家的治乱情况而定:亲疏各得其所,大臣得以尽忠,没有积压的政事,没有暴虐的刑罚,这样,臣子就可以任职当官;否则,就可以离开。这种不怀暴君之禄、不处乱国之位的观点在当时是有进步意义的。

【原文】晏子聘于吴[①],吴王曰:"子大夫以君命辱在敝邑之地[②],施贶寡人[③],寡人受贶矣。愿有私问焉。"

晏子巡遁而对曰[④]:"婴,北方之贱臣也,得奉君命,以趋于末朝[⑤],恐辞令不审[⑥],讥于下吏[⑦],惧不知所以对者。"

【注释】①聘:诸侯之间派使臣通问修好。②子大夫:等于说"大夫您"。子,对人的尊称。辱:表敬副词,含有"您到这里来是受了屈辱"的意思。敝邑:对别国人谦称自己的国家。③贶:赏赐。④巡遁:退却的样子,形容惶恐不安。⑤末朝:指朝堂的末位,谦辞。⑥审:谨慎,慎重。⑦下吏:下级官员。这是委婉说法(不敢直称君主本人而称其下属)。

【译文】晏子出访吴国,吴王说:"大夫您奉君主的命令屈尊来到我国,给予我赏赐,我承受赏赐了。我希望私下里向您问一个问题。"

晏子惶然不安地回答说:"我是北方国家地位低下的臣子,得以奉君主的命令来到吴国朝廷,我担心说话不慎重,被您的下级官吏讥笑,我害怕不知道怎么回答。"

【原文】吴王曰:"寡人闻夫子久矣,今乃得见,愿终其问[①]。"

晏子避席曰:"敬受命矣。"

【注释】①终其问:问完我的话。

【译文】吴王说:"我听到先生您的名字已经很长时间了,今天才得以见到您,希望您让我把话问完。"

晏子离开座位回答说:"我恭敬地听从您的吩咐。"

【原文】吴王曰:"国如何则可处,如何则可去也?"

晏子对曰:"婴闻之,亲疏得处其伦[①],大臣得尽其忠,民无怨治,国无虐刑,则可处矣。是以君子怀不逆之君[②],居治国之位[③]。亲疏不得居其伦,大臣不得尽其忠,民多怨治,国有虐刑,则可去矣。是以君子不怀暴君之禄,不处乱国之位。"

【注释】①得处其伦:意思是各得其所。伦,次序。②不逆之君:不违背道义的君主。③治国:治理得好的国家。

【译文】吴王说:"国家的情况怎么样就可以在那里当官,怎么样就可以离开呢?"

晏子回答说:"我听说过,亲近的人和疏远的人各得其所,大臣得以尽忠,百姓那里没有积压的政事,国家没有暴虐的刑罚,这样的国家就可以在那里当官了。因此,君子归附

不违背道义的君主，在安定的国家担当职务。亲近的人和疏远的人不能各得其所，大臣不能尽忠，百姓那里有许多积压的政事，国家有暴虐的刑罚，这样的国家就可以离开了。因此，君子不贪恋残暴君主的俸禄，不在混乱的国家担当职务。”

吴王问保威强不失之道晏子对以先民后身

【题解】

吴王问如何长久地保持国家的威严强大。针对吴王内政不修却热衷称霸的实际，晏子指出：应该把百姓的事放在前面，把赏赐的事放在前面，不让强大富贵之人欺凌弱小贫贱之人，不准官吏侵夺民财，使人民和谐，政治太平。对外不以强凌弱，不以势兼并，这些就是长久保持威严强大的方法。

【原文】**晏子聘于吴，吴王曰：“敢问长保威强勿失之道若何？”**

晏子对曰：“先民而后身，先施而后诛①。强不暴弱②，贵不凌贱，富不傲贫。百姓并进③，有司不侵，民和政平。不以威强退人之君④，不以众强兼人之地。其用法为时禁暴，故世不逆其志。其用兵为众屏患⑤，故民不疾其劳⑥。此长保威强勿失之道也。失此者危矣。”

【注释】①施：施恩惠。此指赏赐。诛：指刑罚。②暴：损害。③进：进用，任用。④退人之君：使别人的君主退居已下。⑤屏：排除，消除。⑥疾：怨恨。

【译文】晏子出访吴国，吴王说：“请问长久地保持国家的威严强大、不丧失掉这种局面的方法是怎样的？”

晏子回答说：“把人民的事情放在前边，把自己的事情放在后边；把赏赐的事情放在前边，把惩罚的事情放在后边。强大的不危害弱小的，尊贵的不欺凌卑贱的，富裕的不傲视贫困的。百姓有才能也一样任用，有关官吏不侵夺人民，人民和谐，政治太平。不依仗威严强大压制别人的君主，不依仗人多势众兼并别国的土地。实施法律是为了替社会禁止暴虐，所以世人不违背他的意志。用兵作战是为了替众人消除祸患，所以人民对受劳苦不怨恨。这就是长久地保持国家的威严强大、不丧失掉这种局面的方法。不这样做的，国家就危险了。”

【原文】**吴王忿然作色，不说。**

晏子曰：“寡君之事毕矣①，婴无斧锧之罪②，请辞而行。”遂不复见。

【注释】①寡君：对别国人谦称自己国家的君主。②斧锧之罪：斩首之罪。腰斩时所垫的砧板。

【译文】吴王愤怒地改变了脸色，很不高兴。

晏子说：“我们国君交付的事情我已经办完了，我没有犯该砍头的罪，请允许我告辞回去。”于是不再见吴王。

鲁昭公问安国众民晏子对以事大养小谨听节俭

【题解】

鲁昭公问如何使国家安定,使人口众多。针对鲁国小弱的实际,晏子指出:傲视大国,轻视小国,国家就危险;处理狱讼轻慢,征收赋税繁重,人民就离散。侍奉大国,帮助小国,处理狱讼谨慎,征收赋税节制,是使国家安定、人口众多的方法。

【原文】晏子聘于鲁,鲁昭公问曰:"夫俨然辱临敝邑[①],窃甚嘉之[②],寡人受贶,请问安国众民如何?"

晏子对曰:"婴闻傲大贱小则国危,慢听厚敛则民散[③]。事大养小,安国之器也;谨听节敛[④],众民之术也。"

【注释】①俨然:庄重的样子。辱:谦辞。②嘉:赞许。③慢听:处理狱讼轻率。听,听狱。④节敛:节制赋税,谓赋敛有度。

【译文】晏子出访鲁国,鲁昭公问道:"大夫您庄重地屈尊来到我国,我私下里很赞赏您,我接受您的赏赐,请问使国家安定,使人口众多应该怎么办?"

晏子回答说:"我听说对大国傲慢,对小国鄙视,国家就危险;处理诉讼轻慢,征收赋税繁重,人民就离散。侍奉大国,帮助小国,这是使国家安定的措施;处理诉讼谨慎,征收赋税节制,这是使人口众多的办法。"

晋叔向问齐国若何晏子对以齐德衰民归田氏

【题解】

从晏子对齐国状况的介绍中可以看出,以公室为代表的旧政权的骄横残暴:贪婪地剥夺民力民财,致使老幼挨饿受冻;残酷地施肉刑,以致市场上假脚贵而鞋子贱。作为新兴势力的代表田氏却采取了一系列施惠于民收买民心的措施:以私家的大量器借出,用公家的小量器收回;木材、水产运到市场出售,一律不加价,因此得到人民拥戴。齐国将归田氏所有,是必然的了。从叔向对晋国的介绍中,同样可以看出其公室政权已处于末世,"政在家门",公族的灭亡也是难以避免的了。

【原文】晏子聘于晋,叔向从之宴[①],相与语。

【注释】①叔向:羊舌肸,又称叔肸,字叔向,晋大夫。从之宴:陪着他喝酒。

【译文】晏子出访晋国,叔向陪着他饮酒,互相谈论起来。

【原文】叔向曰:"齐其如何?"

晏子曰:"此季世也[①],吾弗知,齐其为田氏乎[②]!"

【注释】①季世:末世,衰微之世。②田氏:指田成子,即陈成子,名恒(一作"常"),齐

国大臣。

【译文】叔向说："齐国现在怎么样？"

晏子回答说："齐国现在已经是末世了，我不知道将来会怎样，齐国将来大概会成为田氏的吧！"

【原文】叔向曰："何谓也？"

晏子曰："公弃其民，而归于田氏。齐旧四量：豆、区、釜、钟。四升为豆，各自其四，以登于釜，釜十则钟。田氏三量皆登一焉[①]，钟乃巨矣。以家量贷[②]，以公量收之。山木如市[③]，弗加于山[④]；鱼盐蜃蛤[⑤]，弗加于海。民参其力[⑥]，二入于公，而衣食其一。公积朽蠹，则老少冻馁。国都之市，屦贱而踊贵[⑦]。民人痛疾，或燠休之[⑧]。昔者殷人诛杀不当，僇民无时[⑨]。文王慈惠殷众，收恤无主，是故天下归之。民无私与[⑩]，维德之授[⑪]。今公室骄暴，而田氏慈惠，其爱之如父母，而归之如流水。欲无获民，将焉避？箕伯、直柄、虞遂、伯戏[⑫]，其相胡公、太姬[⑬]，已在齐矣。"

【注释】①"田氏三量"句：意思是，田氏的三种量器进位都比公量增加一（即都是五进位）。②贷：借出。③如：往，到……去。④弗加于山：价钱不比山上贵。⑤蜃：大蛤。⑥参：三，分成三份。⑦屦：鞋子。踊：专为砍掉脚的人做的假脚。按"屦贱而踊贵"是滥施刑罚的后果。⑧燠休：抚慰。⑨僇：通"戮"，杀戮。⑩私：偏私。与：赞同。这里是热爱的意思。⑪授：这里是归附的意思。⑫"箕伯"句：箕伯等四人都是舜的后代，田（陈）氏的先人。⑬胡公：箕伯等四人的后代。太姬：胡公妻。

【译文】叔向说："您说的是什么意思呢？"

晏子说："齐国君主抛弃了他的人民，人民都归附了田氏。齐国原有四种量器：豆、区、釜、钟。四升是一豆，以后都按四进位，一直到釜，十釜是一钟。田氏家三种量器，进位都比公家的量器增加一，这样钟的容量就大了。他用私家的大量器借出，用公家的小量器收回。他家山上的木材运到市上卖，价钱不比山上高；鱼盐蚌蛤运到市上卖，价钱不比海边高。如果人民把力气分成三份，两份就要献给国君，用在自家衣食方面的只占一份。国君仓库里的钱粮都腐朽长了虫子，可是老人小孩却挨饿受冻。都城的市场上，因为受砍脚刑罚的人很多，所以鞋子贱，而为被砍掉脚的人特制的假脚却很贵。人民深受痛苦疾病折磨，田氏就加以抚慰。从前商朝判处死刑不恰当，不时杀戮人民。周文王施恩惠于商朝民众，收容救济无家可归之人，因此天下的人都归附他。人民并不偏爱某个人，他们只归附有道德的人。现在公室骄横暴虐，可是田氏却很慈惠，他爱护人民如同父母一样，而人民归附他如同流水一样。即使他不想得到人民的拥护，将躲避到哪里去呢？田氏的先人箕伯、直柄、虞遂、伯戏，他们的神灵已经在齐国帮助他们的后代胡公及其妃子太姬了，因此田氏很快就要占有齐国了。"

【原文】叔向曰："虽吾公室，亦季世也。戎马不驾[①]，卿无军行。公乘无人[②]，卒列无长。庶民罢弊，宫室滋侈。道殣相望[③]，而女富溢尤[④]。民闻公命，如逃寇雠。栾、胥、原、

孤、续、庆、伯[⑤]，降在皂吏[⑥]。政在家门[⑦]，民无所依。而君日不悛[⑧]，以乐慆忧[⑨]。公室之卑，其何日之有！谗鼎之铭曰[⑩]：'昧旦丕显，后世犹怠[⑪]。'况日不悛，其能久乎？"

晏子曰："然则子将若何？"

叔向曰："人事毕矣，待天而已矣。晋之公族尽矣。肸闻之，公室将卑，其宗族枝叶先落，则公从之。肸之宗十一族，维羊舌氏在而已，肸又无子，公室无度，幸而得死，岂其获祀焉！"

【注释】①戎马：拉战车的马。②乘：驂乘。③殣：饿死的人。④女：指受君主宠爱的女子。尤：甚。⑤"栾"句：此八氏都是晋的旧臣，姬姓。⑥皂吏：低贱的吏役。⑦家：指大夫之家。⑧悛：悔改，改过。⑨以乐慆忧：用音乐隐藏忧愁。慆，隐藏。⑩谗鼎："谗"是鼎的名。⑪"昧旦"二句：大意是，清晨起来就致力于名声显赫，到了后代尚且会懈怠。昧旦，清晨。丕显，大显赫。

【译文】叔向说："即使是我们晋国公室，现在也到了末世了。战马都不能驾战车了，卿不去率领军队。君主的驂乘没有合适的人，兵士没有称职的官长。百姓疲困，而宫室却日益奢侈。道路上饿死的人随处可见，而受宠爱的女子家里却更加富足。人民听到君主的命令，就像躲避仇敌一样。栾、郤、胥、原、孤、续、庆、伯等旧臣的后代，已经沦为低贱的吏役。政权操纵在私家手里，人民无依无靠。可是君主一直不肯改悔，用寻欢作乐来掩藏忧愁。公室如此卑微，还能有多少日子！谗鼎的铭文说：'黎明即起致力于声名显赫，子孙后代尚且会懈怠。'何况君主一直不肯改悔，他还能长久保持君位吗？"

晏子说："既然这样，那么您将怎么办？"

叔向说："人是无能为力了，只有听天由命罢了。晋国的公族就要完了。我听说过，公室将要卑微的时候，与公室同姓的其他家族像枝叶一样先降落，然后公室跟着凋零。我的一宗有十一族，现在只有我们羊舌氏还存在罢了，我又没有好儿子，公室又没有法度，我能够寿终就很幸运了，怎么敢希望死后得到祭祀呢！"

叔向问齐德衰子若何晏子对以进不失忠退不失行

【题解】

这里晏子表明了侍奉明君与惰君的不同态度。总的原则是：当官不失掉忠诚，不当官不失掉操行。即不苟且求容，不谋取私利。

【原文】叔向问晏子曰："齐国之德衰矣，今子何若？"

晏子对曰："婴闻事明君者，竭心力以没其身，行不逮则退[①]，不以诬持禄[②]。事惰君者，优游其身以没其世[③]，力不能则去，不以谀持危。且婴闻君子之事君也，进不失忠，退不失行。不苟合以隐忠[④]，可谓不失忠；不持利以伤廉，可谓不失行。"

叔向曰："善哉！《诗》有之曰：'进退维谷[⑤]。'其此之谓欤[⑥]！"

【注释】①行不逮：能力达不到。逮，及，达到。②诬：欺骗。③优游：从容不迫的样子。指从容致力于当作之事。④苟合：苟且附和君主，即苟且求容之意。⑤进退维谷：所引诗句见《诗·大雅·桑柔》。意思是，进和退都行不通。谷，穷，尽。⑥其此之谓欤：大概说的就是这种情况吧。

【译文】叔向问晏子说："齐国的道德衰微了，现在您怎么办？"

晏子回答说："我听说侍奉英明君主的人，尽心竭力一直到身死，力不胜任就辞官，不靠欺骗保持住自己的俸禄。侍奉怠惰君主的人，从容不迫地过完一辈子，力不胜任就离开，不靠阿谀保持住危险的地位。况且我听说君子侍奉君主，当官不丧失忠诚，不当官不丧失品行。不苟且求容以致掩藏了忠诚，这可以叫作不丧失忠诚；不谋取私利以致损害了廉洁，这可以叫作不丧失品行。"

叔向说："您说得好啊！《诗》中有这样的话：'进退维谷。'大概说的就是这种情况吧！"

叔向问处乱世其行正曲晏子对以民为本

【题解】

晏子认为，世道混乱，君主邪僻，臣子应该做到地位虽低但不失掉尊严，处境虽差但不失掉正直，这是因为把人民当成根本。"以民为本"的观点，无论在当时，还是在以后，都具有进步意义。

【原文】叔向问晏子曰："世乱不遵道，上辟不用义，正行则民遗[①]，曲行则道废。正行而遗民乎，与持民而遗道乎[②]？此二者之于行何如？"

晏子对曰："婴闻之，卑而不失尊，曲而不失正者[③]，以民为本也。苟持民矣，安有遗道？苟遗民矣，安有正行焉？"

【注释】①遗：失掉，丢掉。②与：还是。选择连词。③曲：指处境不好。

【译文】叔向问晏子说："世道混乱，违反了正常规律；君主邪僻，不按照道义行事，在这种情况下，如果行为正直就会失掉人民，如果行为邪僻就会丢掉原则。是行为正直失掉人民呢，还是保住人民丢掉原则呢？这两种做法对于品行怎么样呢？"

晏子回答说："我听说过，地位低下但不失掉尊严，处境不好但不失掉正直的人，把人民当成根本。如果保住人民，怎么会丢掉原则？如果失掉人民，怎么会有正直的行为呢？"

叔向问意孰为高行孰为厚晏子对以爱民乐民

【题解】

晏子认为，热爱人民、让人民快乐是最高尚的思想、最淳厚的品德，而苛刻对待人民、危害人民则是最低下的思想、最卑贱的品德。这可视为"以民为本"的具体化。

【原文】叔向问晏子曰："意孰为高[①]？行孰为厚？"

对曰："意莫高于爱民，行莫厚于乐民[②]。"

【注释】①意：指思想。②乐民：让人民快乐。

【译文】叔向问晏子说："思想哪一种是高尚的？品行哪一种是淳厚的？"

晏子回答说："思想没有比爱护人民更高尚的，品行没有比让人民快乐更淳厚的。"

【原文】又问曰："意孰为下？行孰为贱？"

对曰："意莫下于刻民，行莫贱于害民也。"

【译文】叔向又问道："思想哪一种是低下的？品行哪一种是卑贱的？"

晏子回答说："思想没有比对人民苛刻更低下的，品行没有比危害人民更卑贱的。"

叔向问啬吝爱之于行何如晏子对以啬者君子之道

【题解】

这里晏子根据自己的理解对啬、吝、爱的含义加以解释并给予不同评价。认为衡量钱财的多少而节俭地使用，富裕了就分钱财给贫苦人，贫困了就节衣缩食不向人借贷，是君子对待钱财的准则。

【原文】叔向问晏子曰："啬、吝、爱之于行何如[①]？"

晏子对曰："啬者，君子之道，吝、爱者，小人之行也。"

叔向曰："何谓也？"

晏子曰："称财多寡而节用之，富无金藏[②]，贫不假贷[③]，谓之啬。积多不能分人，而厚自养，谓之吝。不能分人，又不能自养，谓之爱。故夫啬者，君子之道，吝、爱者，小人之行也。"

【注释】①爱：舍不得。②富无金藏：富饶了（就把钱财分给贫苦人），不保藏钱财。③贫不假贷：贫困了（就节衣缩食自力更生），不向人借贷。假，借。

【译文】叔向问晏子说："啬、吝、爱对于品行怎么样？"

晏子回答说："啬是君子的准则，吝和爱是小人的品行。"

叔向说："您说的是什么意思呢？"

晏子说："衡量钱财的多少，节俭地使用，富裕了就把钱财分给贫困的人，不保藏全

钱;贫困了就节衣缩食,不向人借贷,这叫作啬。聚积了很多钱财,不能分给贫困的人,却优厚地供养自己,这叫作吝。钱财不能分给贫困的人,又舍不得供养自己,这叫作爱。所以说啬是君子的准则,吝和爱是小人的品行。”

叔向问人何若则荣晏子对以事君亲忠孝

【题解】

这里晏子提出了荣耀的标准:对长辈孝顺,对君主忠诚;对弟兄和睦,对朋友诚信;不隐瞒过错,不贪求财利;自身无可指责,行为无可惩戒。

【原文】叔向问晏子曰:“何若则可谓荣矣?”

晏子对曰:“事亲孝,无悔往行。事君忠,无悔往辞。和于兄弟,信于朋友。不过[①],不责得[②]。言不相坐[③],行不相反。在上治民,足以尊君;在下莅修[④],足以变人。身无所咎[⑤],行无所创[⑥],可谓荣矣。”

【注释】① :通“ ”,隐藏,隐瞒。②责:求。③坐:抵触。④莅修;谓主持教化。莅,临。⑤咎:责怪。⑥创:惩戒。

【译文】叔向问晏子说:“人怎样做就可以叫作荣耀了?”

晏子回答说:“侍奉长辈孝顺,对以往的行为没有可以悔恨的。侍奉君主忠诚,对以往的言辞没有可以悔恨的。对弟兄和睦,对朋友讲信用。不隐瞒过错,不贪求利益。说话不自相矛盾,行为不前后违背。在上位管理人民,足以使君主尊贵;在下位主持教化,足以使人民向善。为人没有可以指责的,行为没有可以惩戒的,这样就可以叫作荣耀了。”

叔向问人何以则可保身晏子对以不要幸

【题解】

晏子认为,侍奉君主,只有不抱非分的希望,不追求受到宠幸,淡泊得失,才能保全自身。

【原文】叔向问晏子曰:“人何以则可谓保其身?”

晏子对曰:“《诗》曰:‘既明且哲,以保其身。夙夜匪懈,以事一人[①]。’不庶几[②],不要幸[③],先其难乎而后幸。得之,时其所也[④];失之,非其罪也。可谓保其身矣。”

【注释】①“既明”四句:所引诗句见《诗·大雅·烝民》。“懈”今本《诗经》作“解”。诗句大意是:聪明睿智的人,善于保全自身。从早到晚不懈怠,侍奉君主一个人。哲,睿智。夙,早。一人,指君主。②庶几:希望。③要:求。幸:宠爱。④时:通“是”。

【译文】叔向问晏子说:“人怎样做才可以叫作保全自身?”

晏子回答说："《诗》中说：'既睿智又聪明，借以保全自身。早起晚睡不偷懒，侍奉君主一个人。'不抱非分的希望，不求受到君主的宠爱，先为君主做艰难的事，然后受到宠爱。得到官职，这是他应该得到的；失去官职，不是他的罪过。这样就可以叫作保全自身了。"

梁丘据问子事三君不同心晏子对以一心可以事百君

【题解】

针对梁丘据的讥讽，晏子指出，一心一意可以侍奉百位君主，三心二意不能侍奉一位君主。

【原文】梁丘据问晏子曰："子事三君[1]，君不同心，而子俱顺焉，仁人固多心乎？"

晏子对曰："婴闻之，顺爱不懈，可以使百姓；强暴不忠，不可以使一人。一心可以事百君，三心不可以事一君。"

【注释】①三君：指齐灵公、齐庄公、齐景公。

【译文】梁丘据问晏子说："您侍奉了三位君主，君主们心不相同，可您都能顺从他们，仁德的人本来就有多种多样的心吗？"

晏子回答说："我听说过，温顺慈爱不懈怠，可以役使百姓；强横暴虐不忠诚，不可以役使一个人。一心一意可以侍奉一百位君主，三心二意不可以侍奉一位君主。"

【原文】孔子闻之曰："小子识之[1]！晏子以一心事百君者也。"

【注释】①小子：老师对学生的称呼。识：记住。

【译文】孔子听到这话以后说："学生们记住这些话！晏子是用一个心眼侍奉一百位君主的人啊。"

内篇杂上第五

庄公不说晏子晏子坐地讼公而归

【题解】

面对庄公的无礼行为，晏子敢于与之争论。批评庄公依仗人多势强而抛弃礼仪，爱好勇力却厌恶贤者，这样灾祸必将降临。因谏言不被采纳，晏子辞官而东耕于海滨。几年之后，果然发生了崔杼杀君之祸。

【原文】晏子臣于庄公[1]，公不说。饮酒，令召晏子。晏子至，入门，公令乐人奏歌曰："已哉[2]，已哉！寡人不能说也，尔何来为[3]？"晏子入坐，乐人三奏，然后知其谓己也。遂

起，北面坐地。

【注释】①臣：当臣子。②已哉：等于说“算了吧”。已，止。③为：语气词，表示疑问。

【译文】晏子给庄公当臣子，庄公不喜欢他。喝酒的时候，庄公下令召晏子来。晏子到了，进了门，庄公命令歌手唱道：“算了吧，算了吧！我不能喜欢你，你为什么要来呀？”晏子坐到座位上，歌手一连唱了三遍，然后晏子才明白这是说的自己。他于是站起来，面向北坐在了地上。

【原文】公曰：“夫子从席[1]，曷为坐地？”

晏子对曰：“婴闻讼夫坐地[2]，今婴将与君讼，敢毋坐地乎？婴闻之，众而无义，强而无礼，好勇而恶贤者，祸必及身，若公者之谓矣。且婴言不用，愿请身去[3]。”

【注释】①从席：陪着饮酒。②讼夫：争论的人。讼，争辩，争论。③愿请身去：希望辞官离开朝廷。古代臣子当官，即是委身于君，要辞官，等于请求把身体归还自己，所以说“请身”。

【译文】庄公说：“先生您陪着我喝酒，为什么坐在地上？”

晏子回答说：“我听说争论的人要坐在地上，现在我将跟您争论，怎敢不坐在地上呢？我听说过，人口众多却没有道义，势力强大却没有礼仪，爱好勇力却厌恶贤人，他自己一定会赶上灾祸的，这些就像说您的啊。况且，我的话不被采纳，希望您允许我辞官离开朝廷。”

【原文】遂趋而归，管籥其家者纳之公[1]，财在外者斥之市[2]，曰：“君子有力于民则进爵禄，不辞贵富；无力于民而旅食[3]，不恶贫贱。”遂徒行而东，耕于海滨。居数年，果有崔杼之难[4]。

【注释】①管籥：都是古代乐器。②斥：拿出（钱财）。③旅食：跟众人吃一样的饭食。旅，众。④崔杼之难：指庄公为崔杼所杀之祸。

【译文】说完就快步走着回去了，把家里的管籥等乐器都交给公家，把外边的钱财都拿到市上散发，说道：“君子能为百姓尽力就当官拿俸禄，不拒绝富贵；不能为百姓尽力就辞官跟一般人同吃一样的饭食，不厌恶贫贱。”于是步行到东方去，在海边耕田种地。过了几年，果然发生了崔杼杀死庄公的灾难。

庄公不用晏子晏子致邑而退后有崔氏之祸

【题解】

本章先写晏子被庄公收回官爵和食邑后的态度：慨叹君主难以免除灾难，庆幸自己不必陪着君主去死。接着写崔杼杀死庄公后晏子与随从人员的对话，表达了既不可为君主殉死，又不能逃亡国外，更无所归依的复杂心情。最后写晏子面对崔杼的责问所表现的义正词严的大无畏气概。

【原文】晏子为庄公臣，言大用，每朝，赐爵益邑[①]。俄而不用[②]，每朝，致邑与爵[③]。爵邑尽，退朝而乘，喟然而叹[④]，终而笑。其仆曰[⑤]："何叹笑相从数也？"晏子曰："吾叹也，哀吾君不免于难；吾笑也，喜吾自得也[⑥]，吾亦无死矣。"

【注释】①邑：食邑，封地。②俄而：不久。③致：归还。此指收回。④喟然：同"喟然"，叹气的样子。⑤仆：驭手，赶车的人。⑥自得：指保全自己。

【译文】晏子当庄公的臣子，他的意见大大被采纳，每逢朝见的时候，庄公都赐给他官爵，增加他的食邑。过了不久，他的意见不被采纳了，每逢朝见的时候，庄公都收回他的一些官爵和食邑。官爵和食邑被收完了，晏子退出朝廷，坐上车子，长吁短叹，叹完气后又笑了。他的驭手说："您为什么叹气后接着又发笑呢？"晏子说："我叹气，是哀悯我们君主不能免除灾难；我发笑，是高兴我能保全自身，我也用不着陪着君主去死了。"

【原文】崔杼果弑庄公。晏子立崔杼之门，从者曰："死乎[①]？"晏子曰："独吾君也乎哉？吾死也[②]？"曰："行乎[③]？"晏子曰："独吾罪也乎哉？吾亡也？"曰："归乎？"曰："吾君死，安归？君民者[④]，岂以陵民？社稷是主[⑤]。臣君者[⑥]，岂为其口实[⑦]？社稷是养。故君为社稷死则死之[⑧]，为社稷亡则亡之。若君为己死而为己亡，非其私暱[⑨]，孰能任之[⑩]？且人有君而弑之，吾焉得死之？而焉得亡之？将庸何归[⑪]？"

【注释】①死：指殉死。②吾死也：我为什么要殉死呢？③行：指逃亡国外。④君民：给人民当君主。⑤社稷是主：主宰国家。社稷，借指国家。⑥臣君：给君主当臣子。⑦口实：指俸禄。⑧死之：为他而死。⑨私暱：指受宠爱的人。⑩任：承担。⑪庸何：哪里。

【译文】后来崔杼果然杀死了庄公。晏子站在崔杼的门外，跟随的人说："为君主殉死吗？"晏子说："难道只是我一个人的君主吗？别人不殉死，我为什么要殉死呢？"跟随的人又说："逃亡国外吗？"晏子说："难道是我的罪过吗？我为什么要逃亡国外呢？"跟随的人说："回去吗？"晏子说："我们君主死了，回到哪里去呢？当百姓君主的人，难道是为了欺凌百姓？是为了主持国家。给君主当臣子的，难道是为了俸禄？是为了保住国家。所以，君主如果是为国家而死，那么臣子就为君主殉死。君主如果是为国家而逃亡国外，那么臣子就为君主逃亡国外，如果不是他宠爱的人，谁能跟他一起承担这样的祸患？况且别人明明有君主却把君主杀了，我怎么能为君主殉死？怎么能为君主逃亡国外？但是我又将回到哪里去？"

【原文】门启而入。崔子曰："子何不死？子何不死？"

晏子曰："祸始吾不在也，祸终吾不知也，吾何为死？且吾闻之，以亡为行者不足以存君，以死为义者不足以立功。婴岂婢子也哉[①]？其缢而从之也[②]？"

遂袒免[③]，坐，枕君尸而哭[④]，兴，三踊而出[⑤]。人谓崔子必杀之，崔子曰："民之望也，舍之得民。"

【注释】①婢子：等于说"小女子"。②缢：上吊。③袒免："袒"指露出胳膊，"免"指摘掉帽子。④枕君尸而哭：把君主的尸体放在自己大腿上哭泣。《左传·襄公二十五年》作

"枕尸股而哭",杜预注:"以公尸枕己股也。"⑤踊:跳跃。这里是顿足的意思。

【译文】门打开了,晏子走了进去。崔杼说:"您为什么不殉死?您为什么不殉死?"

晏子说:"祸患发生的时候我不在,祸患结束的时候我不知道,我为什么要殉死?况且我听说过,把逃亡国外当做好品行的人不足以保住君主,把殉死当作有义气的人不足以建立功勋。我难道是小女子吗?怎么能自缢而跟随去死呢?"

说完就脱掉袖子露出胳膊,摘掉帽子,把君主的尸体放在自己的大腿上哭泣,然后站起来,跺了几下脚,就出去了。有人对崔杼说一定要杀死晏子,崔杼说:"他是百姓景仰的人,放了他,可以得民心。"

崔庆劫齐将军大夫盟晏子不与

【题解】

本章记崔杼杀死庄公后以武力胁迫齐国将军、大夫盟誓事。面对刀光剑影、数人被杀的血腥场面,晏子大义凛然,斥责崔杼的无道行径。对于崔杼的利诱、威逼,晏子不为所动,慷慨陈词,表达了自己不以邪道求福的决心。崔杼慑于晏子的道义不敢杀晏子,晏子离开后与车夫的对话更表现了他将个人生死置之度外的泰然心态。

【原文】崔杼既弑庄公而立景公,杼与庆封相之[1],劫将军、大夫及显士、庶人于太宫之坎上[2],令无得不盟者。为坛三仞[3],坎其下[4],以甲千列环其内外[5]。盟者皆脱剑而入,维晏子不肯,崔杼许之。有敢不盟者,戟拘其颈[6],剑承其心。令自盟曰:"不与崔、庆而与公室者[7],受其不祥。"言不疾、指不至血者死[8],所杀七人。

【注释】①庆封:字子家,又字季,齐大夫。相:当相。②劫:胁迫。③仞:八尺或七尺为一仞。④坎:挖坑。⑤甲:甲士。⑥拘:通"钩",勾拉。⑦与:帮助。⑧疾:速,快。指不至血:手指不咬出血来。古代盟誓时,咬破手指,滴血于酒中,然后饮血酒以示庄重。

【译文】崔杼杀死庄公以后,立景公为君,崔杼与庆封当景公的相。他们胁迫那些将军、大夫和有名望的士及百姓到太公庙旁的坑穴边,下令不许有不盟誓的。筑起一个两丈多高的祭台,在祭台下边挖了坑穴,用一千名甲士围绕在坑穴内外。盟誓的人都要摘掉剑才能进入,只有晏子不肯摘掉剑,崔杼答应了他。有胆敢不盟誓的,就用戟扎他的颈,用剑刺他的心。下令让每个人自己盟誓说:"不帮助崔、庆两家而帮助公室,将遭受祸殃。"话说得不快捷、手指不咬出血来的要处死,被杀死的有七个人。

【原文】次及晏子,晏子奉杯血[1],仰天叹曰:"呜呼!崔子为无道,而弑其君,不与公室而与崔、庆者,受此不祥。"俯而饮血。

【注释】①奉:古"捧"字。

【译文】按次序轮到晏子盟誓,晏子手捧盛着血酒的杯子,仰面朝天长叹道:"啊!崔杼做不符合道义的事,杀死自己的君主,不帮助公室而帮助崔、庆两家的人,将遭受这祸

殃。”说完低下头把血酒喝了下去。

【原文】崔杼谓晏子曰:“子变子言,则齐国吾与子共之;子不变子言,戟既在脰[1],剑既在心。维子图之也。”

晏子曰:“劫吾以刃而失其志,非勇也;回吾以利而倍其君[2],非义也。崔子,子独不为夫《诗》乎?《诗》云:‘莫莫葛藟,施于条枚。恺悌君子,求福不回[3]。’今婴且可以回而求福乎?曲刃钩之,直兵摧之,婴不革矣[4]。”

【注释】①脰:颈。②倍:通“背”。③“莫莫”四句:所引诗句见《诗·大雅·旱麓》。“藟”“恺悌”今本《诗经》作“藟”“岂弟”。大意是:葛草和草,枝条很茂盛。欢乐的君子,求福不变更。施,延伸。恺悌,欢乐平易。④革:改变。

【译文】崔杼对晏子说:“你如果改变你的话,那么我跟你共同掌管齐国;你如果不改变你的话,戟就要扎到你的脖子,剑就要刺到你的心口。希望你考虑考虑。”

晏子说:“用刀逼迫我让我抛弃自己的意志,这不是勇敢;用利益诱使我改变自己的话,从而背叛自己的君主,这不符合道义。崔杼,你难道没有学过《诗》吗?《诗》中说:‘密密麻麻的葛藤,爬上树干枝头。和悦近人的君子,不以邪道求福。’现在我就可以用邪道求福吗?用弯曲的兵器钩死我,用直的兵器刺死我,我也不变更自己的话。”

【原文】崔杼将杀之,或曰[1]:“不可。子以子之君无道而杀之,今其臣,有道之士也,又从而杀之,不可以为教矣。”崔子遂舍之。晏子曰:“若大夫为大不仁[2],而为小仁,焉有中乎[3]?”

【注释】①或:有人。②为大不仁:指杀死君主。下句“为小仁”指不杀晏子。③中:合适,恰当。

【译文】崔杼将要杀死晏子,有人说:“不可以。您因为您的君主没有道义而杀死了他,现在他的臣子是有道义的人,您又接着杀死臣子,这样就不可以施教于人了。”崔杼于是就释放了晏子。晏子说:“你作为一个大夫,做出杀死君主这样极不仁道的事,却做点释放我这样小仁小义的事,这难道合适吗?”

【原文】趋出,授绥而乘[1]。其仆将驰,晏子抚其手曰:“徐之[2]!疾不必生,徐不必死。鹿生于野,命县于厨[3]。婴命有系矣[4]。”按之成节而后去[5]。《诗》云:“彼己之子,舍命不渝[6]。”晏子之谓也。

【注释】①授:通“受”。绥:登车时做拉手用的绳子。②徐:慢。③县:同“悬”,悬挂。这里是掌握的意思。④系:拘缚,掌握。⑤按之成节:指走得有节奏,意思是走得不慌不忙。⑥“彼己”二句:所引诗句见《诗·郑风·羔裘》。“己”今本《诗经》作“其”。大意是:那个人啊,丢了性命也不改交自己的操行。渝,改变。

【译文】晏子说完就快步走出来,拉着车上的绳子上了车。他的车夫要赶马快跑,晏子摸着车夫的手说:“慢点赶!快了不一定就能活,慢了不一定就会死。鹿生活在原野里,可是它的命却掌握在厨师手上。如今我的命也有人掌握着啊。”车赶得很有节奏,然

后才离开。《诗》中说:"那个人哪,宁死也不改变品行。"这说的就是晏子啊。

晏子再治阿而见信景公任以国政

【题解】

晏子当阿邑的长官,完全依法行政:修筑道路,加强防务;推举节俭孝悌者,惩罚苟且造假者;判决诉讼,不避豪强;近臣请托,视其合法与否;接待显贵,不超过礼仪规定,因而遭到邪恶之人、懒惰之人、豪门大户、君主近臣和显贵的诋毁,坏名声传到君主耳中并被免职。第二次去治理阿邑,反其道而行之,因而受到上述那些人的赞誉,好名声传到君主耳中并受到赏赐。晏子指出,先前受到责备的,实际上应当奖赏;如今受到奖赏的,实际上应当责备。警示君主应该注重事实,不偏听偏信。

【原文】景公使晏子为阿宰[①],三年,毁闻于国[②]。景公不说,召而免之。

晏子谢曰[③]:"婴知婴之过矣,请复治阿,三年而誉必闻于国。"

【注释】①阿:齐邑名。宰:邑的长官。②毁:指坏名声。国:指国都。③谢:谢罪。

【译文】景公派晏子当阿邑的邑宰,过了三年,晏子的坏名声就传遍国都。景公很不高兴,召回了他并且要罢免他。

晏子谢罪说:"我知道我的过错了,请允许我再去治理阿邑,三年之后,好名声必定传遍国都。"

【原文】景公不忍,复使治阿。三年而誉闻于国。景公说,召而赏之,辞而不受。景公问其故,对曰:"昔者婴之治阿也,筑蹊径[①],急门闾之政[②],而淫民恶之;举俭力孝弟[③],罚偷窳[④],而惰民恶之;决狱不避贵强,而贵强恶之;左右所求,法则予,非法则否,而左右恶之;事贵人体不过礼,而贵人恶之。是以三邪毁于外[⑤],二谗毁于内[⑥],三年而毁闻乎君也。今臣谨更之:不筑蹊径,而缓门闾之政,而淫民说;不举俭力孝弟,不罚偷窳,而惰民说;决狱阿贵强[⑦],而贵强说;左右所求言诺[⑧],而左右说;事贵人体过礼,而贵人说。是以三邪誉乎外,二谗誉乎内,三年而誉闻于君也。昔者婴之所以当诛者宜赏,今所以当赏者宜诛。是故不敢受。"

【注释】①蹊径:泛指道路。②门闾之政:指乡间防务。门闾,指乡里。③弟:同"悌",敬爱兄长。④偷:苟且,随便。窳:器物粗劣。⑤三邪:指上文的淫民、惰民、贵强。⑥二谗:指上文的左右、贵人。⑦阿:偏袒。⑧诺:应允,答应。

【译文】景公不忍心罢免他,又派他去治理阿邑。三年之后,好名声果然传遍国都。景公很高兴,召回晏子要赏赐他。晏子推辞,不肯接受。景公问为什么,晏子回答说:"从前我治理阿邑的时候,修筑小路山路,加强乡间防务,因而邪恶的人厌恶这样做;推举生活节俭、努力工作、孝顺父母、敬爱兄长的人,惩罚粗制滥造器物的人,因而懒惰的人厌恶这样做;判决诉讼不躲避豪门大户,因而豪门大户厌恶这样做;国君的近臣有所求,合法

的就给,不合法的就不给,因而国君的近臣厌恶这样做;接待地位显贵的人得体而不超过礼仪的规定,因而地位显贵的人厌恶这样做。因此,三种邪僻的人在外边毁谤,两种谗佞的人在里边毁谤,三年之内我的坏名声就传到您耳朵里了。现在我改变了原来的做法:不修筑小路山路,放松乡间的防务,因而邪恶的人高兴了;不推举生活节俭、努力工作、孝顺父母、敬爱兄长的人,不惩罚粗制滥造器物的人,因而懒惰的人高兴了;判决诉讼偏袒豪门大户,因而豪门大户高兴了;国君的近臣有所求,全都答应给,因而国君的近臣高兴了;接待地位显贵的人不得体,超过礼仪的规定,因而地位显贵的人高兴了。因此,三种邪僻的人在外边称赞,两种谗佞的人在里边称赞,三年之内我的好名声就传到您耳朵里了。从前我受到责备的那些事,实际上应该受到奖赏;现在我受到奖赏的这些事,实际上应该受到责备。因此我不敢接受赏赐。"

【原文】景公知晏子贤,乃任以国政,三年而齐大兴。

【译文】景公了解到晏子贤德,就把国家政事委托给他治理。过了三年,齐国变得非常强盛。

景公怜饥者晏子称治国之本以长其意

【题解】

针对景公怜悯面有饥饿之色的年老负薪者,晏子称赞说:君主爱怜老年人,因而恩德能遍及所有人,这是治理国家的根本。进而请景公派人寻找那些无人供养的年老体弱者和鳏夫寡妇,供给他们粮食,从而使之得到救助。

【原文】景公游于寿宫①,睹长年负薪者而有饥色②。公悲之,喟然叹曰:"令吏养之!"

晏子曰:"臣闻之,乐贤而哀不肖,守国之本也。今君爱老,而恩无所不逮③,治国之本也。"公笑,有喜色。晏子曰:"圣王见贤以乐贤,见不肖以哀不肖。今请求老弱之不养、鳏寡之无室者④,论而共秩焉⑤。"公曰:"诺。"于是老弱有养,鳏寡有室。

【注释】①寿宫:又名胡宫,齐宫室名。②长年:年纪大的,年老的。③逮:及,到。④求:寻找。⑤共:通"供",供给。秩:禄。此指廪食。

【译文】景公到寿宫去游玩,看到一个背着柴草的老人面有饥饿之色。景公对此很悲伤,慨叹着说:"让官吏供养他!"

晏子说:"我听说过,喜欢贤德之人而且怜悯不贤德之人,这是保持住国家的根本。现在您爱护老人,因而您的恩德就没有人不能得到,这是治理国家的根本。"景公笑了,面有喜色。晏子说:"圣贤的君主看到贤德之人因而喜欢贤德之人,看到不贤德之人因而怜悯不贤德之人。现在请您派人寻找没人供养的年老体弱的人,没有家室的鳏夫、寡妇,根据实际情况供给他们粮食。"景公说:"好吧。"于是年老体弱的人都有了供养,鳏夫、寡妇都有了家室。

景公惭刖跪之辱不朝晏子称直请赏之

【题解】

景公大白天披头散发乘坐着六匹马拉的车子载着妇人出宫门，受到守门人的阻拦而返回，对此感到惭愧而不上朝理事。针对这种情况，晏子开导景公说：居下位者如果不讲正直之言，居上位者必有隐患；百姓如果多有忌讳之语，君主必有骄横之行。只有英明的君主居上位，下面才会有正直之言，才会无有忌讳之语。

【原文】景公正昼被发[①]，乘六马，御妇人以出正闺[②]。刖跪击其马而反之[③]，曰："尔非吾君也！"公惭而不朝。

【注释】①正昼：大白天。被：同"披"。②正闺：宫中正门。③刖跪：指被砍掉脚的人。刖，古代砍掉脚的酷刑。跪，足。古代常用刖足者守门。反之：让他返回。

【译文】景公白天披散着头发，坐着六匹马驾的车，车上载着妇人要出宫门。砍掉脚的守门人拦击他的马让他返回宫内，并且说："你这个样子不是我们的君主啊！"景公很惭愧，因而不不朝。

【原文】晏子睹裔款而问曰[①]："君何故不朝？"

对曰："昔者君正昼被发，乘六马，御妇人以出正闺，刖跪击其马而反之，曰：'尔非吾君也！'公惭而反，不果出，是以不朝。"

【注释】①裔款：齐景公臣。

【译文】晏子看到裔款问道："君主为什么不上朝？"

裔款回答说："昨天君主白天披散着头发，坐着六匹马驾的车，车上载着妇人要出宫门，砍掉脚的守门人拦击他的马让他返回宫内，并且说：'你这个样子不是我们的君主啊！'君主惭愧地返回去，最终没有出宫门，因此才不上朝。"

【原文】晏子入见，景公曰："昔者寡人有罪，被发，乘六马以出正闺，刖跪击马而反之，曰：'尔非吾君也！'寡人以子大夫之赐，得率百姓以守宗庙。今见戮于刖跪[①]，以辱社稷，吾犹可以齐于诸侯乎？"

晏子对曰："君勿恶焉[②]。臣闻下无直辞，上有隐恶[③]；民多讳言，君有骄行。古者明君在上，下多直辞；君上好善，民无讳言。今君有失行[④]，刖跪直辞禁之，是君之福也。故臣来庆，请赏之，以明君之好善；礼之，以明君之受谏。"

公笑曰："可乎？"

晏子曰："可。"

【注释】①见：被。戮：辱。②恶：厌恶，讨厌。③隐恶：隐患。④失行：失礼的行为。

【译文】晏子进宫去见景公，景公说："昨天我有过错，披散着头发，坐着六匹马驾的车要出宫门，砍掉脚的守门人拦击马让我返回宫内，说：'你这个样子不是我们的君主啊！'

我托大夫您的福，得以率领百姓守住祖庙，现在受到砍掉脚的守门人的羞辱，使国家蒙受耻辱，我还可以跟诸侯们平起平坐吗？”

晏子回答说：“您对此不要厌恶。我听说下面如果没有正直的言辞，上面就会有隐患；百姓如果有很多忌讳的话不敢说，君主就会有骄横的行为。古代英明的君主在位，下面就有很多正直的言辞；君主好善，百姓就没有忌讳的话。现在您有失礼的行为，砍掉脚的守门人用正直的言辞制止您，这是您的福气啊。所以我来庆贺，请您赏赐他，以此表明您好善；依礼对待他，以此表明您接受劝谏。”

景公笑着说：“可以这样做吗？”

晏子说：“可以。”

【原文】**于是令刖跪倍资无征[①]，时朝无事也[②]。**

【注释】①倍资：加倍给钱财。无征：不征赋税。②时朝无事也：当时朝廷没有变故。因为采纳了晏子的意见，君主好善纳谏，所以朝廷无事。事，变故。

【译文】景公于是下令加倍给砍掉脚的守门人财物，不要向他家征收赋税。这样做了以后，当时朝廷里平安无事了。

景公夜从晏子饮晏子称不敢与

【题解】

本章写三个大臣对君主夜间突然莅临的反应：作为文臣，晏子担心的是其他诸侯国及齐国发生变故；作为武将，司马穰苴担心的是诸侯的入侵和大臣的叛乱。他们都拒绝与君主饮酒作乐。而谗臣梁丘据则投君主之所好，活脱脱一副谄媚之态。最后借君子之口，表达本章的主旨：圣贤的君主，有益友而无佞臣。

【原文】**景公饮酒，夜移于晏子之家。前驱款门曰[①]：“君至！”晏子被元端立于门[②]，曰：“诸侯得微有故乎[③]？国家得微有事乎？君何为非时而夜辱[④]？”公曰：“酒醴之味[⑤]，金石之声[⑥]，愿与夫子乐之。”晏子对曰：“夫布荐度、陈簠簋者有人[⑦]，臣不敢与焉[⑧]。”**

【注释】①款：扣，敲。②被：同“披”。元端：本作“玄端”。清朝人避圣祖玄烨讳，改为“元端”。祭祀、上朝等庄重场合穿的衣服，其色玄（黑色），正幅（衣正幅谓之端），故名“玄端”。③得微：也作“得无”，表揣测的副词，意思是“该不会”“莫非”。④辱：敬辞。⑤酒醴：美酒。醴，甜酒。⑥金石：泛指乐器。金，指金属制乐器。石，指石制乐器。⑦荐：草席。簠簋：都是古代盛食物的器具。⑧与：参与。

【译文】景公喝酒，夜里转移到晏子家去喝，先行的人敲门说：“君主到了！”晏子身披黑色朝服，站在门口说：“诸侯们该不会有什么变故吧？国家该不会有什么事变吧？君主为什么深夜屈尊来到我家？”景公说：“美酒的味道，音乐的声音，我愿意跟先生您一块享受。”晏子回答说：“铺设席子、安排簠簋等器具的事情有专人做，我不敢参与。”

【原文】公曰："移于司马穰苴之家！"前驱款门曰："君至！"穰苴介胄操戟立于门[①]，曰："诸侯得微有兵乎？大臣得微有叛者乎？君何为非时而夜辱？"公曰："酒醴之味，金石之声，愿与将军乐之。"穰苴对曰："夫布荐席、陈簠簋者有人，臣不敢与焉。"

【注释】①介胄：即甲胄，用作动词，披上铠甲，戴上头盔。

【译文】景公说："转移到司马穰苴家去喝！"先行的人敲门说："君主到了！"司马穰苴披挂上甲胄，拿着戟，站在门口说："诸侯们该不会有军队入侵吧？大臣们该不会有叛乱的吧？君主为什么深夜屈尊来到我家？"景公说："美酒的味道，音乐的声音，我愿意跟先生您一块享受。"司马穰苴回答说："铺设席子、安排簠簋等器具的事情有专人做，我不敢参与。"

【原文】公曰："移于梁丘据之家！"前驱款门曰："君至！"梁丘据左操瑟，右挈竽[①]，行歌而出。公曰："乐哉，今夕吾饮也！微彼二子者，何以治吾国？微此一臣者，何以乐吾身？"

【注释】①挈：握着，拿着。竽：古代竹制管乐器。

【译文】景公说："转移到梁丘据家里去喝！"先行的人敲门说："君主到了！"梁丘据左手拿着瑟，右手提着竽，边走边唱地迎了出来。景公说："今天夜里我喝酒真快乐啊！假如没有那两个人，怎么能治理我的国家？假如没有这一个人，怎么能让我快乐？"

【原文】君子曰："圣贤之君，皆有益友，无偷乐之臣。景公弗能及，故两用之，仅得不亡。"

【译文】君子对此评论道："圣贤的君主，都有对自己有益的朋友，没有苟且作乐的臣子。景公不能赶上圣贤的君主，所以两种人都任用，因此只能保全自己不被灭亡。"

景公游纪得金壶中书晏子因以讽之

【题解】

晏子通过对金壶铭文含义的诠释，告诫君主不要用尽民力，不要任用不肖之人；否则，将会遭到灭亡的下场。

【原文】景公游于纪[①]，得金壶，乃发视之，中有丹书[②]，曰："食鱼无反[③]，勿乘驽马。"公曰："善哉，如若言[④]！食鱼无反，则恶其鱢也[⑤]；勿乘驽马，恶其取道不远也。"

晏子对曰："不然。食鱼无反，毋尽民力乎！勿乘驽马，则无置不肖于侧乎！"

公曰："纪有书，何以亡也[⑥]？"

晏子对曰："有以亡也[⑦]。婴闻之，君子有道，悬之闾[⑧]。纪有此言，注之壶，不亡何待乎！"

【注释】①纪：古国名，春秋时为齐所灭，故址在今山东寿光南。②丹书：刻铸的涂以朱砂的字，即今所谓"金文"。丹，朱砂。③反：覆，翻转过来。④若：此，这。⑤鱢：腥臭。

⑥“纪有书”二句:这句意思是,纪国既然有这样的名言,为什么灭亡了呢?⑦有以:有原因。以,原因,缘故。⑧悬之闾:悬挂在里巷的门上(作为座右铭)。

【译文】景公到纪国故地去游玩,得到一只铜壶,于是打开壶观看,看到壶里有刻铸的涂以朱砂的文字,写的是:“食鱼无反,勿乘驽马。”景公说:“这话真好啊!吃鱼只吃一面,不翻过来吃另一面,是厌恶它的腥味;不乘坐劣等马,是厌恶它不能走远路。”

晏子回答说:“不是这样解释。吃鱼只吃一面,不翻过来吃另一面,是说不要把民力用尽啊!不乘坐劣等马,是说不要在身边安置不贤德的人啊!”

景公说:“纪国有这样的名言,为什么被灭亡了呢?”

晏子回答说:“纪国被灭亡是有原因的。我听说过,君子有需要遵守的道义,就把它作为座右铭挂在里巷的门上。纪国有这样的名言,却刻铸在壶里面,不被灭亡还等什么呢!”

景公贤鲁昭公去国而自悔晏子谓无及已

【题解】

景公认为鲁昭公失掉国家之后的悔恨之言说得好,使之返国可成为圣贤君主。晏子指出,愚蠢的人总好后悔,不肖之人总认为自己好;溺水的人不询问水道,迷路的人不打听道路。溺水、迷路以后再询问水道、道路,就来不及了。其主旨是君主应早具忧患意识,防患于未然。

【原文】鲁昭公弃国走齐[1],景公问焉曰:“君何年之少,而弃国之蚤[2]?奚道至于此乎?”

昭公对曰:“吾少之时,人多爱我者,吾体不能亲[3];人多谏我者,吾志不能用。是以内无拂而外无辅[4]。辅拂无一人,谄谀我者众。譬之犹秋蓬也,孤其根而美枝叶,秋风一至,根且拔矣。”

【注释】①鲁昭公:名稠(一作裯),襄公之子。曾寄居于齐、晋八年。走:指逃亡。②蚤:通“早”。③体:自身。④拂:通“弼”,辅佐之人。

【译文】鲁昭公失掉鲁国逃亡到齐国,景公问他说:“您为什么这么年轻却这么早就失掉了国家呢?为什么到了这种地步呢?”

昭公回答说:“我年轻时,有很多热爱我的人,我自己却不能亲近他们;有很多劝谏我的人,我却没能采纳他们的意见。因此朝内朝外都没有辅佐我的人。辅佐我的没有一个人,阿谀奉承我的人却很多。这就好像秋天的蓬草,根很孤单,可枝叶却很繁茂,秋风一到,根就要拔下来了。”

【原文】景公辩其言,以语晏子曰[1]:“使是人反其国,岂不为古之贤君乎?”

晏子对曰:“不然。夫愚者多悔,不肖者自贤。溺者不问隧[2],迷者不问路。溺而后问

隧，迷而后问路，譬之犹临难而遽铸兵[③]，噎而遽掘井，虽速，亦无及已。"

【注释】①语：告诉。②隧：道路。③遽：急忙。

【译文】景公认为他的话很好，就把这话告诉了晏子，说："假如让这个人返回他的国家，他难道不会成为像古代圣贤君主那样的国君吗？"

晏子回答说："不是这样。愚蠢的人总好悔恨，不贤德的人总认为自己贤德。被水淹着的人不询问蹚水的路线，迷失方向的人不打听道路。淹着以后再询问蹚水的路线，迷失方向以后再打听道路，这就好像面临外敌入侵的灾祸才急急忙忙去铸造兵器，吃饭噎着以后才急急忙忙去挖井，即使很快，也来不及了。"

曾子将行晏子送之而赠以善言

【题解】

曾子将行，晏子赠以善言：以木工烤直木使成车轮为喻，强调矫正邪曲的重要；以玉工琢治和氏玉璞使成传国之宝为喻，强调修养自身的重要；以兰根所浸泡之物不同而价值迥异为喻，强调善于寻找熏陶者的重要。最后进一步指明，君子居住一定选择好邻居，出游一定结交贤士，以防止祸患。

【原文】曾子将行[①]，晏子送之曰："君子赠人以轩[②]，不若以言。吾请以言乎，以轩乎？"

曾子曰："请以言。"

晏子曰："今夫车轮，山之直木也。良匠揉之[③]，其圆中规[④]，虽有槁暴不复赢矣[⑤]。故君子慎隐揉[⑥]。和氏之璧[⑦]，井里之困也[⑧]，良工修之，则为存国之宝。故君子慎所修。今夫兰本[⑨]，三年而成，湛之苦酒[⑩]，则君子不近，庶人不佩；湛之麋醢[⑪]，而贾匹马矣[⑫]。非兰本美也，所湛然也。愿子之必求所湛。婴闻之，君子居必择居，游必就士。择居所以求士，求士所以辟患也。婴闻汩常移质[⑬]，习俗移性，不可不慎也。"

【注释】①曾子：名参，孔子的学生。②轩：车子。③揉：用火烤木使弯曲。④中：符合。规：圆规，木工取圆的工具。⑤暴：晒。赢：挺直。⑥隐：通"檃"，即檃栝，矫正弯曲的工具。⑦和氏之璧：和氏璧。楚人卞和得到的璞玉（未经雕琢的玉），后经琢制，成为宝玉，故名和氏璧。⑧井里：乡里之名。困：指石块。⑨兰本：兰草之根。⑩湛：浸泡。⑪麋醢：麋鹿肉制成的肉酱。⑫贾：同"价"，价钱。匹：相当。⑬汩常移质：常在浊水里泡就会变质。汩，通"淈"，浊。

【译文】曾子离开齐国要走，晏子去送他，说："君子赠给人车子，不如赠给人言语。我是赠给您言语呢，还是赠给您车子呢？"

曾子说："请赠给我言语。"

晏子说："车轮，是山上很直的树木制成的。技术好的工匠用火烤它，使它圆的程度

符合圆规的要求,即使又把它晒干,也不再挺直了。所以君子对矫正弯曲很慎重。卞和得到的玉璞,看外表是井里那儿的石块,技术好的玉工琢制它,就成为传国之宝了。所以君子对修养自己很慎重。兰草的根,三年才长成,如果把它浸泡在苦酒里,那么君子就不接近它,一般人也不佩带它;如果把它浸泡在麋鹿肉制作的肉酱里,它的价值就抵得上一匹马了。并不是兰草的根变好了,是拿来浸泡的东西使它这样的。希望您一定寻找熏陶自己的好东西。我听说过,君子居住一定选择好邻居,出游一定结交贤士。选择好邻居是为了寻求贤士,寻求贤士是为了躲避祸患。我听说经常在浊水里浸泡就会变质,风俗习惯能改变人的性情,这是不可不慎重对待的。"

晏子之晋睹齐累越石父解左骖赎之与归

【题解】

本章记述晏子为越石父赎身的故事。对越石父处于卑下地位却不甘忍受屈辱的气节给予肯定,对晏子勇于改正过失、救人于困厄之中却不居功自傲的谦恭态度加以赞扬。

【原文】晏子之晋,至中牟[①],睹弊冠反裘负刍息于涂侧者[②],以为君子也,使人问焉曰:"子何为者也?"曰:"我越石父者也[③]。"晏子曰:"何为至此?"曰:"我为人臣仆于中牟[④],见使将归[⑤]。"晏子曰:"何为为仆?"对曰:"不免冻饿之切吾身[⑥],是以为仆也。"晏子曰:"为仆几何?"对日"三年矣。"晏子曰:"可得赎乎?"对曰:"可。"

【注释】①中牟:晋地名。在今河南汤阴西。②反裘:古人穿皮衣,毛在外面。"反裘"则是毛在里面,这是为了爱惜皮毛。刍:喂牲畜的草。涂:同"途",道路。③越石父:人名。④臣仆:奴仆。臣,奴隶。⑤见使:被差遣。见,被。⑥切:迫。

【译文】晏子去晋国,到了晋国的中牟,看到一个戴着破帽子、翻穿着皮衣、背着草在路旁休息的人,认为他是个君子,就派人问他说:"您是干什么的?"那个人回答说:"我是越石父。"晏子说:"为什么到了这里?"越石父说:"我在中牟给人家当奴仆,干完了被差遣的事,将要回他家里去。"晏子说:"为什么当奴仆?"越石父回答说:"我自己不能免除饥寒交迫之苦,因此才当奴仆。"晏子说:"当奴仆多久了?"越石父回答说:"三年了。"晏子说:"可以赎出您来吗?"越石父回答说:"可以。"

【原文】遂解左骖以赎之[①],因载而与之俱归。至舍[②],不辞而入。越石父怒而请绝[③]。晏子使人应之曰:"吾未尝得交夫子也。子为仆三年,吾乃今日睹而赎之,吾于子尚未可乎?子何绝我之暴也[④]?"

【注释】①左骖:辕马左边的马。②舍:馆驿,招待宾客的地方。③绝:绝交,断绝关系。④暴:急速。

【译文】晏子就解下左边驾车的马,把他赎了出来,于是用车载上他,跟他一块回去。到了宾馆,晏子没有向他告辞就进去了。越石父生气地请求和晏子断绝关系。晏子派人

回答他说:“我不曾跟你交朋友啊。你当奴仆当了三年,我今天看到你才把你赎出来,我对你还不够可以吗?你为什么这么快就要和我断绝关系呢?”

【原文】越石父对曰:“臣闻之,士者诎乎不知己[①],而申乎知己。故君子不以功轻人之身,不为彼功诎身之理[②]。吾三年为人臣仆,而莫吾知也[③]。今子赎我,我以子为知我矣。向者子乘[④],不我辞也,吾以子为忘;今又不辞而入,是与臣我者同矣[⑤]。我犹且为臣,请鬻于市[⑥]!”

【注释】①诎乎不知己:意思是,因为别人不了解自己而处于卑下的地位。诎,屈。乎,于。下句“申乎知己”指在了解自己的人面前挺胸做人。②诎身之理:指让别人立身处世的原则受挫伤。③莫吾知:没有人了解我。莫,没有人。④向者:刚才。⑤臣我:以我为臣,把我当奴仆。⑥鬻:卖。

【译文】越石父回答说:“我听说过,作为士,在不了解自己的人面前可以忍受屈辱,在已经了解自己的人面前就要挺胸做人。所以,君子不因为自己有功劳就轻视别人,不因为自己有功劳就损害别人立身处世的原则。我当人家的奴仆当了三年,却没有人了解我。现在您赎我出来,我认为您是了解我了。您乘车,不向我告辞,我还认为您是忘了;现在又不向我告辞就进去了,这就和把我当成奴仆的人一样了。我仍然要当奴仆,请把我卖给世人吧!”

【原文】晏子出见之,曰:“向者见客之容,而今也见客之意。婴闻之,省行者不引其过[①],察实者不讥其辞[②]。婴可以辞而无弃乎[③]?婴诚革之。”乃令粪洒改席,尊醮而礼之。

【注释】①省:察。引:称引。②讥:指责。辞:道歉。③弃:此指拒绝。

【译文】晏子从宾馆出来会见越石父,说:“刚才我只是看到客人的容貌,现在才看到客人的内心。我听说过,能考察行为的人不会抓住别人的过错不放,能观察实际的人不会对别人的道歉加以讥讽。我可以向您道歉而不被您拒绝吗?请允许我改正自己的过错。”于是命令打扫厅堂,更换座席,请他喝酒,按照礼节对待他。

【原文】越石父曰:“吾闻之,至恭不修途[①],尊礼不受摈[②]。夫子礼之,仆不敢当也[③]。”晏子遂以为上客。

【注释】①至恭不修途:内心特别恭敬则不注重外表的修饰。②摈:排斥。③仆:谦称自己。

【译文】越石父说:“我听说过,内心特别恭敬的人,不注重外表的修饰;对别人尊敬有礼貌,就不会受到别人的排斥。先生您按照礼节待我,我不敢当啊。”晏子于是把他待为上宾。

【原文】君子曰:“俗人之有功则德,德则骄。晏子有功,免人于厄,而反诎下之,其去俗亦远矣。此全功之道也。”

【译文】君子对此评论说:“世俗之人有功劳就自以为对别人有恩德,自以为对别人有恩德就骄傲。晏子有功劳,把人从困境中解救出来,却反而对被解救的人很谦卑,他超过

世俗已经相当远了。这就是保全功劳的方法啊。”

晏子之御感妻言而自抑损晏子荐以为大夫

【题解】

本章通过车夫妻子之口，赞扬晏子虽然矮小，却身相齐国，名显诸侯；更可贵的是其志向深远，谦逊有礼。这与车夫扬扬自得的神态形成显明对比。

【原文】晏子为齐相，出，其御之妻从门间而窥[①]，其夫为相御，拥大盖[②]，策驷马[③]，意气扬扬，甚自得也。既而归，其妻请去。夫问其故，妻曰："晏子身不满六尺[④]，身相齐国，名显诸侯。今者妾观其出，志念深矣，常有以自下者[⑤]。今子长八尺，乃为人仆御。然子之意，自以为足。妾是以求去也[⑥]。"

其后，夫自抑损[⑦]。晏子怪而问之，御以实对，晏子荐以为大夫。

【注释】①御：驭手，车夫。间：缝隙。窥：从缝隙里看。②盖：车盖，车上遮阳挡雨的用具。其状上圆，下有柄。③策：用鞭子赶。驷马：指四匹马拉的车。④六尺：古代尺小，六尺相当于现在四尺多。⑤自下：谦逊退让，敬重他人。⑥妾；古代妇女的谦称。⑦抑损：指收敛原来那种扬扬自得的神态。

【译文】晏子当齐国的相，坐车出去，他的驭手的妻子从门缝里往外看，看到丈夫当齐相的驭手，拥着高大的车盖，赶着四匹马拉的车子，意气扬扬，很是得意。过了不久丈夫回到家，妻子请求离开。丈夫问为什么，妻子说："晏子身高不足六尺，却当齐国的相，在诸侯中享有盛名。今天我看他外出，志向深远，常常表现出谦卑的样子。现在您身高八尺，竟给人当驭手。可是您却心满意足，我因此请求离开。"

从那以后，丈夫自己收敛了先前那种扬扬自得的神态。晏子感到奇怪，问他为什么，驭手把实情说了，晏子就推荐他当了大夫。

泯子午见晏子晏子恨不尽其意

【题解】

晏子对燕国游说之士见到自己因恐惧而不能畅所欲言之事深感忧虑，并由此反思，齐国一定有很多胸怀好的意见而死去、自己却不得会见的人。这种勇于自责的精神值得赞扬。

【原文】燕之游士有泯子午者[①]，南见晏子于齐。言有文章[②]，术有条理，巨可以补国，细可以益晏子者三百篇。睹晏子，恐慎而不能言[③]。晏子假之以悲色[④]，开之以礼颜，然后能尽其复也[⑤]。

【注释】①泯子午：姓泯，字子午。②文章：文采。③恐慎：恐惧。慎，恐。④假之以悲

色:用好脸色宽慰他。假,宽。悲色,通“斐色”,彩色。⑤复:回答我,答复。

【译文】燕国游说的人有个叫泯子午的,往南到齐国去见晏子。他的言辞很有文采,理论很有条理,往大处说可以对国家有裨益,往小处说可以对晏子有好处的不下三百篇。他见到晏子,却害怕得不能讲话。晏子用和悦的脸色宽慰他,用礼貌的态度启发他,然后他才能把话讲完。

【原文】客退,晏子直席而坐[①],废朝移时[②]。在侧者曰:“向者燕客侍,夫子胡为忧也?”

晏子曰:“燕,万乘之国也;齐,千里之涂也[③]。泯子午以万乘之国为不足说[④],以千里之涂为不足远,则是千万人之上也。且犹不能殚其言于我[⑤],况乎齐人之怀善而死者乎?吾所以不得睹者,岂不多哉?然吾失此,何之有也[⑥]?”

【注释】①直:端正。②移时:过了一段时间。③涂:同“途”,道路。④说:用言语劝说人使听从自己的意见。⑤殚:尽,完了。⑥何之有:有什么。

【译文】客人走了以后,晏子端端正正地坐在席子上,一直坐到过了朝时很久。晏子身边的人说:“刚才燕国客人陪着您,您现在为什么忧愁呀?”

晏子说:“燕国,是拥有万辆兵车的大国;齐国,距离燕国有千里之遥。泯子午认为拥有万辆兵车的大国不值得游说,不远千里来到齐国,那么他就是超过千万人之上的人了。他尚且不能对我把话都讲完,何况齐国那些怀有好的意见而死去的人呢?我没有办法看到的人,难道不是很多了吗?然而我失掉这些人,还有什么功劳可言呢?”

晏子乞北郭骚米以养母骚杀身以明晏子之贤

【题解】

本章记叙北郭骚以死为晏子辩白的故事。晏子因受到景公的猜忌而出亡,向北郭骚告别,曾经蒙受晏子恩惠的北郭骚表面上无动于衷,很令晏子不快。其实,北郭骚已经做好为晏子而死的准备:招来朋友,一起到朝堂前,请传递消息的人转达君主,将用自己的死为晏子辩白冤诬。于是自刎而死,他的朋友也为他而自刎。迫使景公醒悟,追回了晏子。晏子最终明白了北郭骚品德的高尚。所谓“一饭必报”“士为知己者死”,正是北郭骚之类的士人遵循的处世准则。

【原文】齐有北郭骚者[①],结罘罔、捆蒲苇、织屦以养其母[②],犹不足,踵门见晏子曰[③]:“窃说先生之义,愿乞所以养母者。”晏子使人分仓粟府金而遗之[④],辞金受粟。

【注释】①北郭骚:姓北郭,名骚。②罘:捕捉兔或鹿所用的网。罔:网。捆:砸,敲。用蒲苇编席子时要边编边敲,使之牢固。织屦:编草鞋。③踵门:足至门,即走上门。踵,脚后跟,作动词,至,走到。④仓:储藏粮食的地方。府:储藏钱财的地方。

【译文】齐国有个名叫北郭骚的,靠结兽网、织席子、编草鞋奉养他的母亲,但仍然不

能维持生活,于是就到晏子门上求见晏子,说:“我内心很喜欢先生您的道义,希望求您给我奉养母亲的东西。”晏子派人拿出粮仓中的粮食和府库中的钱财给他,他谢绝了钱财,接受了粮食。

【原文】有间[①],晏子见疑于景公,出奔[②],过北郭骚之门而辞。北郭骚沐浴而见晏子曰:“夫子将焉适[③]?”晏子曰:“见疑于齐君,将出奔。”北郭骚曰:“夫子勉之矣[④]!”晏子上车,太息而叹曰[⑤]:“婴之亡,岂不宜哉?亦不知士甚矣[⑥]!”

【注释】①有间:不久。②出奔:指外出政治避难。③焉适:到哪里去?适,往,到……去。④勉:努力。⑤太息:长叹。⑥“亦不知”句:意思是,自己对北郭骚有恩,如今有难,北郭骚竟无动于衷,自己当初是看错了人。

【译文】过了不久,晏子被景公猜忌,逃往国外避难,经过北郭骚的门前向他告别。北郭骚洗发浴身恭敬地出来见晏子,说:“先生您将到哪里去?”晏子说:“我受到齐国国君的猜忌,将要逃往国外避难。”北郭骚说:“先生您好自为之吧!”晏子上了车,长叹一声说:“我逃亡国外难道不是应该的吗?我也太不了解人了!”

【原文】晏子行,北郭骚召其友而告之曰:“吾说晏子之义,而尝乞所以养母者焉。吾闻之,养其亲者,身伉其难[①]。今晏子见疑,吾将以身死白之[②]。”著衣冠,令其友操剑奉笥而从[③],造于君庭[④],求复者曰[⑤]:“晏子,天下之贤者也,今去齐国,齐必侵矣[⑥]。方见国之必侵[⑦],不若死。请以头托白晏子也。”因谓其友曰:“盛吾头于笥中,奉以托。”退而自刎。其友因奉托而谓复者曰:“此北郭子为国故死,吾将为北郭子死。”又退而自刎。

【注释】①伉:担当。②白:表明,辩自。此指洗清冤诬。③笥:方形竹器。④造:至,到。⑤复者:给君主传递消息的人。⑥侵:被侵犯的意思。⑦方:将。

【译文】晏子走了以后,北郭骚招来自己的朋友,告诉他说:“我喜欢晏子的道义,曾经向他请求用来奉养母亲的东西。我听说过,供养过自己亲属的人,自己应该承担他的祸患。现在晏子受到猜忌,我将用自己的死来洗清他的冤诬。”他穿上衣服戴上帽子,让朋友拿着剑捧着竹箱跟随着自己,到了朝廷门前,向为君主传递消息的官吏请求说:“晏子是天下闻名的贤人,现在他离开了齐国,齐国必定会遭受侵犯。我将见到齐国必定会遭受侵犯,不如死了好。请允许我把自己的头托付给您,来为晏子洗清冤诬。”于是对他的朋友说:“把我的头盛在竹箱里,捧着献给那个官吏。”说完,后退几步,自刎而死。他的朋友于是捧着盛头的竹箱,对传递消息的官吏说:“这个北郭骚是为国难而死的,我将为北郭骚而死。”说完也后退几步,自刎而死。

【原文】景公闻之,大骇,乘驲而自追晏子[①],及之国郊[②],请而反之。晏子不得已而反,闻北郭子之以死白己也,太息而叹曰:“婴之亡,岂不宜哉?亦愈不知士甚矣[③]!”

【注释】①驲:传车,古代驿站专用的车子。②郊:国都城外百里之内为郊。③“亦愈不知”句:意思是,自己没想到北郭骚会为自己自杀,原先竟没看出他是如此重义气的人,甚至还埋怨过他对自己出奔无动于衷。

【译文】景公听到这事以后，非常害怕，乘坐着驿车亲自去追赶晏子，在离国都不到百里的地方追上了晏子，请晏子回去。晏子不得已，返回齐国。他听到北郭骚用死来为自己洗清冤诬，长叹一声说："我逃亡国外，难道不是应该的吗？这表明我更加不了解人了！"

景公欲见高纠晏子辞以禄仕之臣

【题解】

晏子认为，为争夺土地而打仗的，不能成就王业；为得到俸禄而当官的，不能纠正君主过失。作为君主，不应该结交于己无补的禄仕之臣。

【原文】景公谓晏子曰："吾闻高纠与夫子游[1]，寡人请见之。"

晏子对曰："臣闻之，为地战者，不能成其王；为禄仕者，不能正其君。高纠与婴为兄弟久矣[2]，未尝干婴之行[3]，特禄仕之臣也[4]，何足以补君乎？"

【注释】①高纠：晏子的家臣。游：交往。②为兄弟：交往像兄弟一样亲密。③干：犯，干涉。④特：只不过。

【译文】景公对晏子说："我听说高纠跟先生您交往，我请您允许我见见他。"

晏子回答说："我听说过，为了争夺土地而打仗的人，不能成就称王的事业；为了得到俸禄而当官的人，不能纠正君主的过失。高纠跟我像兄弟一样交往很长时间了，可是从来不曾对我的缺点提过不同的意见，他只不过是个为得到俸禄而当官的臣子，怎么能够对您有所帮助呢？"

高纠治晏子家不得其俗乃逐之

【题解】

这里晏子介绍了自己家的三条规矩，也是对家臣的三条要求：平时闲居从容不迫却言不及义，就疏远他；出门不扬人之美，进门不切磋品行，就不亲近他；通晓国事却不评论，对智能之士傲视轻慢，就不会见他。

【原文】高纠事晏子而见逐。高纠曰："臣事夫子三年，无得[1]，而卒见逐，其说何也？"

晏子曰："婴之家俗有三，而子无一焉。"

纠曰："可得闻乎？"

晏子曰："婴之家俗：闲处从容不谈议[2]，则疏；出不相扬美，人不相削行，则不与[3]；通国事无论，骄士慢知者[4]，则不朝也[5]。此三者，婴之家俗，今子是无一焉。故婴非特食馈之长也[6]，是以辞。"

【注释】①无得：指没有得到禄位。②议：通"义"。③与：亲近。④知：同"智"。⑤

朝:见。⑥特:只,仅仅。长:主。

【译文】高纠侍奉晏子却被辞退了,高纠说:"我侍奉了先生您三年,没有得到禄位,最终却被辞退了,这该怎么解释呢?"

晏子说:"我家的规矩有三条,您却一条都没有。"

高纠说:"您家的三条规矩能让我听听吗?"

晏子说:"我家的三条规矩是:居家时从容不迫却言不及义,就疏远他;出门不赞扬别人的美德,进门不切磋品行,就不亲近他;通晓国家政事却不评论,对智能之士傲视轻慢,就不会见他。这三条,就是我家的规矩,现在您这些条一条都没有。所以,我不能仅仅做一个供给食物的人,因此才辞退了您。"

内篇杂下第六

灵公禁妇人为丈夫饰不止晏子请先内勿服

【题解】

齐灵公喜欢让宫中妇女着男装,却禁止宫外妇女这样做,尽管措施很严厉但却不能禁止。晏子尖锐地指出:让宫内妇女着男装却禁止宫外妇女这样做,这就如同挂牛头卖马肉一样。如果不让宫内人穿,宫外自然没人敢穿了。结果果真如晏子所言。所谓"上有所好,下必甚焉",此之谓也。

【原文】灵公好妇人而丈夫饰者[1],国人尽服之。公使吏禁之,曰:"女子而男子饰者,裂其衣,断其带。"裂衣断带相望而不止[2]。

【注释】①灵公:齐灵公,齐顷公之子,庄公之父,公元前581~前554年在位,谥"灵"。丈夫:成年男子的通称。②相望:到处可见。极言人多。

【译文】齐灵公喜欢让宫中的妇女穿男子的服装,都城的妇女全都跟着穿男子的服装。灵公让官吏禁止都城的妇女这样做,说:"妇女穿男子服装的,撕破她们的衣服,割断她们的衣带。"被撕破衣服割断衣带的人随处可见,但是不能制止住。

【原文】晏子见,公问曰:"寡人使吏禁女子而男子饰,裂断其衣带,相望而不止者,何也?"

晏子对曰:"君使服之于内,而禁之于外,犹悬牛首于门而卖马肉于内也[1]。公何以不使内勿服,则外莫敢为也。"

公曰:"善。"使内勿服,不逾月,而国莫之服[2]。

【注释】①"犹悬"句:"悬牛首于门"喻禁于外,"卖马肉于内"喻服于内。这句是比喻

表里不一。②莫之服：没有人再穿男子服装。

【译文】晏子去见灵公，灵公问道："我让官吏禁止妇女穿男子的服装，有这样做的撕破她们的衣服，割断她们的衣带，被撕破衣服割断衣带的随处可见，但是不能制止住，这是为什么呢？"

晏子回答说："您在宫内让妇女穿男子服装，在宫外却禁止人们穿，这如同在门口挂的是牛头，在里边卖的是马肉一样。您为什么不让宫内妇女别穿男子服装，宫内妇女不穿了，那么宫外妇女就没有人敢这样做了。"

灵公说："您说得好。"于是就让宫内妇女不要穿男子服装，不出一个月，都城的妇女就没有人再穿男子服装了。

齐人好毂击晏子绐以不祥而禁之

【题解】

本章写晏子假借神的旨意昭示以车毂相撞击不吉利，从而制止住齐国人以此为乐的习俗。其主旨是，要对人们的行为加以制止，居上位者必先做出表率；要改变民心，身教最重要。

【原文】齐人甚好毂击[1]，相犯以为乐[2]，禁之不止。晏子患之，乃为新车良马，出与人相犯也，曰："毂击者不祥，臣其祭祀不顺，居处不敬乎！"下车而弃去之，然后国人乃不为。故曰，禁之以制，而身不先行，民不能止。故化其心，莫若教也[3]。

【注释】①毂击：用车毂相撞击。毂，车轮中心的圆木，中间有孔可以穿轴。②犯：撞击。③教：指身教。

【译文】齐国人很喜欢用车毂撞击，把用车毂互相撞击当成一种乐趣，禁止这样做也不能制止住。晏子对此很忧虑，就备好新车好马，出去跟别人互相撞击，说："用车毂撞击的人不吉利，我大概是祭祀时不顺从神的旨意，平常对神不敬吧！"说完就下了车，丢下车子离开了，从此以后齐国人才不干这种事了。所以说，用制度加以禁止，而自身如果不先做出表率，那么百姓就不能被制止住。所以要使民心改变，莫如以自己的实际行动去教育百姓。

柏常骞禳枭死将为景公请寿晏子识其妄

【题解】

柏常骞精心伪造了祈祷除掉枭鸟的假象欺骗景公，并诡称可以通过祭祀祈祷增加景公的寿命，声称祈祷成功会有地震的征兆。晏子得知事情的经过后，明确指出，只有让政治和道德顺应神意，才可以增加寿命，单凭祭祀则不可能。又根据天象显示的将有地震

发生,说明发生地震与祈祷增寿毫无关系,揭穿了柏常骞的谎言。

【原文】景公为路寝之台,成而不踊焉[①]。柏常骞曰[②]:"君为台甚急,台成,君何为而不踊焉?"公曰:"然,有枭昔者鸣[③],声无不为也[④],吾恶之甚,是以不踊焉。"柏常骞曰:"臣请禳而去[⑤]。"公曰:"何具[⑥]?"对曰:"筑新室,为置白茅。"

【注释】①踊:登,上。②柏常骞:本是周史官,齐景公时离开周到了齐国。③枭:又作"鸮"。一种凶猛的鸟,叫声很难听。昔:夜。④声无不为:意思是声音千奇百怪。⑤禳:祈祷免除灾祸。⑥何具:准备什么东西?具,准备。

【译文】景公修建正寝台,建成了,却不登上去。柏常骞说:"您建台建得很急迫,台建成了,您为什么不登上去呢?"景公说:"是的。有枭鸟夜里在那儿鸣叫,叫声千奇百怪,我非常讨厌它,因此不登上去。"柏常骞说:"我请您允许我向神祈祷让它离开。"景公说:"需要准备什么东西?"柏常骞回答说:"修一所新房屋,在屋里放上白茅草。"

【原文】公使为室,成,置白茅焉。柏常骞夜用事[①]。明日,问公曰:"今昔闻鸮声乎?"公曰:"一鸣而不复闻。"使人往视之,鸮当陛[②],布翌[③],伏地而死[④]。

【注释】①用事:指祈祷除灾之事。②陛:台阶。特指宫殿的台阶。③布:铺开,展开。翌:同"翼",翅膀。④以上这些当是柏常骞制造的假象。

【译文】景公派人修建房屋,建成了,在屋里放上白茅草。柏常骞夜里做祈神除灾的事。第二天,问景公说:"今夜听到枭鸟的叫声了吗?"景公说:"只听到叫了一声就再也没听到。"派人去察看,见枭鸟在殿阶当中,展开双翅,趴在地上死了。

【原文】公曰:"子之道若此其明,亦能益寡人之寿乎?"对曰:"能。"公曰:"能益几何?"对曰:"天子九,诸侯七,大夫五。"公曰:"子亦有征兆之见乎[①]?"对曰:"得寿,地且动。"公喜,令百官趣具骞之所求[②]。

【注释】①见:显示。②趣:同"促",速,赶快。

【译文】景公说:"您的道术这样高明,也能增加我的寿命吗?"柏常骞回答说:"能。"景公说:"能增加多少?"柏常骞回答说:"天子能增加九年,诸侯能增加七年,大夫能增加五年。"景公说:"增加寿命您也能让出现征兆吗?"柏常骞回答说:"得到了增加的寿命,地将发生震动。"景公很高兴,命令百官赶快把柏常骞需要的东西准备好。

【原文】柏常骞出,遭晏子于涂,拜马前。辞[①]。骞曰:"为君禳鸮而杀之,君谓骞曰:'子之道若此其明也,亦能益寡人寿乎?'骞曰:'能。'今且大祭,为君请寿,故将往,以闻[②]。"晏子曰:"嘻!亦善矣,能为君请寿也!虽然,吾闻之,维以政与德而顺乎神为可以益寿,今徒祭[③],可以益寿乎?然则福兆有见乎?"对曰:"得寿,地将动。"晏子曰:"骞,昔吾见维星绝[④],枢星散[⑤],地其动,汝以是乎?"柏常骞俯有间,仰而对曰:"然。"晏子曰:"为之无益,不为无损也。汝薄赋,毋费民,且令君知之[⑥]。"

【注释】①辞:指晏子辞,即不让柏常骞拜。②以闻:以之闻,把这件事告诉您让您知道。③徒:只,仅仅。④维星:指北斗星,古人视为天之纲维,故称之为"维"。绝:与下句

的“散”都是隐蔽不见的意思（当系为云气所遮蔽），古人认为出现这种天象将有地震发生。⑤枢星：指天枢，北斗七星之首。⑥令君知之：意思是要让君主知道地本来将要震动，并非祈祷得寿的征兆。

【译文】柏常骞出去，在路上遇到了晏子，拜倒在晏子马前，晏子制止住他。柏常骞说：“我为君主祈祷除掉枭鸟，神杀死了枭鸟。君主对我说：‘您的道术这样高明，也能增加我的寿命吗？’我说：‘能。’现在将举行大的祭祀，为君主请求增加寿命。所以我将去您那里，把这事告诉您。”晏子说：“嘿！你能为君主请求增加寿命，这也太好了！虽说如此，可我听说过，只有让政治与道德顺应神的旨意，才可以增加寿命。现在仅仅祭祀一番，就可以增加寿命吗？您既然这样说，那么得福的征兆能出现吗？”柏常骞回答说：“得到了增加的寿命，地将发生震动。”晏子说：“柏常骞，夜里我看到维星和枢星都被遮蔽住了，你是凭着这个才说地将震动吧？”柏常骞低下头，过了一会儿，抬起头回答说：“是的。”晏子说：“这样，地发生震动就同祈祷增加寿命没有关系了，你祈祷也没有什么好处，不祈祷也没有什么害处。你应该减轻赋税，不要耗费百姓的钱财，而且应该让君主知道地原本就要发生震动。”

晏子使吴吴王命傧者称天子晏子详惑

【题解】

本章写晏子出访吴国对吴王僭称天子的非礼行为巧妙地予以批评，表现了晏子卓越的外交才能。

【原文】晏子使吴，吴王问行人曰[①]：“吾闻晏婴，盖北方辩于辞、习于礼者也。命傧者曰[②]：‘客见，则称天子请见。’”

【注释】①行人：官名，掌朝见聘问之事。②傧者：接引宾客和赞礼的人。

【译文】晏子出使吴国，吴王对掌管聘问的行人说：“我听说晏婴是北方善于辞令、熟悉礼仪的人。你去命令接待宾客的傧者说：‘客人求见时，就说天子请他进去会见。’”

【原文】明日，晏子有事[①]，行人曰：“天子请见。”晏子蹴然[②]。行人又曰：“天子请见。”晏子蹴然。又曰：“天子请见。”晏子蹴然者三，曰：“臣受命弊邑之君，将使于吴王之所。以不敏而迷惑，入于天子之朝。敢问吴王恶乎存[③]？”然后吴王曰：“夫差请见[④]。”见之以诸侯之礼[⑤]。

【注释】①事：指公事。②蹴然：不安的样子。③恶乎存：在什么地方。恶乎，等于说“于何”。存，在。④夫差：吴国国君名，阖闾之子。自称其名是谦称。⑤“见之”句：这句意思是，夫差不敢僭越，以诸侯的礼节会见晏子。

【译文】第二天，晏子有公事去见吴王，行人说：“天子请您进去会见。”晏子显出不安的样子。行人又说：“天子请您进去会见。”晏子显出不安的样子。行人又说：“天子请您

进去会见。”晏子第三次显出不安的样子，说：“我从我们国君那里接受了命令，将出使到吴王那里去。因为我不聪明，迷失了道路，误入天子的朝廷。我冒昧地问一问，吴王在什么地方？”然后吴王才传话说：“夫差请您进去会见。”吴王按诸侯的礼仪会见了晏子。

晏子使楚楚为小门晏子称使狗国者入狗门

【题解】

晏子出使楚国，楚人因为晏子身材矮小两次侮辱晏子，晏子以出使楚国不应从狗门入、齐国派使臣各有所主的犀利语言反唇相讥，维护了外交使臣的尊严。

【原文】晏子使楚。以晏子短，楚人为小门于大门之侧而延晏子①。晏子不入，曰："使狗国者从狗门入，今臣使楚，不当从此门入。"傧者更道②，从大门入。

【注释】①延：引。②更：改变。

【译文】晏子出使楚国。因为晏子矮，楚国人在大门旁边开了个小门引晏子进去。晏子不进去，说：“出使狗国的，才从狗门进去，现在我出使楚国，不应当从这样的门进去。”傧者改变了路线，引晏子从大门进去。

【原文】见楚王，王曰："齐无人耶①？"晏子对曰："临淄三百闾②，张袂成阴③，挥汗成雨，比肩继踵而在④，何为无人⑤？"王曰："然则子何为使乎？"晏子对曰："齐命使，各有所主⑥。其贤者使使贤主⑦，不肖者使使不肖主。婴最不肖，故直使楚矣⑧。"

【注释】①无人：指没有合适的人。②临淄：齐国国都，故址在今山东淄博东北。闾：古代二十五家为一闾。③张袂成阴：人们把袂子举起就能（遮住阳光）变成阴天。与下句“挥汗成雨”都是形容人口众多。④比肩继踵：肩靠着肩，脚挨着脚。比，并，紧靠着。踵，脚后跟。⑤为：通“谓”。⑥各有所主：各自都有自己担负的使命。主，掌管。⑦使使：派遣使臣出使。⑧直：只，特意。

【译文】晏子见到楚王，楚王说：“齐国没有人了吗？”晏子回答说：“齐国都城临淄有上万户，人多得舒展开袖子就能把天变成阴天，把汗挥洒下来就能形成雨，肩靠着肩，脚挨着脚，怎么能说没有人？”楚王说：“既然这样，那么您为什么当了使臣？”晏子回答说：“齐国派遣使臣，各有自己担负的使命。那些贤德的人，就派他们出使到贤德的君主那里去；不贤德的人，就派他们出使到不贤德的君主那里去。我最不贤德了，所以只有出使楚国了。”

楚王欲辱晏子指盗者为齐人晏子对以橘

【题解】

面对楚王和近侍异常的羞辱齐人为盗的闹剧，晏子机智地以橘树过淮为枳为喻，指

出人生长于齐不盗而入楚则盗乃是楚国水土使人变得善于偷盗，羞辱了楚王，维护了自己和齐国人的尊严。

【原文】晏子将使楚，楚王闻之，谓左右曰："晏婴，齐之习辞者也[1]。今方来，吾欲辱之，何以也[2]？"左右对曰："为其来也[3]，臣请缚一人过王而行。王曰：'何为者也？'对曰：'齐人也'。王曰：'何坐[4]？'曰：'坐盗。'"

【注释】①习辞：善于辞令。②何以：用什么办法。③为：于，在。④何坐：犯了什么罪。坐，犯……罪。

【译文】晏子将要出使楚国，楚王听说以后，对身边的人说："晏婴是齐国善于辞令的人。现在他要来，我想羞辱他，该用什么办法？"身边的人回答说："等他到来的时候，请让我捆绑一个人在您面前经过，您就说：'这是什么人？'我回答说：'是齐国人。'您问：'犯了什么罪？'我回答说：'犯了偷盗罪。'"

【原文】晏子至，楚王赐晏子酒，酒酣[1]，吏二缚一人诣王[2]。王曰："缚者曷为者也？"对曰："齐人也，坐盗。"王视晏子曰："齐人固善盗乎？"晏子避席对曰[3]："婴闻之，橘生淮南则为橘，生于淮北则为枳[4]，叶徒相似，其实味不同[5]。所以然者何？水土异也。今民生长于齐不盗，入楚则盗，得无楚之水土使民善盗耶[6]？"王笑曰："圣人非所与熙也[7]，寡人反取病焉[8]。"

【注释】①酒酣：喝酒喝得正畅快。②诣：至，到……去。③避席：离开座位。表示严肃。④枳：果树名，也叫"枸橘"，果实酸苦，可入药。按橘和枳是两种不同的果树，这里说橘生于淮北则为枳是不科学的。⑤其实：它们的果实。⑥得无：表示揣测的副词，意思是"莫非""该不会"。⑦圣人非所与熙也：圣人是不能跟他开玩笑的。圣人，指晏子。熙，通"嬉"，戏弄，开玩笑。⑧取病：自取其辱。病，耻辱。

【译文】晏子到了楚国，楚王赐给晏子酒喝，喝酒喝得正畅快的时候，两个官吏捆着一个人来到楚王跟前。楚王说："捆着的人是干什么的？"官吏回答说："是齐国人，犯了偷盗的罪。"楚王看着晏子说："齐国人本来就善于偷盗吗？"晏子离开座位严肃地回答说："我听说过，橘树生长在淮河以南就是橘树，生长在淮河以北就变成枳树，只是叶子相似，它们的果实味道不一样。为什么会这样呢？是因为水土不一样。现在人生长在齐国不偷盗，进入楚国就偷盗，该不会是楚国的水土使人变得善于偷盗吧？"

楚王笑着说："圣人是不能跟他开玩笑的，我反而遭到羞辱了。"

田无宇胜栾氏高氏欲分其家晏子使致之公

【题解】

齐国大臣发生内乱，田氏、鲍氏战胜了栾氏、高氏，栾氏、高氏逃亡国外，田桓子打算分掉他们的家产。晏子劝阻说：群臣专政，是国家混乱的根源；分掉他们的家产，不符合

国家法制。告诫田桓子把他们的家产交给公家,因为廉洁是政治的根本,谦让是道德的主体;积蓄财物必生灾祸,遵守道义才能保全自身;瓜分争夺者必招祸患,推辞谦让者不失幸福。

【原文】栾氏、高氏欲逐田氏、鲍氏[①],田氏、鲍氏先知而遂攻之。高强曰:"先得君,田、鲍安往[②]?"遂攻虎门[③]。二家召晏子,晏子无所从也。从者曰:"何为不助田、鲍?"晏子曰:"何善焉,其助之也?""何为不助栾、高?"曰:"庸愈于彼乎[④]?"

【注释】①栾氏:指栾施,字子旗。高氏:指高强,字子良。田氏:指田无宇,谥桓子。鲍氏:指鲍国,谥文子。②安往:往何处去。③虎门:齐宫门名。④庸愈于彼乎:意思是,(这两个人)难道比那两个人强吗?庸,何,哪里。愈,胜过,超过。

【译文】栾氏、高氏想驱逐田氏、鲍氏,田氏、鲍氏事先知道了,于是就攻打栾氏、高氏。高强说:"如果我们先得到君主,田氏、鲍氏还能逃到哪里去?"于是就去攻打虎门。双方都召晏子去,晏子都不去。晏子的随从说:"为什么不去帮助田氏、鲍氏?"晏子说:"他们有什么好呢,值得我去帮助他们?"随从说:"为什么不去帮助栾氏、高氏?"晏子说:"这两个人难道比那两个人强吗?"

【原文】门开,公召而入。栾、高不胜而出[①]。田桓子欲分其家,以告晏子。晏子曰:"不可。君不能饬法[②],而群臣专制,乱之本也。今又欲分其家,利其货,是非制也。子必致之公。且婴闻之,廉者,政之本也;让者,德之主也。栾、高不让,以至此祸,可毋慎乎!廉之谓公正,让之谓保德。凡有血气者,皆有争心。怨利生孽[③],维义可以为长存。且分争者不胜其祸,辞让者不失其福。子必勿取!"

桓子曰:"善。"尽致之公,而请老于剧[④]。

【注释】①出:指出亡国外。②饬:整顿。③怨:通"蕴",积蓄,聚积。孽:灾祸。④剧:齐城邑名,故址在今山东寿光南。

【译文】宫门打开,国君把晏子召进去。栾氏、高氏没有打胜,因而逃亡国外。田桓子想分掉他们的家产,把这想法告诉了晏子。晏子说:"不可以。君主不能整顿法纪,因而群臣专权,这是国家混乱的根源。现在又想分掉他们的家产,占有他们的钱财,这不符合制度。您一定要把他们的家产交给公家。况且我听说过,廉洁是政治的根本;谦让是道德的主体。栾氏、高氏不谦让,因而遭到这样的祸患,可以不慎重吗!廉洁指的是公正无私,谦让指的是保持美德。凡是有血气的人,都有争夺之心。聚积财物就会生出灾祸来,只有道义可以长期保住自身。况且,瓜分争夺的人承受不住由此引起的祸患,推辞谦让的人不会失掉由此带来的幸福。您一定不要拿取他们的财产!"

桓子说:"您说得好。"于是把他们的财产全都交给了公家,他自己请求到剧城养老。

子尾疑晏子不受庆氏之邑晏子谓足欲则亡

【题解】

本章写晏子拒绝接受分给的食邑。晏子认为,对人的欲望不能充分满足,对财富应该加以规定。利益超过了规定,就会招致祸害,应该用道德进行规范。

【原文】庆氏亡[1],分其邑,与晏子邶殿其鄙六十[2],晏子勿受。子尾曰[3]:"富者,人之所欲也,何独弗欲?"

晏子对曰:"庆氏之邑足欲,故亡。吾邑不足欲也,益之以邶殿,乃足欲,足欲,亡无日矣。在外,不得宰吾一邑[4]。不受邶殿,非恶富也,恐失富也。且夫富,如布帛之有幅焉[5],为之制度[6],使无迁也[7]。夫民生厚而用利[8],于是乎正德以幅之,使无黜慢[9],谓之幅利。利过则为败。吾不敢贪多,所谓幅也。"

【注释】①庆氏:指庆封。②邶殿:地名,齐别都。鄙:边邑。③子尾:齐惠公孙。④宰:主宰,掌管。⑤幅:布帛的宽度。⑥制度:规定(一定的)宽度。⑦迁:移,变动。⑧生厚:生活优厚。用利:器用富足。⑨黜慢:废弃轻慢。

【译文】庆氏逃亡国外,国君把他的食邑分给大臣们,分给晏子邶殿边上六十个城邑,晏子不接受。子尾说:"富足,是人们都想要的,您为什么偏偏不想要?"

晏子回答说:"庆氏的食邑能充分满足他的欲望,所以他逃亡国外了。我的食邑不能满足我的欲望,把邶殿的城邑增加给我,就能满足我的欲望,欲望满足了,离逃亡国外就没有几天了。逃亡国外,就连我原来的一个城邑也不能主宰了。我不接受邶殿的城邑,不是厌恶富足,是害怕失去富足。再说富有,就像布帛有一定幅度一样,给它规定一定的幅度,就是不要让人们随意改变。人们都想生活优厚,器用富饶,于是就端正道德让人们遵守,不要让道德遭到废弃和轻慢,这叫作为利益制定规则。利益超过了规定,就会因此遭受祸害。我不敢贪求多得利益,这就是所说的遵守规则啊。"

景公禄晏子平阴与棠邑晏子愿行三言以辞

【题解】

晏子拒绝接受景公赐给的食邑,批评景公喜欢修建宫室、出游玩乐、用兵打仗,致使民力疲惫、民财耗尽、民众濒临死亡。又提出三件事权做自己的"俸禄":关市只检查,不征税;对农民,只收十分之一赋税;减轻刑罚。这些,集中体现了晏子爱民、惠民的主张。

【原文】景公禄晏子以平阴与棠邑反市者十一社[1]。晏子辞曰:"吾君好治宫室,民之力弊矣;又好盘游玩好[2],以饬女子[3],民之财竭矣;又好兴师,民之死近矣。弊其力,竭其财,近其死,下之疾其上甚矣[4]。此婴之所为不敢受也。"公曰:"是则可矣。虽然,吾子独

不欲富与贵乎?”晏子曰:“婴闻为人臣者,先君后身,安国而度家[⑤],宗君而处身。曷为独不欲富与贵也?”

【注释】①禄:给俸禄,给食邑。棠邑:印莱邑。反市:在市上做买卖。反,通“贩”。社:古代二十五家为一社。②盘游:出游。盘,盘桓,逗留。③饬:通“饰”,修饰,打扮。④疾:痛恨。⑤度:居。

【译文】景公把平阴与棠邑赐给晏子做食邑,另有做买卖的人家二百余户。晏子谢绝说:“我们君主喜欢修建宫室,百姓的力气很疲惫了;又喜欢出游玩乐,打扮宫中妇女,百姓的钱财耗费干净了;又喜欢用兵打仗,百姓都接近死亡的边缘了。把他们的力气搞疲惫,把他们的钱财耗费干净,让他们接近死亡边缘,下面的人痛恨他们的上级已经很厉害了!这就是我不敢接受的原因。”景公说:“您说的这些倒是有道理。虽然这样,可是您难道就不想富贵吗?”晏子说:“我听说当臣子的,把君主的事放在前边,把自己的事放在后边。使国家安定,因而自己也能安居;使君主尊贵,因而自己也能安身。我为什么偏偏不想富贵呢?”

【原文】公曰:“然则曷以禄夫子?”晏子对曰:“君商渔盐[①],关市讥而不征[②];耕者十取一焉;弛刑罚[③]——若死者刑,若刑者罚,若罚者免。若此三言者,婴之禄,君之利也。”公曰:“此三言者,寡人无事焉[④],请以从夫子。”

【注释】①商:让……贩卖。②讥:察,检查。③弛:松,放宽。④无事:指做起来不成问题。

【译文】景公说:“既然这样,那么用什么东西做先生您的俸禄呢?”晏子回答说:“您让打鱼的晒盐的可以到处去贩卖,边境和市场只检查,但不征税;对种地的只收十分之一的税;减轻刑罚——如果是该处死的,就改判徒刑;如果是该判徒刑的,就改判罚款;如果是该罚款的,就免除了。上面这三句话,就算是我的俸禄,也是您的利益啊。”景公说:“这三句话,我实行起来没有问题,请允许我听从先生您的意见。”

【原文】公既行若三言[①],使人问大国,大国之君曰:“齐安矣。”使人问小国,小国之君曰:“齐不加我矣[②]。”

【注释】①若:此。②加:侵凌,欺侮。

【译文】景公已经依照这三句话去做了,派人去询问大国,大国的君主说:“齐国平安了。”派人去询问小国,小国的君主说:“齐国不会欺侮我们了。”

梁丘据言晏子食肉不足景公割地将封晏子辞

【题解】

本章写身居相位,政绩卓著的晏子却肉食不足、过着俭朴的生活,而且不接受君主的封地。晏子关于贫而不恨、以贫困为宗旨的处世态度,至今仍有一定的教育意义。

【原文】晏子相齐，三年，政平民说。梁丘据见晏子中食[1]，而肉不足，以告景公。旦日[2]，割地将封晏子。晏子辞不受，曰："富而不骄者，未尝闻之；贫而不恨者[3]，婴是也。所以贫而不恨者，以若为师也[4]。今封，易婴之师。师已轻，封已重矣。请辞。"

【注释】①中食：吃的是中等食物。②旦曰：明日，第二天。③恨：遗憾，后悔。④若：此，指"贫"。

【译文】晏子当齐国的相，当了三年，政治安定，百姓和乐。梁丘据看到晏子吃的是一般饭食，肉不充足，就把这事告诉了景公。第二天，景公划分出土地要封给晏子，晏子谢绝不肯接受，说："富足但不骄横的人，不曾听说过；贫穷但不遗憾的人，我就是啊。我所以贫穷但不遗憾，是因为以贫穷为宗旨。现在如果封给我土地，就是让我改变贫穷的宗旨、宗旨被看轻了，封赐却被看重了，请允许我谢绝。"

景公以晏子食不足致千金而晏子固不受

【题解】

本章写晏子不接受景公送给的财物。首先声称自己家里并不贫困，然后解释忠臣、仁人、智者不肯"厚取之君"的理由，最后表示有衣穿、有饭吃、免于冻饿，心里就知足了。不厚取财物，不攀比富贵，以及"圣人千虑，必有一失；愚人千虑，必有一得"的精辟论断，足以警诫后世之人。

【原文】晏子方食，景公使使者至。分食食之[1]，使者不饱，晏子亦不饱。

【注释】①食之：给他吃。食，使……吃。

【译文】晏子正在吃饭，景公派使者来了。晏子把饭分给使者吃，结果使者没吃饱，晏子也没吃饱。

【原文】使者反，言之公。公曰："嘻！晏子之家，若是其贫也！寡人不知，是寡人之过也。"使吏致千金与市租[1]，请以奉宾客。晏子辞，三致之，终再拜而辞曰："婴之家不贫。以君之赐，泽覆三族[2]，延及交游[3]，以振百姓[4]，君之赐也厚矣，婴之家不贫也。婴闻之，夫厚取之君，而施之民，是臣代君君民也[5]，忠臣不为也；厚取之君，而不施于民，是为筐箧之藏也[6]，仁人不为也；进取于君，退得罪于士[7]，身死而财迁于他人，是为宰藏也[8]，智者不为也。夫十总之布[9]，一豆之食[10]，足于中[11]，免矣[12]。"

【注释】①市租：在市上征收的税。②泽：恩泽。三族：指父亲、母族、妻族。③延：扩大。交游：朋友。④振：救济。⑤君民：给人民当君主。君，当君主。⑥箧：箱子。⑦得罪于士：（因不分钱财给士而）得罪士人。⑧宰：家宰，家臣。⑨总：计算布帛数量的词，略等于"捆""簇"。⑩豆：古代盛食物的高脚器皿。这里作量词。⑪中：内心。⑫免：指免于冻饿。

【译文】使者回去以后，把这情况向景公说了。景公说："嘿！晏子的家里竟这样贫困

啊！我不了解情况，这是我的过错。"就派官吏送给晏子千金钱财和市场上的税收，让他用这些钱财奉养宾客。晏子谢绝了，官吏多次去送，最后，晏子拜了两拜谢绝说："我的家里不贫困。靠了君主的赏赐，我的父族、母族、妻族都蒙受了恩泽，扩大到我交往的朋友，还用来救济百姓，君主的赏赐已经很优厚了，我的家里不贫困。我听说过，向君主要很多钱财，用来施舍给百姓，这是臣子代替君主给百姓当君主，忠臣不这样做；向君主要很多钱财，却不施舍给百姓，这是为了把钱财收藏在自家箱子里，仁德的人不这样做；在朝廷向君主要很多钱财，回到家不分给士，因而得罪了士，自己死后财产转移到别人手里，这是为家臣收藏钱财，聪明的人不这样做。十捆布，一碗饭，我心里就感到满足了，这样就可以免于冻饿了。"

【原文】景公谓晏子曰："昔吾先君桓公，以书社五百封管仲，不辞而受。子辞之，何也？"

晏子曰："婴闻之，圣人千虑，必有一失；愚人千虑，必有一得。意者管仲之失，而婴之得者耶！故再拜而不敢受命。"

【译文】景公对晏子说："从前我们的先君桓公，把五百社的人口和土地封给管仲，管仲没有推辞，接受了。您为什么要推辞呢？"

晏子说："我听说过，智者千虑，必有一失；愚者千虑，必有一得。我想管仲的千虑之失，就是我的千虑之得吧！所以我只能再次拜谢，但不敢接受您的赏赐。"

景公以晏子衣食弊薄使田无宇致封邑晏子辞

【题解】

本章写身为齐相的晏子衣食之俭朴，然而却不肯接受景公给予的食邑。晏子关于"臣有德，益禄；无德，退禄"的主张是值得肯定的。

【原文】晏子相齐，衣十升之布①，食脱粟之食、五卵、苔菜而已②。左右以告公，公为之封邑，使田无宇致台与无盐③。

晏子对曰："昔吾先君太公受之营丘④，为地五百里，为世国长⑤。自太公至于公之身，有十数公矣。苟能说其君以取邑⑥，不至公之身，趣齐搏以求升土⑦，不得容足而寓焉⑧。婴闻之，臣有德，益禄；无德，退禄。恶有不肖父为不肖子为封邑以败君之政者乎⑨？"遂不受。

【注释】①衣：穿。十升之布：指一般的布制作的衣服。升，八十缕为一升。②脱粟之食：指普通的饭食。脱粟，去掉谷粒的皮，即小米。卵：指鸡蛋。苔菜：泛指一般的蔬菜。③台与无盐：台邑与无盐邑，都是齐地名。④营丘：邑名，在今山东淄博临淄区北。⑤为世国长：当诸侯之长。世国，指世代相继的诸侯国。⑥说：同"悦"，取悦，讨好。⑦趣：趋，奔向。搏：指取得君主的欢心。升土：指土地。⑧寓：寄托，存身。⑨恶：何，哪里。不肖

父为不肖子为封邑;不贤德的父亲给不贤德的儿子谋求封邑。贪图封邑则为不肖,所以晏子这样说。

【译文】晏子当齐国的相,穿的是一般的布制作的衣服,吃的是普通的饭、鸡蛋和一般蔬菜罢了。景公的近臣把这情况告诉了景公,景公因此要封给他食邑,派田无宇送给他台和无盐食邑。

晏子回答说:"从前我们的先君太公受封于营丘,有土地五百里见方,成为诸侯之长。从太公传到您,有十几位君主了。如果臣子能够取悦于君主就得到封地,那么君位就传不到您这里了,人们都会奔赴齐国取得君主的欢心,以便求得土地,君主就会没有立足之地存身。我听说过,臣子有德,就增加他的俸禄;无德,就收回他的俸禄。哪里有不贤德的父亲为不贤德的儿子谋求封邑,以致败坏了君主的政事呢?"终于没有接受封邑。

景公欲更晏子宅晏子辞以近市得所求讽公省刑

【题解】

晏子谢绝了景公为自己更换住宅的打算,认为住宅靠近市场对自己有好处。在回答景公市场上"何贵何贱"的询问时,针对景公滥施刑罚、市场上有卖为受刖刑之人制作的假脚的,语含讥讽地回答说假脚贵、鞋子贱,促使景公因此而减少了刑罚。

【原文】景公欲更晏子之宅,曰:"子之宅近市,湫隘嚣尘[①],不可以居,请更诸爽垲者[②]。"晏子辞曰:"君之先臣容焉[③],臣不足以嗣之[④],于臣侈矣。且小人近市[⑤],朝夕得所求,小人之利也。敢烦里旅[⑥]?"

【注释】①湫隘:低下狭小。嚣:叫喊声。尘:尘土。②诸:"之于"的合音词。爽:明亮,敞亮。垲:高而干燥。③君之先臣:您的去世的臣子。此指晏子自己的先辈。④嗣:继承。⑤小人:谦称自己。⑥里旅:乡里群众。指邻居们。

【译文】景公想更换晏子的住宅,说:"您的住宅靠近市场,低湿狭窄,人声嘈杂,尘土飞扬,不可以居住,请换到敞亮干燥的地方去住。"晏子谢绝说:"我的先辈住在这里,我不能继承先辈的功业,这住处对我来说已经很奢侈了。再说我靠近市场,一早一晚都能听到我所需要的东西,这是对我有利的。怎么敢麻烦邻里们呢?"

【原文】公笑曰:"子近市,识贵贱乎[①]?"对曰:"既窃利之[②],敢不识乎?"公曰:"何贵何贱?"是时也,公繁于刑,有鬻踊者[③],故对曰:"踊贵而屦贱。"公愀然改容[④]。公为是省于刑。

【注释】①识:知道。②窃:谦辞,私下里。③踊:为受刖刑(砍掉脚的刑罚)的人专门制作的假脚。④愀然:脸色改变的样子。

【译文】景公笑着说:"您靠近市场,知道什么贵什么贱吗?"晏子回答说:"既然我把靠近市场看成是对我有利的,怎能不知道呢?"景公说:"什么贵什么贱?"当时,景公的刑

罚繁酷，市场上有卖为砍掉脚的人制作的假脚的，所以晏子回答说："假脚贵，鞋子贱。"景公听后变了脸色。景公因此减省了刑罚。

【原文】君子曰："仁人之言，其利博哉！晏子一言，而齐侯省刑。《诗》曰：'君子如祉，乱庶遄已[1]。'其是之谓乎！"

【注释】①"君子"二句：所引诗见《诗·小雅·巧言》。意思是，君子多行对人有福的事，祸乱会很快终止。祉，福。遄，快，疾速。

【译文】君子对此评论说："仁德之人说的话，它的好处真大啊！晏子说了一句话，齐侯就减少了刑罚。《诗》中说：'君子做对人有福之事，祸乱差不多很快就制止。'大概说的就是这个吧！"

景公毁晏子邻以益其宅晏子因陈桓子以辞

【题解】

景公在晏子出使晋国时为他扩建了住宅。晏子回国后拆毁新居，照原样重建了邻居的住房让他们回来住，并且引谚语向他们解释说，自己不做无礼之事。最终恢复了原来的住宅。

【原文】晏子使晋，景公更其宅，反则成矣。既拜，乃毁之，而为里室[1]，皆如其旧，则使宅人反之，曰："谚曰：'非宅是卜，维邻是卜[2]。'二三子先卜邻矣[3]，违卜不祥。君子不犯非礼，小人不犯不祥，古之制也。吾敢违诸乎？"卒复其旧宅。公弗许，因陈桓子以请，乃许之。

【注释】①为里室：指为邻里建造房子。②"非宅"二句：不是占卜个好住宅，只是占卜个好邻居。③二三子：等于说"诸位""诸君"。这里是对邻人的称呼。

【译文】晏子出使晋国，景公改建了他的住宅，等他回来时，已经建成了。晏子拜谢了景公以后，就拆毁了新居，完全按照原来的样子为被拆毁了住房的邻居盖好了房子，让他们回来居住。晏子说："谚语说：'不图卜个好宅基，只图卜个好邻居。'这几位原先已经占卜过邻居了，违背了占卜是不吉利的。君子不做不符合礼节的事，小人不做不吉利的事，这是古代的制度。我怎么敢违背呢？"终于恢复了原来的住宅。景公不答应，晏子通过陈桓子向景公请求，景公才答应了。

景公以晏子妻老且恶欲内爱女晏子再拜以辞

【题解】

景公因为晏子的妻子又老又丑要把年轻漂亮的女儿嫁给晏子。晏子严肃地表示，妻子从年轻貌美时嫁给自己，自己决不辜负妻子的以身相托。话语入情入理，令人感动。

【原文】景公有爱女，请嫁于晏子。公乃往燕晏子之家[1]，饮酒酣，公见其妻，曰："此

子之内子耶[2]?"晏子对曰:"然,是也[3]。"公曰:"嘻!亦老且恶矣[4]。寡人有女,少且姣[5],请以满夫子之宫[6]。"晏子违席而对曰[7]:"乃此则老且恶[8],婴与之居故矣[9],故及其少而姣也[10]。且人固以壮托乎老[11],姣托乎恶,彼尝托而婴受之矣。君虽有赐,可以使婴倍其托乎[12]?"再拜而辞。

【注释】①燕:通"宴",饮酒。②内子:妻子。③是也:这就是啊。④恶:丑陋。⑤姣:美丽,漂亮。⑥宫:室。先秦时一般人的房屋也叫宫。⑦违席:离开座位。表示庄重、严肃。⑧乃此:等于说"乃今",如今,现在。⑨与之居故:长期跟她住在一起。故,素,一向,长期。⑩故:通"固",本来。及:赶上。⑪以壮托乎老:从壮年委身于人一直到老年。下句"姣托乎恶"指从漂亮时委身于人一直到变丑陋。⑫倍:通"背",背叛。这里有辜负的意思。

【译文】景公有一个心爱的女儿,请求嫁给晏子。景公于是就到晏子家里去喝酒,喝到正畅快时,景公看见了晏子的妻子,说:"这就是您的妻子吗?"晏子回答说:"是的,这人就是啊。"景公说:"嘿!也太老而且太丑陋了。我有个女儿,又年轻又漂亮,请让她做先生您的妻室。"晏子离开座位回答说:"如今她确实又老又丑陋,我长期跟她生活在一起,原本赶上过她又年轻又漂亮的时候。再说人家本来从壮年托身于人一直到老年,从漂亮时候托身于人一直到变丑陋。她曾托身于我,而我已经接受了。您即使想把女儿恩赐给我,怎么可以让我辜负了我妻子的委身相托呢?"拜了两拜,谢绝了。

景公以晏子乘弊车驽马使梁丘据遗之三返不受

【题解】

晏子认为,能吃得饱,穿得暖,有破旧的车和劣等的马乘坐,就很知足了。他坚决不肯接受景公送给的大车和四匹马,认为自己治理群臣百官,应该节制衣服饮食的供养,为国人做出表率,以防止奢靡之风的流行;否则,追求衣服饮食奢侈之风便无法禁止了。

【原文】晏子朝,乘弊车,驾驽马。景公见之曰:"嘻!夫子之禄寡耶?何乘不佼之甚也[1]?"晏子对曰:"赖君之赐,得以寿三族[2],及国游士[3],皆得生焉。臣得暖衣饱食,弊车驽马以奉其身[4],于臣足矣。"

【注释】①佼:好。②寿:保。三族:指父族、母族、妻族。③游士:指与自己交往的人。④奉:供。

【译文】晏子上朝,坐着破旧的车,驾着劣等的马。景公见到这种情景,说:"嘿!先生您的俸禄少吗?为什么乘坐的这样破旧不堪呢?"晏子回答说:"靠了您的赏赐,我得以供养父族、母族、妻族,连国内与我交往的人,都得以养活。我能吃得饱,穿得暖,有破旧的车和劣等的马供我乘坐,对我来说就足够了。"

【原文】晏子出,公使梁丘据遗之辂车乘马[1],三返不受。公不说,趣召晏子[2]。晏子至,公曰:"夫子不受,寡人亦不乘。"晏子对曰:"君使臣临百官之吏[3],臣节其衣服饮食之

养，以先齐国之民[4]，然犹恐其侈靡而不顾其行也[5]。今辂车乘马，君乘之上，而臣亦乘之下，民之无义，侈其衣服饮食而不顾其行者，臣无以禁之。”遂让不受[6]。

【注释】①辂车：大车，多指君王用的大车。乘马：四匹马。②趣：同“促”，速，赶快。③临：治理，管理。④先齐国之民：意思是为齐国人做出表率。⑤侈靡：奢侈浪费。⑥让：辞，谢绝。

【译文】晏子出朝以后，景公派梁丘据送给晏子大车和四匹马，送去多次晏子都不接受。景公很不高兴，命令赶快召晏子来。晏子来了，景公说：“先生您如果不接受，那么我也不乘坐了。”晏子回答说：“您让我治理群臣百官，我节制衣服饮食的供养，为齐国百姓做出表率，然而还是担心百姓会奢侈浪费而不考虑自己的行为是否合适。现在四匹马拉的大车，您作为君主乘坐着，我作为臣子也乘坐着，那么，对那些不顾礼仪、衣服饮食奢侈而不考虑自己的行为是否合适的人，我就没有办法去禁止了。”于是谢绝了，没有接受。

梁丘据自患不及晏子晏子勉据以常为常行

【题解】

晏子认为，要取得成功，贵在身体力行，贵在坚持不懈。

【原文】梁丘据谓晏子曰：“吾至死不及夫子矣！”

晏子曰：“婴闻之，为者常成，行者常至。婴非有异人也，常为而不置[1]，常往而不休者，故难及也[2]？”

【注释】①置：放下，放弃。②故：通“胡”，何，为什么，怎么。

【译文】梁丘据对晏子说：“我到死也赶不上先生您了！”

晏子说：“我听说过，做事情的人常常能做成功，行走的人常常能到达目的地。我与别人没有什么不同，我只是个经常做事情而不放下，经常行走而不停止的人，怎么会难以赶上呢？”

晏子老辞邑景公不许致车一乘而后止

【题解】

本章写晏子年老归还食邑之事。景公以齐国自古从无大夫年老归还食邑事为根据，认为晏子这样做是违背国家法规。晏子认为，臣子应该“德厚而受禄，德薄而辞禄”，其主张无疑具有进步意义。景公又举管仲年老仍受重赏、惠及子孙的事例，想让晏子效仿。晏子谦逊地表示自己不如管仲，不能为子孙受赏赐。尽管景公不同意，但晏子最终还是得机会交出食邑和一辆车子。

【原文】晏子相景公，老，辞邑[1]。公曰：“自吾先君定公至今[2]，用世多矣[3]，齐大夫未有老辞邑者矣。今夫子独辞之，是毁国之故、弃寡人也[4]。不可。”晏子对曰：“婴闻古之事君者，称身而食[5]。德厚而受禄，德薄则辞禄。德厚受禄，所以明上矣[6]；德薄辞禄，可以洁下矣[7]。婴

老，德薄无能，而厚受禄，是掩上之明，污下之行。不可。”

【注释】①辞邑：退还食邑。②定公：景公的先君无定公而有丁公。丁公，太公之子，始居齐，所以这里从丁公算起。③用世：指掌权当君主。④故：指故法。⑤食：指享受俸禄。⑥明上：使君主声誉彰明。⑦洁下：使下属廉洁。

【译文】晏子给景公当相，年老了，请求归还食邑。景公说：“从我们先君丁公到现在，在齐国掌权当君主的很多了，齐国大夫中从来没有年老了就归还食邑的人。现在先生您偏偏要归还食邑，这是破坏国家固有的法规、抛弃我啊。不可以这样做。”晏子回答说：“我听说古代侍奉君主的人，衡量自己的道德然后决定是否接受俸禄。道德淳厚就接受俸禄，道德微薄就归还俸禄。道德淳厚接受俸禄，是为了让君主的声誉彰明；道德微薄归还俸禄，是为了让下边的人廉洁。我年老了，道德微薄，缺乏才能，却接受丰厚的俸禄，这就是掩盖君主的英明，使下边的人贪婪。不可以这样做。”

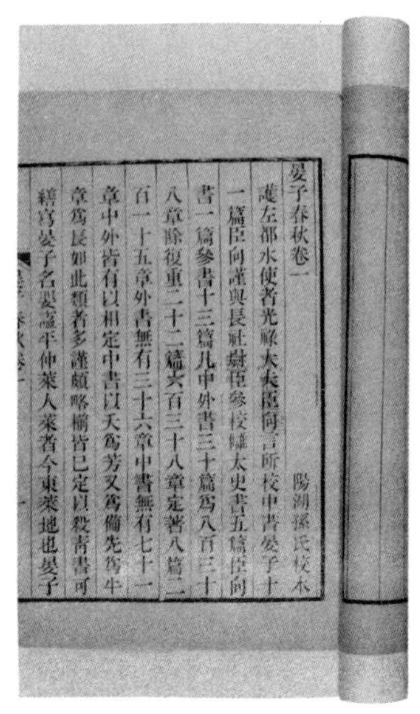

晏子春秋卷一　陽湖孫氏校本
護左都水使者光祿大夫臣向言所校中書晏子十
一篇臣向謹與長社尉臣參校讎太史書五篇臣向
書一篇參書十三篇凡中外書三十篇爲八百三十
八章除復重二十二篇六百三十八章定著八篇二
百一十五章外書無有三十六章中書無有七十一
章中外皆有以相定中書以夭爲芳又爲備先爲牛
章爲長如此類者多謹頗略椾皆已定以殺青書可
繕寫晏子名嬰謚平仲萊人萊者今東萊地也晏子

《晏子春秋》书影

【原文】公不许，曰：“昔吾先君桓公，有管仲恤劳齐国[1]，身老，赏之以三归[2]，泽及子孙。今夫子亦相寡人，欲为夫子三归，泽至子孙，岂不可哉？”对曰：“昔者管子事桓公，桓公义高诸侯，德备百姓。今婴事君也，国仅齐于诸侯，怨积乎百姓，婴之罪多矣，而君欲赏之，岂以其不肖父为不肖子厚受赏以伤国民义哉？且夫德薄而禄厚，智 而家富，是彰污而逆教也[3]。不可。”

【注释】①恤劳：忧虑操劳。②三归：指按例收取的市租。③逆教：违背圣贤的教诲。

【译文】景公不答应，说：“从前我们的先君桓公，有管仲为齐国的政事忧虑操劳，管仲年老了，桓公把按例收取的市租赏给他，连他的子孙后代都蒙受了恩泽。现在先生您也给我当相，我想把按例收取的市租给您，让您的子孙后代都蒙受恩泽，难道不可以吗？”晏子回答说：“从前管子侍奉桓公，桓公的道义超过了其他诸侯，恩德施加给了百姓。现在我侍奉您，国家仅仅和其他诸侯国处于同等地位，在百姓那里却聚积了很多怨恨，我的罪过很多了，可是您却想赏赐我，难道我这个不贤德的父亲还要替不贤德的儿子接受丰厚的赏赐，因而损害国家人民的道义吗？况且道德微薄俸禄却丰厚，才智昏惑家里却富足，这就是使贪婪昭彰，而且违背圣贤的教诲。不可以这样做。”

【原文】公不许。晏子出。异日朝[1]，得间而入邑，致车一乘而后止。

【注释】①异日：另外的一天。指过了几天。

【译文】景公不答应。晏子退出朝廷。过了几天，晏子去朝见，得到机会就交出了食邑，又交出一辆车子然后才算完。

人物志

【导语】

《人物志》是中国古代典籍名著之一。唐李德裕说:“余尝览《人物志》,观其索隐精微,研几玄妙,实天下奇才。”宋人阮逸说:“是书也,博而畅,辩而不肆,非众说之流也。王者得之为知人之龟鉴,士君子得之为治性修身之檠栝,其效不为小矣。予安得不序而传之!媲夫良金美玉,籯椟一启,而观者必知其宝也。”王三省说:《人物志》“修己者得知以自观,用人者持之以照物,焉可废诸!”明代郑旻说《人物志》:“事核辞章,三代而下,善评人品者,莫或能逾之矣。”清人纪晓岚说:“其书主于论辩人才,以外见之符,验内藏之器,分别流品,研析疑似”,“所言究悉物情,而精核近理”。在现当代,人们对《人物志》的关注程度及评价,丝毫不亚于古人。汤用彤先生说,从《人物志》中可以看出曹魏初期学术杂取儒名法道诸家的特点,“故甚具历史上之价值”。钱穆先生说:“我自己很喜欢刘劭此书,认为他提出‘平淡’二字,其中即有甚深修养功夫。在我年轻时读《人物志》,至‘观人察质,必先察其平淡,而后求其聪明’一语,即深爱之,反复玩诵,每不忍释;至今还时时玩味此语,弥感其意味无穷。”在20世纪30年代,美国心理学家施赖奥克将《人物志》翻成英文,取名为《人类能力的研究》,在当时产生了很大的影响。最近几年来,市面上关于注释整理《人物志》的书籍不下三四种。上述事例表明,《人物志》是一部值得我们去关注和了解的中国古代典籍。

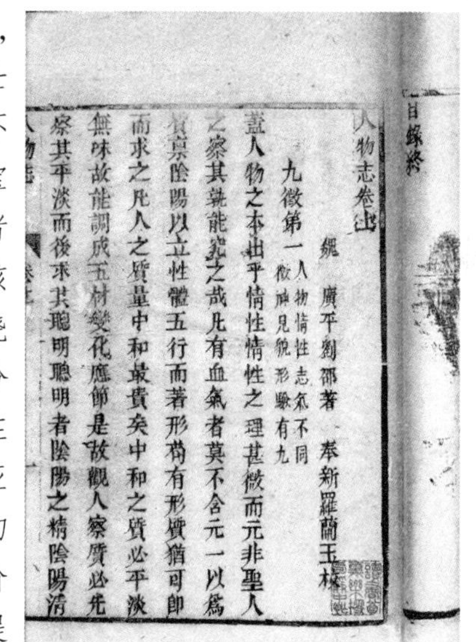

目錄終

人物志卷上

魏 廣平劉邵著 奉新羅蘭玉校

九徵第一 人物情性志氣不同 徵神見貌形驗有九

蓋人物之本出乎情性情性之理甚微而元非聖人之察其孰能究之哉凡有血氣者莫不含元一以爲質稟陰陽以立性體五行而著形苟有形質猶可即而求之凡人之質量中和最貴矣中和之質必平淡無味故能調成五材變化應節是故觀人察質必先察其平淡而後求其聰明聰明者陰陽之精陰陽清

《人物志》书影

原　　序

【题解】

序言是一本书的开篇,大凡作序,往往有两种情况。一种是别人为本书作序,一种是自己为自己作序。前者大多偏重对本书的介绍和评价。例如宋代阮逸为《人物志》所作之序说:“是书也,博而畅,辩而不肆,非众说之流也。王者得之为知人之龟鉴,士君子得之为治性修身之檠栝,其效不为小矣。予安得不序而传之!媲夫良金美玉,籯椟一启,而

观者必知其宝也。"后者则不同,它一般介绍该书的主要内容及写作动机。《人物志》的原序就是如此。刘劭在序言中,论述了人才与事业成功的关系、贤君明主对人才的重视、孔子对人才的考察方法,最后指出,该书写作的目的,是依照圣人的准则,论述识别人才、使用人才的理论和方法,以此来补缀前贤在这方面的疏漏和遗缺。

【原文】夫圣贤之所美[1],莫美乎聪明[2];聪明之所贵[3],莫贵乎知人。知人诚智[4],则众材得其序[5],而庶绩之业兴矣[6]。

【注释】①美:认为……好。②聪明:明察事理。唐张守节在解释《史记》中记载黄帝"成而聪明"时说:"聪明,闻见明辩也。"③贵:重要。《孟子·尽心下》:"民为贵,社稷次之,君为轻。"④诚:如果。⑤材:同"才",指人才。序:顺序,次序。⑥庶绩:各种事功。庶,众多。绩,事功。《尚书·尧典》:"允厘百工,庶绩成熙。"孔安国传:"绩,功也;言众功皆广。"

【译文】圣人贤者认为人的资质中,没有比聪明更好的;在聪明资质中,没有比能够辨识人才更重要的。如果能够用聪明智慧来辨识人才,那么众多的人才就能够排列出上下高低的次序,各种事业就会兴旺了。

【原文】是以圣人著爻象则立君子小人之辞[1],叙《诗》志则别风俗雅正之业[2],制礼乐则考六艺祗庸之德[3],躬南面则援俊逸辅相之材[4],皆所以达众善而成天功也[5]。天功既成,则并受名誉[6]。是以尧以克明俊德为称[7],舜以登庸二八为功[8],汤以拔有莘之贤为名[9],文王以举渭滨之叟为贵[10]。

【注释】①爻象:《周易》中的爻辞和象辞。《周易》中以"一"表示阳爻,以"——"表示阴爻,爻有爻辞,如:乾卦中初九爻之辞是"潜龙,勿用",九五爻之辞是"飞龙在天,利见大人"等等。每六爻组成卦象,象辞用来解释卦象,如乾卦的象辞有"天行健,君子以自强不息"之语。后爻象用来泛指《易传》。君子小人之辞:指爻辞和象辞中有关"君子"和"小人"的论述。如坤卦中有"君子以厚德载物",师卦中有"小人勿用"等。②《诗》:即《诗经》,是我国有记载的最早的一部诗歌总集。志:诗中所抒发的意志和感情。《毛诗序》:"诗者,志之所之也。在心为志,发言为诗。"风俗雅正:指《诗经》中所含的风、雅、颂三种不同风格的诗。风即当时各国的民歌,雅即周王朝的乐曲《大雅》《小雅》,颂即商周时代宗庙祭祀的乐歌。《诗经》为孔子所删定,风、雅、颂之分也反映了孔子心目中的次序。③六艺:一指古代儒家教育的六个内容,即礼、乐、射、驭、书、数。二指儒家的六种典籍,即《诗经》《尚书》《礼经》《乐经》《易经》《春秋》。《汉书·艺文志》:六艺之文,"《乐》以和神,仁之表也;《诗》以正言,义之用也;《礼》以明体,明者著见,故无训也;《书》以广听,知之术也;《春秋》以断事,信之符也。五者,盖五常之道,相须而备,而《易》为之原"。祗庸:恭敬恒常。郑玄注《周礼·春官·大司乐》中的"祗""庸"说:"祗,敬;庸,有常也。"④南面:指帝王之位。古代帝王理政皆坐北朝南,故言。援:拔举,提拔。俊逸:超群拔俗。晋葛洪《抱朴子·穷达》:"俊逸絷滞,其有憾乎?"⑤达:推举,推荐。《礼记·儒行》:"推贤而进达之。"天功:帝王的功业。⑥并:合,一起。⑦尧:相传为上古帝王,帝喾之子,

祁姓，名放勋。原封于唐，故称陶唐氏。在位期间设官分职，制定历法，并派人治理洪水。晚年禅位于舜。克：能够。明：认识，辨识。俊德：才能超群、品德高尚的人。⑧舜：相传为上古帝王，尧的接班人。姚姓，名重华，号有虞氏，又称虞舜。在位期间巡行四方，诛除"四凶"，任禹、后稷、契、皋陶等人分掌政事。年老后举荐治水有功的禹为接班人。登庸：举进，任用。二八：指八恺、八元。《左传·文公十八年》记载，高阳氏时有八个才德兼备的人，即苍舒、隤敳、梼戭、大临、尨降、庭坚、仲容、叔达，此八人即为八恺。高辛氏时有八个才德兼备的人，即伯奋、仲堪、叔献、季仲、伯虎、仲熊、叔豹、季狸。舜曾举用"八恺"管理土地、执掌农业、处理各种事务，任用"八元"负责掌管礼义教化。⑨汤：商朝第一位王，又称成汤、武汤、武王、太乙、天乙。名履，主癸之子。定居于亳，用伊尹、仲虺为辅佐，接连攻灭韦、顾、昆吾等夏朝属国，又在鸣条打败夏桀，推翻夏朝，建立商朝。有莘之贤：即伊尹。有莘为古国名，在今山东曹县西北。成汤娶有莘氏之女，伊尹当时在有莘国为奴，作为陪嫁之臣进入商国，后被成汤发现重用，为灭夏建商出谋划策，建立大功。⑩文王：即周文王，姬姓，名昌，王季之子，武王之父，又称周侯、西伯、姬伯。原为商朝诸侯，被封西伯。在位敬老爱幼，礼贤下士。曾被商纣王囚禁于羑里，归周后得到诸侯拥护，伐犬戎、密须，灭崇国、黎国，使周强大起来，形成"三分天下有其二，以服事殷"的局面。渭滨之叟：即吕望，又称太公望、吕尚、师尚父。俗称姜太公、姜子牙。姜姓，吕氏，名尚，字子牙，周文王遇之于渭水之阳，说："吾太公望子久矣。"帮助武王伐纣，是西周的开国大臣。灭商后被封于营丘，为齐国的开国之君。

【译文】所以圣贤为《周易》做注解的时候，文字中就有了君子与小人的不同；在修订《诗经》的时候，就已经对《风》《雅》《颂》不同风格的诗篇作了分别；在制定礼乐制度的时候，就通过礼、乐、射、驭、书、数等方面来考察人的恭敬守常的品德；身居帝王之位的时候，就选拔超群脱俗有辅佐才能的人；这些都是拔举众多优秀人才，完成帝业的事例啊。帝业建成后，明君和贤臣就一起享受盛名和美誉了。所以唐尧因能够辨识才能出群品德高尚的人而著称，虞舜因任用八恺八元而取得成效，商汤因为提拔任用伊尹而出名，周文王因为举用吕望而被尊崇。

【原文】由此论之，圣人兴德[①]，孰不劳聪明于求人[②]，获安逸于任使者哉！是故仲尼不试[③]，无所援升[④]，犹序门人以为四科[⑤]，泛论众材以辨三等[⑥]。又叹中庸[⑦]，以殊圣人之德，尚德以劝庶几之论[⑧]，训六蔽以戒偏材之失[⑨]，思狂狷以通拘抗之材[⑩]，疾悾悾而无信[⑪]，以明为似之难保[⑫]。又曰察其所安，观其所由[⑬]，以知居止之行。

【注释】①兴德：成就化育万物的德政。兴，成就。德，古代特指天地化育万物的功能。《周易·乾》："夫大人者，与天地合其德，与日月合其明。"姚配中注："化育万物谓之德，照临四方谓之明。"②求人：寻求人才。③仲尼：即孔子，名丘，字仲尼。不试：不被任用。孔子曾周游列国，希望被国君任用，以实现自己的政治主张。但始终没能如愿。④援升：提拔任用。⑤四科：指德行、言语、政事、文学四类。孔子曾把他的得意弟子归为四类：颜渊、闵子骞、冉

伯牛、仲弓为德行类；宰我、子贡为言语类；冉有、季路为政事类；子游、子夏为文学类。见《论语·先进》。⑥三等：孔子曾把众人分为三个等级："生而知之者，上也；学而知之者，次也；困而学之，又其次也。"见《论语·季氏》。⑦中庸：孔子的政治、哲学主张，即待人、处事不偏不倚，无过无不及，守常不变。《论语·雍也》："中庸之为德也，其至矣乎。"何晏《集解》："庸，常也，中和可常行之道。"⑧庶几：差不多，近似。《周易·系辞下》："颜氏之子，其殆庶几乎？"意为颜渊这个子弟，差不多是个贤人了吧！⑨六弊：因不好学而造成的人的品德上的六种偏弊。《论语·阳货》："子曰：'由也，女闻六言、六蔽矣乎……好仁不好学，其蔽也愚；好知不好学，其蔽也荡；好信不好学，其蔽也贼；好直不好学，其蔽也绞；好勇不好学，其蔽也乱；好刚不好学，其蔽也狂。'"意为，爱仁德不爱学习容易被人愚弄，爱要聪明不爱学习容易放荡浮躁，爱诚信不爱学习容易被人利用于己有害，直率而不爱学习容易说话尖刻伤人，逞勇敢而不爱学习容易闯祸，刚强而不爱学习容易胆大妄为。⑩狂狷：指志向高远富于进取的人与洁身自守拘谨无为的人。《论语·子路》："子曰：'不得中行而与之，必也狂狷乎！狂者进取，狷者有所不为也。"'何晏《集解》引包咸曰："中行，行能得其中者，言不得中行则欲得狂狷者。狂者，进取于善道。狷者，守节无为。欲得此二人者，以时多进退，取其恒一。"拘抗之材：拘谨和奋发的人才，与前狂狷同义。⑪疾：痛恨，厌恶。倥倥而无信：貌似诚恳而不讲信用。《论语·泰伯》："狂而不直，侗而不愿，悾悾而不信，吾不知之矣。"邢昺疏："悾悾，悫也。谨悫之人宜信而乃不信。"诚恳的样子。⑫为：通"伪"。⑬察其所安，观其所由：《论语·为政》："子曰：'视其所以，观其所由，察其所安。'"意思是考察他所交结的朋友，观察他的行为，了解他的内心。

【译文】根据这些史实可以说，圣人成就化育万物的德政，有哪个不是运用自己的聪明去寻求发现人才，并且任用他们从而使自己获得安逸呢！所以孔子不能实现自己的政治理想，不被各诸侯国提拔任用，但他仍旧用德行、言语、政事、文学四科来给自己的学生分类，用生而知之、学而知之和困而知之三等来广泛地评论天下众人。又赞叹不偏不倚守常不变的中庸原则，来突出圣人的品德，用对颜渊的褒赞来鼓励人们崇尚道德，用六弊的训诫来使人们避免才能畸形发展所带来的弊病，希望得到志向高远富于进取的人和洁身自守拘谨不做坏事的人以使他们的才能得以发挥，痛恨那些貌似诚恳却不守信用的人和行为，以此向世人说明伪装是难以持久的。孔子又说认识一个人要观察他的行为，了解他的内心，就知道他真实的举止行动了。

【原文】人物之察也，如此其详①。是以敢依圣训，志序人物②，庶以补缀遗忘③，惟博识君子裁览其义焉④。

【注释】①详：审慎。②志：记录。③庶：希望。④惟：愿，希望。

【译文】对人才的考察，应当这样的审慎。所以我斗胆依照圣人的准则，记述辨识人才使用人才的理论和方法，希望以此来补缀前贤在这方面的疏漏和遗缺，愿博学高识的君子裁决浏览其中的意思。

卷　上

九征第一

【题解】

征，即指外在表现。九征，指人的九种性情的外在表现，这就是精神、感情、筋腱、骨骼、气息、脸色、仪表、容貌、语言。这九种表现是由人的内在本质所决定的，这就是仁、义、礼、智、信，也就是人们所说的“五常”。“九征”与“五常”的关系，是表里关系，表里是否和谐以及和谐的程度，都影响着人才品第的高低。表里高度一致，达到中和的境界称作中庸，是最高品第的人才。表里大体上一致称作德行，较中庸次之。表里部分一致称作偏才，又次之。表里不和谐是人才的末流，不受作者的关注。

【原文】盖人物之本①，出乎情性②。情性之理③，甚微而玄，非圣人之察，其孰能究之哉④！凡有血气者，莫不含元一以为质⑤，禀阴阳以立性⑥，体五行而著形⑦。苟有形质⑧，犹可即而求之。

【注释】①本：人的内在的最根本的资质。刘昺在注释“人物之本，出乎情性”时说：“性质禀之自然，情变由于染习”，所说的“自然”即人天生的最根本的资质。②情性：思想和性情。③理：道理。④究：弄清楚，弄明白。⑤元一：事物最本源最初始的状态。此处专指人的本质。刘昺在注释“莫不含元一以为质”这句话时说：“质不至则不能涉寒暑，历四时。”意思说，人的最初始的生理状态没有发展到最完善的时候，就不能度过严寒酷暑，经历春夏秋冬。⑥禀：承受。阴阳：中国古代哲学的一对范畴，即万物中皆存在的对立统一相反相成的物质。此处专指人所具有的阴阳二气。刘昺在注释“禀阴阳以立性”时说：“性资于阴阳，故刚柔之意别矣。”意思说，人的性格有刚强和柔弱的不同，是由于阴阳二气的强弱不同。⑦体：依据，效法。五行：水、火、木、金、土。中国古代哲学认为世界各种物质是由金、木、水、火、土五种元素构成的，并以此说明宇宙万物的起源和变化。《孔子家语·五帝》：“天有五行，水、火、金、木、土，分时化育，以成万物。”形：指人的形体。⑧苟：只要。

【译文】人内在的最根本的资质，是通过他的思想和性情表现出来的。关于思想和性情的道理，是非常微妙和玄远的，如果不是古代圣贤的考察和研究，谁又能够把它们弄明白呢！凡是有生命的物体，没有不包含最根本最初始状态的性质的，他们秉承着阴阳形成个性，依据五行而成就形体。只要是有形体的生命物体，就可以根据形体去探求他们

的本质。

【原文】凡人之质量，中和最贵矣[1]。中和之质，必平淡无味，故能调成五材[2]，变化应节[3]。是故观人察质，必先察其平淡，而后求其聪明。聪明者阴阳之精，阴阳清和则中睿外明[4]，圣人淳耀[5]，能兼二美。知微知章[6]，自非圣人莫能两遂[7]。故明白之士[8]，达动之机而暗于玄虑[9]，玄虑之人，识静之原而困于速捷，犹火日外照不能内见，金水内映不能外光。二者之义，盖阴阳之别也。若量其材质[10]，稽诸五物[11]，五物之征亦各著于厥体矣。

【注释】①中和：中庸之道的主要内涵。儒家认为能“致中和”，则天地万物均能各得其所，达于和谐境界。《中庸》：“喜怒哀乐之未发谓之中，发而皆中节谓之和；中也者，天下之大本也，和也者，天下之达道也。致中和，天地位焉，万物育焉。”②五材：人的忠、义、仁、信、勇五种品德。③应节：迎合节拍。此处指适应社会的需要。④中睿外明：内心聪慧外表敏锐。睿，聪明。明，敏锐。⑤淳耀：光明。⑥章：明显，显著。⑦两遂：两种都能实现。刘昺在解释这句话时说：“耳目兼察，通幽达微，官材授方，举无遗失。”可见“两遂”指的是耳聪目明，知微知著。⑧明白：机敏。⑨玄虑：深思熟虑。⑩量：衡量，评价。⑪稽：考察。五物：指金、木、水、火、土五种物质。

【译文】人的资质和能力中，各种情绪的表现与外界环境和谐一致可谓中和，而中和是最珍贵的。中和这种素质，必然是平淡无味的，因其平淡无味所以能够调谐出仁、智、忠、信、勇五种品德，并不断变化以适应社会需要。所以观察一个人考察他的素质，必然先要考察他是否有平淡的素质，然后才寻求他的聪明。聪明是人的阴阳二气结合的精华，阴阳清纯和谐就会使人内心聪慧外表敏锐，圣人之所以光彩耀人，是因为他同时具有聪慧敏锐两种美德。既能明察细微又能洞悉宏观，除非圣人没有人能同时做到这两点。所以反应机敏的人，能够抓住行动的机会却不能做到深思熟虑，深思熟虑的人能够静思事物的源头却不善于快速敏捷地行动，就好像火焰和太阳的光芒能照耀外物但不能映出自身的形象，金属和水面能映出外物的形象但不能对外放出光芒。两种东西之所以不同，就在于有阴阳的区别。如果衡量人的才能和资质，以金木水火土五种物质对照进行考察，那么五种物质的特征也就显著地存在于他的身上了。

【原文】其在体也，木骨、金筋、火气、土肌、水血五物之象也[1]。五物之实，各有所济[2]，是故骨植而柔者谓之弘毅[3]，弘毅也者，仁之质也。气清而朗者谓之文理[4]，文理也者，礼之本也。体端而实者谓之贞固[5]，贞固也者，信之基也。筋劲而精者谓之勇敢[6]，勇敢也者，义之决也[7]。色平而畅者谓之通微[8]，通微也者，智之原也。五质恒性，故谓之五常矣[9]。

【注释】①象：现象，表象。②济：成就。③植：直。弘毅：宽宏坚毅，抱负远大，意志坚强。《论语·泰伯》：“士不可以不弘毅，任重而道远。”朱熹集注：“弘，宽广也；毅，强忍也。非弘不能胜其重，非毅无以致其远。”④文理：礼仪。《荀子·礼论》：“文理繁，情用省，是礼之隆也。文理省，情用繁，是礼之杀也。”⑤贞固：守持正道，坚定不移。《周易·

乾》:"文言曰:'贞者,事之干也……贞固足以干事。'"孔颖达疏:"言君子能坚固贞正,令物得成,使事皆干济,此法天之贞也。"高亨注:"贞固,正而坚,即坚持正道。干是动词,主持,主办。"⑥筋劲而精者谓之勇敢:筋腱强劲而精干叫作勇敢。《庄子·徐无鬼》:"筋力之士矜难,勇敢之士奋患。"说明筋力之士和勇敢之士的关系。⑦勇敢也者,义之决也:勇敢就像是金属截断物品一样果断。刘昺对这句话的注释说:"金能断割,为义之决。决不勇敢,不能成义。"因为刘劭认为筋腱属金,筋腱强劲就能勇敢决断。⑧通微:通晓、洞察细微的事物。⑨五常:五种恒常不变的东西。刘昺在注释"五质恒性,故谓之五常矣"时说:"五物,天地之常气,五德,人物之常行。"可见此五常之构成万物的金木水火土五种物质,构成人的仁、义、礼、智、信的五种品德。

【译文】对人体来说,骨骼是与外界木相对应的物象,筋腱是与金相对应的物象,气息是与火相对应的物象,肌肉是与土相对应的物象,血脉是与水相对应的物象。五种物质所对应的实际物象,各自有其成就人的品质的作用,所以骨骼挺拔又柔韧的可以称为有远大抱负意志坚强的人,抱负远大意志坚强,这是"仁"的资质。气息清纯而又明朗的可以称为礼仪之人,礼仪,这是"礼"的根本。形体端正而又坚实的可以称为守持正道坚定不移的人,守持正道坚定不移,这是"信"的根基。筋腱强劲而精干的可以称为勇敢之人,勇敢,这是果断地行"义"的前提。血色平和而又通畅的可以称为通晓事物洞察细微之人,通晓事物洞察细微,这是"智"的本源。外界的和人体的五种物质都具有恒常不变的特性,所以称它们为五常。

【原文】五常之别,列为五德①。是故温直而扰毅②,木之德也。刚塞而弘毅③,金之德也。愿恭而理敬④,水之德也。宽栗而柔立⑤,土之德也。简畅而明砭⑥,火之德也。虽体变无穷,犹依乎五质。

【注释】①五德:此指下文所述的五种品德。②温直:温和而正直。《尚书·皋陶谟》:"直而温。"孔安国传:"行正直而气温和。"扰毅:和顺坚毅。《尚书·皋陶谟》:"扰而毅。"孔安国传:"扰,顺也。致果为毅。"③刚塞:刚健笃实。《尚书·皋陶谟》:"刚而塞。"孔安国传:"刚断而实塞。"实塞,笃实。④愿恭:忠厚诚实恭敬庄重。《尚书·皋陶谟》:"愿而恭。"孔安国传:"悫愿而恭恪。"理敬:有治理才能而又谨慎恭敬。《尚书·皋陶谟》:"乱而敬。"孔安国传:"乱,治也。有治而能谨敬。"⑤宽栗:宽宏大量而又小心谨慎。《尚书·皋陶谟》:"宽而栗。"孔安国传:"性宽宏而能庄栗。"柔立:温柔而有办事能力。《尚书·皋陶谟》:"柔而立。"孔安国传:"和柔而能立事。"⑥简畅:爽快刚直,简约流畅。《尚书·皋陶谟》:"简而畅。"孔安国传:"性简大而有廉隅。"廉隅,棱角。明砭:明于事理又善于劝谏。

【译文】根据五常的区别,可以分列出五种品德。所以温和而正直,是"木"的品德。刚健笃实而宽宏坚毅,是"金"的品德。忠厚诚实恭敬庄重而有治理才能且谨慎恭敬,是"水"的品德。宽宏大量小心谨慎而又温柔有办事能力,是"土"的品德。爽快刚直简约

流畅而又明于事理善于劝谏，是“火”的品德。虽然人的品德和性情变化无穷，但其变化仍以五物的品质为依据。

【原文】故其刚柔明畅贞固之征著乎形容[①]，见乎声色[②]，发乎情味，各如其象。故心质亮直[③]，其仪劲固；心质休决[④]，其仪劲猛；心质平理[⑤]，其仪安闲。夫仪动成容[⑥]，各有态度：直容之动[⑦]，矫矫行行[⑧]；休容之动[⑨]，业业跄跄[⑩]；德容之动[⑪]，颙颙卬卬[⑫]。

【注释】①形容：形体容貌，外部表现。②见：同“现”，表现。③亮直：诚信正直。亮，通“谅”，作“诚信”解。④休决：美善而刚毅。休，美好。⑤平理：平和有条理。⑥容：外部表现。⑦直容：正直之人的外部表现。⑧矫矫行行：勇武刚强的样子。矫矫，勇武貌。《诗经·鲁颂·泮水》：“矫矫虎臣，在泮献馘。”郑玄笺：“矫矫，武貌。”行行，刚强负气貌。《论语·先进》：“子路，行行如也；冉有、子贡，侃侃如也。子乐。”何晏《集解》：“郑曰：‘乐各尽其性，行行，刚强之貌。’”⑨休容：温和之人的外部表现。⑩业业跄跄：心怀危惧小心谨慎。业业，危惧貌。《尚书·皋陶谟》：“兢兢业业，一日二日万机。”孔安国传：“业业，危惧。”跄跄，形容走路有节奏的样子。《诗经·小雅·楚茨》：“济济跄跄，絜尔牛羊。”高亨注：“跄跄，步趋有节貌。”⑪德容：品德高尚之人的外部表现。⑫颙颙卬卬：肃穆轩昂的样子。

【译文】所以刚柔明畅贞固的内质都有其外部显著的反映，从声音神色显示出来，从性情趣味发散出来，各自与其外在的表现一致。所以内在品质诚信正直，他的风度仪容就坚毅刚强；内在品质美善刚毅，他的仪容风度就奋进勇猛；内在品质平和有条理，他的仪容风度就安逸悠闲。仪容风度的外部表现，各自有不同的姿态风度：正直之人表现出来的样子，是武勇刚强的；温和之人表现出来的样子，是心怀危惧小心谨慎的；品德高尚之人表现出来的样子，是肃穆轩昂的。

【原文】夫容之动作发乎心气[①]，心气之征，则声变是也[②]。夫气合成声，声应律吕[③]。有和平之声，有清畅之声，有回衍之声[④]。夫声畅于气则实存貌色[⑤]，故诚仁必有温柔之色，诚勇必有矜奋之色[⑥]，诚智必有明达之色。夫色见于貌所谓征神[⑦]，征神见貌则情发于目，故仁目之精[⑧]，悫然以端[⑨]；勇胆之精，晔然以强[⑩]。然皆偏至之材[⑪]，以胜体为质者也[⑫]，故胜质不精则其事不遂。是故直而不柔则木[⑬]，劲而不精则力[⑭]，固而不端则愚，气而不清则越[⑮]，畅而不平则荡[⑯]。是故中庸之质，异于此类。五常既备，包以澹味。五质内充，五精外章[⑰]，是以目彩五晖之光也[⑱]。故曰物生有形，形有神精。能知精神，则穷理尽性[⑲]。

【注释】①动作：动起来。《论语·先进》：“舍瑟而作。”刘宝楠《正义》：“作，起也。”②声变：随着心气而变化的声音。刘昺在解释“心气之征，则声变是也”时说：“心不系一，声和乃变”，即指声音随着心气变化。③律吕：古代校正乐律的律管，十二支，因有不同的长度而产生不同的音高。从低音管算起，依次为黄钟、大吕、太簇、夹钟、姑洗、仲吕、蕤宾、林钟、夷则、南吕、无射、应钟。其中黄钟、太簇、姑洗、蕤宾、夷则、无射为阳律；大吕、

夹钟、仲吕、林钟、南吕、应钟为阴律。六阳律称谓六律，六阴律称为六吕。④回衍：回旋伸展。⑤貌色：容貌。⑥矜奋：武勇果敢。⑦征神：反映人的内心世界的神态、表情等。刘昺注释这句话时说："貌色徐疾为神之征验。"即容貌是心神的反映。⑧精：通"睛"。此指眼神。⑨悫然：诚实谨慎的样子。⑩晔然：光亮的样子。⑪偏至之材：即偏才。⑫胜体为质：让形体承担反映内质的任务。刘昺在解释这句话时说："未能不怒而威，不厉而严。"⑬木：质朴，木讷。⑭力：倔强。⑮越：散失，飘散。⑯荡：飘荡消失。刘昺在注释"畅而不平则荡"时说："好智无涯，荡然失绝。"意思说没有边际地任用智力，就会荡然无存。⑰五精：指仁、义、礼、智、信五种精神表现。外章：外露。⑱五晖：五彩的光辉。此指多种表达的目光神情。⑲穷理尽性：把道理和性情研究到家了。穷和尽都是终端、到头的意思。

【译文】人的外在表现的产生是由内部的心气而发的，是心气变化的表征，又是声音的变化。心气与声音相合，声音和乐音一样也可分为六律和六吕。有温和平缓的声音，有清纯流畅的声音，有回旋深长的声音。声音在气息中流畅而其内在的本质体现在容貌之中，所以真正的仁爱必然显现出温柔的神色，真正的勇敢必然显现出武勇果敢的神色，真正的智慧必然显现出明澈通达的神色。容貌出现了这些神色就是人们所说的征神，征神出现在容貌上而其神情则从眼睛中表现出来，所以闪耀仁慈目光的眼睛，是诚实谨慎端正无邪的；反映勇气胆量的眼睛，是光亮强劲的。然而这些都是偏才，是让形体承担反映内质的任务，所以完美的内质不能精确反映，因此事情也不能如愿。所以耿直而不兼具柔和则表现为质朴木讷，刚劲而不兼具精干则表现为倔强，固执而不兼具端正则表现为愚憨，心气而不清纯则会飘扬四散，声音流畅而不平和则会飘荡消失。所以处事不偏不倚守常不变的资质，是和上述所说不同的。仁义礼智信五常的资质已经具备，外部用平淡来包装。五常的资质充实于内，五种精神表现在外，所以目光神情发出五彩的光辉。所以说万物生来有它的形体，形体也有它的精神。能够深刻地了解精神，就把其中的道理和性情研究到家了。

【原文】性之所尽，九质之征也[①]。然则平陂之质在于神[②]，明暗之实在于精[③]，勇怯之势在于筋，强弱之植在于骨[④]，躁静之决在于气，惨怿之情在于色[⑤]，衰正之形在于仪，态度之动在于容[⑥]，缓急之状在于言。其为人也，质素平淡，中睿外朗，筋劲植固，声清色怿，仪正容直，则九征皆至，则纯粹之德也。

【注释】①九质：即下文所说的神、精、筋、骨、气、色、仪、容、言。②陂：倾斜，不平。《周易·泰》："无平不陂，无往不复。"孔颖达疏："路有倾危，是平路之将陂也。"③精：通"情"，感情。④植：木柱。《墨子·备城门》："城上百步一楼，楼四植，植皆为通舄。"孙诒让《间诂》："苏云：'四植即四柱。'"引申为支柱。⑤惨：悲伤。怿：喜悦。⑥态度：举止神情。《荀子·修身》："容貌、态度、进退、趋行，由礼则雅，不由礼则夷固僻违，庸众而野。"

【译文】概括全部人的性情，有神、精、筋、骨、气、色、仪、容、言九种表现。这就是平正

与邪歪的本质存在于精神，明慧与愚蠢的实质存在于感情，勇敢与怯懦的态势存在于筋腱，强弱的支柱存在于骨架，暴躁与平静的关键存在于气息，悲伤与喜悦的情绪存在于脸色，衰怠与端正的形态存在于仪表，举止神情的活动存在于容貌，和缓与急切的状态存在于语言。一个人，内质纯洁平和淡泊，内心聪慧外表清朗，筋腱挺拔强固，声音清纯神色喜悦，仪表端正容貌庄重，这样九征全都具备了，道德就精纯完美了。

【原文】九征有违则偏杂之材也。三度不同①，其德异称。故偏至之材，以材自名②；兼材之人，以德为目；兼德之人，更为美号③。是故兼德而至，谓之中庸。中庸也者，圣人之目也。具体而微④，谓之德行。德行也者，大雅之称也。一至谓之偏材⑤，偏材，小雅之质也⑥。一征谓之依似⑦，依似，乱德之类也。一至一违谓之间杂⑧，间杂，无恒之人也⑨。无恒依似，皆风人末流⑩。末流之质，不可胜论，是以略而不概也⑪。

【注释】①三度：指偏才、兼才、兼德三种人才德才比例的不同程度。刘昺在解释“三度不同”时说：“偏才荷一至之名，兼才居德仪之目，兼德体中庸之度。”意思说偏才只在一种才能上比较完善，兼才有道德表率的作用，兼德体现了中庸的深度。②以材自名：以某一方面的才能命名。刘昺在解释“以材自名”时说：“犹百工众伎，各有其名也。”意思说，就好像有纺织技艺的人叫织匠，善于冶炼的人叫金匠等等。③更为美号：以抽象的“美”来称之。刘昺在解释“更为美号”时说：“道不可以一体说，德不可以一方待，育物而不为仁，齐众形而不为德，凝然平淡，与物无际，谁知其名也？”意思说，大道不可以一种物体来说明，大德不可以一个方面来期待，养育万物而不是为了“仁”的名号，规范众人的行为不是为了“德”的名称，宁静平淡，与他物没有界限，这种境界谁又能知道他的具体名称呢？④具体而微：总体上各种品德都已具备而发展程度还不高。《孟子·公孙丑上》：“子夏、子游、子张皆有圣人之一体；冉牛、闵子、颜渊，则具体而微。”赵岐注：“体者，四肢股肱也……具体者，四肢皆具。微，小也。”⑤一至：在一方面的才能比较完善。⑥小雅之质：相当于小雅。质，相当，对等。《礼记·聘义》：“介绍而传命，君子于其所尊弗敢质，敬之至也。”郑玄注：“质，谓正自相当。”⑦一征：“九征”之中的一征。依似：似是而非。刘昺在解释“依似”时说：“纯讦似直而非直，纯宕似通而非通。”意思是一味地攻击别人的短处，好像是正直但并非正直，一味地放荡不羁，好像是通达但并非通达。⑧间杂：某些方面有才，某些方面无德。⑨无恒：无恒常品德。⑩风人：古代采集民歌民风以观民情的人，也指诗人。⑪概：关切。《孔丛子·抗志》：“虽以天下易其胫毛，无所概于志矣。”

【译文】对九征中有所违背的叫作偏杂之才。偏才、兼才、兼德三种人才德才比例的程度不同，对他们品德的称呼也不一样。偏至之才以某一方面的才能命名；兼才之人以其所具有的品德作为称呼；兼德之人更应用一种抽象的“美”来称之。所以兼具各种品德而达到极高的程度，就叫作中庸。中庸，是对圣人的称呼。总体上各种品德都已具备而发展程度还不高，称之为德行。德行，是对大雅之人的称呼。在一方面的才能比较完善叫作偏才，偏才，相当于小雅。九征之中只具备一征叫作依似，依似，属德行紊乱一类。

只在某些方面有才在另些方面无德叫作间杂，间杂，指无恒常品德的人。德行紊乱和无恒常品德，风人中的末流之士。末流之人的品质，不能够把它说完，所以将其省略不予关注。

体别第二

【题解】

本章着重分析各种各样的偏才之人以及他们各自的长处和短处，这就是“体别”的意思。在人才品第上能够达到中庸的境界是非常不容易的，因此是极少数，多数人都是达不到中庸境界的偏才。偏才之人是各种各样的，他们各有自己的长处和短处。以一种才能见长的人，他们的才能表现的同时，短处也同时存在。所以在发挥自己的长处的同时，要力戒短处的干扰，不要使长处变成了短处。

【原文】**夫中庸之德，其质无名。故咸而不碱①，淡而不醴②，质而不缦③，文而不缋④。能威能怀⑤，能辩能讷⑥，变化无方，以达为节⑦。**

【注释】①碱：碱土，含有盐分的土壤，古人从中取盐。《后汉书·西南夷传·冉駹》：“地有碱土，煮以为盐。”②醴：没有味道。③质而不缦：看起来质朴无华却并非没有纹饰。质，质朴，没有纹饰。缦，没有花纹的丝织品。④文而不缋：看起来有纹彩却并非像五彩花纹的图案。文，纹理，花纹。缋，指彩色的花纹图案。《汉书·食货志下》：“乃以白鹿皮方尺，缘以缋，为皮币，直四十万。”颜师古注：“缋，绣也；绘五彩而为之。”⑤威：使人畏惧慑服。怀：安抚。⑥讷：忍住少说话。⑦节：节度，限度。

【译文】中庸这种道德，它的实质内容没有一个确定的名称。因此说它咸却没有碱土的苦涩，平淡却不是没有味道，看起来质朴无华却并非没有纹饰，看起来有纹彩却并非像五彩花纹的图案。能够威慑人也能安抚人，能言善辩又能忍住少说话，变化多端没有常规，以通达事物为限度。

【原文】**是以抗者过之①，而拘者不逮②。夫拘抗违中③，故善有所章④，而理有所失⑤。是故厉直刚毅，材在矫正，失在激讦⑥。柔顺安恕，每在宽容⑦，失在少决。雄悍杰健，任在胆烈⑧，失在多忌。精良畏慎，善在恭谨，失在多疑。强楷坚劲⑨，用在桢干⑩，失在专固⑪。论辩理绎⑫，能在释结，失在流宕。普博周给，弘在覆裕⑬，失在混浊。清介廉洁，节在俭固，失在拘扃⑭。休动磊落⑮，业在攀跻⑯，失在疏越⑰。沉静机密，精在玄微，失在迟缓。朴露径尽⑱，质在中诚⑲，失在不微⑳。多智韬情㉑，权在谲略㉒，失在依违。及其进德之日不止，揆中庸以戒其材之拘抗㉓，而指人之所短以益其失，犹晋楚带剑递相诡反也㉔。**

【注释】①抗：竞争进取。②拘：拘谨不争。不逮：追不上。③违中：违背中庸之道。④善有所章：有明显的好处。⑤理有所失：有其过失之理。全句的意思是，拘抗者违背中

庸之道,只求其得而忽略了其所失。刘昺在解释这句话时,引用了《庄子·达生》所讲的两个寓言:“鲁有单豹者,岩居而水饮,不与民共利,行年七十而犹有婴儿之色。不幸遇饿虎,饿虎杀而食之。有张毅者,高门悬薄,无不走也。行年四十而有内热之病以死。豹养其内而虎食其外,毅养其外而病攻其内。此二子者,皆不鞭其后者也。”⑥激讦:激烈地攻击别人的短处。⑦每:贪。《文选·鸟赋》:“贪夫殉财兮,烈士殉名;夸者死权兮,品庶每生。”李善注引孟康曰:“每,贪也。”⑧任:能力,才能。《韩非子·定法》:“术者,因任而授官,循名而责实。”陈奇猷集释:“太田方曰:‘任,能也。’有能以胜任其事则任其事,故引申之为能也。”⑨楷:树木名,亦称黄连木。其枝干挺直,这里用以形容刚直。⑩桢干:古代夯土筑墙的器具,筑墙时所用的木柱叫桢,竖在两旁障土的木柱或板叫干。这里比喻骨干、支柱。《尚书·费誓》:“峙乃桢干。”孔安国传:“题曰桢,旁曰干。”孔颖达疏:“题曰桢,谓当墙两端者也。旁曰干,谓在墙两边者也。”⑪专固:专擅,固执。⑫理绎:梳理,分析。⑬覆裕:普遍接触宽宏容纳。覆,覆盖,遮蔽,引申为普遍。裕,宽大,宽容。《周易·系辞下》:“益,德之裕也。”韩康伯注:“能益物者,其德宽大也。”⑭拘扃:拘谨自闭。扃,门闩。⑮休动磊落:行为善美光明磊落。⑯业在攀跻:建立功业在于向上攀登。攀跻,攀登。⑰疏越:疏忽,疏漏。⑱朴露径尽:质朴率直全部显示。⑲质在中诚:秉性忠诚。中,同“忠”。⑳不微:不善于隐蔽自己。微,隐匿,隐藏。《左传·哀公十六年》:“白公奔山而缢,其徒微之。”杜预注:“微,匿也。”㉑韬情:隐匿真情。㉒权在谲略:灵活性在于狡黠有谋略。权,变通,灵活。㉓揆:揣测,估量。㉔晋楚带剑递相诡反:晋人和楚人互相指责把剑佩带反了。诡,违背,相反。《管子·四时》:“刑德合于时则生福,诡则生祸。”

【译文】所以竞争进取的人是过头了,而拘谨不争的人则是达不到。拘谨和进取的人都违背了中庸之道,所以他们都有明显的长处,也有情理之中的过失。所以说,严厉耿直刚正不阿的人,他的才干在于纠正偏错,失误在于激烈地攻击别人的短处。柔顺安稳宽以待人的人,只贪求宽宏大量容忍谦让,失误在于缺少决断。雄健有力强悍杰出的人,他的才能在于勇敢刚烈,失误在于多所猜忌。精明强干小心谨慎的人,长处在于谦恭有礼,失误在于多所疑虑。刚直坚强的人,他的作用在于骨干支撑,失误在于专擅固执。能言善辩长于分析的人,他的能力善于释疑解难,失误在于飘荡散漫。交际广博能与各种人相处的人,他的宽宏在于广泛容纳众人,失误在于好坏不分。清正耿直廉洁自持的人,他的节操在于节俭不奢,失误在于拘谨自闭。行为善美光明磊落的人,他的功业在于向上攀登,失误在于疏忽遗漏。深沉不语内有心计的人,他的精明在于微妙玄远,失误在于迟疑缓慢。质朴率直全部显露的人,他的秉性在于忠诚不渝,失误在于不善于隐蔽自己。足智多谋隐匿真情的人,他的灵活在于狡黠有谋略,失误在于左右依违犹豫不决。等到他们自认为德才大大增进,揣测中庸之道来避免自己才干的偏向极端,指责别人的短处来增加他的失误,就好像晋人和楚人由于佩带宝剑的习惯不同,而互相指责对方把剑佩带反了一样。

【原文】是故强毅之人，狠刚不和。不戒其强之搪突[1]，而以顺为挠[2]，厉其抗[3]。是故可以立法[4]，难以入微[5]。柔顺之人，缓心宽断。不戒其事之不摄[6]，而以抗为刿[7]，安其舒[8]。是故可与循常，难与权疑[9]。雄悍之人，气奋勇决。不戒其勇之毁跌，而以顺为恇[10]，竭其势[11]。是故可与涉难[12]，难与居约[13]。惧慎之人，畏患多忌，不戒其懦于为义[14]，而以勇为狎[15]，增其疑。是故可与保全，难与立节。凌楷之人[16]，秉意劲特[17]。不戒其情之固护[18]，而以辨为伪[19]，强其专。是故可以持正，难与附众。辩博之人，论理赡给[20]。不戒其辞之泛滥，而以楷为系[21]，遂其流[22]。是故可与泛序[23]，难与立约。弘普之人，意爱周洽[24]。不戒其交之溷杂，而以介为狷[25]，广其浊。是故可以抚众，难与厉俗。狷介之人，砭清激浊[26]。不戒其道之隘狭，而以普为秽[27]，益其拘。是故可与守节，难以变通。休动之人，志慕超越。不戒其意之大猥[28]，而以静为滞[29]，果其锐[30]。是故可以进趋，难与持后。沉静之人，道思回复[31]。不戒其静之迟后，而以动为疏[32]，美其懦[33]。是故可与深虑，难与捷速。朴露之人，中疑实[34]。不戒其实之野直，而以谲为诞[35]，露其诚。是故可与立信，难与消息[36]。韬谲之人，原度取容[37]。不戒其术之离正，而以尽为愚[38]，贵其虚。是故可与赞善，难与矫违。

【注释】①搪突：即唐突，冒犯。②挠：屈，屈服。《战国策·魏策四》："秦王色挠，长跪而谢之。"③厉其抗：使其竞争进取之心更加强烈。厉，猛烈，激烈。《左传·定公十二年》："与其素厉，宁为无勇。"杜预注："厉，猛也。"④以立法：用他们执行法律建立法律的权威。以，任用，使用。《尚书·立政》："继自今立政，其勿以 人。"孔颖达疏："王当继续从今已往立其善政，其勿用憸利之人。"⑤微：细微。刘昺在解释这句话时说："狠强刚戾，何机微之能入？"机微即细微。⑥摄：巩固，持久。《国语·楚语上》："悛而不摄，则身勤之……摄而不彻，则明施舍以导之忠。"韦昭注："摄，固也。"⑦刿：通"昧"，暗昧，愚昧。《韩非子·难言》："微说约，径省而不饰，则见以为刿而不辩。"于省吾新证："刿应读作昧……昧谓暗昧。"⑧安其舒：安心于宽舒安稳的处事方法。⑨权疑：决断疑难问题。⑩恇：畏惧，恐惧。⑪竭其势：把可能带来挫折失败的逞强奋勇的气势发挥到极致。竭，尽。此指到极致。刘昺解释"竭其势"说："而竭其毁跌之势。"⑫与涉难：给予经历艰难（的工作）。与，给予。⑬居约：服从约束，接受限制。⑭为：动词，做。⑮狎：轻视怠慢。⑯凌楷：严峻正直。⑰秉意劲特：坚持自己意志的个性非常突出强烈。⑱情之固护：情志专一不移。⑲辨：通"变"。《荀子·臣道》："故因其惧也而改其过，因其忧也而辨其故。"王念孙《读书杂志·荀子五》："辨读为变，变其故，谓去故而就新也。"⑳赡给：富足，丰富。㉑以楷为系：把规矩视为束缚。楷，法式，典范。㉒遂其流：顺从放任散漫飘荡的心。刘昺在解释"遂其流"时说："而遂其流宕之心。"㉓泛序：泛泛地议论。㉔意爱周洽：普遍地施与仁爱之意。周洽，普遍。㉕以介为狷：刘昺注释这句话说："以拘介为狷戾。"拘介，守正耿介。狷戾，偏急暴戾。㉖砭清激浊：针砭抨击世事的清浊。㉗以普为秽：刘昺注释这句话说："以弘普为秽杂。"意为把普遍存在的事物看成是污秽庞杂。㉘大猥：太强烈。大，

"太"的古字。狠，猛烈，强烈。㉙以静为滞：以沉静为滞屈。㉚果其锐：刘昺注释此话时说："而增果锐之心"。果锐，锐意进取，急于求成。㉛道思回复：反反复复思考其中的道理。㉜以动为疏：以活动为粗疏。㉝美：以……为美。㉞中疑实：把心中的疑惑表现出来。㉟以谲为诞：把狡猾视为荒诞。㊱消息：变化。㊲原度取容：推测揣度别人的心思讨好对方。原，推测，研究。《荀子·儒效》："俄而原仁义，分是非，图回天下于掌上而辨白黑，岂不愚而知矣哉！"㊳尽：诚恳尽力。刘昺在解释"以尽为愚"时说："以款尽为愚直"，可见"尽"为"款尽"之意。

【译文】所以耿直刚正不阿的人，刚狠严厉。他不是力求戒除刚强中冒犯唐突的缺点，而是把柔顺当作软弱屈服，从而使其竞争进取之心更加强烈。所以这种人可以用他执法而建立法律的权威，很难用他从事细致入微的工作。柔顺安慰宽以待人的人，心性平缓，处事宽松。他不是力求戒除缺乏稳固持久的缺点，而是把亢奋进取看作是昏暗愚昧，安心于宽舒安稳的处事方法。所以这种人可以让他遵循常规办事，很难让他决断疑难问题。雄健有力强悍杰出的人，意气风发勇猛果敢。他不是力求戒除奋勇会带来挫折和失败的缺点，而是把顺应时势看成是胆小怯懦，从而把可能带来挫折失败的逞强奋勇的气势发挥到极致。所以这种人可以让他经历艰难，很难让他服从约束接受限制。胆小谨慎的人，恐惧忧虑多所忌讳，他不是力求戒除害怕行义的缺点，而是把勇敢看作是对人的轻视怠慢，从而进一步增加疑虑恐惧心理。所以这种人可以全身自保，很难要求他建立名节。严峻刚直的人，坚持自己意志的个性非常突出强烈。他不是力求戒除情志专固不会改变的缺点，而是把变化视为虚伪，从而强化固执不变的性格。所以他可以执意坚持自认为是正确的东西，却很难得到众人的依附。能言善辩知识广博的人，理论充足。他不是力求戒除言论无所顾忌的缺点，而是把规矩视为束缚，顺从放任散漫飘荡的心志。所以这种人可以让他泛泛地议论，很难让他对自己有所约束。交际广博能与各种人相处的人，普遍地对人施与仁爱之意。他不是力求戒除结交混杂的缺点，而是把守正耿介视为偏急暴戾，从而扩大自己清浊不辨的毛病。所以这种人可以让他安抚众人，很难让他激励世俗。清正耿直廉洁自持的人，针砭抨击世事的清浊。他不是力求戒除处世方法狭隘的缺点，而是把普遍视为污秽，从而更加拘泥和保守。所以这种人可以让他坚守节操，很难让他进行变通。行为善美光明磊落的人，钦慕高超远大的志向。他不是力求戒除自我意志太强烈的缺点，而是把安稳沉静视为呆板迟滞，从而更加锐意进取急于求成。所以这种人可以让他开拓前行，很难让他处理善后。深沉平静的人，做事反反复复考虑其中的道理。他不是力求戒除由于平静带来的迟缓滞后的缺点，而是把积极的活动视为粗疏，以怯懦为美德。所以这种人可以让他深思熟虑，很难让他做到快速敏捷。质朴率直全部显露的人，把心中的疑惑都表现出来。他不是力求戒除由于实在带来的坦直无拘束的缺点，而是把狡黠视为荒诞，更加袒露自己的真诚。所以这种人可以和他讲信义，但很难让他随情况的变化而变化。足智多谋隐匿真情的人，推测揣度别人的心思讨好对方。

他不是力求戒除处事脱离正道的毛病，而是把诚恳尽力视为愚昧不化，更加看重虚伪不实。这种人可以让他赞美颂扬善美，很难让他纠正违规杜绝邪恶。

【原文】夫学，所以成材也。恕[①]，所以推情也[②]。偏材之性不可移转矣[③]。虽教之以学，材成而随之以失。虽训之以恕，推情各从其心[④]。信者逆信[⑤]，诈者逆诈[⑥]，故学不入道[⑦]，恕不周物[⑧]，此偏材之益失也[⑨]。

【注释】①恕：推己及人。《论语·卫灵公》："子贡问曰：'有一言而可以终身行之者乎？'子曰：'其恕乎！己所不欲，勿施于人。'"②推情：以自己的心理情感推想别人的心理情感。③偏材之性不可转移：刘昺在解释这句话时说："固守性分，闻义不徙。"意思说，偏材片面僵化地固守"恕"的训导，即使听到符合道义的道理也不改变。④推情各从其心：以固定的心态来推想不同的人。刘昺在解释这句话时说："意之所非，不肯是之于人。"意思说，自己意识里认为该否定的，就不以肯定的态度对待别人。⑤信者逆信：刘昺在解释这句话时说："推己之信，谓人皆信，而诈者得容其伪也。"逆，接受，肯定。⑥诈者逆诈：刘昺在解释这句话时说："推己之诈，谓人皆诈，则信者或受其疑也。"⑦道：规律，方法，途径。⑧周物：符合客观事物的实际。此指符合所推想之人的心理。⑨益：增加，增大。

【译文】学习，是使人能够成材的途径。恕，是用自己的心推想别人心理的方法。而偏材的心性片面僵化地固守"恕"的训导不能灵活转变。即使教导他学习，他也会因学有所成而在实践中有所失误。即使训导他对人以恕，他也会用固定的心态来推想不同的人。如果他自己讲信，会认为所有的人都是诚信的，如果他自己讲诈，会认为所有的人都是诈伪的，所以学习没有掌握真正的规律，讲恕不能符合所推想的人的真正心理，这就更加增大了偏才之人的失误。

流业第三

【题解】

流业之"流"有两个意思：一个是源流之流，即德、法、术为各种才能的源头，在学习德、法、术时，由于所学者偏好不同，因而形成各种各样的人才，这就是"流"。另一个是品类的意思。刘昺在解释"流业"时说："流渐失源，其业各异"，这就是说，人才形成之流离开其源头越来越远的时候，就形成了各种不同的人才类型，概括起来有十二种：清节家、法家、术家、国体、器能、臧否、伎俩、智意、文章、儒学、口辩、雄杰。十二种类型又分别处于不同的品类，兼有德、法、术三种才干且三种才干比较完备的人才品第最高，兼具三才但程度稍差者次之，三才中只具备一二项者又次之。君主的任务，就是要根据他们的不同才能，把他们放到不同的位置去发挥他们的作用。

【原文】盖人流之业十有二焉①:有清节家②,有法家③,有术家④,有国体⑤,有器能⑥,有臧否⑦,有伎俩⑧,有智意⑨,有文章⑩,有儒学⑪,有口辩⑫,有雄杰⑬。

【注释】①业:志业,由志向所决定的事业或功业。刘昺在注释这句话时说:"性既不同,染习又异,枝流条别,各有志业。"②清节家:品德节操行为堪为世人楷模之人。③法家:战国时期的一个重要学派。经济上主张重农抑商,奖励耕战;政治上主张君主专制,运用术势,严刑峻法;思想上主张禁断百家,以法为教,以吏为师。主要代表人物有李悝、慎到、商鞅、申不害、韩非等人。④术家:善于运用奇谋妙策之人。刘昺在解释"术家"时说:"智虑无方。"即不按一定常规灵活地运用智谋。⑤国体:兼备清节家、法家、术家三者素质才能的国家栋梁人才。⑥器能:在德、法、术三方面略次于国体的人才。⑦臧否:褒贬,评论。此指具备清节家的品德,但心胸不宽,喜欢褒贬人物,评论是非的人。⑧伎俩:指虽然不能为国家制定长远的政策和策略,但有执行政策和策略技巧的人。⑨智意:指善于权变、深谙谋略、机智灵活的人。⑩文章:指文笔灿烂,能写文章的人。⑪儒学:传授儒家学说的人。⑫口辩:能言善辩之人。⑬雄杰:有胆有勇谋略过人之人。

【译文】人们由志向所决定的事业或功业有十二种:有清节家,有法家,有术家,有国体,有器能,有臧否,有伎俩,有智意,有文章,有儒学,有口辩,有雄杰。

【原文】若夫德行高妙①,容止可法②,是谓清节之家,延陵、晏婴是也③。建法立制,强国富人,是谓法家,管仲、商鞅是也④。思通道化⑤,策谋奇妙,是谓术家,范蠡、张良是也⑥。兼有三材,三材皆备,其德足以厉风俗⑦,其法足以正天下,其术足以谋庙胜⑧,是谓国体,伊尹、吕望是也⑨。兼有三材,三材皆微,其德足以率一国⑩,其法足以正乡邑⑪,其术足以权事宜,是谓器能,子产、西门豹是也⑫。兼有三材之别,各有一流,清节之流,不能弘恕⑬,好尚讥诃⑭,分别是非,是谓臧否,子夏之徒是也⑮。法家之流,不能创思远图,而能受一官之任,错意施巧⑯,是谓伎俩,张敞、赵广汉是也⑰。术家之流,不能创制垂则⑱,而能遭变用权,权智有余,公正不足,是谓智意,陈平、韩安国是也⑲。凡此八业,皆以三材为本。故虽波流分别,皆为轻事之材也⑳。能属文著述㉑,是谓文章,司马迁、班固是也㉒。能传圣人之业,而不能干事施政㉓,是谓儒学,毛公、贯公是也㉔。辩不入道而应对资给㉕,是谓口辩,乐毅、曹丘生是也㉖。胆力绝众㉗,才略过人,是谓骁雄,白起、韩信是也㉘。凡此十二材,皆人臣之任也,主德不预焉㉙。

【注释】①若夫:至于。用于句首或段落的开始,表示另提一事。②容止:仪容举止。法:效法。③延陵:即春秋时吴国人季札,吴王寿梦少子,亦称公子札,因被封于延陵,又称延陵季子。因其有贤德,其兄诸樊、余祭、夷昧都曾让君位给他,但季札均不接受。曾出使鲁国,在观赏周朝诗歌和乐舞时,借分析诗歌乐舞评论诸侯盛衰,很有影响。晏婴:春秋时夷潍(今山东高密)人,字平仲,齐国大夫,历齐灵公、庄公、景公三朝。厉行节俭,善于劝谏,谈锋机智,主张诛不避贵,赏不遗贱,重视发展农业生产。多次出使楚、晋、鲁等国,在当时各诸侯国中颇有影响。在《左传》《史记·管晏列传》《晏子春秋》中对其事

迹多有记载。④管仲:春秋初颍上(今安徽颍水畔)人,名夷吾,一称敬仲。初与鲍叔牙经商,齐襄公时与公子纠投奔鲁国,后经鲍叔牙推荐,被齐桓公任为卿相,在齐国进行政治经济改革,主张按土地肥瘠征赋,开发鱼盐之利,铸货币平物价,重视选拔人才。在他的辅佐下,齐国国力大增,成为春秋时的霸主。商鞅:战国时卫国人,公孙氏,名鞅,亦称卫鞅、公孙鞅、商君鞅、商君。喜好刑名之学,初为魏相公孙痤家臣,公孙痤死后入秦,以强国之术游说秦孝公,深被信任,任左庶长,先后实行两次变法,使秦国成为战国时最强大的国家。后迁任大良造,率军攻魏,俘获魏公子 。以功封于商(今陕西商州东南),号商君。孝公死后,遭到反对派的诬害,举兵反抗,兵败被俘,被车裂而死。⑤思通道化:思想与客观规律的变化相通。道化,指自然和社会规律的发展变化。⑥范蠡:春秋末楚国宛(今河南南阳)人,字少伯。与宛令文种为友,后一起进入越国,为越王勾践谋臣。越国被吴国打败后,随越王勾践入吴为质,三年后随勾践返越,帮助越王奋发图强,待机复仇。越国强大后,灭掉吴国,范蠡却离开越国到了齐国,称鸱夷子皮。后到陶(今山东定陶西北)改称陶朱公,通过经商成为巨富。其政治主张和经济思想在《国语》《吕氏春秋》《史记》等史籍中有记载。张良:秦朝末年人,字子房,出身韩国贵族,祖父与父亲相继为韩国卿相。秦灭韩后,图谋复国,倾家财寻求刺客,对秦始皇进行刺杀未遂,因而逃亡,在下邳隐名避祸,随从圯上老人学《太公兵法》。秦末参加陈胜、吴广起义,后归附刘邦,成为其手下重要谋士。刘邦进入关中后,曾劝其不要贪恋宫室,又在项羽的鸿门宴中为刘邦解危。楚汉战争中,主张争取英布、彭越、韩信,连兵破楚,反对郦食其分封六国之后的主张。刘邦建国后,被封为留侯,在劝刘邦定都关中、册立太子等问题上均起重要作用。⑦厉风俗:勉励好的社会风气习俗。⑧谋庙胜:谋划朝廷预先制定的克敌制胜的谋略。《尉缭子·战威》:“刑如未加,兵未接,而所以夺敌者五:一日庙胜之论。……”⑨伊尹:商初重要谋臣,名尹,一说名挚,尹是官名。初在有莘国为奴,成汤娶有莘氏女,伊尹作为陪嫁入商。成汤发现其才,提拔重用,后委之以国政。先后帮助成汤灭掉葛、昆吾等小国,后打败夏桀,建立商朝。吕望:又称太公望、吕尚、师尚父,俗称姜太公、姜子牙。西周开国大臣,姜姓,名尚,字子牙。周文王遇之于渭水之阳,以之为师。文王死后,继续辅佐武王,在灭商建周中功绩卓著,故西周建立后被封于营丘,为齐国的开国之君。⑩率一国:为一国的表率。⑪正乡邑:纠正基层社会中的不良风气习俗。乡邑,上古时指乡里,秦汉以后多指县以下的小镇。此泛指基层社会。⑫子产:春秋时郑国人,名侨,字子产,又字子美。郑穆公之孙,公子发之子,因此又称公孙侨,也称国侨。因其居于东里,也称东里子产。任郑国卿、少正等职,执掌国政期间,锐意改革,作丘赋,铸刑书,举贤用能,保护乡校,把郑国治理得井井有条,死后被孔子称为“古之遗爱”。西门豹:战国时魏国大臣,姓西门,名豹。魏文侯时任邺县县令,到任后废除当地为河伯娶妇的陋习,移风易俗。主张藏粮于民,寓兵于农,示民以信。在任期间,开凿十二渠,引漳河灌溉农田。他为官清廉,不取个人秋毫之私利。据说他为人性急,常佩韦以自缓。⑬弘恕:宽容,宽大。⑭讥诃:讥

笑责备非难。⑮子夏：春秋末晋国温（今河南温县西南）人，姓卜，名商，字子夏，孔子弟子，列于孔门文学之科。主张“仕而优则学，学而优则仕”“博学而笃志，切问而近思”。要求国君研读《春秋》，以史为训。提出尊贤轻色，事亲竭力，事君尽忠，交友守信。因主张大德不可越轨，小德可有出入，被孔子批评为守礼不严。孔子死后到魏国西河讲学，魏文侯师事之。李悝、吴起、商鞅都是他的学生。⑯错意施巧：着意施展实现自己意图的技巧。错意，在意，着意。错，通“措”。巧，指实现自己意图的技巧。⑰张敞：西汉河东平阳（今山西临汾西南）人，字子高。汉昭 帝时任太仆丞，因切谏昌邑王而出名。历任豫州刺史、太中大夫、平尚书事、山阳太守、胶东相、守京兆尹、冀州刺史、守太原太守等职。整顿京师治安颇有成效。赵广汉：西汉涿郡蠡吾（今河北博野西南）人，字子都。历任州从事、平准令、阳翟令、京辅都尉、守京兆尹、颍川太守等职。在颍川太守任上，惩治郡中豪强，郡中震栗。在京兆尹任上精于吏职，为汉兴以来治理京兆最有成绩者。霍光死后，摧辱霍氏及贵戚大臣，无所回避。后因上书告发丞相魏相，被司直萧望之弹劾，死于腰斩之刑。⑱垂则：垂示法则。《汉书·外戚传下·孝成许皇后》：“垂则列妾，使有法焉。”颜师古注：“言垂法于后宫，使皆遵行也。” ⑲陈平：秦末阳武（今河南原阳东南）人。出身贫寒，喜黄老之术。秦末天下大乱，先后事魏王咎、项羽，随项羽入关破秦。后归顺刘邦，为刘邦重要谋士。屡向刘邦进献奇策，如离间项羽君臣、解平城之围、计擒韩信等等。历任都尉、亚将、护军中尉等，先后被封为户牖侯和曲逆侯。惠帝时又历任郎中令、左、右丞相。诸吕专权时，以不理政事纵情酒色伪装自己。吕后死，与太尉周勃合谋诛灭诸吕，迎立文帝。韩安国：西汉梁国睢阳（今河南商丘南）人，字长孺。初在梁王手下任中大夫，平定吴楚七国乱有功，任梁内史。汉武帝时任北地都尉、大司农、御史大夫、护军将军等职。性贪财嗜利，但不嫉贤妒能，举荐人才，因此被士人所称。丞相田 死后，一度以御史大夫行丞相事，后因病免职。后历任中尉将军、卫尉将军、材官将军等职，因将屯失亡多，被武帝所责，忧郁而死。⑳轻事：轻而易举地完成职责分内的事情。㉑属文：撰写文章。《文选·文赋》：“每自属文，尤见其情。”李善注：“属，缀也。”缀即组织文字以成篇章之意。㉒司马迁：西汉左冯翊夏阳（今陕西韩城南）人，字子长。少年随父读书，又从董仲舒、孔安国学《春秋》《尚书》。十二岁出游，足迹遍于湖北、湖南、江西、浙江、江苏、山东、河南等地。后任郎中，随汉武帝巡游到过陕西、山西、甘肃、内蒙古等地，又奉命出使四川、云南等地，积累了丰厚的阅历。父亲死后，继承父亲遗志，继续著史。汉武帝元封三年（前108）任太史令，阅读皇室藏书，搜集史料。天汉三年（前97），因替投降匈奴的李陵辩解，被下狱中，遭受腐刑。出狱后忍辱发奋，继续撰述，写成我国第一部纪传体的通史《史记》。班固：东汉扶风安陵（今陕西咸阳东北）人，字孟坚，班彪之子。十六岁入洛阳太学，二十三岁父死，归乡里，潜心撰述史书。后被人诬告私改国史，入狱。其弟班超辨明其冤，乃被释出狱，任兰台令史，撰述东汉开国以来的史事。先与陈宗等人共同撰成《世祖本纪》，迁为典校秘书后，又自撰功臣、平林、新市、公孙树等列传、载记二十八篇。

后受明帝之命，撰成起自高祖刘邦终于王莽的《汉书》。章帝时官迁玄武司马，撰成《白虎通义》。和帝时随窦宪出击匈奴，窦宪失事自杀，班固受牵连入狱而死。㉓干事：参与军政国事。㉔毛公：相传为西汉鲁（治今山东曲阜）人，一说为赵（今河北邯郸西南）人，名亨，河间献王博士，时人称为大毛公，以别于传承其学的小毛公毛苌。作《毛诗故训传》三十卷，开创一派《诗经》古文学。贯公：即贯长卿。西汉学者，赵人，古文学派毛诗派的传人，《汉书·儒林传》中有载。㉕资给：天资聪敏，伶俐善辩。㉖乐毅：战国时陵寿（今河北灵寿西北）人，魏将乐羊的后代。燕昭王时入燕，任亚卿。以上将军之任率燕、赵、魏、韩、秦五国军队伐齐，大败齐军。又率燕军独进，攻破齐国城邑七十多座，一直打到齐国首都临淄，因功被封为昌国君。燕昭王死后，继位的燕惠王中田单的反间计，罢黜乐毅，乐毅遂出奔赵国，受封于观津，号望诸君。后燕惠王有悔意，派人召之，乐教不肯应召，在赵国终老。曹丘生：秦末辩士，楚人，依附贵人，利用贵人权势向人请托金钱。与贵人赵同、窦长君关系好。曹丘生想结识将军季布，请窦长君给季布写信介绍自己。窦长君说："季将军不喜欢你，你不要去见他。"曹丘生坚持要见，窦长君只好写信先给季布送去。季布见信果然大怒，等待曹丘生的到来。曹丘生到后，对季布说："我是楚人，您也是楚人。楚地有一句谚语'得黄金百，不如季布一个许诺'。您为什么在楚地会有这样的名声呢？是因我的游走宣扬的结果，难道您不念及这些吗？怎么对我这样深加拒绝呢？"季布听后，非常高兴，便把他留下，奉为上宾。㉗绝：超过。南朝宋鲍照《代朗月行》："鬓夺卫女迅，体绝飞燕光。"㉘白起：战国时眉（今陕西眉县东）人，一称公孙起，著名军事家。秦昭王时任左庶长、左更、大良造。率军打破韩魏联军于伊阙，进攻魏国攻陷六十一城，进攻楚国东进至竟陵，南进至洞庭湖一带，以功封武安君。秦昭王四十七年（前260），在长平大败赵军，坑杀赵军降卒四十余万。后与相国范雎有矛盾，被免为士伍，在阴密被迫自杀。韩信：秦汉著名军事家。淮阴（今江苏淮阴南）人，早年家贫，秦末参加项梁、项羽的反秦武装，因不被重用，后离开项羽投奔刘邦。开始不被刘邦重用，由于萧何保举，拜大将军。楚汉战争中先后定魏，击代、赵，降燕，破齐，垓下决战，打败项羽，战功卓著。先被封为齐王，后被徙为楚王，又因为被人诬告谋反，贬为淮阴侯。陈豨反叛后，韩信与之暗通消息，其舍人又告发他准备发兵袭击吕后及太子，被吕后与萧何设计杀害。㉙主德：指善于使用各种人才的君主。

【译文】至于德行高尚美好，仪容举止可以被众人效法的，这种人可称之为清节家，吴国延陵季子、齐国晏婴就是这样的人物。建立法律和制度，使国家强大人民富裕，这种人可称之为法家，齐国管仲、秦国商鞅就是这样的人物。思想与客观规律的变化相通，所谋划计策奇诡绝妙，这种人可称之为术家，越国范蠡、汉朝的张良就是这样的人物。兼有德、法、术三种才干，三种才能又比较完备的，其品德足以勉励好的社会风气和习俗的建立，其法律足以匡正天下歪风邪气，其谋术足以谋划朝廷预先制定的克敌制胜的谋略，这种人可称之为国体，殷商的伊尹、西周的吕望就是这样的人物。兼有德、法、术三种才干，而三种才干却都稍差前者，其品德足以为一国的表率，其法律足以匡正基层社会，其谋术足以应变各种事物，这种人可称之为器能，郑国的子产、魏国的西门豹就是这样的人物。兼有三种才干的某两项，并且各自有自己的流派，在清节家流派中，不能宽宏大量，喜欢对人讥笑责备非难，分辨谁是谁非，这种人可称之为臧否，子夏之流就是这样的人物。在法家流派中，不能创新思虑建立长远规划，但能在具体官位上胜任，着意施展实现自己意图的技巧，这种人可称之为伎俩，汉朝张敞、赵广汉就是这样的人物。术家的流派中，不能创建制度垂示法则，但能在情况变化的时候想出具体的应变策略，权变智谋有余，公平端正不足，这种人可称之为智意，汉朝陈平、韩安国就是这样的人物。凡此八类人才，都是以德、法、术三种才能作为根本。所以虽然这些人的流派不同，但都是能够轻而易举地完成职责分内的事情的人才。能撰写文章著书立说，这种人可称之为文章，汉朝司马迁、班固就是这样的人物。能传承圣人的事业，而不能参与国事实施政事，这种人可称之为儒学，汉朝毛公、贯公就是这样的人物。辩论的方法和语言不合正道但却语言丰富应对自如，这种人可称之为口辩，燕国乐毅、汉代曹丘生就是这样的人物。胆量勇力超过众人，才能谋略高于众人，这种人可称之为骁雄，白起、韩信就是这样的人物。上述十二种人才，都是在臣子的位置上，善于使用各种人才的君主不包括其内。

【原文】主德者，聪明平淡，总达众材[①]，而不以事自任者也。是故主道立，则十二材各得其任也。清节之德，师氏之任也[②]。法家之材，司寇之任也[③]。术家之材，三孤之任也[④]。三材纯备，三公之任也[⑤]。三材而微，冢宰之任也[⑥]。臧否之材，师氏之佐也[⑦]。智意之材，冢宰之佐也。伎俩之材，司空之任也[⑧]。儒学之材，安民之任也。文章之材，国史之任也[⑨]。辩给之材，行人之任也[⑩]。骁雄之材，将帅之任也。是谓主道得而臣道序，官不易方[⑪]，而太平用成[⑫]。若道不平淡与一材同用好[⑬]，则一材处权[⑭]，而众材失任矣。

【注释】①总达：统领提拔。②师氏：官名。西周时设置，官位尊显，负责教育贵族子弟。《周礼·地官·司徒》说："师氏，中大夫。"郑玄注："师，教人以道者之称也。"孔颖达疏："以其教国子有道艺，故使中大夫尊官为之也。"③司寇：官名。夏朝始置，商、周、春秋战国沿置。国君重要辅佐大臣之一。春秋鲁、宋等国设大司寇、少司寇，郑国有野司寇，战国时有的称邦司寇。主管刑狱缉盗，督造兵器。④三孤：官名。即三少。《尚书·周官》记载："少师、少傅、少保曰三孤。"辅助太师、太傅、太保辅弼君王，地位比公低比卿高。⑤三公：官名。周朝为最高辅政大臣的合称，或指太师、太傅、太保，或指司徒、司马、司空。西汉成帝元和午间，以丞相、大司马、御史大夫同为宰相，合称"三公"。东汉改名为太尉、司徒、司空，亦称"三司"。位高禄厚，权力极大。⑥冢宰：相传为殷、周辅政大臣，位居百官之首。《尚书·伊训》说："百官总己以听冢宰。"《礼记·檀弓下》说："古者天子崩，王世子听于冢宰三年。"春秋战国时泛指执掌国政的大臣。⑦佐：指次一等，处于陪同地位者。《史记·孝武本纪》："天神贵者泰一，泰一佐日五帝。"⑧司空：官名。相传为殷商辅政大臣之一。西周时为"三公"之一。西汉成帝时改御史大夫为大司空，东汉光武帝

初改为司空，均为“三公”之一。以后各朝多有变化。⑨国史：负责撰写国史的官员。⑩行人：官名。《周礼·秋官》属官有大行人、小行人，掌迎送接待宾客。春秋战国各国多设行人，掌朝觐聘问。秦、西汉初有行人令，为大行令属官，负责接待少数民族宾客。两汉以后常设，担任出使聘问之事。⑪官不易方：官不改变为官之道。方，道理，常规。《周易·恒》：“君子以立不易方。”⑫太平用成：太平盛世因此建成。用，因此。⑬与一材同用好：刘昺在解释这句话时说：“譬大匠善规，惟规之用。”意思是偏好某种才能。⑭处权：当权。

【译文】主德，就是聪明平淡，统领提拔众多人才，而不是亲自担当起处理日常事务的工作。所以主德之道确立，那么上述十二种人才就能各自按照才能得到任用。具备清节家品德的人，被放到官位尊显的师氏位置上。具备法家才能的人，被放到主管刑狱的司寇的位置上。具备谋划才能的人，被放到三孤的位置上。德、法、术三才具备的人，被放到三公的位置上。三才具备但比前者稍差的，被放到冢宰的位置上。褒贬人物评论是非的人，其地位比师氏要低一等。善权变智谋的人，其地位比冢宰要低一等。能在具体官位上胜任的人，被放在司空的位置上。具有传播圣人之业才能的人，被放到安抚百姓的位置上。具有撰写文章才能的人，被放到国史的位置上。具有论辩才能的人，被放到行人的位置上。骁勇雄悍的人，被放到将帅的位置上。这就叫作主德之道确立为臣之道井然有序，当官的不改变为官之道，太平盛世因此就建立了。如果主德之道不是平静中庸而是偏好某种才能，那么就会使具有某种才能的人得势，而其他众多的人才就不会被任用了。

材理第四

【题解】

本章讨论关于人才与道理的关系。道理在它处在纯理论形态时，分为关于万物发展变化规律的道理、关于人事的道理、关于“义”的道理、关于性情的道理。概括起来就是道理、事理、义理、情理。而当人们去探讨这些道理的时候，即使他们有纯正畅达的性情也会产生九种偏颇。至于性情不够纯正畅达的则会有七种似是而非的表现。在互相争辩道理的时候，还会产生三种失误和六种造成纠纷的情况。之所以如此，是因为他们是“偏才”，只有同时具备“聪能听序”“思能造端”“明能见机”“辞能辩意”“捷能摄失”“守能待攻”“攻能夺守”八种才能，才能通晓天下至理，因而被称为“通才”。

【原文】夫建事立义，莫不须理而定[①]。及其论难，鲜能定之[②]。夫何故哉？盖理多品而人才异也[③]。夫理多品，则难通。人材异，则情诡[④]。情诡难通，则理失而事违也。

【注释】①理：道理，事理。《周易·坤》：“君子黄中通理。”孔颖达疏：“黄中通理者，

以黄居中,兼四方之色,奉承臣职,是通晓物理也。”②鲜:少。③品:种类。④诡:差异,不同。《淮南子·说林训》:“水虽平,必有波;衡虽正,必有差;尺寸虽齐,必有诡。”高诱注:“诡,不同也。”

【译文】办成一件事情确立一种观点,全都需要道理的支持才能确定。然而在讨论辨明道理的时候,却很少能有定论。这是什么原因呢?这是因为道理的种类很多而且人才也各有不同的缘故。道理的种类很多,就很难讲通。人才各有不同,则性情就有差别。性情有差别道理难讲通,就会发生道理有失,事与愿违的现象。

【原文】夫理有四部①,明有四家②,情有九偏③,流有七似④,说有三失⑤,难有六构⑥,通有八能。

【注释】①理有四部:即下面所说道理、义理、事理、情理。②明有四家:即四种道理的外在表现。明,公开,明显。此指外在表现。③偏:片面,偏失。④流有七似:刘昺在解释这句话时说:“似是而非,其流有七。”似,即似是而非。⑤说有三失:刘昺在解释这句话时说:“词胜理滞,所失者三。”说,即指能言善辩但于理不通。⑥构:构成。

【译文】道理有四种,因而产生外在的表现有四种,人的性情偏颇有九种,似是而非的现象有七种,在论说中造成的失误有三种,在非难中所构成的情绪有六种,兼通天下之理需要有八种能力。

【原文】若夫天地气化①,盈虚损益,道之理也②。法制正事③,事之理也。礼教宜适④,义之理也⑤。人情枢机⑥,情之理也。

【注释】①气化:中国古代哲学术语。指阴阳之气化生万物。宋张载《正蒙·太和》:“由太虚,有天之名;由气化,有道之名。”意谓“道”是物质变化的过程。②道:世间万物发展变化的规律。③正事:政事。正,通“政”。④礼教宜适:刘 在解释这句话时说:“以理教之,进止得宜。”意思是用万物发展变化的道理教育人们,使他们的行动适合时宜。⑤义:符合社会道德的思想和行为。⑥枢机:《周易·系辞上》:“言行,君子之枢机。”后因以“枢机”喻言语。刘 在解释这句话时说:“观物之情,在于言语。”

【译文】至于天地阴阳之气所化成的万物,有消长盈亏的变化,这是世间万物发展变化规律的道理。以法律制度治理政事,这是关于人事的道理。用万物发展变化的道理教育人们使他们的行动适合时宜,这是关于义的道理。通过观察人的语言了解性情,这是关于性情的道理。

【原文】四理不同,其于才也,须明而章①,明待质而行②。是故质于理合,合而有明,明足见理③,理足成家。是故质性平淡,思心玄微④,能通自然,道理之家也。质性警彻⑤,权略机捷⑥,能理烦速⑦,事理之家也。质性和平,能论礼教,辩其得失,义礼之家也。质性机解⑧,推情原意⑨,能适其变,情理之家也。

【注释】①须明而章:依靠外部表现而彰显。章,彰显。②质:指人的先天资质。③见:同“现”。④玄微:玄远,微妙。⑤警彻:敏锐透彻。⑥机捷:机智敏捷。⑦烦速:繁杂

急迫的事务。⑧机解:机敏聪颖有悟性。⑨推情原意:推想性情追溯本意。原,同“源”。

【译文】四种道理各不相同,对于人才来说,四理必须依靠其外部表现才能彰显,而外部表现是依赖于内部资质的。所以人才的资质与道理相吻合,吻合了就会有其外部表现,外部表现充分了道理也就体现出来了,道理充分了就形成了一家之理。所以资质平和恬淡,思考玄远微妙的事物,与自然相通,就是道理之家的表现。资质敏锐观察透彻,灵活有谋机智敏捷,能处理繁杂急迫的事务,就是事理之家的表现。资质性情温和平缓,能论说道理教化,论说其中的得失,就是义理之家的表现。资质性情机敏聪颖有悟性,推想性情追溯本意,适应情意的变化,就是情理之家的表现。

【原文】四家之明既异,而有九偏之情。以性犯明[①],各有得失。刚略之人,不能理微,故其论大体,则弘博而高远;历纤理[②],则宕往而疏越[③]。抗厉之人,不能回挠[④],论法直[⑤],则括处而公正[⑥];说变通,则否戾而不入[⑦]。坚劲之人,好攻其事实,指机理[⑧],则颖灼而彻尽[⑨];涉大道,则径露而单持[⑩]。辩给之人,辞烦而意锐,推人事,则精识而穷理[⑪];即大义,则恢愕而不周[⑫]。浮沉之人[⑬],不能沉思,序疏数[⑭],则豁达而傲博[⑮];立事要,则爁炎而不定[⑯]。浅解之人[⑰],不能深难,听辩说,则拟锷而愉悦[⑱];审精理,则掉转而无根[⑲]。宽恕之人,不能速捷,论仁义,则弘详而长雅[⑳];趋时务,则迟缓而不及。温柔之人,力不休强[㉑],味道理,则顺适而和畅;拟疑难[㉒],则濡懦而不尽。好奇之人,横逸而求异[㉓],造权谲,则倜傥而瑰壮[㉔];案清道,则诡常而恢迂[㉕]。此所谓性有九偏,各从其心之所可以为理[㉖]。

【注释】①犯:进攻,伤害。刘昺在解释“以性犯明,各有得失”时说:“明出于真,情动于性,情胜则明蔽,故虽得而必丧也。”②历:审视,察看。班彪《王命论》:“历古今之得失,验行事之成败。”③宕往:豪纵不羁。疏越:疏忽遗漏。④回挠:屈服。⑤论法直:论说法律所适用的地方。直,同“置”,放置,安置。此处的意思是“把法律放置在……地方”,意即“法律所适用的地方”。⑥括处:即执法审察刑狱。括,法。扬雄《法言·修身》:“其为中也弘深,其为外也肃括,则可以 身矣。”李轨注:“括,法也。”处,审察。⑦否戾:即乖戾、悖谬,不合情理。⑧机理:事物变化的道理。⑨颖:尖锐。灼:鲜明。⑩径露:直截了当。单持:所持义理单薄。刘昺在解释这句话时说:“言切则义少。”⑪穷:尽。⑫恢愕:恢廓直率。不周:不齐全,不周到。⑬浮沉之人:性情浮躁不沉稳的人。浮沉,偏指浮躁不沉稳。⑭疏数:疏密,远近,亲疏。⑮傲博:此指范围广大。傲,同“敖”,游走。⑯爁炎:火焰飘动的样子。⑰浅解之人:理解问题肤浅的人。⑱拟锷:类似锋利的剑刃。锷,刀剑的刃。《庄子·说剑》:“天子之剑,以燕溪石城为锋,齐岱为锷,晋魏为脊,周宋为镡,韩魏为夹。”把别人的辩说看作像剑刃一样犀利。⑲掉转而无根:颠三倒四没有根据。⑳弘详:宽宏和顺。详,通“祥”,和顺。《左传·成公十六年》:“德、刑、详、义、礼、信,战之器也。”杨伯峻注:“祥、详两字本可通假。祥即事鬼神之应有态度,顺也,善也。”㉑休强:盛美强壮。㉒拟疑难:决断处理疑难问题。拟,指向。㉓横逸:纵横奔放。㉔倜傥:卓异,不同寻常。瑰壮:瑰丽雄壮。㉕恢迂:迂阔,不切实际。㉖各从其心之所可以为理:刘昺在解释这

句话时说："心之所可以为理"，即把自己心中认为是对的东西作为普遍适用的道理。

【译文】四家的外部表现已经不相同，由此又产生了九种性情的偏颇。因性情侵扰而使外部表现受到损害，就使四家各有失有得。性情刚烈粗犷的人，不能处理细微的事，所以他在论说事物概貌时，会显得博大而高远；而在审察细微的道理时，则会豪纵不羁疏忽遗漏。性情高尚严正的人，不能屈服折节，论说法律所适用的地方时，会执法审察刑狱公正不偏；而在谈论灵活变通方面，则会出现悖谬不合情理。性情坚定强劲的人，喜好钻研具体事务的真实情况，在谈论具体事物变化的道理时，敏锐鲜明而明白透彻；而在谈论宏观道理时，则直截了当所持义理单薄。能言善辩之人，语词丰富而情意急切，推断人事时，会见识精深道理深透；而在碰到大的道理时，则恢廓直率而不周到。性情浮躁不沉稳的人，不能深入思考，排列疏密远近亲疏顺序时，会豁达范围广大；而确立事物的关键时，则会像火焰一样飘忽不定。理解问题肤浅的人，不能深刻地问难，听到别人的辩说时，会认为得到像剑刃一样犀利语言而心怀喜悦；而在审察精深的道理时，就会颠三倒四没有根据。性情宽厚能体察别人心理的人，不能迅速敏捷地反应，谈论仁义时，会宽宏和顺高尚文雅；追赶时务潮流时，则会迟缓而落后。性情温柔的人，力量不强壮，体味道理时，会顺应适合平和顺畅；决断处理疑难问题时，则会软弱迟疑犹豫不决。好标新立异的人，纵横奔放追求新奇，制造权谋实行诡诈时，会不同寻常瑰丽雄壮；按照清静无为之道做事时，则会违反常规不切实际。这就是人们所说的性情的九种偏颇，他们分别把自己心中认为是对的东西作为普遍适用的道理。

【原文】若乃性不精畅①，则流有七似。有漫谈陈说②，似若流行者③。有理少多端，似若博意者④。有回说合意⑤，似若赞解者⑥。有处后持长⑦，从众所安，似能听断者。有避难不应，似若有余而实不知者。有慕通口解⑧，似悦而不怿者⑨。有因胜情失⑩，穷而称妙，跌则掎跖⑪，实求两解，似理不可屈者。凡此七似，众人之所惑也。

【注释】①精畅：纯正畅达。②陈说：旧理论。③流行：指正在盛行的学说。④博意：含义宏大广博。⑤回说合意：附和别人的意思进行答复。⑥似若赞解：表面上称赞别人说得好，心里对别人所说并不理解。刘昺在解释这句话时说："外佯称善，内实不知。"⑦处后持长：在别人谈论后发表意见，持赞许态度。长，正确，引申为赞许。⑧慕通口解：仿效那些精通道理的人马上说出。慕，仿效。⑨似悦而不怿者：好像因明白而高兴实际上并没明白。刘昺在解释这句话时说："有似于解者，心中慢慢不能悟。"⑩因：往，趋赴。《国语·郑语》："公曰：'谢西之九州，何如？'对曰：'其民沓贪而忍，不可因也。'"韦昭注："因，就也。"⑪跌则掎跖：刘昺在解释这句话时说："理已跌矣，而强牵据。"掎跖，勉强坚持以为依据。

【译文】至于那些性情不纯正畅达的人，则有七种似是而非的表现。有的人大谈陈旧的学说，好像他的学说时下正在盛行。有的人道理并不充分却涉及广泛，好像其学说含义宏大广博。有的人符合别人的意思进行答复，表面上称赞别人说得好，心里对别人所

说并不理解。有的人在别人谈论后发表意见,持赞许态度,顺从众人认为可靠的观点,好像能判断谁是谁非。有的人实际上并不明白别人所说,但假装加以轻视不予回应,好像已经知道,但实际上并非如此。有的人仿效那些精通事理的人马上加以回应,好像因有所悟而显出高兴的样子,实际上并不高兴。有的人因追求在论辩中取胜而失去常情,已经词穷还自以为妙而难以尽意,理已屈还勉强坚持以为依据,理屈词穷心里想着和对方停止辩论,而嘴上却滔滔不绝地说,让旁听的人认为他并没有被说服。以上七种似是而非的表现,往往让众人迷惑,分辨不清。

【原文】夫辩有理胜,有辞胜。理胜者,正白黑以广论[①],释微妙而通之。辞胜者,破正理以求异,求异则正失矣。夫九偏之材,有同、有反、有杂。同则相解,反则相非,杂则相恢[②]。故善接论者,度所长而论之[③]。历之不动,则不说也。傍无听达,则不难也。不善接论者,说之以杂反[④]。说之以杂反,则不入矣。善喻者,以一言明数事。不善喻者,百言不明一意。百言不明一意,则不听也。是说之三失也。

【注释】①正:辨别,区分。②恢:宏大宽广。此引申为相容。③度:推测。④杂反:论点混杂相反。

【译文】辩论有以道理取胜,有以言辞取胜。以道理取胜的,辨别黑白是非以使自己的理论得到推广,解释微妙的道理使别人通晓明白。以言辞取胜的,打破正理求得异说,追求异说则就失去了正理。九种性情偏颇的人才,其性情有同、反、杂三种。性情同的则会与别人的观点融为一体,性情反的就会与别人的观点互相非难,性情杂的则能容纳别人的观点。所以善于和别人交谈的,会忖度对方的长处而与之谈论。自己的意见不能说动对方,就暂时不说。旁边没有通达的人听,就不提出非难了。不善于和别人交谈的,用混杂相反的论点和别人论说,用混杂相反的论点与别人论说,就会与对方的想法格格不入。善于开导别人的,能用很少的语言说明很多的事情。不善于开导别人的,说很多话也说不明白一个意思。说很多话也说不明白一个意思,别人就不会听了。这是论说方面的三个失误。

【原文】善难者,务释事本[①]。不善难者,舍本而理末。舍本而理末,则辞构矣[②]。善攻强者,下其盛锐[③],扶其本指[④],以渐攻之[⑤]。不善攻强者,引其误辞,以挫其锐意。挫其锐意,则气构矣[⑥]。善蹑失者[⑦],指其所跌。不善蹑失者,因屈而抵其性[⑧]。因屈而抵其性,则怨构矣[⑨]。或常所思求,久乃得之。仓卒谕人,人不速知,则以为难谕。以为难谕,则忿构矣[⑩]。夫盛难之时[⑪],其误难迫[⑫]。故善难者,征之使还。不善难者,凌而激之[⑬],虽欲顾藉,其势无由。其势无由,则妄构矣[⑭]。凡人心有所思,则耳且不能听。是故并思俱说,竞相制止,欲人之听己,人亦以其方思之故,不了己意,则以为不解。人情莫不讳不解,讳不解,则怒构矣[⑮]。凡此六构,变之所由兴也[⑯]。

【注释】①务释事本:致力于抓住根本而舍去末节。刘昺在解释这句话时说:“每得理而止住。”事,治理。《淮南子·原道训》:“万物固以自然,圣人又何事焉?”高诱注:“事,

治也。"②辞构:构成了言词烦冗,废话连篇。③下其盛锐:使其盛锐之气减低。④扶其本指:顺着他本来的意旨。指,通"旨"。⑤渐:逐步。⑥气:生气。此指通过说话和脸色表现出来的生气情绪。⑦蹑:同"摄",提起,拿住。⑧因屈而抵其性:趁他理屈的时候进一步挤压使他受挫。⑨怨:怨恨,比生气更强烈的情绪。刘昺在解释这句话时说:"非徒声色而已,怨恨逆结于心。"⑩忿:愤怒,比怨恨更激烈的情绪。刘昺在解释这句话时说:"非徒怨恨,遂生忿争。"⑪盛难之时:气盛而出现语言错误的时候。刘昺在解释这句话时说:"气盛词误。"⑫其误难迫:其错误应该回避,不要进一步逼迫。迫,逼近,逼迫。⑬凌而激之:侵犯欺侮他使他的反应更激烈。⑭妄:胡乱,随便。此指随意乱说,恣意诋毁。刘昺在解释这句话时说:"妄言非訾,纵横恣口。"⑮怒:比忿更强烈的情绪。刘昺在解释这句话时说:"不顾道理是非,于其凶怒忿肆。"⑯兴:发生。

【译文】善于辩驳的人,致力于抓住根本而舍去末节。不善于辩驳的人,则舍去根本而去注意末节。舍去根本而去注意末节,则就构成了言词烦冗,废话连篇的情形。善于战胜强大对手的人,先使对手的盛锐之气减低,然后顺着他本来的意旨,逐步地批驳他。不善于进攻强大对手的人,往往找出对手语言上的失误,以此来挫败他的锐气。用这样的方法挫败对手的锐气,就会使他说话和表情都显出生气的情绪。善于利用对手过失的人,当对手出现失误时,对着他的失误不去进逼。不善于利用对手过失的人,趁他理屈的时候进一步挤压使他受挫。趁他理屈的时候挤压他,则会使他在心里结成怨恨的情绪。有的人自己常常思考寻求道理,经过很长的时间才有所发现。然而他却让别人马上接受这个道理,别人不能马上接受,就以为别人难以理喻。把别人看作是难以理喻的人,别人就会因愤怒而与之争辩。当别人气盛而出现语言错误的时候,对其错误应该回避,不要进一步逼迫。所以善于对待别人语言错误的人,指出他的错误却让他有挽回的余地。不善于对待别人语言错误的人,会借此侵犯欺侮他,使他做出更激烈的反应,对手即使顾念爱惜自己的面子,但却无法挽回。无法挽回,就会使他随意乱说,恣意诋毁。大凡人在思考问题的时候,往往不能同时听到别人在说什么。所以在别人思考的同时去和他谈话,制止别人的谈话,只想让人家听自己的,别人因为正在思考的缘故,没有听进去,就以为人家不了解自己的意图。忌讳别人说不了解是人之常情,因为忌讳别人说自己不了解,便造成了无比愤怒的情绪。由于上边所说的六种情况,谈话中的纠纷便由此产生了。

【原文】然虽有变构,犹有所得。若说而不难,各陈所见,则莫知所用矣[1]。由此论之,谈而定理者,眇矣[2]。必也聪能听序[3],思能造端[4],明能见机[5],辞能辩意,捷能摄失,守能待攻,攻能夺守[6],夺能易予[7]。兼此八者,然后乃能通于天下之理。通于天下之理,则能通人矣。不能兼有八美,适有一能[8],则所达者偏,而所有异目矣[9]。

【注释】①莫知所用:不知道哪种道理是有用的。②眇:盲目。③序:次序。此指听出声音大小的差别,排出此次序。④造端:开始,开端。《中庸》:"君子之道,造端乎夫妇;及其至也,察乎天地。"孔颖达疏:"言君子行道,初始造立端绪,起于匹夫匹妇之所知所行

者。”⑤见机:从事物细微的变化中预见其先兆。《周易·系辞下》:“君子见几而作,不俟终日。”机,通“几”,指事物的迹象、先兆。《周易·系辞下》:“几者,动之微,吉之先见者也。”⑥夺:压倒,胜过。⑦易予:(在辩论中)改变对方认可(的观点)。予,认为,认可。刘昺在解释这句话时说:“以子之矛,易子之盾,则物主词穷。”⑧适有一能:只有一种才能。适,通“啻”,仅仅。《战国策·秦策二》:“疑臣者不适三人,臣恐王之为臣投杼也。”高诱注:“适音翅。”鲍彪注:“适啻同。”⑨异目:各自以偏才建立自己的名声。刘昺在解释这说话时说:“各以所通,而立其名。”

【译文】然而在辩说中虽有各种情绪的变化构成,最终还是要以确定的真理来取得成功。如果只有述说而没有辩论质疑,只是各自陈述自己的意见,就不知道哪种道理是可用的了。因此可以说,泛泛而谈没有辩论而确定的道理,是盲目的。必须做到听力敏锐得能分辨声音大小细微的差别,思虑深远得能够追溯到事物的开端,眼光敏锐得能够察觉到事物变化的先兆,言辞巧妙得能够表达心中的想法,处事敏捷得能够弥补一时的失误,防守坚强得能够挡住强敌的进攻,进攻凌厉得能够战胜严密的防守,争夺巧妙得能够用对方的弱点制服对方。同时具备这八种能力,然后才能通晓天下的道理。通晓天下的道理,就能够透彻地了解人了。不能够同时具备八种才能,而只有一种才能,所获得的成就是偏颇的,而且是各自以偏才建立自己名声的。

【原文】是故聪能听序,谓之名物之材①。思能造端,谓之构架之材②。明能见机,谓之达识之材。辞能辩意,谓之赡给之材。捷能摄失,谓之权捷之材③。守能待攻,谓之持论之材④。攻能夺守,谓之推彻之材⑤。夺能易予,谓之贸说之材⑥。通材之人,既兼此八材,行之以道。与通人言,则同解而心喻。与众人言⑦,则察色而顺性。虽明包众理,不以尚人⑧。聪睿资给,不以先人⑨。善言出己,理足则止。鄙误在人,过而不迫。写人之所怀⑩,扶人之所能。不以事类犯人之所 ⑪,不以言例及己之所长⑫。说直说变⑬,无所畏恶。采虫声之善音,赞愚人之偶得。夺与有宜,去就不留⑭。方其盛气⑮,折谢不吝⑯。方其胜难,胜而不矜。心平志谕,无适无莫⑰,期于得道而已矣⑱。是可与论经世而理物也⑲。

【注释】①名物:辨明物理。汉董仲舒《春秋繁露·实性》:“《春秋》别物之理以正其名,名物必各因其真。”②构架:结架材木,指建筑。引申为运筹决策,构思设计。③权捷:应交能力强。④持论:立论,提出并坚持自己的主张。⑤推彻:推倒,拆毁。此指在理论上摧垮对方。⑥贸说:擅长论辩。⑦众人:一般的人。《孟子·告子下》:“君子之所为,众人固不识也。”⑧尚人:居于人之上。尚,同“上”。⑨先人:居于人之前。⑩写:倾泻。汉董仲舒《春秋繁露·考功名》:“其为天下除害也,若川渎之写于海也。”⑪不以事类犯人之所 :不用类似的事冒犯别人,引起别人的嫉恨。婣,嫉恨。⑫不以言例及己之所长:不用比喻的词语涉及自己的长处。⑬说直:劝说正直刚毅的人。说变:劝说权交诡诈的人。⑭去就不留:离开和留下都不迟疑。留,拖延,迟滞。⑮方:正当,正在。⑯折谢不吝:不惜

弯腰致歉。刘昺在解释这句话时说:“不避锐跌,不惜屈挠。”⑰无适无莫:没规定该如何,也没规定不该如何。指在坚持一定目标下,善用灵活权宜手段。《论语·里仁》:“子曰:‘君子之于天下也,无适也,无莫也,义之与比。’”朱熹集注:“适,专主也。《春秋传》曰‘吾谁适从’是也。莫,不肯也。比,从也。谢氏曰:‘适,可也。莫,不可也。无可无不可,苟无道以主之,不几于猖狂自恣乎?’”⑱期:期望。⑲经世:治理国事。理物:治理事物。

【译文】听力敏锐得能分辨声音大小细微差别的人,称为名物之才。思虑深远得能够追溯到事物开端的人,称为构架之才。眼光敏锐得能够察觉到事物变化先兆的人,称为达识之才。言辞巧妙得能够表达心中想法的人,称为赡给之才。处事敏捷得能够弥补一时失误的人,称为权捷之才。防守坚强得能够挡住论敌进攻的人,称为持论之才。进攻凌厉得能够战胜严密防守的人,称为推彻之才。争夺巧妙得能够用对方弱点制服对方,称为贸说之才。通才就是兼备上述八种才能的人,他们能够遵循事物的规律发挥这些才能。他们和通才交谈,则理解相同心里明白。和一般人交谈,则察言观色并顺从他们的性情。他们虽然明白并掌握众多的道理,但不因此而居人之上。他们虽聪明而富有天资,却不因此而居人之先。美言出于己口,道理讲充分就适可而止。别人出现低下的错误,看到这些错误也不去逼迫追究。替别人抒发情怀,帮助别人发挥才干。不用类似的事冒犯别人,引起别人的嫉恨,不用比喻的词语涉及自己的长处。无论劝说正直刚毅的人还是劝说权变诡诈的人,都无所畏惧无所厌恶。从鸣虫的叫声中获得美的声音,对愚笨之人的偶然发现给予赞许。获得和给予都恰到好处,离开或留下都毫不迟疑。当他气势旺盛之际,也能不惜弯腰致歉。当他战胜论敌的时候,也能做到胜而不骄。心气平和志向明确,在坚持一定目标下,善用灵活权宜手段,只期望能够掌握事理而已。这种人就可以与他谈论治理国是管理民众的道理了。

材能第五

【题解】

本章探讨人才与能力的关系。人才是一个专门术语,担任高级职务的是人才,担任低级职务的也是人才。人才是各种各样的,是因为他们所具有的能力各种各样。人才的能力有大有小,是因为人的才智有高有低。人才既然类型不同,能力大小各异,因此把他们放在合适的位置上,才能使他们的能力充分发挥出来,从而给国家的治理带来好处。如果把他们放错位置,就是使用人才不当,会给国家带来灾难。例如实行威慑刚猛政治的人适合讨伐叛乱,让他们治理善良的百姓,就会对百姓残暴不仁。君主的职责是发现人才,把他们放到适当的位置,以使他们的才能充分得到发挥,从而使国家得到有效的

治理。

【原文】或曰[①]:“人材有能大而不能小,犹函牛之鼎不可以烹鸡[②]。”愚以为此非名也[③]。夫能之为言,已定之称。岂有能大而不能小乎?凡所谓能大而不能小,其语出于性有宽急。性有宽急,故宜有大小。宽弘之人,宜为郡国[④],使下得施其功[⑤],而总成其事。急小之人[⑥],宜理百里[⑦],使事办于己。然则郡之与县,异体之大小者也[⑧]。以实理宽急论辩之,则当言大小异宜,不当言能大不能小也。若夫鸡之与牛,亦异体之小大也,故鼎亦宜有大小。若以烹犊,则岂不能烹鸡乎?故能治大郡,则亦能治小郡矣。推此论之,人材各有所宜,非独大小之谓也。

【注释】①或:有的人。②函:包含,容纳。③名:形容。《论语·泰伯》:“大哉,尧之为君也!巍巍乎,唯天为大,唯尧则之!荡荡乎,民无能名焉!”朱熹《集注》:“言物之高大,莫有过于天者,而独尧之德能与之准。故其德之广远,亦如天之不可以言语形容也。”④为:治理。郡国:郡与国,二者是同级地方行政单位。秦行郡县制度,汉承秦制,同时又分封同姓诸国。国分封诸王、侯,封王之国称王国,封侯之国称侯国。南北朝仍沿郡、国并置之制,至隋始废国存郡。此处郡国指郡级行政单位。⑤使下得施其功:使用下属让他们发挥才干。⑥急小之人:性情急躁气度狭小的人。⑦百里:指一县。⑧异体之大小:物体大小的差异。

【译文】有人说:“人才能任高级职务不能任低级职务,就像煮牛的鼎不能用来烹鸡一样。”我认为这个形容是不对的。才能成为一个词,已经形成了一个专门的术语。怎么能有可以担任高级职务的人才没有担任低级职务的人才呢?凡是人们所说的能担任高级职务不能担任低级职务,是从性情有宽缓有急狭的意义上说的。性情有宽缓有急狭,所以其任职应该有高有低。宽缓的人,适合于治理郡国,这样的人能够使用下属让他们发挥才干,而自己总揽全局完成郡国长官的职责。性情急躁气度狭小的人,适合于治理一个县,使各种事物都由自己亲自完成。然而一个郡和一个县,只是区域的大小不同而已。从实际治理与性情宽急关系的角度去论说,则应当说适宜治理地方大小的差别,不应当说能治理大地方不能治理小地方。至于鸡和牛的关系,也是物体大小的区别,所以鼎也应该有大有小。如果鼎能够用来煮牛,那么难道不能用来煮鸡吗?所以能够治理大郡的人,也能够治理小郡。因此也可以推而论之,人才各有其适宜担当的职位,不能只用大小高低去概括。

【原文】夫人材不同,能各有异。有自任之能[①];有立法使人从之之能;有消息辨护之能[②];有德教师人之能[③];有行事使人谴让之能[④];有司察纠摘之能[⑤];有权奇之能[⑥];有威猛之能。

【注释】①自任:自我修养洁身自好。刘昺在解释这句话时说:“修己洁身,总御百官。”②消息:变化。此指在变化中周旋自如。辨护:治理修护。此指用智谋权术治理修护政事及制度。刘昺在解释这句话时说:“智意辨护,周旋得节。”③师人:让人效法。

④行事:出使之事。使人:使节。谴让:谴责,责备。⑤司察:督察。刘昺注:"督察是非,无不区别。"纠摘:检举揭发。⑥权奇:用奇谋妙计建立功业。刘昺在解释这句话时说:"务以奇计,成事立功。"

【译文】人才各有不同,才能也各有其异。有的人才有自我修养洁身自好的才能;有的人才有建立法律制度使人服从的才能;有的人才有在变化中周旋自如,用智谋权术治理修护政事的才能;有的人才有以德教人让人效法的才能;有的人才有充任使节对别国进行谴责的才能;有的人才有督察是非检举揭发的才能;有的人才有用奇谋妙计建功立业的才能;有的人才有勇猛刚毅震慑敌国的才能。

【原文】夫能出于材,材不同量。材能既殊,任政亦异。是故自任之能,清节之材也。故在朝也,则冢宰之任,为国则矫直之政[①]。立法之能,治家之材也[②]。故在朝也,则司寇之任,为国则公正之政。计策之能,术家之材也。故在朝也,则三孤之任,为国则变化之政。人事之能,智意之材也。故在朝也,则冢宰之佐,为国则谐合之政[③]。行事之能,谴让之材也。故在朝也,则司寇之佐,为国则督责之政。权奇之能,伎俩之材也。故在朝也,则司空之任,为国则艺事之政[④]。司察之能,臧否之材也。故在朝也,则师氏之佐,为国则刻削之政[⑤]。威猛之能,豪杰之材也。故在朝也,则将帅之任,为国则严厉之政。

【注释】①矫直:矫正弯曲使之变直。此指矫正邪僻,使归正直。②治家:本书《流业第三》中有"法家之材,司寇之任也"的句子。这里的"治家",也有"司寇之任"。可见这里的"治家"应为"法家"。③谐合:和谐,和睦。④艺事:技艺。《尚书·胤征》:"官师相规,工执艺事以谏。"孔安国传:"百工各执其所治技艺以谏。"⑤刻削:苛刻严酷。

【译文】人的能力出自才智,才智又有大小的不同。人的才能既然有大小的不同,其所承担的国家的政事也有所差异。所以具备修身自好能力的人,是清节家之才。所以他在朝廷,则会担任冢宰,治理国家则实行矫正邪僻提倡正直的政治。具有建立法律制度使人遵守法律能力的人,是法家之才。所以他在朝廷,则会担任司寇,治理国家则会实行公正无私的政治。具有谋划奇计妙策能力的人,是术家之才。所以他在朝廷,则会担任三孤,治理国家则会实行灵活顺势政治。具有通晓人情事理才能的人,是智意之才。所以他在朝廷,则会担任冢宰的副手,治理国家则会实行和谐融洽的政治。具有使节才能的人,是谴让之才。所以他在朝廷,则会担任司寇的副手,治理国家则会实行督察问责的政治。具有奇思妙想能力的人,是伎俩之才。所以他在朝廷,则会担任司空,治理国家则会实行推崇技艺的政治。具有监察检举能力的人,是臧否之才。所以他在朝廷,则会担任师氏副手,治理国家则会实行苛刻严酷的政治。具备威武勇猛能力的人,是豪杰之才。所以他在朝廷,则会担任将帅,治理国家则会实行严肃厉害的政治。

【原文】凡偏材之人,皆一味之美。故长于办一官,而短于为一国。何者?夫一官之任,以一味协五味[①]。一国之政,以无味和五味[②]。又国有俗化[③],民有剧易[④],而人材不同,故政有得失。是以王化之政宜于统大,以之治小,则迂[⑤]。辨护之政宜于治烦[⑥],以之

治易[7]，则无易。策术之政宜于治难，以之治平，则无奇。矫抗之政[8]，宜于治侈，以之治弊[9]，则残[10]。谐和之政宜于治新，以之治旧，则虚[11]。公刻之政宜于纠奸，以之治边，则失众。威猛之政宜于讨乱，以之治善，则暴[12]。伎俩之政宜于治富，以之治贫，则劳而下困[13]。故量能授官[14]，不可不审也[15]。凡此之能，皆偏材之人也。故或能言而不能行，或能行而不能言。至于国体之人，能言能行，故为众材之隽也。

【注释】①以一味协五味：官员各司其职，合力获得治国成就。刘昺解释这句话时说："盐人调盐，醋人调醋，则五味成矣。譬梓里治材，土官治墙，则厦屋成。"②以无味和五味：国君用具有普遍意义的方法，调动百官的能动性。刘昺在解释这句话时说："水以无味，故五味得其和。犹君体平淡，则百官施其用。"③俗化：习俗教化。④剧易：激烈平和。⑤迂：不合时宜，不切实际。⑥烦：烦乱。刘昺在解释这句话时说："事皆辨护，烦乱乃理。"⑦易：安定，平安。⑧矫抗：与众违异，以示高尚。三国魏嵇康《卜疑集》："尊严其容，高自矫抗。"⑨弊：弊病。此指民俗之弊。⑩残：此指百姓受到残害。⑪虚：虚假不实。⑫暴：此指暴政残害百姓。⑬劳而下困：徒劳无功使百姓困苦不堪。⑭量能授官：根据才能授予官位。⑮审：慎重。

【译文】大凡偏才的人，全都是只有一种特长。所以偏才在一个具体职位上能够发挥其长处，而放在治理国家的重任上则会显出其短处。为什么这样说呢？偏才在一个具体职位上，会和其他的人合力获得治国的成就。而治理国家的重任，则要求用具有普遍意义的方法调动百官的能动性。再有，一个国家中有习俗影响和教育感化的不同，有百姓激烈和平和的不同，而人才的各种能力不同，所以用他们执政就会有得有失。所以实行用王道教化政治的人适合统理国家大政，用他们治理小事，就是不合时宜，不切实际。实行用智谋权术治理修护政治的人适合治理纷乱，让他们治理安定局面，则会失去安定。实行权术谋略政治的人适合治理危难局面，让他们治理常态局面，则不会出现奇迹。实行与众不同政治的人适合治理奢侈，让他们治理民俗的弊端，则会使百姓受到摧残。实行谐和政治的人适合治理新创立的局面，让他们治理旧局面，则会造成虚假不实。实行公正苛刻政治的人适合纠察奸佞狡诈，让他们治理边境地区，就会造成百姓逃亡。实行威慑刚猛政治的人适合讨伐叛乱，让他们治理善良的百姓，就会对百姓残暴不仁。实行推崇技艺政治的人适合治理富足的地区，让他们治理贫瘠的地区，则会徒劳无功使百姓困苦不堪。所以应当根据才能授官，对此不可不谨慎行事。具有以上种种才能的人，都是偏才。有的人能说不能做，有的人能做不能说。至于兼备多种才能的国家栋梁之材，能言能行，所以是众多人才中的杰出人物。

【原文】人君之能[1]，异于此。故臣以自任为能[2]，君以能用人为能。臣以能言为能[3]，君以能听为能[4]。臣以能行为能[5]，君以能赏罚为能。所能不同，故能君众材也[6]。

【注释】①人君之能：指任用群才的君主，怀有不偏不倚的中庸平淡之心，发挥各种人才的能力。刘昺在解释这句话时说："平淡无为，以任众能。"②自任：用自己的能力去建

功立业，取得官爵。刘昺在解释这句话时说："竭力致功，以取爵位。"③臣以能言为能：臣子以能介绍自己的才能为长处。刘昺在解释这句话时说："各言其能，而受其官。"④君以能听为能：君主以能听臣下之言观臣下之行为长处。刘昺在解释这句话时说："听言观行，而授其官。"⑤臣以能行为能：臣子以能实践自己所说为长处。⑥君：统辖，主宰。

【译文】君主的能力，与上述所说不同。所以臣子以用自己的能力去建功立业为长处，君主以任用贤才发挥他们的能力为长处。臣子以能介绍自己的才能为长处，君主以能听臣下之言观臣下之行为长处。臣子以能实践自己所说为长处，君主以能对人才功过进行赏罚为长处。臣子与君主的长处不同，所以君主能统辖驾驭众多的人才。

利害第六

【题解】

本章把清节家、法家、术家、智意家、臧否家、伎俩家等六类具体人才作为研究对象，分析了他们各自的长处和短处，他们被任用前的表现和被任用后的作用，他们所进行的事业顺利程度与所遇的阻碍，他们的最终结果，等等。

【原文】盖人业之流，各有利害。夫节清之业著于仪容①，发于德行，未用而章，其道顺而有化。故其未达也，为众人之所进②；既达也，为上下之所敬。其功足以激浊扬清③，师范僚友。其为业也无弊而常显，故为世之所贵。

【注释】①节清：《墨海金壶·人物志》《龙谿精舍丛书·人物志》均为"清节"。②为：被。③激浊扬清：本指冲去污水，浮起清水。后用以喻斥恶奖善。

【译文】各种人才功业的流变过程中，都表现出长处和短处。清节家的功业表现在行为举止上，而这些举止都是来自自身的道德品行，这些道德品行在他们未被任用之前就十分明显，他们的道德顺应人心而具有教化功能。所以当他们没有显达的时候，就被众人所举荐；显达之后，被上下所敬仰。他们的作用足以扬善抑恶，成为同僚友人的典范。他们所进行的事业没有什么弊病反而功德显赫，所以被世人所敬重。

【原文】法家之业，本于制度，待乎成功而效①。其道前苦而后治②，严而为众。故其未达也，为众人之所忌。已试也③，为上下之所惮④。其功足以立法成治，其弊也为群枉之所仇⑤。其为业也，有敝而不常用⑥，故功大而不终⑦。

【注释】①待乎成功而效：等到成功以后才能见到功效。刘昺在解释这句话时说："法以禁奸，奸止乃效。"②前苦而后治：开始建立威严的时候有个艰苦的过程，威严建立后才收到治理的效果。刘昺在解释这句话时说："初布威严，是以劳苦。终以道化，是以民治。"③试：任用。《诗经·小雅·大东》："私人之子，百僚是试。"毛亨传："是试，用于百官也。"④惮：畏惧。⑤枉：弯曲，不正。引申为不合正道邪僻之人。⑥敝：丢弃，弃置。

《礼记·郊特牲》:“冠而敝之可也。”陆德明《释文》:“敝,弃也。”刘昞在解释这句话时说:“明君乃能用之强,明不继世,故法不常用。”意思是法家只被明君所用,但明君不常有,所以法家也不被常用。⑦终:善终,好的结果。

【译文】法家的功业,以建立国家的法律制度为其根本,等到成功以后才能见到他的功效。法家开始建立威严的时候有个艰苦的过程,威严建立后才可收到治理的效果,法家建立威严是为了对付大众。所以他未显达的时候,被众人所忌恨。被任用以后,上下之人都会对他产生畏惧。法家的作用足以建立法律的威严成就国家的治理,他的短处是被众多的邪僻之人所憎恨。他们所进行的事业,有时被搁置而不被常用,所以往往功大却不能善终。

【原文】术家之业,出于聪思,待于谋得而章[①]。其道先微而后著[②],精而且玄。其未达也,为众人之所不识。其用也,为明主之所珍。其功足以运筹通变[③]。其退也[④],藏于隐微[⑤]。其为业也,奇而希用[⑥],故或沉微而不章[⑦]。

【注释】①谋得而章:谋略成功以后作用才得以彰显。得,成功。《韩非子·外储说右下》:“苏代为秦使燕,见无益子之,则必不得事而还,贡赐又不出,于是见燕王及誉齐王。”②道:政治主张或思想体系。《论语·卫灵公》:“道不同,不相为谋。”③运筹通变:筹划谋略通达变化。④退:退位,离开职位。⑤藏于隐微:指计谋和谋略的深藏不露。刘昞在解释这句话时说:“计出微密,是以不露。”⑥希:同“稀”,稀少。⑦沉微:深藏。

【译文】术家的功业,以聪明敏锐思虑深远为其根本,等待谋略成功以后作用才得以彰显。他的思想体系有一个从隐微到显著的过程,精妙而且玄远。他没显达的时候,不被众人所认识。他发挥作用的时候,又被英明的君主所珍爱。他的作用足以筹划谋略通达变化。他离开职位的时候,计谋和谋略便深藏不露。他所从事的事业,因神奇而很少被人所用,所以有的人便深藏而不显露。

【原文】智意之业,本于原度[①],其道顺而不忤[②]。故其未达也,为众人之所容矣。已达也,为宠爱之所嘉[③]。其功足以赞明计虑,其敝也,知进而不退,或离正以自全。其为业也,谞而难持[④],故或先利而后害。

【注释】①原度:追溯源头揣度变化。②忤:违逆,抵触。③嘉:喜欢,嘉许。④谞而难持:传授运用才智而难以自保。谞,才智。

【译文】智意家的功业,以追溯源头揣度变化为其根本,他的这套方法顺合时宜而不与之抵触。所以他还没显达的时候,就已经被众人所接受。当他显达以后,又被宠爱他的人所喜欢。他的作用足以帮助贤明的君主制定策略,他的毛病,在于只知进身而不知道引退,有的时候还离开正道以保全自己。他所从事的事业,是运用才智但难以自保,所以有的人开始获利而后来却招致祸害。

【原文】臧否之业,本乎是非,其道廉而且砭[①]。故其未达也,为众人之所识。已达也,为众人之所称[②]。其功足以变察是非[③],其敝也,为诋诃之所怨[④]。其为业也,峭而不裕[⑤],

故或先得而后离众。

【注释】①砭：用石针刺穴治病。引申为批评。②称：称誉。③变：通“辨”。《商君书·禁使》：“夫物至则目不得不见，言薄则耳不得不闻；故物至则变，言至则论。”蒋礼鸿《锥指》：“变、辨字通。”④诋诃：诋毁，指责。此指诋毁法家的人。刘昺在注释这句话时说：“诋诃之徒，不乐闻过。”怨：恨。⑤峭而不裕：严厉苛刻不能宽容。刘昺在解释这句话时说：“峭察于物，何能宽裕？”

【译文】臧否家的功业，以评判是非为其根本，他主张自身的廉洁而去批评别人的错误。所以他没有显达的时候，就被众人所认识。当他显达的时候，就被众人所称誉。他的作用足以明辨是非曲直，他的不利之处，就是被那些诋毁者所痛恨。他所从事的事业，严厉苛刻而不能宽容，所以开始的时候能够取得众人的支持而最后却离众人越来越远。

【原文】伎俩之业，本于事能[①]，其道辨而且速[②]。其未达也，为众人之所异[③]。已达也，为官司之所任[④]。其功足以理烦纠邪，其敝也，民劳而下困。其为业也，细而不泰[⑤]，故为治之末也。

【注释】①能：技能。②辨：同“办”。③为众人之所异：被众人视为技能突出。刘昺在解释这句话时说：“技能出众，故虽微而显。”④官司：官府。多指政府的主管部门。晋葛洪《抱朴子·酒诫》：“人有醉者相杀，牧伯因此辄有酒禁，严令重申，官司搜索。”⑤泰：大。《尚书·泰誓上》孔安国解释“泰誓”说：“大会以誓众。”孔颖达疏：“经云‘大会于孟津’，知名曰‘泰誓’者，其大会以示众也。”

【译文】伎俩家的功业，以从事技能性的工作为其根本，他主张通过技巧不但把事办成而且还要迅速。当他没有显达的时候，就被众人看作技能突出的人。显达之后，就被政府的主管部门所任用。他的作用足以处理纷繁的事务匡正邪僻，他的弊端，在于使民众凋敝下属困顿。他所从事的事业，细小而不宏大，所以是治国之术的细枝末节。

接识第七

【题解】

接识就是通过与别人接触交往识别人才。在这个过程中，也容易发生种种偏颇。有的人只能以自己的观点和标准去观察和衡量别人，所以只能认识和自己同类人才，认识不到与自己不同类人才的长处。要想广泛地认识人才，第一要摒弃自己固有的观点和标准，尽可能多地发现与自己不同类人才的长处。第二要经过长时间的观察。第三要避免偏才之人在与人接触时所容易犯的种种过失。

【原文】夫人初甚难知，而士无众寡皆自以为知人。故以己观人，则以为可知也。观人之察人，则以为不识也。夫何哉？是故能识同体之善[①]，而或失异量之美[②]。何以论其

然[3]？夫清节之人以正直为度，故其历众材也[4]，能识性行之常[5]，而或疑法术之诡。法制之人以分数为度[6]，故能识较方直之量[7]，而不贵变化之术。术谋之人以思谟为度[8]，故能成策略之奇，而不识遵法之良。器能之人以辨护为度，故能识方略之规，而不知制度之原[9]。智意之人以原意为度[10]，故能识韬谞之权，而不贵法教之常。伎俩之人以邀功为度[11]，故能识进趣之功[12]，而不通道德之化。臧否之人以伺察为度[13]，故能识诃砭之明，而不畅倜傥之异[14]。言语之人以辨析为度，故能识捷给之惠[15]，而不知含章之美[16]。

【注释】①能识同体之善：能够认识同类人才的长处。刘昺在解释这句话时说："性长思谋，则善策略之士。"②或失异量之美：有时认识不到不同类人才的长处。刘昺在解释这句话时说："遵法者虽美，乃思谋之所不取。"或：有时。③然：这样，如此。④历：经历，阅历。此引申为观察、审视之意。⑤性行之常：性情行为恒常不变。刘昺在解释这句话时说："度在正直，故悦有恒之人。"⑥分数：法度，规范。《三国志·魏书·刘劭传》："文学之士嘉其推步详密，法理之士明其分数精比。"刘昺在解释这句话时说："度在法分。"意思说，各种尺度是由法律划分的。⑦识较方直之量：认识比较出方直之人的才能。量，才能。《三国志·蜀书·诸葛亮传》："时左将军刘备以亮有殊量，乃三顾亮于草庐之中。"⑧谟：谋略，计谋。⑨原：本源，根本。⑩原意：探究别人的本意。原，推究，考究，研究。《荀子·儒效》："俄而厚仁义，分是非，图回天下于掌上而辨白黑，岂不愚而知矣哉！"⑪邀功：求取功劳。⑫进趣：追求，求取。《后汉书·韦彪传》："安贫乐道，恬于进趣，三辅诸儒莫不慕仰之。"⑬伺察：侦查，观察。⑭畅：长。《诗经·秦风·小戎》："文茵畅毂，驾我骐馵。"毛传："畅毂，长毂也。"孔颖达疏："畅训为长，言长于大车之毂也。"此指"以……为长"。⑮捷给之惠：言辞敏捷反应迅速的聪慧表现。惠，通"慧"，聪慧。《晏子春秋·外篇上十五》："夫智与惠，君子之事，臣奚足以知之乎？"⑯含章：包含美质。《周易·坤》："六三，含章可贞。"孔颖达疏："章，美也。"

【译文】人的性情的深处是很难知晓的，而读书人不论自己知识多少都认为自己有知人之明。所以看自己对人才的观察，则认为自己能够识别人才。看别人对人才的观察，则认为他不能够识别人才。这是为什么呢？这是因为人能够认识同类人才的长处，有时却认识不到不同类人才的长处。为什么这样说呢？清节之人用清正方直作为衡量他人的标准，所以当他审视众多的人才时，能够认识性情行为恒常不变的长处，而有时却对方略计谋的欺诈产生疑惑。法制之人以法律规范作为衡量他人的标准，所以他能够认识比较出方正耿直之人的才能，而不看重变化多端的谋略之术。术谋之人以深思熟虑谋划计略为衡量他人的标准，所以他能够评定计策方略的奇妙，而不能认识遵守法度的好处。器能之人以用智谋权术治理政事为标准，所以能够认识方略的规定，而不知道制度的根本作用。智意之人以探究符合别人的本意为衡量他人的标准，所以能认识隐藏计谋的权术，而不看重常规的法制教化。伎俩之人以求取功劳作为衡量他人的标准，所以能认识追求进取的作用，却不通晓道德的教化作用。臧否之人以观察别人的短处为衡量他人的标准，所以能够认识指责批评的好处，却不以卓异突出不同寻常为长处。言语之人以辨别分析为衡量他人的标准，所以能认识言辞敏捷反应迅速的聪慧表现，而不知道美质在内的好处。

【原文】是以互相非驳[1]，莫肯相是[2]。取同体也，则接论而相得[3]。取异体也，虽历久而不知。凡此之类，皆谓一流之材也[4]。若二至已上[5]，亦随其所兼，以及异数[6]。故一流之人，能识一流之善。二流之人，能识二流之美。尽有诸流，则亦能兼达众材。故兼材之人与国体同。

【注释】①是以：所以。非驳：非难反驳。②是：肯定。③相得：彼此投合。④一流之材：同一类的人才。刘昺在解释这句话时说："故同体则亲，异体则疏。"⑤二至已上：两个标准以上。至，准则，标准。已，同"以"。⑥异数：等次不同，程度不一。《左传·庄公十八年》："王命诸侯，名位不同，礼亦异数。"

【译文】所以互相非难反驳，没有人肯定对方。遇到与自己同类的人才，则讨论的时候观点彼此投合。遇到和自己不同类的人才，则尽管在很长的时间内也互不相知。凡是以上所说，都可以称作只与同一类人才相通。如果通两种人才以上，也就随着他所兼备的才能，达到不同的等级。所以只与同一类人才相通的人，只能认识一类人才的长处。与两类人才相通的人，就能认识两类人才的长处。与所有类别人才相通的人，就能够同时通晓众多人才的长处。所以兼才之人与国体之才是一样的。

【原文】欲观其一隅[1]，则终朝足以识之[2]。将究其详，则三日而后足。何谓三日而后足？夫国体之人兼有三材，故谈不三日不足以尽之[3]。一以论道德，二以论法制，三以论策术，然后乃能竭其所长，而举之不疑。

【注释】①隅：墙角。此指方面。②终朝：早晨。《诗经·小雅·采绿》："终朝采绿，不盈一匊。"毛传："自旦及食时为终朝。"③尽：全部。

【译文】要观察他一个方面，那么一个早晨就足以知道了。如果要深究其详，那么要三天以后才可以完成。为什么说三天以后才能完成？国体之人同时具备三种人才的特点，所以不与他谈论三天就不足以完全了解他。三天时间里用一天与之谈论道德，第二天与之谈论法制，第三天与之谈论谋略之术，然后才能彻底地了解他的长处，从而在提拔任用他的时候没有任何疑虑。

【原文】然则何以知其兼偏[1]，而与之言乎？其为人也，务以流数杼人之所长而为之名目[2]，如是兼也。如陈以美欲人称之[3]，不欲知人之所有，如是者偏也。不欲知人，则言无不疑。是故以深说浅，益深益异[4]。异则相返[5]，反则相非。是故多陈处直[6]，则以为见美[7]。静听不言，则以为虚空。抗为高谈[8]，则以为不逊。逊让不尽[9]，则以为浅陋。言称一善，则以为不博。历发众奇[10]，则以为多端。先意而言，则以为分美[11]。因失难之，则以为不喻[12]。说以对反，则以为较己[13]。博以异杂，则以为无要[14]。论以同体，然后乃悦。于是乎有亲爱之情，称举之誉，此偏材之常失。

【注释】①兼偏:兼才和偏才。②流数:各类人才所怀有的才能。数,技艺,技巧。《孟子·告子上》:“今夫弈之为数,小数也。”赵岐注:“数,技也。”此指才能。杼:通“抒”,抒发,申述。名目:称道,标榜。《三国志·魏书·王粲传论》:“同声相应,才士并出,惟粲等六人,最见名目。”③陈以美欲人称之:陈说自己的长处让别人称赞自己。刘昺在解释这句话时说:“己之有善,因事自说,又欲令人言常称己。”④益深益异:道理谈得越深分歧越大。益,越,更加。⑤相返:相反。⑥多陈处直:过多地陈说自己处事公正有理。直,公正,有理。⑦见美:表现自己的长处。见,同“现”。⑧抗:声音高亢。⑨逊让不尽:谦虚礼让不全部使出本领。尽,全部使出。《战国策·秦策一》:“然而甲兵顿,士民病……伯王之名不成,此无异故,谋臣皆不尽其忠也。”⑩历发众奇:普遍地揭示众家的奇特之处。历,遍。汉王褒《四子讲德论》:“于是相与结侣,携手俱游,求贤索友,历于西州。”⑪分美:掠美。此指掠己之美。⑫不喻:不高兴,不愉快。刘昺在解释这句话时说:“欲补其失,反不喻也。”喻,同“愉”,欢愉,愉快。《庄子·齐物论》:“昔者庄周梦为胡蝶,栩栩然胡蝶也,自喻适志与。”陆德明《释文》引李颐云:“喻,快也。”⑬较:较量,比高低。⑭无要:没有要领。

【译文】然而怎样才知道他是兼才还是偏才,而去和他交谈呢?如果他的为人,致力于根据各类人才所怀技能去申述他的长处,进行称赞标榜,这就是兼才。如果他陈说自己的长处让别人称赞自己,不想知道别人有什么长处,像这样的人就是偏才。不想知道别人的长处,就会对别人说的话处处怀疑。所以用深的道理说服肤浅的人,道理越深分歧越大。有分歧就会观点相反,观点相反就会互相非难。如果过多地陈说自己处事公正有理,就会被认为在表现自己的长处。如果静静倾听不说话,就会被认为内中空虚没有知识。如果声音高亢高谈阔论,就会被认为不懂得谦逊。如果谦虚礼让不拿出全部本领,就会被认为肤浅鄙陋。如果只称赞某一家的长处,就会被认为知识不广博。如果普遍地揭示众家的奇特之处,就会被认为头绪繁多。如果提前把自己所想的说出来,就会被认为要掠自己之美。如果要弥补别人观点的不足,就会被认为这样是要让自己不高兴。如果提出相反的观点,就会被认为他是在和自己比高低。如果论说博采各家不同的观点,就会被认为论说不得要领。只有在与自己同类的人谈话,才可以高兴愉悦。于是就产生了亲近关爱之情,称赞提拔之举。这些都是偏才常有的过失。

英雄第八

【题解】

本章是对英雄的分析。所谓英雄,就是文武才干出众的人,在他身上既有英才,又有雄才。所谓英才,即指其聪明才智;所谓雄才,即指其气魄胆力。英雄身上,英才和雄才

哪一样都不能少,只有英才没有雄才或只有雄才没有英才都不能成为英雄。前者只能担任宰相,后者只能担任将军,二者兼具,才能够成为成就大业的英雄。

【原文】**夫草之精秀者为英①,兽之特群者为雄②。故人之文武茂异③,取名于此。是故聪明秀出谓之英④,胆力过人谓之雄,此其大体之别名也。若校其分数⑤,则互相须,各以二分⑥,取彼一分,然后乃成。**

【注释】①精秀:完美优异。②特:杰出,异常。③茂异:出众。④秀出:美好特出。《国语·齐语》:"于子之乡,有拳勇股肱之力,秀出于众者,有则以告,有而不以告,谓之蔽贤。"⑤校其分数:考查他们的比例。校,考查,算计。分数,比例。⑥二分:分成两部分。

【译文】花草中完美优异的称为英,野兽中出群的称为雄。所以文武才干出群的人,从此中取名为英雄。所以特别聪明秀出的人称为英,胆力过人的人称为雄,这是名称大体上的区别。如果考察它们的比例,则二者互相须要,各自分为两部分,互相取一部分,然后才成为英雄。

【原文】**何以论其然①?夫聪明者英之分也,不得雄之胆,则说不行②。胆力者雄之分也,不得英之智,则事不立。是故英以其聪谋始,以其明见机③,待雄之胆行之。雄以其力服众,以其勇排难,待英之智成之。然后乃能各济其所长也④。若聪能谋始,而明不见机,乃可以坐论⑤,而不可以处事。若聪能谋始,明能见机,而勇不能行,可以循常⑥,而不可以虑变⑦。若力能过人,而勇不能行,可以为力人⑧,未可以为先登⑨。力能过人,勇能行之,而智不能断事,可以为先登,未足以为将帅。必聪能谋始,明能见机,胆能决之,然后可以为英,张良是也。气力过人,勇能行之,智足断事,乃可以为雄,韩信是也。体分不同⑩,以多为目⑪,故英、雄异名。然皆偏至之材,人臣之任也。故英可以为相,雄可以为将,若一人之身兼有英、雄,则能长世,高祖、项羽是也⑫。**

【注释】①然:这样。②说:主张,学说。③见机:识机微,从事物细微的变化中预见其先兆。④济:发挥。⑤坐论:坐而论道。⑥循常:遵循常规。⑦虑变:思虑变化。⑧力人:力气大的人。《左传·宣公十五年》:"魏颗败秦师于辅氏,获杜回,秦之力人也。"⑨先登:先锋。《后汉书·段颎传》:"追讨南度河,使军吏田晏、夏育募先登。"⑩体分:禀赋和素质。⑪以多为目:以所含较多的禀赋和素质为名称。目,名称。《后汉书·酷吏·王吉传》:"凡杀人皆磔尸车上,随其罪目,宣示属县。"李贤注:"目,罪名也。" ⑫高祖:即刘邦,庙号高祖,又称高皇帝。字季,泗水沛县(今江苏境内)人,曾任亭长。秦末率众起义,称沛公。乘项羽与秦军主力决战之机,率先进入关中,攻占秦都咸阳,与关中父老约法三章,深得民心。项羽入关后,被封为汉王,进驻汉中。后率兵东进,与项羽进行长达四年多的楚汉战争,最后消灭项羽,建立汉朝。在位期间减轻徭役,发展经济。政治上剪除异姓诸侯王,分封同姓王。豁达大度,知人善任,是西汉王朝的开国皇帝。项羽:即项籍,秦末下相(今江苏宿迁西南)人,战国末年楚国名将项燕后裔。从叔父项梁居吴,心怀反秦大志。秦末与叔父率兵起义,在巨鹿破釜沉舟,与秦军主力展开大战,坑杀秦降卒二十

万。后率军入关，兵屠咸阳，杀秦降王子婴，焚毁秦宫殿。自立为西楚霸王，分封诸侯。不久诸侯纷纷起兵，与刘邦一起反楚。最后在垓下被刘邦军打败，突围至乌江自刎而死。

【译文】为什么这么说呢？聪明是英才所具有的素质成分，但得不到雄才的胆力，则他的理论和主张就不能付诸实践。胆力是雄才所具有的素质成分，但得不到英才的智慧，则事情就办不成。所以英才以其聪明谋划开始，以其明智识机微预世事，还需要有雄才的胆力去实践。雄才用他的力量征服众人，用他的勇气排除困难，还要有英才的智谋才能成功。这样才能够各自发挥他们的长处。如果一个人以聪明能谋划开始，而其明智不足以从事物细微的变化中预见其先兆，这样的人可以用他来坐而论道，却不可以用他去办事。如果一个人以聪明能谋划开始，明智也能识机微预世事，但没有勇气去实践，这样的人可以用他做常规的事，而不能用他思虑变化。如果一个人力量超人，而没有行动的勇气，这样的人可以把他作为大力士，却不可以用他做先锋。如果一个人有超人的力气，也有行动的勇气，但没有处理事务的智慧，这样的人可以用他做先锋，却不可以任他为将帅。一定要以聪明能谋划开始，明智能识机微预世事，胆力能决断事务，这样的人可以称为英才，张良就是这样的人。气力过人，有实践的勇气，有足以决断事务的智谋，才可以称为雄才，韩信就是这样的人。人们所具有的禀赋和素质不同，以所含较多的禀赋和素质为名称，所以有英才和雄才名称的不同。然而他们都是偏至之才，只能担当人臣之任。所以英才可以任宰相，雄才可以任将军，如果一个人同时兼有英才和雄才的素质，就能够称雄于世，高祖刘邦、楚霸王项羽就是这样的人。

【原文】然英之分以多于雄，而英不可以少也。英分少，则智者去之。故项羽气力盖世，明能合变[①]，而不能听采奇异，有一范增不用[②]，是以陈平之徒皆亡归。高祖英分多，故群雄服之，英材归之，两得其用。故能吞秦破楚，宅有天下[③]。然则英、雄多少[④]，能自胜之数也[⑤]。徒英而不雄，则雄材不服也。徒雄而不英，则智者不归往也。故雄能得雄，不能得英。英能得英，不能得雄。故一人之身，兼有英、雄，乃能役英与雄。能役英与雄，故能成大业也。

【注释】①合变：与变化合拍，即随机应变。②范增：秦末居巢（今安徽桐城南）人，参加项梁反秦武装，主张立楚国后裔以为号召，随宋义、项羽救赵，被项羽尊为“亚父”，封历阳侯，为项羽重要谋士。破秦后，力主杀掉刘邦，不被采纳。后与项羽谋议封刘邦为汉王，以削弱其势。楚汉相争中，劝项羽不受刘邦请和，急攻荥阳以灭之。后因刘邦施反间计为项羽所疑，被削职夺权，死于归乡途中。③宅有天下：把天下作为自己的家，即具有天下。④英、雄多少：英才的素质与成分和雄才的素质与成分的多少。⑤自胜之数：决定取胜的数量。自，由来，缘由。《中庸》：“知远之近，知风之自，知微之显，可与入德矣。”郑玄注：“自，谓所从来也。”

【译文】然而英才的素质与成分可以多于雄才的素质与成分，但英才的素质与成分是不可以缺少的。缺少英才成分，则智者会离开他。所以项羽气力盖世，有随机应变的明

智，但不能听取采纳奇计妙策，有一个范增而不能用，所以陈平等人全都脱离他而归顺刘邦。高祖刘邦英才的成分多，所以群雄都服膺他，英才也归顺他，两种人都能够发挥作用。所以刘邦能够灭秦破楚，具有天下。这就说明英才的素质与成分和雄才的素质与成分的多少是决定能否取胜的数量。只有英才素质而没有雄才成分，则雄才不会服膺他。只有雄才素质而没有英才成分，则智者也不会归顺他。所以雄才之人可以得到雄才，不能得到英才。英才之人可以到的英才，不能得到雄才。所以一个人的身上，兼有英才和雄才的素质与成分，才能够役使英才与雄才。能够役使英才与雄才，所以能成就大业。

卷 下

八观第九

【题解】

所谓八观，即观察人才的八种方法：一、观其夺救以明间杂；二、观其感变以审常度；三、观其志质以知其名；四、观其所由以辨依似；五、观其爱敬以知通塞；六、观其情机以辨恕惑；七、观其所短以知其长；八、观其聪明以知所达。本章对这八种方法进行了详尽的分析和说明。

【原文】八观者，一曰观其夺救①，以明间杂②。二曰观其感变③，以审常度。三曰观其志质④，以知其名⑤。四曰观其所由，以辨依似⑥。五曰观其爱敬，以知通塞⑦。六曰观其情机⑧，以辨恕惑⑨。七曰观其所短，以知其长。八曰观其聪明，以知所达⑩。

【注释】①夺救：在救恤别人时所表现的一面。夺，压倒，胜过。即压倒救助别人想法的另一面。刘昺在解释这句话时说："或慈欲济恤而吝夺某人，或救济广厚而乞醯为惠。"意思说，有的人有慈善的欲望但吝啬压倒了他的慈善。有的人想广泛救济而向人讨要水醋去进行布施。②间杂：复杂。③感变：对外界变化的感应。④志质：素质及外在表现。⑤名：此指社会名声。⑥依似：近似。⑦通塞：畅通和阻塞。此指人情的通塞。⑧情机：情感变化的缘起。机，事物变化之所由。《大学》："一家仁，一国兴仁；一家让，一国兴让；一人贪戾，一国作乱：其机如此。"郑玄注："机，发动所由也。"⑨恕惑：宽宥和疑惑。刘昺在解释这句话时说："得其所欲则恕，违其所欲则惑。"⑩达：此指所成就的事业。

【译文】八观，第一为观察他在救恤别人时所表现的另一面，以此来了解其品质的复杂。第二为观察他对外界变化的感应，以此来明白他平常处世的态度。第三为观察他的素质及外在表现，以此来知道他将获得的社会名声。第四为观察他行为表现的缘起，以此来辨别两种近似行为的区别。第五为观察他对爱和敬的态度，以此知道他与别人情感交流方面是通畅还是阻塞。第六为观察他的情感变化的缘起，以此知道他为什么对别人宽宥和疑惑。第七为观察他的短处，以此知道他的长处。第八为观察他的聪明程度，以此知道他将能成就的事业。

【原文】何谓观其夺救，以明间杂？夫质有至、有违①，若至胜违，则恶情夺正，若然而不然②。故仁出于慈，有慈而不仁者。仁必有恤，有仁而不恤者。厉必有刚③，有厉而不刚者。若夫见可怜则流涕，将分与则吝啬，是慈而不仁者。睹危急则恻隐，将赴救则畏患，

是仁而不恤者。处虚义则色厉，顾利欲则内茬[4]，是厉而不刚者。然则慈而不仁者，则吝夺之也。仁而不恤者，则惧夺之也。厉而不刚者，则欲夺之也。故曰：慈不能胜吝，无必其能仁也[5]。仁不能胜惧，无必其能恤也。厉不能胜欲，无必其能刚也。是故不仁之质胜，则伎力为害器[6]。贪悖之性胜[7]，则强猛为祸梯。亦有善情救恶，不至为害，爱惠分笃[8]，虽傲狎不离[9]，助善著明[10]，虽疾恶无害也。救济过厚，虽取人，不贪也[11]。是故观其夺救，而明间杂之情，可得知也。

【注释】①至：无欲。违：有欲。刘昺在解释这句话时说："刚质无欲，所以为至。贪情或胜，所以为违。"②若然而不然：即似是而非。刘昺在解释这句话时说："以欲胜刚，以此似刚而不刚。"③厉：厉害。④内茬：内心怯懦。⑤无必：不一定。⑥伎力：技艺和能力。⑦贪悖：贪婪悖谬。⑧爱惠分笃：仁爱慈惠情分深厚。刘昺在解释这句话时说："平生结交情厚分深。"⑨傲狎：态度傲慢言语不敬。⑩著明：显著，明显。⑪虽取人，不贪也：刘昺在解释这句话时说："取人之物以有救济，虽讥在乞醯，非大贪也。"

【译文】什么叫作"观其夺救，以明间杂"？人的本质有无欲和有欲两部分，如果无欲多于有欲，就会出现有欲要取代无欲的邪恶情况，形成一种似是而非的现象。所以仁爱处于慈善，但有慈善而不仁爱的现象。仁爱必定包含着救助别人的因素，但有仁爱而不去救助别人的现象。厉害中必定包含着刚强的成分，但有厉害却不刚强的人。例如见到别人可怜就为之流泪，想把自己的东西分给他却又吝啬，这就是慈善而不仁爱。见到别人危急则生恻隐之心，想要去救援却又害怕自己遭难，这就是有仁爱之心却无施救之行。处在虚而不实的道义中则面带严厉，看到关系到个人的私利实则心里懦弱，这就是利害而不刚强。这就说慈善而不仁爱，是由于吝啬的本质压倒了慈善。仁爱而不救助别人，是由于恐惧的本质压倒了仁爱。厉害而不刚强，是由于欲望战胜了刚强。所以说：慈善不能战胜吝啬，不一定能够行仁爱。仁爱不能战胜惧怕遭祸患，不一定能够救助别人。厉害不能战胜私欲，不一定表现出刚强。所以人的不仁的本质如果占上风，那么技巧和能力就是有害的东西了。贪婪悖谬之性如果占了上风，那么刚强勇猛就成为致祸的阶梯。也有用慈善的性情救助邪恶的，这种情况也不造成危害。因为仁爱慈惠情分深厚，即使对方态度傲慢言语不敬也不与之分离，救助别人善意明显，即使有过分憎恨邪恶的行为也没有害处。救济别人过于丰厚，即使从别人那里索取东西，也不算贪婪。所以说观察一个人在救助别人时表现的一面，其间复杂的情形可以辨明，"观其夺救，以明间杂"的内涵就可以知道了。

【原文】何谓观其感变，以审常度？夫人厚貌深情，将欲求之，必观其辞旨[1]，察其应赞[2]。夫观其辞旨，犹听音之善丑。察其应赞，犹视知之能否也。故观辞察应，足以互相别识。然则论显扬正[3]，白也[4]；不善言应，玄也[5]；经纬玄白[6]，通也；移易无正[7]，杂也[8]；先识未然，圣也；追思玄事，睿也；见事过人[9]，明也；以明为晦，智也；微忽必识[10]，妙也；美妙不昧，疏也[11]；测之益深，实也；假合炫耀[12]，虚也；自见其美，不足也；不伐其能[13]，有余

也。故曰：凡事不度[14]，必有其故。忧患之色，乏而且荒[15]。疾疢之色[16]，乱而垢杂。喜色愉然以怿，愠色厉然以扬。妒惑之色，冒昧无常。及其动作，盖并言辞。是故其言甚怿而精色不从者[17]，中有违也。其言有违而精色可信者，辞不敏也[18]。言未发而怒色，先见者，意愤溢也。言将发而怒气送之者，强所不然也。凡此之类，征见于外，不可奄违[19]。虽欲违之，精色不从。感愕以明[20]，虽变可知。是故观其感变而常度之情可知。

【注释】①辞旨：说话的意图。②察其应赞：观察他的回答是否得当。刘昺在解释这句话时说："视发言之旨趣，观应和之当否。"③论显扬正：论说清楚所提倡的正确。刘昺在解释这句时一说："词显唱正。"④白：明白。⑤玄：心里明白。刘昺在解释这句话时说："默而识之，是曰玄也。"⑥经纬玄白：言辞上、心里头都明白。经纬，意为规划治理。此指掌握运用。⑦移易无正：随意变动改变观点，没有正确的理论。刘昺在解释这句话时说："理不一据。"⑧杂：混杂、不清楚。此指语言和意图。⑨见事过人：认识事物超过别人。⑩微忽必识：极细小的事物也能看到。微忽，极言细小，隐约细微。《大戴礼记·文王官人》："微忽之言，久而可复，幽间之行，独而不克，行其亡如其存，曰顺信者也。"⑪疏：疏朗。⑫假合炫耀：假借别人的观点来炫耀自己。⑬不伐其能：不自夸自己的能力。伐，夸耀。⑭不度：不合常规。此指失常。刘昺在解释这句话时说："色貌失实，必有忧喜之故。"⑮荒：通"慌"。刘昺在解释这句话时说："忧患在心，故行色慌。"⑯疾疢：泛指疾病。⑰精色：即神色。⑱敏：敏捷，迅速。⑲奄违：掩盖违背。⑳感愕：感觉和惊讶。此指人们由于内心的感受而表现出的神情。

【译文】什么叫作"观其感变，以审常度"？人们往往外表表现得很丰富和充分而把真实感情隐藏得很深，如果要了解他们，必须要观察他们说话的意图，观察他们的回答是否得当。观察人们说话的意图，就好像听声音的美丑。观察他们的回答是否得当，就像审视他们智力上是否有能力。所以人们观察说话和反应，完全可以对彼此的能力进行识别。这就是说论说清楚所提倡的正确，是显著的明白；而不善于言辞和回应的，是心里明白；言辞上心里头都明白，是通达事理；随意变动观点没有正确的理论，是言语和意图都不清楚；事物还没形成就先认识到，是圣贤；追求思索深奥玄妙的道理，是智者；认识事物的能力超过别人，是英明；心里明白但常表现出不足，是机智；极细小的事物也能看到，是精妙；对美好奇妙的事物昭然明了，是疏朗；越检测越觉得对方知识渊博，是蕴含富实；假借别人的观点来炫耀自己，是虚伪；自己展现自己的优点和长处，是不足；不自夸自己的能力，是有余。所以说：凡是失常的表现和举动，都是有其内在缘故的。忧患的表情，疲乏而且慌张。疾病的神色，面色杂乱且带有污垢。喜悦的神色欢娱而快乐，怨恨的表情严厉而怒显。嫉妒疑惑的表情，唐突冒昧变化无常。这些情绪都表现在行动和言语当中。所以当一个人嘴上说快乐而神色与其所说不一致时，其中必有相违背的地方。当他的言论违背真实情感而神色可信时，言辞表达往往不够敏捷。当他还没说话却怒色已经表现出来时，说明他的愤怒之情已经难以抑制。当他将要说话而怒气伴随而出时，说明

他被迫去做不以为然的事。以上所说的种种情况，都是表征明显外露，不能掩盖。虽然想掩盖真相，但神色并不相顺从。通过人们由于内心的感受而表现出来的神情，即使有所变化也可以知晓其真实的内心。所以说观察他情感的变化就可以知道他的常度之情。

【原文】何谓观其至质，以知其名[①]？凡偏材之性，二至以上[②]，则至质相发，而令名生矣[③]。是故骨直气清，则休名生焉[④]。气清力劲，则烈名生焉。劲智精理[⑤]，则能名生焉。智直强悫[⑥]，则任名生焉[⑦]。集于端质[⑧]，则令德济焉[⑨]。加之学，则文理灼焉。是故观其所至之多少，而异名之所生可知也。

【注释】①至质：即前文所说的志质。②二至：指本质和气质。刘昺在解释这句话时说："二至，质气之谓也。"③令名：美好的声誉。《左传·襄公二十四年》："侨闻君子长国家者，非无贿之患，而无令名之难。"④休名：美好的名声。⑤劲智精理：智力强劲精通事理。⑥智直强悫：才智美而真诚。刘昺在解释这句话时说："真而又美。"⑦任名：可信任的名声。⑧端质：突出的品质。⑨令德济焉：美好的品德就形成了。

【译文】什么叫作"观其至质，以知其名"？大凡偏才的秉性，本质和气质在两种以上，则会互相影响使其凸显，美好的声誉就产生了。所以品质正直气质清正，就会产生美好的名声。气质清正能力强劲，就会产生功业的名声。智力强劲精通事理，就会产生贤能的名声。才智美而真诚，就会产生可以担任责任的名声。这些突出的品质集中在一起，美好的品德就形成了。再加上学习，那么他的文化素养就会熠熠生辉。所以说观察一个人突出的本质和气质的多少，各种各样的名声怎样产生就可以知道了。

【原文】何谓观其所由，以辨依似？夫纯讦性违[①]，不能公正。依讦似直[②]，以讦讦善。纯宕似流[③]，不能通道。依宕似通[④]，行傲过节[⑤]。故曰：直者亦讦，讦者亦讦，其讦则同，其所以为讦则异。通者亦宕，宕者亦宕，其宕则同，其所以为宕则异。然则何以别之？直而能温者[⑥]，德也。直而好讦者，偏也。讦而不直者，依也。道而能节者[⑦]，通也。通而时过者[⑧]，偏也。宕而不节者，依也。偏之与依，志同质违，所谓似是而非也。是故轻诺，似烈而寡信。多易，似能而无效。进锐[⑨]，似精而去速。诃者[⑩]，似察而事烦[⑪]。讦施[⑫]，似惠而无成[⑬]。面从，似忠而退违。此似是而非者也。亦有似非而是者。大权[⑭]，似奸而有功[⑮]。大智，似愚而内明。博爱，似虚而实厚。正言，似讦而情忠。夫察似明非[⑯]，御情之反[⑰]，有似理讼[⑱]，其实难别也。非天下之至精，其孰能得其实？故听言信貌，或失其真。诡情御反[⑲]，或失其贤。贤否之察，实在所依。是故观其所依，而似类之质可知也。

【注释】①纯讦：专门指责他人的过错。②依讦似直：出于直率秉性而去指责他人过错。刘昺在解释这句话时说："以直之讦。"③纯宕：本质气质都放荡不羁。④依宕：仿佛是放荡。⑤行傲过节：傲慢不受节制。⑥直而能温：刚直而能温和。⑦道而能节：用道义节制自己。刘昺在解释这句话时说："以道自节。"⑧通而时过：虽然通晓了事理但已时过境迁。刘昺在解释这句话时说："性通时过。"⑨进锐：进取急切。锐，急切，迫切。《汉书·淮南厉王刘长传》："于是王锐欲发，乃令官奴入宫中，做皇帝玺。"⑩诃者：大声斥责

别人。⑪似察而事烦:好像明辨事理实际上使事物更加烦乱。⑫讦施:假意施与。讦,《说文》解释说:"诡伪也。"⑬似惠而无成:好像是在施惠于人实际上并无结果。⑭大权:掌握朝政的权臣。⑮似奸而有功:表面看好像奸诈而实际上是有功之臣。刘昺在解释这句话时,引用殷商时伊尹的历史故事说:"伊去太甲,以成其功。"⑯察似明非:审查类似的事而明辨是非。刘昺在解释这句话时说:"欲察似类审,则是非御。"⑰御情之反:用人情反复说明。刘昺在解释这句话时说:"取人情反复明之。"⑱理讼:审理案件。⑲诡情御反:对什么是虚诈不实的人情把握错了。

【译文】什么叫"观其所由,以辨依似"?专门指责他人过错的人性情邪恶,不能公正。出于直率秉性去指责他人的过错,也用这种方法对待良善。本质气质都放荡不羁的人好似流水,不能通晓道理。仿佛放荡不羁的人好像通晓道理,但其行为傲慢不受节制。所以说:直率的人也指责别人的过错,专好指责别人的人也指责别人的过错,二者同是指责,但他们指责的行为却不同。通达的人也放荡不羁,放荡的人也放荡不羁,都是放荡不羁,但他们放荡不羁的原因是不同的。然而怎样辨别他们呢?刚直而能温和,是有道德的人。率直而好指责别人,这种行为为偏。好指责别人本性却不直率的,这种行为为依。用道义节制自己,这种行为为通晓事理。虽然通晓了事理但已时过境迁,这种行为为偏。放荡而不节制,这种行为为依。偏和依,表现相同而实质相反,也就是人们所说的似是而非。所以轻易承诺,好像刚直勇决而实质上缺少诚信。常常轻视别人,好像很有能力但却一事无成。进取急切,好像是很精明能干但放弃得也很快。大声斥责别人,好像要明辨事理实际上使事物更加烦乱。假意施与,好像是在施惠于人实际上并无结果。表面顺从,好像很忠诚但在下面却相反。这些都是似是而非的现象。也有似非而是的现象。掌握朝政的权臣,表面看好像奸诈而实际上是有功之臣。有大智慧的人,表面看上去愚钝而内心清楚。广施仁爱的人,表现看起来虚浮而实际上厚重。直言相劝的人,表面上看好像是指责实际上是忠诚。审查类似的事而明辨是非,用人情反复说明之,就好像审理案件,其实是很难辨别的。如果不是天下最精明的人,谁能够取得其实质性的东西呢?所以说仅仅听信一个人言论相信事物的表面现象,可能会失去真实的东西。对什么是虚诈不实的人情把握错了,可能会失去贤能的人。对贤能与否的考察。最根本的在于看与之近似的情况。所以说"观其所依,而似类之质可知"。

【原文】何谓观其爱敬,以知通塞?盖人道之极[①],莫过爱敬[②]。是故《孝经》以爱为至德[③],以敬为要道[④]。《易》以感为德[⑤],以谦为道。《老子》以无为德[⑥],以虚为道。《礼》以敬为本[⑦]。《乐》以爱为主[⑧]。然则人情之质,有爱敬之诚,则与道德同体,动获人心[⑨],而道无不通也。然爱不可少于敬。少于敬,则廉节者归之,而众人不与[⑩]。爱多于敬,则虽廉节者不悦,而爱接者死之[⑪]。何则?敬之为道也,严而相离[⑫],其势难久。爱之为道也,情亲意厚,深而感物。是故观其爱敬之诚,而通塞之理可得而知也。

【注释】①极:顶点。②莫过爱敬:刘昺在解释这句话时说:"爱生于父子,敬立于君

臣。"③《孝经》:儒家经典之一。多以为孔门后学所撰,宣传孝道,从汉代起就被推崇,《汉书·艺文志》列为"七经"之一,东汉郑玄称《春秋》为大经,《孝经》为大本。今文本十八章,唐玄宗注,宋邢 疏,收入《十三经注疏》。④要道:重要的理论。⑤《易》:即《易经》,又称《周易》,儒家经典之一,包括《经》和《传》两部分。《经》包括卦、爻、卦辞、爻辞等符号和文字。《传》又称《十翼》,是儒家学者对《经》的各种解释。《易经》以八卦象征天、地、雷、风、水、火、山、泽等自然万物,推测自然与社会的变化。今通行本有《周易注疏》,为三国魏王弼、晋韩康伯注,唐孔颖达正义。⑥《老子》:道家著作,又称《道德经》,相传为春秋时老聃所作,或谓成书于春秋战国之际。西汉河上公作《老子章句》八十一章,前三十七章为《道经》,后四十四章为《德经》。1973 年湖南长沙马王堆汉墓出土帛书《老子》甲、乙本及《韩非子·解老》都是《德经》在前,《道经》在后。现存注本有汉河上公《老子章句》,三国魏王弼《老子注》等。⑦《礼》:儒家经典著作,包括《周礼》《仪礼》《礼记》。《礼记》是战国至汉初儒家学者关于各种仪礼论文选集。《仪礼》记载上古的各种礼节仪式,如冠礼、婚礼、士相见礼、乡饮酒礼、丧礼等。《周礼》记述了先秦的政治经济制度,但对其成书年代及内容是否真实学界有不同看法。⑧《乐》:既《乐经》,儒家"六经"之一,论述了音乐的起源发展及社会作用。原为三十二篇,秦时亡佚,一部分被编入《礼记》中。⑨动:往往,常常。《三国志·吴书·周瑜传》:"曹公,豺虎也,然托名汉相,挟天子以征四方,动以朝廷为辞。"⑩与:参与。《礼记·王制》:"五十不从力政,六十不与服戎,七十不与宾客之事。"⑪爱接者死之:接受爱的人甘心为施爱者去死。⑫严而相离:严肃拘谨互相敬而远之。刘昺在解释这句话时说:"动必肃容,过之不久。"

【译文】什么叫作"观其爱敬,以知通塞"?为人之道的顶点,不能超过于爱和敬。所以《孝经》把爱作为最高的道德标准,把敬作为为人之道的重要理论。《易经》以气感为为人之德,以谦虚为为人之道。《老子》把实施教化没有固定的方法作为德的准则,把寂寞无为作为众道之理。《礼经》以敬为为人之本。《乐经》以爱为主导。这说明人情的本质,如果有爱敬的诚意,就会与道德混为一体,经常获得人心,就没有走不通的道路。然而爱不可以少于敬。如果爱少于敬,那么廉洁有气节的人会归附他,而大众则不会与他在一起。如果爱多于敬,那么虽然廉洁有气节的人可能不喜欢,但接受爱的人会甘心为施爱者去死。这是为什么?如果把敬作为为人之道的标准,人们之间就会严肃拘谨互相敬而远之,相处势必难以持久。如果把爱作为为人之道的标准,人们之间情亲意厚,在人们中间产生深深地感染。所以说观察一个人的爱敬的诚意,他为人处事通达与闭塞的道理就可以知道了。

【原文】何谓观其情机,以辨恕惑?夫人之情有六机:杼其所欲则喜[①];不杼其所能则怨;以自伐历之则恶[②];以谦损下之则悦;犯其所乏则婟[③];以恶犯婟则妒;此人性之六机也。夫人情莫不欲遂其志[④],故烈士乐奋力之功[⑤],善士乐督政之训[⑥],能士乐治乱之事,术士乐计策之谋,辩士乐陵讯之辞[⑦],贪者乐货财之积,幸者乐权势之尤[⑧]。苟赞其志[⑨],

则莫不欣然。是所谓杼其所欲则喜也。若不杼其所能,则不获其志。不获其志,则戚[10]。是故功力不建,则烈士奋。德行不训[11],则正人哀[12]。政乱不治,则能者叹。敌能未弭[13],则术人思[14]。货财不积,则贪者忧。权势不尤,则幸者悲。是所谓不杼其能则怨也[15]。人情莫不欲处前,故恶人之自伐。自伐,皆欲胜之类也。是故自伐其善,则莫不恶也?是所谓自伐历之则恶也。人情皆欲求胜,故悦人之谦。谦所以下之,下有推与之意,是故人无贤愚,接之以谦,则无不色怿。是所谓以谦下之则悦也。人情皆欲掩其所短,见其所长。是故人驳其所短,似若物冒之[16]。是所谓驳其所乏则婟也。人情陵上者也,陵犯其所恶,虽见憎,未害也。若以长驳短,是所谓以恶犯婟,则妒恶生矣。凡此六机,其归皆欲处上。是以君子接物,犯而不校[17]。不校,则无不敬下,所以避其害也。小人则不然。既不见机,而欲人之顺己,以佯爱敬为见异[18],以偶邀会为轻[19],苟犯其机,则深以为怨。是故观其情机,而贤鄙之志可得而知也。

【注释】①杼:通"抒",抒发,申述。《楚辞·九章·惜诵》:"惜诵以致愍兮,发愤以杼情。"王逸注:"杼,渫也。"洪兴祖补注:"杜预云'申杼旧意',然《文选》云'抒情愫',又曰'抒下情而通讽谕',其字并从'手'。"②历:越过。《孟子·离娄下》:"礼,朝廷不历位而相与言,不逾阶而相揖也。"③婟:嫉恨。刘昺在解释这句话时说:"人皆悦己所长,恶己所短,故称其所短,则婟戾忿肆。"④遂:如愿,完成。⑤烈士乐奋力之功:勇猛之士喜欢以勇力立功的环境。刘昺在解释这句话时说:"遭难而力士奋。"⑥善士:有德之士。《孟子·万章下》:"一乡之善士,斯友一乡之善士;一国之善士,斯友一国之善士;天下之善士,斯友天下之善士;以友天下之善士为未足,又尚论古之人。"督政之训:政治修明。刘昺在解释这句话时说:"政修而善士用。"⑦辨士乐陵讯之词:辩士,能言善辩之士。《管子·禁藏》:"阴内辩士,使图其计。"陵讯,皇帝垂讯。刘昺在解释这句话时说:"宾赞而求辩给。"宾赞,指幕僚。唐韩愈《郓州溪堂诗》:"公暨宾赞,稽经诹律。施用不差,人用不屈。"⑧幸者乐权势之尤:受宠幸的幸臣喜欢当权者有过失。幸者,宠臣。尤,过失,罪愆。《周易·贲》:"匪寇婚媾,终无尤也。"《诗经·小雅·四月》:"废为残贼,莫知其尤。"郑笺:"尤,过也。"刘昺在解释这句话时说:"权势之尤,则幸者窃其柄。"⑨苟赞其志:如果推举他实现志向。赞,推举,推荐。《礼记·月令》:"(孟夏之月)命太尉,赞桀俊,遂贤良,举长大。"郑玄注:"赞,犹出也。"⑩戚:忧愁。刘昺在解释这句话时说:"忧己才之不展。"⑪德行不训:不遵从道德行为规范。训,通"顺",顺从,遵循。《尚书·洪范》:"是训是行,以近天子之光。"孔安国传:"凡顺是行之,则可以近益天子之光明。"汉扬雄《法言·问神》:"或问文,曰'训';问武,曰'克'。"李轨注:"训,顺。"⑫正人哀:正人君子哀愁。刘昺在解释这句话时说:"哀不得行其化。"⑬敌能未弭:敌人的能量没有消除。弭,消除,止息。⑭思:悲伤,哀愁。《礼记·乐记》:"亡国之音哀以思,其民困。"⑮怨:怨恨,不高兴。⑯似若物冒之:感到愤懑好像被东西覆盖一样。刘昺在解释这句话时说:"情之愤懑,有若覆冒。"⑰犯而不校:虽受到冒犯而不去拒绝他。刘昺在解释这句话时说:"虽或以小犯

己，不校拒也。"校，栅栏。引申为拒绝。《墨子·备穴》："为铁校，卫穴四。"孙诒让《间诂》："铁校，盖铸铁为阑校，以御敌。" ⑱以佯爱敬为见异：把别人假装的爱敬当作对自己特殊地看待。⑲以偶邀会为轻：把别人因遇到自己而相邀看作是对自己的轻视。偶，碰上，遇到。

【译文】什么叫作"观其情机，以辨恕惑"？人的情感或情绪有六种主要的表现：抒发了内心想要表达的东西就欣喜；没有发挥能力和特长就怨恨；用自我夸耀的方法超越别人就会被厌恶；用谦虚自损的方法处人之下别人就会喜悦；触犯别人的短处人家就会嫉恨；自夸己能犯人所短就会受到妒害；这就是人性中的六种情感或情绪的表现。人之常情没有不想让自己的志向如愿实现的，所以勇猛之士喜欢以勇力立功的环境，有德之士喜欢政治修明的环境，才能之士喜欢政治混乱的环境，谋略之士喜欢谋划计策，能言善辩之士喜欢被皇帝垂询，贪婪的人喜欢积聚钱财，受宠幸的幸臣喜欢当权者有过失。如果推举他们实现志向，则没有人不欣然而乐的。这就是所说的抒发了内心想要表达的东西就欣喜。如果不发挥他们的能力，那么他们就不能得志。不能得志，就会忧愁不已。所以没有建立功名事业，有雄心壮志的人就会对不能尽其才感到愤怒。不遵从道德行为规范，正人君子就会对没有实行教化感到哀愁。政局混乱不能治理，有能力的人就会叹息自己的才能没有被任用。敌人的能量没有消弭，则谋略之人就会对奇计没被运用感到哀伤。钱财没有积累，则贪婪之人就会感到担忧。权势之人不犯错误，受宠的幸臣就会因不能弄权感到悲哀。这就是所说的没有发挥能力和特长就怨恨。人之常情没有不想处在别人前面的，所以对别人的自我夸耀，会感到厌恶。自我夸耀都是想超过别人。所以一个人夸耀自己的长处，没有人不对他产生厌恶。这就是所说的用自我夸耀的方法超越别人，别人就会厌恶。人之常情都想胜过别人，所以都喜欢别人的谦逊。谦逊所持的态度就是居人之下，居人之下有推让他人之意，所以人无论贤良还是愚钝，如果用谦逊的态度对待他，则没有人不表现出高兴的。这就是所说的用谦虚自损的方法处人之下，别人就会喜悦。人之常情全都想把短处掩盖起来，把长处表现出来。所以反驳别人的短处，就会使他感到愤懑好像被东西覆盖一样。这就是所说的触犯别人的短处，人家就会嫉恨。人之常情全都想超过比自己强的人，在超越的时候自我夸耀虽被别人厌恶，但还没有被别人忌害。如果用自己的长处去反驳别人的短处，这就是所说的自夸己能犯人所短就会受到妒害。凡此六种感情，归根结底全都是想处在别人之上。所以君子待人接物，虽受到冒犯而不去拒绝他的态度。不拒绝，就不会不敬而下之，所以会避免别人的妒害。小人则不是这样。他们不明白人性之六机，却想让人们顺从，他们把别人假装的爱敬当作对自己特殊地看待，把别人因偶然遇到而相邀看作是对自己的轻视。如果触犯了他的痛处，他们就会产生深切的怨恨。这就是考察人感情变化的原因，就可以知道他的心志是善美还是卑劣了。

【原文】何谓观其所短，以知其长？夫偏材之人，皆有所短。故直之失也，讦。刚之失

也，厉。和之失也，懦。介之失也[1]，拘[2]。夫直者不讦，无以成其直，既悦其直，不可非其讦，讦也者，直之征也。刚者不厉，无以济其刚，既悦其刚，不可非其厉，厉也者，刚之征也。和者不懦，无以保其和，既悦其和，不可非其懦，懦也者，和之征也。介者不拘，无以守其介，既悦其介，不可非其拘，拘也者，介之征也。然有短者，未必能长也。有长者，必以短为征。是故观其征之所短，而其材之所长可知也。

【注释】①介：指独特的节操或行为。《孟子·尽心上》："柳下惠不以三公易其介。"②拘：拘泥。刘昺在解释这句话时说："拘愚不达事。"

【译文】什么叫作"观其所短，以知其长"？偏才之人的性情，都有他的短处。所以正直引起的过失，在于揭露别人的短处。刚强引出的过失，在于对人严厉。温和引出的过失，在于软弱。独特节操引出的过失，在于拘泥。然而刚直而不揭露别人的短处，就不能够成就其刚直，既然喜欢他的刚直，就不能否定他对别人短处的揭露，揭露别人的短处，是刚直的特征。刚强而不严厉，不能成就其刚强，既然喜欢他的刚强，就不能否定它的严厉，严厉，是刚强的特征。温和而不软弱，就不能保持他的温和，既然喜欢他的温和，就不能否定他的软弱，软弱，是温和的特征。有独特节操的人不拘泥，就不能守住他的节操，既然喜欢他的节操，就不能否定他的拘泥，拘泥是独特节操的特征。这就是说有短处的，未必能变成长处。有长处的，必定有短处作为特征。所以观察其特征的短处，就能够知道他才能的长处了。

【原文】何谓观其聪明，以知所达？夫仁者，德之基也。义者，德之节也[1]。礼者，德之文也[2]。信者，德之固也[3]。智者，德之帅也[4]。夫智出于明。明之于人，犹昼之待白日，夜之待烛火。其明益盛者[5]，所见及远。及远之明难[6]，是故守业勤学，未必及材。材艺精巧，未必及理[7]。理义辩给，未必及智。智能经事，未必及道[8]。道思玄远，然后乃周[9]。是谓学不及材，材不及理，理不及智，智不及道。道也者，回复变通。是故别而论之，各自独行，则仁为胜。合而俱用，则明为将。故以明将仁，则无不怀[10]。以明将义，则无不胜。以明将理，则无不通。然则苟无聪明，无以能遂。故好声而实[11]，不克则恢[12]。好辩而理，不至则烦[13]。好法而思[14]，不深则刻[15]。好术而计，不足则伪[16]。是故钧材而好学[17]，明者为师。比力而争，智者为雄。等德而齐，达者称圣。圣之为称，明智之极名也。是以观其聪明，而所达之材可知也。

【注释】①德之节也：调节道德的东西。刘昺在解释这句话时说："制德之所宜也。"意思是把道德调节到合适的程度。②德之文也：使道德更美丽的纹饰。刘昺在解释这句话时说："礼，德之文理也。"文理即纹理。③德之固也：道德所持守、坚持的东西。刘昺在解释这句话时说："固，德之所执也。"④德之帅也：道德中起主导作用的部分。帅，起主导作用的人或事物。《孟子·公孙丑上》："夫志，气之帅也。"⑤其明益盛者：光明越加盛大。⑥及远之明难：照到远处的光明是很难做到的。刘昺在解释这句话时说："圣人犹有不及。"⑦理：深层的道理。刘昺在解释这句话时说："因习成巧，浅于至理。"⑧道：事物的

根本规律。⑨周:完备,充足。《左传·文公三年》:“君子是以知秦穆之为君也,举人之周也,与人主壹也。”杜预注:“周,备也。”⑩怀:归向。《尚书·皋陶谟》:“安民则惠,黎民怀之。”孔安国传:“爱则民归之。”⑪好声而实:喜好名声而又符合实际。⑫不克则恢:不能够达到就是不合实际。刘昺在解释这句话时说:“恢迂远于实。”恢迂即迂阔,不合实际。⑬不至则烦:达不到则是烦乱。刘昺在解释这句话时说:“词烦而无正理。”⑭好法而思:喜好遵循法律而进行思考。⑮不深则刻:达不到深度就属于刻。刻,形容程度极深。⑯不足则伪:达不到就是诡诬欺诈。⑰均材:素质才能相等。

【译文】什么叫作“观其聪明,以知所达”?仁,是道德的根基。义,是道德的调节器。礼,是使道德更美丽的纹饰。信,是道德所持守和坚持的东西。智,是道德中起主导作用的部分。智从明中产生。明对于人来说,就好像白天依靠太阳而成,黑夜依靠烛火而亮。光明越盛大,所照越远。然而照到远处的光明是很难达到的,所以恪守学业勤奋学习,未必能够成材。才艺精巧,未必能达到深层次的道理。能够滔滔不绝地讲说理义,未必能达到智的程度。有能够成就事业的智慧,未必能掌握事物的根本规律。掌握了事物的根本规律才能够思考深远,然后才能够办得完备周全。这就是说学习不如成才深远,成才不如知理深远,知理不如有智慧深远,有智慧不如掌握根本规律深远。掌握根本规律,才能够贯通反复变化的事物。所以如果分别论之,从它们单独运行的角度,那么仁是重要的。如果把它们合在一起考虑,明就成为起主导作用的了。所以用明来统率仁,就会没有人不归附他。用明来统率义,就会战无不胜。用明来统率理,就会无所不通。这就是说如果没有聪明,就失去了通向成功的道路。所以说喜好名声而又符合实际,如果达不到就是不合实际。喜好言辩而通晓道理,如果达不到就是语言烦冗却不能切中正理。喜好遵循法律而进行思考,如果达不到深度就是苛刻。喜欢谋略又能谋划奇计,如果达不到就是诡诬欺诈。所以素质才能相等而又好学,聪明的人为老师。力量相等而互相角斗,智慧的人为胜者。道德水平相等,通达的人为圣人。圣人的称呼,是对极端明智的人而言的。所以说观察其聪明程度,他能够达到什么样的人才的标准就可以知道了。

七缪第十

【题解】

本章论述了考察人才时容易产生的七种谬误:一、察誉有偏颇之缪;二、接物有爱恶之惑;三、度心有小大之误;四、品质有早晚之疑;五、变类有同体之嫌;六、论材有申压之诡;七、观奇有二尤之失。避免的方法,第一,认识一个人不能只凭众人对他怎样评价。第二,不要只凭自己的好恶。第三,不要对人全面地肯定或否定。第四,用发展的眼光看待一个人。第五,认识同类人之间关系的复杂性。第六,不能忽视一个人所处的具体环

境。第七,考察人才既不能主观臆断独断专行,也不能人云亦云没有自己的主见。

【原文】七缪[①]:一曰察誉有偏颇之缪[②];二曰接物有爱恶之惑[③];三曰度心有小大之误[④];四曰品质有早晚之疑[⑤];五曰变类有同体之嫌[⑥];六曰论材有申压之诡[⑦];七曰观奇有二尤之失[⑧]。

【注释】①七缪:鉴别人才时所犯的七种谬误。缪,谬误。②察誉:考察名声。③爱恶之惑:被个人的爱恶所迷惑。刘昺在解释这句话时说:"或情同忘其恶,或意异忘其善也。"意思是有的因与对方情意相同而忽视了他的恶,有的因与对方情意不同而忽视了他的善。④小大:指人的素质中明与智的小大。刘昺在解释这句话时说:"或小知而无大成,或小暗而无大明。"⑤早晚:指人的智慧发展的早晚。刘昺在解释这句话时说:"有早智而速成者,有晚智而晚成者。"⑥变类有同体之嫌:分辨人才类别,要在同才异势之间进行猜测。刘昺在解释这句话时说:"才同势均则相竞,才同势倾则相敬。"⑦申压之诡:名声长消的相反运动。刘昺在解释这句话时说:"藉富贵则惠施而名申,处贫贱则乞求而名压。"诡,违背,相反。《管子·四时》:"刑德合于时则生福,诡则生祸。"⑧二尤:指尤妙和尤虚。后面文中有论述。

【译文】七谬:第一是考察人的声誉时会出现偏颇的谬误;第二是待人接物时会受个人好恶的迷惑;第三是审查心志时会有对其素质中明与智大小判断的失误;第四是考察人的素质时会有不知道他的智慧发展早晚的疑惑;第五是分辨人才类别时要在同才异势之间进行猜测;第六是在评论人才时会有名声长消的相反运动;第七是观察奇才时有认识人才尤妙和尤虚的失误。

【原文】夫采访之要[①],不在多少。然征质不明者[②],信耳而不敢信目。故人以为是,则心随而明之。人以为非,则意转而化之[③]。虽无所嫌,意若不疑[④]。且人察物,亦自有误。爱憎兼之,其情万原[⑤]。不畅其本,胡可必信[⑥]?是故知人者,以目正耳。不知人者,以耳败目[⑦]。故州闾之士[⑧],皆誉皆毁,未可为正也。交游之人誉不三周[⑨],未必信是也。夫实厚之士[⑩],交游之间,必每所在肩称[⑪]。上等援之[⑫],下等推之,苟不能周,必有咎毁[⑬]。故偏上失下,则其终有毁。偏下失上,则其进不杰[⑭]。故诚能三周,则为国所利。此正直之交也。故皆合而是[⑮],亦有违比[⑯]。皆合而非,或在其中。若有奇异之材,则非众所见。而耳所听采,以多为信[⑰]。是缪于察誉者也。

【注释】①采访:搜求寻访。②征质:外部特征与内在品质。③意转而化之:改变自己的看法而发生转化。刘昺在解释这句话时说:"信人毁誉,故向之所是,化而为非。"④意若不疑:心里哪能不怀疑。刘昺在解释这句话时说:"信毁誉者心虽无嫌,意固疑矣。"若,哪。唐李贺《南园》诗之五:"请君暂上凌烟阁,若个书生万户侯?"⑤万原:即万源。刘昺在解释这句话时说:"明既不察,加之爱恶是非,是疑岂可胜计?"⑥胡:怎么。⑦败目:扰乱观察。败,扰乱。《荀子·解蔽》:"其为人也善射而好思,耳目之欲接则败其思;蚊虻之声闻则挫其精。"⑧州闾:古代地方基层行政单位。《礼记·曲礼上》:"夫为人子者,三赐

不及车马,故州闾乡党称其孝也。”郑玄注:“《周礼》二十五家为闾,四闾为族,五族为党,五党为州。”此处泛指乡里。⑨三周:多次做成事情。三,泛指多。周,成就事情。晋干宝《搜神记》卷十三:“鲁人弦歌祭祀,穴中无水,每当祭时,洒扫以告,辄有清泉自石间出,足以周事。”⑩实厚:笃实敦厚。⑪每所在肩称:常常受到所在地方的称赞。刘昺在解释这句话时说:“言忠信,行笃敬,虽蛮貊之邦行矣。”意思说即使在少数民族地方也受到称赞。⑫援:举荐,提拔。《礼记·儒行》:“其举贤援能有如此者。”⑬咎毁:即咎悔。毁,同“悔”。⑭杰:突出。⑮皆合而是:全都迎合进行肯定。刘昺在解释这句话时说:“或违正阿党,故合而是之。”⑯违比:违背正直,逢迎结党。⑰以多为信:刘昺在解释这句话时说:“不能审查其材,但信众人言也。”

【译文】搜求寻访人才的关键,不在于所听到的情况多少。然而看不清人的外部特征与内在品质的人,常常相信耳朵而不相信眼睛。所以当别人以为应该肯定时,他就随着相信并认为自己观察得很准。当别人认为应当否定时,他就改变自己的看法而转向反面。相信别人毁誉的人虽然从内心与之没有嫌隙,但他听到别人的毁誉后哪能没有怀疑。况且人们对事物的观察,本身也是有不准确的地方。再加上外界爱憎的干扰,所发生的疑惑就更多了。这种观察从根本上就发生了问题,怎么能够必信不疑呢?所以能够知人的,能用他所看到的去纠正所听到的。不能知人的,常被所听到的情况所干扰。所以在乡里生活的人,一般全都受到赞誉或诋毁,这些未必都是正确的。所交际的人如果不是多次让他做成事情,就不一定要信任他。笃实敦厚的人,他们与人交际的时候,必定常常受到所在地方的称誉。上边的人拔举他,下边的人举荐他,如果他不能够办成事情,上下之人必定有所后悔。所以偏重上层而失去了下层的称誉,那么其结果必定遭到诋毁。偏重下层而失去了上层的看重,那么他的进身就不会有突出的地位。所以如果能多次让他办成事情,就会对国家有利。这是正直的交往。所以对一个人全都迎合进行肯定,就有违背正直,逢迎结党的嫌疑。全都合起来否定他,他反而倒有可能是个特立不群的人。如果有奇异的人才,则不是一般人所能发现的。而相信耳朵听到的情况,是只听信众人所言的做法。这是考察人的声誉时所发生的谬误。

【原文】夫爱善疾恶,人情所常。苟不明质,或疏善、善非[①]。何以论之?夫善非者,虽非犹有所是。以其所是,顺己所长,则不自觉情通意亲[②],忽忘其恶。善人虽善,犹有所乏。以其所乏[③],不明己长[④]。以其所长,轻己所短,则不自知志乖气违[⑤],忽忘其善。是惑于爱恶者也。

【注释】①疏善:善者被疏远。善非:不对的被认为是对的。②情通意亲:感情相通心意亲近。③以其所乏:因为他(指善美之人)有短处。④不明己长:看不清自己的长处。刘昺在解释这句话时说:“善人一短,与己所长异也。”即分不清善人的短处与自己的长处的区别。⑤志乖气违:志趣相悖,精神相异。

【译文】热爱美善疾恨丑恶,这是人的常情。但如果认不清人的本质,可能会疏远美

善、把不对的认为是对的。为什么这样说呢？那些被认为是对的而实际上是不对的人，即使有很多的不对也有对的地方。因为他有对的地方，又与自己所长相合，就会不自觉与之感情相通心意亲近，而忽视了他的丑恶之处。善美的人虽有很多长处，但是也有他的短处。因为他有短处，这些短处又与自己的长处不同，便认不清自己的长处。因为善美之人的长处，轻视自己的短处，就会不自觉地与之志趣相悖精神相异，忽略并忘掉了他的美善。这是在审查人才时被自己的喜爱和厌恶所迷惑的情况。

【原文】夫精欲深微[1]，质欲懿重[6]，志欲弘大，心欲嗛小[3]。精微，所以入神妙也。懿重，所以崇德宇也[4]。志大，所以戡物任也[5]。心小，所以慎咎悔也。故《诗》咏文王[6]，"小心翼翼"[7]，"不大声以色"[8]，小心也。"王赫斯怒"[9]，"以对于天下"[10]，志大也。由此论之，心小志大者，圣贤之伦也。心大志大者，豪杰之隽也。心大志小者，傲荡之类也[11]。心小志小者，拘懦之人也[12]。众人之察，或陋其心小[13]，或壮其志大[14]，是误于小大者也[15]。

【注释】①精：精神。②质：素质。懿重：美好厚重。③嗛小：谦虚谨慎。同"谦"。④崇德宇：增加气度。德宇，气度，器量。《世说新语·赏誉上》："山涛以下，魏舒以上。"刘孝标注引《晋阳秋》："济（即王济）有人伦鉴识，其雅俗是非，少有优润，见湛（即王湛）叹服其德宇。"⑤戡物任：能够担当重任。戡，同"堪"。⑥文王：即周文王。见前注。⑦小心翼翼：语出《诗经·大雅·大明》："维此文王，小心翼翼。昭事上帝，聿怀多福。"郑玄笺："小心翼翼，恭慎貌。"⑧不大声以色：语出《诗经·大雅·皇矣》："帝谓文王：予怀明德，不大声以色，不长夏以革。"⑨王赫斯怒：语出《诗经·大雅·皇矣》："王赫斯怒，爰整其旅，以按徂旅，以笃于周祜。"⑩以对于天下：出处同前注。⑪傲荡：傲慢放荡。⑫拘懦：拘谨懦弱。⑬陋：鄙视。⑭壮：推崇，赞许。⑮小大：指心志的大小。

【译文】精神要深邃微妙，素质要美好厚重，志向要恢宏远大，胸襟要谦虚谨慎。精细入微，是达到神奇美妙境界的途径。美好厚重，是实现增大气度的手段。志向远大，是承担重任的条件。小心谨慎，是防止过失悔恨的方法。所以《诗经》歌颂周文王，"小心翼翼"，"不大声以色"，这是说他的小心谨慎。"王赫斯怒"，"以对于天下"，这是歌颂他志向远大。由此而论，心小志大的人，属于圣贤之类。心大志大的人，是豪杰中的俊秀。心大志小的人，属于傲慢放荡之类。心小志小的人，是拘谨懦弱之人。而一般人对人才的观察，或者鄙视被观察者的心小，或者赞许被观察者的心大，这都是由对心志大小的错误判断造成的。

【原文】夫人材不同，成有早晚。有早智而速成者，有晚智而晚成者，有少无智而终无所成者，有少有令材遂为隽器者[1]。四者之理，不可不察。夫幼智之人，材智精达，然其在童髦皆有端绪[2]。故文本辞繁[3]，辩始给口[4]，仁出慈恤[5]，施发过与[6]，慎生畏惧[7]，廉起不取[8]。早智者浅惠而见速[9]，晚成者奇识而舒迟[10]，终暗者并困于不足[11]，遂务者周达而有余[12]。而众人之察，不虑其变，是疑于早晚者也[13]。

【注释】①令材：良才。隽器：杰出的人才。②童髦：儿童时期。髦，古代儿童头发下

垂至眉的一种发式。《仪礼·既夕礼》:"既殡,主人说髦。"郑玄注:"儿生三月,剪发为鬌,男角女羁,否则男左女右,长大犹为饰存之,谓之髦,所以顺父母幼少之心。至此,丧无饰可以去之。髦之形象未闻。"③文本辞繁:年幼时词汇多,长大后必有文采。刘昺在解释这句话时说:"初辞繁者,长必文丽。"④辩始给口:年幼时口才好,长大后必善于辩论。刘昺在解释这句话时说:"幼给口者,长必辩论也。"给口,口才好。⑤仁出慈恤:年幼时慈善助人,长大后必同情有困难的人。刘昺在解释这句话时说:"幼慈恤者,长必矜人。"⑥施发过与:年幼时常把东西给人,长大后必好施舍给予。刘昺在解释这句话时说:"幼过与者,长必好施。"⑦慎生畏惧:年幼时胆小,长大后必谨慎。刘昺在解释这句话时说:"幼多畏者,长必谨慎。"⑧廉起不取:年幼时不随便要别人东西,长大后必清廉。刘昺在解释这句话时说:"幼不妄取,长必清廉。"⑨浅惠而见速:看见一点小事就能够从神态中表现出来。刘昺在解释这句话时说:"见小事则达其形容。"⑩奇识而舒迟:刘昺在解释这句话时说:"智虽舒缓,能识其妙。" ⑪终暗:终生愚昧糊涂。⑫遂务:事业顺利。⑬早晚:指智力发展的早晚。

【译文】人才各不相同,成才有早有晚。有的人因智力发展成熟很早而很快成才,有的人因智力发展成熟很晚而大器晚成,有的人从小没有智慧而终身没有成就,有的人从小具备良才而成为佼佼者。这四方面的道理,不可以不审察。从小有智慧的人,才智精明通达,他在儿童时期就会表现出端倪。所以年幼时词汇多长大后必有文采,年幼时口才好长大后必善于辩论,年幼时慈善助人长大后必同情有困难的人,年幼时常把东西给人长大后必好施舍给予,年幼时胆小长大后必谨慎,年幼时不随便要别人东西长大后必清廉。智力成熟早的人看见一点小事就能够从神态中表现出来,大器晚成的人智力虽然舒缓却能认识精妙,终生愚昧糊涂的人在许多事务上都因才智不足而困窘,事业顺利的人诸事通顺而游刃有余。而一般人对人才的考察,往往不考虑这些变化,这就是在人才智力成熟早晚方面的疑惑。

【原文】夫人情莫不趣名利[①],避损害。名利之路,在于是得[②]。损害之源,在于非失[③]。故人无贤愚,皆欲使是得在己。能明己是,莫过同体[④]。是以偏材之人,交游进趋之类[⑤],皆亲爱同体而誉之,憎恶对反而毁之[⑥],序异杂而不尚也[⑦]。推而论之,无他故焉。夫誉同体,毁对反,所以证彼非而著己是也。至于异杂之人,于彼无益,于己无害,则序而不尚。是故同体之人,常患于过誉,及其名敌[⑧],则尠能相下[⑨]。是故直者性奋,好人行直于人[⑩],而不能受人之讦。尽者情露[⑪],好人行尽于人[⑫],而不能纳人之径[⑬]。务名者乐人之进趋过人[⑭],而不能出陵己之后[⑮]。是故性同而材倾,则相援而相赖也。性同而势均,则相竞而相害也。此又同体之变也。故或助直而毁直,或与明而毁明,而众人之察不辨其律理[⑯],是嫌于体同也[⑰]。

【注释】①趣:驱赶。②是得:做得对并有所得。③非失:做错事并有所失。④同体:同类人。⑤进趋:追求,求取。⑥对反:对立相反。⑦序异杂而不尚:把异杂之人放在既

不憎恨也不推崇的位置上。刘昺在解释这句话时说:"不与己同,不与己异,则虽不憎,亦不尚之。"⑧名敌:名望相当。⑨尠:同"鲜"。⑩好人行直于人:喜欢行为刚直的人。刘昺在解释这句话时说:"见人正直,则心好之。"⑪尽者:坦诚直率有什么说什么。⑫好人行尽于人:喜欢对别人直率尽其所言的人。刘昺在解释这句话时说:"见人颖露,则心好之。"⑬不能纳人之径:不能接受对自己直率尽其所言。刘昺在解释这句话时说:"说己径尽,则违之不纳。"⑭乐人之进趋过人:喜欢进趋超过别人的人。⑮不能出陵己之后:不能处在高于自己的人的后面。刘昺在解释这句话时说:"人陵于己,则忿而不服。"⑯律理:规则和道理。⑰嫌:疑惑。

【译文】人之常情没有人不驱赶名利,躲避损害的。获得名利的途径,在于做得对并有所得。受到损害的原因,在于做错事而有所失。所以人无论贤能还是愚昧,全都想使自己做得对并有所得。最能了解自己长处的,莫过于与自己同类的人。所以偏才之人,所交际寻求的人,全都是与自己关系亲密的同类并称誉他们,憎恶与自己对立相反的人并诋毁他们,把异杂之人放在既不憎恨也不推崇的位置上。推而论之,没有其他的原因。称誉同类的人,诋毁对立相反的人,都是用来证明别人不对而自己是对的。至于与自己既不同类又不对立的异杂之人,对别人没有益处,对自己没有害处,则既不憎恨也不崇尚。所以同类之人,常常有过分称誉的毛病,至于名望相当的人,则很少能够谦让。所以刚直的人性情奋发,喜欢行为刚直的人,却不喜欢让他指责自己的过失。坦诚直率有什么说什么的人,喜欢对别人直率尽其所言的人,却不能接受对自己直率尽其所言。致力于追求名声的人,喜欢进取超过别人,却不能处在高于自己的人的后面。所以性情相同而能力差距大,则会互相提举互相依赖。性情相同而能力均衡,则会互相竞争互相残害。这又是同类人之间关系的变化。所以有的人扶助正直又诋毁正直,有的人赞誉明智又诋毁明智,而一般人审察人才是不去分辨其中的规则和道理的,这是分辨同类人才方面的疑惑。

【原文】夫人所处异势,势有申压。富贵遂达,势之申也。贫贱穷匮,势之压也。上材之人,能行人所不能行。是故达有劳谦之称①,穷有著明之节。中材之人,则随世损益②。是故藉富贵则货财充于内,施惠周于外。见赡者③,求可称而誉之。见援者,阐小美而大之。虽无异材,犹行成而名立④。处贫贱,则欲施而无财,欲援而无势。亲戚不能恤,朋友不见济。分义不复立⑤,恩爱浸以离⑥。怨望者并至⑦,归罪者日多。虽无罪尤,犹无故而废也⑧。故世有侈俭,名由进退⑨。天下皆富,则清贫者虽苦,必无委顿之忧⑩。且有辞施之高⑪,以获荣名之利。皆贫,则求假无所告⑫,而有穷乏之患,且生鄙吝之讼⑬。是故钧材而进有与之者⑭,则体益而茂遂⑮。私理卑抑有累之者⑯,则微降而稍退⑰。而众人之观,不理其本,各指其所在,是疑于申压者也。

【注释】①劳谦:勤劳谦恭。《周易·谦》:"劳谦,君子有终,吉。"②随世损益:随着时势的变化而增减。刘昺在解释这句话时说:"势来则益,势去则损。"③见赡者:受到救济

的人。④行成而名立:做事成功取得名声。刘昞在解释这句话时说:“夫富与贵可不欣哉,乃至无善而行成,无智而名立。”⑤分义不复立:情分不再有。⑥浸:渐渐。⑦怨望:怨恨不满。⑧无故而废:无罪而被废黜。刘昞在解释这句话时说:“夫贫与贱可不慑哉!乃至无由而生谤,无罪而见废。”⑨名由进退:世势决定名声的高低。刘昞在解释这句话时说:“行虽在我,而名称在世,是以良农能稼,未必能穑。”⑩委顿:衰弱,病困。⑪辞施:推辞施与。⑫求假:请求借贷。⑬鄙吝:过分爱惜钱财。北齐颜之推《颜氏家训·勉学》:“素鄙吝者,欲其观古人贵义轻财。”⑭钧材而进有与之者:财富和别人一样多进而还有人给予。刘昞在解释这句话时说:“己既自足,复须给赐。”钧,通“均”。⑮体益而茂遂:名美行成万事如意。⑯私理卑抑有累之者:自己的管理经营衰弱卑下而又有拖累的人。刘昞在解释这句话时说:“己既不足,亲戚并困。”⑰稍:渐渐。

【译文】人所处的情势是不同的,情势有伸张有压抑。富有显贵成功发达,这是情势的伸张。贫下低贱穷困匮乏,这是情势的压抑。上等人才,能做人所不能做的事。所以他们显达时有勤劳谦虚的美称,穷困时有光明磊落的气节。中等人才,则随着时势的变化而增减。所以他们凭借富贵地位在家内充满钱财,在外面遍加施惠。受到他救济的人,寻求他可称道的地方而赞美他。受到他提拔的人,把他的小优点加以阐述放大。所以他们虽然没有特殊的才能,却仍然能够做事成功取得名声。处在贫贱地位的人,则想布施却没有钱财,想提拔人却没有权势。亲戚不能受到帮助,朋友不能得到救济。情分不再有,恩爱渐渐远离。怨恨不满者一起到来,问罪者日渐增多。他虽然没有罪行和过错,但还是无缘无故地被废黜。所以时世有张大有减缩,而名声也因此或高或低。天下人都富有,那么清贫者虽然贫苦,也一定没有衰弱病困之忧,而且还有推辞施与的高名,因此获得荣名之利。如果天下人都贫穷,那么就会无处请求借贷,因而有穷困贫乏之患,并且会生出过分爱惜钱财的控诉。所以财富和别人一样多进而还有人给予,则会名美行成万事如意。自己的管理经营衰弱卑下而又有拖累的人,则会地位慢慢下降渐渐低下。而一般人在观察这个问题时,不知道这个问题的根本,各自只看到问题的现状,这是在情势伸张和压抑问题上的迷惑。

【原文】夫清雅之美,著乎形质,察之寡失。失缪之由[1],恒在二尤。二尤之生,与物异列[2]。故尤妙之人,含精于内,外无饰姿。尤虚之人,硕言瑰姿[3],内实乖反。而人之求奇,不可以精微测其玄机,明其异希[4]。或以貌少为不足,或以瑰姿为巨伟,或以直露为虚华,或以巧饰为真实。是以早拔多误[5],不如顺次[6]。夫顺次常度也。苟不察其实,亦焉往而不失?故遗贤而贤有济[7],则恨在不早拔[8]。拔奇而奇有败,则患在不素别[9]。任意而独缪,则悔在不广问。广问而误己,则怨己不自信。是以骥子发足[10],众士乃误。韩信立功,淮阴乃震[11]。夫岂恶奇而好疑哉!乃尤物不世见[12],而奇逸美异也。是以张良体弱,而精强为众智之隽也。荆叔色平[13],而神勇为众勇之杰也。然则隽杰者,众人之尤也。圣人者,众尤之尤也。其尤弥出者[14],其道弥远。故一国之隽,于州为辈[15],未得为第也[16]。一

州之第，于天下为棍[17]。天下之根，世有优劣[18]。是故众人之所贵，各贵其出己之尤，而不贵尤之所尤。是故众人之明，能知辈士之数[19]，而不能知第目之度[20]。辈士之明，能知第目之度，不能识出尤之良也。出尤之人，能知圣人之教，不能究入室之奥也[21]。由是论之，人物之理，妙不可得而穷已。

【注释】①缪：错误，失误。②与物异列：与一般人不同。刘昺在解释这句话时说："是故非常人之所见。"③硕言瑰姿：言语夸大姿态瑰玮。④明其异希：明白他的奇异稀少。刘昺在解释这句话时说："其尤奇异，非精不察。"⑤早拔多误：因提拔成熟较早的人而多生失误。刘昺在解释这句话时说："或以甘罗为早成而用之，于早岁或误。"⑥顺次：按照顺序。⑦遗贤而贤有济：遗漏了贤才而贤才却有成功的表现。⑧恨：遗憾。⑨素别：预先识别。素，预先。《国语·吴语》："夫谋，必素见成事焉，而后履之。"⑩骥子发足：良马奋蹄。此指良才显示了自己的能力。⑪淮阴：古县名，秦置，治所在今江苏淮阴市西南。⑫世见：每代都出现。⑬荆叔：即荆轲。又称荆卿、庆卿，战国时卫国人。好读书击剑，游说至燕国，与高渐离、田光友善，后为燕国太子丹门客，受太子丹之托，以献图为名，与秦舞阳一起行刺秦王。进入秦王宫后，秦舞阳因胆怯而神色异常，而荆轲却不动声色，面带平静。⑭弥：越。⑮于州为辈：放到州里比较。辈，比并，比类。《后汉书·循吏传序》："边凤、延笃先后为京兆尹，时人以辈前世赵、张。"李贤注："辈，类也。赵谓赵广汉，张谓张敞。" ⑯第：品第。⑰棍：门枢。⑱世有优劣：每一代英才都不一样。刘昺在解释这句话时说："英人不世继，是以伊、召、管、齐，应运乃出。" ⑲辈士之数：郡国一级人才的数量。刘昺在解释这句话时说："众人明者，粗知郡国出辈之士而已。" ⑳第目：品第。㉑入室：学问技艺达到精神的程度。《论语·先进》："由也，升堂矣，未入于室也。"邢 疏："入室为深，颜渊是也；升堂次之，子路是也。"

【译文】清廉高雅的美德，在人的外貌和气质上有显著的表现，所以考察起来很少有失误。考察人才失误的原因，往往在对尤妙和尤虚的考察上。尤妙和尤虚的产生，与一般人不同。所以说尤妙之人，蕴含精明于内部，外面不修饰自己。尤虚之人，外表言语夸大姿态瑰玮，而内里实际上正相反。而一般人在寻求奇才时，不能够精深细微地观测到其中深奥玄妙的道理，明白奇才的奇异和稀少。有的看其外貌欠佳就认为是不足，有的看其姿容魅力就认为是巨伟，有的把直率坦白看作是华而不实，有的把乔装粉饰看作是真诚实在。所以与其因提拔成熟较早的人而多生失误，不如按正常次序选用。按正常次序是选拔人才的常规。如果不考察一个人的实际能力，还能到哪里找到不失误的方法呢？所以遗漏了贤才而贤才却有成功的表现，则会有没早点提拔他的遗憾。如果选拔了奇才而奇才又不成功，则会有不能事先辨别的忧患。凭主观意志随心所欲而产生独断专行的错误，则会有没有广泛征求意见的后悔。如果广泛征求意见了却又贻误了自己，就会恨自己没有自信。所以良材显示了自己的能力，众人才感觉到自己不是人才的失误。韩信立功以后，淮安市的百姓才产生震动。这怎能归咎为人们厌恶奇才喜欢怀疑呢！这

是由于突出的人物不是每代都有的,他们奇特超凡与众不同。所以张良身体柔弱,但他的精明强干在众多智者中是出类拔萃的。荆轲神色平和,但他的精神勇气在众多的勇士中是杰出的。这就是说俊杰是众人中突出的人。圣人是这些突出的人中又突出的。他们的优异才能越突出,他们的前途就越远大。所以一个郡国中的俊杰,放到州里比较,不见得能进入品第。一州中进人品第的人才,是国家的中枢。国家的中枢人才,每一代也都不一样。所以一般人所看重的,是看重他比自己突出的才能,而不是看重突出人才中的佼佼者。所以一般人的明智,能够知道郡国一级人才的数量,但不能知道他们进入品第的程度。郡国人才的明智,能知道进入品级的程度,而不能认识最为突出的良才。最为突出的良才,能够明白圣人的教诲,但不能明白他的学问技艺为什么能达到这样高的程度。由此论之,关于人才的道理,它的奇妙是不可能认识穷尽的。

效难第十一

【题解】

认识人才并取得效果有两个难点:一个是认识人才本身的难处,一个是认识了人才而没有取得成效的途径的难处。本章对这两个难点进行了详尽的分析。指出难点并非让人知难而退,而是让人清楚地认识难点形成的主观原因和客观原因,从而克服在考察任用人才上所遇到的困难,取得实际效果。

【原文】盖知人之效有二难[1]。有难知之难,有知之而无由得效之难[2]。何谓难知之难?人物精微,能神而明[3],其道甚难,固难知之难也。是以众人之察不能尽备。故各自立度[4],以相观采[5]。或相其形容,或候其动作[6],或揆其终始[7],或揆其儗象[8],或推其细微,或恐其过误,或循其所言,或稽其行事[9]。八者游杂,故其得者少,所失者多。是故必有草创信形之误[10],又有居止变化之谬[11]。故其接遇观人也,随行信名[12],失其中情[13]。故浅美扬露[14],则以为有异。深明沉漠[15],则以为空虚。分别妙理,则以为离娄[16]。口传甲乙[17],则以为义理[18]。好说是非,则以为臧否。讲目成名[19],则以为人物。平道政事[20],则以为国体。犹听有声之类,名随其音。夫名非实,用之不效。故曰:名犹口进[21],而实从事退。中情之人[22],名不副实[23],用之有效。故名由众退,而实从事章[24]。此草创之常失也。故必待居止,然后识之。故居视其所安[25],达视其所举,富视其所与,穷视其所为,贫视其所取,然后乃能知贤否。此又已试,非始相也[26]。所以知质,未足以知其略[27]。且天下之人,不可得皆与游处。或志趣变易,随物而化。或未至而悬欲[28],或已至而易顾[29],或穷约而力行[30],或得志而从欲[31]。此又居止之所失也。由是论之,能两得其要,是难知之难。

【注释】①知人之效:认识人才并取得效果。②无由得效:没有取得成效的途径。刘昺在解释这句话时说:"己虽知之,无由得荐。"③能神而明:深入他的精神世界进而了解

他的才智。刘昺在解释这句话时说:“欲入其神,而明其智。”④各自立度:各自确立自己的标准、角度。刘昺在解释这句话时说:“以己所能,历观众才。”⑤以相观采:以此来对人才进行观察和使用。相,表示一方对另一方采取的动作。《史记·鲁仲连邹阳列传》:“臣闻明月之珠,夜光之璧,以暗投入于道路,人无不按剑相眄者。”⑥候:观察。⑦揆:揣度。⑧揆其儗象:揣度拟想的形象。刘昺在解释这句话时说:“以旨意取人。”⑨稽其行事:考查他做事的效果。刘昺在解释这句话时说:“以功效取人。”⑩草创信形:草率地相信外表的东西。刘昺在解释这句话时说:“或色貌取人而行违。”草创,草率。《东观汉记·光武帝纪》:“时城郭丘墟,扫地更为,帝悔前徙之,草创苟合,未有还人。”⑪居止变化:地位或职位的变化与内心不一致。刘昺在解释这句话时说:“或身在江海,心存魏阙。”⑫随行信名:轻易地相信他的行为和名声。⑬中情:内心的实际情况。⑭浅美扬露:心智肤浅显扬表露。⑮深明沉漠:心智深邃内心明白而不外露。⑯离娄:古代传说中的人物,视力极好。⑰口传甲乙:勉强地分别等级次第。刘昺在解释这句话时说:“强指物类。”⑱义理:道理。⑲讲目成名:勉强地分辨人的贤能和愚昧。⑳平道政事:胡乱谈论政事。刘昺在解释这句话时说:“妄论时事。”㉑名犹口进:名声通过众人之嘴而宣扬提升。㉒中情之人:真正的智慧在内心的人。刘昺在解释这句话时说:“真智在中,众不能见,故无外名,而有内实。”㉓名不副实:指中情之人的名气和实际不相符的情况。㉔实从事章:做事效果显著而名声彰显。刘昺在解释这句话时说:“效立而名章。”章,彰显。㉕居视其所安:没当官的时候看他安心于什么。居,指赋闲未仕。《文选,补亡诗》:“彼居之子,罔或游盘。”李善注:“居,谓未仕者,言在家之子。”㉖始相:仅仅凭眼睛看。㉗未足以知其略:刘昺在解释这句话时说:“略在变通,不可常准。”㉘未至而悬欲:志向还没达到就因欲望的诱惑而改变。悬,诱惑。《文子·守平》:“知养生之和者,即不可悬以利;通内外之符者,不可诱以势。”㉙已至而易顾:已经达到了志向却又发生了改变。㉚穷约而力行:穷困贫贱却努力行动。穷约,穷困,贫贱。《晏子春秋·谏上五》:“使民饥饿穷约而无告。”㉛从欲:纵欲。从,同“纵”。

【译文】认识人才并取得效果有两个难点。一个是认识人才本身的难处,一个是认识人才而没有取得成效的途径的难处。什么是认识人才本身的难处呢?人的才智是无形无状奇异精妙的,能够深入他的精神世界进而了解他的才智,这本身是一件非常困难的事,所以说认识人才本身就是不容易的事。所以一般人审察人才的方法不可能是彻底完备的。所以各自确立了自己的标准,以此来对人才进行观察和使用。有的看人的外貌,有的观察人的举动,有的揣度他的出发点是否正确,有的揣度对他拟想的形象,有的审察他的细微之处,有的忽略他的过失和错误,有的听取他的言论话语,有的考察他做事的效果。上述八种做法是杂乱没有系统的,所以在审察任用人才上所得者少,所失者多。所以必然会有草率地相信外表的失误,也会有所用人才地位或职位的变化与内心不一致的谬误。因为他交结观察人才的时候,轻易地相信他的行为和名声,不掌握他内心的实际情况。所以一个人心智肤浅显扬表露，却被认为是异于常人。一个人心智深邃内心明白而不外露，却被认为是空洞无物。一个人把道理分析得头头是道，却被认为是离娄式的人物。一个人勉强地分别事物的等级次第，却被认为是精通义理。一个人随意评论是非，却被认为是明白善恶。一个人勉强地分辨人的贤能和愚昧，却被认为是善于知晓人物。一个人胡乱谈论政事，却被认为是国家栋梁。这就好像听见一类事物的声音，就根据声音为之命名一样。名实不副，就没有人们预期的效用。所以说：名声通过众人之嘴而宣扬提升，而实际却因为事实而下降，真正的智慧在内心的人，名气和实际也不相符，但任用他们却可以取得成效。所以说明因为众人不认识而减退，但实际却因做事效果显著而名声彰显。这些都是审察人才草率而常有的失误。所以说一定要观察行动，才能认识他的才能。所以在他没当官的时候看他安心于什么，在他当官以后看他所举荐的人，在他富裕的时候看他所施与别人的东西多少，在他窘困的时候看他所作所为，在他贫穷的时候看他索取是否正当，通过这一列观察然后才能知道他贤能与否。这样做是通过考验知人，不是仅仅凭眼睛看。所以知道一个人的本质，还不足以知道他所采用的方略。况且天下之人，不能够全部与他们交往相处。有的人志趣改变，随事物的变化而变化。有的人志向还没达到就因欲望的诱惑而改变，有的人已经达到了志向却又发生了改变，有的人处于穷困贫贱却努力行动，有的人得志后却纵欲而为。这又是考察人才顾及情况的变化而发生的失误。由此论之，考察人物既要知道他的性情，又要考查他的变化，两方面都做到，这就是难以知人的困难。

【原文】何谓无由得效之难？上材已莫知①，或所识者在幼贱之中②，未达而丧③。或所识者未拔而先没④。或曲高和寡，唱不见赞⑤。或身卑力微，言不见亮⑥。或器非时好⑦，不见信贵。或不在其位，无由得拔。或在其位，以有所屈迫⑧。是以良材识真⑨，万不一遇也。须识真在位⑩，识百不一有也。以位势值可荐致之⑪，宜十不一合也⑫。或明足识真，有所妨夺⑬，不欲贡荐⑭。或好贡荐，而不能识真。是故知与不知，相与纷乱于总猥之中⑮。实知者，患于不得达效。不知者，亦自以为未识。所谓无由得效之难也。故曰知人之效，有二难。

【注释】①上材已莫知：刘昺在解释这句话时说："已难识知。"②幼贱之中：指还没进身显达的时候。刘昺在解释这句话时说："未及进达。"③达：进达。④没：通"殁"，死亡。⑤唱不见赞：所唱不被别人赞赏。⑥亮：相信，信任。《尚书·周官》："寅亮天地，弼予一人。"孔安国传："敬信天地之教，以辅我一人之治。"⑦器非时好：才干不是当权者所喜欢的。刘昺在解释这句话时引用汉代的例子说："窦后方好黄老，儒者何由见进？"⑧屈迫：受压抑迫害。⑨良材识真：良才遇到真正的赏识者。刘昺在解释这句话时说："才能虽良，当遇知己。"⑩须识真在位：等到赏识良才的人在位具有权力。⑪以位势值可荐致之：因为举荐者在位有权又正在寻找人才。⑫宜十不一合：大概十个人里碰不到一个。⑬妨夺：因遇到妨碍而被迫改变。刘昺在解释这句话时说："虽识辨贤愚，而屈于方多，故又不

欲。”⑭贡荐:荐举。汉代地方向朝廷推荐人才曰贡。⑮总猥:聚合在一起。

【译文】什么叫“无由得效之难”?上等人才已经很难辨识,有的已经识别出来的人才在幼贱时,还没进身显达就丧失了生命。有的已经识别出来的人才还没等到提拔任用就先辞世了。有的曲高和寡,所唱不被别人赞赏。有的位卑力小,所言不被信任。有的所具才干不被当权者所喜欢,不能够被信任重视。有的识才者不在其位,没有提拔人才的权力。有的识才者在其位,但受到压抑迫害。所以良才遇到真正的赏识者,一万个人里也遇不到一个。等到赏识良才的人在位具有权力,一百个人里也不见得有一个。识才者在位有权又正在寻找人才,大概十个人里碰不到一个。有的英明足以辨识真才,但因遇到妨碍而被迫改变,不想举荐人才。有的喜欢举荐人才,但不能识别真正的人才。所以能够识别人才和不能够识别人才,相互交错纷杂地混在一起。真正能够认识人才的人,有不在其位不能够取得识别任用人才效果的忧患。不能够真正识别人才的人,虽然身在其位但却不能识别任用人才。这就是所说的“无由得效之难”。所以说认识人才并取得效果,有两个难点。

释争第十二

【题解】

本章列举了君子与小人的两种为人处世的态度,指出了君子“不争”所带来的益处和小人“争竞”所带来的害处。然而君子的不争不是无所作为无所追求,而是通过谦让,达到以屈求伸、以让胜敌、转祸为福、屈敌为友的目的,阐述了“不争者,争之也。让敌者,胜之也。下众者,上之也”的辩证关系。

【原文】**盖善以不伐为大,贤以自矜为损。是故舜让于德①,而显义登闻②。汤降不迟③,而圣敬日跻④。郄至上人⑤,而抑下滋甚。王叔好争⑥,而终于出奔。然则卑让降下者,茂进之遂路也。矜奋侵陵者,毁塞之险途也。是以君子举不敢越仪准⑦,志不敢凌轨等,内勤己以自济⑧,外谦让以敬惧⑨。是以怨难不在于身,而荣福通于长久也。彼小人则不然。矜功伐能,好以陵人,是以在前者人害之,有功者人毁之,毁败者人幸之⑩。是故并辔争先⑪,而不能相夺⑫。两顿俱折⑬,而为后者所趋。由是论之,争让之途,其别明矣。**

【注释】①舜:传说中的上古帝王,姚姓,名重华,号有虞氏,又称虞舜。因品德高尚,被推为尧帝的继承人。但舜自认为德才不够,让位于尧的儿子丹朱。然而诸侯朝觐者不到丹朱而到舜处,狱讼者不往丹朱而往舜处,讴歌者不歌颂丹朱而歌颂舜。舜认为这是天意,才继尧位为帝。②显义登闻:所发扬的正义上达于天。③汤降不迟:商汤王受天命应期而降。④圣敬日跻:他的圣明使他得到的尊敬与日俱增。⑤郄至:也做郤至,春秋时晋国大夫。在晋楚鄢陵之战中有功。后居功自傲,生活奢侈,招致怨恨,最后被杀。事见

《史记·晋世家》。⑥王叔:春秋时周王室卿士王叔陈生。因自己的地位在伯舆之下,非常气愤,弃官出走,最后到了晋国。事见《春秋左传》。⑦仪准:礼法规矩。⑧内勤己以自济:独处时自我修养自我完善。内,指独处时。刘昺在解释这句话时说:"独处不敢为非。"⑨外谦让以敬惧:在外用敬惧的态度谦让别人。刘昺在解释这句话时说:"出门如见大宾。"⑩幸:幸灾乐祸。⑪并辔:并驾齐驱。⑫相夺:压倒胜过对方。夺,压倒,胜过。汉班婕好《怨歌行》:"常恐秋节至,凉风夺炎热。"⑬两顿俱折:双方都受到了困顿挫败。刘昺在解释这句话时说:"中道而毙,后者乘之,譬兔殛犬疲,而田父收其功。"

【译文】具有美好善良品性的人以不自我夸耀为最崇高,怀有贤良美德的人认为骄傲自满招致损害。所以虞舜谦让于有德才的人,他所发扬的正义闻达于上天。商汤受天命应期而降,他的圣明使他得到的尊敬与日俱增。郄至地位高高在上,而他对下边人的压抑却更加厉害。王叔喜欢争竞,而终于出奔他国。这说明降低自己谦让别人,是事业昌盛不断进取的成功道路。骄傲矜夸恃强凌物,是毁坏声誉堵塞前途的危险之路。所以君子的行为不敢超越礼法规矩,立志不敢超越正常的轨道,独处时追求自我修养自我完善,在外时用敬惧的态度谦让别人。因此怨恨责难就不会招惹到身上,荣耀和幸福就会长久存在。那些小人则不是这样。他们因功而骄傲以能而自夸,喜欢以此凌驾别人之上,所以当处在前面的时候就有人陷害他,立功的时候就有人诋毁他,遭到毁败时就有人幸灾乐祸。所以当小人们并驾齐驱争先恐后时,彼此都不能压倒或战胜对方。当双方都受到了挫败时,后面的人就会乘虚赶上来。由此论之。争夺和谦让这两条道路,差别是很明显的。

【原文】然好胜之人,犹谓不然。以在前为速锐,以处后为留滞,以下众为卑屈[1],以蹑等为异杰[2],以让敌为回辱[3],以陵上为高厉[4]。是故抗奋遂往[5],不能自反也[6]。夫以抗遇贤,必见逊下[7]。以抗遇暴,必构敌难[8]。敌难既构,则是非之理必溷而难明。溷而难明,则其与自毁何以异哉!且人之毁己,皆发怨憾而变生舋也[9]。必依托于事,饰成端末[10]。其余听者虽不尽信,犹半以为然也。己之校报[11],亦又如之。终其所归,亦各有半,信著于远近也。然则交气疾争者,为易口而自毁也[12]。并辞竞说者[13],为贷手以自殴[14]。为惑缪岂不甚哉!然原其所由,岂有躬自厚责,以致变讼者乎?皆由内恕不足,外望不已[15]。或怨彼轻我,或疾彼胜己。夫我薄而彼轻之,则由我曲而彼直也[16]。我贤而彼不知,则见轻非我咎也。若彼贤而处我前,则我德之未至也。若德钧而彼先我,则我德之近次也[17]。夫何怨哉!且两贤未别,则能让者为隽矣。争隽未别[18],则用力者为惫矣[19]。是故蔺相如以回车决胜于廉颇[20],寇恂以不斗取贤于贾复[21]。物势之反[22],乃君子所谓道也。是故君子知屈之可以为伸,故含辱而不辞。知卑让之可以胜敌,故下之而不疑[23]。及其终极,乃转祸而为福,屈雠而为友[24]。使怨雠不延于后嗣,而美名宣于无穷。君子之道,岂不裕乎[25]!且君子能受纤微之小嫌,故无变斗之大讼。小人不能忍小忿之故,终有赫赫之败辱[26]。怨在微而下之,犹可以为谦德也。变在萌而争之[27],则祸成而不救矣。是故陈馀以

张耳之变[28],卒受离身之害[29];彭宠以朱浮之郄[30],终有覆亡之祸。祸福之机,可不慎哉!

【注释】①下众:处在众人之下。②蹑等:胜过同等人。蹑,超越,胜过。《晋书·陆机陆云传论》:"其词深而雅,其义博而显,故足远超枚马,高蹑王刘,百代文宗,一人而已。"③回辱:避让屈辱。④高厉:崇高,高超。⑤抗奋遂往:不顾一切地重复以往的错误。抗奋,即亢奋,极度兴奋不顾一切。遂往,谓以往的错误。晋葛洪《抱朴子·交际》:"风成俗习,莫不逐末流,遁遂往,可慨者也。"⑥自反:自觉返回。⑦必见逊下:必然得到谦让。⑧必构敌难:必然造成敌对非难。⑨变生舋:变故的征兆发生出现。⑩必依托于事,饰成端末:必然会用一件事做为借口,把毁谤的实质掩饰起来。刘昺在解释这句话时说:"凡相毁谤,比因事类而饰成之。"⑪校报:回报,报复。⑫易口而自毁:改换用对方的嘴来自我毁谤。刘昺在解释这句话时说:"己说人之瑕,人亦说己之秽,虽詈人,自取其詈也。"⑬并辞竞说:同时用语言互相争竞。⑭贷手以自殴:借别人的手来打自己。刘昺在解释这句话时说:"词忿则力争,己既殴人,人亦殴己,此其为借手以自殴。"⑮外望不已:对外埋怨他人不停。⑯我曲而彼直:这里的意思是我理亏而对方理直,应当受到对方的轻视。刘昺在解释这句话时说:"曲而见轻,固其宜也。"⑰近次:接近略低。⑱别:差别。⑲惫:劣,坏。⑳蔺相如:战国时赵国人,初为赵国宦者令缪贤舍人,后由缪贤推荐给赵惠文王。秦王得知赵国有和氏璧,假称愿以十五城换之。蔺相如奉命带着玉璧入秦,与秦王斗智斗勇,戳穿秦国阴谋,乃完璧归赵,因功被拜为上大夫。惠文王二十年,秦王、赵王渑池相会,秦王让赵惠文王为之鼓瑟,以侮辱之。蔺相如强令秦王为赵王击缶,对秦王进行回击,维护了赵国的尊严。因功高被拜为上卿,位在廉颇之上。廉颇不服,欲侮辱蔺相如,但蔺相如以国家利益为重,多次退让,终于感动了廉颇,乃亲自到蔺相如处负荆请罪。廉颇:战国时赵将,以勇猛善战闻名。赵惠文王十六年,率军伐齐,大破齐军,因功被拜位上将。赵孝成王十五年,与乐乘率军大破燕军,迫使燕割五城请和。以功封信平君,为假相国。后因与乐乘不和,奔魏居于大梁。赵国因屡遭秦国逼迫,欲任用廉颇,但因仇者郭开的诋毁,赵王相信廉颇老矣,不再任用。后廉颇入楚,卒于寿春。㉑寇恂:东汉初上谷昌平(今北京昌平东南)人,字子翼。初任郡功曹,新莽败亡后,劝太守耿况归顺刘秀,被拜为偏将军。后任河内太守,行大将军事,保障后勤甚是得力,击破更始军立有战功,后转任颍川太守,封雍奴侯。历任汝南太守、执金吾。为东汉初二十八功臣之一。贾复:东汉初南阳冠军(今河南邓州西北)人,字君文。新莽末聚众起兵,自号将军,后归附更始政权,又随从刘秀,战功卓著。刘秀称帝后,拜执金吾,封冠军侯。后迁左将军,定封胶东侯。知光武帝不欲功臣拥众于京师,便削除甲兵,敦崇儒学,以此深受赏识。为东汉初二十八功臣之一。当初贾复在汝南的时候,他的部将杀人,被汝南太守寇恂依法处置。贾复深以为耻,说过颍川的时候一定要报复寇恂。寇恂知道后,以天下未定,应以大局为重,巧施妙计,避免了与贾复的直接冲突。事见《后汉书·寇恂传》。㉒物势之反:指表面上与实质上效果相反的行动。刘昺在解释这句话时说:"龙蛇之蛰以存身,尺蠖之屈以求伸，虫微物耳，尚知蟠屈，况于人乎！”㉓下之：处于他的下面，甘拜下风。㉔屈雠：使仇敌屈服。㉕裕：宽大，宽容。《周易·系辞下》：“益，德之裕也。”韩康伯注：“能益物者，其德宽大也。”㉖赫赫：显赫盛大。㉗变在萌面争之：福祸变化还在萌芽时进行争竞。㉘陈馀：战国末魏国大梁（今河南开封西北）人，与张耳为刎颈之交。秦末参加反秦起义，与武臣、张耳等人北略赵地，并拥立武臣为王。后与张耳关系破裂。项羽分封时，因觉得分封不公，愤而依附田荣，赶走常山王张耳，迎赵歇为王。汉高帝三年，张耳韩信破赵，陈馀被杀。张耳：战国末魏国大梁（今河南开封西北）人，少时为信陵君门客，与陈馀俱为当时名士。秦灭魏以后，因受到朝廷的悬赏缉拿，与陈馀改名换姓逃至陈。秦末参加反秦起义，劝陈胜立六国之后，未被采纳。后又请兵略赵地，立武臣为赵王。巨鹿之战后，与陈馀关系恶化。项羽分封诸侯，张耳被封为常山王。后受到陈馀袭击，投奔刘邦，随韩信破赵，后被刘邦立为赵王。㉙卒受离身之害：终于遭受自身败亡后代灭绝的灾祸。卒，终于。离身，自身败亡后代灭绝。㉚彭宠：西汉末南阳宛（今河南南阳）人，字伯通。少为郡吏，更始政权建立后任偏将军，行渔阳太守事。后归附刘秀，封建忠侯，赐号大将军。为刘秀势力的扩张立有大功，因功高赏薄，心怀不满，又与幽州牧朱浮不和，于建武二年（26）发兵反，自立为燕王，后被杀。朱浮：东汉初沛国萧（今安徽萧县西北）人，字叔元。新莽末年，随刘秀起兵，破王郎，拜为大将军、幽州牧，封武阳侯。与渔阳太守彭宠关系恶化，被彭宠打败。光武帝爱其才，任为执金吾，徙封父城侯。以后历任太仆、大司空等职。后因卖弄国恩被免官。因好陵折同僚，明帝永平中被赐死。郄：同“隙”，嫌隙。

【译文】然而争强好胜之人，却说不是这样。他们认为处在众人之前是迅捷锐利，认为处在众人之后是停留滞后，认为处在众人之下是卑微屈服，认为超过同等人是异才英杰，认为谦让对手是避让屈辱，认为凌驾人上是崇高超绝。所以他们不顾一切地重复以往的错误，不能从错误中自觉返回。用对抗的态度对待贤者，必然得到谦让。抱对抗的态度对待急暴之人，必然造成敌对非难。敌对非难已经造成，则是非的道理必然混沌难以辨明。是非的道理混沌难以辨明，则与自己诋毁自己有什么不同！别人诋毁自己，全都因怨恨之气爆发而变故征兆发生出现。诋毁之人必然会用一件事做为借口，把毁谤的实质掩饰起来。其余的旁听之人虽然不全部相信他们所说的借口，还是有一半相信认为是对的。自己对诋毁者的回击报复，也像诋毁者那样。归根到底，都有一半可信，远近之人所看所听都信以为然。这就是说气愤相交激烈争斗，是改换用对方的嘴来自我毁谤。同时用语言互相争斗，是借别人的手来打自己。这种行为不是太荒谬使人不解了吗！然而追究其所发生的原因，难道深切责备自身的错误，能够引起这种变故争讼吗？全都是由于在内宽恕之心不足，对外埋怨他人不停所造成的。或者是由于怨恨对方轻视自己，或者是痛恨对方胜过自己。自己浅薄而对方轻视自己，这是我理亏而对方理直。如果我贤能而对方不知道，则被轻视就不是自己的过错了。如果对方贤能而位置处在自己前面，则是因为自己的德行还没达到。如果德行相当而对方在我前面，则是因为自己的德

行与他接近略低。这样有什么可怨恨的呢！而且两个人的贤能没有差别，那么能谦让的就是杰出的人才。两个人争抢杰出而不分上下，那么争抢用力大的为劣等。所以蔺相如因为回车躲避廉颇的羞辱而胜出一筹，寇恂因为避免与贾复争斗而获得贤名。行动的结果在表面上与实质上截然相反，这就是君子所说的道理。所以君子知道弯曲可以达到伸展的目的，所以忍含屈辱而不推辞。他们知道卑辞谦让可以胜过对手，所以毫不迟疑地选择处在下边的位置。然而等到最终的结果，乃是转祸为福，使仇人屈服化为朋友。使怨恨仇视不延及到后代，而谦让的美名却永远地流传下去。君子所说的道理，难道不是宽容吗！而且君子能忍受小小的嫌隙，所以没有变成大斗的讼争。小人不能忍受小小的愤怒，最终招致大大的失败屈辱。对方怨恨很小的时候甘拜下风，还可以实践谦逊的美德。福祸变化还在萌芽时就进行争竞，就会酿成无法挽救的大祸。所以陈馀因为与张耳关系的变糟，最终遭受自身败亡后代灭绝的灾祸；彭宠因为与朱浮的矛盾，最终落得被杀的下场。认识福祸转化发生的缘由，能够对此不谨慎吗！

【原文】是故君子之求胜也，以推让为利锐，以自修为棚橹[①]，静则闭嘿泯之玄门[②]，动则由恭顺之通路[③]。是以战胜而争不形[④]，敌服而怨不构。若然者悔吝不存于声色[⑤]，夫何显争之有哉！彼显争者，必自以为贤人，而人以为险诐者[⑥]。实无险德，则无可毁之义。若信有险德，又何可与讼乎！险而与之讼，是柙兕而撄虎[⑦]，其可乎？怒而害人，亦必矣。《易》曰："险而违者讼，讼必有众起"[⑧]。《老子》曰："夫惟不争，故天下莫能与之争。"是故君子以争途之不可由也。

【注释】①棚：棚阁，即敌楼。《资治通鉴·唐肃宗至德二年》："贼又以钩车钩城上棚阁。"胡三省注："棚阁者，于城上架木为棚，跳出城外四五尺许，上有屋宇以蔽风雨。战士居之，以临御外敌。今人谓之敌楼。"橹：很大的盾牌。棚橹即防御武器。②嘿泯之玄门：寂静沉默清静无为的大门。刘昞在解释这句话时说："时可以静，则重闭而玄嘿；时可以动，则履正而后进。"③由：遵从。④争不形：不形成争竞。刘昞在解释这句话时说："动静得节，故胜无与争；争不以力，故胜功建耳。"⑤悔吝：悔恨。《后汉书·马援传》："出征交趾，土多瘴气，援与妻子生诀，无悔吝之心。"⑥险诐：阴险邪僻。《诗经·周南·卷耳序》："内有进贤之志，而无险诐私谒之心。"孔颖达疏："险诐者，情实不正、誉恶为善之辞也。"⑦柙兕：把犀牛关进笼子。撄虎：迫近老虎。撄，迫近。《孟子·尽心下》："有众逐虎，虎负嵎，莫之敢撄。"⑧险而违者讼，讼必有众起：刘昞在解释这句话时说："言险而行违，必起众而成讼矣。"《周易·谦》："饮食必有讼，讼必有众起"。这句话与《周易》原话有异。

【译文】所以君子求胜的方法，是把推辞谦让作为利刃锐器，把自我修养作为防御的武器，静时则关闭寂静沉默清静无为的大门，动时则遵从恭敬顺从的通衢大路。所以他会取胜而不形成争竞，对手屈服而构不成怨恨。如果是这样就会脸上连悔恨之色都没有，怎么会发生公开的争竞呢！那些公开与人争竞的人，必然是自以为贤能，而别人却认为是阴险邪僻的人。如果他确实没有阴险邪僻的品德，则没有可诋毁的地方。如果确实

有阴险邪僻的品德，又何必与他争论呢！明明是阴险邪僻的人却与他争论，就好像把犀牛关进笼中和迫近被逼到绝路上的老虎一样，这怎么可以呢？如果这样，他们就会怒而害人，这是必然的。《周易》说："言论险恶行动违背常规，必然引起众人起来和他争论。"《老子》说："正是因为不和别人争，所以天下没有人能够与之争。"所以君子认为争竞之路不可行啊。

【原文】是以越俗乘高[①]，独行于三等之上[②]。何谓三等？大无功而自矜，一等。有功而伐之，二等。功大而不伐，三等。愚而好胜，一等。贤而尚人，二等。贤而能让，三等。缓己急人[③]，一等。急己急人，二等。急己宽人，三等。凡此数者[④]，皆道之奇[⑤]，物之变也。三变而后得之，故人莫能及也。夫惟知道通变者[⑥]，然后能处之。是故孟之反以不伐[⑦]，获圣人之誉。管叔以辞赏[⑧]，受嘉重之赐[⑨]。夫岂诡遇以求之哉[⑩]？乃纯德自然之所合也。彼君子知自损之为益，故功一而美二[⑪]。小人不知自益之为损，故一伐而并失。由此论之，则不伐者，伐之也。不争者，争之也。让敌者，胜之也。下众者，上之也。君子诚能睹争途之名险，独乘高于玄路[⑫]，则光晖焕而日新[⑬]，德声伦于古人矣[⑭]。

【注释】①越俗乘高：超越世俗登至高处。②独行：不随世俗沉浮。③缓已急人：对已宽松对人严格。④凡此数者：所有这几等。⑤道之奇：争和让道理的特殊表现。⑥知道通变：知道道理通晓变化。⑦孟之反：春秋时鲁国大夫，名侧，字反。鲁哀公十一年，鲁军与齐军战，大败，孟侧在败退时走在最后。走到城门时，受到人们赞扬。他却用鞭子打着马说："非敢后也，马不进也。"事见《论语·雍也》何晏《集解》。⑧管叔：西周初人，又称叔鲜，周初三监之一，周文王之子，武王之弟。武王灭商后被封于管（今河南郑州），监视武庚及殷遗民。周成王时因不满周公摄政，与武庚起兵作乱，兵败被杀。管叔并无辞赏受嘉奖之事，此处管叔疑为三国时的管宁。见《三国志·魏书·管宁传》及裴松之注。⑨嘉重：重重嘉奖。⑩诡遇以求：用不正当的手段去求取。刘昺在解释这句话时说："岂故不伐辞赏，诡情求名耶？"⑪功一而美二：一件事而收到两种好结果。刘昺在解释这句话时说："自损而行成名立。"功，事情，事业。《诗经·豳风·七月》："嗟我农夫，我稼既同，上入执宫功。"朱熹《集传》："功，葺治之事。"⑫玄路：脱离世俗玄远高妙的境界。⑬焕：放射光芒。⑭伦：类，同。

【译文】所以要超越世俗登至高处，不随世俗沉浮处在三等之上。什么是三等？没有大功却自高自大，一等。有功却自我夸耀，二等。立有大功却不自夸，三等。愚钝却争强好胜，一等。贤能又能推崇别人，二等。贤能又能谦让别人，三等。对已宽松对人严格，一等。对自已和别人都严格，二等。对自己严格对别人宽松，三等。所有这几等，都是争和让道理的具体表现，从而使事物结果变化。经过三等变化之后而掌握了这个道理，所以没有人能够赶得上。只有知道道理通晓变化，才能够处在上等的位置。所以孟之反因为不自夸，受到孔子的称赞。管叔因为推辞赏赐，受到重重的嘉奖。怎么能说这些是用不正当的手段去求取命力呢？这是纯正的道德在内部自然而发又与争让变化的道理吻

合啊。君子知道自我贬损是有益的,所以能做一件事而收到两种好结果。小人不知道自满会招致损失,所以一个自我夸耀而失去双倍的东西。由此而论,不自夸,却受到夸赞。不争名夺利,却收到争的效果。谦让对手,却能够战胜他,处在众人之下,最终却在众人之上。君子如果真能看到争竞的道路凶险,独自登高在脱离世俗玄远高妙的坦途行进,就会光芒四射日新月异,品德和名声等同于古代的贤人。